KLAUS BERGER

DIE BRIEFE DES HEILIGEN APOSTELS PAULUS

KLAUS BERGER

DIE BRIEFE DES HEILIGEN APOSTELS PAULUS

Meditationen zu den Sonntagslesungen

HERDER

FREIBURG · BASEL · WIEN

www.herder.de

Umschlaggestaltung: Finken & Bumiller
Titelbild: © KNA-Bild, Bonn

Herstellung: fgb · freiburger graphische betriebe
www.fgb.de

Gedruckt auf umweltfreundlichem, chlorfrei gebleichtem Papier
Printed in Germany

ISBN 978-3-451-32230-3

Inhalt

Ein Wort voraus

Die in diesem Buch gesammelten exegetischen Meditationen entstanden innerhalb der letzten vier Jahre. Sie wurden verfasst zu den Lesungstexten der römisch-katholischen Liturgie nach den Lesejahren A–C. Der direkte Anlass zur Publikation ist das vom Papst ausgerufene Paulusjahr 2008, rund 1940 Jahre nach dem Martyrium des Apostels in Rom.

Paulus hat seine Briefe nicht selbst aufgeschrieben, sondern diktiert. Dabei hat er sich wohl oft so in Rage geredet, dass der Schreiber nur Fragmente mitbekommen hat, die man dann Paulusbriefe nennt. Jedenfalls aber sind die Paulusbriefe nicht akademische Reden, sondern eindringliche Appelle, je in besonderen Situationen formuliert. Sie sind nicht wohlgesetzt wie Examenspredigten heute, sondern oftmals »wild« im strengen Sinne des Wortes.

Nun waren die Menschen über die paulinischen Auftritte zu Predigten keineswegs besonders erbaut. Aus mehreren Gründen machte Paulus dabei keine gute Figur. Er schreibt selbstkritisch ein erstes Urteil über seine Predigten nieder: »Wenn ich persönlich bei euch auftrete, bin ich immer bescheiden und eher unscheinbar. Nur wenn ich euch von woanders her schreibe, bin ich mutiger ... Denn einige Leute sagen: ›Seine Briefe sind gewichtig und voll Saft und Kraft, doch sein Auftreten ist erbärmlich, und wenn er redet, ist das zum Lachen‹« (2 Korinther 10,1–10).

Also kann man hier doch nicht predigen lernen? Waren die Predigten so schwer verständlich wie zumeist seine Briefe? Hatten die Hörerinnen und Hörer überhaupt Vergleichsmaßstäbe? Hat Paulus gestottert, gelispelt, zu leise gesprochen? Hat er zwischendurch (epileptische) Anfälle bekommen? Eine Schönheit war er nach Zeugnissen des 2. Jahrhunderts auch nicht.

Auch glatte Rhetorik kann man bei Paulus eher nicht lernen. Dafür muss man eher bei Seneca nachsehen. Vielleicht kommt der auf seine Kosten, der glatte Rhetorik in Predigten nicht mag, der den Prediger lieber auch mal stocken, stehen bleiben sieht und hört. Diese stets sich selbst zurücknehmende Weise beim Reden machte zum Beispiel den Charme meines älteren Kollegen Günther Bornkamm in Heidelberg gerade bei seinen Vorlesungen über Paulus aus. Theologie nicht perfekt sagen zu müssen, sondern oft eher wie gehemmt dabei sein. Auch das wäre wohl ein Stück Paulus.

Was ich persönlich Paulus verdanke, ist noch etwas anderes. Ich meine nicht das notwendige Kommentarwissen, das man zumeist nach fast 40 Jahren Auslegung kennt. Dafür, über Paulus »zu Herzen zu reden«, ist eine andere Erfahrung wichtiger. Nämlich dass man durch die exegetische Meditation in einen Lebensprozess hineingezogen wird, der oft Tage dauern kann. Über Paulus meditieren heißt, sehr wach mit ihm zu leben, den ganzen Tag und die halbe Nacht über nachsinnen. Am Ende solcher Zeiten war ich in besonderer Weise glücklich, und aus solchen Abschnitten meines Lebens sind die Texte dieses Buches entstanden.

Insofern also kann man von Paulus predigen lernen, als man lernt, mit Herz und Geist dabei zu sein, ja dass es ohne diese intensive Anteilnahme nicht geht. Denn wes das Herz voll ist, des gehet der Mund über. Erst dann und nur so kann man aus meiner Sicht predigen lernen.

Das Buch ist den vielen Menschen gewidmet, denen ich von 1979 bis 2005 jedes Jahr in den Ferien vier Wochen lang auf den Inseln Spiekeroog, Langeoog und Amrum Norddorf mit exegetischen Meditationen, Hilfspredigten und Bibelstunden dienen konnte. Ich habe Unvergessliches dabei gelernt.

Heidelberg, am Fest Mariä Lichtmess 2008
Klaus Berger

RÖMERBRIEF

O Tiefe des Reichtums, der Weisheit und der Erkenntnis Gottes!
Wie unerforschlich sind seine Entscheidungen
und wie unaufspürbar seine Wege!

RÖMER 11,33

Retter aus Davids Haus

4. Adventssonntag A

RÖMER 1,1–7

Der Nachkomme aus dem Geschlecht des Königs David. Für jedermann im alten Israel und auch für jeden heutigen Juden ist »König David« eine märchenhafte, glanzvolle Gestalt, nicht nur wegen des Großreichs, das er geschaffen hat und das zum Maßstab für alle späteren Reiche wurde. Da er eine besondere Geschichte mit Verfehlung und Vergebung vor Gott hat, gewinnt auch die Tatsache, dass er als Verfasser aller Psalmen gilt, an dramatischer Bedeutung.

Ein Teil der jüdischen Tradition ist auch heute noch daran orientiert, dass der künftige Messias aus dem Geschlecht Davids komme. Von den kanonischen Schriften sind es freilich nur die Psalmen Salomos (Kapitel 17), die das tun.

Von den späteren jüdischen Texten ist historisch der Midrasch zu Klageliedern 2 besonders wertvoll: Demnach ist der Messias bereits in Betlehem geboren (also Davids Sohn), aber bald nach der Geburt entrückt. Betlehem ist deshalb mit David und seiner Familie verbunden, weil David hier als Hirte aufwuchs. Das setzt Landbesitz seiner Familie voraus. Dass Maria und Josef nach Betlehem zur »Registrierung« zogen, dürfte mit diesem Landbesitz zusammenhängen. Es handelte sich demnach nicht um eine Volkszählung (die ist um diese Zeit nicht nachgewiesen), sondern um eine Grundsteuererhebung.

So erklärt sich sowohl die Davidsohnschaft Jesu (Maria und Josef hatten dort Familienbesitz) als auch die Reise beider nach Betlehem. Beides stützt sich gegenseitig. Was daher noch vor wenigen Jahren Historiker als reine Fantasie bezeichneten – nämlich die Herkunft Jesu von David – ist in Wahrheit ein wichtiger Pfeiler in den Angaben zu seiner Familie. Gewiss hatte David viele Nachkommen. Daher gehört es in eine andere Kategorie von Beweisbarkeit anzunehmen, Jesus sei

»der« Sohn Davids gewesen. Dass Jesus als Exorzist »Sohn Davids« genannt und als solcher angerufen wurde, ist dabei ein sicherer Anker in der Zeit des öffentlichen Wirkens Jesu. War doch der historische Sohn Davids, König Salomo, bekannt durch seine Macht über die Dämonen. Ein ganzes (apokryphes) Buch widmet sich der Macht Salomos über die Dämonen, das »Testament Salomos« (Hg. Peter Busch, 2006).

Jesus ist Sohn Davids

Nun stammt zwar Josef von David ab. Aber was soll der ganze Stammbaum in Matthäus 1,1–24, wenn er doch unnütz ist, da nach Matthäus 1,50 Jesus vom Heiligen Geist in der Gottesmutter gebildet wurde?

Antwort: Jesus ist Sohn Davids, weil in juristischer Hinsicht Josef sein Vater ist. Dass man das in Wirklichkeit nur meinte, wissen die Gläubigen. Aber Josef ist der Zieh- und Nährvater Jesu, daran besteht kein Zweifel. Gerade bei königlichen und fürstlichen Familien geschah es später öfter, dass der legitime Nachwuchs, der als Prinz aufwuchs, nicht auch schon der biologische war. Hier sollte man sich nicht durch moderne Rechtsauffassungen beirren lassen. Insbesondere zur biblischen Zeit ist der in der Familie aufwachsende Spross auch der legitime. Das schützte im Übrigen die Familie und bewahrte vor dem Makel der un- oder außerehelichen Zeugung, von dem ja Matthäus 1 berichtet.

Schließlich gibt es noch die Schwierigkeit mit Jesaja 7,14: »Eine Jungfrau wird empfangen.« Immer wieder wird erklärt, hier sei nicht von einer Jungfrau, sondern nur von einer jungen Frau die Rede – und so könne man die Stelle frohen Herzens mitsprechen. Liest man Jesaja 7 jedoch aufmerksam, dann soll hier ein besonderes Zeichen gegeben werden. Dass aber eine »junge Frau« ein Kind bekommt, ist überhaupt kein besonderes Zeichen, sondern das in aller Welt übliche. Daher kann das Zeichen, das Gott gibt, jedenfalls nur in etwas Außergewöhnlichem bestehen. Und das hebräische Wort »*alma*« kann durchaus Jungfrau bedeuten. So übersetzt es übrigens die griechische Bibel der Juden, die Septuaginta.

In der Erwartung der griechisch sprechenden Juden war der Messias aus Davids Haus daher von einer Jungfrau geboren. Und Jesaja 7,14 ist auch nicht der »Ursprung« der neutestamentlichen »Konstruktion der Jungfrauengeburt«, sondern wird von Matthäus beiläufig hinzugezogen, um die christliche Tradition nach Matthäus und Lukas zu kommentieren. Aber man kann nicht sagen, von da aus sei diese Legende entstanden. Matthäus entdeckt diese jüdische Hoffnung in Jesaja 7,14 wieder und setzt die Stelle als Kommentar neben den christlichen Bericht.

Was bedeutet es theologisch, dass Jesus aus einer Jungfrau geboren und vom Heiligen Geist geformt wurde? Zunächst: Gott hat es nicht verschmäht, ganz Mensch zu werden, von der Schwangerschaft bis zum Tod. Gerade an diesen beiden Eckpunkten wird das Menschsein erkennbar. Weil Jesus ganz Mensch war, kann er stellvertretend vor Gott für uns eintreten – nicht nur im Tod, sondern durch seinen ganzen Gehorsam. Weil er gleichzeitig Sohn Gottes ist, kann sein Eintreten für uns gültig und unvergänglich sein.

Sodann: Gott ist Mensch geworden, damit wir Menschen vergöttlicht werden, damit wir Sterblichen Anteil gewinnen an seiner Unsterblichkeit. Hier geht es um die Ähnlichkeit. Die Verähnlichung des Menschen mit Gott ist der Sinn des ganzen Neuen Testaments. Man kann es auch so sagen: Jesus ist arm geworden, damit wir durch seine Armut reich würden. Die alte Kirche nennt das den »seligen Tausch«.

Wie soll das gehen: »Tausche Gottessohnschaft gegen sterbliche Menschenexistenz?« So soll das gehen: Die Herrlichkeit und Unsterblichkeit, auf die der Gottessohn verzichtet, kann er uns schenken. Wir Menschen können so Herrliches von uns aus leider nicht verschenken. Daher bleibt uns der Weg rätselhaft. Aber Gott schenkt uns seine Macht und seine Vitalität, seinen Heiligen Geist.

Die ersten Christen sagen: Dieses Schenken geschieht durch den Namen Jesu. Wenn wir uns nur zu ihm bekennen und ihn gläubig aussprechen, dann erhalten wir Anteil an dem, was er uns bringt. Oder man sagt: Jesus ist der Multiplikator des Heiligen Geistes auf der Erde. Wer an ihm, dem ersten Gefäß des Heiligen Geistes, Anteil hat (durch die »Berührung« in der Taufe, durch den Glauben), der wird selbst Kind Gottes wie er. Er ist unser ältester Bruder.

Drittens kann man sagen: Durch Maria, die frei ist von der Erbschuld, und den Heiligen Geist entsteht ein neuer Mensch. Gott macht einen neuen Anfang mit der Menschheit, in der Jesus Christus der neue Adam ist. So wie es die Anhänger des Mithras glaubten, dass Mithras aus dem Felsen geschlagen Anfang einer neuen Menschheit würde – ein Bild, das das Alte Testament (Jesaja 51,1) übrigens auch für Abraham kennt. Und wenn der Täufer von neuen Kindern Abrahams spricht, die Gott aus Steinen formen könnte, mag dieses populäre Bild noch mit in Erinnerung sein. Wie menschlich ist dagegen Gott wirklich vorgegangen, indem er die neue Menschheit aus dem Schoß eines palästinischen Mädchens und nicht aus Stein hat werden lassen.

Kontrast zu den Werten der Welt

Jedenfalls aber ist Gott in Jesus Mensch geworden, um den Menschen zu zeigen, wie er sich den Menschen gedacht hat. Besonders Nicolaus Cusanus († 1464) wird dann sagen, Jesus sei der vollkommenste Mensch, der alles, was im Menschen angelegt sei, zur reifsten Entfaltung gebracht habe. Und gerade in seiner »perfekten« Menschlichkeit sei er Gott am nächsten und Gottes Sohn. In dieser »Christologie von unten« werden daher die menschlichen Anlagen weitestgehend entfaltet.

Der letzte Ansatz ist von Gottes Erscheinen in der Welt her gedacht. Denn es gibt einen starken Kontrast zwischen Gott und Welt. Jesus ist Mensch geworden, um Gott zu den Bedingungen dieser Welt darzustellen. Angesichts der Gegensätzlichkeit Gott/Welt kann er das nicht in Herrlichkeit, denn das hieße, nach dem Gesetz der Welt (Angeberei) die Welt überbieten zu wollen. Wenn er also Gott in seiner Person darstellen will, geht es nur in Kontrast zu den sogenannten Werten der Welt.

Daher konnte Gott in der Welt nur als armer, schwacher und sterblicher Mensch erscheinen. Gott ist so anders, dass er nur auf der Seite der Opfer erscheinen kann. Das ist sein Weg von der Krippe bis zum Kreuz.

Jesus geht für sein Volk

9. Sonntag im Jahreskreis A

Römer 3,21–25a.28

Den Sühne- und Opfertod Jesu bezeichnet Paulus als zentralen Bestandteil seines Evangeliums (1 Korinther 15,3). In letzter Zeit häufen sich die Stimmen, die mit diesen ernsten und angeblich grausamen Gedanken nichts mehr anfangen zu können glauben. Doch wer so denkt, malt sich die Lage des Menschen vor Gott zu rosig aus und beurteilt Jesu Tod als bloßen Unfall. Das Gemeinte kann man vielmehr besser verstehen an dem Wort der hl. Edith Stein, die auf dem Weg in ihr Martyrium sagt: »Ich gehe für mein Volk.«

Denn folgende – im Grunde zutiefst erfreuliche – Voraussetzungen hat die Sühnetheologie des Apostels Paulus. Erstens: Sühne zur Vergebung der Sünden ist notwendig. Sünde ist Blockade des Lebens wie abbrechende Gleise an der früheren Zonengrenze. Eine bittere Grenze trennt uns von Gott. Sühne ist Aufhebung der Blockaden, damit das Leben weitergehen kann. Die Frage ist nur: welcher Lastkran ist kräftig genug, diese Hindernisse zu beheben? Wer will, dass wir trotz Sünde weiterhin leben, beseitigt diese Blockaden. Alle reden vom Schuldenerlass für die armen Länder. Hier besteht seit 2000 Jahren das Angebot eines Schuldenerlasses für die ganze Welt im Verhältnis zu Gott, damit es der ganzen Welt besser gehen kann. Zweitens: Stellvertretung ist das grundlegende Lebensgesetz der Bibel. Das bedeutet: Einer kann und soll für den anderen bei Gott etwas ausrichten, er wird sein Patron. Stellvertretung ist stets die besondere Aufgabe dessen, der nach menschlichem Ermessen (!) Gott relativ näher steht. Dass Jesus unschuldig in jeder Hinsicht ist, daran vor allem knüpft sich die Möglichkeit der Stellvertretung. Jeder Gottesdienst schon im Tempel Israels, ebenso aber in der Kirche, geschieht in Stellvertretung für die ganze Welt. Indem Gott in seiner Botschaft uns Stellvertretung empfiehlt, will er im Übrigen auch Gemeinschaft und Frieden unter den Menschen. Drittens: Sünden können gesühnt werden durch »ein Stück Leben«, gegeben in Stellvertretung. Daher kann man für andere beten und fasten, ein Stück seines Lebens geben, oder auch, wie der Menschensohn, sein ganzes Leben, und zwar inklusive Sterben (Markus 10,45). Deshalb kann der Menschensohn sein ganzes Leben bis hin zum Tod für andere einsetzen. Viertens: Blut ist Leben und Leben ist Blut. Wenn »es blutet«, sehen wir das als Gefährdung des Lebens, Blut ist noch immer ein Realsymbol für Leben, es bezeichnet Leben in seiner Gefährdung und Schutzlosigkeit. Mein Blut ist mein mir anvertrautes Leben. Fünftens: »Jesu Blut, vergossen zur Vergebung der Sünden«, das bedeutet: Jesus hat uns aus großer Liebe sein ganzes Leben geschenkt, besonders seinen Tod. Er war und ist für uns da als unser Patron. Er hat sein Leben gegeben, er hat sein Blut gegeben. Das ist ein Zeichen dafür, dass nun alles wieder gut ist mit Gott. Sechstens: Jesu Tod ist ein Opfertod. Opfer ist jede sichtbare Anerkennung Gottes. Seine Gabe an Gott – sein ganzes Leben – hat Jesus stellvertretend als Opfer für uns dargebracht. So hat er zum Beispiel keine Gewalt geübt und so Gottes Willen erfüllt. Siebtens: Durch Jesu Tod ist ein Bund geschlossen, der Neue Bund der Vergebung. In Jeremia 31 war von diesem Neuen Bund die Rede, in dem sich Gott mit den Menschen verbindet und in dem er keine Sünden seines Volkes mehr stehen lässt. Im Neuen Bund treten Menschen zu Gott in ein geregeltes und in diesem Sinne »juristisches« Verhältnis, weil Gott Schutzmacht und Partner ist. So sind es drei Fakten, die zueinander in Beziehung gesetzt werden: das Kreuz Jesu, seine Unschuld und die Verheißung des Neuen Bundes nach Jeremia 31.

Aber wie kann alle Sünde aller Menschen vergeben sein für alle Zeit, wenn sie nur diese Vergebung annehmen, wenn sie nur an Jesus glauben? Als der Erhöhte zur Rechten Gottes tritt Jesus weiterhin für uns ein und weist auf seinen Opfertod auf Erden. So gibt es vier Gründe, warum auch die Messe weiterhin ein Opfer ist: Sie ist Opfer des Lobes seitens der Glaubenden, sie ist Darbringen von Brot und Wein als von der Gemeinde bezahlter Gaben zum gemeinsamen Mahl, sie ist auf jeden Fall und zumindest Fortsetzung der Hingabe Jesu für alle Glaubenden, weil er vor Gottes Thron als unser Hohepriester steht, sie ist kultisch-reale Vergegenwärtigung des Gebens von Brot und Wein bei Jesu letztem Mahl, und zwar als Geben seiner selbst für uns.

Die Meinung des Paulus kommt in Römer 3,24f. zum Ausdruck: »Und wie werden alle für Gott akzeptabel? Dadurch, dass Gott gnädig etwas schenkt. Denn Jesus Christus hat die Menschen befreit. Wie und warum? (25) Den gewaltsamen Tod Jesu hat Gott als Anlass genommen, um Jesus Christus für alle und öffentlich zum Ort der Vergebung zu machen. So hat Gott bewiesen, dass er selbst uns den Weg in die Gemeinschaft mit sich eröffnet, indem er die Sünden, die die Menschen vorher begangen hatten, nachsichtig vergeben hat. Diese Vergebung wird dem Einzelnen dadurch zuteil, dass er an Jesus als ihren Vermittler glaubt« (Übersetzung Berger/Nord). »Ort der Vergebung« hieß im jüdischen Tempel der Deckel der Bundeslade. Auf ihr sammelte sich, so war die Vorstellung, im Laufe jedes Jahres wie von einem Magneten angezogen die gesamte Schuld Israels. Denn dieses war der heiligste Ort, Gottes Thron auf Erden. Daher war hier die Schuld anzutreffen, und zwar in geradezu dinglicher Intensität, und zu beseitigen. Dieser Ort der Vergebung ist nun Jesus. Denn auf ihm hat sich, weil er der heiligste und gerechte Mensch ist, alle Schuld angesammelt, er ist »zur Sünde« geworden (2 Korinther 5,21), und so konnte sie durch seinen stellvertretenden Tod insgesamt beseitigt werden. Denn er hatte diesen Tod als Einziger nicht verdient. Auch hier geht es wieder um den Einzigen, der das Allgemeine durchbricht und damit eine neue Zeit heraufführt.

Diese dicht gedrängt wiedergegebene Lehre des Paulus hat zwei Grundvoraussetzungen: dass Stellvertretung möglich ist: Menschen geben zugunsten anderer ein kostbares Gut (Kraft des Gebets, Fasten, ihr Leben) an Gott, in der Hoffnung, dass er sich freut, wenn ein Mensch etwas für den anderen tut. Und: dass Jesus der absolut Gerechte war. Wir haben bereits gesehen, dass Jesus deswegen seine Fürsprecher-Funktion als Erhöhter bei Gott fortsetzen kann. Etwas anderes ist die moderne Frage, ob der Tod Jesu nötig war, weil nur so Sünden vergeben werden konnten. Ein Blick auf die Evangelien lehrt darüber, dass Jesus bzw. Gott regelmäßig auch zur Sündenvergebung in der Lage ist, ohne dass auf Jesu Tod Bezug genommen würde. Jesus sagt dem Gelähmten: Deine Sünden sind dir vergeben. Er spricht vom Vater des verlorenen Sohnes, der seinen Sohn wieder in die Arme schließt. Er haucht die Jünger an und verleiht ihnen so Vollmacht zur Sündenvergebung – alles ohne, dass das Kreuz auch nur erwähnt wird. Johannes der Täufer spendet eine Umkehrtaufe »zur Vergebung der Sünden«, bevor Jesus auftritt.

Daher ist die Frage zu stellen: Wozu dann noch stellvertretender Tod Jesu? Die Antwort: Beides steht parallel nebeneinander, Gottes freie Vergebung und die »geregelte« Vergebung durch das Geschehen am Kreuz. Die freie Vergebung geschieht auf ein Wort hin oder auf Gebet hin – wie schon nach den Psalmen des Alten Testaments. Die geregelte Vergebung geschieht in Stellvertretung und ist ein Bundesschluss. Beide Arten von Vergebung sind nicht gegeneinander auszuspielen, sondern bestätigen einander. Die Vergebungsbotschaft Jesu vor Ostern wird am Kreuz von Gott bekräftigend und als Akt der Feindesliebe gegenüber den Mördern wiederholt. »Blut« und »Stellvertretung« sind traditionelle Kategorien, die diesen Akt der Sündenvergebung durch Gott erklären können. Es kommt nur darauf an, diese angebotene Vergebung anzunehmen.

Das freilich, was mit Jesus geschieht, wenn er stirbt, geht über eine lediglich juristisch gedachte Stellvertretung eines Patrons weit hinaus. Wenn der Vater Jesus »zum Sühneort macht« oder zum »Fluch« oder zur »Sünde«, dann lässt er ihn total und tödlich befallen werden von aller Schuld. Die Identifikation und »Infektion« Jesu damit geht über das weit hinaus, was eine Stellvertretung bedeuten könnte. Die Schuld überflutet Jesus geradezu – mit tödlicher Folge.

Glauben wir wie Abraham?

10. Sonntag im Jahreskreis A

RÖMER 4,18–25

Der Glaube Abrahams gleicht dem der Christen. Paulus ist bemüht, dieses unter allen Umständen zu erweisen. Davon hängt die ganze theologische Legitimität seines Wirkens in der Heidenmission inhaltlich ab. Gewiss ist Paulus zum Apostel durch den Herrn selbst berufen. Aber wenn er dann den Abfall von Gottes Volk und Gottes Bund lehrte, wie das seine innerchristlichen und jüdischen Gegner behaupteten, so spräche alles gegen ihn. Nein, im Römerbrief muss Paulus darauf achten, dass die Christen unter den Heiden wirklich Kinder Abrahams sind. Nur so können sie in den Genuss der Verheißungen kommen, die Abraham und nur ihm gelten. Schon Johannes der Täufer (Lukas 3,8) und auch Jesus (Lukas 13,29) hatten davon gesprochen, Gott könne dem Abraham aus den Heiden neue Kinder »erwecken«. Nun aber geht es um die Realität der heidenchristlichen Gemeinden. Sie sind offenbar nicht so »gottunmittelbar«, dass eine Beziehung zu Abraham überflüssig wäre! Werden Christen nur als Abrahamskinder Gottes Kinder? Ja, sagt Paulus: Nur dem Abraham hat Gott seine Verheißung gegeben, und daher muss man, wenn man irgendetwas von Gott »erben« will, dieses über Abraham und die ihm gegebene Verheißung erhalten. So ist Paulus bemüht, die zeitliche und sachliche Abfolge von Glauben und Verheißung so darzustellen, dass der Glaube, und zwar die Rechtfertigung auch Abrahams aus Glauben, jeder Verheißung vorausgeht. Ja, Paulus zeigt sogar, dass Abraham auch Sünder war, bevor er gerechtfertigt wurde (4,6–8) – wie eben die Christen auch. Wichtiger ist ihm aber der gemeinsame positive Inhalt von Abrahams Glauben und dem Glauben der Christen. Denn da Kinder den Vätern ähnlich sind (oder sein sollen), ist dann für die Heidenchristen die Abrahamskindschaft erwiesen, wenn der Glaube sachlich identisch ist.

So redet Paulus vom Glauben an den Gott, der Totes lebendig machen kann, bei Abraham wie bei den Christen. Bei Abraham bezog sich dieser Glaube auf die beiden Körper Abrahams und Saras. Sie waren nicht mehr in der Lage, zu zeugen oder zu gebären und insofern tot. Sie waren welk, unfruchtbar und abgestorben. Denn Abraham war einhundert Jahre alt und Sara war alterssteril. Aber Abraham konnte seinen eigenen Leib ansehen und musste doch nicht im Unglauben verzweifeln, als Gott ihm den Isaak ankündigte. Und genauso konnte Abraham daran denken, dass Saras Mutterschoß nicht mehr fruchtbar war. Aber beide irdischen Wahrnehmungen hinderten ihn überhaupt nicht an seinem Glauben gegenüber Gottes Wort. Vielmehr, sagt Paulus, wurde sein Glaube stark, und er wurde nicht »schwach« im Glauben.

Man kann natürlich fragen: War der Glaube Abrahams also eine Leistung, ein Werk, das Abraham tat – oder war er reine Gnade, so dass er kein Verdienst an diesem Glauben hätte? Die Alternative Leistung oder Gnade ist beim Glauben – wie auch sonst öfter – völlig verfehlt. Wenn einer stark wird im Glauben, dann geschieht das nicht ohne ihn, sondern weil er sich hineinstellt in Gottes reale Gegenwart, in seine Wahrheit, und eben dadurch stark wird. Er lässt es geschehen, er freut sich dessen, er wird so stark im Glauben, dass er Wunder vollbringen kann. So wird Abraham bei der ihm zugemuteten Opferung Isaaks nicht schwach. Er lässt Einwände und Zweifel nicht hochkommen. Er kämpft auch gegen den Unglauben in sich selber.

Paulus kann die Analogie zu den Christen leicht ziehen: Die Christen glauben an den Gott, der Jesus von den Toten auferweckt hat. Dass Paulus so leichthin sagen kann, also handle es sich um denselben Gott, wird durch das zeitgenössische Judentum erleichtert, das in der 10. »Bitte« des Achtzehn-Bitten-Gebets formuliert: »Der die Toten lebendig macht«. Dieses hatte sich mithin als allgemeine Aussage über Gott etwa schon (?) im 1. Jahrhundert durchsetzen können. Paulus argumentiert also wie folgt: Abraham konnte glauben, dass Gott aus den erstorbenen Leibern der Eltern dennoch Nachwuchs schaffen kann. Das ist ein Glaube an den Gott, der Tote(s) lebendig macht. Und so ist es auch bei den Christen, die an denselben Gott glauben, der Jesus von den Toten auferstehen ließ. Die Aktualität dieser paulinischen Aussage liegt übrigens auch in der umstrittenen Frage, ob Juden und Christen denselben Gott haben. Paulus würde sagen: Der Gott, der Jesus Christus von den Toten auferweckt hat, ist der Gott der Erzväter; das ist Dreh- und Angelpunkt des Christentums. Wenn ihr Heidenchristen an einen anderen Gott glauben wollt, dann bitteschön, aber für mich als Apostel liegt alles daran, dass es sich um denselben Gott handelt. Sonst gäbe es keinen legitimen Weg, wie das Christentum aus dem Judentum heraus entstehen konnte, schlimmer noch: dann gehörte Jesus Christus nicht zu uns, sondern auf die Seite des Judentums. Jesus war ja eben nicht der Rebell gegen das Judentum, den man gerne daraus gemacht hat. Auch Paulus wollte das Judentum nicht zerstören, sondern hat alles versucht, den wunderbaren Weg des Übergangs vom Judentum in die Heidenkirche zu verstehen. Er hat diesen riskanten, tollkühnen Weg am eigenen Leibe erlitten und ist dafür den Märtyrertod gestorben. Erst in der Paulusforschung der letzten 20 Jahre beginnt man zu entdecken, wie intensiv Paulus auch theologisch an seiner jüdischen Identität festgehalten hat (vgl. dazu E. T. Sanders, »Paulus«, und K. Berger, »Paulus« 2. Aufl.).

Rätselhaft ist der Schluss unseres Textes: »Er wurde auferweckt wegen unserer Rechtfertigung.« Berger/Nord umschreiben: »Gott hat ihn auferweckt, um uns als Gerechte annehmen zu können. Denn unser Glaube stützt sich auf seine Auferweckung.« Das ist konsequent im Sinne von Römer 4. Denn Ostern erscheint hier als der Anlass und Bezugspunkt unseres Glaubens. Wir glauben ja an den, der Jesus auferweckt hat, und dieser Glaube ist der, aufgrund dessen uns Gott akzeptiert. Man kann nur fragen: Hieß es nicht früher anders, etwa in Römer 3,25, wo Jesu Tod eng mit Glauben und Akzeptanz (Rechtfertigung) verbunden ist? »Und wie werden alle gerecht? Dadurch, dass Gott gnädig etwas schenkt. Denn Jesus Christus hat die Menschen befreit. Wie und warum? Den gewaltsamen Tod Jesu hat Gott als Anlass genommen ... Jesus zum Ort der Vergebung zu machen ... Diese Vergebung wird dem Einzelnen dadurch zuteil, dass er an Jesus als ihren Vermittler glaubt« (Römer 3,24f.). In Römer 3 richtet sich der Glaube auf Jesus, den Vermittler (griechisch: *pistis Iesu*, Glaube an Jesus). In Römer 4 richtet er sich auf Gott Vater, den Auferwecker.

Warum ist das so kompliziert? Nun, beide Stationen, Karfreitag und Ostern, führen tief hinein in das Geheimnis der Erlösung durch Gott. Am Karfreitag steht der Mittler im Zentrum, der Heiland, um dessentwillen Gott unsere Sünden vergibt. Am Karfreitag geht es um die Altlasten. An dem Faktum der Stellvertretung des absolut Gerechten wird Gottes unverbrüchliche Vergebung zur Gewissheit. Und am Ostermorgen geht es um das unüberwindliche Lebenszeichen Gottes und damit um den Beginn aller Zukunft. Alles Alte hört am Karfreitag auf, alles Neue und Vitale beginnt am Ostermorgen. Beides verbindet Himmel und Erde, Gott mit den Menschen. Beide Ereignisse gehen an die Grenze unserer Nerven. Das eine ist unvorstellbar grausam, das andere die Revolution in der Geschichte des Kosmos, der Anfang vom Ende des Todes.

Herr, unser Gott, als deine Verheißung an Abraham erging, hatte er nicht den geringsten Grund zur Hoffnung und doch verließ er sich auf dein Versprechen. Ähnlich ergeht es uns bei jeder Beerdigung, bei jedem Gang über den Friedhof. Woher sollten wir die Hoffnung nehmen, dass die Toten, die wir der Erde anvertrauen, die in der Erde verwesen, je in irgendeiner Weise leben sollten? Jedes Grab ist ein hoffnungsloser Fall. Es sei denn, es gäbe dich und den Ostermorgen. Es sei denn, das wäre wahr: Im letzten Winkel der Erde, an einem Juden, der den grausamen Sklaventod erlitten hat, am sozusagen letzten Menschen also, an ihm hätte sich eine leise, unfassbare Revolution ereignet, ein ganz zarter Frühling, der Anfang des Sieges Gottes über den Tod.

Die Gottesliebe ist ausgegossen in unseren Herzen

3. Fastensonntag A

RÖMER 5,1–2.5–8

Dieser Text ist ein durch und durch trinitarischer. Gott Vater wird hier auf zweifache und parallele Weise an den Christen wirksam. Daraus ergeben sich zwei weitgehend parallele Aussagereihen über den Sohn Jesus Christus und über den Heiligen Geist: Römer 5,5: Die Hoffnung aber beschämt nicht, denn die Liebe Gottes ist ausgegossen in unseren Herzen durch den Heiligen Geist, der uns gegeben wurde. Römer 5,8: Es hat erwiesen Gott seine Liebe gegenüber uns, denn obgleich wir noch Sünder waren, ist Christus für uns gestorben. Verse 9 und 10: Wir werden gerettet werden.

Zum Inhalt: In zwei auffallend parallelen Ansätzen erweist Gott seine Liebe – in beiden Fällen durch einen Mittler, entweder durch die Gabe des Heiligen Geistes oder dadurch, dass Christus für uns stirbt. In beiden Fällen ist die Zuwendung Gottes durch den Mittler ganz extrem. Denn Gott gibt seinen eigenen Lebensgeist in unsere Herzen. Er lässt uns teilhaben an seinem Leben. Nach Römer 8,13 wird Paulus sagen: Indem Gott uns teilhaben lässt an seinem Lebensgeist, macht er uns zu seinen Kindern. Denn so ist das auch sonst mit Eltern und Kindern: Die Eltern geben Anteil an ihrem Lebensgeist, teilen ihr eigenes Leben mit. Das, was theologisch Anhauchung genannt wird, nennt man biologisch Zeugung und Schwangerschaft. Gott dehnt auf die direkteste Weise sein Leben aus. Denn eine engere Beziehung als Kindschaft kann es zwischen Lebewesen nicht geben. Deshalb ist die Kindschaft das Bild für das, was Gott mit der Gabe des Geistes tut. Und indem Christus, Gottes Sohn, (V. 10) für uns stirbt, hat sich Gott uns noch einmal intensiv zugewendet. Es ist, wie wenn Gott ein Stück von sich selbst zur Stellvertretung für uns einsetzt. Im ersten Fall, bei der Gabe des Geistes, wird die Kindschaft ausgedehnt, im zweiten Falle wird der Sohn geopfert. In beiden Fällen geht es um Kindschaft. Denn wenn man jemanden nicht direkt treffen kann – in seinen Kindern ist man angreifbar, wird man getroffen. Wenn Gott mit seinem Kind und mit Kindschaft zu unseren Gunsten etwas riskiert, alles riskiert, dann liebt er uns wirklich. Gott macht sich verletzlich, indem er seinen verletzbaren Sohn sendet, und er macht sich verletzlich, indem er uns Verbrecher zu Kindern annehmen will. Wir pflegen zu sagen: Sowohl der Geist als auch der Sohn, beides ist »ein Stück von ihm, von Gott, selbst«.

Paulus gebraucht das Wort »Liebe«, um hier, am ersten Höhepunkt des Römerbriefes zu sagen: Gott hat in beiden Fällen das Maximum an persönlicher Hingabe und Dreingabe riskiert. Denn der Geist ist nicht irgendetwas, sondern Gott als »Kindermacher«, und der Sohn ist der geliebte Sohn. Der Geist ist Gott selbst, in dem er sich mitteilen kann, und der Sohn ist der, in dem der Vater sich selbst sieht. Der Sohn steht und handelt für ihn.

Einen Schritt weiter führt es nun, wenn man entdeckt, dass die Entsprechungen zu dem Abschnitt Römer 8,26–34 sehr erheblich sind. Denn der Heilige Geist ist nach Römer 5 »im Herzen« der Menschen, und nach Römer 8 wird gesagt, was er nun im Herzen des Menschen tut: Er übersetzt das Stöhnen der unerlösten Herzen in Gottes Sprache. Ausdrücklich fällt der Ausdruck »Herz« auch in Römer 8. Und der Sohn, Jesus Christus, ist in beiden Fällen der »außerhalb« als Mittler Agierende, im großen Drama der Heilsgeschichte. In Römer 5 wird er als der Gekreuzigte genannt, und in Römer 8 als der Erhöhte, der zur Rechten des Vaters sitzt. Das bedeutet: Paulus bereitet durch Römer 5 die Rolle der beiden Anwälte von Römer 8 vor. Dem entspricht der berühmte Schluss von Römer 8, in dem es heißt, dass nichts uns »trennen kann von der Liebe Gottes«, eben jener Liebe, die nach Römer 5 im Heiligen Geist und im Sohn uns erzeigt wurde.

Diese Liebe Gottes ist nicht »Selbsthingabe« (dass jemand sich selbst gibt, kann die Bibel nur von Menschen gegenüber Menschen oder gegenüber Gott sagen, aber nicht von Gott). Aber das, was der menschlichen Gabe des Selbst auf der Seite Gottes nahe kommt, heißt hier Liebe. Gott gibt den Menschen in der Liebe etwas, das direkt und sehr eng zu seinem Leben gehört. Wie wenn Eltern ein Kind zeugen und sich vornehmen, das Kind lieb zu haben. Intensiver konnte Gott nicht über sich selbst »verfügen«.

Der Geist ist durch Teilen vervielfältigtes Selbst, und auch der Sohn wird als Abdruck des Wesens verstanden (Hebräer 1,2). Nicht ohne Grund sagt die Bibel in Genesis 5,1, Adam habe Seth »nach seinem Bilde« gezeugt. Ähnlich hat Gott nach Genesis 1,26 den Menschen »nach seinem Bilde« geschaffen. Lukas 3 nennt deshalb Adam Gottes Sohn. Damit wird nur deutlich: Ebenbild ist der genannt, der Gott dem Schöpfer oder jedes Kind, das seinen Eltern jeweils unüberbietbar nahe steht. Im Falle der Schöpfung steht der Mensch Gott am nächsten, im Falle der Menschen die Kinder den Eltern. Deshalb redet Paulus von Kindern, um die neutestamentliche Botschaft von der absoluten Nähe Gottes in personalen Bildern zu formulieren. Denn Jesus Christus allein ist für ihn Ebenbild Gottes. Indem wir durch den Geist Gottes Kinder werden, sind die Christen dem Sohne gleichgestaltet. Festzuhalten ist jedenfalls: Nach Römer 5 wie nach Römer 8 betreibt Paulus intensiv Trinitätstheologie. Denn seine Ausführungen zum Stichwort Liebe und die Wahl der theologischen Metaphorik zeigen: Hier, bei diesen beiden »Mittlern«, geht es um das Maximum der persönlichen Zuwendung Gottes an die Menschen. Und es geht eben nicht um irgendwelche kurzfristig angestellten Mittler, sondern um Großes und Bleibendes. »Großes« deshalb, weil der Geist Gottes eigener Geist ist und der Sohn der Gott Gleiche. Bleibendes, weil es sich nicht um eine begrenzte Aufgabe handelt, sondern um den bleibenden Heilsstatus der Christen.

In Römer 5 wie in Römer 8 ist das Handeln des Vaters durch Sohn und Geist ganz auf die Rettung der Menschen abgestellt. Und jedenfalls hier gilt der Satz, Trinität sei »um der Menschen willen«. In beiden Texten sind, wie Irenäus von Lyon später sagen wird, Sohn und Geist die rechte und die linke Hand des Vaters. Überdies entspricht es der jüdischen Regel von den zwei (oder drei) Zeugen, die für den juristischen Bestand einer »Sache« unbedingt erforderlich sind. Im Römerbrief betrifft das in hervorragendem Maße die Heilsgewissheit der Menschen.

Paulus liegt alles daran zu begründen, dass es nicht genügt, Jude zu sein. Seine Argumentationslage ist auch deshalb schwierig, weil der Apostel noch kein Neues Testament in der Hand hat und »aus dem Stand« beweisen muss, dass man um des Heiles willen Christ werden sollte. Paulus muss zeigen, dass Gott durch seine rechte und seine linke Hand das Äußerste und Höchste den Menschen gegeben hat, seine Liebe. Nun ist die Lage des Apostels auch deshalb misslich, weil sich seit Jesus Christus die Welt nicht sehr viel zu ihrem Heil verändert hat. Deshalb wäre ein bloßer Verweis auf Zukunft wie ein ungedeckter Scheck. Deshalb legt es Paulus in Römer 5 darauf an zu zeigen, dass die entscheidende Tat Gottes schon zweifach hinter uns liegt. Das gilt für den Heiligen Geist: Er ist immer die ultimative Gabe Gottes, die Gabe der Kindschaft. Und es gilt für den stellvertretenden Tod Jesu Christi: Er bedeutet Versöhnung und damit Frieden (V. 1 und VV. 8–10). Wo aber dieses evident ist, da ist das Wichtigste im Verhältnis zwischen Gott und Mensch schon erreicht. Für mich ist das eindrucksvollste Stück der Satz über die Feindesliebe Gottes, die im Tod Jesu sichtbar geworden ist. Wenn Gott selbst seine Feinde liebt, springt er wahrhaftig über seinen Schatten. Das heißt: Vorweggenommene Annahme der Sünder aus reiner Gnade.

Von der Leichtigkeit des Erlöstseins

Dreifaltigkeitssonntag C

RÖMER 5,1–5

Doppelsträngigkeit von Christologie und Pneumatologie (Lehre vom Heiligen Geist), Trinität, Versöhnungslehre, Feindesliebe Gottes, Anwendung der Rechtfertigungsdoktrin auf die Christologie – so lauten die theologisch wichtigen Stichworte dieser Perikope.

Wir fragen, und so dürften auch die Römer gefragt haben, an die der Brief gerichtet ist: Was haben wir Christen eigentlich in der Hand, nachdem Jesus nicht mehr da ist? Und die zweite Frage, die wir dann stellen: Warum soll unser Gott dreifaltig sein? Nach Adam Riese ergeben drei Personen in einem Gott nicht mehr und nicht weniger als drei Götter. Oder etwa nicht?

Was ist also von Jesus geblieben außer der Erinnerung an einen göttlichen Menschen? Ist das nicht alles verweht, der Rest ein paar Jahrzehnte später in Evangelien gesammelt? Die von Jesus Geheilten sind inzwischen wohl zumeist verstorben – der Römerbrief entsteht um 58 n. Chr. Am stärksten in das Gedächtnis der Menschen eingeprägt hat sich seine Kreuzigung, auch nicht-christliche Schriftsteller wie Tacitus und Sueton berichten davon. Wir fügen sogleich hinzu: doch auch die Auferstehung! Aber davon berichtet Paulus hier nicht. Denn er nennt das Handfeste zuerst. Das Kreuz bleibt, und hier ist es für ihn auch wichtiger als die Menschwerdung. Man kann es mit Ignatius von Antiochien wohl so sagen: Menschwerdung und Auferstehung sind den Blicken entzogene Geheimnisse, das Kreuz aber ist ein öffentlicher Skandal. Was wir »haben«, das ist Jesu Tod.

Dass Jesus kein Verbrecher oder Terrorist war, ist für alle so offenkundig gewesen, dass keine Schrift des Neuen Testaments ein Wort dazu verliert. Nein, das war nicht das Problem. Aber dass dieser offenkundig Unschuldige, ja Sündlose, der erkennbar mehr war als alle

Propheten, die zu Israel geschickt wurden, ausgerechnet er, so grausam vor aller Augen sterben musste, das verlangte schon eine Erklärung – keine rationale Erklärung der Überlegungen Gottes, sondern ein theologisches Bedenken.

Wir blicken auf das Kreuz und fragen: Wozu? Was bedeutet es, dass wir dieses »haben«? Denn Altes Testament und Judentum fragen bei erschütternden Ereignissen stets: Wozu? und nie: Warum? Das hat seine Gründe, denn jede Warum-Frage würde bei Adam und Eva und der Entstehung des Teufels enden. Aber jede Wozu-Frage richtet sich auf die Zukunft, die grundsätzlich immer Gottes Zukunft ist. Das Kreuz wurde, was das Warum betrifft, von einigen Juden gewollt, von Judas initiiert und von den Römern vollstreckt. Aber das Wozu Gottes ist schwieriger zu beantworten. Hier liegt der Grund, warum Paulus in Römer 5, nachdem er die lange Einleitung von 1,1 bis 4,25 hinter sich gebracht hat, zuerst den Jesu Tod nennt. Gott hat so alle Feindschaft beendet. Denn nach Römer 5,1 hat Jesus uns den Frieden mit Gott vermittelt, durch ihn gibt es nach V. 2 Zugang zu Gott – weil Jesus zu Gott hingegangen ist. Und nach V. 6 wird es heißen: »Denn Jesus, der Messias, ist für uns gestorben, damals, als wir ganz schwach und elend und gottlos waren.«

Jesus hat uns Frieden mit Gott geschaffen, indem er vor Gott hingetreten ist und gesagt hat: Ich bin jetzt der Advokat der Menschen. Schone sie um meinetwillen. Ich stelle mich vor sie. Hinter meinem breiten Rücken dürfen sie Frieden finden. In meiner Liebe zu den Menschen wirst du die Deinige wiedererkennen. So ist Jesus unser Mittler und in Gottes Audienzsaal (V. 2: Zugang) vor Gottes Angesicht getreten, um sich ganz »für uns zu verwenden«. So kann Paulus sagen: Jesu Tod hatte ein Ziel, nämlich den Himmel, den Thron der Gnade. Es ist wirklich wie bei einer Audienz bei einem Mächtigen. Alles liegt daran, überhaupt Zugang zu gewinnen. Jesus ist für uns da hinaufgegangen, um uns für immer freien Zutritt zu »erkaufen«, möglich zu machen. Denn er ist einer von uns. Das, was wir »haben« ist also Frieden mit Gott, und zwar als Resultat der Erhöhung am Kreuz.

Nun gibt es neugierige Leute, die fragen, ob Gott diesen Frieden nicht still bei sich beschließen konnte und wozu da der Skandal der Ermordung Jesu nötig war. Paulus aber interessiert nicht, was gewesen wäre wenn? Er findet Gottes Handeln in der Öffnung des Todes auf den Frieden zwischen Gott und Menschen hin. Und das muss auch uns genügen.

Aber wir fragen weiter: Wenn das ein so eindrückliches Geschehen ist, wozu dann noch Heiliger Geist »in unseren Herzen«? Und damit sind wir bei der Frage nach der Dreifaltigkeit. Denn die wenigen Verse in Römer 5,1–5 sprechen von Gott Vater, Sohn und Heiligem Geist. Ist doch »Gottes Liebe in unserem Herzen ausgegossen durch den Heiligen Geist«. Der Heilige Geist ist, so das schon im Alten Testament vorbereitete Bild, »flüssig« wie Wasser, wie Öl, weil er sich so »geschmeidig« und »erfüllend« dem Ort anpasst, an dem er wohnt. Das Bild meint Gottes eigene, bleibende Gegenwart im Herzen der Christen. Dieses dynamische Geschehen ist in seinem Kern Liebe. Denn der Heilige Geist ist immer der, der die Grenzen überwindet – die zwischen Gott und Mensch zuallererst, dann aber auch die zwischen den Menschen. Wenn es aber nur um Unsichtbares und kaum Merkliches gehen sollte, warum redet Paulus doch davon? Er spricht davon, weil er den Kontrast spürt zu dem, was den Christen von außen her passiert: Drangsal. Und die Bedrängnis erfordert so unspektakuläre Tugenden wie Geduld, Bewährung und Hoffnung. Alles das sind ja doch Krisensignale ersten Ranges. Paulus selbst wird von kleinasiatischen Juden verfolgt, er sieht dem Höhepunkt der Strapazen und Leiden entgegen. Und den Gemeinden in Rom scheint es auch nicht gut zu gehen. Wegen des Claudius-Ediktes 49 n. Chr. hatten sie die Stadt verlassen müssen. Kurzum: Bedrängnis, Verlust der Heimat, Flucht, damit verbunden Arbeitslosigkeit und Familientragödien – keine ruhige Zeit für Christen. Mitten in diesen Drangsalen stellt Paulus fest, dass die Gewissheit seines Glaubens ihn trägt. Dass der Heilige Geist, den er wie alle anderen Christen empfangen hat, ein Gegengewicht bildet gegen alle Bedrängnis. Und das ist wohl nicht nur Gewissheit, es ist eine starke Kraft zum Durchhalten, es ist Freude. Denn was sollte wohl der Drangsal stärker entgegengesetzt sein als die Freude, und davon spricht ausdrücklich V. 2.

Auch die Hoffnung, von der Paulus hier spricht, ist alles andere als eine Theorie. Das deutsche Wort »Hoffnung« ist im Verhältnis zum griechisch-neutestamentlichen Wort »*elpis*« (Hoffnung) viel zu vage, zu blass. Das griechische Wort, das wir mit Hoffnung übersetzen, bedeutet sehr viel mehr: Nicht zufällig steht »Hoffnung« in V. 4 am Ende der Kette, und in V. 5 bildet sie den Anfang: »Hoffnung lässt nicht zuschanden werden.« Das kann keine Vermutung sein, sondern etwas, das uns wie ein Anker am rettenden Ufer festmacht. Nicht zufällig verwendet der Hebräerbrief 6,19 das Bild »Anker« für Hoffnung. Ein Anker ist keine vage Vermutung, sondern ein ganz enormes Stück Sicherheit. Die Schiffsbesatzung, deren Schiff durch den Anker gehalten wird, kann einstweilen beruhigt sein. Paulus sagt, dass es weitergeht, dass es eine ganz selbstverständliche Abfolge gibt von Drangsal, Geduld, Bewährung und sicherem Ziel. Für Letzteres garantiert die Hoffnung.

In welchem Verhältnis stehen aber in Römer 5 Liebe Gottes einerseits und Geduld und Hoffnung andererseits? Nun, der erhöhte Christus als Mittler des Friedens, Liebe und Heiliger Geist – das ist die Situation der Christen aus der Perspektive Gottes. Im Innersten des Herzens bewirkt der Heilige Geist die Kindschaft gegenüber Gott, die Leichtigkeit des Erlösten, der weiß, dass schon alles hinter ihm liegt. Drangsal, Geduld, Bewährung und sichere Hoffnung, das ist das, was die Christen erleben, die direkt vor Ort in tausend Schwierigkeiten verstrickt sind. Paulus weiß um beides, die unaussprechliche Freude und Seligkeit, die aus der Lebensgemeinschaft mit Christus rührt, und die Mühsal des Alltags. In den Stürmen des Alltags, in denen man sich bewähren muss, gilt Hoffnung als sicheres Stück Zukunft. Im Unterschied zur Leichtigkeit des Heiligen Geistes ist das alles eher »gravierend«, aber dazu gehört eben auch das feste Gehaltensein durch die Wirklichkeit des Erhofften. Denn Hoffnung ist keine bloße Ahnung, sondern sichere Verankerung.

Der Frieden der Versöhnung

11. Sonntag im Jahreskreis A

RÖMER 5,6–11

Versöhnung ist das Thema des Abschnittes in Römer 5. In der großen Politik zur Zeit Jesu, also bei den römischen Kaisern, bestand das größte politische Problem der Reichspolitik in der Bewahrung des Friedens und der Eintracht der Völker. Militärische Eroberung bedeutete damals wie heute noch nicht Einheit und Versöhnt-sein. So blickte man zurück auf Alexander den Großen und nahm ihn zum Vorbild: Er habe die Gesetze und Sitten, die kulturellen Normen der verschiedenen Völker miteinander versöhnt, so dass aus der Verschiedenheit nicht mehr Feindschaft entstehen musste. Das Stichwort Feindschaft findet sich ebenso in Römer 5 (V. 2) wie das Wort »Frieden«. Und Versöhnung war damals ein Fachausdruck für die Herstellung von Frieden zwischen verfeindeten Völkern.

Versöhnung war also die ersehnte Veränderung in der politischen Großwetterlage, denn sie war Ende von Feindschaft und Gewalt in einem globalen Reich.

Wenn aber Versöhnen ein Geschäft der Politik und der Diplomatie war – wieso wurde ausgerechnet das Kreuz der Ort für die noch wichtigere Veränderung der gespannten Lage zwischen Gott und Mensch? Wie kann die revolutionärste Veränderung der Weltgeschichte sich ereignen in einer schändlichen Hinrichtung nach Sklavenart. Der oft stundenlange Kampf des nackten, am Kreuz aufgehängten Menschen war wirklich das Letzte, was einem Menschen passieren konnte. Tiefer als bis zur Kreuzigung konnte keiner fallen.

Andererseits entspricht die Tiefe der Verzweiflung und Verkommenheit des Menschen dem Geschick des Gekreuzigten auf eigenartige Weise. Wir treffen uns auf der Talsohle. Jesus hat nicht nur im Sterben das Äußerste erlitten. Als er die Füße der Jünger wusch, tat er etwas, das kein freier Mann in der Antike sich zugemutet hat, auch das war Sklaven- oder Sklavinnendienst. Und wenn Paulus von der Sklavengestalt redet, die Jesus angenommen habe, dann meint er die Form seines ganzen Lebens. Wenn Jesus den Blinden fragt: Was willst du, dass ich dir tun soll? (Markus 10,51), so fragt er nach Sklavenart. Der Vorwurf an das Christentum lautet oft, es habe die Sklaverei nicht oder erst zu spät überwunden. Nein, das war anders, der Gottessohn hat selbst ein Sklavendasein geführt. Die Art, in der Gott die Welt verändert, ist nicht der Weg der gewaltsamen oder triumphalen Revolution. Vielmehr ist der Ort, an dem Gott »den Schalter herumlegt«, die Keimzelle der Veränderung, die Talsohle des Lebens, hier, in der äußersten Machtlosigkeit, in der er unserer ehrlichen Selbstentblößung in großer Not begegnet. Hier ist die Brunnenstube des Neuen, hier wird still und behutsam, aber doch deutlich die Wende vollzogen. Gott erscheint gerade so als Gott in dieser Welt, indem er sich gehorsam unterwirft – wie als Kind seinen Eltern.

Auf ähnliche Weise geschieht auch nach der Volksweisheit Veränderung: Die Hand, die die Wiege bewegt, bewegt die Welt. Eine schwache Macht, sagt man, eine kaum merkliche Veränderung. Ähnlich ist es, wenn Gott die Welt erlöst. Wenn er im absoluten Abseits jenseits von Macht und Herrlichkeit unsere Sünden vergibt. Wenn der Abgrund seiner Todesnot dem Abgrund unserer Erbärmlichkeit begegnet. Diese Quellkammer der Versöhnung deutet Paulus – eben weil dort Sündenvergebung geschieht – als Liebe, als liebevolle Zuwendung Gottes.

Auf dem Grund unserer Seele finden wir unsere eigene Erbärmlichkeit. Das kann man gar nicht realistisch genug sehen. Aber wenn wir so weit gelangt sind, nehmen wir im Glücksfall wahr, dass den Abgrund unserer Kreatürlichkeit ein anderer teilt, nur ohne Sünde, nämlich Gottes Sohn. Das Dunkel, die Kammer der Machtlosigkeit ist der Ort der Begegnung mit ihm, dem Anderen. Nur wenn wir selber aller Macht und Selbstbehauptung entsagt haben, könnten wir im Halbdunkel ihn wahrnehmen, der gleichfalls aller Macht und Selbstbehauptung entsagt hat, nur ohne Sünde. In dieser Begegnung des Schuldlosen mit dem Schuldigen in abgründiger kreatürlicher Not geschieht die größte Veränderung, die leiseste zugleich, die Vergebung der Sünden. Letztlich geschieht sie, indem wir ihn wahrnehmen, der das Dunkel mit uns teilt, der aber gerade darin als der erkennbar wird, der er ist: als der Schuldlose. Wenn wir in der Tiefe des Abgrunds nur die Umrisse seiner Gestalt erkennen, seine ausgestreckte Hand spüren, seinen Wunsch, unsere Last zu teilen, ja, ganz zu tragen.

Wenn der heilige Bernhard seine Klöster in Tälern baut, dann ist das Tal jeweils landschaftliches Abbild der menschlichen Seele. Auf der Tiefe der Talsohle ist der Mensch empfängnisbereit für Gottes Erbarmen. Dort, wo er in kreatürlicher Armut erkennbar wird, kann ihm die Armut des Gekreuzigten, der ihm ähnlich ist und der doch unterschieden ist, überhaupt erst begegnen.

Wenn das also die Art ist, in der Gott Revolution vollzieht, wirkliche Veränderung schafft, von ganz unten und von ganz innen her, dann wäre daraus etwas zu »lernen« für allfällige notwendige Veränderungen bei uns, auch kirchlicher und politischer Art. Gott jedenfalls verändert nicht durch Gewalt, sondern durch Gewaltlosigkeit, durch Sklavendienst und Sklaventod, nicht durch Feiern der höheren Gesellschaft, nicht durch Verurteilen, sondern durch Übernahme der Schuld, nicht durch List und Intrige, sondern durch Erleiden der äußersten Not. Gewiss, wir können das nicht wiederholen. Aber wirklich Veränderung gibt es nur, wenn Menschen demütig zur Selbsterkenntnis bereit sind. Die Formel des heiligen Bernhard »Noverim me – noverim te« (Wenn ich mich selbst erkenne, kann ich dich, Gott, erkennen), ist ganz schlicht wahr. Aus Römer 5 erkennen wir zusätzlich: Gott geht so weit in seiner Liebe, dass wir ihn als Genossen in der Armut erkennen. Es gibt eine Fabel von einem Menschen, der sich im Wald verirrt hat und nicht wieder hinausfindet. Da trifft er einen zweiten, der auf die Frage, wie man herausfinden könne, sagt, er wisse es auch nicht. Er wolle aber den Vorschlag machen, gemeinsam bis in die Tiefe, das Zentrum des Waldes vorzustoßen, dann werde man auch herausfinden. Nun, diese Fabel ist zu optimistisch, denn in das Zentrum des Waldes kann man schon gemeinsam vordringen. Dorthin, wo es am dunkelsten und dichtesten ist. Soweit können wir die Fabel übernehmen. Und das Zentrum des Waldes ist das Stadium ohne Hoffnung, in Todesangst, und auf die Gemeinsamkeit kommt es auch an, denn die Einsamkeit ist schrecklich. Aber dieser andere ist nicht nur zum Begleiter in ähnlicher Lage geworden. Denn so möchte ich die Fabel fortschreiben: Bei ihrem Gespräch auf dem Weg in die tiefste Tiefe des Waldes vertraut der neu gewonnene Begleiter dem Verirrten an, dass er sich dazu aufgemacht habe, ihn zu suchen. Dass er nur seinetwegen in dem Wald sich aufhalte und bereit sei, alles durchzustehen. Doch, sagte er, in der Tiefe des Waldes müsse man ganz still sein, und genau in den Wind hineinhorchen. Denn in der Nähe der tiefsten Stelle müsse naturgemäß eine Quelle entspringen, und wenn man das lebendige Wasser erlauschte, könne man aus dem Wald herausfinden. Denn Wasserläufe hätten es so an sich, in größere Bäche und dann in Flüsse zu münden, an denen entlang der Weg aus dem Wald herausführe – zu anderen Menschen. Er habe ein gutes Ohr für lebendiges Wasser und sein Rauschen. Lebendiges Wasser ist ein biblisches Bild für die lebensrettende Gnade Gottes, für ihn selbst.

Herr Jesus Christus, du hast dich aufgemacht, uns zu suchen in unserer Verirrung. Wie der gute Hirte, so gehst du jedem nach. So teilst du die Bedingungen der Wüste und Wildnis, in der wir umherirren. Du hast sie bis zur letzten Konsequenz geteilt, als Liebe, um uns nicht allein zu lassen und uns den Weg zum Vater zu zeigen. In deiner Begleitung stoßen wir auf das Wunder des lebendigen Wassers, das uns vor dem Verdursten rettet. An deiner Rettung aus dem Tod können wir erkennen, wie Gott ist, dass er lebendiges Wasser für uns sein will. Um unsertwillen hast du das Äußerste erlitten, so dass uns der Vater um deinetwillen rettet. Denn er erkennt in deiner Liebe zu uns die eigene Liebe zu uns wieder.

Die glückliche Schuld Adams

12. Sonntag im Jahreskreis A

RÖMER 5,12–15

Die Universalität von Sünde und Heil lässt sich darstellen an den beiden gegensätzlichen Personen Adam und Christus. Vergleichbar sind sie in der jeweiligen Wirkung für die ganze Menschheit, doch im Übrigen strikt entgegengesetzt (Anti-Typologie).

Paulus hat Adam und Christus schon in 1 Korinther 15 gegenübergestellt: Adam war schwach und sterblich, durch ihn kam der Tod. Jesus ist voll heiligen Geistes und mit ihm beginnt die Auferstehung der (gläubigen) Toten. Diesen Gegensatz weitet Paulus jetzt aus für das Thema Verurteilung und Gnade. Auf den im Frühjudentum verbreiteten Vorwurf »O Adam, was hast du getan?« setzt Paulus eine christologische Antwort.

Paulus ergänzt hier seine Missionstheologie um ein wichtiges Stück. Die universale Bedeutung Jesu besteht nicht nur in der Mittlerschaft bei der Schöpfung (1 Korinther 8,6) und nicht nur in der Wiederkunft, sie ist auch in der irdischen Existenz Jesu begründet, und zwar ganz wesentlich in seinem Gehorsam »bis zum Tod am Kreuz« (Philipper 2,6), wenn auch nicht im Tod allein, denn Kreuz und Blut sind hier nicht genannt. Paulus gestaltet hier universale Theologie als Lobpreis der Gnade. Die Sprache ist an Bildern königlicher Herrschaft orientiert (regieren, Gnade).

Praktisch in jedem Satz wird der eine (Adam, Christus) in seiner Wirkung auf die »vielen« (alle Menschen, bzw. alle Glaubenden) bedacht. Adams Sünde ist wie die Reaktion eines Teichs, in den man einen Stein geworfen hat: Die Wellen erreichen die ganze Wasseroberfläche. Doch stärker sind die Wellen, die von Christus ausgehen. Denn der positive Held färbt stärker ein als der negative. Auch das ist jeweils stärker, in das mehr Menschen einbezogen sind. So gilt: Die Gleichheit des Elends bei allen Adamskindern wird überboten durch die Berufung zu gleicher Herrlichkeit. So weisen Sündenfall und Gnadentat bei allen Gemeinsamkeiten doch größere Unterschiede auf.

Der Gedankengang: a) Die Gnade ist stärker als der Tod, weil sie Gottes Gnade ist (V. 15). b) Unterschied der Folgen: Verurteilung oder Freispruch. Adam hatte nur ein Vergehen, die Gnade aber ist stärker, weil sie auf viele Vergehen antwortet (V. 16). c) Unterschied im Ziel: Tod oder Leben. Bei Adam ging es nur um Negatives, bei Christus aber um die neue Fülle, das Leben. d) Verurteilung oder Annahme als gerecht, Sündenfall oder gerechtes Leben (V. 18); e) Ungehorsam oder Gehorsam (V. 19).

Zur Wirkungsgeschichte: Entgegen dem Wortsinn wurde Römer 5,12 zur Wurzel der Erbsündentheorie. In Römer 5,12 geht es nicht um Erbsünde, auch nicht um den Erbtod, vielmehr hat Adam die ganze Dimension der Sünde (Ungerechtigkeit) in die Welt eingeführt, und alle seine Kinder haben ihn nachgeahmt und sich so jeder selbst den Tod verdient. Die Erbsündentheorie wurde möglich, weil Augustinus den Wortlaut der altlateinischen Bibelübersetzung (Vetus latina) *»per unum hominem ... in quo omnes peccaverunt«* gedeutet hat als »durch einen Menschen, ... in dessen Lenden alle sich die Sünde zugezogen haben« und die Fortpflanzung, näherhin die böse sexuelle Begierde als Aufflackern der Sünde Adams verstand. Trotz dieser verfehlten Herleitung ist das Erbsündendogma wahr, weil wir alle in eine Welt hineingeboren werden, die nicht gut, sondern vielmehr ungerecht ist. Die Schuld daran kann man unmöglich Gott zuweisen. Jeder Einzelne hat passiv und aktiv daran Anteil.

Als der Völkermissionar stellt sich Paulus dem Thema der Universalität, man könnte es mit der neuzeitlichen Globalisierung vergleichen. Auch für Paulus weckt der Blick auf das Ganze zunächst Ängste. Denn wenn man die Welt so betrachtet, tritt vor allem das Böse sehr kräftig hervor. Zugleich wird der einzelne Mensch ortlos, er muss sich im Universum einsam und verlassen vorkommen. Zu dieser Entwurzelung gehört auch die Verunsicherung in der Frage der angestammten Werte. Paulus antwortet auf diese Situation im römischen Weltreich auf doppelte Weise: Das, was als bedrohlich negativ erfahren wird, deutet er als Folge des Ungehorsams der Menschen gegenüber Gottes Geboten. Es geht um Schuld. Der Mensch hat versagt, undispensierbar jeder Einzelne, in einer Mischung von Dummheit und Bosheit. Insofern überwindet Paulus die diffuse Angst durch den Hinweis auf konkrete Verantwortung. Zum anderen antwortet Paulus mit einem positiven Universalismus: Jesus Christus ist der »neue Adam«, und seine Bindekraft ist weitaus stärker als die des ersten Menschen. Weil Jesus die Gnade Gottes darstellt und vermittelt, wird das düstere Szenario von Römer 5 ganz und gar verwandelt. Auch die Einsamkeit wird aufgehoben. Denn die persönliche Verbindung des einzelnen Menschen mit Jesus Christus ist intensiver als die mit Adam. So muss der Einzelne nicht mehr isoliert die Folgen tragen, sondern er sitzt mit den anderen Christen zusammen in einem Boot. So ist die Angst endgültig überwunden durch die enge und endgültige Gemeinschaft mit Jesus Christus.

Und noch eines ist wichtig: Das Christentum in Europa wird uns immer wieder als alt, müde und absterbend vorgestellt. Das genau ist das schleichende Gift der öffentlichen Meinungsmacher. In Wirklichkeit steht das Christentum erst am Anfang. Das sieht besonders unser Text so. Dem Anfang der Menschheit in Adam steht der neue Anfang in Jesus Christus gegenüber. Gerade Lukas, bei dem Jesus am Anfang steht, will zeigen: Jesus ist nicht das Ende, sondern das Gegenüber zu Adam, und zwar der positive Gegentypus. Auch Adam kommt aus Gottes Hand, aber Jesus ist Gottes Sohn durch den Heiligen Geist. Jesus ist der Prototyp der neuen Menschheit, denn wie er sollen alle Menschen Kinder Gottes werden. So hat man den Baum des Paradieses, von dem die Sünde kam, verglichen mit dem Baum des Kreuzes. In das Paradies, aus dem Adam vertrieben wurde, ist Jesus nach seinem Tod als erster Mensch wieder hineingegangen (Lukas 23,43). Adam, der zu Arbeit und Mühsal verflucht wurde, steht Christus gegenüber, der durch seine Mühen und Leiden den Fluch über Adam aufgehoben hat. Die Gottähnlichlichkeit Adams, die verloren ging, wurde in Christus, dem wahren Gott und Mensch, wiederhergestellt.

Wenn Paulus von dem Neuen spricht, das uns zuteil wurde, nennt er es »Gnade« oder »Gnadengabe« (bes. V. 15). Dieses Wort ist etwas abgenutzt; doch es ist unmöglich, an diesen Stellen ein anderes deutsches Wort statt »Gnade« einzusetzen. Aber alles Wichtige im Leben ist geschenkt, und Gnade (charis) hängt mit »Charme« zusammen, mit unerzwingbarem, nicht machbarem Liebreiz, der gerade dann zutage tritt, wenn er nicht direkt gewollt ist. Wenn Gottes Handeln an uns so begriffen wird, heißt das auch: Unser Glaube ist schön. »Wenn wir nicht die Schönheit zeigen, werden die Leute nicht zu uns kommen.« Unser Glaube öffnet uns den Zugang zu den charmanten Liebeserweisen Gottes. Zum Charme gehört Lächeln auf beiden Seiten. Hier treffen sich zwei gedankliche Linien unseres Textes. Die eine Linie: Das Individuum ist nicht in der allgemeinen Menschheit verloren, sondern die Gemeinschaft derer, die zu Christus gehören, »nimmt die Vollendung der Welt vorweg in der Feierlichkeit, in der wir miteinander umgehen« (D. Mieth), in den gottesdienstlichen Feiern unseres Glaubens und in der davon ausstrahlenden Weise des Umgangs miteinander. Die Vollendung der Welt wird in der Liturgie modellhaft und eben schön angedeutet. Nur Schönheit kann darüber trösten, dass das Heil erst zu einem Teil wirklich ist. Nur die Schönheit des Modells verlockt dazu, trotz aller Fragmentarität nicht aufzugeben. Und die andere Linie: Gottes vergebende Gnade, mit der Gott antwortet, ist »schön«, sie terrorisiert nicht, sondern sie fasziniert, sie entstellt nicht, sondern hellt unsere Gesichtszüge auf. Diese Gnade feiern wir in unserer schönen Liturgie, und das gilt von J.S. Bach bis zur Osternacht, vom Kreuzzeichen bis zur Prozession an Fronleichnam. Denn Erlösung ist nicht Mechanik – durch Schönheit des Glaubens bezwingt Gott unser Herz. In diesem Sinne hat man auch immer die (Anti)Typologie Adam/ Christus als »schön« empfunden.

Die ganze Menschheit und die Fülle

1. Fastensonntag A

RÖMER 5,12–19 (20)

Was den Abschnitt Römer 5,12–15 (siehe dort) ergänzt: Es ist nicht sinnvoll, die Lesung schon in 5,19 abzubrechen und Römer 5,20 auszusparen. Römer 5,20a: Das Gesetz ist »dazwischen hineingekommen«, das entspricht Römer 4,13–16. Dort kommt aus dem Gesetz nur Zorn, nicht die Erfüllung der Verheißung. Denn die können nur Gerechte erlangen. Dass das Gesetz die Sünde »mehrt«, meint: Am Gesetz kann man die Sünde messen, sie tritt voll in Erscheinung, sie bekommt einen Namen und damit größere Macht.

Römer 5,20b: »Wo die Sünde viel geworden ist, wurde die Gnade noch mehr«, das ist nach dem apokalyptischen Schema gedacht, nach dem das Böse erst seine Talsohle erreichen muss, um dann durch die große Wende umso eindrücklicher und gründlicher abgelöst zu werden; Paulus weiß das von der eigenen Bekehrung her: Galater 1,13f. (»im Übermaß«). Das naheliegende Missverständnis, man solle kräftig drauflos sündigen, damit die Gnade umso reicher komme, wehrt Paulus schon hier durch die Vergangenheitsform der Verben ab. Ab 6,1 wird er es zum Thema machen und sagen: Nein, die Zeit der Sünde liegt hinter uns, weil wir getauft sind.

Nach den Evangelien liegt das Unvergleichliche, alle Dimensionen Sprengende in der Würde Jesu als dessen, in dem Gott erscheint (Menschensohn, Sohn Gottes, Herr). So überragt Jesus alle gewissermaßen in der Vertikale. Hier in Römer 5 wird dagegen die globale Menschheit in den Blick genommen, Jesus ist in der Horizontale der Geschichte nur mit Adam vergleichbar. Und überall, wo bei Adam von Sünde, Angst (vor dem Gericht) und Beschränkung (Tod) die Rede ist, steht bei Jesus Christus die überwältigende Fülle. Hier steht nicht seine Würde, sondern seine Wirkung im Vordergrund. Am 1. Fastensonntag wird uns damit etwas Tröstliches gesagt – uns hat diesen Satz einst ein Beichtvater bei Exerzitien für Abiturienten vor der Beichte zitiert –: Wo aber die Sünde blüht, da blüht die Gnade noch kräftiger. Das besagt: So groß ein Verbrechen eines Menschen oder eines Volkes auch sein mag, Gott ist größer, und zwar nicht nur quantitativ, sondern qualitativ entgegengesetzt. Die häufig gegebene Auskunft, Gott sei in Auschwitz gestorben, ist mit Blick auf die ganze Bibel Unsinn. Gott ist durch keine Sünde zu übertreffen, zu entmachten oder zu töten. Er ist wirksamer als jedes auch noch so mörderische Vergehen. Denn Gott ist der Schöpfer aller Dinge und Quelle des Lebens. Deshalb wird er als der lebendige Gott auch jedes Verbrechen überleben. Wenn Paulus hier immer wieder die größere Fülle betont, dann ist diese für ihn das eigentlich Messianische. Auch in schlichteren jüdischen Texten über die Endzeit (Apokalypsen) heißt es, Gott werde Korn und Wein und Öl sowie Kinder in Fülle schenken. Wir nennen das »messianische Fülle«, wenn Gott in seiner Freigebigkeit keine Grenzen mehr kennen wird. Auch wenn Christen nach Paulus noch nicht oder vielleicht nie eine Fülle dieser Art genießen werden, so bekommen sie doch Fülle in anderer Hinsicht wohl zu spüren: als Fülle von Leiden wegen des Glaubens, positiv als Fülle von Vergebung, von Charismen, von liebevoller Zuwendung Gottes, als Fülle von Gnade in den Sakramenten. Erste frühlingshafte Tage wird es bald geben. Die Blütenpracht erinnert uns daran, dass es auch bei Pflanzen und Tieren und so auch bei der Zeugung eines Menschen eine schier grenzenlose Fülle von Samen gibt, damit überhaupt Leben weitergeht. So ist es auch bei Kindern und Liebenden: Ungezählte Streicheleinheiten sind nötig, damit Leben weitergeht. Wer nur das Notwendigste gibt, verhält sich geradezu lebensfeindlich. Nur die Fülle lässt überhaupt daran denken, dass Leben weitergeht, pflanzliches, tierisches, menschliches und eben genauso Leben im Angesicht Gottes. Jedes Elternpaar, jeder Lehrer weiß, dass er nur dann seiner Berufung treu ist, wenn er ohne Maß schenkt. So ist es auch mit dem Messias Jesus Christus.

Herr Jesus Christus, wo immer wir auf dich stoßen, schenkst du in Fülle. Du kleckerst nicht, sondern du klotzt. Und selbst wenn wir voller Sünden sind wie ein an Scharlach Erkrankter, du bläst jeden Makel weg. Auch das größte Verbrechen ist für dich nur ein Spielball. Deshalb möchte ich mich stets gerne an dich halten und Christ sein, weil ich gewiss sein darf, dass du stärker bis als alle Schuld. Wegen Sündenvergebung und Auferstehung bin ich Christ. Beides hat mit Kraft und Herrlichkeit zu tun, nicht mit Verzagtheit. Zu Beginn der Fastenzeit betrachten wir uns wie die Kranken, die frisch in ein mittelalterliches Hospital »Zum Heiligen Geist« eingeliefert sind. Am Anfang jeder Therapie standen Beichte und Kommunion, denn es ging um den ganzen Menschen. Lass uns begreifen, dass die Beichte nicht schrecklich ist, sondern Sieg der Gnade, nicht altmodisch, sondern das Tor zur Heilung, nicht traurig machend, sondern geradezu übermütig. Denn du bist der Wunderarzt, der noch jede Krankheit geheilt hat

Der Frieden ist exklusiv göttlich

13. Sonntag im Jahreskreis A und – VV. 3–11 – Osternacht

RÖMER 6,3–4.8–11

Paulus schreibt in Römer 6 nicht einen Traktat über die Taufe, denn der Römerbrief ist kein theoretisches Lehrbuch der Dogmatik. Vielmehr ist es Paulus um die »Sünde« zu tun, und er will zeigen, dass die Christen ein für allemal ganz strikt von der Sünde getrennt sind, und zwar so strikt wie Leben und Tod unterschieden sind.

Nun ist das Wort »Sünde« im heutigen Deutsch schwer vermittelbar. Das Neuheidentum leugnet schlicht das Dunkel der Verlorenheit. Manche psychologischen Richtungen möchten lediglich von Entwicklungsproblemen statt von Sünde und Schuld reden. So will man den Menschen mit sich selbst versöhnen – ohne Gott. Dass aber jede Versöhnung von Gott kommt, hatte Römer 5,10f. dargestellt. Alle diese Probleme sind aufgetreten, weil nicht mehr klar ist, was Sünde eigentlich ist.

Sünde ist für Paulus keine Theorie, sondern praktischer Unglaube, sie ist ein aus vielen Mosaiksteinen (Tatsünden) zusammengesetzter Lebensweg, der Tun und Folgen, also Egoismus und Lebenszerstörung umfasst. So wie die Gleise zwischen Ost- und Westdeutschland nach 1945 zertrennt wurden und praktisch im Nichts endeten, kappt Sünde die Linien, auf denen Leben weiterzugeben ist. Sünde ist das Zerstören von Lebenslinien, Verkehrung dessen, was Gott will: Leben zu garantieren. Anders gesagt: Aus Blindheit und Egoismus produzieren wir jeden Tag alle Ingredienzien einer Kultur, die nach unten zeigt, einer Kultur des Todes. Weil Sünde Verstoß gegen die Spielregeln des Lebens (nichts anderes sind die Gebote Gottes) ist, deshalb sind für Paulus die Folgen eigentlich schlimmer als die Tat selbst. Denn die Folgen sind abgebrochene Gleise, Leben in Sackgassen. Es ist der Lebensstil, in dem wir die Gebote total vergessen. Dabei gilt freilich, dass Israels Gebote keine willkürlichen, zeitbedingten Erfindungen einzelner Menschen sind, sondern ebenso Offenbarung Gottes wie Summe der Weisheit der Völker. Prophetie und Weisheit – und zwar die Weisheit vieler Jahrhunderte aus allen Völkern des Ostens – kommen hier deckungsgleich zusammen. Weil für die Bibel Gott ohne Wenn und Aber der Gott des Lebens (und daher auch Arzt) ist, lehren die Gebote der Bibel, wie Leben gelingen kann. Sündigen bedeutet daher: Leben abstürzen lassen. Und weil es sich um einen Lebensstil im Ganzen handelt, deshalb ist für Paulus jeder Mensch ohne Christus einfachhin »Sünder«, nicht nur jeder Heide, sondern aus seiner Sicht, was ihm die Schrift bestätigt (Römer 3,10-19), auch jeder Jude. Und weil es sich um eine grundsätzliche Richtung des Lebens handelt, eben um einen bestimmten Lebensstil, kann diese planmäßige Zerstörung des Lebens nur durch eine grundsätzliche Kehrtwendung beendet werden.

An dieser Stelle unserer Überlegungen können wir erkennen, wie wichtig es ist, dass diese Kehrtwendung auch emotional heftig vollzogen wird. Es ist das Manko der Kleinkindtaufe, dass sich der Einzelne an diese radikale Kehrtwendung dann auf gar keine Weise mehr erinnern kann. Deshalb hat man schon in der Alten Kirche Taufgedächtnis und Osternacht verknüpft, also den wichtigsten Punkt des Kirchenjahres mit der zentralen Wende im Christenleben. Für viele Christen wurde eine Osternacht auch später in ihrem Leben zu einer neuen, zweiten Bekehrung. Für Joachim von Fiore († 1202) etwa wurde der Kontrast von Alt und Neu in der Osternacht zur Schlüssel-Einsicht über die Geschichte des Heils in der Abfolge von Altem und Neuem Bund. Eine Gegenprobe zu unseren Überlegungen bietet die Beobachtung, dass Römer 6,3–11 ein durch und durch österlicher Text ist (vgl. besonders V. 9). So wird Paulus in 1 Korinther 15,17 sagen, dass wir noch in unseren Sünden wären, wenn Jesus nicht auferstanden wäre. Denn das neue Leben, das vom Auferstandenen ausgeht, ist wie eine Vitalitätsspritze, die uns ganz neu auf die Beine stellt. Denn es gibt unserem Leben nicht nur eine neue Qualität, sondern einen neuen Mittelpunkt.

Nun ist es eine alte Streitfrage der Theologen, wie sich Paulus dazu stellt, dass Christen trotz dieser grundsätzlichen Kehrtwendung doch weiter sündigen. Mein Beitrag zu diesem Problem: Das Verhältnis zwischen Sakrament (Taufe) und christlichem Leben ist wie das zwischen Punkt und Gerade. Für die sakramentale Sicht ist alles in dem einen Punkt zusammengedrängt (*»complicatus«* würde Nicolaus Cusanus sagen), für die moralische Sicht liegt alles an der Entfaltung auf der Lebensstrecke, in einem längeren Prozess. Beides widerspricht sich nicht. Aber die punktuelle Ineinssetzung geht der Zeit und dem Rang nach voraus. In diesem Sinne ergänzt sich beides. Können solche »Kinder Gottes« noch verloren gehen? Es ist konsequent, wenn Paulus sagt, dass Gott den vernichten wird, der eben das, wodurch wir einzeln und miteinander Kinder Gottes sind, nämlich die Gemeinde als Tempel des Heiligen Geistes, durch Spaltung zerstört (1 Korinther 3,17).

Um den geschehenen Wechsel emotional tief zu begründen, stellt Paulus hier eine Deutung der Taufe vor, die so intensiv auf Jesus Christus und sein Geschick bezogen ist, wie sonst nirgendwo im Neuen Testament. Denn wer nur »auf den Namen« Jesu getauft wird, wird sein Eigentum und steht unter seinem Schutz, wer »aus Wasser und Geist neugeboren wird«, erfährt vor allem die neu schaffende Kraft des Heiligen Geistes. Nach dem Kolosser- und Epheserbrief sind die Getauften immerhin mit Jesus Christus auferstanden. Aber nur nach Römer 6 erleiden die Täuflinge bei der Taufe auch sakramental den Tod. Nach Epheser und Kolosser sind sie vor der Taufe tot, aber sie erleiden nicht in der Taufe den Tod. Der Deutung von Römer 6, in der der Täufling sowohl an das Sterben Jesu wie an seine Auferstehung gebunden wird, liegt mutmaßlich eine Deutung des Taufritus zugrunde. Berger/Nord übersetzen entsprechend: »Da wir bei der Taufe Jesus, dem Messias, übereignet wurden, haben wir auch teil an seinem Tod. [Das wird dadurch sinnfällig gemacht], dass wir in das Taufwasser hineinsteigen wie in ein Grab. Und wie der Messias aus Toten auferweckt wurde, indem Gottes Herrlichkeit ihn berührte, bekleidete und verwandelte, so sollen auch wir, [wenn wir aus dem Taufwasser wieder heraussteigen], ein neues Leben führen. Wenn wir also sein Sterben und seinen Tod [im Taufritus] nachvollziehen, soll und wird es mit seiner Auferstehung genauso sein.«

Das Sterben, von dem Paulus spricht, könnte demnach durch das Untertauchen symbolisiert sein. Im Unterschied zu Römer 3,25 geht es hier eindeutig um das Mitsterben mit Jesus. Also um einen Weg, bei dem der Täufling nicht allein von Jesu eigenem Tod »profitieren« kann, sondern bei dem er den Weg Jesu mitgehen muss. Denn Mitgekreuzigt werden heißt in Römer 6 konkret: So wie Jesus die Schande des Kreuzes ertragen hat, die Ausstoßung und Verstoßung, die Behandlung als Untermensch, so sollte auch jeder, der sich taufen lässt, sich radikal abkehren von dem bisherigen Lebenszusammenhang, sich ausstoßen lassen, er sollte die Werte umkehren und auf Macht, Besitz, Prestige und Gewalt verzichten. Denn das Wort »Kreuz« bedeutet vor allem Ertragen von Schande und Ehrlosigkeit.

Zusammenfassung: Im Zusammenhang mit »Sünde« haben wir gesehen, dass die Gebote der Bibel auf der Lebensweisheit von Jahrtausenden gründen. Die »Weisheit des Orients« zeigt sich in den ältesten sumerischen Tafeln und ägyptischen Texten. Die Bibel erkennt darin Gottes Weisheit und lässt sie sich in der Offenbarung neu schenken (und legitimieren). Auf der anderen Seite ist der Weg des Kreuzes auch eine Anti-Weisheit (1 Korinther 1), und die Gemeinschaft mit dem Gekreuzigten nach Römer 6 bedeutet eine Absage an traditionelle gesellschaftliche Werte – zugunsten eines Lebensstiles, den man Märtyrerethik nennen kann. Das geduldige Ertragen von Armut, Nicht-Ansehen und Machtlosigkeit ist kein Weg, sich in der Welt beliebt zu machen. Genau darin aber besteht Kreuzestheologie. Und wozu ist dieser Weg des Kreuzes gut? So und nur so gibt es Frieden. Frieden ist so selten, so kostbar und so sehr an außerordentliche, außergewöhnliche Bedingungen geknüpft, dass man ihn offenbar nur auf dem Weg Jesu erlangen kann.

Erhebt eure Häupter!

5. Fastensonntag A

RÖMER 8,8–11

Was hat die Auferstehung Jesu Christi mit unserer eigenen Auferstehung zu tun? Nirgends in den Passions- oder Osterberichten wird der Bogen geschlagen von Jesu Geschick zum Ende der Welt. Allein der Apostel Paulus und einige Schriften in seiner Nähe (Kolosser 1,18; Offenbarung 1,5) helfen hier weiter, und zwar entscheidend. Aus diesem Grund halte ich Römer 8,8–11 (neben 1 Korinther 15) für einen der ganz zentralen Texte des Neuen Testaments.

Paulus sieht die Verbindung zwischen Ostern und der Auferstehung der Christen in der einmaligen und grundlegenden Bedeutung des Heiligen Geistes für unsere endgültige Erlösung. Kein anderer Autor des Neuen Testaments vertieft den Glauben an den Heiligen Geist so grundlegend, wie es Paulus hier tut. Inspiration gewährt der Heilige Geist auch nach anderen, und zwar nicht nur bei vergangenen, auch bei gegenwärtigen Propheten. Er wirkt als reiner Geist auch die Exorzismen, die Vertreibung der unreinen Geister und Dämonen. Er wirkt das Wunder der Menschwerdung Jesu Christi und nach Offenbarung 11 sogar die Auferweckung der beiden Märtyrer. Er transportiert Philippus durch die Luft (Apostelgeschichte 8,39). Diese letztgenannten Texte sind schon Brücken zur paulinischen Theologie, denn hier gewinnt der Heilige Geist zusehends massive leibhaftige Kraft. Aber erst Paulus liefert die systematische Konsequenz: Der Heilige Geist ist zuerst die Kraft, die Jesus von den Toten auferweckt (8,11). Nachdem sich Gott beim Sterben Jesu verhüllt hatte, beschreibt Paulus mit der Auferweckung Jesu durch den Geist die Art, in der Gott in Jesus Christus wieder zu sich selbst kommt und Jesu Leiblichkeit so konsequent, nämlich mit der Konsequenz der Vertreibung des Todes, durchdringt wie nie zuvor. So wahr Jesu menschlicher Leib durch den Heiligen

Geist in Maria entstanden ist, so wahr ist in der Auferstehung Jesu die menschliche Natur vollends verwandelt und vergöttlicht. Insofern gehören Mariä Verkündigung und Ostern zusammen.

Aber Gottes Geist im Auferstandenen, das ist nur der erste Schritt. Den zweiten, vermittelnden Schritt erwähnt Paulus in Galater 1,16 und 1 Korinther 2,4: Der Apostel selbst erhält bei seiner Vision des Auferstandenen Anteil an diesem Heiligen Geist. Und wenn er das Evangelium verkündet, geht dieser Heilige Geist über auf die Menschen, die dem Apostel zuhören, erfüllt er sie mit der Kraft zu glauben. Beim dritten Schritt setzt Römer 8 wieder ein: Der Geist Gottes, der durch die apostolische Verkündigung in uns ist, wirkt Gehorsam und Erfüllung der Gebote und macht uns so gerecht (V. 10). Immer wieder betont Paulus, dass dieses Geschehen Gabe Gottes ist, dass Gott in uns wirken will und dass die Erfüllung des Gesetzes in Liebe (Worin sollte sie sonst bestehen?) eine Gabe des Heiligen Geistes ist. So hat der Heilige Geist nicht nur den toten Christus lebendig gemacht, sondern verwandelt auch tote Werke der Christen in lebendige, Gott gemäße. Daher wirkt der Heilige Geist in den Christen ganz schlicht Gerechtigkeit. Diese aber war seit alters die Voraussetzung der Auferstehung, jedenfalls dort, wo man eine Auferstehung nur der Gerechten kennt, und Paulus denkt hier nur an die Auferstehung der Christen zum Leben; alles andere liegt jedenfalls hier außerhalb seines Interesses.

Weil der Heilige Geist in den Christen Liebe (als Erfüllung des Gesetzes) wirkt, macht er sie gottähnlich. Und damit weicht der Tod von ihnen, sie erstehen auf und sind ganz öffentlich Gottes Kinder, was sie jetzt verhüllt waren. Denn der Heilige Geist war schon in ihnen und ließ sie beim Beten »Vater!« (Abba) rufen – aber die Veröffentlichung der Gotteskindschaft steht bei den Christen noch bevor (Römer 8,19), so wie sie bei Jesus zu Ostern geschehen ist (Römer 1,3f.). Man kann daher die paulinische Systematik wie folgt zusammenfassen: Gotteskindschaft ist grundsätzlich und immer mit dem Heiligen Geist verbunden. So sendet Gott seinen Sohn (Römer 8,3), und wie wir aus Lukas wissen, in der Kraft des Heiligen Geistes, er erweckt ihn als seinen

Sohn von Toten auf und bestätigt ihn vor den Zeugen (Römer 1,3f.). Der Auferstandene erscheint Paulus und gibt ihm so Anteil an sich, nämlich heiligen Geist. Paulus predigt den Heiden, und dabei geschieht dasselbe: Sie stecken sich an dem Heiligen Geist an, der durch Paulus wirkt. Diese Christen befähigt der Heilige Geist zu Gerechtigkeit und entzieht sie so der Herrschaft des Todes. Diese Kraft des Gottesgeistes wird in der allgemeinen Auferstehung der Christen sichtbar. So wird die Gotteskindschaft und Gottähnlichkeit aller Christen greifbar. Gott hat sein Werk vollendet, wenn er alle menschliche Kreatur mit seinem ewigen Leben erfüllt hat – Triumph des Lebens.

Dem modernen Leser mag es wie steile Systematik erscheinen. Für Paulus ist das die einzige Hoffnung, das herrliche Geschenk der Überwindung des Todes in der Gotteskindschaft. Paulus ist süchtig nach Gott, weil er süchtig nach Leben ist. Das Durchschnittsalter beträgt zur Zeit des Paulus 28 Jahre. Ganz anders als in unserer vergreisenden Gesellschaft, die oft eher todessüchtig erscheint und die vor allem ständig an der technischen Perfektion einer Kultur des Todes arbeitet, ist für Paulus die Frage nach Leben trotz allem Tod die entscheidende religiöse Frage. In den damaligen Mysterienkulten, auch im Mithraskult, geht es lediglich um eine Verlängerung und zeitweilige Intensivierung des irdischen Lebens. Bei Paulus dagegen ist die Frage nach Gott damit identisch, ob und wie Gott den Tod überwinden kann. Wenn Schweigen, Tod und Asche das Ende aller Menschen wäre, dann hätte der Schöpfergott und Gott Israels seine größte Herausforderung nicht bestanden. Die Erscheinung des Auferstandenen wird deshalb für Paulus zum Erlebnis der Berufung und Sendung, weil hier alle Fragen des Pharisäers Paulus, ob es denn stimme mit der Hoffnung auf Auferstehung oder ob sie bloße Theorie sei, mit einem Schlag beantwortet werden. Und zugleich (!) wird auch die zweite Grundfrage der Pharisäer beantwortet, ob und wie es der Mensch schaffen könne, endlich besser und gerecht zu werden, endlich Gottes Willen erfüllen zu können. Diese Frage bewegt auch uns jeden Tag, denn angesichts der Globalisierung wird die Frage nach Gerechtigkeit, sozialer Gerechtigkeit inklusive der Frage nach der Beendbarkeit von Krieg und Hass immer drängender. Paulus gibt darauf eine Antwort, die auf Pfingsten weist: Die Substanz von Ostern ist das Wirken des Heiligen Geistes im Auferstandenen, und genau diese Kraft des Heiligen Geistes macht es auch möglich, dass die Erfüllung des Gesetzes und des Willens Gottes für uns ganz leicht ist.

Das ist es wohl, was wir an allen großen Heiligen bewundern: die ihnen durch Gottes Gnade geschenkte wunderbare Leichtigkeit, glaubwürdig zu leben, transparent zu werden für Gott, der sie trägt. Weltverbesserer gab es viele, die meisten von ihnen ehrenwerte oder auch grausame Spinner. In der Einheit von Ostern und Pfingsten wird die entscheidende Frage nach der Verbesserung der Welt beantwortet, und zwar auf eine Weise, die an Grundsätzlichkeit nicht zu überbieten ist. Denn so sagt Paulus: Die Frage, wie es endlich bessere Menschen geben kann, ist so gravierend wie die Überwindung des Todes. Beides hängt negativ wie positiv zusammen. Negativ, weil Egoismus und Tod in derselben Haltung versteinern: auf die eigene Mitte, den eigenen Bauchnabel zu starren. Positiv, weil der Blick auf das Gegenüber, auf Gott, der uns die Hand ausstreckt, zugleich derselbe Gestus ist, den Jesus nach Lukas (21,28) so schön beschreibt, wenn er sagt: »... dann erhebt eure Häupter«. Denn wer das Haupt erheben kann, ist aus der Gefangenschaft befreit, immer auf sich selbst starren zu müssen.

Auferstehung erscheint vielen als Zumutung an den modernen Menschen. Ich will Ihnen sagen, was sie für mich ist: Dieser Glaube ist die einzige Alternative, er ist von hinreißender Kühnheit und von einer verwandelnden Kraft, die schon den ergreift, der nur beginnt, diese Möglichkeit zu ahnen.

Wie wirkt der Heilige Geist?

14. Sonntag im Jahreskreis A

RÖMER 8,9.11–13

In diesem Abschnitt liegen die Nervenstränge paulinischer Theologie blank zutage. Um die »Übersetzung« zu erleichtern, unterhält sich im Folgenden ein (theologischer) Laie (L.) mit dem Apostel Paulus.

L.: Verehrter Paulus, das meiste aus diesem Abschnitt verstehe ich nicht. Was heißt denn »Ihr seid nicht im Fleisch, sondern im Geist«? Was hat das mit Christus zu tun? Warum nennen Sie ihn nicht?

Paulus: Ich rede zu Menschen, die Jesus nie von Angesicht gesehen haben. Die sich deshalb auch mit einem »persönlichen Verhältnis zu Jesus« schwer tun. Deshalb rede ich von Bereichen oder Sphären, an denen jeder Mensch Anteil hat. Fleisch meint: kreatürliche Schwäche, Sterblichkeit, Begrenztheit, Suchtgefährdung, wenn man unter Sucht auch »Sünde« versteht. Und Geist meint demgegenüber den Wirkungsbereich des heiligen, kräftigen, vitalen Lebensgeistes Gottes. Beides, Fleisch wie Geist, sind Größen, an denen jeder Mensch, egal wo und wann er lebt, Anteil haben kann.

L.: Und woran merkt man das?

Paulus: Der Heilige Geist hat zu tun mit Begeisterung, damit, dass die Menschen aus sich herausgehen, herzlich sein können, dass sie neue Begabungen zeigen (Charismen), die für den Himmel Reklame machen können.

L.: Was heißt: Wer nicht den Geist des Christus hat, der ist nicht in ihm. Was ist das »in Christus« sein?

Paulus: Der Heilige Geist wird nicht »einfach so« empfangen. Viele Leute meinen, Johannes 3,8 »der Geist weht, wo er will«, beziehe sich auf den Heiligen Geist, der nicht an die Kirche und nicht an Jesus Christus gebunden sei. Aber in Johannes 3 ist der Wind gemeint, dessen rätselhaftes Wirken ein Bild ist für die Wirkung der Taufe. Nein, in meiner Theologie ist der Heilige Geist zunächst einmal gebunden an die Berufung zum Apostel. Weil diese durch den Herrn selbst geschah, wirkt seitdem in meinem missionarischen Tun Jesu Auferstehungsgeist. Er teilt sich mit, indem er bei den Adressaten der Mission zum Beispiel den Glauben weckt.

L.: Wie kommt denn der Auferstehungsgeist Jesu in uns hinein? Bei der Tauflehre in Römer 6 stand doch nichts davon?

Paulus: Sie haben recht. In der Tauflehre des Römerbriefes gehe ich auf das mutmaßliche Taufverständnis der Gemeinde in Rom ein. Da betone ich das Mitsterben, das Mitbegrabenwerden und die Teilhabe am Auferstehungsleben. Aber in der Gemeinde von Korinth, dort also, wo ich selbst die Grundlage des Christentums gelegt habe, spreche ich von der Geisttaufe, die sie alle empfangen haben. Und das geschieht beim Gläubigwerden. Beim Gläubigwerden wirkt der Heilige Geist auf beiden Seiten: beim Apostel als Rede und Wunderwirken, beim Empfänger als Verstehen und Kraft zum Ja-Sagen.

L.: Werden also nur die Christen auferstehen, denn die anderen haben den Geist doch nicht?

Paulus: Ich kann es nicht anders sehen. Denn der Geist Gottes ist an die apostolische Verkündigung gebunden. Deshalb versehe ich meinen apostolischen Dienst. Was Gott in seiner Macht am Ende darüber hinaus tun wird, das kann und muss ich nicht festlegen. Ich kann nur das Evangelium verkünden, und das lautet eben so: Jesus Christus ist der Herr. Nur der kann das sagen, der im Geschehen der Verkündigung vom Heiligen Geist erfüllt worden ist.

L.: Nun zum Praktischen. Was heißt »nach dem Fleische leben«?

Paulus: Wenn ein Mensch »nach etwas lebt«, dann meint das seine Ausrichtung auf Grundwerte, nach einem dominierenden Maßstab. Dieser Maßstab ist beim Leben nach dem Fleisch insgesamt alles das, was wir Werte mit frühem Verfallsdatum nennen. Denn »Fleisch« ist die Hinfälligkeit, Schwäche und Suchtgefährdung. Wer nach dem Fleisch lebt, der hat schwache, höchst vergängliche Werte im Blick. Dazu gehören Adel, Sattsein, Macht, Wissen und Sex. Also insgesamt Scheinwerte.

L.: Warum sagen Sie nicht einfach: Das ist Gottes Wille? Oder: Das befiehlt Jesus? Das will ich, Paulus?

Paulus: Weil das Wort »Fleisch« und ebenso »Geist« eben nicht nur eine Autorität nennt, der man schlicht gehorcht – das wäre einfacher Positivismus, als wenn man heute sagen würde: Alles, was der Bischof gesagt hat und weil er es sagt, ist zu befolgen. Sondern ich gebe ein Signal über den Wert des Angestrebten. Jedes Handeln betrachte ich vom Ziel her: Kann es ewiges Leben erwirken – oder nicht?

L.: Warum argumentieren Sie nicht zurückhaltender, warum geht es immer gleich um Tod oder Leben? Das glaubt doch keiner?

Paulus: In der ganzen Bibel geht es immer wieder um Leben oder Tod. Das ist eigentlich nichts Abstraktes, besonders weil die Kategorie der Vergänglichkeit enorm wichtig ist. Bedenken Sie doch: Ein Mensch wird bei uns rund 28 Jahre alt. Mehr ist nicht drin. Da ist das ewige, unvergängliche Leben schon ein Thema.

L.: Warum muss das Handeln so nach gut oder böse beurteilt werden? Gibt es keine Grautöne dazwischen? Wäre das nicht humaner? Dualismus ist doch außer Mode!

Paulus: Nein, Grautöne versuchen wir zu vermeiden. Wissen Sie, grau haben wir genug im Alltag. Mit grau meine ich nicht nur die Regentage, sondern auch die Undurchsichtigkeit und Undurchschaubarkeit vieler unserer Motive, die in der Regel sehr gemischt sind. Da finde ich es sehr befreiend, wenn irgendwo gesagt wird, was sein soll und was keineswegs sein darf. Die Kompromisse finden die Menschen schon selbst.

L.: Warum soll die Auferstehung Jesu solche gewaltigen Folgen für jedermanns Handeln und Hoffen haben? Das ist doch in den Evangelien gar nicht angedeutet?

Paulus: Die Evangelien beschreiben die Auferstehung Jesu als Antwort Gottes auf die Kreuzigung, als bestätigenden Abschluss seiner Verkündigung. Für mich dagegen und für alle Heidenchristen in meinen Gemeinden ist die Auferstehung Jesu der Anfang, der Anfang des Christseins, der Kirche, der Sakramente, der Versöhnung, Verwandlung und Vollendung der Welt. Ostern, besonders dann der Abschluss von Ostern im Pfingstfest, besteht in der Verähnlichung mit Gott, mit Jesus Christus, durch den Heiligen Geist.

L.: Wieso wirkt der Heilige Geist Gerechtheit? Dass er Zungenreden bewirkt, kann ich noch begreifen, aber etwas Moralisches wie Gerechtheit?

Paulus: Der Heilige Geist ist Gottes Wirken in uns. Da er vor allem Kraft ist, kann man ihn mit dem Rückenwind beim Fahrradfahren vergleichen. Wie kann man endlich Gottes Gebote tun?

L.: Warum sind Sie, verehrter Herr Paulus, hier so wenig praktisch?

Paulus: Weil die Praxis doch immer die Einsicht in die eigene Hilflosigkeit nach sich zieht. In der Praxis sind wir alle mangelhaft. Wir Juden sind immer extrem realistisch. Gerade weil wir an den einen heiligen und vollkommenen Gott glauben. Im Glauben an Jesus Christus wird unser Blick »empor gelenkt«. Ich finde, das ist sehr praktisch

L.: Weil die Grundstimmung das Entscheidende ist.

Paulus: Für Christen ist die Grundausrichtung der Gefühle himmelwärts gerichtet.

L.: Gibt es denn da einen weiteren tragenden Zusammenhang?

Paulus: Die weitere Perspektive, unter der das geschieht, wird uns dann ein syrischer Kirchenlehrer des 6. Jahrhunderts beschreiben: Es geht um Auferstehung, die Geburt der neuen Welt. Und diese vollzieht sich im Bild der Schwangerschaft, ähnlich wie ich es in Römer 8 schildere: »Die Erde klagt über das Hinscheiden der alten Welt, und unter den Wehen der neuen Welt kniet sie nieder, um sie zu gebären. Etwas ist hinter der Welt, es pocht und drängt sie und gestattet ihr nicht, zur Ruhe zu kommen in ihren Werken. Daraus entsteht die neue Welt. Schon eilt sie herbei und drängt die alte, kraftlos geworden, ihr ihren Platz zu überlassen« (Jakob von Sarug, 6. Jh.). Eine Frau gebiert auf Knien (auch die frühneuzeitlichen Gebärstühle sind noch so gebaut). Das Knien geschieht unter Klagen und Schmerzen, Paulus nennt es Stöhnen. Doch das, was pocht und drängt, ist das neue Leben. Das Neue will geboren werden. Schöner kann man es nicht sagen.

Der Heilige Geist wirkt Gotteskindschaft

Dreifaltigkeitssonntag B

RÖMER 8,14–17

Anhand dieses gewichtigen Abschnitts kann man einigen Grundlinien paulinischer Systematik nachspüren: Da ist zunächst der paulinische Grundsatz: Durch den Heiligen Geist und nur durch ihn wird ein Mensch Kind Gottes. Dieser Grundsatz ist zum ersten Mal überhaupt belegt im Buch der Jubiläen (frühjüdische nicht-kanonische Schrift, 2. Jhd. V. Chr.) 1,23f.: »Und ich werde ihnen schaffen einen heiligen Geist. Ich werde sie rein machen. Und es werden anhängen ihre Seelen mir und allem meinem Gebot. Und sie werden mein Gebot tun. Und ich werde ihnen Vater sein, und sie werden meine Kinder sein.« Hier handelt es sich um eine Verbindung von Ezechiel 36,25–28 mit der sogenannten Bundesformel. Die hier zuerst belegte Verknüpfung von Gotteskindschaft und Heiligem Geist gilt dann grundsätzlich im Neuen Testament. Denn wo immer das Mittel oder der Weg angegeben wird, wodurch ein Mensch Kind Gottes wird, ist es der Heilige Geist. Das gilt zunächst für Jesus. Er wird Gottes Sohn über die Empfängnis durch den Heiligen Geist (Lukas 1). Er wird bei der Taufe durch den Heiligen Geist zum Sohn Gottes erklärt (Markus 1), und nach Römer 1 aufgrund der Auferstehung von den Toten öffentlich als Gottes Sohn vorgestellt, und zwar »aus dem Geist der Heiligkeit«. Denn Auferstehung wird gleichfalls immer durch den Heiligen Geist bewirkt. Der theologische Grund dafür ist, dass niemand dem Vater ähnlicher ist als das Kind. Die Ähnlichkeit mit Gott aber wird durch den Heiligen Geist bewirkt. Also wird man Kind Gottes stets durch den Heiligen Geist.

Zugleich wird gerade an den Texten über Jesus Christus als Gottes Sohn deutlich: Gottes Kind zu sein ist kein unbeweglicher Zustand, sondern umfasst verschiedene Stadien: Entstehen im Mutterleib, öffentliche Präsentation, Auferstehung, Präsentation vor den Engeln. Bei uns Christen gilt Entsprechendes von Taufe, Leiden und Auferstehung. »Leiden« deshalb, weil gerade nach Römer 8 vor dem Offenbarwerden der Kinder das Leiden steht, das Paulus mit Wehen vergleicht. Der Heilige Geist ist Gott, sofern er die trennenden Unterschiede aufhebt. Hier in Römer 8 betrifft das die Unterschiede zwischen Gott und Mensch, aber auch zwischen Jesus Christus und den Christen.

Ein zweiter Schritt ist die paulinische These, dass der Heilige Geist sich bei den Christen als Geist der Kindschaft äußert, indem wir Christen Gott im Gebet mit »Abba, Vater« anreden. Ganz ähnlich äußert sich Paulus im Galaterbrief (4,6). Auch dort ist dieser Ruf Ausweis der Gotteskindschaft. Paulus ist der Erste, der diesen Gebetsruf zitiert. Von Jesus ist er nur in Markus 14,36 belegt. Es ist wahrscheinlich, dass die paulinischen Gemeinden das Wort »Abba« als unübersetzbaren Eigennamen Gottes verstanden haben, etwa in dem Sinne »unser Gott heißt Abba«. Denn an beiden Stellen, in Römer 8 und Galater 4 bringt Paulus »Abba, Vater« als vollen Wortlaut des Gebetsanrufs. Ähnlich sagten die Griechen nämlich zu ihrem obersten und wichtigsten Gott »Zeus, Vater«. Und analog zu »Zeus, Vater« werden die paulinischen Gemeinden, die ja im Unterschied zu Paulus kein Aramäisch verstanden, das »Abba, Vater« aufgefasst haben. Im Übrigen ist in den Targumen, den aramäischen Übersetzungen des Alten Testaments, gerade in den neu dazugesetzten Gebeten die Anrede »mein Vater« oder »unser Vater« geläufig, wie wir sie vom »Vater unser« her kennen. Die Vater-Anrede selbst war also keineswegs einzigartig, wie man aufgrund von Römer 8 vielleicht denken könnte. Aber das absolute »Abba«, »Vater« ist bei ihm zuerst zu finden. Paulus setzt es ab vom Sklavenstand. Denn Sklaven müssten »Herr« sagen und nicht »Vater«. Nun haben wir freilich vor allem »Herr« bewahrt. Auch Paulus selbst nennt sich ja weiterhin »Sklave« Jesu Christi und jedenfalls Jesus Christus seinen Herrn. Dennoch ist es sehr verwunderlich, dass trotz der wiederholten Bezeugung im Neuen Testament die Gebetsanrede »Abba« in der Liturgiegeschichte keine nennenswerte Rolle spielt, obwohl doch »Halleluja«, »Hosianna« und andere hebräische Wörter den Weg in die Liturgie gefunden haben. War es die Angst vor dem Zungenreden, die es verhindert hat, dass »Abba« sich durchsetzte?

Die dritte Einsicht, die der Apostel Paulus uns hier vermittelt, ist die christologische von 8,17. Hier werden zwei argumentative Schritte vollzogen: Wer Kind ist, der ist auch Erbe. Dieser juristische Grundsatz wird in Erinnerung gerufen. Dass die entscheidende Voraussetzung fehlt, nämlich der Tod des Erblassers – Gott Vater ist schließlich nicht gestorben! –, übergeht Paulus. Ihm geht es um den juristischen Status, und da sind die Kinder erbberechtigt, egal ob vor oder nach dem Tod des Vaters. Was aber sollten Kinder Gottes erben? Nun, die Rede vom Erbteil für Gottes Volk oder Gottes Kinder hat ihren Ursprung in der Deutung der Landverheißung (zum Beispiel Psalm 79,1; Exodus 15,17). Diese konnte auch als Erbbesitz ausgelegt werden und wird zunehmend im Sinne von »himmlischem Erbe« verstanden. In der Sprache, mit der die Bekehrung zum Judentum (Proselytismus) beschrieben wird, ist regelmäßig von einem Erbe für die Bekehrten die Rede – wohl auch deshalb, weil Menschen, die zum Judentum übertraten, von ihren Familien enterbt wurden. Der zweite gedankliche Schritt lautet: Jesus Christus ist in hervorragender Weise Sohn Gottes. Wenn wir alle aber auch Kinder Gottes sind, dann sind wir Miterben mit Jesus Christus. Denn wir sind mit ihm zusammen Kinder Gottes, er ist unser älterer Bruder. Aber diese enge Gemeinschaft mit Jesus Christus hat ihren Preis: Sie besteht in der Gemeinschaft des Leidens und der Verherrlichung. Wer geglaubt hätte, die gemeinsame Kindschaft hätte lediglich einen angenehmen Aspekt, nämlich »Herrlichkeit« als Inbegriff von ewigem Leben und Gottähnlichkeit, der hat sich getäuscht. Die Abfolge von Leiden und Herrlichkeit ist gerade bei Paulus und in seinem theologischen Umfeld (1 Petrus, Hebräer, Lukas) ein Schlüssel zum Verstehen des Geschicks Jesu. Der Ursprung dürfte eher profan sein und in der militärischen Ideologie liegen, wonach Leiden die Voraussetzung für Ehre ist – was freilich nur im Glücksfall zutreffen dürfte. Leiden der Christen aber ist in Römer 8 ein gewichtiges Thema. Denn Paulus sagt: Ihr Christen wundert euch wohl darüber, dass es jetzt, da ihr Christen geworden seid, zunächst einmal weder euch noch der Welt besser geht, sondern eher schlechter. Doch ihr habt schon den Heiligen Geist, und der ist eine erste »Anzahlung« Gottes auf eine Zukunft in Herrlichkeit.

Paulus liefert hier wichtige Aussagen über die Dreifaltigkeit. Das Wichtigste: Dreifaltigkeit meint: Wir finden Gott als den Dreieinigen mitten in den Nöten und Hoffnungen unseres alltäglichen Lebens. Denn unser Leiden um des Glaubens willen bedeutet Gemeinschaft mit Christus und damit allerdings nicht Trostlosigkeit, sondern Anwartschaft auf Herrlichkeit. Und genau das können wir auch an einer zweiten Stelle in unserem Leben spüren: Wenn wir beten, dürfen wir darauf vertrauen, dass es das Beten von Kindern ist, und welcher Vater könnte schon das Schreien seiner Kinder überhören? Dreieinigkeit bedeutet daher: Leiden auf Hoffnung hin, Gebet aus der Kraft des Geistes und die Gewissheit, dass der Vater im Himmel unser Schreien hört. Gott hat sich uns als der Dreieinige gezeigt, damit wir auf diese dreifache Weise seine verbindliche Nähe spüren. Oft fragen Menschen danach, wo Gott sei und ob er sich denn ganz zurückgezogen habe. Nein, sagt Paulus, er ist uns im Gegenteil nahe wie nie zuvor. Und das ist nicht nur »einfach« bezeugt, sondern dreifach, so dass dem jüdischen Zeugenrecht Genüge getan ist. Und jeder kritische Mensch muss auch heute sagen: Auf etwas, das dreifach so plausibel bezeugt ist, kann ich mich einlassen. Dreifaltigkeit Gottes reicht hinab bis in unser Leiden und in die vertrauensvollen Bitten, die wir vor Gott tragen. Und auch wenn wir nicht wissen, wie wir beten sollen, der Heilige Geist trägt unser Gebet als Anwalt und Mittler vor den himmlischen Vater.

Über Grenzen springen

15. Sonntag im Jahreskreis A

RÖMER 8,18–23

Für ein Schachspiel sind gewöhnlich schon die ersten Züge entscheidend. Lassen Sie uns nachdenken über das Schachspiel unseres Lebens, das Schachspiel der Weltgeschichte.

Auch in diesem Spiel sind die ersten Züge schon getan. Gott hat eine Anzahlung gegeben, Heiligen Geist, was immer nichts anderes bedeutet als dies: dass Grenzen fallen. Schengener Abkommen zwischen Gott und Mensch, Mensch und Mensch. Dabei hat jeder seine besondere Gabe, über die Grenzen zu springen.

Was die Grenzen zwischen Mensch und Mensch angeht: Meine Frau hat mir neulich geschrieben: Dass das bitte nie aufhöre. Mit »das« meinte sie: diese Liebe. Gott hat, damit wir wissen, dass es nie aufhört, einen notariellen Vertrag zwischen sich und uns geschlossen. Daher reden wir vom Neuen Bund, zum Beispiel beim Abendmahl.

Zum Stichwort »Anzahlung«: Die Rabbinen sagen, Honig ist 1/60 des Manna, Schlaf ist 1/60 des Todes, Sabbat ist 1/60 der künftigen Welt, und wenn Menschen sich versöhnen, ist es 1/60 der künftigen Welt, der neuen Schöpfung

Unser Einwand: Aber die Verhältnisse ändern sich ja doch nicht. Eines Tages sind wir alt und tot, erleben es ja doch nicht mehr, es, die neue Welt, das Reich Gottes. Dagegen sagt Paulus: Nur eines ist radikal vergänglich: Die Ungerechtigkeit der Welt und vielleicht auch ihre Täter. Freilich auch hier ist der Augenschein anders. Um Macht geht es in der Weltgeschichte, und der größte Machthaber ist der Tod.

Doch für uns steht am Ende nicht die Falle namens Tod, sondern alles, was wir – wie Liebe – weggeben, ist bei Gott aufgehoben wie in einem Pfandhaus. Und wenn wir unser Herz weggeben in Liebe, bewahrt Gott eben dieses Herz. Alles, was wir an Güte weggeben, sammelt der gute Gott jeden Abend ein und hebt es auf für uns. Der Tod, der uns alle betrifft, ist die äußerste Herausforderung des Lebens. Aber vielleicht ist er nicht der Sieger, sondern das zerbrechliche, gequälte Leben. Weil Gott auch sonst das scheinbar Schwächere mehr liebt. Der Unterschied: Das neu geschenkte Leben nach dem Tod ist nicht mehr dasselbe. Wir fragen: Wie wird es sein? Antwort: Reine Gnade.

Unser Text spricht von Wehen. Das Leben beginnt mit Schmerz und endet in der Regel mit Schmerz. Schmerz am Anfang und Schmerz am Ende – wie zwei Cherubim, die den Paradiesgarten des Lebens bewachen. Oft ist der Weg zwischen dem ersten und dem zweiten Cherubim nur kurz. Wir fragen: warum diese Pein, auch für Tiere?

Je individueller ein Lebewesen ist, umso stärker wird es wohl den Schmerz spüren. Denn gerade Geburt und Tod, individuelle, unvertretbare Akte jedes Einzelnen, sind so intensiv mit Schmerz ausgestattet. Ein Stein leidet nicht, eine Pflanze wohl schon mehr, Tiere und Menschen am meisten.

Sollte man nicht lieber, wenn es so ist, das Personsein aufgeben? Die christliche Antwort: Wenn Schmerz und eigenes, persönliches Leben so zusammenhängen, könnte es da nicht sein, dass all der Schmerz in diesem Leben, auch der beim Tod, dazu dient, das wir selbst unauslöschlich geprägt werden, so dass wir eben wir selbst werden? Wenn der Sinn des schmerzhaften Seins in der Welt jeder Mensch selbst ist, der dann um keinen Preis verloren gehen darf, dann könnte ja die eigentliche Tat Gottes darin bestehen: Wenn er schon den Schmerz nicht verhindern kann – der gehört zur Struktur dieser Schöpfung –, dann doch die so Geprägten zu bewahren. Ist dann nicht aller Schmerz wie die Wehen – eine Station vor der Freude über das dann endgültig gewonnene Leben?

Auferstehung als Bewahrung, Bergung, Rettung aller Einzelnen nach allem Schmerz? Ich werde geprägt durch die Leiden. Aber gerade in all diesen schmerzhaften Grenzen will Gott mich bewahren. Warum ist das alles so teuer erkauft? Keine Antwort. Fragen wir lieber: Wozu? Dann antwortet Paulus: Wehen sind dazu da, dass neues Leben sein kann. Das Leiden der ganzen Welt ist wie Wehen. Das Ziel aller Schmerzen jetzt ist die unverbrüchliche Bewahrung in allem Schmerz, trotz allen Schmerzes, durch allen Schmerz hindurch. Gott wird dann abwischen alle Tränen von unseren Augen.

Ein Toten-Gebet der syrischen Christen ist für mich einer der Texte des Jahres: Herr, du hast uns in deiner Güte erschaffen, in deiner Weisheit zerstört, erwecke uns auf in deinem Erbarmen.

Ein hartes Gebet: In deiner Weisheit hast du uns zerstört. Das kann man nur so mutig sagen, wenn man auf die Auferstehung hofft. Mit glühender Liebe daran hängt, dass sie die Mitte und das Ziel ist, denn auch jetzt schon geht es neben Zerstörung immer auch um Auferstehung.

Am 23. November 1941 notiert Ernst Jünger in seinem ersten Pariser Tagebuch: »In auswegsloser Umstellung soll man sich zu erkennen geben wie ein Kriegsschiff, das seine Flagge zeigt.« Ein schöner Satz, er gilt für uns Christen in dieser Gesellschaft von Neuheiden. Er gilt aber noch tiefer für uns Christen im Angesicht des Todes, denn es ist klar, der Tod ist der Weltherrscher. Flagge zeigen angesichts des Todes heißt: sich zur Auferstehung bekennen. Zwischen Lachen und Weinen die Gewissheit letzter Unverletzlichkeit.

Ein Pfarrer hat mir neulich erzählt, er habe vor einiger Zeit kurz nacheinander lange am Sterbebett einer alten Frau gesessen und dann am Wochenbett seiner eigenen jungen Frau, um die Geburt seines Kindes mitzuerleben. Und beide Erfahrungen hätten sich ineinandergeschoben. So dass er dann, als die Frau gestorben war, der Trauergemeinde von seinem Sitzen am Wochenbett erzählen konnte, denn von daher habe sich auch das Sitzen am Sterbebett erschlossen. Er habe das Sterben als etwas Ähnliches erlebt, als schmerzvolle Anstrengung auf eine große, lösende Befreiung hin.

Die ganze Schöpfung erwartet Befreiung.
Unvergleichlich mutig geht Paulus aufs Ganze. Christsein macht nicht Halt bei den Christen. Schon gar nicht nur in unserer Psyche oder in unserem sogenannten Selbstverständnis. Sondern das, was Gott hier begonnen, geht weit über uns hinaus und zielt auf die Verwandlung der Welt.

Ein ungeheuerlicher Anspruch: Was am Kreuz und in unseren Herzen begonnen hat, Versöhnung und Heiliger Geist, ist so neu und so mächtig, dass es die ganze Welt erfassen wird. Befreiung von der Vergänglichkeit, Verwandlung in Gottes Herrlichkeit, Aufhebung aller Grenzen.

In der ganzen langen Debatte um die Deutschen und den Holocaust ist es keinem Menschen eingefallen darauf hinzuweisen, dass vielleicht eine Schuld so unermesslichen Ausmaßes eine theologische Dimension hat. Und dass Christen und Juden ja hoffentlich einen gemeinsamen Gott haben, der nicht nur der ist, vor dem Schuld bekannt wird, sondern auch der, der mit Vergebung identisch ist. So dass nicht nur immer moralische Konfrontation mit Schuld sein wird und immer nur Konfrontation, sondern, wenn Gott das schenkt, eines Tages auch das Wunder der Vergebung, die menschenunmöglich ist, aber eben deshalb Chefsache Gottes. Und in einem so großen ehedem christlichen Land wagt niemand das zu sagen. Stattdessen starren wir voll Ängstlichkeit auf den Zustand der Kirche, kreisen um den Bauchnabel, Pfarrer führen Prozesse gegen ihre Kirche, weil sie nicht mehr das volle Weihnachtsgeld bekommen. Wir haben jedes Augenmaß verloren. Was Paulus sagt, das können wir gar nicht fassen, das ist alles strikt unvorstellbar. Denn er redet von Gott.

Wenn schon das Weltall für uns unfasslich, unvorstellbar groß ist, wie groß muss dann erst der Schöpfer sein. Und wenn er selbst sich uns gibt als Angeld, als Liebe und Heiligen Geist, wie unfasslich ist dann erst seine Liebe. Dass der große, unfassliche Gott mit uns zu tun haben will, das ist das Wunder über alle Wunder. Die Zisterzienser, vor 900 Jahren gegründet, wollten und wollen eben dies: in der Gegenwart Gottes leben, der Liebe zu Gott nichts vorziehen, sondern Gott entgegengehen.

Darüber zu staunen, ist der Anfang der Weisheit. Augustinus schildert sie:

Du hast gerufen, geschrieen und so meine Taubheit durchbrochen.

Du hast geleuchtet als Fackel und Glut und so meine Blindheit verscheucht.

Du hast als lebendige Lebensflamme mich angeweht, und ich begann, Luft zu holen und zu atmen vor dir.

Ich habe ein wenig gekostet, und jetzt habe ich Hunger und Durst.

Du hast mich angerührt, und ich bin entbrannt in Sehnsucht nach deinem Frieden.

Ökologische Theologie

Pfingsten am Vorabend A

Römer 8,22–27

Das bestimmende Verb dieses Abschnitts möchte ich nicht mit »seufzen«, sondern mit »stöhnen« übersetzen. Denn im modernen Deutsch ist etwa ein Viertel der Belege für Seufzen positiven Inhalts (Seufzer der Erleichterung; befreiender, wohliger Seufzer). Das aber ist in Römer 8 keinesfalls gemeint. Paulus meint das Stöhnen, und zugrunde liegt das Bild einer Schwangeren, die unter Wehen stöhnt. Das geht aus Vers 22 hervor, denn Paulus spricht hier davon, dass die ganze Schöpfung »mit in Wehen liegt«. Das Bild der Endphase der Schwangerschaft kommt aus der damaligen Apokalyptik, auch Johannes 16,21 kennt das Bild (»Wenn eine Frau gebiert, empfindet sie Schmerz und Pein, weil ihre Stunde gekommen ist ... denkt sie nicht mehr an ihre Drangsal«). Immer aber verbindet sich mit dem Bild der Wehen auch die wunderbare Abfolge von großem Schmerz und freudigem Ereignis. Das meint auch Paulus, der in diesem Kapitel so oft vom Stöhnen spricht.

Die weit über Paulus hinaus bis in die jüngste Gegenwart reichende Bedeutung dieser wenigen Zeilen beruht darauf, dass Paulus die ganze Schöpfung einbezieht in das endzeitliche Leiden Jesu Christi und der Christen.

Die Leidensgemeinschaft mit der ganzen Schöpfung ist darin begründet, dass sie mit dem Menschen die Versklavung durch die Vergänglichkeit teilt. Daher gilt: Der Mensch ist versklavt unter die Vergänglichkeit, so auch die Schöpfung. Und: Der Mensch wird befreit werden von dieser Sklaverei – so auch die Schöpfung. Und bis dahin gilt: Der Mensch stöhnt in der Sklaverei, so auch die Schöpfung. Umstritten ist, wer die Schöpfung dieser Sklaverei unterworfen hat. War es der Mensch oder war es Gott selbst? Der Mensch sollte sich ja die

Schöpfung untertan machen (Genesis 1,26), oder hat Gott sie ihm mit seiner Anordnung untertan gemacht (Genesis 1,26.28.)? Hatte sie dann auch an seinem Geschick Anteil? Geschah das nach dem Prinzip »mitgefangen – mitgehangen«? Die außermenschliche Schöpfung trug ja am Sündenfall keine Schuld. Daher wurde sie auch »gegen ihren Willen« und »auf Hoffnung hin« unterworfen. Also doch weil Mensch und Umwelt in einem Boot saßen und sitzen?

So ist Drangsal das Merkmal aller Kreatur, und zwar in konzentrischen Kreisen. Im Mittelpunkt steht Jesus Christus, dann die Christen, dann die Menschen allgemein, dann die ganze Schöpfung. Alles ist unsägliches Leiden; der heutige Leser denkt an Reinhold Schneiders »Winter in Wien«. Doch im Unterschied dazu ist für Paulus die Zeit der Wehen begrenzt und wird abgelöst durch das Sichtbarwerden der Kinder Gottes. Die Befreiung von all den Leiden am äußersten Ende geschieht nicht irgendwie, sondern durch die Wirklichkeit der »Kindschaft« (8,23). Gewiss, die Schwangere gebiert das Kind. »Kind« ist das Ende der Wehen. Für die Christen bedeutet das Kindsein am Ende: ihrem himmlischem Vater auch durch die Qualität des Leibes ähnlich zu sein. Denn die theologische Pointe bei der Rede von Kindheit ist stets die Ähnlichkeit (mit Gott, dem Vater). So sagt es Paulus in Römer 1,4: Dass Jesus Gottes Sohn ist, wird bei seiner Auferstehung durch den Heiligen Geist öffentlich sichtbar gemacht. So ist es auch bei den Christen: Das Sein geht der öffentlichen Sichtbarkeit voraus. Kinder sind sie jetzt schon (8,15), aber erfahrbar wird dieses erst nach den Wehen.

Eine besondere Bedeutung hat in der Zeit der Wehen der Heilige Geist. Paulus scheut sich nicht zu sagen: Jesus Christus ist zur Rechten Gottes »im Himmel« und dort unser Anwalt. (Das kann man getrost auch gegen eine falsch verstandene und allzu persönliche Christus-Frömmigkeit ins Feld führen!) Auf der Erde aber ist der Heilige Geist bei uns, er ist hier unser Anwalt. Er ist der Dolmetscher unserer Gebete für Gott. Der Heilige Geist war also nicht nur Dolmetscher vom Hebräischen ins Griechische (bei Entstehung der Septuaginta nach der jüdischen Septuaginta-Legende) und nicht nur zu Pfingsten (in jede der Sprachen, deren Vertreter dort standen), sondern auch zwischen menschlicher Klage und Gott.

Anhand von Römer 8,26–28 fällt auf, wie stark der Mensch in der Sicht des Apostels Paulus durch Sprache bestimmt ist. Das ist auch im frühjüdischen Gottesdienst der Fall, wo das Psalmensingen die Eintrittskarte in die Gemeinschaft der Engel ist.

Der Heilige Geist vertritt uns vor Gott in der Sprache des Himmels, die kein Mensch aussprechen kann (so sind die »unaussprechlichen Seufzer« nach 8,26 zu deuten). Man darf fragen: Warum ist das nötig? Kann Gott nicht auch jeden in seiner Sprache verstehen? Antwort: Eine »andere Sprache« ist für Paulus nicht im philologischen Sinne von anderem Lexikon und anderer Grammatik interessant, sie ist auch nicht in Schnellkursen zu lernen. Sondern Sprache ist für ihn und die ganze Generation der Apostel ein exklusiver und exakter Ausdruck des Seins. Wer anders ist, hat eine andere Sprache, und zwar als der andere. Der Mensch ist nicht Gott und umgekehrt. Deshalb hat Gott eine andere, für unsere schwache (V. 26: Schwäche) Menschennatur unerreichbare Sprache. Wenn der Heilige Geist dolmetscht, dann nicht weil Gott unser Deutsch nicht verstünde, sondern weil alles, was wir sagen, durchtränkt ist von unserer Hinfälligkeit: Es ist ideologisch und nicht wahrhaftig, es ist interessegeleitet und nicht gerecht, es versucht zu beeindrucken statt wirklich besser zu sein, wir versuchen uns zu rechtfertigen statt Gott zu loben, zu vertuschen statt zu bekennen. Die Korrumpiertheit unserer Natur erstreckt sich gerade bis in unser Beten hinein, wo sie zu einer Anti-Aufklärung führt. In diesem Geflecht von Lügen und Vernebelung brauchen Menschen durchaus den Heiligen Geist. So wie nach 1 Korinther 2,4f. der Glaube durch den Heiligen Geist bewirkt wird, ist es in Römer 8,15f.26f. wiederum der Heilige Geist, der auch unserem Beten den Charakter himmlischer Kompatibilität geben kann. Übrigens geht es auch beim Opfern und Fasten später immer darum, dass allein Gott selbst es für sich selbst akzeptabel machen kann. Direkt der Heilige Geist wirkt auch so beim

Opfer Jesu Christi nach Hebräer 9,14 (Christus brachte sich durch den Heiligen Geist Gott dar). Daher kann man generell formulieren: Was auch immer wir Gott anbieten möchten, unser Gebet, unsern Gehorsam, unsern Glaube, unser Opfer – alles das bedarf der grundsätzlichen Sanierung und Heiligung durch Gott selbst. Dass sie uns verheißen ist, darin beruht ein wichtiger theologischer »Fortschritt« des Christentums gegenüber dem Judentum.

Paulus spricht hier vom Heiligen Geist als Dolmetscher, so wie er an anderer Stelle vom Feuer spricht, das seine Werke wohl vernichten wird, so wie wir trotz Gotteskindschaft noch sterben müssen. Denn noch sind wir nicht als Gotteskinder offenbar.

Aber bedeutet nicht Gottes Gnade und Erbarmen, die der Christ empfangen hat, doch eine neue Unmittelbarkeit zu Gott? Oder anders gefragt: Warum sieht sich Paulus genötigt, gerade hier (und sonst nie!) den Abstand zwischen Gott und Mensch so stark zu betonen? Paulus kämpft offenbar um die Glaubwürdigkeit seines Evangeliums. Das kann er nur tun, wenn er das schon Erreichte nicht verschweigt – aber das noch Ausstehende ehrlich zugibt. Denn sonst könnte man stets einwenden, noch nichts sei erreicht. Doch, es ist schon etwas erreicht, die Christen sind schon Kinder Gottes. Aber das ist noch nicht sichtbar – und das liegt daran, dass es um ein Geschehen geht, an dem die ganze Schöpfung Anteil haben wird. Und daher geht es um einen etwas umfänglicheren Vorgang.

Brauchen wir einen Anwalt vor Gott?

16. Sonntag im Jahreskreis A

Römer 8,26–27

Zwei Christen der römischen Kaiserzeit (2. Jh. n. Chr.) unterhalten sich über den schwierigen Text Römer 8,26f. Martina ist eine gebildete Frau, die ihre Anfragen an Paulus hat; Clemens ist Jurist in Rom.

Martina: Also das mit dem Stöhnen verstehe ich kaum. Aber dass der Heilige Geist als Anwalt für uns bei Gott eintritt, ist für mich fast noch rätselhafter. Der Heilige Geist ist doch Gott, habe ich im Katechumenat gelernt. Wie muss er da bei Gott für uns eintreten? Ist denn Gott gespalten?

Clemens: Als Jurist kann ich den Vorgang grundsätzlich verstehen. Und offenbar denkt Paulus an eine Erfahrung, die wir als Juristen oft mit den sogenannten kleinen Leuten machen.

Martina: Die kleinen Leute können oft weder lesen noch schreiben. Vor allem können sie keine Reden entwerfen, die vor dem hohen Gericht Eindruck machen.

Clemens: Oft haben diese Leute überhaupt Angst davor, sie könnten nicht verstanden werden. Deshalb gibt es den Pflichtverteidiger für solche Leute. Denn vor dem Richter sind sie oft völlig sprachlos, sie wissen nicht, wie sie reden sollen und was alles dazugehört.

Martina: Deshalb gibt es Anwälte, Verteidiger, die oft genug einfach Redenschreiber für die kleinen Leute sind und das, was die auf dem Herzen haben, aber nicht ausdrücken können, gut formulieren. Ja, das verstehe ich, und insofern sind Verteidiger und Anwälte oft eine Art Sozialarbeiter. Aber was hat das mit Gott zu tun?

Clemens: Paulus denkt im zweiten Teil von Römer 8, besonders in V. 33 und 34 (Klageerhebung, Freispruch, Verurteilung) in der Tat an ein himmlisches »Forum«, also eine Szene vor Gericht, in der Gott Vater die Welt regiert, dass er verurteilt oder freispricht. Und genau darum geht es auch hier bei dem Anwalt, der für die Menschen vor Gottes Thron die Reden zur Verteidigung oder die Bittschriften vorträgt.

Martina: So ist wohl die Grundsituation zu verstehen. Aber wieso formuliert Gott Vater unsere Verteidigung oder Klage nicht selbst? Wozu der Heilige Geist? Kommt das daher, dass man nicht gleichzeitig Richter und Verteidiger sein kann? Und Gott tut doch beides für uns, übt beide Funktionen aus?

Clemens: Ja, du merkst es schon selbst, dass wir hier an einer der Schlüsselstellen zur Begründung unseres Glaubens an den dreifaltigen Gott stehen. Denn der Heilige Geist wird uns eben nicht nur als Gabe vom Himmel her geschenkt. Dann wäre er nur eine Kraft. Er ergreift vielmehr Partei für uns. Und das übersteigt nun unsere Vorstellungskraft: ein Gott, der gerecht richtet und der gleichzeitig »hoffnungslos« für uns ist, als unser Anwalt auf unserer Seite steht. Das erste tut Gott, weil er gerecht ist und eben kein Mafioso. Das zweite tut er, weil er uns liebt.

Martina: Nach meinem Verständnis ist das so: Der Heilige Geist ist nicht nur zu uns gesandt, sondern als zu uns Gesandter liebt er uns, ergreift Partei.

Clemens: Genau. Und da wir uns nicht vorstellen können, dass ein und derselbe Richter und Anwalt ist, sagen wir, Gott übe verschiedene Rollen aus, und das alte Wort für Rolle ist »Person«. Man könnte auch »Funktion« oder »Adresse« sagen in dem Sinne, dass der eine und einzige Gott unter drei Adressen anzutreffen ist. Alle diese Formulierungen haben ihre Schwächen, Person versteht man oft zu stark individuell (im Sinne unseres modernen Personbegriffs), Funktion achtet nicht genügend den unumkehrbaren Unterschied zwischen dem Sender und dem Gesandten, »Adresse« ist zu statisch. Aber es wäre richtig, wenn du alle diese Versuche der Annäherung begreifen würdest als Aussage darüber, dass der eine und einzige Gott uns so unterschiedlich, nicht-reduzierbar unterschiedlich begegnet.

Martina: Wieso drei Adressen? Der Sohn fehlt hier noch!

Clemens: Wenn du ein paar Zeilen weiterliest, wirst du zu deiner

Freude sehen, dass der Sohn dort auch vorkommt, und zwar in einer Rolle, die der des Heiligen Geistes sehr ähnlich ist. Denn in 8,34 heißt es, dass Jesus Christus »zur Rechten Gottes (steht) und für uns eintritt«.

Martina: Demnach haben wir zwei Anwälte bei Gott Vater. Einen auf Erden, der hier unsere Gebete und Klagen in eine Form bringt, die Gott versteht, und einen im Himmel, der erwiesenermaßen – ich denke an das Kreuz – für uns ist.

Clemens: So ist es. Und als Jurist kann ich hinzufügen: Nach biblisch-alttestamentlichem Recht gehören mindestens zwei Anwälte in jedes Verfahren (»zwei oder drei Zeugen«). Der Heilige Geist ist unser Anwalt, der direkt bei uns ist und über uns wacht, der unsere Gebete, besser gesagt: unser Stöhnen, vor Gott trägt, und der Sohn ist unser Anwalt »im Himmel«, der bei Gott steht und darauf hinweist, wie er für uns gelebt und gelitten hat.

Martina: Warum entwirft Paulus das wohl so? Will er uns vergewissern, dass Gott uns von allen Seiten umgibt, jedenfalls von vorne, von rechts und von links, so dass wir nur noch nach hinten herausfallen können? Denn wenn der Vater für uns ist und Heiliger Geist und Sohn unsere Anwälte, dann kann uns ja eigentlich nichts mehr passieren. Will Paulus uns das sagen?

Clemens: Paulus weckt bei den Menschen in Rom, an die er schreibt, ganz bewusst Assoziationen an ein Forum, an eine richterliche oder herrscherliche Szene. Ich finde das sehr erstaunlich. Er redet nicht von der privaten Geborgenheit im kleinbürgerlichen Gartenhaus. Sondern er gebraucht ein öffentliches, fast politisches Bild. Er tut das genau in dem Sinne, in dem auch christliche Liturgie öffentlich ist, in dem sich auch monastische Frömmigkeit im öffentlichen Rahmen und den öffentlichen Formen der Kommunität vollzieht.

Martina: Wer seine Liebe nicht öffentlich zeigen mag, ist nicht glaubwürdig. Gerade das doch sehr private Stöhnen der Christen, das jeder als Gestammel und als nach Worten Suchen kennt, auch die sehr persönliche Unfähigkeit der Christen zu beten, die Paulus in 8,26 anspricht, alles dieses wird angesichts der Größe und Heiligkeit Gottes auf ein offizielles Niveau gehoben. Ich denke, diese »Veröffentlichung« dient der Vergewisserung. Dass Christentum keine persönliche Einbildung ist und keine subjektiven Fantasien, in denen »ich meinen Herrgott gepachtet« habe. Wir geben einander voreinander Rechenschaft von unserem Glauben.

Clemens: Paulus lässt es ja gerade in Römer 8, wie er noch sagen wird, an Äußerungen über Liebe nicht fehlen, über unverbrüchliche Liebe, von der uns nichts trennen kann. Aber er schützt durch das Bild des Forums diese Liebe vor jeder Verkitschung und Subjektivierung. Wir müssen noch über das Stöhnen sprechen. Nach Paulus in Römer 8 stöhnen alle Kreaturen unter der Last der Vergänglichkeit (V. 22), wir Menschen stöhnen (V. 23), weil wir es oft einfach nicht mehr aushalten können. Und es stöhnt der Heilige Geist mit uns und für uns.

Martina: Wenn man statt »stöhnen« hier sagt: »klagen«, dann wird es für mich verständlicher. Man kann doch auch die Schmerzensschreie der Tiere, die gefressen werden, so wiedergeben, und das, was Menschen oft als Letztes äußern können.

Clemens: »Stöhnen« ist realistischer, gröber, denn es meint den wirklich extremen, letzten Laut der Kreatur, der nicht mehr poetisch gesetzte Klage ist, nein, hier ist es elementarer, eben nicht Worte. Alle Worte sind schon viel zu schön. Hier ist nichts schön, sondern hier ist alles leiser Schrei (zum lauten Schreien fehlt die Kraft), eben Stöhnen. Erst der Geist übernimmt und verwandelt diese letzten, tiefsten, äußersten Schmerzensrufe von Mensch und Tier in etwas, das vor Gott dringen kann.

Martina: So findet sich doch etwas Persönliches hier, etwas sehr Erschütterndes, ganz Realistisches: Mensch und Tier sind darin bei sich selbst, dass sie fast ohnmächtig nur noch stöhnen. Das ist paulinischer Realismus. Der Geist verwandelt ihn liebevoll, schließt ihn liebevoll in die Arme.

Vorherbestimmt?

17. Sonntag im Jahreskreis A

RÖMER 8,28–30

Paulus unterbricht die eher ernst gestimmte Schilderung der Situation der Christen durch ein paar Sätze, die wie ein Jubelruf alles zusammenfassen, was die Christen schon haben und sind. V. 30 fasst das in einem Kettenschluss: »Die er aber vorherbestimmt hat, die hat er auch berufen; und die er berufen hat, die hat er auch gerechtfertigt; die er jedoch gerechtfertigt hat, die hat er auch verherrlicht.« Diese Aussagen beginnen erst zu leuchten, wenn man sie mit der tatsächlichen Existenz des Paulus vergleicht: »Unzählige Male hatte ich die Mühen endloser Fußwanderungen zu ertragen, kam in tausend Gefahren durch reißende Flüsse, durch gemeine Räuber, durch wutentbrannte Juden und habgierige Heiden, habe mich in unbekannte Ortschaften verirrt, die Tücken der Wüste ertragen, mich den Launen des Meeres ausgesetzt und den Listen falscher Brüder. Ich habe Mühsal und Schwerstarbeit ertragen, lag nachts oft schlaflos, meine Gefährten waren Hunger und Durst, oft musste ich fasten und Kälte und Nacktheit erdulden« (2 Korinther 11). Wie passt das zusammen?

»Gott hat uns vorherbestimmt«: Schon V. 29 spricht davon, dass uns Gott »zuvor erkannt hat«: Er hat uns seit Ewigkeit gewollt, mehr noch: »Er hat uns zu seinem Eigentum gemacht gemeinsam mit Christus vor Anbeginn der Welt« (Epheser 1,4). Das Verb »erkennen« wird hier so intensiv gebraucht wie dann, wenn es heißt, Adam erkannte Eva. Die Gemeinde ist genau in dem Sinne präexistent, in dem das zuvor im Frühjudentum von Israel gesagt wurde. Und Präexistenz ist Ausdruck der Erstrangigkeit unter den Geschöpfen. Deshalb kann es von Israel heißen, dass um seinetwillen die ganze Welt erschaffen wurde. Und das ist hier auf Gottes neues Volk, die Kirche aus Juden und Heiden, übertragen. Vorherbestimmung ist hier höchster »alter

Adel«. Es ist dieselbe Frühe der Schöpfung, die Gertrud von Le Fort meint, wenn sie über die Kirche sagt: »Ich habe noch Blumen aus der Wildnis im Arm, ich habe noch Tau in meinen Haaren aus Tälern der Menschenfrühe, ich habe noch Gebete, denen die Flur lauscht, ich weiß noch, wie man die Gewitter fromm macht und das Wasser segnet. Ich trage noch im Schoß die Geheimnisse der Wüste ... Ich war die Sehnsucht aller Zeiten, ich war das Licht aller Zeiten, ich bin die Fülle der Zeiten.« Nein, die Kirche ist nicht ein zufälliges historisches Gebilde, sondern nach dem Neuen Testament das Ziel aller Zeiten, von Gott geliebt seit Anbeginn. Diese »Theologie der Frühe« sagt nur das Wesentliche, das Einfache, Große und Eindeutige. Wie soll das zum Bild der Christen als eines zerstrittenen Haufens passen?

»Gott hat uns berufen«: Erst in der griechischen Bibel bekommt das griechische Wort »rufen / einladen« einen theologischen Sinn als »berufen«. Aber die Einladung ist immer noch assoziiert, und es ist durchaus die Einladung zu einem Fest gemeint. Und einmal wird uns gewiss die Rechnung präsentiert für den Sonnenschein und das Rauschen der Blätter, für den Schnee und den Wind, den Vogelflug und das Gras. Für die Luft, die wir geatmet haben und den Blick auf die Sterne, die Abende und die Nächte. Einmal wird es Zeit, dass wir aufbrechen und bezahlen. Bitte die Rechnung. Doch wir haben sie ohne den Wirt gemacht. »Ich habe euch eingeladen«, sagt der und lacht, »soweit die Erde reicht. Es war mir ein Vergnügen!«

Was aber den missionarischen Gehalt des Berufens betrifft, so sind – das wird uns in unserer Lage immer deutlicher – alle Christen zu dem berufen, was im Alten Testament nur den Propheten zugekommen ist, nämlich Zeugen in einer nachchristlichen Welt zu sein. Die Gesellschaft der Zukunft wird – jedenfalls in Europa, speziell in Deutschland – nicht christlich sein, sondern nachchristlich, multireligiös. Die Christen werden darin nicht mehr Volkskirche, sondern marginale Minderheiten sein.

Dennoch ist klar, dass alle wichtigen Fragen der Zukunft eng mit Religion zusammenhängen werden. Da das Christentum sich als Kritik an allen Religionen auffasst, kommt Christen weiterhin besondere Verantwortung zu. Das betrifft besonders die Selbstvergötzung der Staatsmacht. Insofern tragen wir mit unserer Berufung direkt prophetisches Erbe weiter. In jedem politischen Konflikt wird es lebendig. Hoffentlich öfter!

»Gott hat uns gerechtfertigt«: Rechtfertigen heißt akzeptieren, und zwar sehr praktisch verstanden als akzeptierendes Hineinnehmen in die Gemeinschaft mit Gott. Gott hat das getan. Nicht wir selbst haben uns (im deutschen Sinn des Wortes »sich rechtfertigen«) rechtfertigen müssen, irgendwie mit Worten eine Schuld wegreden müssen. Für uns gilt nicht mehr das Schild »Wir müssen draußen bleiben.« Sondern wir dürfen dazugehören. Gott hat die Einlassbedingung neu und endgültig formuliert: Nur glauben müssten wir, nur vertrauensvoll Ja sagen, unseren Weg in Gottes Hand legen. Im Übrigen müssten wir dem Heiligen Geist dann freie Hand lassen, ihn nicht blockieren, sondern des Glaubens Früchte geduldig organisch reifen lassen. Diese Zulassung zur Gemeinschaft ist schon geschehen und in der Taufe besiegelt. Daher sind wir Christen schon Heilige. Leider verstehen viele heute dieses Wort nur im Sinne moralischer Perfektion und behaupten dann: Kein Mensch ist heilig. Aber Paulus redet doch die Gemeinden so an: »An die Heiligen in Korinth ...«! Aber es ist wie bei der Auserwählung vor aller Zeit und mit der Rechtfertigung: Sie gelten nicht dem isolierten Einzelnen, sondern allen und jedem einzeln im Miteinander der Kirche. Es ist für Paulus ganz unmöglich, hier den Einzelnen isoliert zu betrachten. Nur alle zusammen sind wir heilig, auch jeder Einzelne – aber nicht der Einzelne im Gegenüber und in Konkurrenz zur Kirche.

»Gott hat uns verherrlicht«: Dies ist zweifellos die erstaunlichste Aussage, die Paulus in Römer 8 trifft. Sind wir nicht arme Sünder, in der Advents- und Fastenzeit der Umkehr bedürftig? Paulus würde sagen: Die Herrlichkeit widerspricht dem gar nicht. Sie liegt auf einer anderen Ebene, und zwar als Zukunftsprogramm. Schließlich kann Paulus auch in 2 Korinther 3 sagen: »Wir Christen müssen unser Gesicht nicht mit einer Decke verhüllen. Frei und offen dürfen wir die Herrlichkeit des Herrn sehen, die auf unserem Antlitz widerscheint. Und weil wir auf den Herrn selbst blicken, der uns den Geist schenkt, werden wir immer mehr in die Herrlichkeit des Herrn hineinverwandelt.«

Guerric von Igny, einer der frühen Zisterzienser, sagt zu diesem Text: »Führe uns vom Glauben zum Glauben, von Klarheit zu Klarheit, wie sie von deinem Geist ausgeht, damit wir von Tag zu Tag immer tiefer eindringen in die Schätze des Lichts, damit unser Glaube umfassender, die Erkenntnis reicher, die Liebe glühender und weitherziger werde, bis wir schließlich durch Glauben hingelangen vor dein Angesicht.« Und in seiner 62. Predigt sagt der heilige Bernhard: »Ganz gütig und wahrhaft väterlich ist nämlich, was in diesem Teilausschnitt von Herrlichkeit zu sehen ist. Keineswegs wird mich diese Herrlichkeit erdrücken, mag ich mich ihr auch mit allen Kräften zuwenden. Vielmehr werde ich in sie hineingedrückt werden. Wir werden umgestaltet, wenn wir ihr gleichgestaltet werden. Verwerflich ist es jedoch von Menschen, in Herrlichkeit der Majestät und nicht vielmehr in der Bescheidenheit des Willens gottgleich werden zu wollen.« Hier wird erkennbar: Die kühne Aussage des heiligen Paulus wird selbst vom Mystiker Bernhard nicht ganz eingeholt.

Und hier wiederholen wir die Anfangsfrage: Wie passt die schon geschehene Verherrlichung zu den alltäglichen Leiden des Apostels? Vielleicht so: Mechthild von Magdeburg, eine der drei großen Mystikerinnen von Helfta, sagt es in Anknüpfung an den Traum des heiligen Bernhard von der Umarmung durch den Gekreuzigten. So sagt es der Gekreuzigte: Wenn es dir gut geht, dann habe ich meinen rechten Arm um deine Schulter gelegt. Aber wenn es dir schlecht geht, dann lege ich meinen linken Arm um dich, denn dann bist du meinem Herzen näher.

Gott handelt gegen seine eigene Herrlichkeit

2. Fastensonntag B

RÖMER 8,31B–34

Die Übereinstimmungen mit dem Episteltext vom ersten Fastensonntag in 1 Petrus 3,18–22 sind zahlreich: In beiden Texten wird eine Szene vor Gericht geschildert. In Römer 8 wird das erkennbar an den Stichworten »für uns? gegen uns«, die die beiden streitenden Parteien bezeichnen, am Gegensatzpaar »verurteilen? freisprechen«, am »für uns Eintreten« des Sohnes, der rechts von Gott steht als der Anwalt der Angeklagten. In 1 Petrus 3 war es ebenso das Stehen zur Rechten, die Erklärung, dass das Gewissen unbelastet sei, die Rede von der »Unterwerfung« der Gegenpartei. Die Gegner sind nach 1 Petrus 3 die Engel, Mächte und Gewalten, nach Römer 8 sind die potenziellen Gegner immer gegensätzlich gefasst: gute Engel oder böse Gewalten, Gegenwart oder Zukunft, liebevolle oder gefährliche Mächte. Paulus will alles ausschalten, was zwischen Gott und Mensch sein könnte. Dass dabei die Stichworte Engel, Gewalten und Mächte vorkommen, wird nach allem, was wir bisher beobachteten, nicht mehr verwundern. Dabei bietet 1 Petrus 3 offensichtlich die altertümlichere Fassung, Paulus in Römer 8 die theologisch vertiefte Fassung derselben Anschauung. Paulus geht der Lösung des Konflikts auf den Grund. Er nennt den Beweggrund Gottes: die Liebe zu den Menschen. Die Weltgeschichte ist nicht arm an Szenen des Gerichts. Im Neuen Testament werden der Prozess gegen Jesus und der gegen Paulus ausführlicher berichtet. Die Schilderungen der Prozesse sind deshalb auch für die Leser so wichtig, weil sie die Konfrontation von Recht und Unrecht, den Missbrauch des Gesetzes zu scheinbarem Recht und Gnade oder Verurteilung nachvollziehen können. Die Fragen nach gerechter oder ungerechter Macht sind eng miteinander verknüpft. Im Märtyrer kommt dieser Kontrast zu seinem deutlichsten Ausdruck. Macht und Gerechtigkeit – wie passt das zusammen? Wo können sie zusammen existieren außer bei Gott? In diesem grundsätzlichen Konflikt riskiert insbesondere Paulus ein auf den ersten Blick merkwürdiges Gottesbild. Wo es um Recht oder Unrecht geht, ergreift Gott hemmungslos Partei. Er leistet sich etwas, das sich kein Richter leisten darf, es sei denn, es würde eine Skandalaffäre daraus: Gott liebt. Darf ein Richter lieben? Oder gibt es nicht vielmehr nichts Schlimmeres, als wenn ein Richter ein Liebesverhältnis zum Angeklagten hat – und bei der Gelegenheit sogar dazu kommt, den Staatsanwalt zu entmachten? Ist Gott hier nicht, im Sinne der Logik der verwendeten Bilder gesprochen, fehl am Platz als Anwalt der Gerechtigkeit? In unserem Text stehen die Engel und Mächte für Gottes abweisende Hoheit. Sie wehren sich gegen menschliche Eindringlinge in den Bereich der Heiligkeit Gottes. So wird die Niedrigkeit des Menschen angesichts der Herrlichkeit Gottes erfahren. Und es gibt viele jüdische Texte, nach denen der Widerstand der Engel gegen die Bevorzugung von Gott sich in förmlichen Protesten äußert. Die Engel sind »neidisch«, dass Gott sich mit den geringeren Menschen abgibt – ähnlich wie im Gleichnis vom verlorenen Sohn, wo der ältere Bruder dagegen protestiert, dass der Vater sich dem verlorenen Sohn zuwendet. Aber mit alledem wird doch nur das Wunder der Zuwendung Gottes zu den Menschen überhaupt bedacht: Er gibt sich trotz seiner übermächtigen Herrlichkeit mit den Menschen ab. Und so kommt es, dass nach jüdischem Denken die Engelmächte für die Wahrung von Gottes Standeswürde stehen, während das Erbarmen mit den Menschen Gottes ureigenste Initiative ist und »hinter dem Vorhang« seinen Ursprung hat. Damit wird gesagt: Ist schon Gottes Herrlichkeit unfassbar, so ist seine liebevolle Zuwendung zu uns Menschen erst recht das absolute Geheimnis, schier unfasslich wie die letzte verborgene Souveränität Gottes selbst, seine Freiheit. Wenn daher erzählt wird, die Engel würden von dieser Erwählung der Menschen abgeschnitten und ausgeschlossen (vgl. auch 1 Petrus 1,12b), dann wird Gottes Hoheit gegen sein Erbarmen ausgespielt, dann wird das Wunder der Annahme des Menschen so dargestellt, als habe Gott seine eigene Hoheit und Herrlichkeit überlistet. Und das alles ist Ausdruck des Staunens über das schier Unmögliche, das unfassbar Wunderbare. Als der geheimnisvoll Verborgene handelt Gott gegen seine eigene Herrlichkeit. Er ist frei. Die Starre der Rangordnung ist nur die eine Seite. Gott muss sich nicht daran halten; er wird so zum Positiven hin unberechenbar. Er überspringt seine Herrlichkeit. Schon das Judentum weiß: Es gibt noch mehr als Gottes Herrlichkeit, noch weitaus Faszinierenderes: seine grundlose und übervernünftige Liebe. Herrlichkeit ist Ordnung; aber wo Gott liebt und erwählt, wird die Ordnung durchbrochen durch Gottes freie, unverstehbare Tat. Gottes Liebe ist in Wirklichkeit das unvorstellbare Wunder. Was wir gewohnheitsmäßig und oberflächlich konsumieren, beruht eigentlich auf der Ahnung von einer übervernünftigen Tat Gottes, stellt grundsätzlich das infrage, was gerecht, normal und erwartbar wäre. Gerecht und normal ist, dass der mächtige Gott der Hoheitsvolle und Unnahbare ist. Dass Macht dazu da ist, ausgespielt zu werden im Beherrschen oder Vernichten. Hier dagegen ist verkehrte Welt. Gott springt, wenn es das geben könnte, über den eigenen Schatten. Die Hoheit und Gerechtigkeit begibt sich ihrer selbst und wird zur zärtlichsten Liebe. Sie bleibt auch darin streng, wie Liebe streng ist. Aber angesichts Jesu Christi ahnen Menschen, dass es vielleicht ganz anders ist mit der Herrlichkeit Gottes: Das Erschrecken vor Gottes Schöpfermacht und vor der menschlichen Grenze wird umgekehrt. Die Ahnung, dass das Geheimnis des Seins am Ende dieses schlechthin Wunderbare ist, bedeutet seitdem etwas für jede Macht auf Erden. Noch immer erfahren wir Macht täglich als schrecklich und bedrohlich. Macht in der Hand von Menschen und Macht als Krankheit und Tod. Aber die Revolution ist schon längst eingeleitet, die einzige wirkliche Revolution. Gottes Liebe steht in Kontrast zu Gerechtigkeit und Hoheit. Dabei ist freilich Ordnung das Erste, weil ohne sie Liebe gar nicht erkennbar wäre. Engel, Throne und Gewalten – so ist Gottes Hoheit. Gott »ist« nun aber nicht etwa beides zugleich, hoheitsvoll und erbarmend. Gott ist nicht »einfach« in diesem Sinne.

Sondern er ist absolute Herrlichkeit, und die Erwählung der Menschen ist die Ausnahmesituation, ist die reine Überraschung und ein Auf-den-Kopf-Stellen aller nur möglichen Erwartung. Denn Gott hat etwas »angestellt«, das unseren Vorstellungen von dem, was sich für einen Gott gehört, entgegensteht. Und wenn Gott uns Sünder gerecht macht, dann ist eben das geschehen. Wir wären glücklicher, wenn an die Stelle unseres üblichen Unglaubens das Staunen über diese unglaubliche Tat Gottes träte. Die Kreaturen, die Paulus aufzählt, werden nicht abgewertet. Sie bedeuten für den Menschen Vorteilhaftes und Hilfe oder Gefahr und Hindernis. Aber was auch immer sie bedeuten mögen – die Liebe zwischen Gott und Mensch ist etwas unvergleichlich anderes. Auch vom hilfreichsten Engel wird nie gesagt, dass er die Menschen liebe. Aufs Ganze gesehen gibt es zwei Punkte, an denen die Liebe Gottes zu Menschen wirklich greifbar wird: in der grundlosen Erwählung Abrahams und Israels und in der ebenso grundlosen Sendung des Sohnes. Diese beiden Punkte sind die Substanz der biblischen Religion. Enge Berührungen gibt es außer zu 1 Petrus 3 auch zu Apokalypse 12,9–17: Der Ankläger ist überwunden, aber noch und gerade deswegen herrscht Verfolgung auf Erden (Römer 8,35f; Apokalypse 12,13). So liegt es jetzt in der Hand der Menschen, ihn zu besiegen (Römer 8,37; Apokalypse 12,11). Dem Blut des Lammes nach Apokalypse 12,11 entspricht, dass Gott seinen Sohn nicht schonte (Römer 8,32). Der je größeren Liebe Gottes nach Römer 8 entspricht, dass die Märtyrer Gott mehr liebten als ihr eigenes biologisches Leben (Apokalypse 12,11). Dank Gottes Handeln ist der Optimismus der Christen nach beiden Texten unbesiegbar.

Nach der großen Wende

18. Sonntag im Jahreskreis A

RÖMER 8,35.37–39

Es empfiehlt sich, die Verse 33–39 zu lesen, auch wenn es etwas rätselhaft ist, wie Paulus bei allen Aussagen über die siegreiche Liebe Jesu Christi hier plötzlich in die Niederungen des Martyriums hinabsteigt. Doch die vermeintliche Schwierigkeit entpuppt sich als Schlüssel für das Ganze. Es gibt im Neuen Testament zumindest noch einen weiteren Text, in dem Verfolgung und Martyrium auf Erden auf eine Szene im Himmel folgen, nach der es keinen Ankläger mehr im Himmel gibt und daher auch keine Verurteilung: Apokalypse 12,7–14.

Der Aufbau in Römer 8: Keiner wird mehr Gottes Erwählte anklagen, denn Gott ist Richter, aber keiner verurteilt. Und Jesus Christus ist unser Anwalt. Daher werden uns Verfolgung und Martyrium nichts anhaben können, auch nicht Engel, Mächte und Gewalten (V. 38). Die Szene ist daher zweigeteilt: Im Himmel ist kein Ankläger mehr. Auf Erden gibt es Verfolgung, Martyrium und Not, auch den möglichen Widerstand von Engeln, Mächten und Gewalten. Doch die Christen werden »siegen« (V. 37), weil Jesus Christus sie liebt.

Wir besprechen in den folgenden Zeilen etwas, das der Neutestamentler eine »Tradition« nennt, nämlich eine Überlieferung, die in unterschiedlichen Ausformungen mündlich weitergegeben wurde. Mindestens fünf Elemente, so sagt man, müssen Anhalt dafür geben, dass es sich um eine einigermaßen feste Überlieferung handelt. Dazu gehören hier: der Kontrast zwischen Himmel und Erde, Gottes Richterstuhl (Forum), die Entfernung des Anklägers, Dämonen oder Satan auf der Erde, Kampf und Sieg der Jünger oder Märtyrer gegen sie, das Thema Reich Gottes.

Zum Vergleich mit Römer 8 bietet sich nicht nur Apokalypse 12,7–14 an, sondern ebenso Lukas 10,9.11.17–20, und auch das Vaterunser

(Matthäus 6,9–13) gewinnt einen neuen Sinn. Im Hintergrund dieser vier Texte nehmen wir eine gemeinsame mündliche Tradition mit folgenden Umrissen an: Im Himmel gibt es ein jetzt schon tagendes Gericht. Diesem Forum gehören auf jeden Fall und eigentlich ein Richter, aber auch ein Ankläger (Staatsanwalt) und gegebenenfalls ein Anwalt an. Vor Gericht steht der Mensch. Der Ankläger ist stets der Teufel (Satan). Als Zweites wird nun das Entferntwerden oder Entferntsein des Anklägers berichtet oder vorausgesetzt. Dramatisch wird es in Apokalypse 12 geschildert: Michael stürzt den Ankläger (V. 10) der Menschen auf die Erde. Genauso sieht es Jesus in seiner Vision vom Satanssturz: »Ich sah den Satan wie einen Blitz vom Himmel fallen« (Lukas 10,18). Wenn der Satan aber nicht mehr im Himmel vor Gottes Richterstuhl gegen die Menschen auftritt, herrscht genau jener Zustand, den Römer 8 berichtet: Es gibt keinen Ankläger mehr.

Das ist eigentlich höchst erstaunlich: Gott, der Gerichtsherr, lässt den Ankläger der Menschen aus dem Himmel hinabstürzen. Im Himmel ist damit für den Menschen schon »reine Luft«. Umso unerfreulicher wird es freilich seit dem Satanssturz auf Erden: Nach Apokalypse 12 verfolgt der Teufel jetzt auf Erden die Frau und ihre Kinder (die Kirche), nach Lukas 10,19 gibt es eine Fülle von Dämonen (»Macht des Feindes«), die die Jünger sich unterwerfen müssen, nach Römer 8,36 herrscht die Situation des Martyriums. Denn vor dem himmlischen Gericht sind die Christen nicht mehr zu belasten, umso ärger ergeht es ihnen jetzt vor den weltlichen Gerichten auf Erden. Das heißt: Himmel und Erde driften als Stätte von Heil bzw. Unheil immer weiter auseinander. In der angespannten Situation auf Erden geht es um den Sieg über Dämonen oder teuflische Macht, und dieser Sieg wird durch Jesu Jünger bzw. Märtyrer vollzogen. Zu diesem Sieg hilft ihnen ganz entscheidend das Blut Christi (Apokalypse 12,10) oder seine Vollmacht gegen Dämonen, die er den Jüngern gegeben hat (Lukas 10,19). Denn wie das Blut des Passahlamms, beim Auszug aus Ägypten an die Türpfosten gestrichen, die Würgengel von den Häusern der Juden fernhielt, so hält auch Jesu Blut die dem Menschen feindlichen Mächte fern. Bei Paulus wird das einfach Jesu »Liebe« genannt. Schließlich dient das Ganze der Verwirklichung von Gottes Königreich auf Erden (Matthäus 6,10: »Dein Reich komme«). Auf Erden liegt daher alles daran, die Macht Satans und der Dämonen zu brechen. Die Folge: »Die Macht des Feindes wird euch kein Unrecht mehr antun« (Lukas 10,19). Dem Satanssturz vom Himmel auf die Erde entspricht als Gegenbewegung, dass die Jünger als Himmelsbewohner registriert werden (Lukas 10,20).

Welchen »Sinn« sollte diese Überlieferung gehabt haben? Sie schildert die Verwirklichung des Reiches Gottes auf eine uns ganz ungeläufige Weise, nämlich als ein Geschehen angesichts von Gottes Richterstuhl im Himmel und zugleich als einen Kampf gegen die satanische und dämonische Bedrohung auf Erden. Nach Lukas 10,18 geht diese Tradition auf eine Vision Jesu zurück (»Ich sah den Satan ... vom Himmel fallen«). Im Vaterunser nimmt der Beter selbst durch sein Gebet an dem Kampf teil. Denn er betet: »Befreie uns vielmehr von dem Bösen (= Satan).«

Auch das Vaterunser reflektiert in mehreren Elementen die hier berichtete Tradition: Es geht um Gottes Reich. Wir beten darum, dass das, was im Himmel bereits verwirklicht ist, auch auf Erden geschehe. Was im Vaterunser etwas unklar bleibt (»wie im Himmel, so auf Erden«), das wird in unserer Tradition deutlich und klar entfaltet: Aus dem Himmel ist der Satan schon vertrieben, auf Erden muss er noch bekämpft werden; dazu trägt im Vaterunser der Christ durch sein Gebet bei, während dieses nach Lukas 10 die Vollmacht Jesu in der Hand der Jünger und nach Apokalypse 12,10 Jesu Blut inklusive Zeugnis der Jünger bewirkt. Aber auch das Thema »Gericht über die Schuld der Menschen« findet sich im Vaterunser: Die Schuld vor Gott wird dann sicher aufgehoben, wenn wir unseren Nächsten vergeben haben. Das ist der originelle Beitrag des Vaterunsers im Rahmen unserer Tradition. Wie in allen anderen Texten nimmt auch im Vaterunser das Geschehen vom Himmel her seinen Anfang. Die Formulierung als Gebet ist nicht erstaunlich, denn das Ausüben eines Gebets ist Vollmacht.

Alle fünf wichtigen Elemente der Tradition sind daher im Vaterunser gegeben: Himmel und Erde, Reich Gottes, Satan, Schuld der Menschen und Sieg über den Satan, sprich Befreiung von ihm durch die Kraft des Gebetes.

Zurück zu Römer 8,33–37: Der zunächst rätselhafte Vers 8,36 wird nun erklärbar, denn in den Parallelen geht es um Kampf der Märtyrer und ihren Widerstand gegen den Satan. Aber auch die in Römer 8,38f. genannten unterschiedlichen Mächte (inklusive Tod) werden im Rahmen der berichteten Tradition verständlich: An ihrer Stelle stehen sonst Dämonen oder der verfolgende Satan. Im Unterschied zu den Visionen schildert Paulus den Tatbestand, der bleibt, nicht das Drama. Aber besonders interessant ist bei ihm das Vorkommen des Wortes »wir sind Sieger und Überwinder« in 8,37, denn der ganze Stamm »siegen« findet sich bei Paulus nur an dieser Stelle. Wir konnten das aber mit dem Siegen der Märtyrer nach Apokalypse 12,10 vergleichen.

Einzigartig bei Paulus ist die Betonung der Liebe Jesu Christi, von der uns nichts trennen kann. Nur Paulus kann das Kampfesgeschehen (vgl. 8,37 »wir obsiegen«) mit der Liebe Jesu Christi zusammen denken. Diese Liebe hat aber im Aufbau von Römer 8 ihren Sinn: Römer 8,33f. beginnt mit einer Gerichtsszene. Das entsprach ganz der Tradition, in der immer ein Forum vor Gott vorausgesetzt ist. Wenn aber Gott dafür sorgt, dass es keinen Ankläger mehr gibt, dann hat Gott eine folgenschwere Revolution des himmlischen Forums vollzogen. Was für einen Skandal würde es bedeuten, wenn heute ein Gerichtspräsident den Staatsanwalt vor die Türe setzen oder aus dem Fenster werfen ließe! Gott hat das um Jesu willen getan. Er liebt uns so sehr, dass er fortan Barmherzigkeit vor Recht ergehen lässt. Kein irdisches Gericht kann sich das erlauben, Gott hat es getan, und darin, dass er, der Gerechte, über seinen eigenen Schatten springt und uns ohne Bedingung akzeptiert, erkennen wir eine wirklich göttliche Liebe. Ach verstünden wir es doch, auch unserem Nächsten zu vergeben, wie es das Vaterunser will!

Gottes erste Liebe

19. Sonntag im Jahreskreis A

RÖMER 9,1–5

Im Abschnitt Römer 9–11 gibt Paulus nach eigenem Bekunden ein leidenschaftliches persönliches Zeugnis seiner Liebe zu seinem Volk. Übrigens sind diese Sätze ebenso emotional gemeint (»... dass mein Volk mich mit tiefer Trauer und großem Schmerz erfüllt. Ich würde es sogar auf mich nehmen, von unserem Messias getrennt und fern zu sein, wenn ich dadurch meinen jüdischen Geschwistern helfen könnte. Sie gehören doch zu mir ...«) wie juristisch, denn es handelt sich der Gattung nach um ein Zeugnis apologetischen Charakters, daher der Ich-Stil (vgl. mein Buch: Formen und Gattungen, 2005, § 113.118). Deshalb apologetisch, weil Paulus selbst immer von Juden angegriffen wird, er sei abtrünnig geworden und habe sein Volk verraten.

Aber erklärt das schon alles? Man vergleiche: Nach 9,4 sind die Israeliten »Kinder Gottes«, das aber sind doch die Christen nach Römer 8,15.23. Nach 9,4 hat Gott den Israeliten seine Herrlichkeit geschenkt, aber nach 8,30 hat er die Christen mit Herrlichkeit ausgestattet. Nach 9,4 gelten den Israeliten die Verheißungen, aber nach 8,29f. sind die Christen Gottes lange vorherbedachte Kinder. Nach 2 Korinther 3 gilt den Christen der »Bund des Geistes«, aber nach Römer 9,4 hat er jeweils mit Abraham und Mose seinen Bund geschlossen. Ist Gottes Handeln tatsächlich widersprüchlich? Hier ist zu beachten: Alle die ehrenvollen Gaben, mit denen Gott sein Volk ausgestattet hat, betreffen sein Volk (nur) im Ganzen, nicht aber den Einzelnen in seinem Heilsstatus. Während nämlich Paulus die Kindschaft sonst stets mit dem Heiligen Geist verbindet, spricht er hier dem vorchristlichen Israel keineswegs den Heiligen Geist zu. Vielmehr bedeutet die Kindschaft des ganzen Volkes eine Auszeichnung gegenüber anderen Völkern, aber eben nicht den Geistbesitz des Einzelnen. Vielmehr ist die

Kindschaft hier eher als Anwartschaft auf den Geist verstanden. So kann man es von Galater 3,14 annehmen. Denn dort spricht Paulus von der Verheißung des Heiligen Geistes für alle. Eingelöst wurde diese Verheißung aber erst nach der Befreiung vom Fluch durch Jesu Tod.

Ähnlich ist es mit der Herrlichkeit. Gott hat im Alten Testament dem Volk im Ganzen seine Herrlichkeit gezeigt (z.B. auf dem Sinai), aber er hat nicht die einzelnen Israeliten nachhaltig in seine Herrlichkeit eingetaucht. Und der einzige Israelit, der persönlich an Gottes Herrlichkeit Anteil hatte, nämlich Mose, für den erwies sich diese Herrlichkeit noch als vergängliche (2 Korinther 3); die Zeit der endgültigen Verherrlichung war noch nicht gekommen.

Was die Verheißungen betrifft, so liegt in der Tat die heilsgeschichtliche Bedeutung Israels darin, seit Abraham über die Zeiten hin diese Verheißungen getragen und »offengehalten« zu haben.

Was Gottes Bundesschlüsse angeht, so kennt die Bibel nicht die Auflösung oder Aufhebung eines von Gott gestifteten Bundes. Daher kann niemand den mit Abraham geschlossenen Bund aufheben, und das gilt genauso vom Mosebund und der damit verfügten Gesetzgebung. Es widerspräche vollständig dem Gedanken des Bundes sowie allem, was man von Gottes Treue erahnen kann, wenn man unterstellte, Gott würde einen Bund aufheben. Im Neuen Bund wird der Alte Bund doch nur novelliert, unter anderen Bedingungen erneuert, vertieft und ausgeweitet (auf die Heidenchristen). Und das gilt auch vom Bund mit Abraham, wie Paulus in Römer 4 eindrücklich gezeigt hatte. Daher besteht also kein Widerspruch, sondern Gottes Auszeichnungen an Israel sind der Anfang eines Weges, der jetzt seit Jesus Christus konsequent jeden Einzelnen und sein ewiges Heil einbezieht. Und weil es um jeden Einzelnen geht, der glaubt, eben deshalb können jetzt auch die Heiden hinzukommen. Denn das ist das Neue: Zugehörigkeit zu Gott durch Glauben kann für alle Heiden die biologische Zugehörigkeit zum Volk Abrahams ersetzen.

Dass Jesus als Mensch, »dem Fleische nach« aus Israel stammt, Maria, seine Mutter, eine Jüdin ist, hat man zuzeiten in der Kirche oftmals nicht gern gehört. So hat die Kalenderreform nach dem 2. Vatikanum bedauerlicherweise das Fest der »Beschneidung des Herrn« abgeschafft. Säße ich in der entsprechenden Kommission, ich würde als allererste Maßnahme für die Wiedereinführung stimmen. Denn wenn Jesus nicht Jude gewesen wäre, die Gottesmutter nicht Jüdin, hinge das ganze Christentum buchstäblich in der Luft. Man sollte daher Aussagen über Israel nicht aus gegenwärtiger Correctness heraus machen, sondern über den großen Wert des Schemas von Verheißung und Erfüllung neu nachdenken. Gerade Römer 9,4 zeigt, dass in Israel eben »nicht nichts« war, sondern Gott sein geliebtes Volk reich beschenkt hat. Wenn man das wahrnimmt, kann man auch die Unterschiede zugeben. Im Falle von Römer 9,1–5: Alles das, was man das »übernatürliche Heil« nennt, inklusive Gegenwart des Heiligen Geistes in Menschen, alles das gab es vor und außerhalb Jesu Christi nicht, auch nicht in Israel.

Doch ein ärgerlicher Gedanke bleibt: Nach diesem Text müssen wir Heidenchristen dem nicht-christlichen Israel entscheidende »Prärogativen«, also Rang- und Würdetitel und entsprechende Rechte lassen. Wir müssen mit ansehen, dass keineswegs geringe Güter wie Kindschaft und Gesetz, Verheißungen und Jesus als Mensch unwiderruflich bei ihnen geblieben sind und bleiben werden. Uns Heidenchristen wird hier Zustimmung abverlangt für die besondere Weise, in der Gott jetzt universal wirkt. Denn dem Volk Israel müssen wir Entscheidendes lassen und gönnen.

Das geht uns zweifellos gegen den Strich, und zwar nicht zuletzt deshalb, weil wir doch gerade in unserer Religion »von ganzem Herzen« glauben und lieben sollen und dürfen. Denn Glauben bedeutet immer Einlinigkeit, freudiges Bewusstsein des Erwählt- und Geliebtseins. Wenn Christentum ungeteilte Hingabe fordert, wie kann Gott durch die Zweigleisigkeit seines Verhaltens unsere Identität gerade dort bedrohen, wo er sie fordert und wo sie zum Handeln nötig ist? Hatte Paulus nicht gerade in den Kapiteln 5–8 des Römerbriefes die liebevolle Zuwendung Gottes zu uns, seinen Auserwählten, gelobt und betont? Und jetzt werden wir damit konfrontiert, dass Gott zweigleisig fährt, dass gerade und ausgerechnet »die Juden«, die nicht an Christus glauben, Entscheidendes behalten und nicht enterbt werden. Es geht um Geschwister aus der gleichen Familie. Wir werden hier zu einer Form von geschwisterlicher Toleranz angehalten, die in der bisherigen Religionsgeschichte unbekannt war. Das Problem: dem, der nicht an Jesus Christus glaubt, der aber Abrahams Kind ist, sein Recht zu lassen. Es ist schwer zu ertragen, dass uns Entscheidendes nicht gehört. Denn das ist gegen unser Herz, gegen den nötigen Absolutheitscharakter unserer und jeder Religion, dass sie das Herz ganz beansprucht. Unsere religiöse Identität ist »angeknackst«, denn wir sind nicht allein. Israel, unser älterer Bruder, der auf eine uns störende Weise anders ist, gehört zu dem gleichen Vaterhaus. Oder um ein anderes Bild zu gebrauchen: Es ist wie wenn ein Mann, der eine Ehe mit einer jungen Frau eingegangen ist, dennoch seine erste Liebe in demselben Haus mit wohnen ließe und sie entsprechend als Auserwählte ehrte.

Es ist deutlich: Hier wird uns etwas zugemutet. Auch aus diesem Grund war das Verhältnis von Heidenchristen und nicht-christlichen Juden nie einfach. Doch wir sollten nicht neidvoll auf die erste Liebe blicken, sondern auf Gott. Er ist weiter und größer, als unser Wunsch, ihn zu vereinnahmen, es zulassen möchte. Es gibt eben nicht nur Gott und uns. Gottes Liebe ist größer und weiter. Anders als Religionen sonst kann unser christlicher Glaube nicht einfach unsere Identität verstärken. Sondern es gilt: Wie Gott in der Liebe zu uns Sündern buchstäblich über den eigenen Schatten gesprungen ist, so ähnlich müssen auch wir über unseren eigenen Schatten springen und darauf verzichten, allein geliebt zu werden. Wir haben nicht alles. Statt Besitzerstolz ist Demut angebracht.

Erst in unseren Herzen kommt Gott zur Ruhe

1. Fastensonntag C

RÖMER 10,8–13

An diesem Abschnitt, in dem Paulus Deuteronomium 30,12–14 auslegt, kann man gut begreifen, was Paulus überhaupt unter Theologie versteht. Denn Wortlaut und Kontext der Schriftstelle im Ausgangstext sind für ihn kein Maßstab. Statt die Stelle auf das Gesetz zu beziehen, wie es der Kontext fordert, wendet er sie an auf die Auferstehung Jesu und das Bekenntnis zu ihr. Es lohnt sich durchaus, genauer hinzuschauen und zu sehen, wie Paulus das fertigbringt. In Deuteronomium 30,12f. heißt es: Man muss nicht in den Himmel hinaufsteigen oder in Meerestiefe, um das Gesetz dort zu suchen, nein, es ist nahe bei Mund und Herz. Denn Gott hat es durch Mose aufschreiben lassen und vorgelegt, so ist es nicht weit weg, sondern kann angeeignet und getan werden.

Was macht Paulus daraus? Er kommentiert die einzelnen Stücke der Schriftstelle je für sich und auf Jesu Auferstehung hin. Auf die rhetorische Frage: »Wer soll in den Himmel hinaufsteigen?« antwortet er: Das müsste einer tun, um Christus herabzuholen!? Aber er ist doch schon vom Himmel gekommen, von Gott gesandt. Und auf die rhetorische Frage: »Wer soll in die Meerestiefe hinabsteigen (um das Gesetz von dort zu holen)?« antwortet Paulus: Er müsste in Meerestiefe, ins Totenreich hinabsteigen, um Christus heraufzuführen?! Aber das ist doch längst geschehen, denn Christus ist auferstanden.

Wir sehen daher: Beide Male hat Paulus einfach »Christus« statt »Gesetz« denken wollen. Wenn es heißt: Nahe ist (das Gesetz) deinem Mund und deinem Herzen«, dann deutet Paulus den Mund einfach auf das Bekennen (der Auferstehung Jesu) und das Herz auf den Glauben, denn mit dem Herzen glaubt man. Er ergänzt: Das Bekennen des Mundes bezieht sich auf die Rettung, das Glauben des Herzens auf die

Rechtfertigung. Auch diese Anwendung kann Paulus mit der Schrift beweisen. Beim Propheten Jesaja steht: »Jeder, der an ihn glaubt, wird nicht zu Schanden.« Jesaja 28,16 erweist einmal das, was »Glauben« aus Vers 9 bedeutet: Denn wer gerechtfertigt und gerettet ist, der wird nicht zu Schanden. Zum anderen aber findet Paulus in dem Wörtchen »jeder« (der an ihn glaubt) einen Bezug auf alle Menschen, also auf Juden und Heiden. Wunderbar, sagt Paulus: Also ist die Universalität des Glaubens für Juden und Heiden schon beim Propheten selbst angedeutet.

Dann kommt Paulus auf seine Rede vom Mund zurück und zitiert für den – bekennenden – Mund auch noch Joel 3,5. Dort steht: »Jeder, der den Namen des Herrn anruft, wird gerettet werden.« So hat Paulus die Doppelheit von Herz und Mund aus Deuteronomium 30,12 durch zwei weitere Schriftstellen unterfüttert. Paulus legt zwar keine Schriftstelle vor, die von der Auferstehung Jesu spricht, aber das Szenario rund um den Auferstehungsglauben hat er durch Schriftworte erstellt: von Himmel und Unterwelt, von Herz und Glauben, Mund und Bekennen, und schließlich von Rechtfertigung und Rettung.

Er mag gegen den Wortlaut verstoßen, aber wenn man theologisch beurteilt, was Paulus tut, ergeben sich tiefere Einsichten. Denn das Thema in Deuteronomium 30,12–14 ist die Nähe Gottes. Gottes Wille muss nicht irgendwo zwischen Himmel und Erde gesucht werden, sondern Gott ist den Menschen durch die Tora nahe gekommen. Wer er ist und was er will, das kann man aus der Schrift erkennen. Aber diese Nähe bleibt ein Gegenüber. Auch das Nahe muss der Mensch sich aneignen. Und daran hapert es bekanntlich, und im Römerbrief verkündet das jede Seite .

Mit der Tora ist Gott einen wichtigen Schritt auf die Menschen zugegangen. Aber die Tora bleibt fremde, kalte, fürchtenswerte Hausordnung, sie ist nicht wirklich das Steuerprogramm der Menschen geworden, sie lässt weiterhin und immerzu nur sichtbar werden, dass die Menschen sie nie vollständig erfüllen werden. Und wer sich da nicht auf ein grundsätzlich anderes Gleis begibt, den verurteilt das

Gesetz nach wie vor, der steht »unter dem Gesetz«. Nach Paulus gilt das für alle, die meinen, ohne den Glauben an Christus, ohne Christus auskommen zu können. Und genau das, sagt er, geht nicht. Denn die wirkliche Nähe Gottes zu den Menschen ist erreicht, wenn nicht mehr die Tora den Menschen gegenübersteht, sondern wenn Gott selbst in den Menschen wohnt. Eben das ist möglich, weil Gott seinen Heiligen Geist in die Herzen der Menschen ausgießt (Römer 5,5) und dadurch in ihren Herzen wohnt. Ebenso können die Menschen glauben, denn der Glaube wird durch die Kraft des Heiligen Geistes bewirkt (1 Korinther 2,4f.). Das Tun der Tora, das jetzt möglich sein kann, geschieht, wenn man sich dem Heiligen Geist ganz zur Verfügung stellt und diesen Rückenwind beharrlich ausnützt.

So ist also der ganze Abschnitt Römer 10,8–13 ein einziger Kommentar zu dem berühmten und umstrittenen Satz »Christus ist das Ende des Gesetzes« in Römer 10,4 (Übers. Berger/Nord: »Denn Christus hat das gebracht, was das Gesetz nicht leisten konnte«). In Römer 10,4 geht es wirklich um die Ablösung des Gesetzes. Nicht um seine Auflösung, nicht um seine Abschaffung oder Annullierung. Das Gesetz ist von Gott, und Gott pflegt nichts zu widerrufen. Vielmehr verrät uns der Abschnitt Römer 10,8–13 genau, in welcher Richtung das Gesetz durch Jesus Christus, näherhin durch Auferstehung, Geistausgießung und Glaube, überboten wird: in Richtung Heil schaffender Nähe Gottes zu den Menschen. Gott hebt nicht auf und löst nicht auf, aber er stößt weiter in derselben Richtung vor, die er mit der Gabe des Gesetzes begonnen hatte. Es ist die Richtung auf das Herz.

Nicht zufällig nimmt Paulus an anderer Stelle auch alttestamentliche Texte für das Neue in Beschlag, in denen etwa von der Beschneidung des Herzens die Rede ist (Römer 2,29). Genau diese Zielrichtung auf das Herz ist Gottes Vorhaben, das er erst mit Ostern und Pfingsten wirklich durchführt. Gott kommt gewissermaßen erst zur Ruhe, wenn er wirklich in unserem Herzen angekommen, angenommen ist und geliebt wird. Das Ziel ist seit Deuteronomium 6,4f. (Lieben aus ganzem Herzen) bekannt, aber den genauen Weg wissen wir erst seit

Jesus Christus. Dieser Abschnitt in Römer 10 ist damit für paulinische Theologie und christliches Menschenbild von großer Bedeutung: Die biblische Religion ist zweifellos ihrer Zielsetzung nach die Religion der Liebe. In den Herzen wohnend will Gott bei und mit den Menschen sein.

Gewiss lässt die Geschichte des Christentums die Frage entstehen, ob nicht Weg und Ziel vielleicht doch gescheitert sind. Aber sollte der Schöpfer sich über sein Geschöpf irren? Wenn wir es in der biblischen Religion, insbesondere bei Jesus Christus mit dem einen und wahren Gott zu tun haben, dann liegt die Lösung der Frage nach dem Scheitern vielleicht im erneuten Betrachten von Gottes eigenem Weg. Gott geht den Weg auf das Herz der Menschen zu. Spätestens seit den Dichtern der attischen Tragödie wissen wir, dass das Herz der Menschen ein Abgrund von Wirklichkeiten, Sehnsüchten, Illusionen und Möglichkeiten ist. Es ist eine eigene kleine Unendlichkeit. Nur wenn man sich das Herz des Menschen platt vorstellt wie einen Punkt, kann man sich über den langen Weg Gottes wundern.

Selbst die Mediziner, die das Herz wörtlich als Organ betrachten, stehen erst am Anfang ihrer Möglichkeiten. Wie erst wir, die wir so wenig über die Psyche des Menschen wissen. Jeder Blick in eine Psychiatrie bestätigt die Hilflosigkeit auch der besten Köpfe angesichts der unendlichen Wege des menschlichen Herzens. Nein, der Weg Gottes zu den Menschen ist kein »Basta!«-Ereignis. Kardinal Ratzinger hat einst gesagt: Es gibt so viele Wege des Menschen zu Gott wie es Menschen gibt. Und man kann im Sinne der Anwendung von Römer 10 nur ergänzen: »... und wie es Möglichkeiten des menschlichen Herzens gibt«.

Leider gelingt es nicht oft, den eigenen Weg zu betiteln: »Wie Gott um meine Liebe warb.« Gottes Geschichte geht weiter im Kampf um jedes menschliche Herz, liebevoll im Kampf um das Ja aus meiner Freiheit. Gott wagt alles dabei, und deshalb gibt uns der Beginn der Fastenzeit Gelegenheit, das wahre Ausmaß seiner werbenden Liebe zu bedenken.

Gottes letzte Liebe

20. Sonntag im Jahreskreis A

RÖMER 11,13–15.29-32

»Römer 11« ist für Theologen ein Fachausdruck. Kapitel mit dem Thema Endzeit hat Paulus zwar einige geschrieben (1 Korinther 15; 1 Thessalonicher 4f.; 2 Thessalonicher 2), aber nur hier sagt er etwas über die Art, in der Gott seine Treue gegenüber Israel zeigen wird. Nur hier spricht er über die endgültige Versöhnung Gottes mit seinem eigenen Volk. Paulus steht hier in beachtlicher Übereinstimung mit einem Stück der sogenannten Logienquelle: mit Lukas 13,34f.; Matthäus 23,37–39 (Berger/Nord, a.a.O., 291 Nr. 52). Das gemeinsame Schema ist: Ungehorsam gegenüber dem Evangelium – Zeit der Bestrafung wegen des Ungehorsams – Begegnung mit dem wiederkommenden Christus – die Juden akzeptieren Jesus (und werden so erlöst). Diese strukturelle Übereinstimmung ist beachtenswert, denn Paulus pflegt im Übrigen Stoffe der Evangelien nicht gerade üppig zu berichten. Er hatte offenbar Kenntnis von diesem sehr wesentlichen Punkt der Verkündigung Jesu.

Die am Beginn dieses Stückes wichtigen Verse 14f. haben wir so übersetzt (Berger/Nord, Das Neue Testament): »Meine jüdischen Geschwister will ich zum Protest herausfordern, um sie zum Nachdenken zu bringen, vielleicht kann ich ja einige von ihnen retten. Dass jetzt die meisten Juden verstoßen wurden, hat der nicht-jüdischen Welt die Versöhnung gebracht. Wenn aber am Ende diese Juden wieder angenommen werden, wird es für alle das Fest der Auferstehung sein.« Den »Protest« hat Paulus tatsächlich erreicht, und er führte letztlich zu seinem Martyrium. Denn für Juden war es ein Ärgernis, dass Paulus mit seinen Heidenchristen zusammen heidnisch und nicht jüdisch lebte. So musste er als abgefallener Jude erscheinen. Das Prinzip der antiken Pädagogik (der Lehrer kann nur verlangen, was er selbst lebt), machte freilich aus missionarischen Gründen diesen Lebensstil nötig. Nachdenken könnten die Juden, weil Paulus sich nicht ohne Grund den Heiden zuwendet, sondern nachdem Israel den Gehorsam verweigert hat. Paulus hatte das in Römer 9f. dargestellt. In seiner Praxis folgt Paulus daher dem schon bei Johannes dem Täufer und dann in der Überlieferung der Logienquelle sowie in der Apostelgeschichte praktizierten Grundsatz: »Wenn ihr nicht wollt, kommen andere dran«, was heißt : Wenn Israel das Evangelium ablehnt, wird es dann eben den Heiden verkündigt. Dieser Grundsatz ist eine der folgenschwersten theologischen Entwicklungen über das Alte Testament hinaus. Denn die Folge war die Heidenmission. In unserem Stück argumentiert Paulus mit dem berühmten Schlussverfahren vom Geringeren auf das Größere: Wenn schon die Verstoßung Versöhnung bedeutete, um wie viel mehr bedeutet dann ihre Wiederannahme das Fest der Auferstehung. Auferstehung ist die Steigerung von Versöhnung.

Der zentrale Satz des Schlusses von Römer 11 ist V. 32: »Denn alle, jeden zu seiner Zeit, hat Gott in den Ungehorsam geführt, um sich am Ende aller erbarmen zu können.« Der Satz ist eine bündige Summe paulinischer Geschichtstheologie. Objekt des Führens und Erbarmens sind Heiden und Juden. Nur sind die Zeiten des Ungehorsams und des Erbarmens gegeneinander versetzt: Erst sind die Heiden ungehorsam, und zwar bis hin zu Jesus Christus. Sie folgen nicht den Hinweisen der Schöpfung auf den Schöpfer (Römer 1) und auch nicht der Tora des Mose oder den übrigen Propheten. Aber sie folgen jetzt in der Heidenmission des Apostels dem Ruf des Erbarmens Gottes. Jetzt ist für sie die Zeit der Gnade. Die Juden dagegen verweigern sich mehrheitlich dem Evangelium. Für sie wird die Zeit der Gnade erst kommen. Aber dazu muss der Herr selbst (durch Jesus Christus) auf dem Berg Sion erscheinen und so Jesaja 59,20 wahr machen. So ist für sie zur Zeit der Abfassung des Römerbriefs und bis jetzt die Zeit des Ungehorsams (seit Jesu Auftreten). Dann aber wird die Zeit des Erbarmens kommen. Durch diese Schachtelung von Ungehorsam und Erbarmen, dass also in der Gegenwart die Heiden Erbarmen finden, während die Juden ungehorsam sind, kann Gott die Heiden gewinnen. Denn er wendet sich ihnen zu, weil die Juden verstockt und blind in ihrem Ungehorsam sind. Das Ziel der Geschichte ist aber dann das Erbarmen mit allen. Gott wird sich am Ende aller erbarmt haben. Er erreicht dieses Ziel durch die Verstockung der Juden jetzt, aber ebenso auch durch die besondere Zuwendung speziell zu den Juden am Ende. Denn nach 11,26f. wird Gott für die Juden auf dem Sion erscheinen. Diese Aussage entspricht nun tatsächlich jüdischer zeitgenössischer Zukunftserwartung. Wer etwa die Apokalypse des 4. Esrabuches (1. Jh. n. Chr.) kennt, wird dort finden, dass Israel für das Ende der Zeit das Kommen des Menschensohnes als des Weltenrichters auf dem Sionsberg erwartet. Dieses Kommen geschieht zugunsten Israels – aber nach jüdischer Erwartung eben auf Kosten der Heiden. Denn diese werden jedenfalls nach jüdischer Erwartung bei der Völkerwallfahrt nach Jerusalem dort niedergestreckt und abgeurteilt. Nicht so bei Paulus. Das endgültige Kommen Gottes auf dem Sionsberg steht nicht im Zeichen der Vernichtung der Heiden, sondern folgt auf deren Annahme in der Völkermission.

Die in Römer 11 entfaltete Geschichtstheologie übernimmt daher aus der traditionellen jüdischen Endzeiterwartung nur das Stichwort »Sion« und »Versammlung aller Völker am Sion«. Und sie übernimmt aus der Logienquelle das Motiv der endgültigen Versöhnung Israels mit Gott beim Wiederkommen des Messias. In der Kombination dieser Elemente aber ist diese Theologie einzigartig und ohne Vorbild.

Dennoch entstehen für den neuzeitlichen Leser bei der Lektüre von Römer 9–11 Fragen, die sich nicht alle beantworten lassen, zumindest nicht ganz leicht. Erste Frage: Wenn Gott »in den Ungehorsam führt«, ist das dann eine Art Prädestination, bei der die Menschen unschuldig bleiben, aber Gott gewissermaßen selbst schuldig wird? Antwort: Nein! Die Menschen bleiben immer für ihren Ungehorsam selbst verantwortlich. Aber Gott hat nach Römer 9,33 auf dem Berg Sion, also auf demselben Berg, der danach zum Berg der Erlösung wird (vgl. Römer 9,33 mit 11,26) eine Falle aufgestellt, in die nach menschlichem Ermessen die Juden hineintappen mussten. Denn Jesus war nicht gerade der Messias, der einem konservativen Juden den Glauben an seine eigene Messianität unbedingt erleichtert hätte. Das Wort »skandalon« in Römer 9,33 heißt eigentlich »Fallstrick«, und wir haben es mit »Falle« übersetzt. In den gewöhnlichen Übersetzungen wird wenig verständlich wiedergegeben mit »Stein des Ärgernisses«, an den die Juden stießen. Jesus ist deshalb dieser Stein bzw. diese Falle, weil er sich nicht eindeutig als Messias ausweisen konnte. Er hat die Römer nicht vertrieben, hat sich nicht durch Zeichen am Himmel legitimiert und war hilflos am Kreuz – nicht gerade Empfehlungsstücke für einen Messias. Und die Wunder, die er wirkte, brauchte er als Messias gar nicht zu tun, denn ein Messias musste dergleichen gar nicht bewirken können, wohl aber eine Befreiung politischer Art. Insofern konnten die Juden an Jesus sehr leicht irrewerden, weil Gott ihn nicht gerade als einen zustimmungsfähigen Messias gesandt hatte. Im Übrigen liegen Gottes Fügung und das Versagen der Menschen hier und auch sonst ineinander. Sie schließen sich gerade nicht gegenseitig aus.

Frage zwei: Wenn Gott das Versagen der Juden sich gewissermaßen zunutze macht, um dann sogleich die Heiden zu berufen, wird Gott da nicht zu einem Gott, der mit der Sünde, dem Versagen der Menschen kooperiert? Hat Gott nicht das Versagen der Juden gebraucht, also die Sünde instrumentalisiert, um auf diesem Wege zum Heil aller zu gelangen? Antwort: Ja, Gott hat so gehandelt. Aber er handelt biblischem Denken gemäß öfter nach dem Muster, dass die Menschen zunächst verantwortlich etwas anrichten, dass er aus dem Unheil Heil werden lässt. Frei nach dem Schema: Wenn es schon so weit gekommen ist, was wird Gott daraus machen? Auch das Exsultet der Osternacht kennt dieses Denken: Adams Schuld war letztlich glückhaft und wahrhaft notwendig, weil Gott darauf mit der wunderbaren Sendung des Erlösers reagieren konnte, die auch das Paradies weit überstrahlt.

Disput mit einem Stoiker

21. Sonntag im Jahreskreis A

Römer 11,33–36

»Alles kommt von ihm, hat durch ihn Bestand und kehrt zu ihm zurück« ist der Kernsatz dieser Doxologie (vgl. K. Berger: »Formen und Gattungen«, 2005, § 78). Paulus konnte sich mit einer solchen Formel in seiner Umwelt verständlich machen. Stoische und jüdische Parallelen bieten das Schema »aus ihm ... auf ihn hin«. Paulus bietet in 1 Korinther 8,5 Ähnliches, nur stärker christologisch: »Wir kennen nur den einen Gott und Vater, der alles geschaffen hat und für den wir leben, und einen Herrn, Jesus Christus, durch den alles geschaffen ist, auch wir.« Anders, noch viel stärker christologisch ist das verwandte Stück am Ende des Kanonteils der Messe: »Durch ihn und mit ihm und in ihm ... alle Ehre und Herrlichkeit«.

Derartige Formeln sind für das frühe Christentum kurzgefasste Glaubensbekenntnisse: Sie setzen Menschen voraus, die sehr genau hinhören. Diese würden hier zum Beispiel fragen: Worin besteht der Unterschied zur Stoa? Die Stoa ist ein deistisches philosophisches System, »deistisch« heißt: Anstelle eines Gottes steht die Weltvernunft. Wir rekonstruieren ein solches Gespräch zwischen Paulus und einen Stoiker, weil Römer 11,36 stoischen Formeln ähnelt:

Stoiker: Ich habe gerade, verehrter Paulus, in deinem Römerbrief gelesen und den Satz gefunden: »Alles kommt von ihm, hat durch ihn Bestand und kehrt zu ihm zurück.« Das erinnert mich stark an meinen Lehrer, der vom obersten Gott schreibt: »Zeus ist Ursprung, Zeus ist Mitte, von Zeus her kommt alles« (so später auch Plutarch). Ähnliches habe ich von Oppian her in Erinnerung: »Vater Zeus, auf dich hin ist alles und aus dir hat es seine Wurzel genommen.« Ist das Christentum nicht doch sehr ähnlich?

Paulus: Unser jüdischer Kollege Philo von Alexandrien schreibt ähnlich: »Alle Dinge sind eines oder bestehen aus dem Einen und auf das Eine hin.« Ich hatte durchaus solche schönen Welt-und-Gott-Formeln im Ohr, als ich Römer 11,36 geschrieben habe. Aber bedenke, wo dieser Satz bei mir steht. Ich habe ihn geschrieben als lobpreisende Antwort auf 11,32 hin: Gott will sich aller erbarmen. Mir ging es um die Wege von Gottes Erbarmen in der Geschichte der Menschen.

Stoiker: Das ist eine Zweckentfremdung. Dagegen protestiere ich von Herzen! Denn die Alles-Formeln erklären die Ordnung der Welt, die Naturgesetze und die staatlichen Gesetze, die auf ihnen gegründet sind.

Paulus: Meine Alles-Formel erklärt nicht die Ordnung der Welt, sondern die Unordnung und wie sie durch Gottes Liebe besiegt wird. Deine Betrachtungsweise ist vor allem physikalisch und biologisch, und von dorther möchtet ihr eben auch »alles« erklären.

Stoiker: Genau, alles, auch die Psyche des Menschen, möchten wir mit vernünftigen Gesetzen erklären.

Paulus: Und das Böse ist für euch das Unvernünftige, Triebhafte, das Nicht-Kontrollierte.

Stoiker: Genau so ist es. Die Vernunft heilt alles. Daher kommt alles auf Selbstbeherrschung an. Das nennt man heute »cool« sein.

Paulus: Spätestens an dieser Stelle wird offenbar, dass das Christentum ganz anders ist. Denn Gott ist nicht einfach die Vernunft, und die Vernunft ist nicht Gott. Und das Böse ist nicht das Unvernünftige. Vielmehr geht es um den sehr persönlich zu denkenden und deshalb unfassbaren Gott Abrahams, Isaaks und Jakobs. Dieser regiert die Welt am Ende nicht durch Vernunft, sondern, weil und seitdem es Menschen in der Welt gibt, durch Liebe und Erbarmen, wie ich in Römer 11,32 gesagt habe.

Stoiker: Aber du kannst doch nicht leugnen, dass die Naturgesetze vernünftig sind.

Paulus: Sie erwecken zumindest den Eindruck, weil wir sie mit Vernunft durchdringen können. Aber der Mensch leidet nicht nur an Vernunftmangel. Er hat sein Maß verloren ...

Stoiker: Soweit können wir zustimmen

Paulus: ... weil er Gott nicht anbetet und Gottes Willen nicht folgt. In das so entstandene Vakuum drangen sofort andere Mächte ein, die den Menschen versklavten. Ich fasse diese Mächte zusammen als Macht der Sünde. Sie ist dämonisch besitzergreifend, sie entmündigt den Menschen und treibt ihn in den Tod.

Stoiker: Das ist mir alles zu dramatisch und zu mythologisch ausgedrückt. Sieh es doch nüchterner an! Und Gott braucht man doch gar nicht anzubeten, das hilft gar nichts. Umgekehrt: Religion hängt oft mit Unvernunft, Tyrannei und Terrorismus zusammen.

Paulus: Gegen entsetzlichen Missbrauch ist keine Religion gefeit. Dass Gott mindestens so etwas ist wie eine Person, wissen wir durch Jesus. In ihm ist uns Gott begegnet. Die sein Blick erreicht hat, haben Gott erfahren. Gott heißt nicht zuerst die Vernunft im Weltall. Sondern Gott ist zuerst der, der jeden Einzelnen bei seinem Namen gerufen und ihn will und ihn in seine Hände geschrieben hat. Mit Gott macht jeder seine Geschichte durch, die viel mehr Aspekte hat als nur die Abwesenheit oder Anwesenheit von Vernunft. Diese Geschichte bedeutet das Drama von Sünde und Verlorenheit, Verzweiflung und Gefundenwerden, Vergebung und Geliebtwerden. Es geht um das Dunkel der Verstrickung und die Befreiung durch persönliche Vergebung. Darum, dass der Gekreuzigte seine Hand um mich legt.

Stoiker: Ich sehe ein, dass das nicht bloß ein Mehr oder Weniger von Vernunft ist. Aber was unterscheidet dann Römer 11,36 von den stoischen Formeln?

Paulus: Mein Lobpreis beginnt in 11,33 mit dem Satz »Gott ist so reich an Gnade.« Gnade ist nicht vernünftig, sondern unverhältnismäßig. Sie ist nicht »Angemessenheit«, sondern Reichtum, sie ist nicht »Regeltreue«, sondern sprudelndes, geschenktes Leben. Sie ist nicht Prinzipienfestigkeit, sondern genau so unerwartet wie die Zuwendung des Vaters zum verlorenen Sohn. Liebe und Erbarmen sind stets »nicht angemessen«, »nicht verdient«.

Stoiker: Aber deshalb hat man oft gesagt, paulinische Theologie neige zum Irrationalen. Auch wohlverstandene Aufklärer wie Thomas von Aquin hatten etwa mit Römer 9–11 ihre Schwierigkeiten. Systematiker wie er haben nach der »Lehre« in Römer 9–11 gesucht, zum Beispiel nach der Lehre von der Prädestination im Verhältnis zur Willensfreiheit.

Paulus: Nein, irrational ist nicht das Heil, sondern das Unheil. Das Unheil besteht immer in Blindheit, Wut, Zerstörung, Hass. Das ist aber nicht nur Unvernunft, sondern es gibt eine Faszination und eine »Abgründigkeit« des Bösen. Denn das Böse ist auf seine Weise stets Nachahmung, eben auch Nachahmung der Unergründlichkeit Gottes, die ich in Römer 11,33 so besonders betone. Auch die Nachahmung hat ihre Tiefe und Faszination, die der Heimtücke und gemeinen Zerstörung. Die des Gefesseltseins.

Stoiker: Kann man das nicht durch Aufklärung beseitigen?

Paulus: Leider nützen kluge Worte nichts gegen die Faszination und Verstrickung ins Böse. Nein, es ist wie Sucht. Sünde ist nicht durch Vernunft leicht zu korrigieren, sondern es bedarf einer Suchttherapie. Nur der erste Schritt ist bei einer Sucht freiwillig, der Rest ist Beherrschtsein, zu Tode geritten werden.

Stoiker: Ich glaube an die Macht der Vernunft. Sie ist für mich göttlich.

Paulus: Ich bin überzeugt von der Ohnmacht der Vernunft. Sie ist zum Beispiel in Gestalt von Ideologien jeder Macht leicht zu Diensten. Sie verziert und verteidigt allzu leicht den, der nur Macht hat. Nein, eine Suchttherapie ist ein Machtkampf …

Stoiker: … und also nicht herrschaftsfreie Kommunikation?

Paulus: Wer weiß, was Sucht ist, und im Grunde weiß das jeder Mensch, der sehnt sich nach der Macht der Liebe, die die Fesseln der Besessenheit in Sucht und Sünde bricht.

Stoiker: Ist das etwa der Schlüssel für den Glauben an Gott?

Paulus: Ja, viele Leute meinen, Gott sei nur eine ziemlich abstrakte Weltvernunft. Und der Mensch sei vernünftig, wenn man ihm Vernünftiges nur oft genug sage.

Stoiker: Ich verstehe, das ist der Kern unserer Correctness, der Grund der Rede von Werten, von unzähligen Sonntagsreden, der Grund für die Erfolglosigkeit bloß vernünftiger Pädagogik.

Paulus: Die Abgründigkeit von Sünde und Gnade, dass es dabei um Tod und Auferstehung, um Michael und Satan geht, um Kreuz und Neugeburt, das wird nicht begriffen.

Wider die Abwertung des Opfers

22. Sonntag im Jahreskreis A

Römer 12,1–2

Das Wort »Opfer« ist gründlich in Verruf gekommen. Denn man assoziiert »sinnlose Gewalt« oder steinzeitliche Grausamkeit. Mehrere Begründungen treffen sich hier. Alle verstehen sich als aufklärerisch und emanzipiert. Denn aus dem »Opfer«, sagt man, sei eine Ideologie von Machthabern geworden. Eine dieser Begründungslinien ist eine seltsame Mischung von Tiefenpsychologie und Vorgeschichtsforschung: Man (re)konstruiert steinzeitliche Rituale, nach denen die Gemeinschaft eines Clans durch ein Opfer, das getötet wird, sich seiner Schuld entlastet, etwa im Sinne des Sündenbocks. Dieses wird dann mehr oder weniger geschmackvoll mit dem freudianischen Vatermord-Komplex verknüpft. Man schlägt vor, man solle die Bibel entmischen und alle Spuren dieser steinzeitlichen Auffassungen beseitigen. Also auch die Rede vom Opfer Jesu Christi, auch die vom Messopfer. Paulus, der nicht nur in Römer 12,1–2 vom Opfer redet, sogar seine Kollekte so nennt, kommt nicht gut weg dabei und erfreut sich in der psychologisierenden Richtung der Theologie ohnehin keiner großen Beliebtheit. Das Ganze ist eine durchschaubare Konstruktion, die auf einem schlichten Menschenbild aufruht und dieses gegen Religion verteidigt: das rundum therapeutische Menschenbild, das Religion auf die reine Liebe reduziert und damit die Realität nur unverständlicher macht. Denn es stimmt ja gar nicht, dass Gott einfach nur die Liebe ist und nur die Züge einer Mutter hätte, die alles immer nur an ihre Brust drückt. Eine weitere ideologische Linie ist die politische: Die Rede vom Opfertod fürs Vaterland und genauso Verkehrsopfer im überlasteten Straßensystem führen die offenkundige Leere, ja den praktischen Nihilismus organisierter Gemeinschaft vor Augen. Wir werden fortwährend zu »Opfern« aufgefordert.

Erst neuere bibelwissenschaftliche Arbeiten zum Alten (!) Testament haben ergeben, dass dem biblischen Opferbegriff nichts von alledem eignet. Opfer heißt im Alten und im Neuen Testament jede sichtbare Ehrung Gottes. Und zwar nicht, weil Gott diese Ehrung brauchte oder nötig hätte. Nicht Gott muss in seiner Labilität gestützt werden, sondern die Ehrung Gottes, die uns etwas kostet, hilft unserer Beziehung zu Gott. Sie gibt dem Leben Orientierung und Eindeutigkeit. Sie »nützt« daher letztlich auch uns selbst. Doch nicht der Nutzen ist das Kriterium des Opfers, sondern die Angemessenheit, die Frage, ob es so »gerecht« ist. Daher heißt es am Anfang jeder Präfation »Es ist würdig und recht ... dir Dank zu sagen.« Gott zu ehren, ihn zu lieben, ihm zu danken ist schlicht und einfach »gerecht«. Wer es nicht tut, gibt nicht dem Ehre, dem sie gebührt. Opfer im biblischen Sinne hat daher nichts zu tun mit sinnloser Gewalt, sondern mit schuldiger Anerkennung. »Ehre, wem Ehre gebührt«, gilt nach Römer 13,7. Genau das meint das »vernünftige Opfer« von Römer 12,1. Es ist das Gott angemessene Opfer. Und weil Gott lebendig ist, besteht dieses angemessene Opfer nicht mehr in toten Tieren, sondern in lebendigen Leibern, und das heißt: in einem gesamten christlichen Leben. Ein solches Leben schließt das Sterben ein. Denn der Tod von Christen an sich ist für Gott kein Wert. In genau diesem Sinne – Leben inklusive Sterben – ist auch das auf Jesus selbst bezogene Wort Markus 10,45 zu verstehen: Der Menschensohn ist dazu gekommen, zu dienen und das heißt: sein Leben einzusetzen als Sühne für die Menschen, die an ihn glauben (= »für viele«). Nicht im Sterben allein besteht die Sühne, sondern in dem ganzen Leben inklusive Sterben. Insofern geht es hier um das Sühnopfer Jesu Christi.

Übrigens versteht auch der Hebräerbrief Jesu Opfer nicht allein in der Gewinnung seines Blutes, vielmehr heißt es (10,5–10): »Du wolltest nicht, dass ich dir Opfer und Brandopfer bringe. Vielmehr hast du mir einen Leib bereitet, mit dem ich dir dienen kann. Brandopfer für die Sünden der Menschen heißt du nicht gut. Ich sagte: ›Ich komme, um deinen Willen, Gott, zu tun.‹« Zuerst sagt er, dass Gott »Opfer und

Brandopfer« und »Brandopfer für die Sünden der Menschen« – also alles, was nach dem Gesetz dargebracht wird – nicht will und nicht gutheißt. Dann sagt er: »Ich komme, um deinen Willen zu tun.« Damit hebt er die Verpflichtung zu Brandopfer und Sündopfer auf und bekräftigt umso mehr die Bereitschaft, Gottes Willen zu tun. Durch diese Bereitschaft sind wir ein für allemal heilig gemacht worden, dadurch dass Jesus seinen Leib, also sein ganzes Leben, Gott dargebracht hat. Der Schluss von 10,10 spricht eindeutig von Darbringen. Das heißt: Die Weise, in der Jesus sein Leben »gegeben« hat, ist nicht im Sinne alttestamentlicher Opfer zu verstehen, sondern eine neue Art von Opfer und Darbringung. Sie besteht im Tun von Gottes Willen.

Ebenso versteht auch Römer 12,1 den Opferdienst der Christen als die Erfüllung der Gebote Gottes. Früher hat man von einer Spiritualisierung der kultischen Begriffe gesprochen, als sei im Gegensatz zum kruden Tempelkult hier etwas »vergeistigt« worden. Ein Irrweg, der von dem jahrhundertealten, selbst noch bei Hegel genannten Vorurteil ausging, Juden seien »an sich« materialistisch und ungeistig. Nein, es war umgekehrt: Die einzige Richtung der Antike, die von einem Gegensatz von Materie und Geist ausging, war der Platonismus. Er hat in der späteren Kirchengeschichte zumindest zweideutig gewirkt. In Römer 12 aber liegt eine so große Hochschätzung des Kultischen vor, dass selbst die Ethik davon bestimmt wird. Man spricht von einer Ausweitung und Übertragung kultischer Kategorien.

Eindrücklich sagt Paulus in 12,2: »Verändert euch, nicht indem ihr euch dieser Welt anpasst, sondern indem ihr in eurem Denken neu werdet: Lernt zu unterscheiden, was Gott will und was nicht.« Das klingt wie »Bekehrungspredigt«. Dabei sind die Römer doch schon Christen. Eine derartige Rede an Christen, die schon länger getauft sind, nennt man daher »postconversionale Mahnrede« (vgl. mein Buch »Formen und Gattungen«, 2005, § 50), eine Predigt nach der Bekehrung (conversio), die sich aber weiter an diesem Wendepunkt orientiert.

Da das klösterliche Leben immer wieder neu an der Umkehr (conversio) ausgerichtet ist, überrascht es nicht, wenn wir zu diesem Punkt fruchtbare Äußerungen etwa bei Bernhard von Clairvaux und bei dem Augustiner-Eremiten Martin Luther finden. Bernhard sagt zur Stelle: »Dieses Ziel verfolge ich mit ganzer Sehnsucht. Hier verharre ich in meinem frommen Eifer.« »Hier wird gezeigt, dass wir durch die Sinne des Körpers altern und uns der Welt angleichen, durch das Denken jedoch in der Erkenntnis Gottes erneuert werden.« In der 21. Predigt verbindet er Römer 12,2 mit dem Konzept der (verlorenen) Ähnlichkeit und (bleibenden) Gottebenbildlichkeit des Menschen: »Darin offenbart ... das edle Geschöpf, geschaffen nach dem Bild und der Ähnlichkeit dessen, der es erschuf, dass es die Würde seines alten Ranges zurückgewinnt und alsbald wieder erlangt, wenn es als seiner unwürdig verschmäht, sich dieser schwankenden Welt anzupassen. Vielmehr ist es eifrig bemüht, ... sein Denken zu erneuern und sich umzuwandeln zu der Ähnlichkeit (similitudo), in der es sich geschaffen weiß.« Luther sieht einen Gegensatz zwischen der »Erneuerung eures Sinnes« und »Sinn und Neigung der Welt« sowie der eigenen Vernunft. Es gehe darum, »immerdar unsern Sinn und Willen zu brechen und anders tun und leiden, als Vernunft und Wille vorgibt, damit wir der Welt ja immer ungleich und im Widerspiel zu ihr verfahren.« Nun, dies ist stark monastisch gedacht; die beiden letzten Päpste haben (mit Thomas v. Aquin) die Übereinstimmung von Vernunft und Glauben eher hervorgehoben. Auch Paulus wird in Römer 12,3 dann das Vernünftigsein ohne Vorbehalte betonen. Paulus überrascht hier mit ausgesprochener Nüchternheit. Im Aufbau der Kapitel Römer 12 und 13 wird das Drängen auf Vernünftigkeit schließlich in der Zusammenfassung des Gesetzes in Nächstenliebe enden: Sie ist der vernünftige Ausgleich schlechthin. Nicht Barmherzigkeit ist das erste Kriterium, sondern Vernunft wird zuerst genannt.

Keine Abschaffung des Gesetzes

23. Sonntag im Jahreskreis A

Römer 13,8–10

Es gibt immer noch Leute, die meinen, Paulus habe das jüdische Gesetz abgeschafft oder für abgeschafft erklärt. Ich kann mir gut vorstellen, dass manche das für eine Befreiung von der Tora des Mose ansehen würden, insbesondere von den vielen Sozialgeboten, die sie auferlegt. Doch kann von alledem bei Paulus nicht die Rede sein. Römer 13,8 belegt es: »Denn wer den anderen liebt, hat das Gesetz erfüllt.« Also gilt das Gesetz, und noch mehr: Es muss auch unter allen Umständen und ohne jede Ermäßigung erfüllt werden.

Das Gesetz ist Inbegriff der vernünftigen sozialen Ordnung. Und schon allein deshalb ist es nichts Negatives. Es ist Eindämmung der subjektiven Willkür im sozialen Miteinander. Das zeigte sich schon in Römer 13,1–7: Die Übertragung der Vergeltung an die öffentliche Institution (Gerichtsbarkeit des Staates) soll die Gefährdung durch unkontrollierte und unsoziale subjektive Willkür beseitigen. Indem Gott die Rache an sich zieht (oder sie der öffentlichen Hand anvertraut) und sie dem Einzelmenschen entzieht, wird ein Stück unvernünftiger, subjektiver Willkür im Einzelnen besiegt. Vernunft im Gegensatz zu den gewalttätigen Affekten ist der Weg, auf dem sich Gerechtigkeit Gottes verwirklicht. Auch das Gesetz ist nichts anderes als die inhaltliche »Ausführung« des Programms der Gerechtigkeit, die Gott will. Das gilt ganz besonders für die sozialen Konsequenzen. Doch Paulus verficht nicht Ordnung um ihrer selbst willen, sondern diejenige Lösung, die jeweils die vernünftigste und gewaltloseste ist. Darin liegt auch der ideale Sinn des Gewaltmonopols auf Seiten Gottes.

Kurzum: Ein höheres Maß an Öffentlichkeit bedeutet für Paulus auch größere Vernünftigkeit. Vernunft aber ist eine Ordnungsmacht sozialer Gerechtigkeit.

Auch Nächstenliebe ist für Paulus zuerst Inbegriff einer Ordnung und kein »Gefühl«. Denn »Liebe deinen Nächsten wie dich selbst!« ist spätestens im hellenistischen Judentum, aus dem Paulus kommt, Proklamation einer Ordnung auf der Grundlage sozialen Gleichgewichts. Ausdruck dieses Gleichgewichts sind die Worte »... wie dich selbst«. So ist Römer 13 ein eigenständiger Beitrag zum Thema der »Gerechtigkeit« unter Menschen. Sie ist das Thema der griechischen wie der jüdischen Geschichte, Philosophie und Religion. Insofern ist »Gerechtigkeit« Inbegriff des europäischen Erbes. Es ist freilich im Judentum längst üblich, die Institution Gesetz in gar keiner Weise anzugreifen, auch nicht dessen Ursprung bei Gott (und Moses). Doch dessen Inhalt kann je nach dem, was als Gerechtigkeit gilt und gelten muss, neu gefüllt werden. In diesem Sinne ist sowohl die Bergpredigt zu begreifen als auch die paulinische Tora für die Heiden in Röm und Gal.

Im alttestamentlichen Kontext ist Levitikus 19,18 (»Liebe deinen Nächsten wie dich selbst«) die Zusammenfassung von Weisungen über den Umgang mit den Fehlern und dem Fehlverhalten des Nächsten; der Nächste wird dabei im Sinne des Volksgenossen in Israel aufgefasst. Denn direkt vor dem Gebot der Nächstenliebe heißt es: Sei nicht rachsüchtig, trage nicht nach, kläre Streitigkeiten im Gespräch, stelle zur Rede. Und dann ist von der Nächstenliebe die Rede. Im hellenistischen Judentum werden dann sowohl die Dekaloggebote der 2. Tafel als auch das Gebot der Nächstenliebe zum Beleg für die Forderung nach sozialer Gerechtigkeit überhaupt. Wir finden Entsprechendes bei Philo von Alexandrien, dem Zeitgenossen des Neuen Testaments in seinen Schriften »Über den Dekalog« und in »Über die Einzelgesetze«. Die Gebote der ersten Tafel sieht er als Forderungen der Gottesverehrung an und fasst sie als »Heiligkeit« oder »Frömmigkeit« zusammen. Er nennt die Dekaloggebote der zweiten Tafel (griechisch: Menschenliebe) wie auch den Gauben an Gott (griechisch: Gottesverehrung) die beiden »Grundpfosten« oder »Hauptsachen« des Gesetzes. Damit zitiert und aktualisiert er nun den bekannten »Kanon der zwei Tugenden« (A. Dihle), nämlich Gottesliebe und Menschenliebe. Genau so erklärt Paulus die Gebote der zweiten Tafel des Dekalogs hier zum Inbegriff der »Gerechtigkeit«. Er zeigt hier freilich nur Interesse an den sozialen Tugenden. Wenn er die Gebote der 2. Tafel (Menschenliebe) mit dem Gebot der Nächstenliebe kombiniert, fügt er nur zusammen, was für die hellenistischen Juden zweifellos zusammengehörte, und zwar beides im gleichen Sinne als Ausdruck der Gerechtigkeit gegen Menschen. Über die Gottesliebe und -verehrung hatte er in Römer 3–8 genug gesagt.

Römer 13 enthält im Übrigen keine Staatsmetaphysik, sondern grenzt die Rolle der heidnischen Obrigkeit auf die Gerichtsbarkeit ein. Paulus will nicht den römischen Staat glorifizieren. Er zielt vielmehr auf einen Teil der Gerechtigkeit des neuen, messianischen Zeitalters. Die Botschaft von Römer 13 ist: Frieden ist jetzt schon möglich, und er beginnt im Herzen jedes Einzelnen, der auf Rache verzichtet, und im sozialen Miteinander überall und jederzeit dort, wo Gottes Geist weht. Die Gerechtigkeit, die Gott will, ist für Paulus (anders etwa als für den Seher Johannes, vgl. Apokalypse 13) auch schon in bestehenden Strukturen und unter deren Ausnutzen möglich. Paulus hat in diesem Punkt der Apokalypse ein Stück Realismus voraus, was sich als durchaus hilfreich erwiesen hat.

Freilich hat die Auslegung von Römer 13 auf lutherischer Seite zu einer überaus engen Verbindung von Kirche und Staat geführt. Und noch Otto Dibelius, der spätere evangelische Bischof von Berlin, wetterte gegen die Weimarer Republik, weil sie die Monarchie abgeschafft habe, und damit im Sinne traditionellen lutherischen Verständnisses von Römer 13 gegen Paulus und gegen Gott gefrevelt hatte. Dagegen werfen nun linke Neuprotestanten Römer 13 vor, der Text stehe schon deshalb im Verdacht, nicht von Paulus zu stammen, weil jede Christologie fehle. In der Tat kann man ja fragen: Wo besteht eine Beziehung zu unserem Glauben? Auch Römer 13,8–10 ist ja sehr formal ausgerichtet.

Die Antwort: Nach Römer 1–8 hat Gott den Menschen gerecht gesprochen, das heißt akzeptiert, und in die Gemeinschaft mit sich selbst hineingenommen. Diese von Gott empfangene Akzeptanz soll und kann der Christ mit Hilfe der Kraft des Heiligen Geistes an andere Menschen weitergeben. Zum Vergleich sei an das Gleichnis vom unbarmherzigen Sklaven in Matthäus 18 erinnert: Gott gewährt Verzeihung, staunenswert und umfassend. Aber nun kommt es auf den Sklaven an, der diese Vergebung an seine Mitmenschen weitergeben muss. Sonst ist alles vergebens. Auch Gott kann so scheitern, wenn die Menschen das, was er begonnen hat, nicht weiterwirken lassen, weiterreichen, anwenden auf ihre kleinen Verhältnisse. Römer 12–15 ist daher die Anwendung der Rechtfertigungslehre auf die Ethik. Und das besagt: Dass Gott die Menschen in die Gemeinschaft mit sich aufnimmt (»rechtfertigt«), muss sich in der Geschichte »fort-pflanzen«.

Es besteht gewiss eine Spannung: In Römer 12,1 fordert Paulus zu »neuem« Denken auf – und in Römer 13,9 übernimmt er die gewöhnlichsten Standards der jüdischen und heidnischen Popularethik. Aber das Neue muss nicht unbedingt in neuen Inhalten bestehen – Ethik ist die Konstante in allen Kulturen im Umkreis des Neuen Testaments –, sondern darin, dass die bekannten Normen endlich erfüllt werden.

Und schließlich gibt Paulus in Römer 13,11–14 eine besondere Begründung aus dem Schatz urchristlicher Umkehrbotschaft: Die Werke des Lichts anziehen ist nichts anderes als den Herrn Jesus Christus anziehen (13,14). Hier wird eine ausdrückliche christologische Begründung gegeben. Sie leitet sich vom Taufritus her: Wer nach der Ganztaufe aus dem Wasser steigt, zieht ein neues Gewand an (später: Taufkleid), und dieser Vorgang bildet ab, wie der Neugetaufte eine neue Identität gewinnt, die sich ganz an seiner Ähnlichkeit mit Christus bemisst. Alle Anstrengung wird dann ganz leicht, wenn wir uns nach dem ausrichten, der uns wie neue Kleider umgibt. »Des Kaisers neue Kleider« endet mit dem Ausruf: »Der Kaiser ist nackt!« Damit das bei Christen nicht auch gesagt werden muss, erinnert uns Paulus an den schon vollzogenen sakramentalen Wandel – im Sinne dieses Gebets: »Herr, lass mich sein wie einer, der an dich erinnert.«

Der Tag ist zum Greifen nahe

1. Adventssonntag A

RÖMER 13,11–14A

Wann ist die Nacht am finstersten? Vielleicht so gegen zwei Uhr in der Nacht, wenn alle Lichter in den Häusern erloschen sind und es wirklich still wird auf den Straßen, wenn in Heidelberg nur noch die Verkehrsampel am Bahnhofsvorplatz angestellt ist? So etwas oder Ähnliches assoziieren wohl die meisten mit unserem Text, wenn Paulus sagt: »Die Nacht ist vorgerückt.«

Wider Erwarten zielt Paulus mit der »vorgerückten Nacht« gar nicht auf die größte Finsternis. So heißt es in der Übersetzung Berger/Nord: »Die Nacht geht dem Ende zu, der Tag ist zum Greifen nahe.« Paulus gibt daher nicht den geringsten Anlass, Düsternisse zu sammeln und zu bejammern. Ganz im Gegenteil. Die nächtliche Stunde, die Paulus hier anpeilt, ist nicht, im Bilde gesprochen, zwei Uhr nachts, sondern kurz vor Sonnenaufgang. So spricht er von Licht und Hoffnung. Die treuen Christen haben nicht »schon verloren«, sondern überall in der Welt geht eine ungeheure Kraft von ihnen aus, auch als Kraft zum Widerstand. Hier finden wir bei Paulus dieselbe unbesiegbare Hoffnung, die auch die Wachstumsgleichnisse Jesu (vom Senfkorn, von der selbst wachsenden Saat, vom Sauerteig) auszeichnet oder den Epheserbrief mit dem Bild vom Wachstum des Leibes.

Für die rein chronologische Frage gilt immer noch: Das Weltende ist für das Neue Testament so nahe wie wenn man bei Föhn von München aus die Alpen sieht. Das heißt: Es steht »vor der Tür«, ist »da«, und angesichts seiner sind zweitausend Jahre wie ein einziger Augenblick. Im Übrigen ist rein technische Chronologie gegenüber der Anzahl der Heiligen völlig sekundär. Ob die Rabbinen so ganz fehlgingen mit der Meinung, der Herrgott werde schon reagieren, wenn der Druck auf ihn stark genug würde, und zwar der durch Gebet, Martyrien und Heiligkeit einzelner Auserwählter? So ergibt sich übrigens eine schöne Verbindung von Allerheiligen zum 1. Advent.

Zum einen wählt Paulus das Wachen als Bild für die gesamte christliche Existenz. Wachen bedeutet bei Jesus Sensibilität für Menschen und Dinge. Das Gegenteil ist Schläfrigkeit und Dahindösen, mangelndes Dabeisein und Abschieben der Verantwortung.

Zum anderen deutet Jesus den Morgen des Tages und den Tag überhaupt konsequent auf das »Ende« (der Welt). Jeder Tag bildet im Vorhinein Gottes Kommen, den Tag des Herrn, ab. Indem die Kirchen mit dem Altar nach Osten gerichtet sind, feiert jede Gemeinde ihre Liturgie mit dem Blick auf den kommenden Herrn.

Für das Judentum gibt es die ausgeprägte Symbolik der vier heiligen Nächte: Die Nacht, in der das Licht erschaffen wurde; die Nacht, in der Gott mit Abraham den Bund schloss; die Passahnacht und die Nacht der Ankunft des Messias. Immer folgt hier auf das menschliche Dunkel das göttliche Licht. Das Christentum hat diese Symbolik übernommen und verwendet sie in der Oster- und in der Weihnachtsnacht. An der Stelle der Passahnacht steht dann Geburt bzw. Auferstehung Jesu. Und wie intensiv schon das Urchristentum die Ankunft des Messias als Geburt des Lichtes begriffen hat, zeigt der Lobgesang des Simeon (Lukas 2,30–32).

Wir entdecken die finstere Nacht als Zeit des Gottesdienstes gerade wieder. In der Jugendseelsorge nennt man das »Frühschicht fahren«. Keine Zeit ist wichtiger für das Gebet als die zweite Hälfte der Nacht. Der Nacht und damit bildlich dem Tod ins Angesicht blicken und den Tag wirklich mit der Nacht beginnen lassen, das entspricht tiefer biblischer Weisheit. Gerhard Hauptmann hat uns mit dem schönen Titel seines Dramas »Vor Sonnenaufgang« diese Zeit in Erinnerung gerufen. Das war die Zeit, in der Jesus gebetet hat, allein in der Wüste oder auf dem Berg. Wann immer er sagt: Seid wachsam, betet und wartet buchstäblich auf das Morgenrot jedes neuen Tages, dann meint er diese Zeit. Wie am ersten Schöpfungstag wird jeden Tag neu Licht von der Finsternis geschieden. Das ist das Wunder jedes neuen

Tages. Früh am Morgen in der Einsamkeit der Wüste ist für Jesus Gottes Wirklichkeit unübersehbar, denn keiner lenkt ihn ab. Während Jesus betet, wird es Morgen, die Dinge gewinnen ihre Farbe wieder. Jesus denkt in dieser Stunde an den Gott, der Nahrung für alle beschafft, der die Lilien des Feldes prächtig kleidet. Jesu Beten am frühen Morgen hängt ganz eng zusammen mit seiner Botschaft vom Reich Gottes. Sie ist so nah wie das Morgenrot dem neuen Tag. Jeden Morgen erlebt Jesus das siegreiche Licht. So sicher, wie in jeder Nacht auf das Dunkel der Tag folgt, so sicher ist mit Jesus das Morgenrot der erneuerten Welt gekommen.

Gertrud von Le Fort, die Heidelberger Dichterin sagt in ihren Hymnen an die Kirche vom Singen bei Sonnenaufgang: »Wenn die Städte noch auf ihrem Fieberbett schlafen und die dumpfen Dörfer im Brodem der Felder versinken, wenn die Tiere sich noch nicht regen und die Einsamkeit des Herrn auf der Welt lagert, dann erhebst du deine Stimme ..., wäschst das Angesicht der Erde mit deinen Liedern.«

Aus der Grunderfahrung des Wachens in der Nacht, der Geburt des Lichtes aus der Finsternis entwickeln Jesus und die frühen Jünger und Apostel ihre Theologie von Finsternis und Licht.

Die Lichtmystik verbindet die Religionen (besonders: Judentum, Christentum, Islam und die buddhistische Mystik), aber sie lässt auch deutlich die Unterschiede hervortreten. Die Christen heißen eben »Kinder« des Lichts, nicht nur »Erleuchtete«. Kindschaft ist die von allen vergleichbaren Religionen unterscheidende Wirklichkeit nach der christlichen Mystik. Auch hier ist es wie schon in der Vision in Ezechiel 1,26: Mitten im Feuer wird das Angesicht eines Menschen erkennbar.

Wenn es stimmt, dass wir kurz vor Sonnenaufgang stehen, dann, so sagt Paulus, kommt es darauf an, jetzt vom Schlaf aufzustehen und sich anzuziehen. Paulus nutzt das Bildfeld des täglichen (Früh-) Aufstehens konsequent aus: Sonnenaufgang, Aufstehen, Ankleiden. Alles hat seine bildhafte Bedeutung für den Glauben an Jesus Christus. In 13,14 mahnt Paulus: »Zieht Jesus Christus an ...« Wir fragen: Ist genau das nicht schon in der Taufe geschehen? Für Paulus ist das kein Widerspruch, nur für unser eindimensionales Denken. Was nämlich im Sakrament der Taufe für Paulus ein für alle Male geschieht, sozusagen punktuell, das ist für ihn genauso gut durativ (auf Dauer) darstellbar als lebenslanger, immer wieder einzuleitender Prozess.

»Jesus Christus anziehen« beinhaltet eine sehr weitgehende Annahme der Rolle Jesu Christi im Drama des Heils. Ein Schauspieler zieht eine »Rolle« an. Es ist kein Schein, sondern der Rechtsanspruch, der mit dieser Art von Personen-Identität gegeben ist. Wer das Kleid des Betreffenden anlegt, darf sich juristisch dieselben Rechte zulegen. Es darf, wer Jesu Christi Kostüm (ihn selbst als Kostüm) anzieht, seine Rechte in Anspruch nehmen. So sagen wir, dass der Priester am Altar »in persona Christi«, anstelle von Jesus Christus und in seiner Rolle gültig das Herrenmahl als Hausherr feiert. Ähnlich ist es mit der Taufe. Wer hier Jesus Christus anzieht, wird erbberechtigt wie er. Hier spielen das Theater und das Juristische ineinander, werden wir Miterben Jesu Christi. Der Getaufte ist Kind Gottes und damit erbt er das, was dem Sohn zusteht. So sagt es Römer 8,17: Wir sind Erben Gottes und Miterben Jesu Christi

Die Verbindung mit Jesus Christus in der Taufe ist so eng, dass Paulus sagen kann: Wir haben Christus angezogen, weil uns dasselbe zusteht wie Jesus Christus: Anteilhabe an Gottes Reichtum, am ewigen Leben. Im christlichen Handeln durchdringt uns diese Teilhabe ganz und gar. Wenn wir denn in diese Rolle hineinwachsen, die Gott uns aus Gnaden geschenkt hat. Die Werke des Lichts anziehen ist nichts anderes als den Herrn Jesus Christus anziehen (13,14). Hier wird eine ausdrückliche christologische Begründung gegeben. Sie leitet sich vom Taufritus her: Wer nach der Ganztaufe aus dem Wasser steigt, zieht ein neues Gewand an (später: Taufkleid), und dieser Vorgang bildet ab, wie der Neugetaufte eine neue Identität gewinnt, die sich ganz an seiner Ähnlichkeit mit Christus bemisst.

Freiheit des Christenmenschen

24. Sonntag im Jahreskreis A

RÖMER 14,7–9

Die Rede von der Gewissensfreiheit hat einen christlichen Ursprung. Der Ort, von dem sie ihren Ausgang nimmt, ist das Martyrium. Eine Freiheit, die fast alles kostet. Der Märtyrer ist Sieger, König und frei. Das Beispiel von Thomas Morus zeigt uns einen freien Menschen. Aber er stirbt wie alle anderen männlichen und weiblichen Märtyrer nicht für die Autonomie des Menschen, der von allem losgelöst wäre und nur sich selbst gehörte, sondern der Märtyrer gehört einem anderen König. Er stirbt nicht für seine eigene Autonomie, sondern für die Herrschaft seines Königs, seines Herrn. Denn er hatte sich – frei – entschieden zwischen zwei sehr unterschiedlichen Herrschaften.

Jesus und Paulus optieren für die Herrschaft Gottes. Jesus formuliert es von Gott her, indem er hauptsächlich in Gleichnissen Gottes »Herrschaft und Reich« verkündet. Paulus spricht anstößig von Sklaverei. Er nennt sich stets »Sklave Jesu Christi«, denn Jesus Christus ist sein Herr. In Römer 6,16ff. stellt er den Wechsel vom vorchristlichen zum christlichen Status im Bild des antiken Sklavenmarktes dar: »Denn wem ihr gehorcht, wem ihr dient, dessen Sklave seid ihr. Es gibt nur zwei Möglichkeiten: Sünde oder Gerechtsein. Wer der Sünde gehorcht, erntet den Tod. Gott sei Dank, dass ihr die richtige Wahl getroffen habt: Früher wart ihr Sklaven der Sünde, jetzt aber gehorcht ihr nicht mehr wie unter Zwang, sondern von Herzen der apostolischen Lehre, die euch überliefert worden ist. Da ihr von der Sklaverei der Sünde befreit seid, könnt ihr jetzt Sklaven der Gerechtheit werden. Wenn ich hier von »Sklaven« der Gerechtheit rede, ist das ein Vergleich, der natürlich etwas hinkt, aber weil unser menschliches Fassungsvermögen begrenzt ist, muss ich einfach Bilder gebrauchen. Früher habt ihr euch wie Sklaven in den Dienst von immer größerer

Gesetzlosigkeit und Schlechtigkeit gestellt. Wenn ihr euch jetzt wie Sklaven in den Dienst der Gerechtheit stellt, könnt ihr heilig werden. Als ihr Sklaven der Sünde wart, gab es noch keine Verpflichtung zum Gerechtsein. Aber der Unterschied zwischen den beiden Möglichkeiten zeigt sich am Ergebnis. Wenn ihr die Sünde wählt, kommt etwas heraus, dessen ihr euch jetzt nur noch schämt, und am Ende steht schließlich der Tod. Jetzt aber seid ihr befreit von der Schuldhaft der Sünde und Sklaven Gottes geworden. Hier ist das Ergebnis Heiligkeit, das Ziel ist ewiges Leben.«

Die Christen haben »nur« den Besitzer gewechselt. Aber dieses »nur« hat es in sich. Jetzt kann man den Unterschied der einen zur anderen Sklaverei noch nicht sehen. Wohl aber hat das Ganze jetzt schon eine andere Perspektive bekommen. Diese heißt »Leben« und nicht Tod. Nur hier heißt sie Leben, weil nur Jesus von den Toten auferstanden ist. Lediglich das Christentum weiß eine Antwort auf die Frage, ob mit dem Tod alles aus ist, ob man angesichts des Todes dann sagen muss: »Das war es also!«

War diese neue Perspektive nur um den Preis eines neuen Besitzverhältnisses zu haben? Wir alle kennen die neuliturgische Formel »durch Jesus unseren Bruder und Herrn«. Wer diese Formel gebraucht, ist offenbar der Meinung, von Herrschaft zu reden, sei zu hart. Ich wende mich gegen diese neumodische Ermäßigung. Paulus selbst nennt sich Sklave seines Herrn. Er gehört ihm und eben nicht sich selbst. Wer Bruder als direkten Jesustitel wählt, vernebelt dieses Besitzverhältnis, er modernisiert Anstößiges. Ja, wir sind Jesu Eigentum. Er hat uns losgekauft von der Sünde. Wer hier einfach vom Bruder redet, verharmlost die Sklaverei, aus der wir erlöst wurden, und er hebelt die Verbindlichkeit der neuen Sklaverei aus. In 2 Korinther 5,15 stellt Paulus konsequent dar, wie er dieses Besitzrecht Jesu begründet: »Weil der Messias Jesus für alle gestorben ist, dürfen wir unser Leben zwar scheinbar behalten, aber doch nicht darüber verfügen, als wäre es unser eigener Besitz, sondern es jetzt dem unterstellen, dem wir gehören, weil er für uns gestorben und auferweckt worden ist.« Denn wer einen Sklaven gekauft hat, dem gehört er. Und der muss ihm dienen.

In Römer 14,7–9 leitet Paulus aus diesem Besitzverhältnis eine weitere Verbindlichkeit ab: Weil wir nicht uns selbst gehören, leben wir auch nicht für uns selbst. Und wer einen gemeinsamen Herrn hat, der findet den Mitchristen als Mitsklaven, als Bruder. Diese Geschwisterlichkeit unter dem gemeinsamen Herrn sollte man ernst nehmen. Aber nicht den gemeinsamen Herrn zum Bruder ermäßigen und damit die angebliche Autonomie retten. Wer für den Herrn lebt und stirbt, der gehört in jedem Falle ihm, und der darf sich deshalb nicht richterlich über seine christlichen Mitgeschwister erheben. Und damit sind wir bei einem wichtigen Thema, bei der entscheidenden Konsequenz des ganzen Römerbriefs. Allein in diesem Abschnitt finden wir das Wort »richten, verurteilen« siebenmal (14,3.4.5 [2x].10.13 [2x]). Ähnlich war es schon in Römer 2,1–3.5.12.27. Der Römerbrief wendet sich gegen das Be- und Verurteilen von Mitchristen. Das hat seinen praktischen Wert in der Gemeinde von Rom, in der es ähnlich wie in Korinth konservativ-religiöse Kreise neben aufgeklärten gibt. Paulus pfeift die Aufgeklärten zurück. Es hat aber auch seinen tiefen Grund in der Rechtfertigungslehre dieses Briefes. Denn auch hier verwendet Paulus dieselben sprachlichen Bilder aus der Welt des Rechts und der Gerichte. Wenn nämlich Gott den Menschen gerecht spricht und als gerecht akzeptiert, hat kein Mensch mehr ein Recht, den Bruder oder die Schwester zu verurteilen. Dort, wo Gott akzeptiert, hat kein Mitchrist das Recht, das Annehmen des anderen zu verweigern.

Zur Logik des Verses 14,9: Christus ist gestorben und wieder lebendig geworden, um über Tote und Lebende zu herrschen. Wie folgt das Herrschen aus dem Geschick? Warum wird das Geschick in dieser Abfolge genannt (gestorben – wieder lebendig)? Man kann daran denken, dass Paulus eine Szene wie Philipper 2,9–11 im Sinn hatte, aber noch mehr: Christus war im Reich der Toten (Hades), aber er ist deshalb der Herr der Toten, weil er allein bei der Auferweckung und Erhöhung aus ihrer Mitte heraus zum Vater erhöht wurde. Und als der so

Erhöhte ist er der Herr aller Menschen, die es überhaupt gibt – man beachte hier die uneingeschränkt universale Formulierung. In Philipper 2,11 kommt das gut zum Ausdruck. Unser Text wird zumeist im Sinne des Trostes verstanden. Das ist auch nicht falsch. Der Trost ist nämlich nur dann Trost, wenn er nicht lasche Sahne ist, sondern herrührt aus einer Bindung, die auch anstrengend und verbindlich ist. So werden wir gehalten und zum Tun angehalten – und dieser Herr hält uns.

Endzeit und Weltmission

2. Adventssonntag A

RÖMER 15,4–9

Das Hauptthema, das die drei Lesetexte dieses Sonntags zusammenhält, ist die Verheißung für die ganze Welt: erstens für die Juden und zweitens für alle Heidenvölker. Daher geht es, so könnte man sagen, um eine adventliche Variante des Themas Weltmission. So heißt es in Jesaja 11,10: »Nach Isais Wurzel, die dasteht als Banner der Völker, fragen die Heiden« und in 11,12: »Gott richtet den Völkern ein Banner auf.« In Römer 15,8–12 sagt Paulus: »Jesus, der Messias, hat die jüdische Beschneidung mit allen ihren Konsequenzen auf sich genommen, damit Gott seine Treue erweisen und seine Verheißungen an die Väter erfüllen konnte. Die Heidenvölker aber haben jetzt Anlass, Gott für sein Erbarmen zu loben. Denn so heißt es in der Schrift: ›Brecht in Jubel aus, ihr Heidenvölker, gemeinsam mit Gottes Volk.‹« Und Jesaja sagt: »Der Wurzelspross aus Jesse kommt, er steht auf und wird über die Völker herrschen, auf ihn werden die Heidenvölker ihre Hoffnung setzen.« In Matthäus 3,9 schließlich erklärt Johannes der Täufer den Juden: »Bildet euch nicht ein, es könnte euch helfen, dass ihr Abrahams Kinder seid. Ich versichere euch: Aus diesen Steinen da kann Gott Abraham jederzeit neue Kinder schaffen.«

Wie das geschieht, wird der Apostel Paulus dann in Römer 4 erklären. Wenn man bedenkt, dass auch in Römer 15 Zitate aus dem Alten Testament die Beweislast tragen, dann kann man nicht mehr sagen, die frühen Christen argumentierten über die Köpfe der Juden hinweg oder die Heidenmission sei eine Zerstörung der jüdischen Zukunftshoffnungen. Genau das Gegenteil ist der Fall. Die Einbeziehung der Heidenvölker der ganzen Erde ist, wie auch immer sie im Einzelnen geschieht, eine der theologischen Konstanten Israels. Dies beginnt schon in Genesis 12,1–3, wonach Abraham nicht gegen die Völker erwählt ist, sondern zu ihren Gunsten. Die Umsetzung und Verwirklichung dieses Völker-Bezugs könnte man »Endzeiterwartung« nennen.

Die Besonderheit der hier erörterten jüdisch-christlichen Enderwartung ist ihre Fixierung auf die Person des Messias (bei Matthäus inklusive »Vorläufer«). Das ist, aufs Ganze gesehen, im Judentum nicht selbstverständlich. Es gibt eine Fülle anderer Hoffnungen, die auf den Messias gerichtete ist nur eine Variante, und das ist im Judentum bis heute so. In Jesaja 11 wird der Messias – jedenfalls geht es um eine klare Gestalt mit eindeutig messianischen Zügen – beschrieben als der Träger vielfältiger Charismen. Später wird man sie die »sieben Gaben des Heiligen Geistes« nennen. Mit ihm sind Gerechtigkeit, Gericht und paradiesischer Frieden verbunden. Dass der Löwe Stroh fressen wird und Kleinkinder ohne Risiko nach Vipern greifen können, ist eine tief einprägsame Hoffnung. Das Unvorstellbare wird möglich.

Vor 1989 hat man diese Texte gewiss anders beurteilt als nachher. Für das Verständnis von Realität bedeutet dieses Jahr eine Kehre erster Ordnung. Das war die eigentliche Wende, deren Zeugen wir wurden: Unausdenkbares, an das keiner mehr geglaubt hatte, wurde in wenigen Wochen Realität. Nun gibt es also doch Wunder in der Geschichte. Gewiss, 1989 war kein Endfriede, aber so ähnlich wird es einst aussehen, wenn die Christen eine Kirche werden, wenn Israel an seinen Erlöser glaubt, wenn die Moslems zum vollen Glauben an Jesu Gottessohnschaft finden. Denn ich glaube daran, dass es einen Gott gibt, der in der Geschichte handeln kann. Das ist eine der Botschaften des Advent: Es gibt nicht nur den Gott, zu dem wir beten und der unsere Sünden vergibt. Es gibt auch den Gott, dessen machtvoller Arm vor oder hinter den Kulissen die Geschicke der Völker lenkt. Dies geschieht immer dort, wo Stück um Stück Einheit der Menschheit unter den Völkern hergestellt wird.

Deshalb wird man zum Beispiel die behutsam angelegten Schritte von Vertretern des Islam in Richtung Zusammenarbeit mit dem Christentum zu Gerechtigkeit und Weltfrieden mit Freude betrachten können. Unser Gott ist einer, der Einheit unter den Völkern und Frieden will. Dem es darum geht, jede Lücke und jeden Weg, der sich bietet, auszunutzen. Und vielleicht ist das Te Deum, das Menschen nach Friedensschlüssen zu singen pflegen, eine besondere Freude für Gott. Wie Jesaja glaube ich an diesen Gott, der nur Frieden stiften will.

Paulus muss in Römer 15 die Beschneidung Jesu besonders erwähnen. Denn ohne Israel wird es keinen Frieden geben in der Welt. Das Problem damals waren die unterschiedlichen Kulturen und Religionen, also die Einheit des Römischen Reiches: die Einheit der Menschheit. Innerhalb des Reiches gab es insbesondere einen Brocken, der sich jeder gütlichen Vereinigung widersetzte: das jüdische Volk mit seinem eifersüchtigen Gott und dem Verbot, Nichtjuden zu heiraten, ja mit ihnen unbekümmert auf heidnische Weise zu essen. Wie das im frühen Christentum möglich wurde, mag ein Gleichnis erläutern. In der Zunft der Metallgießer gab es ein besonderes Problem: Gefäße, die man aus nur einem einzigen Metall herstellte, erwiesen sich als brüchig. Ein einziges haltbares Gefäß, das wäre ein Bild für die friedlich geeinte Menschheit. Also fragte man sich und experimentierte herum, wie man aus der Verbindung sehr unterschiedlicher Metalle ein haltbares Gefäß fertigen könnte. Nach verschiedenen Anläufen gelang es nur einem einzigen Metallgießer, das Problem zu lösen, indem er die verschiedenen Metalle unter sehr hohen Temperaturen miteinander verschmolz, so dass wirklich eine einheitliche Legierung entstand.

Dasselbe geschah durch das Christentum, das sich von Anfang an als radikale Nachfolge Jesu verstand. Hohe Temperatur ist nicht nur der Anspruch, selbst die frommen und heiligmäßigen Pharisäer zu überbieten, sondern auch das Programm einer geschwisterlichen Gleichheit aller Menschen. Und für das Judentum: Gott selbst erscheint unter den Menschen. Die römischen Kaiser schließlich verstanden sich als göttliche Weise, um so in der Verbindung von Religion und Reich in einer einzigen Figur das Problem der Einheit zu klären. Die Juden konnten das unter keinen Umständen nachvollziehen. Nur der, der Mensch und Gottessohn und Jude zugleich ist, Jesus

Christus, konnte das Problem der Einheit der Menschheit unter der Bedingung »hoher Temperatur« lösen. Das, wenn man so will, Providenzielle am Zeitpunkt der Menschwerdung Gottes in Jesus ist, dass die römischen Kaiser gerade zu dieser Zeit begannen, sozusagen schlechte Kopien der Verbindung von Gott und Mensch in einer Person darzustellen.

Auch Johannes der Täufer stellt auf seine Weise hohe Temperatur dar: als radikaler, asketischer Prophet, als Nasiräer, als mutiger, kompromissloser Märtyrer. Ehrlicher und todesmutiger als er konnte keiner sein. Daher nennt ihn Jesus den größten unter den Menschen. Für unsere Vorfahren, die vor tausend Jahren Christen wurden, war er durch das System der »Taufkirchen« bekannt, deren Patron er regelmäßig war und in denen man eindrückliche Figuren des Täufers bestaunen konnte, des großen, strengen Mannes, der Hitze, Sturm und Regen zu trotzen verstand. Als glaubwürdiger Heiliger war er in den Herzen der Menschen tatsächlich Wegbereiter Jesu Christi. Was ihm an lieblichen Zügen fehlte, ersetzt die andere Leitfigur der Adventszeit: Maria. Auch der Prophet Jesaja starb nach Ansicht des damaligen Judentums als Märtyrerprophet durch die Hand seines eigenen Königs, nachdem er enthaltsam wie der Täufer bei Betlehem gelebt hatte.

Der Täufer wäre missverstanden, wollte man ihn nur als finsteren Drohpropheten werten. Er will die Menschen nicht zu Tode ängstigen, indem er auf das Feuergericht weist. Er versteht seine Taufe als Weg, der Feuertaufe zu entgehen (Besser jetzt mit Wasser getauft werden, als dann mit Feuer). Er eröffnet angesichts des kommenden Gerichts viele Möglichkeiten, der sonst zwangsläufigen Bestrafung zu entgehen. So ist er ein Menschenfreund, der selbst mit seiner ganzen Existenz zum Zeichen und zur Anfrage an die hellenistisch geprägte Welt geworden ist.

Jetzt ist die Zeit, das Geheimnis zu enthüllen

4. Adventssonntag B

RÖMER 16,25–27

Paulus beschreibt hier feierlich das Evangelium von Jesus Christus: »In dieser Botschaft ist das verborgene Ziel der Weltgeschichte enthüllt worden, das endlos lange Zeiten hindurch geheim war, jetzt aber offengelegt wurde. Es wurde schon in den prophetischen Schriften beschrieben und wird jetzt durch den Auftrag des ewigen Gottes allen Völkern bekannt gemacht.« Diese feierliche Form nennt man »Revelationsschema«, das folgende Elemente umfasst: 1. ist die Rede von einem Geheimnis, einem verborgenen Gegenstand, einer verborgenen Person; 2. die Zeit des Verborgenseins währte seit Ewigkeiten, das heißt von jeher; 3. jetzt ist die Zeit der Enthüllung dieses Geheimnisses. 4. Das Geheimnis wurde jetzt auserwählten Trägern enthüllt, in erster Linie den Aposteln, die sich als Diener dieses Geheimnisses betrachten und es daher der Kirche beziehungsweise der jeweiligen Gemeinde mitteilen.

Der Ursprung dieses Schemas liegt in der nach Abschluss des Alten Testaments entstandenen apokalyptischen Literatur des Judentums. Dort heißt es vom Messias: »Er war verborgen vor dem Angesicht Gottes, bevor die Welt erschaffen wurde ... die Weisheit hat ihn den Heiligen und Gerechten geoffenbart.« Das heißt: Der Messias oder Menschensohn war seit Ewigkeit bei Gott (bei seinem Thron, hinter dem Vorhang) verborgen und wurde jetzt schon den Auserwählten geoffenbart – den anderen Menschen wird er erst zum Gericht offenbart werden.

Im christlichen Schrifttum gehört dieses Schema zumeist in die Selbstvorstellung des Apostels. Er wird durch die Kundgabe dieses Geheimnisses ausgezeichnet, und wer dieses zur Kenntnis nimmt, besitzt einen rettenden Erkenntnisvorsprung vor den übrigen Menschen. Die Besonderheit in Römer 16: Nur hier heißt es, dass der Inhalt des Geheimnisses schon in der Schrift greifbar war, weil er den Propheten mitgeteilt wurde. Nur seine Kenntnis, also seine Deutung, werde erst jetzt enthüllt. Festzuhalten ist daher für unsere Stelle: Drei Instanzen sind für die Mitteilung des Geheimnisses wichtig: die Propheten, die die pure Mitteilung erhielten, sie aber noch nicht verstehen konnten, der Apostel, der es allen Völkern bekanntmacht, und eben die letztlich gemeinten Adressaten des Geheimnisses: alle Völker. Die Propheten werden sonst nicht erwähnt, und das ist eigentlich an den übrigen Stellen eine merkwürdige Auffassung der Geschichte: Etwas von Ewigkeit her Verborgenes wird erst jetzt, gewissermaßen unter Überspringen des Alten Testaments, geoffenbart. An keiner Stelle wird näher beschrieben, worin das Geheimnis besteht. Nur aus Epheser 3,5–6 könnte man annehmen, dass es außer dem Evangelium von Jesus Christus auch eine Aussage über die Teilhabe der Heidenvölker enthielt oder enthalten sollte. In der Zeit bis 1500 hat man übrigens angenommen, dass auf heidnischer Seite die Sibyllen, heidnische gottbegeisterte Frauen, entsprechende Weissagungen auf den Messias gemacht hätten. Im Übrigen war der Ausdruck »Evangelium« im ersten Jahrhundert nach Christus auch gebräuchlich zur Bezeichnung des Geburtstags des römischen Kaisers, denn das galt als das »freudige Ereignis« schlechthin. Welche Weissagungen der Propheten, die jetzt erst deutbar werden, könnte Paulus gemeint haben? Vorausgesetzt mit dieser Beschreibung ist jedenfalls, dass es sich um verschlüsselte Nachrichten handelte, die erst mit der Ankunft Jesu Christi verstanden werden konnten. In Apostelgeschichte 8 haben wir bei der Bekehrung des äthiopischen Kämmerers durch Philippus ein schönes Beispiel der Erläuterung einer zuvor nicht verstandenen Schriftstelle aus dem Propheten Jesaja. Ohnehin war Jesaja der Lieblingsprophet der ersten Christen, und das galt auch schon für die Gruppe(n), die die Schriftrollen von Qumran zusammenstellten. Auch dort ist Jesaja der wichtigste Prophet. Nun tut man sich seit Jahrzehnten schwer mit einer messianischen Deutung der Propheten auf das Neue Testament hin. Man beachte aber: Auch Paulus sagt, deren Sinn sei erst jetzt, eben mit der Verkündigung des Evangeliums, erschließbar geworden und vorher nicht. Das heißt: Dem wörtlichen Sinn nach nötigt nichts oder häufig nichts, die Texte messianisch auszulegen. Aber von der Erfüllung im Neuen Testament her gesehen kann es zu einer neuen Aneignung dieser Texte kommen. So sehe ich gar kein Problem darin, sich für die messianische Auslegung von Prophetentexten die neutestamentliche Perspektive anzueignen. Dazu gehören auch Psalmen wie Psalm 2 und Psalm 110, denn David rechnete man unter die Propheten. Natürlich spricht kein Prophet und kein Psalm explizit und exklusiv von Jesus. Aber dass in den Heilsaussagen sich häufig messianische Sehnsucht zeigt, die im Ganzen dann nach unserer Auffassung in Jesus und nur in ihm erfüllt wurde, das finde ich legitim.

Dazu gehört auch Jesaja 7,14 (»Eine Jungfrau wird empfangen und gebären«). Historisch bezog sich die Stelle wohl auf einen erwarteten, die nötige Wende bringenden König. Aber die Prophezeiung ging doch weit über historisch Vorstellbares hinaus. Das betrifft besonders die in der Prophezeiung genannte Jungfrau. Ja, das hebräische Wort an dieser Stelle muss gar nicht zwingend Jungfrau heißen. Das Wort kann meinen: eine junge Kuh, eine junge Frau ohne sexuelle Erfahrung, die noch nicht verheiratet ist, eine junge Ehefrau oder eine Jungfrau. Soweit das Lexikon. Doch wenn Jesaja ein spezielles Heilsorakel gibt, warum hätte er dann so besonders betonen müssen, dass es sich um eine junge Frau handeln sollte? Junge Frauen bekommen Kinder. Also dürfte Jesaja wohl in dieser Weissagung etwas Besonderes, ja, eine Jungfrau, gemeint haben, und die griechische Bibel des Alten Testaments übersetzt auch eindeutig mit »Jungfrau«. Nun sagen aber manche Leute, aufgrund dieser Fehlinterpretation der griechischen Bibel (Septuaginta) sei die ganze neutestamentliche »Legende« entstanden. Dazu ist zu sagen, dass Jesaja 7,14 nur beiläufig in Matthäus 1,23 zitiert wird, und zwar als sogenanntes Reflexionszitat. Ich halte es für ausgeschlossen, dass aus diesem Zitat heraus die gesamten Kindheitsberichte herausgepresst wurden. Das Gegenteil ist viel wahrscheinlicher: Dass zu der vorhandenen christlichen Überlieferung der schriftgelehrte Evangelist Matthäus nun auch eine Bestätigung in der Septuaginta fand und die Berichte so glänzend bestätigen konnte. Das Beispiel illustriert nur einen in der Forschung häufig begangenen völlig unkritischen Weg, an die Konstruktion ganzer Geschichten lediglich aus einer Stelle des Alten Testaments heraus zu denken. Auch bei den Passionsgeschichten hat man daran denken wollen. Mittlerweile wendet sich das Blatt zu einer wieder mehr historischen Wertschätzung der Berichte.

Herr, du hast deinem Volk Israel immer wieder die Hoffnung geschenkt, dass es von dir mehr erwarten durfte als nur Politisches oder Nationales. Du hast die Hoffnung nie versiegen lassen, das von dir für das Volk bereitete Heil übersteige alles nur Vorstellbare und sei Erfüllung aller nur möglichen Sehnsucht. Immer wieder übersteigt und überschreitet Israel seine eigenen Hoffnungen. An keinem Punkt lässt du seine Sehnsucht zur Ruhe kommen – bis heute. So lebt dein Volk noch immer im großen Advent. Uns Heidenchristen hast du in deiner Güte das Ziel deiner Verheißungen kundgetan, Jesus, den jüdischen Messias. Wir danken dir dafür, dass du uns auf diese Weise zu deinem Volk zählst. Wir bitten dich für alle nicht-christlichen Juden: Lass sie versöhnt werden mit ihrem Messias Jesus Christus – auf eine Weise, die am Ende nur du weißt und die nur du bestimmen kannst. Und lass zuvor uns selbst in diesem Advent wieder hinfinden zu ihm, den du zum Zeichen für alle Völker der Erde hast werden lassen. So bitten wir dich um Glauben an ihn für die Welt und um Treue zu ihm für uns. Amen.

ERSTER KORINTHERBRIEF

Es gibt verschiedene Gnadengaben, aber es ist derselbe Geist.
Es gibt verschiedene Ämter, aber es ist derselbe Herr.
Es gibt verschiedene Kräfte, aber es ist derselbe Gott,
der alles in allen wirkt.

1 KORINTHER 12,4–6

Von der Berufung des Apostels und der Heiligkeit der Gemeinde

2. Sonntag im Jahreskreis A

1 KORINTHER 1,1–3

In den wenigen Zeilen zur Einführung seines Briefes entwirft Paulus ein fast komplettes Bild der Gesamtkirche. Wir gehen von diesem Text aus und fragen, was diesen Text von einem durchschnittlichen Gemeindebrief heutiger Pfarreien unterscheidet. Die letzteren (eine repräsentative Auswahl liegt auf meinem Schreibtisch vor mir) beginnen mit einem jahreszeitlich gefärbten Grußwort nebst Einladungen zu diversen Veranstaltungen, es folgen Berichte über verschiedene Gruppen. Der Tonfall ist ausschließlich lobend, wichtige Personen (Chorleiter oder Senioren und Jubelpaare) werden per Foto abgebildet. Paulus dagegen versucht nicht, sich durch diverses Lob die freundlich Gesonnenen in der Gemeinde zu erhalten. Er übt harsche Kritik, tadelt, gibt Anweisungen. Selbst ein Rundbrief an die Mitarbeiter im Pfarrdienst könnte sich nichts davon erlauben. Für unterschiedliche Gruppierungen in der Gemeinde hat Paulus gar nichts übrig. Im Gegenteil, er versucht sie auszumerzen und zeigt dabei ein sehr strenges Verständnis von »Einheit in der Mannigfaltigkeit«. Vor allem beginnt Paulus im ersten Satz des ersten Kapitels buchstäblich mit Gott.

Kirche nimmt ihren Ausgang bei Gott Vater und seinem Willen. Gott beruft Menschen wie Paulus nach seinem Willen als Apostel des Messias Jesus. Von Anfang an sieht sich die Gemeinde dieser, wenn man so will, dreifachen Autorität gegenüber: Gott, Christus, Apostel. Dann erst folgt Bruder Sosthenes. Danach erst kommt die Gemeinde als Adressat in den Blick. Sofort springen zwei Doppelungen ins Auge: So wie bei Paulus »Christus Jesus« genannt wird, so ist auch die korinthische Kirche »geheiligt in Christus Jesus«. Und die zweite: So wie Paulus durch »Gottes« Willen Apostel ist, so sind auch die Angeredeten Kirche »Gottes« in Korinth. Gott Vater und Jesus Christus sind daher jeweils auf beiden Seiten wirksam, beim Apostel und in der Gemeinde. So ist gar nicht zu leugnen, dass »Paulus« und »Gemeinde« vom ersten Satz dieses Briefes an ein Gegenüber sind. Und eine wie auch immer geartete Spannung zwischen beiden Polen wird hier schon greifbar. Der Apostel ist für die Gemeinde da und überhaupt nicht anders – und die Gemeinde ist Adressat seines Handelns. Das liest man in heutigen Gemeindebriefen ganz anders: Ein Brief, der vor mir liegt, nennt den Pfarrer unter anderen Personen des Pfarrgemeinderates. Und dieser ist legitim gewählt und nicht von Gott berufen. Er geht hervor aus der Gemeinde. Es wäre für Paulus undenkbar, sich inklusive seines Amtes als ein aus der Gemeinde Hervorgegangener zu bezeichnen. Die Gemeinde hat ihm nicht sein Amt verliehen, sondern Gott hat ihn berufen. Gott Vater und Jesus Christus wirken durch den Apostel eben anders als bei der Gemeinde. Auf der Seite des Apostels »zeugend«, rufend, schaffend, heiligend – auf der Seite der Gemeinde so, dass das Gewirkte ankommen und gedeihen kann.

Noch erstaunlicher ist aber, dass neben der Ortsgemeinde sofort und ohne Umschweife alle anderen genannt werden, die auch noch und überhaupt »den Namen unseres Herrn Jesus Christus anrufen an jedem Ort«. Heute würde man sagen: Die Weltkirche. In keinem der mir vorliegenden Gemeindebriefe kommt die »Christenheit« beziehungsweise die »Weltkirche« auch nur annähernd vor. Lediglich beim Sammeln von Spenden und bei »auswärtigen Gästen« kommen Christen anderer Gemeinden vor, aber nicht als wirklich zugehörig, sondern eben als fremde Gemeinden. Das bedeutet: Andere Christen kommen in unserer Gemeindewirklichkeit vor als Objekte unseres Handelns, unseres Einladens, als Fremde, am liebsten aus Übersee. Ein Wörtchen habe ich nicht gefunden: »mit«. Denn so sagt Paulus hier: »mit allen, die den Namen unseres (!) Herrn Jesus Christus anrufen an jeglichem Ort«. Diese selber stehen so, wie sie sind, automatisch mit im Blick des apostolischen Handelns. Jedes apostolische Handeln ist deshalb, weil es Handeln aus Berufung Gottes und im

Apostolat Jesu Christi ist, ein Handeln für die ganze Kirche. Hätte man diesen paulinischen Ansatz wirklich ernst genommen, irgendein Nationalismus hätte nie Platz gefunden in der Kirche. Und man kann nicht sagen, das sei nur beim Apostel Paulus so, weil der eben zufällig Apostel der Heiden war, nein, Paulus nennt alle überhaupt, die den Namen des Herrn Jesus Christus anrufen, also auch die Judenchristen. Diese zwischen-gemeindliche, zwischen-kirchliche und gewissermaßen internationale, weltweite Qualität hat der Apostel doch nicht von sich aus, sondern wegen der Begründung seines Amtes im Willen Gottes und im Ruf Jesu Christi. Auch wenn das Merkmal der Globalität nicht für jedes Handeln des Apostels überhaupt anzunehmen ist (nach 2 Korinther 10 gilt das Territorialprinzip für apostolische Disziplinarmaßnahmen), so gilt es doch zumindest für seine in diesem Brief geäußerte Lehre, und zwar als de facto-Eigenschaft wie als Erfordernis. Und eben aus diesem Grunde haben frühchristliche Gemeinden die Briefe der Apostel und solche, die ähnlich waren (zum Beispiel des Herrenbruders Jakobus) ausgetauscht und eben dann auch für nicht-paulinische Gemeinden gelten lassen. So ist denn auch der Kanon des Neuen Testaments entstanden, das heißt die Summe seiner Schriften.

Worin besteht die Aktualität des paulinischen Verständnisses von Kirche? Was könnte einen jungen Menschen heute bewegen, zu einer solchen Kirche gehören zu wollen? Antwort: Erstens die grundsätzliche Globalität, die eben auch ein kritischer Maßstab gegenüber den Privatmeinungen jedes Bischofs ist. Zweitens die strukturelle und prinzipielle Unabhängigkeit der apostolischen Lehre und des apostolischen Amtes gegenüber jeder Mehrheitsmeinung der Gemeinde. Drittens: Nicht nur in frommen Worten, sondern als Struktur hat die Kirche und haben die Apostel etwas mit Gott zu tun. Gott wirkt (auch) durch apostolische, kirchliche Hierarchie in der Geschichte, oft verhüllt und eben auf seine Weise. Spätestens hier wird man fragen: Und was ist, wenn Bischöfe nichts taugen, feige und opportunistisch sind? Gegenfrage: Waren nicht auch Paulus und Petrus Sünder bis ans Lebensende? Durch schwache, anfällige und feige Apostel, Bischöfe und Priester hindurch wirkt Gott. Die Verheißung ist, dass seine Gnade nicht »kaputt zu kriegen« ist. Viertens: Eine weitere Doppelung fällt in dem kurzen Abschnitt in 1 Korinther 1 auf: Die Christen in Korinth werden genannt »berufene Heilige« und »Geheiligte in Christus Jesus«. Paulus scheut sich offenkundig, die Kirche einfach Erbin Israels zu nennen. Nirgends nennt er sie »Volk« oder »Israel« oder gar »wahres Israel«. Aber geheiligte Menschen kann er die Heidenchristen nennen; mit diesem nicht spezifisch auf Israel bezogenen Wort werden auch die innig zu Gott gehörenden Menschen in der Apokalyptik genannt (Daniel 7: Heilige des Höchsten; Henoch-Literatur: Heilige und Gerechte). Und in der Heiligkeit der Kirche fasst Paulus ihre Berufung, ihre Ethik und ihren Charakter als Tempel Gottes zusammen. Und das gilt für jede Gemeinde vor Ort genauso wie für die Kirche im Ganzen. Denn »Heilig« kann nur eine gemeinsame Qualität von Menschen sein, wegen des einen heiligen Gottes, er sie erwählt und berufen hat. So ist der Wille Gottes nicht nur die Berufung des Apostels, sondern ausdrücklich auch die Heiligkeit der Gemeinde (1 Thessalonicher 4,3: Das ist der Wille Gottes, dass ihr heilig seid). Dieses priesterlich-kultische Verständnis ist von einer bürgerlichen Kirche meilenweit entfernt.

Gott ist treu

1. Adventssonntag B

1 Korinther 1,3–9

Adventlich bestimmt ist ein Passus in 1 Korinther 1,7–8, in dem Paulus die Gemeinde lobt: »Euch fehlt also keine Gabe des Geistes, und vielfältig mit Charismen beschenkt erwartet ihr die Wiederkunft (Offenbarung) unseres Herrn Jesus Christus. (8) Gott wird euch weiter (im Glauben) festigen, damit ihr am Ende den Tag der Wiederkunft unseres Herrn Jesus Christus bestehen könnt.«

Dieser kurze Abschnitt nimmt drei unterschiedliche Zeitphasen in den Blick. Da ist einmal die Gegenwart, und sie ist bestimmt durch die Charismen der Gemeinde. Dann kommt die mittlere Zukunft in den Blick. Da geht es um Stabilisierung der Gemeinde. Und schließlich nennt Paulus die erwartete »Offenbarung unseres Herrn Jesus Christus«, sie ist identisch mit dem »Tag unseres Herrn Jesus Christus«, und dieser ist der Gerichtstag, denn es kommt darauf an, am Gerichtstag »ohne mögliche Anklage«, ohne Vorwurf dazustehen.

Wir beginnen mit der Gegenwart. Die Gemeinde ist durch reiche Charismen ausgezeichnet. In 1 Korinther 12 liefert Paulus eine Liste dieser verschiedenen Geistesgaben, die von der Zungenrede bis zu Heilungsgaben reicht. Jeder und jede in der Gemeinde hat nach Gottes Willen ein Charisma, und dieses ist in Korinth (noch) so etwas wie eine Eintrittskarte in die christliche Gemeinde. Charisma ist eine Gabe, die unzweifelhaft nach »oben«, auf Gott als Ursprung, weist. Wenn jeder sich auf diese besondere Gabe konzentriert, dann wird jedem auch klar, warum er Christ ist, denn diese je persönliche Gabe ist der reale Grund seiner eigensten werbenden christlichen Aktivität. Hier am Anfang liegt daher sehr großes Gewicht auf der missionarischen Verantwortung des Einzelnen. Denn durch sein Charisma ist jeder ein lebendiger Gottesbeweis. Die Außenstehenden können wegen der Charismen der Christen sagen: So etwas ist rein menschlich und kreatürlich gar nicht zu erklären. Wenn meine These richtig ist, nach der die Kirche der Zukunft eine Kirche der Frauen sein wird, dann kann dieses Kirchenbild anknüpfen an die ersten Jahrhunderte. Denn die primäre Mission, die Abwendung von der Vielgötterei und die Hinwendung zum einen und einzigen Gott, das besorgten die Frauen im Rahmen der Nachbarschaft(shilfe), durch Beistand, Rat und Krankenbesuche. So wurde dem Evangelium der Weg bereitet. Herausragende Fähigkeiten und Begabungen in Richtung Himmel, worthafte und diakonische Fähigkeiten, konnten daher dieselbe Funktion einnehmen wie die Wunder nach den Evangelien für die Verkündigung Jesu. Sie sind Fingerzeige auf das, was Gott im Ganzen mit den Menschen vorhat.

Wenn man die paulinische Charismen-Liste übersetzt und auf gegenwärtig willkommene Charismen bezieht, dann könnte man von einem Charisma zur Altenpflege reden, vom Charisma der Kindergärtnerin oder der Religionslehrerin sprechen, mit dem sie kleine Kinder ansprechen können. Man könnte das Charisma für Jugendarbeit nennen, das so bitter notwendig und leider so selten ist. Man könnte an glaubwürdige christliche Politiker denken, auch ein derartiges Charisma ist offenbar extrem selten. Nach Paulus kann man im Übrigen auch um solche Charismen bitten, ihnen förmlich nachjagen (1 Korinther 12,31). Alle wirklich wichtigen Dinge im Leben sind Geschenk und geheimnisvoll.

Aber warum nennt Paulus dann diese Charismen (und, wenn es um die Gemeinde geht, nur sie!), wenn das Thema die Offenbarung und Wiederkunft des Herrn ist? Welche gedankliche Verknüpfung steckt hinter dieser Verbindung? Ein Bild: Die Kirche, die Paulus schildert, ist wie ein Schiff, das auf einem Strom durch die Nacht fährt, dem Morgen entgegen. Auf diesem Schiff glänzen zahlreiche Lichter, bunte und einfarbige. Diese Lichter sind gewissermaßen ein Abglanz des kommenden Tages. Sie machen das Schiff erkennbar in der Nacht und für die Menschen am Ufer schön anzusehen, so dass in ihnen der

Wunsch wach wird, mitzufahren. Das Glitzern der Lichter in der Nacht weist auf den Sinn der Fahrt und des Schiffes, Licht zu sein, Licht zu bringen, die Sehnsucht nach Licht gerade in der Nacht zu wecken, damit dann im Morgengrauen bei Sonnenaufgang die Lichter allmählich unter den Strahlen der aufgehenden Sonne verblassen. Immer wieder wird in der Alten Kirche der Tag des Herrn als der Aufgang der Sonne betrachtet. Jedes Charisma bildet auf eine Weise eine Spur des zentralen Lichtes der Sonne ab, weckt auf je seine besondere Art die Sehnsucht nach dem großen Licht des Tages. Ein Schiff ohne Lichter wäre gar nicht erkennbar und »traurig«. Dieses Bild sagt auch etwas über den letzten Sinn von Lichtern (Charismen) und Schiff: Der letzte Sinn ist die Freude, das Schauen des Lichtes. Deshalb ist jede »ordentliche« Kirche geostet: Das Licht der aufgehenden Sonne steht für das Ziel aller irdischen Wege, und das ist reines Schauen Gottes.

Für die mittlere Phase in absehbarer Zukunft ersehnt sich Paulus eine Stabilisierung des Glaubens. Im Text steht nur »Gott wird euch festigen«, und dann: »Getreu ist Gott ...« Das Wortfeld »festigen« und »Treue« meint Anteilhabe an der Stabilität Gottes, und genau das geschieht im Glauben. Denn das hebräische Wort für »glauben« heißt: Sich festmachen, fest werden. Das kann man, indem man seine Stabilität von dem bezieht, auf dem man gründet. Daher die Bilder vom Hausbau auf festem Felsen im Neuen Testament. Auch das griechische Wort »treu« hat denselben Wortstamm wie »glauben« (*pist-*), so dass beide Sprachen, das Hebräische wie das Griechische hier dieselbe Anschauung haben. Glauben ist so etwas wie Treue und nachhaltige Festigkeit, Stabilität und Gefeitsein gegen die Stürme der bloßen Meinungen. Im Deutschen ist dagegen Glauben oft nicht weit entfernt von einer bloßen Meinung. Paulus wünscht dagegen, dass die Gemeinde auf längere Sicht stabil wird. Das bunte Bild der Charismen, das in der Gegenwart vorherrscht, steht doch in erkennbarer Spannung zu dieser geradlinigen Stabilität.

Schließlich zur Schlussphase. Paulus nennt sie »Offenbarung unseres Herrn Jesus Christus« (1,7). Nun, so etwas hatte Paulus auch selbst schon erlebt. In Galater 1,16 schildert er seine Berufung zum Apostel und sagt: »Der Sohn Gottes wurde mir offenbart.« Seine visionäre Berufung steht daher in Beziehung zum Ende, zur Wiederkunft Jesu Christi. Folgt man Römer 8,19, so wird dann am Ende nicht nur Jesus Christus offenbart, sondern die Christen insgesamt werden als Kinder Gottes offenbart. Damit gewinnt die Theologie des Apostels hier Profil. Bei seiner Berufung wurde der Himmel einen Spaltbreit geöffnet, und am Ende der Zeiten wird dasselbe noch umfassender geschehen. Die Wiederkunft Christi wird eine umfassende Offenbarung sein. Alles wird ans Licht kommen. Daher geschieht am Ende nichts eigentlich Neues, sondern es wird nur offenbar, was immer schon war. Dass Gott die entscheidende Wirklichkeit ist, dass Jesus Christus Sohn Gottes und Herr ist, dass die Christen Kinder Gottes sind. Und es wird in diesem Licht offenbar, auf welche Seite jeder gehört. Das Ende der Welt, das kommende Gericht, ist daher weniger ein zusätzliches Drama, sondern eher eine Mega-Vision, der Einbruch der Klarheit Gottes in die Welt, um sie durch Wahrheit zu verwandeln. Die Wahrheit kann auch erschreckend sein, und dann ist sie Gericht. Anhand dieser Bilder aus dem Neuen Testament kann uns deutlich werden, weshalb in der Adventszeit, der dunkelsten Zeit des Jahres, Kerzen und Licht eine so große Bedeutung haben. Denn die erwartete Ankunft Jesu, seine Wiederkunft, wird umfassendes Licht in unserer Finsternis sein. Dieses Licht wird nicht nur offenlegen, sondern auch wärmen und verwandeln. Denn wenn Paulus die Christen Kinder des Lichts nennt, meint er nicht nur die guten Werke, sondern auch das Licht und den Glanz der Verklärung. Denn das erhellende Licht Gottes ist nicht nur zum Erkennen da, sondern es ergreift und verwandelt, ähnlich wie es in der Verklärung Jesu vorweggenommen ist, um den Menschen zu zeigen, was Gott mit ihnen vorhat.

Wo das eine Licht leuchtet, gibt es keine Spaltungen

3. Sonntag im Jahreskreis A

1 KORINTHER 1,3–9

Das Bild vom Licht in der Finsternis und die Warnung vor Spaltung bleiben aus den Lesungen in Erinnerung. Ihr innerer Zusammenhang ist: Dort, wo das eine Licht leuchtet, kann es keine Spaltungen geben. Am Schönsten wird das stets in der Osternacht liturgisch dargestellt: Von der einen Osterkerze, die allein die ganze dunkle Kirche erleuchtet, heißt es, sie bilde den ab, der die Herzen eint und die Gewalten beugt. Doch wo immer viele Lichter sein wollen, die sich nicht auf das eine Licht zurückführen mögen, sondern die in Konkurrenz zueinander stehen, dort gibt es Streit und Krieg.

Paulus hat das aus Korinth gerade erfahren, weshalb er den Ersten Korintherbrief schreibt. Und er sagt: Viele Köche verderben den Brei. Man kann die Gegenfrage stellen: Warum ist die Einheit, sogar »dasselbe zu denken«, so nötig? Sind wir nicht frei, darf nicht jeder das denken und glauben, was er will? Viele stellen sich emanzipiertes Christentum so vor, doch wahrhaft emanzipiert ist das Gegenteil: In der Spaltung und im Uneins-Sein steckt für Paulus das Böse oder einfacher gesagt: die überwundene alte Schöpfung. Die Konsequenz aus dem Monotheismus ist für ihn so gravierend, dass sie bedingungslos Einheit und Frieden zur Folge hat. Für Paulus heißt das: Kreuzestheologie. Deshalb ist sein letztes Wort in 1,17: Damit nicht entleert wird das Kreuz Christi. Was bedeutet das alles? Was hat es mit dem Kreuz zu tun?

Man hat kürzlich lebhaft darüber diskutiert, ob nicht der Glaube an einen einzigen Gott (Monotheismus) notwendig immer auch Intoleranz und Gewalt bedeutet. Denn die vielen anderen Götter, an die man zuvor auch geglaubt hatte, werden ja nun bekämpft und vertrieben, ihr Kult wird verboten. Nun ist es die Erfahrung des biblischen Monotheismus, dass es sich mit einem einzigen Gott, einer einzigen Moral freier und besser leben lässt, als wenn man immer tausend andere Mächte mitbedienen muss. Vor allem aber hat nach biblischer Überzeugung dieser eine und einzige Gott das Gewaltmonopol. Und wenn er der Herr ist, sind alle anderen Sklaven, wenn er der Vater ist, sind sie Geschwister. Dass die Finsternis der Unwahrheit verscheucht wird, kann man als Intoleranz bezeichnen, doch die Herrschaft des einen und einzigen Gottes ist für seine Anhänger vor allem die Gelegenheit zu Frieden. Indem sich alle ihm unterordnen, besteht die beste Möglichkeit zum Frieden. Denn wo er Herr ist, kann sich keiner erheben.

Für Paulus ist darüber hinaus der Glaube an Jesus eine radikale Verschärfung des Monotheismus. Das kommt gerade in dem Wort Kreuz zum Ausdruck. Denn dieses Wort setzt einen krassen Unterschied zwischen Gott und Welt. Gott ist nicht nur kein Götze unter anderen: Er ist allem, was in der Welt gilt, total entgegengesetzt. Dadurch ist, wenn man es so sagen darf, die Zahl seiner Feinde exponentiell vergrößert. Es gibt ja jetzt nicht nur die Götzen, sondern alles das ist feindlich, was in den Händen des Menschen zum Gegenstand des Sich-Rühmens, zur Bestreitung des Machtanspruchs Gottes und damit zum Instrument des Unfriedens werden kann. Denn alles, womit ein Mensch glänzen und sich erhöhen kann, ist zugleich Bestreitung des Anspruchs Gottes und in Tateinheit Streit und Unfrieden unter Menschen.

Paulus ist nicht dazu bereit, Intoleranz als Nachteil des biblischen Monotheismus zu werten, solange dieser Monotheismus der einzige verlässliche Weg zum Frieden ist. Die Kreuzestheologie sagt, was alle die gesellschaftlich relevanten »Werte« wirklich wert sind: Sie sind nichts wert, weil sie nur Instrumente im Krieg aller gegen alle sind. Und das ist nicht nur der Krieg aller Menschen gegeneinander, sondern auch der Krieg des Menschen gegen Gott. Hier aber kann der Mensch in jeder Hinsicht nur verlieren. Natürlich hat das Wort vom Kreuz auch mit Demut zu tun. Denn wer ihm folgt, verzichtet systematisch darauf, Scheinwerte zu kultivieren, deren Funktion nur darin besteht, im Krieg des Neides verheizt zu werden.

Kehren wir an den Anfang zurück: Das Licht, das im Finsteren leuchtet, ist durchaus als die Sonne vorzustellen. Sie ist in Ägypten seit Pharao Echnaton ein Bild für den einen Gott. Das gilt auch in Israel. Für Juden ist dabei die Sonne nicht selbst Gott, sondern nur Zeichen für den Einen. Das eine Licht bedeutet den einen Gott, der den Menschen Frieden schenkt. Matthäus überträgt dieses Bild nun auf Jesus. Denn in ihm haben wir es mit Gottes Licht zu tun. Er ist das Licht in der Finsternis für alle, die im Todesschatten sitzen.

Das Zitat aus Jesaja 9 in Matthäus 4 ist ein klassisches Reflexionszitat. Denn Jesus berührt auf seinem Weg genau die Gegenden, die das Zitat nennt (Galiläa, Zebulon, Neftalim), nur »Nazara«, wie hier Nazaret heißt, kommt im Zitat (und im ganzen Alten Testament) nicht vor. Reflexionszitate nennt man Bibelzitate, die nicht als Worte Jesu, sondern als Kommentar (Reflexion) des Evangelisten stehen und deren Einleitung stets ähnlich feierlich ist wie hier: »damit erfüllt wird, was gesagt wurde durch den Propheten X«. Dieses »Denken in Erfüllungszitaten« setzt ein besonderes Verständnis des prophetischen Wortes voraus.

Demnach verhält sich das Wort der Schrift zum neutestamentlichen Geschehen wie eine Ankündigung (Verheißung) zur Umsetzung in reale Geschichte. Anders als bei heutigen Alttestamentlern wird daher das prophetische Wort der Schrift (wozu auch die Psalmen zählen, da David als Prophet gilt) nicht seinerseits als Niederschlag einer konkreten Geschichte gesehen, sondern als pures Wort, als pure Schrift. Die Zeit Jesu ist damit »Erfüllungszeit«, in der Gott immer wieder sein Wort wahr macht. Und für das neutestamentliche Geschehen bedeutet das: Es ist nicht zufällig, nicht kontingent, nicht rein irdisch oder politisch, sondern heilige Geschichte. Nimmt man Ausgang und Ziel zusammen, so gilt: Weder ist das alttestamentliche Wort zufälliges Menschenwort noch ist das neutestamentliche Ereignis zufälliges Geschehen, sondern beides ruht fest in Gottes Hand.

Die Apostelgeschichte lässt erkennen, dass die heilige Erfüllungszeit nicht auf das Leben Jesu beschränkt ist. Sie gilt seit Jesus. Dabei ist für die neutestamentlichen Autoren offen, wie weit auch die weitere Kirchengeschichte in diesem Sinne als Erfüllung gelten kann. Nach meinem Eindruck wäre es konsequent neutestamentlich gedacht, wenn auch spätere Ereignisse der Kirchengeschichte im Lichte des Schemas Verheißung/Erfüllung gedacht würden. Lediglich in apokalyptischen Strömungen hat man das versucht.

Festzuhalten bleibt: Gottes Wirken in der Geschichte ruht immer auf zwei Säulen: altes Wort und neues Geschehen. Beides bestätigt sich gegenseitig – wie nach der Regel der mindestens zwei Zeugen (Deuteronomium 19). Dabei ist ein Autor wie Matthäus offenbar unbesorgt darüber, dass nur ein Bruchteil der alttestamentlichen Prophetenworte im Neuen Testament umgesetzt wird. Zum Beispiel fällt bei unserem Text auf, dass Matthäus auf das naheliegende Stück Jesaja 9,5 nicht eingeht (»Ein Kind wird uns geboren, ein Sohn wird uns geschenkt, auf seinen Schultern ruht Weltherrschaft«). Diese Stelle wird im ganzen Neuen Testament nicht zitiert, wohl aber in der späteren Liturgie. Offenbar genügt es, dass sich wiederholt alttestamentliche Stellen anbieten, besonders in den Kindheitsgeschichten und in der Passion (also an den klassischen biografischen Topoi von Anfang und Ende des Lebens). Das sagt dann offenbar genügend über das Ganze.

Während bei Lukas diese Art von Schriftbeweis auf die Belehrung durch den Auferstandenen zurückgeführt wird – was Passion und Auferstehung angeht –, kann Matthäus diese Arbeit selbstständig durchführen. Offenbar versteht er sich als Schriftgelehrter, der Neues und Altes aus seinem Schatz hervorholt (Matthäus 13,52). Dadurch kann er sein Evangelium besonders empfehlen, ist doch so auf einzigartige Weise immer Altes und Neues Testament präsent. Die Kirche hat es ihm durch umfassenden Gebrauch in ihrer Liturgie gedankt.

Frieden nur durch Gottes Weisheit

3. Fastensonntag B

1 KORINTHER 1,22–25

Wir erfahren hier etwas über die paulinische Mission und Theologie in der Sicht der Kritiker. Weil Paulus zunächst Christen verfolgt hatte, blieb er zeitlebens Zielscheibe harter, aus Misstrauen genährter Kritik. Gemeinsam ist allen Kritikern der Vorwurf, der paulinischen Mission und Verkündigung fehle es an Glanz. Mancher Pfarrer wird die Kritik an seiner Verkündigung in diesen Vorwürfen wiederfinden.

Der eine Vorwurf bezieht sich auf das Fehlen von »Zeichen«. Paulus ordnet ihn der jüdischen Seite zu. In der Situation der Gemeinde von Korinth konnte er das leicht der sich auf Petrus berufenden Partei zuschreiben (vgl. zu dieser Gruppe 1,12). Petrus war als Augenzeuge der Verkündigung Jesu einen Missionsstil gewohnt, bei dem der Erweis der Vollmacht in Wundern im Vordergrund stand. War er nicht schon in einem Fischfangwunder berufen worden (Lukas 5,1–11)? Und die Apostelgeschichte berichtet ganz in diesem Sinne von seiner Missionstätigkeit. Der Evangelist Matthäus teilt im Übrigen die Einschätzung des Apostels Paulus. Denn Matthäus trennt bekanntlich zwischen der Juden- und der Heidenmission und sieht die Judenmission als Fortsetzung der irdischen Tätigkeit Jesu an, und zwar inklusive Wundern und Sendung zu Israel (vgl. dazu etwa Matthäus 10). In Korinth ist Paulus hier den Erwartungen der im Sinne und Stile des Petrus Missionierten nicht gewachsen. Das gilt so, obwohl er andernorts betont, er habe die »Zeichen des Apostels« vollbracht.

Der zweite Vorwurf bezieht sich auf den mangelnden rhetorischen Glanz. In der Lage, die Paulus für die Gemeinde von Korinth schildert, kann sich das zweifellos auf Apollos beziehen, mit dem Paulus sich dann in 2 Korinther noch auseinandersetzen muss. Apollos ist ein geistvoller Ausleger der Schrift (des Alten Testaments), und Paulus hat diese Fähigkeit in 1 Korinther 10 und in 2 Korinther 3 offenbar als Herausforderung auch für sich selbst betrachtet. In der mündlichen Verkündigung aber haperte es nach Paulus' eigenem Zeugnis erheblich. Auch dieses findet sein Echo in der Apostelgeschichte, wo Paulus in Athen an den Philosophen scheitert. Unter »Weisheit« versteht Paulus aber mehr als nur Fachwissen und Lebenskunde der Berufsphilosophen, auch nicht nur Logik und Rhetorik, sondern vor allem die Technik und Kunst öffentlichen Machtgebrauchs. Denn im Folgenden führt er aus, dass die Weisheit, also die Politik, zum Mord an Jesus geführt hat. Und er nennt die Maßstäbe dieser Weisheit: Reichtum, Macht und Prestige, verbunden mit der Verachtung des Schwachen und Geringen. Paulus unterstellt damit der (griechischen) Weisheit insgesamt, dass ihr Ziel Machtgewinn und Machterhalt nach den Maßstäben des geltenden Establishments ist. Diese Weisheit ist im ganz praktischen Sinne atheistisch.

Gottes Weisheit aber ist keine Lebens- oder Machtkunde, sondern sie ist Jesus Christus selbst. Dieser Ansatz deckt sich fast vollständig mit dem Johannesevangelium. Denn alles, was man traditionell von Gottes Weisheit sagt, gilt hier von Jesus Christus. Diese Weisheit ist Schöpfungsmittlerin, sie ist Weltvernunft (Logos), und der Logos ist in Jesus Mensch geworden, das heißt, er wohnt in diesem Menschen Jesus von Nazaret. Diese Weisheit ist Leben, und man kann sie essen als das Brot des Lebens (Johannes 6). In 1 Korinther 8,6 wird Paulus auch selbst von Jesus sagen, dass durch ihn alles geworden ist – so wie man sonst von der Weisheit spricht. Bevor wir versuchen, diese Weisheitschristologie zu verstehen, bemühen wir uns um das Verständnis von 1,25: Gottes »Unsinn« ist weiser als die Menschen, und Gottes »Schwäche« ist stärker, als Menschen überhaupt sein können. Das heißt: Gott und Welt sind so verschieden, so weit auseinander, dass sie nicht mehr vergleichbar sind. Gottes Weisheit ist eben nicht die Krönung aller Erdenweisheit, Gottes Macht ist nicht die Supermacht. Gott ist so anders, dass seine Weisheit hier nur als Torheit erscheinen, seine Macht hier nur als Schwäche dastehen kann. So, wie diese Welt ist, ist Gott nicht die höchste Zuspitzung ihrer höchst angreifbaren Werte. Sondern angesichts Gottes ist jeder Wert der Welt wie Staub und Blech, jede Weisheit wie Dämlichkeit – und umgekehrt. Diese totale Verschiedenheit von Gott und Welt erkennt man am Geschick Jesu. Den Herrn der Herrlichkeit kann die Welt nur als Verbrecher und Abschaum ansehen und mit der äußersten Entehrung, nämlich der Kreuzesstrafe, »auszeichnen«. Deshalb wird mit dem Gekreuzigten der Anti-Wert schlechthin auf den Thron gehoben. Diese Logik Gottes aber hat Folgen für die Adressaten dieser Weisheit. Es sind nicht die Reichen und Erfolgreichen, sondern die zu kurz Gekommenen, an die sich die Botschaft richtet. Sie sind die Erwählten und Berufenen (V. 24, zum Erwählen vgl. V. 28). Paulus erkennt das an der Art, in der diese Menschen ihr Selbstbewusstsein begründen; Paulus nennt das: sich rühmen. Denn diese Menschen haben keine eigenen Vorzüge, die nennenswert wären. Sie haben nur das, was Gott ihnen gerade geschenkt hat: ihr Christsein, ihren Glauben und damit eine Freiheit und Würde, die über alle Freiheit geht. Sie sind die wahren Könige, denn sie brauchen keine weltlichen Werte. Zu Gott gehören, dem Herrn alles verdanken, das geht über jeden Wert und Nutzen sonst. So ist »Freiheit« das verborgene Thema des ganzen Abschnitts. Die Christen in Korinth sind deshalb frei, weil sie nichts »brauchen«, keines von den Dingen nötig haben. Und das fügt sich gut in das Thema des ganzen Kapitels, welches heißt »Frieden«. Denn alle die Dinge, die man braucht, Reichtum und Macht und Adel, sie schaffen nur Unfrieden. Das gilt besonders vom Ansehen des Lehrers. Eigentlich ist das ein uraltes Thema der Weisheit. Aber wenn nur Menschen deren Maßstab sind, gibt es zwangsläufig Unfrieden – wie eben in Korinth, wo vier Parteien gegeneinanderstehen, deren jede einen der großen Lehrer für sich reklamiert. Die Theologie des Kreuzes ist der Weg zum Frieden, weil Menschen, die nichts haben und nichts brauchen außer Gott, keinen Grund zum Streiten haben.

Die Konsequenz: »Sich des Herrn rühmen« ist heute kaum verstehbar. Übersetzt hieße das aber wohl: Wofür einer aus tiefstem Herzen dankbar ist, und zwar jeden Tag. Denn das betrifft zwar einen selbst, aber eben nicht so, als wäre es eigenes Verdienst. Und wenn es geschenkt ist, dann nicht gegen andere, sondern für ein Miteinander.

In welchem Sinne ist nun für Paulus Jesus die Weisheit Gottes? Insbesondere: Woher kommt hier die Gleichsetzung einer Person (Jesus) mit einem Abstractum (Weisheit)? Gewiss wurde die Weisheit in der Weisheitsliteratur personifiziert, sozusagen als Person betrachtet. Aber damit hatte sie noch nicht Arme und Beine wie ein Mensch. Der Schlüssel liegt vielleicht in 1 Korinther 8,7b: »Und einer ist der Herr, Jesus Christus, durch ihn ist alles, und auch wir durch ihn«. »Durch ihn ist alles« – das ist wie bei der Weisheit (Weisheit 9,1f.: »der du das All durch dein Wort gemacht und durch deine Weisheit den Menschen ausgerüstet«). »... auch wir durch ihn«, das könnte heißen: Als der neue Adam ist er der Mittler und das Urbild der neuen Schöpfung, gerade so, wie es Paulus in 1 Korinther 15,45–46 formuliert. Denn die »wir« sind auch in Römer 5,1.11.21 (alle mit »durch«), abgehoben wegen des exklusiven Verhältnisses zu »unserem Kyrios«. Das heißt: Schöpfungsmittler ist er sowieso, aber für uns auch der Weg zu Gott (Hebräer 10,20! Vgl., Johannes 14,6) und daher auch definitiver Mittler. Dass die Weisheit eine menschliche Person ist, ist durchaus eine neue Erkenntnis. Aber der Mensch Jesus Christus rückt doch nur ein in die Planstelle, die seit jeher bestanden hat und die jetzt deutlicher erkannt und konkreter wahrgenommen wird, seitdem sie ausgefüllt wird durch Jesus. Natürlich war Baruch 3,38 (Septuaginta) die unmittelbare Vorstufe zu dieser Aussage (von Gott, der die Erkenntnis gibt): »Danach erschien er auf der Erde und wandelte unter den Menschen (nach einigen Hsg.: als Mensch).«

Kreuzestheologie ohne Sühnetod

4. Sonntag im Jahreskreis A

1 Korinther 1,26–31

Heute spricht man vom Selbstwertgefühl und wie man es jemandem einflößen kann, dem es abhanden gekommen ist. Aber diese Bemühungen gleichen oft dem Unternehmen, jemanden zu veranlassen, sich am eigenen Schopf aus dem Sumpf zu ziehen. Münchhausen lässt grüßen. Aber dieses oft verzweifelte Bemühen entspricht dem spätneuzeitlichen Verständnis von Person: Sie gründet auf dem eigenen Bewusstsein. Und wenn jemand lieblos oder gemein behandelt worden ist, deuten wir seinen Zustand eben als mangelndes Selbstwertgefühl. Oft klagt man, das Christentum entziehe mit der Rede von der Sünde dem Menschen zusätzlich das Selbstwertgefühl. Und daher vermeidet man dann schon überhaupt die Beichte. Zu den eigenen Fehlern zu stehen und davon freigesprochen zu werden, das könnte ja das labile Selbstwertgefühl zum Einsturz bringen. In der Tat ist es vom biblischen Menschenbild her töricht, dem Menschen auf dem Wege über das Entdecken eigener Vorzüge oder Werte die fehlende Würde, den notwendigen Stolz, Lebensmut und -bejahung einzureden. Für die biblische Auffassung vom Menschen ist es ganz dumm, dem Menschen etwas vom eigenen Selbstwert vorzumachen. Denn erstens weiß jeder selbst am besten über die eigenen Fehler, zweitens sind wir alle vergänglich und anfällig und drittens befreit einen die Vergewisserung des Selbstwertes überhaupt nicht vom tödlichen Starren auf den eigenen Bauchnabel.

Das paulinische (und weitgehend das hellenistische) Bild vom Menschen dagegen ist sehr stark extrovertiert, und das mit gutem Grund. Man starrt nicht auf sich und vermeintliche oder wirkliche Eigenwertigkeiten, sondern gründet den Lebensmut stets auf andere oder anderes, aber niemals auf die eigene Person pur – das wäre wie eine Verletzung der ersten und grundlegenden Spielregel des gesamten sozialen Miteinanders. Man kann und darf stolz sein auf alles Mögliche und auch auf Eltern, Kinder, Schüler und Könige. Im Römerbrief zeigt Paulus etwa an den vor- und außerchristlichen Juden, wie sie sich des Besitzes der Tora rühmen und sich auch der Erwähltheit durch den einzigen Gott brüsten. Paulus drängt darauf, dass sie dieses Rühmen aufgeben und sich neu und an Gottes neuem Handeln orientieren. Dann könnten sie sich Jesu Christi rühmen. In jedem Falle aber geschieht das Sich-Rühmen vor einem anderen Menschen oder Forum und jeweils mit Hinweis auf eine dritte Größe, auf die man sich beruft, die gewissermaßen eine neutrale, für sich selbst zu untersuchende Größe ist. Wenn man also stets vor einem anderen sein Prestige auf einer dritten Größe gründet, dann kommt es natürlich darauf an, dass diese Größe stabil, haltbar, lange andauernd ist. Im Sinne des Gottesbildes der Bibel liegt es daher ganz nahe, sich dieses Gottes zu rühmen. Denn er ist noch weitaus unvergänglicher als Berge und Hügel. Er ist weitaus treuer als je ein Mensch sein kann und als der Schöpfer der Mächtigste. Sich Gottes zu rühmen ist daher eine schlichte Frage der Lebensklugheit.

Auch dieser Punkt berührt unsere heutige Diskussion, und zwar in der Frage nach den Werten. Fast verzweifelt suchen Parteien nach einer neuen Werte-Orientierung. Denn man beginnt zu ahnen, dass das Zusammenleben nicht auf Gesetz und Befehl beruht, sondern auf gemeinsam angenommenen Werten. Man ahnt auch, dass eine Gesellschaft diese Werte letztlich nicht für sich erschaffen kann, sondern dass sie sich nur an Ehrwürdigeres, Vorgegebenes stützen könnte. Ist Reichtum ein solcher Wert? Wohl kaum, denn er kennt nur das Eigengesetz der grenzenlosen Selbstvermehrung. Reichtum ist innerlich unstrukturiert. Wer ihn als Höchstwert ansieht, missachtet eher das Miteinander. Ist Wissen ein solcher Wert? Wissen grenzt stets die Unwissenden aus, ähnlich ist es beim Reichtum mit den Armen, beim Adel mit den Nicht-Adligen.

Der Philosoph Max Scheler hat eine Rangordnung der Werte zu ermitteln versucht und als das Kriterium die Vergänglichkeit angesehen, er nannte das Resultat »Ordnung der Liebe«. Nahrung und Reichtum sind schnell vergänglich; höher schätzt Scheler die personalen Werte wie Freundschaft, am höchsten das Heilige, denn auf das Heilige ist immer Verlass. Die biblischen Vorstellungen vom Bund unterstützen diese Sicht des Heiligen.

Nun hat das Sich-Rühmen oder das Gründen von Prestige auf Werte immer auch eine praktische Seite. Denn es genügt nicht, sie zu erkennen, man muss sich auch zu ihnen bekennen und sie auch praktisch zum Maßstab und Wertekanon machen. Der heftig diskutierte Fall der angeblichen Androhung von Folter betraf eine praktische Seite der Wertediskussion: Ist das Leben des Opfers oder die persönliche Unversehrtheit des Täters höher zu schätzen? Ohne eine Wertephilosophie kann man hier gar nicht entscheiden. Und wenn es keine allgemein anerkannten Werte gibt, wird man sich kaum je auch juristisch einigen können. Vom biblischen Standpunkt her neigen wir dazu, das Leben als das höchste und geradezu heilige Gut anzusehen. Andere sind da ganz anderer Meinung, und daher auch der Dauerstreit in der Abtreibungsfrage.

Dass Gott der höchste Schatz und der absolut höchste Wert sei, wagt in der politischen Wertediskussion kaum einer zu sagen. Hier wird die religiöse Scham so weit getrieben, dass man sich fast darin einig ist, den Namen Gottes sowieso nicht zu erwähnen. Man nennt das Laizismus, panische Furcht vor Priesterherrschaft. Nun ist der Apostel Paulus von diesem Virus des Laizismus noch nicht befallen und nennt mutig Gott als den, auf den Christen Stolz und Lebensmut gründen. Denn erstens sind alle anderen sogenannten Werte radikal vergänglich (V. 28: Gott zerstört sie), zweitens kann sich die Gemeinde auf Gott stützen, weil er sie berufen und erwählt hat. Gott hat eine Beziehung hergestellt, er nennt die Gemeinde sein eigen. Daher kann sie sich wirklich auf Gott stützen, denn er hat sich ihr an die Seite gestellt, er, der Ewige und Kostbare, ist für sie, auch wenn alles andere gegen sie sein sollte. Wenn nun die Gemeinde sich Gottes rühmen soll, dann soll sie sich zu ihm bekennen und auf sein Freundschaft stiftendes Handeln sich beziehen. Das dürfte umso leichter fallen, weil die Gemeinde schon dem bloßen Augenschein nach wenig Anlass hat, andere Bezugspunkte ihres Stolzes zu nennen. Denn die korinthische Gemeinde ist, das sagt Paulus hier recht grob, ein ziemlich armer und armseliger Haufen. Doch gerade daran kann man Gottes Handschrift erkennen. Die Armseligkeit der Gemeinde gibt ihm Anlass für erwählendes Handeln. Diesen Gedanken spricht das Alte Testament auch häufiger für Israel aus, auch für Betlehem. Wenn Gott gerade das erwählt, was nicht groß und stark ist, nicht schön und angesehen, dann kann man das auch das unfassbare Geheimnis seiner Liebe nennen. Wie jemand, der von einem bewunderten Star einen Liebesbrief bekommt und fragt: »Wieso gerade ich?«

Worin die Erwählung und Berufung der Gemeinde besteht, das sagt Paulus in V. 30: Jesus Christus ist ihr Patron, und zwar im antiken Sinne des Wortes derjenige, der sich vor sie stellt. Durch ihn sind die korinthischen Christen »als Gerechte angenommen, als Heilige Gottes Eigentum, befreit von Sünde und Tod« (Berger/Nord). Deshalb gilt der Satz: »Stolz sein darf man nur auf das, was Gott selbst geschenkt hat, nur auf Gott selbst« (V. 31).

Übrigens nennt Paulus hier unter anderem die von Gott der Gemeinde geschenkte Heiligkeit, und so ergibt sich eine Beziehung zum Höchstwert des Heiligen nach Scheler. Dieser Stolz auf Gottes Handeln hat bestimmte Konsequenzen für die Gemeinde. Sie muss dann nämlich nicht mehr auf bestimmte Lehrer stolz sein. Die Gemeinde soll sagen: Wir sind Gottes Schüler, wir sind stolz darauf, Gottes erwählte Kinder zu sein. Der große, unfassbare Gott hat sich unser erbarmt. Wenn das heute jemand sagt, erntet er spöttisches Lächeln. Aber Paulus sagt: Es gibt keinen anderen Weg zum Frieden. Sagt mir, auf was ihr stolz seid, und ich sage euch, ob ihr Frieden und Eintracht wirklich wollt.

Die Angst des Apostels Paulus vor der Gemeindeversammlung

5. Sonntag im Jahreskreis A

1 Korinther 2,1–5

Paulus liefert in dem Abschnitt 1 Korinter 2,1–5 eine Theologie des Verkündigens. Er schildert, dass der Verkündiger, der Bote des Evangeliums im Bewusstsein der Schwäche, voll Furcht und Zittern sich seinem Publikum stellt. Ein Mensch also, dem buchstäblich das Herz in die Hose gerutscht ist. Und gerade nicht mit klugen, überzeugenden Worten tritt er auf, also nicht geschickt, witzig, gewandt oder einfach überzeugend. Vielmehr so, dass das Wehen des Geistes Gottes und göttliche Kräfte dabei zur Geltung gelangen – was auch immer das sei. Wir fragen besorgt: Na, wenn das man gut geht!? Paulus würde kaum eine »homiletische Prüfung«, ein Examen in der Predigtkunst, bestehen. Leute, die ihm zuhören, würden sagen: »Der Paulus wirkt irgendwie ›arm‹, verschreckt, verhuscht, total unsicher«, freilich hinzufügen: »Irgendwie hat seine Predigt aber doch etwas, das man weder lernen noch erklären kann, etwas, das zu seiner Botschaft letzten Endes passt.« Dieses »irgendwie« ist das Geheimnis der paulinischen Verkündigung. Es besteht vielleicht darin, dass Paulus unfreiwillig durch seine unbeholfene Art (ausdrücklich in 2 Korinther 10,10) dem Wirken Gottes Raum gibt. So kann es an Paulus selbst bestimmt nicht liegen, dass Menschen trotzdem glauben. Paulus ist so wenig rhetorisch glatt oder geschmeidig, dass er Gottes Wirken nicht im Wege steht. So kommt die Wahrheit seiner Botschaft gerade durch die Lücken und Löcher, die Paulus lässt, zum Vorschein.

Man könnte einwenden, Paulus rede nur von seinem persönlichen (Miss-)Geschick, könne und wolle dieses aber nicht verallgemeinern. Richtig ist: In Philipper 2,12 ermahnt er die Christen: »Mit Furcht und Zittern wirkt euer Heil. Denn Gott ist es, der in euch das Wollen und das Vollbringen wirkt ...« Die Konstellation ist demnach dieselbe wie in 1 Korinther 2: Dort, wo alle wirksame Kraft von Gott ausgeht, ist die Rolle des Menschen sehr bescheiden. Nein, es ist nicht die Rolle des Zuschauers – der Mensch ist ja nicht unbeteiligt. Aber er erfährt das Wirken Gottes an sich selbst oder an seinem Gegenüber wie eine Theophanie (visionäre Gotterscheinung). Furcht und Zittern ist die für den Menschen typische Weise der Reaktion in biblischen Theophanien. Denn deren Adressaten werden ergriffen von Ehrfurcht vor dem heiligen und machtvollen In-Erscheinung-Treten Gottes. Paulus fasst also nicht nur seinen eigenen Dienst, sondern auch das übliche heilvolle Geschehen der Rettung eines jeden Christen so auf, dass Gott wirkt, der Mensch aber dieses mit heilsamem Erschrecken und Staunen begleitet. Die unverstellte menschliche Schwäche, ja eigentlich seine Art »Ohnmachtsreaktion« gegenüber Gott begleitet sein Wirken. Das ist nicht im Sinne eines Kalküls aufzufassen (»Wenn ich mich möglichst ohnmächtig stelle, wird Gott etwas tun«), sondern als Eingeständnis der Wahrheit über den Menschen angesichts Gottes.

Generell gefragt: Was bedeutet dieser Ansatz allgemein, kann man auch Jesus in diesem Licht neu sehen lernen, kann man aus ihm Gewinn ziehen für die Beurteilung von Kirche und Christentum? Für Jesus gilt: Seine Armut und Heimatlosigkeit, der Mangel von Legitimationswundern zu eigenen Gunsten (Steine zu Brot; Zeichen vom Himmel), dass der umgeben ist von Feinden und falschen Freunden (Judasverrat, Petrusverleugnung), sein Leiden und sein Verzicht auf Verteidigung – alles dieses zusammen ist eine einzige Dokumentation der Schwäche, am augenfälligsten in Getsemani, wo Jesus nicht nur zittert, sondern zu Boden stürzt. Diese gesamte ungewöhnliche Häufung von Symptomen der Schwäche steht in Kontrast zu den Wundern, die er als Gottes Sohn wirken kann – in denen also Gott tätig ist – und besonders zur Auferstehung. Hier gilt dasselbe Muster wie bei Paulus: Die offenkundige menschliche »Kraftlosigkeit« des Verkündigers liefert die beste Voraussetzung dazu, die Wunder und insbesondere die Auferstehung als das zu sehen, was sie sind: Gottes Taten, und zwar eindeutig Gottes Taten. Denn irgendwelche irdischen Kraftressourcen hatte Jesus erkennbar nicht. Insofern ist die in den Evangelien geschilderte menschliche Natur Jesu – inklusive Versuchbarkeit in der Wüste und Schwächeanfall in Getsemani – wirklich dasjenige, das Raum gibt für Gottes stets überraschendes machtvolles Wirken. In diesem Sinne sortiert eine bekannte früh-mittelalterliche Präfation das Wirken Jesu danach, was er »als Mensch« und was er »als Gott(es Sohn)« getan und gesagt hat. Denn das eine gibt den Resonanzboden für das andere an.

Was das für die christliche Existenz bedeutet, sagen etwa die Seligpreisungen: Die Armen, die Hungernden, die Weinenden zeigen ganz unübersehbar menschliche Schwäche, die an und für sich betrachtet hoffnungslos wäre. Aber Gott hat sie erwählt, denn an ihnen kann er zeigen, wer er ist. Also nicht weil sie arm sind, werden diese Menschen selig gepriesen – Armut hat nichts Seliges –, sondern weil sie, in dieser Hinsicht dem leidenden und gekreuzigten Jesus ähnlich, Menschen sind, an denen Gott uneingeschränkt seine Macht und Herrlichkeit zeigen kann. Nicht als verwende ein auf Selbstdarstellung bedachter egoistischer Gott die Ärmsten der Armen als Objekte seiner Eitelkeit – der Schlüssel ist nicht Gottes Menschenverachtung oder seine krankhafte Liebe zum Hilflosen. Sondern vielmehr so, dass dort, wo die Not am größten ist, Gott am nächsten ist, weil er die Menschen liebt, weil er sich als Arzt versteht. Und mit Kerngesunden hat ein Arzt nicht viel zu tun. Am Kranken kann er zeigen, was er kann. Aber doch nicht deshalb nimmt er sich der Kranken an, um zu zeigen, was er kann (das weiß er notfalls auch selbst), sondern weil er Arzt ist, weil Dasein für die Patienten der Schlüssel zum Verstehen seiner ganzen Existenz ist.

Das paulinische Schema von der Antwort Gottes auf den Mangel der Menschen hat aber auch etwas für die Praxis und die Situation der Kirche zu sagen. Der Sinn der Fasten- und der Adventszeit wird durch diesen Ansatz verständlich: Durch Strenge, Verzicht und Fasten bereitet sich die Kirche auf die jeweilige Epiphanie des Festes vor. Denn

Strenge, Verzicht und Fasten lassen die menschliche Wahrheit unverblümt erscheinen: Wir sind schwach und Sünder, wir sind so angewiesen auf Nahrung, dass wir uns selbst auf bescheidene Mahlzeiten freuen. Und ähnlich war es zuzeiten vor der Priesterweihe üblich, dass die Kandidaten vorher fasteten und am Morgen vor der Weise den berühmten wässrigen Haferschleim genossen. Denn die Weihe ist in der Tat Epiphanie, mächtiges Eingreifen Gottes in den Bereich menschlicher Schwäche. Ich finde es liebenswert, dass durch die vier Fastenriten (Advent, Quadragesima, Quatember, Weihevorbereitung) auch der Leib im Blick auf die jeweils kommende Offenbarung der Herrlichkeit Gottes geadelt wird, denn angesichts des jeweils kommenden Gottes ist Hunger keine Schande, sondern ein Stück Wahrheit über die Menschen. Und in der Herrlichkeit des Festes zeigt Gott dann seine Wahrheit.

Aber auch die Heilsgeschichte im Ganzen ist von diesem Ansatz her zu deuten: Wie oft ist die Kirche in der Situation, die Paulus hier von sich schildert. Wie oft erweckt sie einen kläglichen, glanzlosen Eindruck. Die Zeiten, in denen sie glänzende Kirchenlehrer hervorbrachte, mit denen sie wirklich etwas darstellen konnte, in denen die Einser-Abiturienten selbstverständlich Theologie studierten, sind vorbei. Mittelmaß, Streit und Spaltung allenthalben. Wohlgemerkt: Ich rede nicht von der Sünde und Unachtsamkeit, mit der die Kirche unglaubwürdig wird. Sondern von geistiger und materieller Armut. Aber ist sie nicht darin wider Willen auch Wegbereiterin des umso größeren Gottes? Es ist leichter, Gott allein die Ehre zu geben, wenn kein Anlass dazu besteht, sie nach weltlichen Maßstäben bedeutsamen Persönlichkeiten und Medienstars zuzuerkennen. Mit all ihrer Schwäche bereitet die Kirche Gottes Kommen am Ende vor. Es genügt, wenn wir uns um Glaubwürdigkeit mühen – den Glanz dürfen wir ruhig Gott überlassen.

Exklusives Geheimnis

6. Sonntag im Jahreskreis A

1 KORINTHER 2,6–10

Wenn Paulus von einer positiven Weisheit spricht, dann gewiss nur von der Weisheit Gottes. Diese hatte er schon in 1,24 mit Jesus Christus identifiziert. Die Herrscher dieser Welt kennen sie nicht. Sie folgen nur der Steigerung der Macht und der Verachtung des Schwächeren. Neu sind hier zwei Aspekte: Die Weisheit Gottes gehört den »Vollkommenen«. Das sind die, die Paulus in 1,24 »Berufene« genannt hatte und die nach V. 28 Auserwählte sind. Sie heißen hier »Vollkommene«, die also zu Gott und zum Himmel gehören. Das Wort »Vollkommene« steht in enger Beziehung zum »Geheimnis«; denn in der Sprache der zeitgenössischen Mysterienkulte werden die Geheimnisse den Vollkommenen kundgetan und allen anderen nicht. Bei dem jüdischen Philosophen Philo von Alexandrien sind diese Vollkommenen die Juden, die das Geheimnis der Welt, die Offenbarung des einen und einzigen Gottes, empfingen.

Es gibt bei Paulus und in seinem Umkreis im Neuen Testament eine ganze Reihe von Texten, die von einem lange verborgenen Geheimnis sprechen, das keiner erfahren hat – außer denen, die jetzt seine Empfänger und die eben dadurch ausgezeichnet sind. Dieser formelartig auftretende Denkansatz heißt »Revelationsschema«. Er enthält folgende Bausteine: Es gibt ein Geheimnis; es war verborgen; es ist vorherbestimmt von Gott für die jetzigen Empfänger; diese Vorherbestimmung geschah schon vor »Äonen«; die Weltherrscher haben es nicht erfahren. Zumeist sind die von Gott gewollten Adressaten Paulus oder andere Christen oder die Kirche. Da es sich um ein erst jetzt rezent bekannt werdendes Geheimnis handelt, spielen Propheten des Alten Testaments nur in Ausnahmefällen eine Rolle. Der Inhalt dieses Geheimnisses ist zumeist christologischer Art, die Sendung Jesu, die

Gottessohnschaft Jesu. Nach Epheser 3 könnte es auch das Evangelium für Juden und Heiden sein. 1 Korinther 2,7f. ist der wohl älteste christliche Beleg. Auch hier ist der Inhalt des Geheimnisses Jesus Christus. Beschrieben wird dieser Inhalt freilich mit einer Formel, die wir ausschließlich in Apokalypsen finden, und zwar zur Beschreibung der himmlischen Herrlichkeit, auf die die Auserwählten hoffen dürfen. Denn »was kein Auge gesehen ...« bezieht sich in vielen vor- und nachchristlichen apokalyptischen Himmelsreisen auf das erwartete Heil. Der die Himmelsreise unternehmen durfte, der hat dieses künftige Heil geschaut und kann anderen verbürgen, dass es im Himmel besteht.

Die Anwendung dieser Formel auf Jesus Christus ist merkwürdig. Offenbar hängt das aber damit zusammen, dass Jesus Christus der den Menschen bislang verborgene und den Herrschern der Welt verborgen gebliebene »Herr der Herrlichkeit« ist. Denn auch die Formel »Was kein Auge sah ...« beschreibt nichts anderes als Herrlichkeit. Der Ton liegt dann bei der Rezeption der Formel auf den Stücken. »Was kein Auge sah, in keines Menschen Ohr drang und in das Herz eines Menschen nicht kam« meint daher ein Geheimnis. Nur ist dieses bei Paulus – anders als im Zitat – eben nicht irgendein Geheimnis, sondern speziell das Geheimnis, dass in Jesus Christus der Herr der Herrlichkeit verborgen gegenwärtig war.

Damit ist auch durchaus das gemeint, was bei den Synoptikern »Messias-Geheimnis« genannt wird. Der Unterschied: Nach den synoptischen Evangelien ist Jesu Messianität verborgen, aber nicht »sub contrario«, unter dem Gegenteil. Denn Jesus wirkt Wunder und treibt böse Geister aus. Die Frage ist dort die verborgene Legitimität (ist Gott der Inspirator Jesu oder der Teufel?). Bei Paulus geht es darum, ob der Gekreuzigte, von den Weisen gerade Verachtete und Abgelehnte in Wahrheit der Herr der Herrlichkeit ist.

2,10 wird häufig zitiert, aber selten verstanden: »Gott hat uns dieses Geheimnis eröffnet, indem er uns seinen Heiligen Geist schenkte. Der Heilige Geist kann alles ergründen, auch die unfassbaren Dimensionen Gottes.« Wörtlich: die Tiefen Gottes. Der Satz setzt die Konnaturalität von Erkennendem und Erkanntem voraus. Das heißt: Gott kann nur der erkennen, der etwas von Gott in sich hat. Nur wer den Heiligen Geist empfangen hat, kann auch Gottes Geist, seine »Tiefen« erforschen. Ähnliches gilt auch für das Gebet der Christen nach Römer 8,26f.: Nur weil der Heilige Geist den betenden Christen beisteht, wird das Gebet Gott erreichen. Denn auch hier genügt nicht der gute Wille der Menschen. Er ersetzt nicht die Qualität, die man besitzen muss, um Gott Auge in Auge begegnen zu können. Diese Qualität, und das gilt überall bei Paulus, kann nur Gott selbst schenken. Dem, der Gott liebt, schenkt Gott sozusagen den Frack, mit dem er in Gottes Thronsaal vor Gottes Thron auftreten kann. Immer ist es Gott selbst, der dazu befähigt, dass man ihm begegnen kann. In der synoptischen Tradition entspricht dem, dass nur Geister die messianische, durch den Heiligen Geist bewirkte Identität Jesu erkennen. Dass es böse Geister sind im Gegensatz zum heiligen Geist Jesu, ist für die Frage der Erkenntnis nicht gravierend.

Im Zusammenhang von 1 Korinther 1f. bedeutet das: Die Gemeinde bringt als Voraussetzung zum Christwerden mit, dass alle nach weltlichen Maßstäben mit leeren Händen dastehen und daher dankbar ihr Prestige nur auf Gott gründen können. Aber das würde nicht ausreichen, um zu Gott zu gehören. Denn für den Glauben entscheidend ist die christologische Erkenntnis: dass der Gekreuzigte der Herr der Herrlichkeit ist. Diese Erkenntnis aber kann nur eine von Gott selbst offenbarte sein. Und deshalb heißen die Glaubenden die »Vollkommenen«.

Daher haben 1 Korinther 1 und 2 unterschiedliche Zielsetzungen: In Kapitel 1 geht es bei der Kreuzestheologie um den radikalen Wertekontrast. In Kapitel 2 dagegen um die notwendige Anteilhabe an Gottes Geist für den, der glaubt.

Wer den Heiligen Geist hat, der muss sich nicht an der Oberfläche stoßen, sondern er erkennt in Jesus den Herrn (der Herrlichkeit). Von daher ist auch 1 Korinther 12,2 zu verstehen: Wer den Heiligen Geist hat, der kann sagen: Jesus ist der Herr. Durch die Gabe des Heiligen Geistes ist der Christ nach diesen Sätzen zum Glauben und zum Bekenntnis fähig. Irdische Macht hindert daran. Insofern ist 1 Korinther 2,8 die Brücke zu den die Macht, den Reichtum usw. abwertenden Aussagen von Kapitel 1. Übrigens wird von diesem Abschnitt her auch der viel gedeutete Satz 2 Korinther 5,16 klarer: Jesus nach dem Fleische erkennen ist das Gegenteil zu der in 1 Korinther 2 propagierten Erkenntnis durch den Heiligen Geist. Wer Jesus nur nach dem Fleisch kennt, wird durch die Oberfläche abgestoßen werden. Insofern hat Paulus vor seiner Bekehrung ebenso geurteilt wie die politischen Machthaber, die in Jesus nicht den Herrn der Herrlichkeit sehen konnten. Paulus selbst deutet seine eigene Bekehrung als »Offenbarung«, und da sie den Sohn Gottes offenbart, geschieht sie zweifellos als Anteilgabe an eben dem Heiligen Geist, der Jesus zum Sohn Gottes macht.

In 2,11–16 wird dann die Konsequenz daraus gezogen: Ob einer wie Paulus den Heiligen Geist hat, das können nicht Menschen mit normalem Menschenverstand beurteilen. Dazu braucht man mehr: den Heiligen Geist selbst. Daher will sich Paulus nicht von solchen Leuten beurteilen lassen, die in spiritueller Hinsicht noch ganz am Anfang stehen; das wird sich in Streitereien äußern, die dem Heiligen Geist fremd sind (3,3).

Zur Gegenwartsbedeutung dieser Aussagen: Christliches Glaubenswissen ist keine nur theoretische Erkenntnis, sondern setzt voraus, dass man (in Leben und Praxis) Anteil an »der Sache« selbst hat, und das heißt hier: dass man sich persönlich ins Spiel bringt. Um den Heiligen Geist, der einem das Herz öffnet, kann man auch beten. Denn nach Römer 8 wird gerade der Heilige Geist das Gebet begleiten. Und dass Jesus Christus als der Herr das lange verborgene Geheimnis der Welt ist, bedeutet: Dass Gott den Menschen Jesus von Nazaret so nahe an sich herangeholt hat, dass er wahrer Gott und wahrer Mensch ist, bedeutet etwas für den Traum der Menschheit, so frei zu sein wie Gott.

Wo ist Gott?

7. Sonntag im Jahreskreis A

1 Korinther 3,16–23

Die Frage nach der Gegenwart Gottes, also die Frage: Wo ist Gott? hat Menschen zu allen Zeiten bewegt, die Antworten darauf waren immer wieder überraschend. Diese allgemeine Frage verbindet sich mit einer zur Zeit des Paulus wie bei uns seit tausend Jahren aktuellen Frage, der nach dem theologischen Stellenwert von Kirchenspaltungen.

Die Frage, wo Gott ist, beantwortet Paulus wie folgt. Grundsätzlich gilt: Gottes Ort ist vornehmlich Gottes Haus, der Tempel. Das verstehen Juden und Griechen. Für Paulus gilt darüber hinaus: Auf Erden ist Gott besonders durch den Heiligen Geist anwesend. Darüber geht Paulus nun hinaus durch Kombination von damals zwei geläufigen Denkansätzen. Der eine besondere und zur Zeit des Paulus relativ neue jüdische Ansatz besagt: Gottes Tempel kann speziell eine Gemeinschaft von heiligen und gerechten Menschen sein. Gottes heiligster Tempel besteht demnach aus einer Gemeinschaft von zwölf gerechten Männern. Ihr gerechtes Leben dient dabei der Sühne von Israels Vergehen. Paulus teilt mit dieser Ansicht, dass ein Tempel nicht aus Steinen bestehen muss, sondern aus Menschen bestehen kann. Und auch für ihn ist der Heilseffekt des Tempels zweifellos die Besiegung der Sünde. Der zweite Ansatz ist hellenistisch: Gottes Geist braucht ein Haus, und diese Ansicht orientiert sich daran, dass der Mensch mit seinem Körper ein Haus (Tempel) für den Geist ist. Der Ursprung dieses Denkens ist daher anthropologisch. Wenn man wie Paulus sagt, der Tempel Gottes sei ein Tempel des Heiligen Geistes, dann orientiert man sich grundsätzlich am Bild des Leibes. Vor Paulus gibt es nur einen Text bei Flavius Josephus, nach dem der Tempel das Haus für Gottes Geist ist – auch diese Aussage ist am Bild des Leibes orientiert. Im Übrigen passt diese Beobachtung sehr gut zu 1 Korinther, denn nebst dem Bild des Tempels ist das Bild des Leibes das für die Gemeinde am häufigsten gebrachte. Paulus kennt in 1 Korinther sogar beides: Der Einzelne ist Tempel des Heiligen Geistes. Und zugleich ist die Gemeinde Tempel des Heiligen Geistes: Das rührt aus der Übertragung des Bildes des Leibes auf die Gemeinde. Unser Ergebnis lautet daher: Paulus spricht für damalige Menschen verständlich, weil er sich an zwei geläufige Bilder anschließt: Eine Gruppe von Frommen kann bildlich als Tempel bezeichnet werden. Und: Der Leib des Menschen kann Tempel des (Heiligen) Geistes genannt werden; so aber auch die Gemeinde, wenn sie als ein Leib gefasst ist und wenn der Heilige Geist in ihr wohnt. Der Zusammenfluss griechischer und jüdischer Gedanken bei Paulus kann hier mustergültig beobachtet werden.

Aus diesem Bild aber – dass die Gemeinde Gottes heiliger Tempel ist – zieht Paulus gravierende und ernste Konsequenzen für den Fall der Kirchenspaltung. Wer auch immer sie verursacht, Kirchenspaltung ist tätlicher, geradezu physischer Angriff auf Gott selbst. Denn dort, wo Heiliger Geist wohnt, ist Gott selbst unüberbietbar gegenwärtig. Hier ist der Fall der Realpräsenz des Heiligen gegeben. Weil Gott der Eine und Einzige ist, weil sein Heiliger Geist stets und exklusiv Instrument der Herstellung von Einheit ist, deshalb ist Kirchenspaltung der Versuch der Zerstückelung Gottes. Paulus droht für diesen Fall mit einer Sanktion, die er niemals vorher oder nachher so ausspricht: Wer den Tempel Gottes zerstört, den wird Gott zerstören. Diese Art der Abfolge von Tun und Strafe nennt man Talio(n), und sie besteht darin, dass das frevelhafte Tun des Menschen von Gott abprallt und wie ein Bumerang ihn selbst trifft. Genauso ist es bei der »Sünde wider den Heiligen Geist« – sie besteht in der Lästerung gegen Jesu Gottessohnschaft. Die Sünde ist deshalb unvergebbar, weil der Lästerer mit seinen Worten auf Starkstrom stößt. So ist es auch mit dem Belügen des Heiligen Geistes nach Apostelgeschichte 5: Es hat Todesfolge. So ist es auch nach 1 Korinther 11, wenn Menschen sich gegen die reale Gegenwart des Herrn im Abendmahl versündigen;

weil das das Heiligste ist, treffen sie Tod und Krankheit. Was in den synoptischen Evangelien das Lästern gegen Jesus ist, gilt nach 1 Korinther 3 von der Zerstörung der Gemeinde. Wer das tut, trifft auf Starkstrom und ist nicht zu retten.

Angesichts der breiten biblischen Grundlegung haben nun neuzeitliche Begütigungen der Kirchenspaltung keine theologische Chance. Auskünfte wie die, die Kirchenspaltungen seien gut, weil sie den Eifer anstachelten oder es gelte die »versöhnte Verschiedenheit«, bei der die Spaltung im status quo verharrt, können nicht gelten. Kirchenspaltung ist die paulinische Form der Sünde gegen den Heiligen Geist. Und positiv heißt das: Es muss so viel sichtbare Einheit erstrebt werden, wie irgend möglich.

Im konkreten Fall der Gemeinde von Korinth bedeutet das die Aufspaltung der Gemeinde in mehrere Lager, die man Paulus-Schule, Apollos-Schule und Petrus-Schule nennen könnte (3,22). Schon in Kapitel 1 hatte Paulus diese Aufspaltung bekämpft, denn sie hatte zur Folge, dass auch diese Lehrer gegeneinander aufgehetzt wurden. An die Stelle des einen Herrn Jesus Christus traten fragwürdige menschliche Autoritäten. Immerhin sind wir hier von Gehässigkeiten und Gemeinheiten, wie sie die spätere Kirchengeschichte bis in die Gegenwart hinein kennt, noch weit entfernt. Aber die Anfänge des Sich-gegenseitig-über-den-Tisch-Ziehens sind gelegt. Paulus bekämpft sie, weil jeder Dissens, jede Konkurrenz, jede Schwächung der Handlungseinheit automatisch ein Vergehen gegen die zentrale Grundabsicht des Christentums ist. Denn Kirchenspaltung ist kein Schönheitsfehler, sondern Verrat am Eigensten des Christentums. Das ist im Übrigen eine direkte Folge trinitarischen Denkens. Gott ist nicht »weit weg und hoch erhaben« irgendwo im Himmel. Sondern er ist als Gott Heiliger Geist gegenwärtig und daher auch verletzbar in seinem Tempel – in jedem einzelnen Christen und in der Gemeinde insgesamt. Daher kommt es, dass der Einzelne vor Prostitution gewarnt wird – denn zu einem Heiligtum passt nicht diese Ungerechtigkeit – und die Gemeinde vor Spaltung. Das heißt: Im Endeffekt wird durch das trinitarische Denken die Sensibilität in Sachen Gerechtigkeit und Frieden gesteigert. Dadurch, dass Gottes Präsenz vorverlagert ist, trifft man auf Gott schon im Nächsten und in der fragilen Einheit einer menschlichen Gemeinschaft.

Der Schluss klingt geradezu hymnisch: »Daher soll unter Menschen niemand prahlen. Denn alles, was es gibt, gehört euch allen gemeinsam. (22) Alles und alle gehören euch: Paulus, Apollos, Petrus, die Welt, Leben und Tod, Gegenwart und Zukunft. (23) Alles gehört euch, und ihr gehört Christus, Christus aber gehört Gott.« Auch hier geht es noch immer um Krieg und Frieden, und das Problem wird gewissermaßen eigentumsrechtlich geklärt. Um das zu verstehen, muss man bei der vor Augen gestellten Kette von hinten anfangen: Alles kommt aus dem Urgrund Gott Vaters und gehört daher ihm. Jesus Christus verdankt alles, was er hat, dem Vater. Er hat keine Eigentumsansprüche, die er gegenüber dem Vater geltend machen könnte. So ist es aber auch mit der Gemeinde und ihrer Zugehörigkeit zu Christus. Er ist der Herr, »unser Herr«, wir gehören zu ihm wie die Sklaven zu ihrem Herrn. Und weil er der Schöpfungsmittler ist, gibt es kein Eigentumsrecht, das dem seinen konkurrierte. So gehören wir zu ihm, aber auch alles andere steht zu seiner Verfügung. So gehören auch die rivalisierenden Lehr-Autoritäten nicht jeweils einer bestimmten Partei, sondern alle sind Sklaven desselben Herrn. Nichts steht für sich, die Gemeinde kann deshalb sagen »alles gehört uns«, weil sie – voll von ansteckendem Selbstbewusstsein – die Rechte ihres Herrn in der Welt wahrnimmt. Es sind nicht eigene Rechte, aber die Gemeinde verkündet bis heute Jesus Christus als den Herrn aller Dinge. Und das hat hier die Konsequenz, dass der Hauptgrund für Krieg und Streit, nämlich Sondereigentum, entfällt. Was bleibt, ist nur vernünftige Aufgabenteilung.

Alles gehört uns

8. Sonntag im Jahreskreis A

1 Korinther 4,1–5

Die von Paulus entwickelte Theorie, nach der alles Gott gehört, macht das Zusammenleben leichter. Der Wald, in dem ich spazieren gehe, gehört mir nicht. Letztlich gehört er auch dem Waldbesitzer nicht, aber ich freue mich, dass ich ihn nicht verwalten und bewirtschaften muss. Wenn nur der Besitzer die Konsequenz daraus zieht, dass ihm der Wald nicht für ewig gehört, und mich darin spazieren gehen lässt. Das heißt: Wenn Gott der Herr ist, ist die praktische Konsequenz eine größere Freiheit im wechselseitigen »Ausleihen« zum Gebrauch. Die Zeit starrer Besitzverhältnisse ist vorbei.

Der Anknüpfungspunkt war für die paulinische Theorie wohl die Formulierung »Jesus Christus, unser Herr«. Denn unter einem gemeinsamen Herrn hat kein Sklave Sondereigentum. Es genügt ja nicht, wenn ich sage: »Alles gehört Gott.« Gottes Anspruch auf alle Dinge muss ja konkret vermittelt sein. Das geschah und geschieht durch Jesus Christus, den Mittler von Schöpfung und Erlösung. Er ist unser Herr und der Herr der ganzen Welt. Und wenn »wir«, die Christen, zu seinem Haus gehören, dann kann niemand gegenüber den Christen auf einem Sondereigentum beharren.

Eine Konsequenz aus der Eigentumstheologie von Kapitel 3 ist: Wenn keiner Eigentümer ist, sind bestenfalls die anderen alle nur Verwalter. Nur für eine Zeit und unter der Verpflichtung zur Rechenschaft nehmen sie die praktischen Geschäfte am Eigentum eines anderen wahr. Das bedeutet aber auch: Rechenschaft dürfen nicht Menschen von anderen Menschen fordern, sondern nur der Eigentümer. Er allein wird richten. Die Konsequenz ist eine große Freiheit gegenüber jeder menschlichen Instanz, die doch immer nur so tun kann, als dürfe sie richten.

Ab 1 Korinther 4,1 wendet Paulus diese Gedanken konsequent auf sich selbst an. Denn gewiss kann man nicht alle Menschen, auch nicht alle Christen bezeichnen als »Verwalter der Geheimnisse Gottes«. Die »Geheimnisse« Gottes sind nach dem Kontext, insbesondere nach 1 Korinther 2,7; Epheser 1 die verschiedenen Aspekte des Evangeliums. Die Vulgata übersetzt »Verwalter« mit *dispensatores*, Verteiler, Austeiler und hat damit Richtiges getroffen.

Weil Paulus aber einem Höheren dient, macht ihm ein Urteil der korinthischen Gemeinde nichts aus. Dieser Gedanke hat seine Wirkung entfaltet in Teilen des mittelalterlichen Kirchenrechts, nach dem Kleriker exempt sind, keinem weltlichen Gericht unterworfen, sondern wenn überhaupt, dann einem geistlichen.

Auf den ersten Blick erscheint der Gedanke des Paulus anfechtbar. Soll denn keine Gemeinde das Recht haben, Kritik an ihrem Geistlichen zu üben? Soll sich der Geistliche, was auch immer man ihm vorwirft, für alles auf das jüngste Gericht berufen? Paulus gibt ja hier in 4b–5 eine ausführliche Schilderung darüber, wie er sich das jüngste Gericht vorstellt. Dabei rechnet er übrigens nicht mit der Möglichkeit der Verurteilung für sich. Wir halten fest: Das Konzept, wonach alles den Christen gehört, weil es Christus gehört, hat für den einzelnen Christen die Folge, dass er nicht von Menschen verurteilt werden kann, sondern nur von seinem Eigentümer, Jesus Christus, seinem Herrn.

Schon die Konsequenz aus 2,10ff. war ähnlich: Ein Pneumatiker kann nicht von Menschen beurteilt werden, die nicht pneumatisch sind, sondern nur »fleischlich«, auch diesen Grundsatz bezieht Paulus schon auf sich, da er der Gemeinde vorwerfen kann, durch ihre Streitlust ihr »fleischliches« Wesen zu zeigen. Dieser Gedanke ist weiter verbreitet und findet sich z.B. auch in der »Lehre der Zwölf Apostel«. Diese warnt wie Paulus davor, einen Träger des Pneuma überhaupt zu beurteilen (11,7–11). Wie leicht könnte der Urteilende sich seine Verurteilung selber zuziehen. Das heißt: Hier träfe dann die Talio zu, von der wir bereits zu 1 Korinther 3,17 gesprochen hatten: Wer sich am Heiligen Geist vergreift, der lebt höchst gefährlich.

Der Grundansatz des »treuen Verwalters«, den 4,2 aufstellt, besitzt nun überraschend große Ähnlichkeiten mit dem Bild, das die synoptischen Evangelien von den Sklaven entwerfen, denen in den Gleichnissen Jesu das Haus während der Abwesenheit des Herrn anvertraut ist. Auch in diesen Gleichnissen findet sich das Bild des *»oikonomos«*, des Hausverwalters (Lukas 12,42; 16,1–4.8), das Paulus hier in 4,1 gebraucht. Auch in diesen Gleichnissen läuft alles auf den Tag zu, an dem der (plötzlich wiederkommende) Herr Rechenschaft fordern wird. Auch hier ist es ganz undenkbar, dass ein anderer als der Herr dieses veranstalten könnte. Angesichts der Tatsache, dass die Sklaven-Gleichnisse der synoptischen Evangelien gar keine oder nur wenige Analogien im großen Corpus der rabbinischen Gleichnisse haben, rücken Paulus und die synoptischen Sklaven-Gleichnisse noch enger zusammen. Man kann daher die These wagen, dass Paulus hier auf gemeinsames Gut aus der Jesus-Tradition zurückgreift. Schon die Selbstbezeichnung »Sklave Jesu Christi« im Präskript der paulinischen Briefe weist auf einen solchen älteren Zusammenhang hin. Nur ist der Skopos, der mit diesem Bildmaterial verknüpft wird, verschieden. Bei den Synoptikern im Munde Jesu geht es um Ermahnung zur Treue. Und für den Fall der Untreue wird aus der Rechenschaftsablegung schnell der Anlass zur Verhängung gewichtiger Strafen. Bei Paulus dagegen gilt das gesamte Bildinventar der eigenen Rechtfertigung. Mit der Verurteilung rechnet er, wie gesagt, nicht, sondern nur mit Lob. Nicht der Sklave wird ermahnt, sondern die übrigen Bewohner des Hauses werden ermahnt, sich nicht einzumischen in das besondere Verhältnis zwischen Sklaven und Herrn. Es ist im Übrigen gut möglich, dass Jesus bei den Sklaven an Jünger und Jüngerinnen beziehungsweise Christen überhaupt denkt. (Nur in Markus 13,30 besteht schon die Tendenz der Beschränkung auf Jünger). Bei Paulus ist das – wie auch der Gebrauch des Wortes »Sklave« – eigenartiger Weise auf apostolische Existenzen eingeschränkt. Gibt es für Paulus zweierlei Maßstäbe? Gelten die älteren Traditionen nur für Apostel? Das gilt ja auch für Wandercharismatiker. Auch die Unterscheidung von Pneumatikern und Sarkikern (»am Fleisch Orientierten«) legt nahe, dass Paulus zumindest zwei Sorten von Christen kennt.

Das von Paulus erwartete Gericht wird im Übrigen als Vorgang von Licht und Erleuchtung beschrieben. Alles Verborgene wird offenbar werden, das, was im Finstern und verborgen war, und die geheimen Gedanken der Herzen (4,5). Das sonst von Gerichtsschilderungen her vertraute Szenario fehlt. Geblieben ist nur der Gedanke der Offenlegung und Enthüllung. Man vermisst das Tribunal, die Gerichtsdiener, das Verhör, die Anwälte und Zeugen, die Bestrafungen je nach ihrer Art; es ist noch nicht einmal von der Auferstehung als Voraussetzung die Rede – und umgekehrt gilt auch: Wo von Auferstehung die Rede ist wie in 1 Korinther 15, sagt Paulus nichts über das Gericht. Damit aber geschieht im Gericht nichts dramatisch Neues, es wird sich vielmehr alles klären (vgl. meine entsprechende Darstellung in: Wie kommt das Ende der Welt? 1999). Von dieser Stelle her kann man nun einschätzen, wie das Erscheinen vor dem Richterstuhl des Herrn nach 2 Korinther 5,11 gedacht werden kann. Selbst den Richterstuhl kann man weglassen. Es bleibt die Konfrontation mit Gott, der das Licht selbst ist. In Römer 8 wird Paulus dann das Endgericht ganz in diesem Sinne als Offenbarwerden der Kinder Gottes bezeichnen. In dem Passus »Dann wird ein jeder sein Lob empfangen« orientiert sich Paulus noch ganz am Vorgang des Ablegens von Rechenschaft. Das heißt: Mit dem Material der Sklavengleichnisse verwendet Paulus auch den Schluss dieser Gleichnisse (Der Herr kommt, die Sklaven geben Rechenschaft) auf dezente Weise. Das Gericht ist eine Art Aufklärung am Ende. Wie in 2 Korinther 5 verwendet Paulus hier den Gerichtsgedanken apologetisch für seine Person. Der Glaube an das kommende Gericht entlastet ihn gegenüber den Korinthern. Denn er kann auf die Instanz verweisen, vor der er in Wahrheit Rechenschaft ablegen wird.

Der Mensch hat keinen Leib, er ist Leib

2. Sonntag im Jahreskreis B

1 KORINTHER 6,13C–15A.17–20

Der Text in 1 Korinther 6 geht auf Kontaktschwierigkeiten ein. Das Schlafen mit einer Prostituierten sieht Paulus nicht gerade als Segen für die Menschheit an. Der Grund ist für ihn, dass der Kunde und die Dirne nicht wirklich einander gehören, so wie Mann und Frau einander gehören könnten und so wie auch Israel zu Gott oder die Kirche zu Christus gehört. Es geht also um eine Verfallsform von Kontakt, um einen Schatten von dem, was möglich wäre und sein könnte, um ein Abbrechen dort, wo man sich eigentlich für immer lieben könnte. Weil man allein bleibt, weil Umgang mit Prostituierten nur jeweils einseitige Ausbeutung des einen durch den anderen ist, Geld gegen Sex. Nein, wir werfen nicht den ersten Stein, wir sehen darin nur die Not der Kontaktschwierigkeit und das Unglück des Abbrechens einer Lust, die eigentlich Ewigkeit will. Übrigens geht es Paulus hier nicht um eine Verherrlichung der bürgerlichen Ehe. Darüber denkt er, der Junggeselle und Apokalyptiker, ernüchternd gering. Etwas ganz Nüchternes hat auch er hier im Blick: Zugehörigkeitsverhältnisse. Denn zur Dirne kann man nicht sagen: Du gehörst doch zu mir. Darin liegt für ihn etwas Trauriges und Unglückliches. Natürlich etwas Menschliches, weil kaputte Beziehungen seit jeher auch menschlich sind – aber doch mit der Tendenz zur Unmenschlichkeit, weil Kaputtsein zerstört. Weil man nicht sagen kann: Du gehörst doch zu mir. Und Paulus meint: Wie können die, die zu Christus gehören, die hier also in ein solides Eigentumsverhältnis eingebettet sind, im Übrigen mit kaputten Eigentumsverhältnissen operieren? Wie kann jemand, der in Christus geboren und geliebt ist, im mitmenschlichen Bereich nur so bruchstückhaft und defizitär leben? Er müsste doch auch dort etwas Heiles wollen. Die Heiligen für das Heile. Und heile ist ein Kontakt, wenn er bleiben kann und nicht Ausbeutung ist. Nein, es geht Paulus nicht um Sanktionierung bürgerlicher Ordnung, sondern um diejenige Dauer, die ein Herz braucht, um nicht krank zu werden. Gemeint ist der Kontakt, den wir nötig haben, um wirklich warm zu werden. Und da bemerken die Leser, dass der Verkehr mit der Prostituierten nur der Schlusspunkt ist, nur ein Symptom für Kontaktlosigkeit, Ausbeutung und Lieblosigkeit unter dem Schein der Liebe überhaupt. Dann verbietet es sich auch, ohne Liebe über Dirnen und ihre Kundschaft zu reden und zu denken. Dann geht es um das Ganze unserer Sozialbeziehungen, um Kontaktschwierigkeiten und unwürdige Kontaktformen.

Paulus denkt von der Zugehörigkeit zu Christus her. Wer sein Glied ist, ist geheiligt. Heiligkeit heißt Eigentum, Eigentum verpflichtet: Wir sind dem verpflichtet, zu dem wir gehören. So sollten wir auch denen verpflichtet sein, zu denen wir durch ihn gehören. Dabei ist unser Leibsein etwas Großartiges, denn der Leib ist zur Auferstehung bestimmt. Unser Christsein ist daher nicht irgendwie oberhalb oder außerhalb dessen, was wir mit unserem Leib machen. Und der Leib steht für alle unsere Kontakte überhaupt – zur Auferstehung und Vergöttlichung bestimmt. Nichts also, was nur nebensächlich wäre. Unsere Kontakte und unsere körperliche Liebe haben etwas mit Auferstehung zu tun. Und Auferstehung, bewahrte Identität, betrifft nicht nur mich, sondern hat etwas mit Liebe zu tun, mit empfangener und geschenkter Liebe, auch im Verhältnis zu Gott. Das ist für Paulus die Perspektive. Jede nur bürgerliche Sexualmoral dagegen würde die Prostitution und den Hafen der Ehe gegenüberstellen und zwischen beiden über die Erlaubtheit von Selbstbefriedigung und anderem diskutieren. Nicht so Paulus. Hier bei der Prostitution, wo soziale Kaputtheit am greifbarsten wird und Menschen wohl nicht gerade glücklich sind, nennt er zwei große Perspektiven: Heiligkeit und Auferstehung. Gott bejaht unsere Leiblichkeit, weil wir auferstehen werden. Weil unser Leib für die Ewigkeit bestimmt ist, können wir auch dauerhaft lieben.

Für diese Art von Gelassenheit müsste freilich das Christentum schon zu einer Art zweiter Natur geworden sein. Was Paulus meint, wird an der Verwendung des Schriftzitates aus Genesis 2,24 erkennbar (»Der Mann wird Vater und Mutter verlassen und seiner Frau anhängen. Und sie werden ein Fleisch sein«). Fast immer (so auch in Markus 10,1–10) wird diese Stelle auf die sexuelle Gemeinschaft von Mann und Frau in der Ehe gedeutet. Dem steht aber entgegen: Mann und Frau werden gar nicht, auch nicht im direkten Verkehr, ein Fleisch. Berger/Nord übersetzen deshalb: »eine neue Sippe«, denn auch im Alten Testament geht es an dieser Stelle um die neue Familie im Kontrast zur bisherigen Familie des Mannes, die er verlässt. Paulus wendet diese Stelle hier auf den Kontakt mit der Prostituierten an. Auch er meint damit nicht die angebliche Leibeseinheit im Sex, sondern ihm geht es um etwas anderes: Wenn man einem anderen Menschen so anhängt wie der Mann der Frau, mit der er schläft, dann begibt man sich in deren Machtbereich. Denn man gehört dem, dem man anhängt. In 1 Korinther 7,4 sagt Paulus deshalb: »Die Frau bestimmt nicht über ihren eigenen Leib, sondern der Mann. Ebenso bestimmt der Mann nicht über seinen eigenen Leib, sondern die Frau.« Der »inklusive Sprachgebrauch« des Apostels erklärt, dass Paulus an eine strikte eheliche Gleichberechtigung denkt. Und gerade diese fehlt in der Prostitution. Die Art der Beziehung, die mit der Prostituierten entsteht, ist von beiden Seiten her nicht ausgeglichen. Dass ein Mensch mit seinem Leib in einer derartigen ungerechten Beziehung lebt oder nicht lebt, widerspricht daher der Zugehörigkeit des Leibes zu Christus.

Es geht daher Paulus wohl kaum darum, dass »wegen der Hingabe an Christus in den Herzen der Christen« die Erotik der Christen verwandelt und nicht mehr so rüde sein soll wie im Verkehr mit der Dirne. Denn Paulus denkt nicht von der (minderwertigen) Qualität der Hingabe der Persönlichkeit her, sondern geht von der Qualität der Beziehung aus. Diese ist – von beiden Seiten her – ausbeuterisch und daher unausgeglichen und deshalb zutiefst ungerecht. Das aber verträgt sich nicht mit der Zugehörigkeit zu Christus, denn diese bedeutet grundsätzlich ein Stehen in Gerechtigkeit. Jede Paulusauslegung stößt darauf, dass der Kern des christlichen Lebens in jedem Fall eine umfassende Konvivenz ist. Das heißt: ein gerechtes Zusammenleben, bei dem jeder seinen Teil gibt. Schon in 1 Korinther 6,12 hatte Paulus gesagt: »Ich darf mich nicht von jemandem ungerecht beherrschen lassen.« Dieser Satz erklärt sowohl die ganz betont inklusiven Sätze über die Eheleute in 1 Korinther 7,2–14 als auch die Ablehnung des Verhältnisses zur Dirne. Sie geschieht aus »sozialtheoretischen« Gründen, nicht aus Abneigung gegen die ungeordnete Wollust. So erklärt sich auch, weshalb Paulus der Ehe durchaus zustimmt, obwohl Genesis 2,24 doch auch seit langem und bevorzugt von der Ehe gilt.

Mit seiner Ehefrau zusammen »eine neue Sippe« zu gründen, verstößt nicht gegen die Zugehörigkeit des Leibes zu Christus, denn die christliche Ehe ist ein Verhältnis auf Gegenseitigkeit. Und das widerspricht nicht der Zugehörigkeit zu Christus. Für Paulus sind der Leib und die Praxis, in der wir mit dem Leib umgehen, stets höchst sensible Anzeiger für Glück oder Unglück, für Sozialverhalten und soziale Gerechtigkeit. Bei uns meinen Menschen häufig, der Leib sei ihr Privateigentum, und nur das Dilemma der Krankenkassen gibt dem Leib politische Dimensionen, die aber gedanklich oder theologisch noch längst nicht aufgearbeitet sind. Von der jüdisch-biblischen Einschätzung des Leibes kann man daher immens viel lernen. Das gilt umso mehr, seitdem unser Leib Tempel des Heiligen Geistes und zur Auferstehung bestimmt ist. Denn noch mehr als je zuvor gilt der Satz: Der Mensch hat nicht einen Leib, sondern er ist Leib.

Dem Gottes-Dienst ist nichts vorzuziehen

3. Sonntag im Jahreskreis B

1 KORINTHER 7,29–31

Die üblichen Übersetzungen der drei wichtigen Verse entwerfen ein recht schizophrenes Bild vom Christen: Was soll das denn heißen, dass der, der eine Frau hat, so tun soll, als hätte er keine? Meint Paulus hier Allüren von Junggesellen? Und ist einer, wenn er nur so tut, als weine er, nicht ein sehr merkwürdiger Mensch? Darf man nicht ehrlich weinen? Aus diesen Gründen sei es gestattet, den Übersetzungsvorschlag Berger/Nord zu diesem Text zu zitieren: »Die Zeit vor dem Ende der Welt ist knapp, die Tage sind wie zusammengedrängt und laufen schneller. Wer eine Frau hat, soll daher so handeln, als wäre eine Frau nicht der größte Schatz, (30) wer weint, soll so weinen, als wäre Weinen nicht das Bitterste, wer sich freut, soll sich so freuen, als wäre Freude nicht das Höchste, wer etwas kauft, soll sich vorstellen, er dürfte es nicht behalten. (31) Und wer die Welt in Gebrauch nimmt, soll das so tun, als dürfte er sie nicht verbrauchen, da doch die sichtbare Gestalt dieser Welt sehr schnell vergeht.«

Paulus geht es nicht um Vortäuschen von Gefühlen, sondern um den wichtigen Unterschied zwischen dem Letzten und dem Vorletzten. Alles in dieser Welt, bis hin zu Freude und Trauer, von erfüllter Sexualität bis zum Verwalten des Besitzes, ist nur Vorletztes, es gibt immer etwas, das noch wichtiger ist, nämlich Gott. Ignatius von Loyola oder frühe Jesuiten fassten diese Überzeugung in den Satz »*deus semper maior*«, das heißt: Es gibt stets einen, der noch größer, noch höher ist als alle Kreatur. Keine geschöpfliche Größe kommt Gott gleich. Das bedeutet nicht, dass wir Irdisches oder Kreatürliches ablehnen und nicht in Anspruch nehmen dürften. Wir dürfen das Irdische nur nicht vergötzen. Alle ehrliche Freude bleibt Vorfreude auf die Freude ohne Ende. Denn keine Freude kann uns wirklich so erfüllen, dass sie nicht überboten werden könnte. Diese Begrenztheit sollte man besonders bei den sogenannten Kasualien in Erinnerung rufen: Wenn jemand stirbt, soll man wissen, dass es keinen absoluten Schmerz gibt und daher auch keinen, der nicht durch Trost gelindert werden könnte. Und den künftigen Ehepaaren sollte man im Brautunterricht sagen: Jeder Mann ist für jede Frau eine Enttäuschung, und jede Frau für jeden Mann. Denn unsere Sehnsucht geht immer darüber hinaus, was auch immer wir erleben. Deshalb formuliert Augustinus den berühmten Satz: Unruhig ist unser Herz, bis es ruht in dir. Alle begrenzte Erfüllung wird an der unbegrenzten Sehnsucht gemessen. Und mit jeder Sehnsucht ist die nach dem Absoluten mit gesetzt, denn diese ist der Maßstab. Paulus ist, das sollte gerade unsere Übersetzung deutlich machen, weder Dualist, der alles Irdische und Materielle für schlecht und böse erklärt. Noch ist er Miesmacher, der anderen die Freude verderben will. Paulus will nur vor Enttäuschungen warnen. Aber nicht diese Sorge um sanfte Bruchlandungen treibt ihn um, sondern das erste Gebot des Dekalogs. Nichts und niemand ist für absolut zu halten.

Anders als die philosophischen Entsprechungen zu seinen Sätzen redet Paulus hier aber auch über das bevorstehende Ende der Welt, »angesichts der Not, die uns in der letzten Zeit vor dem Ende der Welt bevorsteht«. Zunächst ist zu fragen, warum nun das Weltende es gut erscheinen lässt, unverheiratet zu bleiben. Antwort: Paulus sieht durch Wechsel des bürgerlichen Status (V. 16) und genauso auch durch starke emotionale Zuwendung zu den Dingen des irdischen Lebens die Menschen zusätzlich emotional belastet angesichts der kommenden Not. In Vers 28 hatte er gesagt: »Doch alle Verheirateten werden unter der Not viel zu leiden haben.« Dieselbe Sorge kennen wir aus der Verkündigung Jesu über die nahe bevorstehenden Wirren der Endzeit: »Dann gilt: wehe den Schwangeren und den stillenden Müttern. Betet, dass es nicht im Winter geschieht« (Markus 13,17f.). Für Jesus und für Paulus ist daher klar, dass Menschen in besonderen Lebensumständen besonders viel zu leiden haben werden. Aus diesem Grund warnt

Paulus hier vor dem Statuswechsel vor dem nahen Weltende überhaupt. Dann wären die Menschen doppelt mitgenommen. Daran knüpft sich in der Auslegung die Frage: Wie nah ist für Paulus das Ende der Welt? Oder: Welche Bedeutung hat die Naherwartung für ihn wirklich? Das ist deshalb nicht ohne Brisanz, weil Paulus in 1 Korinther 7 zumeist von der Ehe spricht. Bekanntlich ist Paulus der Auffassung, nicht zu heiraten sei das Beste. Und bekanntlich hat diese Auffassung des Apostels Paulus stets viel zu tun gehabt mit der Begründung des Zölibats. Die Gegner des Zölibats aber, die zu allen Zeiten aus leicht erklärbaren Gründen zahlreich waren, argumentieren nun so: Wegen des unmittelbar bevorstehenden Weltendes habe Paulus den Zölibat so empfohlen und vor jeder Veränderung gewarnt, sei es vor Heiraten, sei es vor Scheidung. Und wie stark auch nach Jesus Jungverheiratete belastet und mit sich selbst beschäftigt sind, zeige auch das Gleichnis Jesu von den Einladungen zum Hochzeitsmahl. Eine Frau erst kürzlich genommen zu haben, entschuldigt nach Ansicht der Zeitgenossen von sehr vielem (vgl. Lukas 14,20). Wenn nun aber die Erwartung des nahen Weltendes eine Täuschung war, dann entfalle damit auch jede Verbindlichkeit von 1 Korinther 7 und jede Zurückhaltung in Sachen Heiraten und Scheidung. Weil die Begründung mit dem nahen Weltende entfallen sei, müsse auch der Rat des Paulus mit ganz anderen Augen gesehen werden.

Man kann indes erkennen, dass das Argument mit dem nahen Weltende nur ein zusätzliches ist. Die Hauptargumente folgen erst in Vers 32: Wer heiratet, ist in seiner Sorge geteilt. Und das ist auch der Grund für die Regeln zur Mäßigung des emotionalen Engagements in 7,29–31. So sagt es Paulus im unmittelbaren Anschluss schon in Vers 32: »Ich will nur, dass ihr euch keine überflüssigen Sorgen macht.« Auch in diesem Punkt stimmt er mit Jesus überein: Denn Jesus ruft in Matthäus 6 zur Freiheit von der Sorge um Nahrung, Kleidung und Familie auf, weil nur eines wichtig ist: Gottes Reich und seine Gerechtigkeit (das heißt die Gerechtigkeit, die es fordert). Für Paulus wie für Jesus gilt: Nicht das nahe Ende der Welt, sondern die ungeteilte Suche nach dem, was Gottes Wille jetzt und hier ist, relativiert alle irdischen Sorgen und macht sie im Falle radikaler Nachfolge (wie sie bei Jesus und Paulus gegeben ist) völlig überflüssig. Nach Paulus gilt das auch für irdische Freuden und irdischen Kummer, das heißt: Er weitet gegenüber Jesus das emotionale Sorgenpotenzial Jesu aus. Einbezogen ist jetzt der gesamte Bereich der Herzensregungen, der familiären und der geschäftlichen. Jesus und Paulus lassen ein beträchtliches Wissen um die »Konkurrenz der Sorgen« beim Menschen erkennen.

Man darf fragen, wie es bei beiden kommt, dass die Sorge um Gottes Willen einen so uneingeschränkten, alles andere verblassen machenden Stellenwert gewinnt. Denn »dem Dienst an Gott und vor Gott ist nichts vorzuziehen.« Die Antwort: Erst die Gotteskindschaft verleiht die Leichtigkeit gegenüber allem, was nur Vorletztes ist. Erst weil Gott so intensiv und herzlich auf die Menschen zugegangen ist, hat das erste Gebot die neue, unabdingbare Bedeutung erhalten, die ihm zukommt.

Herr, du hast uns frei gemacht, so dass wir unterscheiden können, was wirklich wichtig ist. Es ist die Freiheit von Kindern, die du uns geschenkt hast. Wie Jesus dürfen wir dir jederzeit und in allem vertrauen. Aber du forderst auch unsere ganze Aufmerksamkeit und Zuwendung. Freude und Trauer, Besitz und Sexualität sehen dann anders aus als zuvor. Sie sind zusätzliche Geschenke, aber der Schenkende bist du. An den Geschenken können wir deine Liebe erkennen, aber deine Liebe ist Subjekt und das Kostbarste. Jesus und Paulus fordern uns auf, alles auf die eine Karte zu setzen. Dann verlaufen wir uns nicht, dann sind wir in allem Widrigen, was uns begegnet, über alle Maßen getröstet. Dann wissen wir: Es gibt die reine Freude, unsere Sehnsucht war nicht umsonst. Erfülle uns mit der Liebe zu dieser Freude. Dann hat alles Sinn und Ziel gewonnen, dann müssen wir Nein sagen lernen, aber nur, um dein Ja ohne Grenzen zu erfahren.

Gott fordert in ganz anderem Maß als die Menschen

4. Sonntag im Jahreskreis B

1 KORINTHER 7,32–35

Paulus spricht von geistlich begründeter Ehelosigkeit. Oft nennt man dieses Askese, und zwar im Sinne der Askese des Verzichtens. Nicht ganz zu Unrecht hat man aber öfter von säuerlicher Verzichtsethik gesprochen. Als sei der Christ prinzipiell der Mensch, der auf möglichst viele Dinge verzichtet, möglichst gerade auf das Schönste, nämlich Liebe im Verbund mit Ehe und Familie. Gegenüber derartiger Askese hat man dann oft eingewandt, dass sie eine beträchtliche Undankbarkeit gegenüber dem Schöpfer und dem sei, was er dem Menschen zugedacht hat und schenken will. Wenn es in den Schöpfungsberichten heißt: »Und Gott sah, dass es gut war«, dann hat der Mensch nicht das Recht, dergleichen gute Dinge zurückzuweisen. Jede Rede von »Askese« und »Verzicht um der Übung des Verzichtens willen« hat etwas von der manichäischen Verachtung der leiblichen und sichtbaren Schöpfung.

1 Korinther 7 legt solches nicht nahe. Denn die Botschaft ist hier, »... sich sorgen um das, was der Herr will und ihm ganz gefallen«, »... Gott gehören, nicht nur dem Innersten nach, sondern auch mit dem Leib«. Hier passt kein anderes Wort als »Liebe«. Denn in der Tat gilt: Nicht die Askese macht den Christen, inklusive Mönch, Priester, Nonne, sondern die Liebe. Geistliche Berufung ist nicht säuerlicher Verzicht, sondern zuerst eine große Liebe. Paulus erwirkt mit diesen unscheinbaren Versen eine Revolution im Menschenbild. Man kann es »Erotisierung von Religion« nennen. Übersetzt heißt das: Genau jenes Gefangensein, das wir von Verliebtsein und Liebe her kennen, genau den Liebesschwur »Ich gehöre ganz dir« wagt Paulus auf das Verhältnis des Menschen zu Gott anzuwenden. Das ist jedenfalls im Bereich der biblischen Religion eine Neuheit. Wenn bis dahin im Judentum

Menschen auf Sexualität verzichteten, dann aus Gründen kultischer Reinheit. So wird es von Priestern, Hohepriestern und Propheten verlangt oder berichtet. Doch das, was Paulus sagt, ist neu, denn er meint nicht die Abwesenheit von Samen oder Blut als potenziellen Verunreinigern. Für ihn ist die restlose Hingabe mit dem Innersten und mit dem Leib ein Ausdruck des neuen, radikalen Gottesverhältnisses. Damit aber erschließt Paulus ein ungeheures Kraftpotenzial. Wir kennen das von der geradezu umwerfenden Macht des Verliebtseins. Es bestimmt uns Tag und Nacht, wir wachen damit auf und schlafen damit ein, es bestimmt uns bis in die Fingerspitzen. Genau diese radikale Ganzheit macht das aus, was man geistliche Berufung nennt. Die Ehelosigkeit gehört dazu – nicht weil Sex Sünde wäre, sondern weil Berufung den ganzen Menschen in jeder Hinsicht meint. Die aus dem Verliebtsein geläufige Möglichkeit des Menschen, ganz zu sein, überträgt Paulus jetzt auf die biblische Religion. Deshalb gehört der geistlich Berufene so total Gott, wie Eheleute einander gehören. Gerade Paulus hat diese gegenseitige Verfügung der Eheleute (1 Korinther 7,3–4) betont. In unserem Abschnitt aber befreit Paulus die Fähigkeit des Menschen zur ungeteilten Hingabe von ihrer bloßen Bindung allein an die Sexualität. Ohne die Sexualität abzuwerten, wird die exklusive Orientierung der Liebesfähigkeit des Menschen an Sexualität aufgehoben. Das ist genau die eigentliche Revolution, die Paulus hier einleitet.

Die Wirkung in der Kirchengeschichte ist mehrfach. Auf dieser Linie werden zunächst die christlichen Kommentare zum Hohelied geschrieben, besonders die bei den frühen Zisterziensern. Die Verfasser (zum Beispiel Bernhard von Clairvaux oder Wilhelm von Saint-Thierry) machen dasselbe wie Paulus: Das, was ihnen in der Sexualität anschaulich vor Augen steht – wovon das Hohelied berichtet –, wird angewandt auf die Liebe zwischen Gott und Mensch, zwischen Jesus Christus und der »Seele« des Einzelnen. Besonders in der deutschen Frauenmystik wird die ganzheitliche Zugehörigkeit der berufenen Frau zum Heiland eindrucksvoll in Sprache gekleidet. Bisweilen erscheinen uns Heutigen manche dieser Texte als fremd. Doch es geht in allen diesen Texten nicht um Sexualität, sondern um die Liebesfähigkeit des Menschen, die im Verhältnis zu Gott zärtlich und zugleich überschwänglich zu ihrer Entfaltung gelangt. Die andere Linie der Wirkung des paulinischen Ansatzes verläuft so, dass die menschliche Fähigkeit zu totaler Liebe auch auf seinen Beruf, auch auf sein Forschen und vor allem auf den gesamten Bereich der Caritas und Diakonie übertragen wird. Wenn die heilige Elisabeth von Thüringen einen Bettler in ihrem Bett schlafen lässt, so liegt das auf dieser Linie der Entfaltung gänzlicher Liebe. Das alles sind Konsequenzen daraus, dass nicht Askese, sondern große Liebe der Schlüssel zu dieser Art Entfaltung von Christentum ist.

Zurück zur Theologie der Berufung. Vielfach erscheint es, als sei es eine Form von Sklaverei, von Zwangszölibat, wie man sagt, jedenfalls von Freiheitsberaubung, die »die Kirche« da vollzöge. Mit Blick auf unseren Text ist das Gegenteil der Fall. Statt für die westliche römische Kirche vom Zwangszölibat zu sprechen, sollte man im Sinne des Apostels Paulus eher sagen: Unter denen, die zur Ehelosigkeit berufen sind, wählt im Westen die Kirche ihre Amtsträger aus. Dadurch, dass die menschliche Liebesfähigkeit aus der alleinigen Dienstbarkeit gegenüber der Sexualität gelöst wurde, wird der Mensch in Wirklichkeit befreit. Er kann und darf jetzt auch seinen Beruf, den Dienst an Menschen, den Gegenstand seiner Forschung »total« lieben. Denn es geht allemal um liebevolle Zuwendung zur Kreatur und damit zumindest indirekt auch zum Schöpfer. Geistliche Berufung im paulinischen Sinn ist eine Berufung in die Freiheit. Unser Text bringt das genau zum Ausdruck, indem er von der ungeteilten Sorge, also der Aufhebung jedes Geteiltseins redet. Denn wessen Sorge geteilt ist, der steht immerzu in Situationen, die zwangsmäßig sind. Er ist dem Ziehen von zwei Seiten her ausgesetzt oder es geht ihm wie dem bedrohten Stein in einem Mühlespiel. Denn wohin er auch bewegt wird, immer wird er Opfer, so lässt man ihn ruhen. Bewegung kommt nur ins Spiel durch Freiheit. In diesem Sinne hat die christliche Befreiung der Liebesfähigkeit von der exklusiven Bindung an die Sexualität auch zur

Folge gehabt, dass es Sozialarbeiter, Wissenschaftler und nicht zuletzt Ärzte gibt, bisweilen auch Jugendstaatsanwälte, bei denen man von Berufung sprechen kann. Wenn einer dazu berufen ist, sagt man, wachsen ihm aus seiner Liebesfähigkeit ungeheure Kräfte zu. Auch hier sehen wir dann Gottes Gnade. Und niemand wird leugnen, dass es genau solche Berufungen sind, die für uns in Wissenschaft und Gesellschaft bitter nötig sind. Überall geht es nicht um Askese, sondern um große Liebe. Was nach Askese aussieht, sind eher Nebenwirkungen der großen Liebe. Jeder, der in dieser Weise berufen ist, wird sein übriges Leben so einrichten, dass er der Berufung möglichst umfassend folgen kann. Aber das ist etwas anderes als Askese um ihrer selbst willen, sondern eine Art von Zweckmäßigkeit, von »Optimierung«, wie man heute sagt.

Aber Paulus redet von geistlichen Berufungen. Und er denkt sie zölibatär, weil im Unterschied zu anderen Fächern oder Sachgebieten hier Gott das Gegenüber ist. Und weil Gott der Schöpfer ist und weil ihm alles gehört, ist es ganz logisch, dass die Liebesfähigkeit ihm gegenüber alles andere verdrängt. Diese Liebe vereinnahmt noch stärker als jede andere Begeisterung. Obwohl es auch dort sein kann, dass zum Beispiel der Beruf des Lehrers oder des Arztes so fordert und so ausfüllt, dass de facto für Ehe kein Raum bleibt. Aber das, was dort »sein kann«, ist nach Paulus für die geistliche Berufung zwangsläufig, vollkommen logisch und eine selbstverständliche Konsequenz aus dem Gottesbild. Denn Gott fordert in ganz anderem Maße als irgendwelche Menschen. Aber diese Hinwendung zu Gott macht auch in ganz anderem Maße frei als andere hingebende Beschäftigung mit Gottes Kreatur. Sie macht frei gegenüber jeglichem Zwang oder Sachzwang oder jeglicher Autorität. Mit dieser Freiheit ist auch die Möglichkeit zu unglaublichem Glücklichsein gegeben. In jedem Kloster gibt es mindestens einen von dieser Sorte, bemerkt Wilhelm von Saint-Thierry.

Frei von allen Dingen

5. Sonntag im Jahreskreis B

1 Korinther 9,16–19.22–23

Kernsatz ist 9,18: »Denn ich bin frei von allen Dingen und habe mich zum Sklaven aller gemacht, um möglichst alle zu gewinnen.« An diesem missionarischen Grundsatz des Apostels Paulus wird wieder einmal erkennbar, dass er die grundlegende Erlösung der Christen und seinen Dienst nach demselben Muster denkt, ja für ein und dasselbe Handeln Gottes hält. Daher kann man die Aussagen des Apostels über Befreiung und neue Versklavung völlig legitim von zwei Seiten her angehen, vom Beruf des Apostels und seiner Berufspraxis her – und von der Taufe der Christen her. Für beide gilt dasselbe Schema: Zunächst wird der Apostel befreit, aber dann begibt er sich in einen neuen Dienst, den er selbst nur als Sklaverei bezeichnen kann. So ergeht es dem Christen bei der Taufe nach Römer 6. Er lebt unter der Sklaverei der Sünde, stirbt in der Taufe mit Christus und wird so von dieser Sklaverei befreit. Es ist wie auf dem Sklavenmarkt. Denn frei ist der Sklave nur in der Sekunde des Übergangs zu einem neuen Besitzer. Dieser ist im Gegensatz zur Sünde jetzt Gerechtigkeit, was die Auswirkungen betrifft. Aber der ihn freigekauft hat, Jesus Christus, ist jetzt sein neuer Herr. Und beim Aposteldienst ist es ganz dasselbe: Paulus ist »frei von allen Dingen«, nämlich vom Zwang, Geld zu verdienen oder vom Zwang, seitens der Gemeinde etwas annehmen zu müssen oder auch nicht. Aber diese Freiheit ist sehr konkret doch nur die Kehrseite einer neuen Sklaverei. Denn der Apostel hat sich zum Sklaven aller gemacht, um alle zu gewinnen.

Paulus geht davon aus, dass man durch sklavenartiges Bedienen Menschen gewinnen kann. Es ist ziemlich wichtig, zu fragen, was Paulus hier meint, um nicht in die Irre zu gehen. Kann man durch Liebedienerei Menschen gewinnen? Nein, Paulus kann seinen Sklavendienst nicht als Liebedienerei verstanden haben. Der paulinische Grundsatz »Ich bin allen alles geworden« ist auch heute noch kritisch zu diskutieren. Haben pauluskritische Überlieferungen in der Alten Kirche ihn richtig verstanden, nach denen Paulus anbetend und opfernd in einem Götzentempel gesehen wurde? So sieht es die karschunische Petrus-Apokalypse. Aber das dürfte blanke Verhöhnung des Apostels Paulus sein, der es eben auch mit diesem kritischen Grundsatz nicht leicht hatte. Paulus meint damit eben nicht die Anpassung der Wahrheit an das jeweilige Publikum. Sondern er selbst, der Apostel ist »allen alles geworden«.

Paulus meint damit den pädagogischen Grundsatz der Antike, nach dem ein Lehrer seinen Hörerinnen und Hörern das auch vorleben musste, was er lehrte. Der Lehrer konnte eben nicht neutrales Wissen übermitteln und sich persönlich ganz daraus zurückziehen. Vielmehr war sein Privatleben für seine Lehre höchst wichtig. Es gab daher zur Zeit des Paulus und schon seit Sokrates das Prinzip des »gläsernen Lehrers«. Das alte europäische College-System hielt daran für die universitäre Bildung fest, weil der Lehrer zusammen mit den Schülern in derselben Anlage wohnte, und zwar tags und nachts. Auch Jesus wendet genau dieses Ideal in seiner Lehre an, und im Blick auf die Schüler nennt man das Nachfolge. Nachfolge und Nachahmen sind die Weisen zu lernen, ja die Art, in der Wahrheit überhaupt erfasst und angeeignet wird. Dieser Ansatz ist so gravierend, dass das ganze biblische Wahrheitsverständnis davon bestimmt wird. So kann Jesus nach Matthäus sagen: »Kommt und lernt von mir, denn ich bin sanft und demütig von Herzen« (Matthäus 11,29). Er sagt nicht: »Ich bin klug.« Sondern die Lebensform von Sanftmut und Demut lernt man bei ihm. Und nach Johannes 14,6 sagt er: »Ich bin die Wahrheit«, denn hier lernt man Jesus selbst.

Auch Paulus sagt: Ahmt mich nach, so wie ich den Herrn nachahme. Für den Fall des Apostels Paulus bedeutet das: Wenn er es mit Juden zu tun hat, die er zu Christen machen will, dann folgt er der jüdischen Lebensweise. Das gilt für ihn besonders hinsichtlich der

Speisegesetze (kein Blut; koscheres Fleisch und koschere Getränke; Waschung vor dem Essen, jüdisches Tischgebet) und des Sabbatgebots. Paulus kann Juden nicht nur gewinnen und zu Christen machen, wenn er jüdische Erwählung, Schrift und Beschneidung bewahrt, er muss auch im Ganzen jüdisch leben. Wenn man den Juden Jesus als ihren Messias nahebringen wollte, konnte man nicht mit der Zerstörung jüdischer Lebenspraxis anfangen. Denn Jesus war nicht irgendein Sohn irgendeines Gottes, sondern der Sohn des Schöpfers und Gesetzgebers, eben des Gottes Abrahams, Isaaks und Jakobs. Noch laut Apostelgeschichte 21 hat Paulus in der Urgemeinde in Jerusalem einer Gruppe von christlichen Nasiräern mit den Geldern seiner Kollekte den Abschluss ihres Nasiräats (Tieropfer, Haarescheren) bezahlt und dabei selbst den Vorschriften für Juden Genüge getan. Heidenchristen haben zwar damals keinen Anstoß daran genommen, sie tun es aber seit 150 Jahren. Seither leugnen besonders unsere evangelischen Freunde, diese Berichte seien wahr. Nein, Paulus dürfe doch nicht aus kirchenpolitischen Zwecken zu jüdischen Ritualien zurückgekehrt sein. Aber Paulus hielt Rituale selbst für neutral, und selbst die Beschneidung konnte für ihn (bei Judenchristen) zum sinnvollen Zeichen erlangter Annahme durch Gott werden (Römer 4,12).

Anders und viel dramatischer war es mit der Annahme heidnischen Lebensstils im Zusammenhang der Heidenmission durch den Apostel. An diesem nahmen besonders orthodoxe Juden äußersten Anstoß, und diese Lebenspraxis hat Paulus letztlich das Leben gekostet. Denn von strenggläubigen Juden aus der römischen Provinz Kleinasien wurde er mehrfach denunziert, und diese wollten Paulus zusätzlich auch zwingen, seine Heidenchristen zuvor beschneiden zu lassen. Christliche Mission sollte eben eine Einwerbung jüdischer Proselyten sein, nicht weniger. Hätten diese Juden mit ihrer Auffassung sich durchgesetzt, so wäre das Christentum eine jüdische Splittergruppe geblieben. Dem biografischen Drahtseilakt des Paulus ist es zu verdanken, dass das Christentum überhaupt Heiden vermittelt werden konnte und dass diese dabei Vollmitglieder in der jungen Kirche werden konnten. Paulus hat sein Leben dafür lassen müssen. Denn den Juden galt er als abgefallener Jude. Und wer vom Judentum abfällt, leugnet und lästert Gott. Daher ist er des Todes schuldig, ähnlich wie Jesus und Stephanus auch.

Was taugt der paulinische Grundsatz »allen alles werden« in der Missionspraxis der Gegenwart? Wir kennen den Ritenstreit um die China-Mission, die zu deren Verbot führte. Die Jesuiten hatten sich zu weit vorgewagt und unter anderem liefen sie wie konfuzianische Gelehrte umher. Als ich Priester werden wollte, waren mein Vorbild die Arbeiterpriester. Der Versuch wurde im Wesentlichen eingestellt. Es war viel Romantik dabei (jedenfalls bei mir) und auch vieles, was mit einem priesterlichen Leben vielleicht wirklich nicht vereinbar war. Im Zeitalter der Laien hat die Kirche da größere Möglichkeiten, aber die Gefahren wachsen mit den Chancen. So viel kann man erkennen: das paulinische Modell der interkulturellen Vermittlung der Mission durch restloses Teilen des Alltagslebens wird immer nur der Weg von Einzelmissionaren sein. Vielleicht kommt insoweit das Kirchenrecht an seine Grenzen, als man dergleichen nicht generell oder generalstabsmäßig regeln kann. Denn es ist nie von vornherein festzulegen, »wie weit« die Anpassung gehen kann oder wird. Durch Schaden ist man klug geworden, aber das Experiment erscheint immer wieder verlockend. Ob es gelingen kann, das liegt wohl auch an der intellektuellen und spirituellen Festigkeit des Einzelnen. Wenn man das nicht beachtet, gibt es Ausverkauf statt Mission. Übrigens muss auch heute, wer rivalisierende Kulturen miteinander vermitteln will, seitens Böswilliger noch immer mit Martyrium oder Vorstufen desselben rechnen. Paulus aber steht als leuchtendes Beispiel vor uns: Alles, was er tut, hat allein das Ziel, Menschen für Christus zu gewinnen.

Wer meint zu stehen, der sehe zu ...

3. Fastensonntag C

1 KORINTHER 10,1–6.10–12

Im Alten Testament, in der Geschichte des Gottesvolkes gibt es Ungehorsam, Scheitern und Bestrafung. Und Paulus zieht für seine Leser daraus die Konsequenz: Die Schrift will uns damit warnen. Denn es könnte uns jetzt, am Ende der Zeiten, noch ärger ergehen, wenn wir nicht hören wollen (10,11). Die Geschichte zeigt ja, dass Gott bereits gestraft hat. Jetzt aber, am Ende, ist die Situation noch ernster, und daher wird eine Strafe kaum ausbleiben. Denn in der Endzeit ist alles endgültig, beide Seiten, Gott und auch das Böse zeigen ihr Äußerstes.

Paulus nimmt an, dass der Felsen, der Israel auf seinem Weg durch die Wüste begleitete, Christus war, und versucht es exegetisch zu beweisen. Paulus kann so denken, weil auch bereits die Welt durch Christus erschaffen wurde (1 Korinther 8,6). Man nennt es die Präexistenz Christi. Für heutige Maßstäbe und Denkgewohnheiten ist das eine so abenteuerlich wie das andere. Doch der Exeget sollte den Apostel nicht kaltschnäuzig wegräumen, sondern ihn liebevoll verständlich machen. Bei dem Fels, der Christus war, geht es in der Vorlage zunächst um die rabbinische Auffassung vom wunderbar wandernden Felsen. Erst Paulus setzt dieses wunderbare Phänomen mit Christus gleich. Aber üblicherweise ruhen Felsen fest am Ort. Nur ist für die rabbinische Auslegung gerade der Exodus, der Auszug aus Ägypten, durch eine Fülle zusätzlicher Gnadenerweise ausgezeichnet, die sich dem erschließen, der die Schrift lange und geduldig genug liest. Dabei ist ein wandernder Fels beim Zug durch die Wüste etwa dasselbe wie eine wandernde Kühltruhe es heute wäre (die Batterie weggedacht). Und legt nicht der Wortlaut der Schrift einen wandernden Felsen nahe? Denn in Numeri 21,18 heißt es im sogenannten

Brunnenlied: »Du Brunnen, von Fürsten gegraben, gebohrt von den Edlen des Volkes mit dem Szepter, mit ihren Stäben – und aus der Wüste nach Mattana.« Weil in dem Nachsatz das Verb fehlt, konnte man erschließen, der Brunnen sei von der Wüste nach Mattana gewandert. (Gemeint war freilich ein Punkt hinter »Stäben«, und dann muss es sinngemäß weitergehen: Aus der Wüste zogen sie nach Mattana – Aber das steht eben nicht da!) Und weiter die Rabbinen: Verständlich wird so V. 16 (Gott befiehlt Mose plötzlich, dem Volk zu trinken zu geben) und die Tatsache, dass in V. 17 ein Loblied angestimmt wird. Das tut man doch nicht bei beliebiger Gelegenheit. Die Fürsten werden dann auf die Erzväter bezogen. Dabei wandert der Brunnen in Gestalt eines durchlöcherten Felsen mit dem Volk. Manche Rabbinen denken an eine Art Sieb. Und dann sagte man: Der Brunnen war immer schon bei ihnen, seit dem Beginn der 40 Jahre Wüstenzug. Der jüdische Philosoph Philo von Alexandrien meint, die Stelle müsse allegorisch gedeutet werden, da sie wörtlich gelesen unstimmig sei, und dieser Felsen sei die präexistente Weisheit Gottes gewesen. In den Texten von Qumran wird der Brunnen ähnlich auf das Gesetz gedeutet. Am nächsten kommt Paulus Philo von Alexandrien. Auch sonst beansprucht Paulus ja für Christus Attribute der präexistenten Weisheit, so in der Schöpfungsaussage 1 Korinther 8,6, und in 1 Korinther 1,24 nennt Paulus Jesus Christus ausdrücklich »Weisheit Gottes«. Hier und auch an anderen Stellen ist 1 Korinther daher ein Dokument früher paulinischer Weisheitschristologie. Entscheidend ist dabei der Gedanke der Präexistenz: Der eine und einzige Gott zeigt sich gegenüber der Welt auch schon vor Christus als Logos oder Weisheit. Die Menschwerdung stand noch aus, liegt aber in der Ziellinie dieser Repräsentation Gottes gegenüber der »Welt«. Sie wird in Jesus Christus und in der Sendung des Heiligen Geistes auf überraschende und überaus menschliche Weise liebevoll von Gott beendet.

Eine weitere merkwürdige Vorstellung bietet Paulus hier: Er deutet den Durchzug durch das Rote Meer, den Auszug aus Ägypten unter Mose, als Taufe, und zwar »auf den Namen des Mose«. Dabei wurde doch beim Durchzug durch das Rote Meer kein Jude nass. War das nicht gerade der Unterschied zur Taufe? Und das »auf den Namen des Mose« scheint eine Nachbildung zur Taufe »auf den Namen Jesu« zu sein. Warum dieses verunglückte (?) Bild? Immerhin war es im Alten Testament keine Taufe »auf den Namen Gotte«, sondern auf den des prophetischen Mittlers. Und die Juden wurden laut Paulus getauft »in der Wolke und im Meer«. Da Paulus die Wolke einbezieht, ist Wasser hier offenbar nicht das Thema. Es hilft auch nicht die rabbinische Erklärung, das Meer sei wie ein Tunnel gewesen, denn die Taufe ist kein Tunnel, sondern macht nass. Nein, entscheidend ist der Vergleichspunkt des Schutzes. Wolke und Weg (durch das Meer) bieten Schutz vor den Feinden; vgl. Psalm 105(104),39 (die Wolke als Schutz für sie); Weisheit 19,6f. (beschützt ... Wolke). Dabei hat sie der Name des Mose wie der eines Patrons beschützt. Denn der Name, »auf den« man getauft wird, nennt den Beschützer, dem man zueigen gegeben wird. Eigentum aber verpflichtet. Wenn das zutrifft, – und mir scheint es bei der Fülle der Deutungsversuche und des Materials das Plausibelste – dann hat es Folgen für das paulinische Verständnis von Taufe, jedenfalls gegenüber der Gemeinde von Korinth. Diese Eingrenzung ist notwendig, denn etwa in Römer 6 betont Paulus ganz andere Aspekte des Taufsakraments. Aber das frühe »Taufen auf den Namen« (sc. Jesu) versteht Paulus als Übereignung des Täuflings an den Patron, Anwalt, oder an die Schutzmacht, die Böses abwehrt. Die Taufe mit Heiligem Geist nennt Paulus auch (1 Korinther 12,13) und unterscheidet sie deutlich von der Taufe auf den Namen Jesu. In 1 Korinther hält Paulus dabei die Geisttaufe, der Firmung entfernt vergleichbar, für wichtiger als die Wassertaufe, daher kann er in 1,15f. stolz sagen, er habe (mit Wasser auf den Namen Jesu) nur das Haus des Stephanas getauft; im gleichen Brief setzt er aber in 12,3 voraus, dass alle mit heiligen Geist getauft (»gefirmt«) sind. Wie auch immer – die Wassertaufe auf Jesu Namen versteht Paulus als umfassenden Schutz. In diesem Sinne ist die Taufe auf den Namen des Mose ein »Vorbild« für die christliche Taufe: Durch ein »materielles Phänomen« (Wolke, Weg durchs Meer,

Taufwasser) rettet Gott mit Rücksicht auf einen starken prophetischen Patron (Mose, Jesus) die Mitglieder seines Volkes nach sakramentaler Übereignung.

Paulus möchte übrigens mit seinen etwas komplizierten Bildern den Korinthern nur deutlich machen, dass auch schon früher Gott dem Volk vergleichbare Wohltaten erwiesen hat, doch leider hat das Volk nicht entsprechend reagiert. Durch das abschreckende Beispiel Israels möchte Paulus die Korinther ermahnen, auf die Wohltaten Gottes zu reagieren und das sich darin äußernde Wohlwollen Gottes nicht zu verspielen.

Die in V. 8 erwähnte Sexgier nach Numeri 25,1.9 hat im Frühjudentum zu fantasievollen Ausgestaltungen Anlass gegeben, die die Leser nur irritieren könnten; denn es handelt sich um die bekannte Kombination von Sexgier mit Götzendienst. Hier ist die schon im Alten Testament berichtete Strafe (23 000 Tote) so erheblich, dass auch Paulus sie gerne zitiert; er fügt verschärfend hinzu, diese Zahl sei »an einem Tag« umgekommen. Es ist umstritten, ob das hier genannte Übermaß des Vergehens für Korinth Bedeutung hatte. Prostitution erörtert Paulus in 1 Korinther 6; von Götzendienst erwähnt er in dem Zusammenhang nichts. Das holt er hier nach: »Betet keine falschen Götter an«, mahnt er zu Beginn von V. 7.

Die alttestamentlichen Bilder sind in entscheidenden Zügen dank der rabbinischen Auslegung von Paulus christologisch stark eingefärbt. Ja, sagt Paulus, es gab dort schon eine Taufe, und die Israeliten hatten es schon mit Christus, dem Felsen, zu tun. Paulus nimmt diese Einfärbung vor, damit die Korinther diese Geschichten aus dem fernen Alten Israel nicht als »zu verschieden nach Raum, Zeit und Leuten« abweisen. Paulus will an negativen Beispielen warnen: Wer daher meint, fest auf seinen Beinen zu stehen, sehe zu, dass er nicht auf die Nase fällt.« (V. 12 nach Berger/Nord). Aus diesem Grund ist 1 Korinther 10 eine Lesung für die Fastenzeit.

»Ahmt mich nach, wie ich Christus nachahme!«

6. Sonntag im Jahreskreis B

1 Korinther 10,31 – 11,1

Die knappen Sätze dieser Lesung sind eine Art »Summe« der Ethik des Apostels. Auffallend: Es sind nicht Einzelvorschriften und Gebote. Es ist etwas ganz anderes: Personen als Orientierungspunkte im Miteinander: Gott, die Angeredeten, die Mitchristen (»Kirche«), Juden, Griechen. Der Maßstab dieser Ethik ist zweifellos ästhetisch: Gottes Herrlichkeit. Denn Gott ist herrlich, und Gott verherrlichen ist nichts anderes als dieser Herrlichkeit zu entsprechen. Und daraus folgt, in Kontakt mit Gott zu treten und auf diese Weise selbst Anteil gewinnen an seiner Herrlichkeit.

Es ist gerade diese ästhetische wie soziale Mehrfach-Bedeutung des biblischen Begriffs »Herrlichkeit«, die weiterführt. Denn das Wort »*doxa*« hat erkennbar eine zugleich ästhetische und soziale Komponente. Bei der ästhetischen Komponente des Wortes steht das hebräische Wort »*kabod*« Pate, und sein Bedeutungsgehalt wird in der griechischen Bibel auf das griechische Wort »*doxa*« übertragen, das diese Bedeutung Lichtglanz zuvor nicht hatte. »*kabod*« bedeutet Lichtglanz, heller, strahlender Schein. In diesem Sinne bedeutet das Wort auch »Herrlichkeit«. Nicht nur die Himmelskörper, sondern auch alles Feuer auf Erden ist in seinem hellen Glanz ein Abbild der himmlischen Herrlichkeit. Denn der Thron des biblischen Gottes wird im Himmel vorgestellt, in einem lichtdurchfluteten Bereich.

Doch im Übrigen gibt es genug Hinweise darauf, dass die Herrlichkeit Gottes, die die Menschen schon erreicht hat, mit leiblichen Augen nicht zu sehen ist. Dazu gehört Römer 8,30, wo Paulus sagen kann, die Christen seien nicht nur berufen und geheiligt, sondern auch verherrlicht. Und in 2 Korinther 3,18 beschreibt er den Weg der Christen als Verwandeltwerden »hinein in immer mehr Herrlichkeit«.

Die Grundlage ist mit 2 Korinther 4,2f. gelegt: Gottes Herrlichkeit strahlt wider auf dem Antlitz Jesu Christi, und dieses leuchtet in die Herzen der Glaubenden hinein. Das Ganze meint die Erschaffung des Lichts. Die Bibel spricht daher vom Lichtglanz Gottes, an dem nicht nur seine Engel teilhaben. Vielmehr kann der Gesamtvorgang der Erlösung so beschrieben werden, dass der Mensch mit Gottes Licht überkleidet und durch dieses Licht verwandelt wird. Auch die Heiligkeit von Gottes Tempel und Thron wird durch Bilder des Lichts beschrieben. Der Mensch, der an Gottes Unsterblichkeit Anteil hat, der ist »mit seiner Herrlichkeit angetan«.

Nun kennen wir diese Anschauungen zwar aus der Lektüre der Bibel, bemerken aber in der Regel die Konsequenzen nicht: Selbst im unsichtbaren Bereich der Wirklichkeit Gottes »denkt« die Bibel extrovertiert: Offenbarung geschieht wesentlich am Äußeren des Menschen, er wird leiblich verwandelt. So wird er auch die Vollendung »schauen«. Damit tendiert die biblische ethische Ästhetik in doppelter Hinsicht auf Anteilhabe hin: Der Leib wird durch Anteilhabe an Gottes Herrlichkeit verwandelt und vollendet. Durch das Schauen, also durch ästhetische Wahrnehmung, werden alle Christen selig. Was das bedeutet, lässt sich am besten durch Analyse des Gegenteils verdeutlichen. Denn das Gegenteil zu biblischer Herrlichkeitstheologie ist das, was in der heutigen sogenannten Seelsorge (man beachte schon das Wort!) meistens betrieben wird: Es äußert sich: in der anti-ästhetischen Depressivität der psychologisierten Seelsorge; in der Moralisierung der gesamten Verkündigung (inklusive Hervorhebung des Wollens und einer neuprotestantischen Sündentheologie); in der noch immer betriebenen Entmythologisierung, indem biblische Erzählungen auf ihren nackten Kern hin entblättert werden, was in jedem Falle Verlust von Charme und Gestalt der biblischen Erzählung bedeutet. Das Missverhältnis zwischen Theologie und Ästhetik äußert sich darin, dass man das »Schauen« der Heilsvollendung wie auch sonst jedes Sehen für »griechisch« hält (das Hören und das Wort dagegen für jüdisch) und folglich das Schauen gegen das Betroffensein ausspielt.

Die soziale Seite: »*Doxa*« bedeutet in derselben Sprache der Juden und Christen aber auch das Ansehen, das man voreinander hat, beziehungsweise dem anderen zollt. Seine Brisanz erhält dieses Thema dadurch, dass mit diesem Aspekt nichts anderes als die »Würde« des Menschen gemeint ist. Besonders anhand der zu unrecht Leidenden und entsprechend Verachteten wird deutlich: Die biblische Rede von Herrlichkeit lebt aus der Spannung zwischen Sichtbarem und Unsichtbarem.

Der Gegensatz von »Herrlichkeit«, in diesem Sinne verstanden, ist daher nicht Hässlichkeit, sondern Verachtung, Geringschätzung, Leiden – und in diesem Sinne begreift man nun Finsternis und Schatten. Das eigentlich Hässliche ist die Sünde, und durch sie dann bedingt Zerfall und Tod. Mit dem positiven Zustand der Herrlichkeit wird daher in solchen Texten auch Gottes Heiligkeit verbunden. Der Grundsatz »Ehre wem Ehre gebührt« gilt bis heute für soziale Anerkennung wie Anerkennung Gottes. Er renkt alle Dinge wieder ein. Genau aus dem Grund bedeutet Gott zu ehren auch Friede unter den Menschen. Gott die ihm geschuldete Ehre zu geben, ist der Beginn der Neuordnung der Welt im Sinne Gottes und deshalb der Beginn des Friedens. Gott zu ehren, heilt deshalb die Beziehungen unter Menschen. So bedeutet »Gott die Herrlichkeit geben« dasselbe wie »Gott die Ehre geben«, und das ist: ihn anerkennen.

Glanz und Ehre sind grundsätzliche Begriffe sozialer Reziprozität. Herrlichkeit zu besitzen, macht nicht glücklich. Sondern selig sind Menschen, wenn sie die Herrlichkeit Gottes anschauen dürfen und so daran teilhaben. Im Unterschied zur griechischen Auffassung über die Götter ist daher auch nicht Gott an und für sich in seiner Existenz selig, sondern die Menschen sind es, wenn sie Gott anschauen dürfen. »Herrlichkeit/Glanz/Ehre« hat daher kein Innenleben bei dem, der sie hat, sondern besteht im Verhältnis zum Gegenüber oder gar nicht. Weil es sich bei Herrlichkeit/Schönheit um einen sozialen Begriff handelt, ist auch im Neuen Testament Ehre/Herrlichkeit auf Gottes Volk bezogen (Lukas 2; Apokalypse 12; Römer 9,4). Weil Ehre/Herrlichkeit/Schönheit ein soziales Phänomen beschreibt, geht es auch immer wieder um die Rehabilitierung der Märtyrer nach ihrer schändlichen Hinrichtung, so in Lukas 24 (Eingehen in seine Herrlichkeit). Weil Herrlichkeit sozial-kommunikativ ist, bedeutet Sündersein Verlust an Ansehen, Vereinzelung und Einsamkeit.

Wenn der Maßstab für unser Handeln die Verherrlichung Gottes ist, dann ist dieses Handeln im Kern missionarisch. Das wäre der missionarische Imperativ: Handle so, dass aufgrund deines Tuns die Menschen um dich herum Christen werden wollen. Daraus ergibt sich hier mühelos der zweite Aspekt: Handelt im Angesicht aller Menschen so, dass sie es verstehen und nachvollziehen können. Das Wort »unanstößig« allein schöpft das Griechische an dieser Stelle nicht aus. Denn bisweilen muss christliches Handeln anstößig sein. Paulus meint hier wohl, dass es die Menschen nicht irre machen darf am Glauben, sondern dazu hinführt. So bemisst sich auch die erlaubte Anstößigkeit. Was das bedeutet, wird an dem konkreten Fall erkennbar, den Paulus in 1 Korinther 8–10 erörtert hat. In der Gemeinde ist Streit zwischen halbgebildeten Aufklärern und teils hoch-, teils ungebildeten »Frommen«. Paulus ermahnt die Aufklärer, nicht die subjektive Gewissensüberzeugung sei das Christliche und das von Gott geforderte, sondern der Schutz der Gewissensüberzeugung des Bruders oder der Schwester, die sich andernfalls irritiert oder verletzt fühlen könnten. Wenn der Bruder sich dann in der Gemeinde nicht mehr wiederfinden kann, sich an den Rand und zum Austreten fast aufgefordert sieht. Der dritte Grundsatz ist wiederum deutlich ästhetisch: »Ahmt mich nach, so wie ich Christus nachahme.« Paulus stellt sich nicht als Tugendheld vor Augen, sondern als Mensch, der sich in Höhen und Tiefen durch Jesus Christus getragen weiß. Sich durch dieses Lebensgefühl der Freude anstecken zu lassen ist wichtiger, als einzelne Tugenden zu benennen.

Eucharistie »bis dass er wiederkommt«

Gründonnerstag

1 Korinther 11,23–26

Dieser mutmaßlich älteste Bericht über das letzte Mahl Jesu hat mit Recht stets die Aufmerksamkeit der Theologen gefunden. Zum Verständnis ist der Blick auf 10,15–17 hilfreich. Dabei ist der Beginn nicht strittig (V. 23 »Der Herr ...«), wohl aber der Schluss: Umfasst er auch V. 27 oder endet er in V. 26? Ich meine, dass V. 27 bereits die paulinische Schlussfolgerung darstellt. Denn er sagt: Bei Gebrauch oder Missbrauch geht es jedenfalls um Leib und »Blut« des Herrn – also um seine heiligste Gegenwart und Wirkung. »Vom Herrn« hat Paulus diese Worte; das ist mühelos im Sinne der auf Jesus zurückgehenden apostolischen Tradition zu begreifen. Es ist also zu übersetzen »vom Herrn her ...«

Das Zitat aus der Überlieferung beginnt und endet mit einer Anspielung auf Jesu Tod. Dabei geht die Schlussangabe »verkündet ihr den Tod des Herrn, bis er (wieder)kommt« eindeutig über die Datierung zu Anfang und ebenso über alle synoptischen Berichte hinaus. Aber was bedeutet der Satz? Inwiefern ist jede Feier der Eucharistie Verkündigung des Todes Jesu, und zwar »bis dass er kommt«? Eine Möglichkeit: Bis zu seiner Wiederkunft feiern die Christen das Mahl ohne den Herrn des Mahles; der Platz des Gastgebers ist leer. Man feiert in seinem Namen, ohne dass er da ist. So fällt die Lücke schmerzlich auf. Eine andere Möglichkeit: Man deutet Brot und Wein – wie üblich – auf den Tod Jesu, und zwar das Brot auf die Hingabe des Lebens und den Kelch auf das Blut, durch das der Neue Bund zustande kam. Doch beim Brot ist die Anspielung auf den Tod überhaupt nicht zu erkennen, und beim Becher liegt der Ton auf dem Bund, der im Trinken realisiert wird. Von Sühneblut oder dergleichen ist nun wirklich nichts zu sehen. Dritte Möglichkeit: Das Abendmahl der Gemeinde wird wirklich nur jährlich in der Nacht gefeiert, in der Jesus übergeben wurde, und ist wegen des Termins eine Erinnerung. Das jährliche Gedenken um den Todestermin ist auch bei anderen Mählern zum Totengedächtnis üblich. Aber die Angabe »bis er wiederkommt« sprengt natürlich jedes Totenmahl. Diese Angabe hilft übrigens zu verstehen, warum der Sonntag der Termin des gemeinsamen Mahles ist: Er bildet den 8. Tag ab, den Tag der Wiederkunft des Herrn und den Beginn der neuen Schöpfung.

Paulus referiert in 11,23–26 durchaus den vermutlich ältesten Verlauf des Herrenmahles: Der Segen über dem Brot steht am Anfang – so wie es jeder jüdischen Mahlzeit entspricht. Dann wird das Mahl eingenommen, und am Ende, und zwar zu Beginn des stärker musikalischen Teils des Symposions, steht der Segen über dem Wein, wie es hellenistischer Art entspricht. Aufgrund der Zustände in Korinth geht nun Paulus in 1 Korinther daran, das gemeinsame Mahl auf ein Minimum zu reduzieren. Denn er sagt: Wer Hunger hat, soll zu Hause essen. Damit rücken Segen über dem Brot und über dem Wein eng zusammen, das Mahl wird reduziert auf das Brot und den Wein und gewinnt insoweit lediglich symbolischen Charakter. Dieser Verlust des eigentlichen Gastmahles kennzeichnet bis heute alle traditionellen christlichen Abendmahlsliturgien.

Für Paulus ist entscheidend, dass das von der Gemeinde gefeierte Abendmahl nicht Züge der Spaltung und Uneinigkeit trägt. Eben dieses hat er in 1 Korinther 10,15–17 ausgeführt. Denn durch die Teilnahme an der realen Gegenwart Jesu Christi in seinem Leib tritt feierlich zutage, wird feierlich realisiert, was die Gemeinde durch die Taufe ist: ein einziger Leib (bildlich verstanden). Dann aber, wenn der praktische Vollzug des Herrenmahles aufgrund der Spaltungen in der Gemeinde dieser Wirklichkeit nicht entspricht, sondern ins Gesicht schlägt, wird das gemeinsame Mahl zu heuchlerischer Farce. Das will Paulus vermeiden, indem er die Probleme der Gemeinde durch Verlagerung in den privaten Bereich zur Unsichtbarkeit verdammt. Durch die Taufe ist die Gemeinde in Christi Leib hineingetauft. Was beim

Abendmahl geschieht, geht nach 1 Korinther insofern über die Taufe hinaus, als es »*koinonia*« (verwirklichte Gemeinschaft) ist. Wenn aber die Gemeinde zerstritten ist, so ist das eigentlich ein Vergehen gegen die Taufe. Wer nun trotz dieser Zerstörung der Tauf-Einheit das Abendmahl feiert, als gäbe es keine Spaltungen, der versucht, Gott zu betrügen, der versündigt sich gegen das, von dem her diese Einheit lebt: vom Leib Jesu Christi. Dabei heißt hier »Leib Jesu Christi« die nach außen gerichtete Wirkung der Identität Jesu.

Vom unwürdigen Genuss von Brot und Wein gehen katastrophale Folgen aus (1 Korinther 11,30). Diese sind durchwegs leiblicher Art. Wie wenn ein Unbefugter die Bundeslade berührt und dann tot umfällt. Wer als Unheiliger dem Heiligen zu nahe kommt, wird durch dieses »geschlagen«. Diese Auffassung teilt Paulus mit Apostelgeschichte 5 (Tod von Ananias und Sapphira, weil sie den Heiligen Geist belogen haben) und vertritt sie auch in 1 Korinther 5 (leibliche Destruktion des ausgeschlossenen Sünders). Ohne dass jemand es glaubt oder gar will, hat das Heilige also physische Wirkungen. Dass dieses im Neuen Testament so ungeschützt behauptet wird, widerlegt schon an sich alle Theorien von der Abhängigkeit aller Dinge von Glaubensvorstellungen.

Fragt man weiter, warum in 1 Korinther 11 so gedacht wird, so ist die Antwort: Das Essen von Brot und das Trinken von Wein bedeutet physische und personale, also ganzheitliche Anteilhabe an Leib und Blut des Herrn. Denn diese sind »gesegnet«, was in der Sprache der Katholiken und Luthers heißt: konsekriert. Diese Anteilhabe »funktioniert« nicht durch Glauben allein, sondern durch die volle Mahlgemeinschaft, also wesentlich durch Essen und Trinken. Deshalb gilt das in 1 Korinther 11,29f. Gesagte nur von der Mahlgemeinschaft und nicht von jedem anderen beliebigen Konflikt in Korinth. Aber in der Missachtung des Sakraments wird Jesus Christus selbst attackiert, der sich darin gibt. Dieses geschieht nicht durch falsche Meinungen oder falsche Dogmatik im engeren Sinne des Wortes, sondern durch sichtbare und störende Verletzung der Gleichheit der Mahlteilnehmer

(»Frieden«). Das heißt: Wenn die Gemeinde ein wilder, streitender Haufen ist, kann und darf Eucharistie nicht gefeiert werden. Denn dann ist die Kernbedingung auf menschlicher Seite nicht gegeben.

Das aber bedeutet: Wie kein anderes Sakrament ist die Eucharistie die soziologisch greifbare Verbindung der Gemeindeglieder in Liebe, Einheit und Frieden. Sie ist die Verwirklichung der in der Taufe grundgelegten Einheit.

Dazu muss die Gemeinde ihren Anteil leisten, indem sie zuvor mit den Streitereien aufhört. Diese Einheit wird durch den Herrn mit seiner Gegenwart beantwortet und gefüllt. Das Wohnen Gottes unter den Menschen, das entscheidende Element des »achten Tages« der Schöpfung (Apokalypse 21,3), wird hier bereits real, wenn auch verhüllt. Eben deshalb wird die Eucharistie am Sonntag, dem »8. Tag« der Woche, gefeiert.

Im Vorfeld der Eucharistiefeier ist es daher Aufgabe der Gemeinde bzw. Kirche und ihrer Leiter, alles zu beseitigen, was diese Einheit verhindert. Denn Eucharistie ist wirklich die Verwirklichung des Einsseins Gottes mit den Menschen und der Menschen untereinander.

Wenn das zutrifft, ist die Realität und Legitimität der Eucharistiefeier durch zwei Elemente ausgezeichnet, die wir an der katholischen Auffassung besonders deutlich erkennen können.

Einmal sind die Wandlungsworte (Das ist mein Leib ..., das ist der Kelch des Neuen Bundes...) wirklich Schöpfungsworte. Durch sie werden Brot und Wein umgeschaffen. Schöpfungsmacht aber liegt nach dem Neuen Testament durchaus in der Kompetenz von Christen, wenn sie nämlich eins sind mit Gott und untereinander. Das bedeutet: Wer eins ist mit Gott, kann Berge und Bäume versetzen. Und das gilt auch, wenn Friede ist unter den Menschen. In der Eucharistiefeier wird daher die paradiesische Verheißung der Schöpfungsmächtigkeit der Worte Jesu und der Christen deshalb Wirklichkeit, weil sie dank Gottes Wirken und dank Beseitigung der Hindernisse durch Menschen die Verwirklichung des Geheimnisses der Liebe ist.

Es ist derselbe Geist, derselbe Herr, derselbe Gott

Pfingsten – am Tag

1 KORINTHER 12,3B–7.12–13

Das Thema ist ebenso aktuell wie in der Kirche dauerhaft wichtig, nämlich das Verhältnis von möglicher Vielfalt und notwendiger Einheit. Aktuell ist dieses Thema stets auf mehreren Ebenen: Im Verhältnis der christlichen Konfessionen zueinander, innerkirchlich im Verhältnis der Bistümer und Nationen zueinander, innerdiözesan als Einheit und Vielfalt in einem Bistum und nicht zuletzt innerhalb von Pfarreien oder Pfarrverbänden. Im Blick auf 1 Korinther 12 kann man sagen: Wer das Problem von Einheit und Vielfalt nicht innergemeindlich lösen kann, der wird es umso weniger auf den anderen Ebenen schaffen.

Das Christentum hat auf allen diesen Ebenen deshalb ein Einheitsproblem, weil ihm im Unterschied zum Judentum die Einheit nicht »in die Wiege gelegt« ist, sondern immer wieder neu errungen und geradezu erkämpft werden muss. Das Judentum vermittelt die Zugehörigkeit fast ausschließlich durch familiäre Abstammung. Das ist im Christentum von Anfang an nicht so. Denn das Christentum besitzt nicht die Form einer irdischen Institution, sondern ist eine Gemeinschaft des Glaubens, sakramental begründet und auf den unsichtbaren persönlichen dreieinigen Gott hingeordnet. Das personale Element ist zugleich ungeheure Chance wie auch Gefährdung seitens untreuer oder aggressiver Menschen. Der Apostel Paulus versucht im ganzen 1. Korintherbrief geradezu händeringend der Gemeinde beizubringen, dass die Verbindung jedes Einzelnen mit dem dreieinigen Gott nur über die Gemeinschaft der Kirche möglich ist. Für Paulus ist das weder apostolischer Machtinstinkt noch ein zweifelhafter Vereinstrieb, sondern für ihn ist die Einheit der Christen sehr streng in Gott selbst begründet.

Und damit sind wir bei Pfingsten. Denn es ist Gott als Heiliger

Geist, der die Einheit der unterschiedlichen Charismen begründet. Wie auch immer ein Christ sein Charisma begreift, es ist für Paulus der eine und selbige Heilige Geist, der jedem einzeln und allen zusammen ihren qualifizierten Stand in der Kirche zugewiesen hat. Für Paulus macht das keinen Unterschied, dass der Heilige Geist jedem einzeln und zugleich allen zusammen die Gnade seiner Gegenwart schenkt. Denn nach 1 Korinther 6 ist jeder Christ »Tempel des Heiligen Geistes« mit seinem Leib, und nach 1 Korinther 3,16f. sind sie alle zusammen ebenso Tempel des Heiligen Geistes. Das ist eine »wunderbare« Lösung der Frage von Einheit und Verschiedenheit. Denn es bedeutet das vollständige Gleichgewicht zwischen Besonderheit und Gemeinsamkeit.

Da dieses Gleichgewicht aber in der Praxis gefährdet ist, weil einzelne Christen in Korinth Minderwertigkeitsgefühle entwickelt haben, muss Paulus noch zusätzlich gegensteuern, um das Gleichgewicht wirklich zu bewahren: Er fordert dazu auf, die weniger Geachteten besonders zu ehren. Aus dem Abstand von fast zwei Jahrtausenden betrachtet sind beide Lösungswege kirchenpolitisch beispielhaft. Zum einen: Die gemeinsame Gegenwart Gottes gibt es nicht an sich, sie ist nie ohne konkrete Personen vorstellbar. Und doch ist diese Gegenwart Gottes nicht nur die Summe der frommen Einzelbeziehungen zu Gott. Der eine gemeinsame Gott ist in der Vereinzelung und Absonderung lebendig, aber doch nur, wenn jeder darin »vorkommt«. Und andererseits muss Paulus einen horizontalen Ausgleich herbeiführen, damit die Einheit der Gemeinde nicht wegen der offenkundigen Qualitätsunterschiede auseinanderbricht. Paulus verweist hier darauf, dass wir auch in der Kleidung die weniger ehrenvollen Zonen des Körpers besonders ehren.

Unter Charisma versteht Paulus eine besondere, auffällige und nicht natürlich erklärbare Gabe, die auf einen himmlischen Ursprung bei Gott hinweist und in dieser Hinsicht eine überzeugende, schlüssige »Werbung« für Gott ist. Paulus hält daran fest, dass unbedingt jeder Christ eine solche »Eintrittskarte«, eben sein Charisma, von Gott verliehen bekommen hat. So ist die persönliche Art der Zugehörigkeit eines Christen zugleich auch sein individueller Zugang und die Weise, in der er für Gott werben kann.

Nun ist die Liste der Himmelsgaben nach 1 Korinther 12 sicher nicht im Sinne der Vollständigkeit gedacht. Wenn man hier heute aktuelle Charismen einsetzt, wird man Paulus kein Unrecht tun. So könnte man an das Charisma der Jugendführung denken, an das Charisma, mit alten, tauben Menschen fröhlich zu feiern, an das Charisma, potenzielle Selbstmörder von ihrem Vorhaben abzubringen, an die Gabe, ergreifend und rührend zu predigen. Das Neue Testament bietet auch an anderen Stellen Kataloge mit Charismen, so in Römer 12 und 1 Petrus 4. Aber nur hier in 1 Korinther 12 werden diese besonderen Himmelsgaben auf den Heiligen Geist zurückgeführt. Das hat seinen besonderen Sinn. Denn die anderen Texte betonen die Vielfalt und staunenswerte Verschiedenheit der Gaben.

Nur in 1 Korinther 12 aber wird deren Einheit zum Problem. So erreicht Paulus, wie wir sahen, diese Einheit auf doppelte Weise: Er zeigt, dass diese Gaben einen völlig einheitlichen Ursprung haben, den Heiligen Geist, und dass sie auch ein einheitliches Ziel haben, nämlich einen ausgeglichen temperierten Leib, der in »Gerechtheit« und ohne dass sich einzelne Glieder fremd fühlen, lebt. Gott ist Heiliger Geist als der Gott, der alle trennenden Grenzen aufhebt. Das betrifft die Grenzen zwischen Gott und Mensch, und deshalb ist Gotteskindschaft das Markenzeichen des Heiligen Geistes. Aus Geschöpfen werden durch den Heiligen Geist Kinder. Und derselbe Geist hebt auch die trennenden Grenzen zwischen den Menschen auf. Das besagt nicht, dass die Menschen alle gleich würden. Gerade 1 Korinther 12 lehrt uns: In ihrer Besonderheit und Verschiedenheit bekräftigt, bejaht, ja begründet der Heilige Geist die Menschen neu. Aber diese Verschiedenheit besteht nicht im Gegeneinander, nicht in der Konkurrenz, nicht in der Spaltung. In diesem Sinne stiftet der Heilige Geist eine neue Art von Gemeinschaft unter den Menschen, eben die Kirche. Viel zu wenig wird beachtet, dass das Wirken in dieser Art nicht eine

Spezialität des Heiligen Geistes ist, an die man nur zu Pfingsten denken sollte. Wahr ist vielmehr, dass genau dieses auch ein wesentliches Element der Botschaft Jesu ist, denn er ist der Erste unter vielen Geschwistern. Und die Vaterschaft des Urgrundes, Schöpfers gegenüber Jesus und allen Christen ist auch ein neuer Aspekt der Rede über Gottvater. Den drei Gesichtern (Antlitzen, Personen) Gottes ist damit gemeinsam die Weite, deren Ziel die sanfte Durchdringung aller Kreatur mit Gottes Gegenwart ist, und die Unterwerfung aller Geschöpfe unter die Herrschaft von Gottes verwandelnder Liebe. Der Heilige Geist sagt etwas darüber, was Vater und Sohn mit der außerhalb Gottes seit und mit der Schöpfung bestehenden Wirklichkeit »machen« wollen. Insofern ist und bleibt er auch der Schöpfer-Geist und der Geist Jesu Christi, denn auch Jesus ist »zu uns gesandt«. Er nimmt wirklich von dem, was in Jesus gewirkt hat und setzt es in nachösterlicher Situation um. Deshalb heißt es in Johannes 16,14: »Von dem, was meines ist, wird er nehmen.« Und so reizt gerade ein Text wie 1 Korinther 12 dazu, das, was der Geist nach Pfingsten wirkt, neben das zu stellen, was wir aus den vier Evangelien über Jesus wissen. Und wir lernen das eine vom anderen her zu begreifen. Wenn man Jesus vom Wirken des Heiligen Geistes her versteht, der von ihm und vom Vater ausgeht, dann bewegt man sich in der Sichtweise des Neuen Testaments. Wenn man das zum Beispiel für unseren Text versucht, dann wird gerade für diese Frage das vierte Evangelium besonders wichtig. Wir denken an Johannes 15, das Bild vom Weinstock, an dem die einzelnen Jünger Rebzweige sind – in 1 Korinther 12 geht es um den Leib Christi. Oder auch an den sehnlichen Wunsch des johanneischen Christus, die Jünger möchten eins sein, da von ihrer Einheit alle Glaubwürdigkeit abhängt (Johannes 17). Es ist in besonderem Maße der johanneische Christus, den wir bei Paulus im Wirken des Heiligen Geistes wiedererkennen.

Die Kirche der Zukunft wird eine Kirche der Charismen sein

2. Sonntag im Jahreskreis C

1 KORINTHER 12,4–11

Alles liegt daran, was Charisma ist und ob es heute zumindest solche Gaben gibt oder geben kann, die analog zu den in 1 Korinther 12 genannten sind. Charismen sind Gaben, die himmelwärts weisen, weil sie ohne Zweifel vom Himmel kommen. Etwas leichtfertig gesagt: Charismen sind Reklame-Veranstaltungen Gottes. So wie nach Ansicht mancher Juden halbwegs gerechte Menschen Beweise für die Existenz Gottes sind – wir würden sie »Heilige« nennen. Gleichviel, ob nun Heilige, Gerechte oder Charismatiker: auf jeden Fall sind es Menschen, die auffallen. Außenstehende können dann leichter zu Gott finden. Ähnlich heißt es über die gemeinsamen Werke von Christen in einer Gemeinde in Matthäus 5,16: »Sie (die Außenstehenden) sollen sehen, was ihr tut, und so zu Gott finden und euren Vater im Himmel loben.« Auch eine Gemeinde im Ganzen kann durch ihr gemeinsames Tun indirekt so glaubwürdig Gott loben, dass die Wirkung geschickte Mission ist.

Charismen sind zu allermeist nicht Predigten, sondern imponierende Taten mit dem Richtungspfeil nach oben. Sie wirken prämissionarisch. Sie machen aufmerksam, lassen staunen. Sie sind den Wundern verwandt, – daher gibt es in 1 Korinther 12 auch das Heilungscharisma – aber in wunderlosen Zeiten sind sie ein wunderbarer »Ersatz«. Sie sind nicht durchweg Wunder, aber wunderbar. Und ihre Existenz ist für uns alle ein guter Anweg für das Verständnis von Wundern. Charismen sind zwar breiter gestreut als Wunder, aber wie bei diesen geht es nicht in erster Linie um die Durchbrechung von Natur(gesetzen), sondern um das Übertreffen aller Erwartungen.

Durchkreuzt wird nicht die Natur, sondern das, was wir über menschliche Möglichkeiten zu wissen meinten. Insofern sind die

Charismen nach den Katalogen bei Paulus (1 Korinther 12; Römer 12) und in 1 Petrus 4 exzellente Argumente für Gott in einer scheinbar wunderlosen Zeit. Die Kirche der Zukunft wird eine Kirche der Charismen sein. Karl Rahners Diktum über die Mystik kann man getrost auf die Charismen anwenden. Die Kirche der Zukunft wird eine Kirche der Charismen sein oder sie wird ganz arm dastehen. Aber die eine Kirche ist die der Charismen und deshalb die Kirche der großen Heiligen. Was wir brauchen, sind Heilige. Und wenn wir die großen Heiligen betrachten, bemerken wir, dass sie selten »höchst ausgeglichene und ausgewogene Persönlichkeiten« sind, dass sie vielmehr sehr einseitig alles auf eine Karte setzen, ihr Charisma restlos »ausreizen« wie Kerzen, die an beiden Enden brennen.

So möchte ich ein paar moderne Charismen nennen, die gewissermaßen moderne Übersetzungen der Liste von 1 Korinther 12 sind. Hinter jedes Charisma könnte ich einen Namen setzen. Zum Beispiel die Gabe, mit tauben, von Alzheimer geplagten alten Menschen so umzugehen, dass sie einen ganzen Abend lang lachen und glücklich sind. Die Gabe, für Erst- und Zweitklässler so Religionsunterricht zu geben, dass sie ein Leben lang eine Ahnung haben von der Güte und Barmherzigkeit Gottes und das immer mit der Erinnerung an Person und Worte dieser Lehrerin verbinden. Oder die Gabe, Eifer und Rastlosigkeit paulinischer Apostelexistenz heute so zu leben, dass die Menschen merken, wie Gott sich um die Menschen kümmert. Oder der Weg der hl. Edith Stein, einer Philosophin ersten Ranges, der dramatisch in den Karmel und dann noch darüber hinaus in die ganz neue Dimension des Martyriums verläuft, da sie sagen kann: »Ich sterbe für mein Volk.« Oder der Arzt, der durch seinen Humor die Gebeugten und Leidenden mehr tröstet als durch Medikamente je möglich wäre. Oder die Fotografin, die es versteht, durch ihre schwarzweiß Bilder bei Landschaften und in den Winkeln der Stadt deren Schönheit, deren Schweigen und deren Geheimnis anzudeuten. Oft ist es das Leiden unter Unrecht, das ein Charisma von der Last der Eitelkeit befreit und erst richtig zum Strahlen bringt.

So gehören zum Charisma immer vier: Gott, der es schenkt, Gottes Geist, der es mit Glut und Kraft erfüllt, der Träger des Charismas und die Adressaten, die sensibel und begeisterungsfähig genug sind, ein Charisma wahrzunehmen und darüber glücklich zu sein.

Ein paulinisches »Dogma« ist in diesem Zusammenhang besonders wichtig. Paulus erklärt ebenso mutig wie pauschal, grundsätzlich jedem Christen, jeder Christin sei ein Charisma, eben seines oder ihres gegeben. Paulus hat Anlass, das zu sagen. Denn in der Gemeinde von Korinth gibt es Mauerblümchen, die offenbar nicht besonders hervortreten und sich im Gemeindeleben von anderen leicht »die Show stehlen lassen«. Auch Geistliche haben gegenüber dem jüngeren Kollegen oder dem begabteren Schauspieler unter den Mitbrüdern oft dieses Gefühl. Paulus sagt: Nein, es muss ganz bestimmt jeder sein Charisma haben. Die aktuellste Pädagogik bestätigt genau diesen paulinischen Ansatz. Gerade Hauptschulen stoßen vermehrt auf junge Menschen, die chancenlos zu sein scheinen und die dann als Berufsziel »Hartz IV« angeben. Erfahrene Lehrer versichern nachdrücklich, dass jeder Jugendliche mit Sicherheit eine Seite besitze, auf der er besondere Begabung aufweise. Alles liege daran, den jungen Menschen beim Auffinden ihrer Begabung behilflich zu sein.

Nach Paulus gilt das auch für die religiöse, die missionarische Seite. Nur wenn man nie darauf stößt oder gestoßen wird oder nie danach fragt, wird man sie nicht herausfinden. Vielleicht scheitern geistlich gesehen viele Biografien genau an dieser Stelle. Denn dann haben die jungen oder »mittelalterlichen« Menschen den Eindruck wie Christen in Korinth, nicht gebraucht zu werden, nichts beitragen zu können, an keinem Punkt begeistert sein zu können – natürlich, weil man an diesem Punkt aufblühen könnte. Sonst aber ist Gottesdienst nur noch todlangweilig und Jugendarbeit nur noch blöd. Dann ist alles fremd, weil man nicht dazugehört. Und die Geistlichen fangen dann an, die Liturgie zu verändern und Reform über Reform zu stülpen. Aber das ist genau das falsche Ende. Das richtige Ende liegt bei jedem einzelnen Menschen, dass er rechtzeitig erfährt, wo seine persönliche Brücke zum Christentum ist. Und das wird auch die Stelle sein, an der er zu begeistern ist und andere begeistern kann. Denn wovon man begeistert ist, das kann man auch weitergeben – und kaum anderes.

Aber wenn jemand merkt: Hier kann ich leben, an dieser Stelle kann ich aufblühen, dann kann er seinen Glauben auch lieben. Dann wird er wirklich sein eigener Glaube und bleibt nicht fremdes Gegenüber. Das genau wäre der Übergang vom Kinderglauben zum Erwachsenwerden des Glaubens. Kinder zeigen sich noch durch faszinierend Fremdes beeindruckt, Jugendliche und Erwachsene wollen nur das »zum Leben« haben, was ihre eigenen Möglichkeiten entfaltet, segnet und was Früchte zeigt. Dann ist man plötzlich dabei. So haben wir es neulich erlebt. In Rambow, einem kleinen Dorf in der Mark Brandenburg, stand das Kirchlein vor dem Verfall. Von den 29 Dorfbewohnern sind fünf christlich. Das »Wunder von Rambow« bestand darin, dass alle begeistert und mit hohen Opfern mithalfen, als es nach einer Anschubfinanzierung darum ging, das Kirchlein, den Stolz des Dorfes, zu erhalten. Alle die Atheisten und Ausgetretenen waren plötzlich mit von der Partie, als es um »ihre Sache« ging. Noch nie waren sie von der Kirche auf ihre Opferbereitschaft hin angesprochen worden, die doch schier überwältigend war.

Fazit: Charisma ist eine Grenzerfahrung. Menschen überschreiten die Grenze ihrer Leistungs- oder Leidensfähigkeit. Dieser Grenzübertritt ist die Stunde der Wahrheit. Denn dass Menschen an der Grenze zu sich selbst finden, wusste man schon. Nur so werden wir wirklich geprägt. Aber Charisma bedeutet mehr: Dass wir an den Grenzen gehalten, getröstet und gestärkt sind – von einem anderen, von Gott. Und dass dieses dann für andere etwas bedeutet, dass es für sie leichter wird, diesen anderen auch für sich selbst zu finden und zu erkennen. So wird die Überschreitung der Grenze der eigenen Leistung und des eigenen Leidenkönnens das Tor zu Gott und zu den anderen.

Die Vielen sind eins durch Teilhabe an dem Einen

3. Sonntag im Jahreskreis C

1 Korinther 12,12–30

Paulus verkündet in diesem Abschnitt wichtige Grundsätze: 1. Die Gemeinde ist wie ein Leib, und zwar durch die Gabe des einen Heiligen Geistes. 2. Gerade die Teile des Leibes, die weniger wert zu sein scheinen, ehren wir besonders. So ist es auch mit unserer Zugehörigkeit zu Christus. 3. Innerhalb des Leibes gilt eine Sympathie, ein gegenseitiges Mitbetroffensein aller von Ehre und Leid. 4. Der Leib ist hierarchisch und nach Charismen gegliedert.

Paulus macht diese Grundsätze angesichts beträchtlicher Spannungen in der Gemeinde geltend. Etliche fühlen sich benachteiligt, da sie im Miteinander nur eine höchst geringe Rolle spielen. Sie tragen sich als Mauerblümchen mit dem Gedanken, die Gemeinde zu verlassen, da sie nicht wirklich dazugehören. Andere dagegen haben ein komfortables Ansehen, sind die »kings«. Im Miteinander aber bedeutet Ansehen einfach alles. Als Mittel, die Mauerblümchen zu beruhigen, verwendet Paulus einen Ansatz, den wir aus Kapitel 1 dieses Briefes kennen und den man den kreuzestheologischen nennt. Es ist der Weg zum Frieden durch radikale Umwertung der bisherigen und bürgerlichen Wertmaßstäbe. Dann entfallen die hauptsächlichen Streitpunkte Reichtum, Wissen, Schönheit, Ehre. Gott macht ein solches Handeln vor, indem er den Gekreuzigten zum Erwählten macht. Paulus sagt: Nach diesem Vorbild sollt auch ihr handeln. So sollt ihr diejenigen, die die Geringsten zu sein scheinen, besonders ehren.

Im Übrigen, sagt Paulus, ist das ja auch bei der Bekleidung des menschlichen Leibes so. Die Geschlechtsteile und den After, die wir für besonders schäbig halten, behandeln wir mit besonderem modischen Glanz (zum Beispiel Gürtel; Röcke). So wird das Anstößigste zu dem am meisten Geschmückten. Aber am Bild des Leibes kann Paulus noch mehr verständlich machen. Einmal den Gedanken, dass im Leib jedes Glied gebraucht wird, keines unentbehrlich ist und jedes an seiner Stelle seinen Dienst zu tun hat.

Die Geringeren müssen besonders geehrt werden. Gott hat das ja schon vorgemacht, und jetzt zeigt sich der Sinn der Nennung der Hierarchie in 12,28: Gott selbst hat nämlich Apostel, Propheten und Lehrer bestellt. Der Apostel hat am meisten zu sagen. Aber Paulus betrachtet sich durchaus als den Geringsten, als völlig missraten (Missgeburt), und zwar wegen seiner Vergangenheit als Christenverfolger (Kapitel 15), oder als »billige Ausschussware«, als »Witzfigur einer Jahrmarktskomödie«, als »Idiot« (4,9f.). Denn so schätzt er sich selbst ein oder so wird er offensichtlich von den Korinthern geachtet. Gott hat im Gegensatz zu diesem menschlichen Ansehen Paulus zum Apostel gemacht, also ihn in seiner Rangordnung an die erste Stelle gesetzt.

Und genauso ist es mit den im zweiten Rang genannten »Propheten«. Auch sie gelten in der Gemeinde weitaus weniger als die Menschen, die in den Sprachen der Engel reden können (»Zungenrede«; diese Gabe wird bezeichnenderweise in 12,28 als letzte genannt). Die »kirchliche Hierarchie«, von der Paulus in 12,28 berichtet, ist also sozial betrachtet durchaus eine Antihierarchie. Denn Gott hat die buchstäblich Letzten ausgewählt.

Manchmal leuchtet etwas davon in der Kirchengeschichte auf. Etwa beim Pfarrer von Ars, dem heiligen Johannes Maria Vianney, der in das hinterste Dorf versetzt wurde und auf wenig intellektuelle Weise mit dem Bösen umging. Oder mit Orden, deren Mitglieder sich bewusst auf die Seite der Armen, der Gefangenen, der Leprakranken schlugen und deren Geschick buchstäblich teilten.

Paulus verdeutlicht aber am Bild des Leibes noch etwas anderes: das Prinzip des Mitleidens. »Wenn ein Glied leidet, leiden alle anderen mit. Wenn ein Glied Ehre empfängt, freuen sich alle anderen mit.« Schon der Philosoph Platon weist in seinem Staat auf diese Gesetzmäßigkeit des Leibes hin, die auch für ein Gemeinwesen gilt. Paulus gebraucht daher das Bild des Leibes für mehrere Zwecke. Aber ist das Mit-leiden aller Glieder miteinander in einer Gemeinschaft nicht eher ein erwünschtes Ziel, eher also eine Mahnung als Tatsache? Ist am Ende das Bild des Leibes für eine Gemeinschaft nicht ebenso moralisierend? Um diese Fragen beantworten zu können, müssen wir auf die Verwendung des Bildes »Leib« hier intensiver eingehen.

Im Unterschied zum Epheser- und Kolosserbrief gilt nicht einfach die Gleichung: die Gemeinde »ist der Leib Christi«. Denn in diesen Briefen ist Christus das Haupt des Leibes, alle anderen Christen sind Glieder. Epheser und Kolosser spiegeln vermutlich ein späteres Stadium des Apostels (und sind vielleicht eben deshalb von zwei »Assistenten« des heiligen Paulus geschrieben). Dort geht es um Haupt und Leib. In 1 Korinther gilt dagegen lediglich: Die Vielen sind eines durch Teilhabe an dem Einen – wie ein Leib.

Denn in 1 Korinther 12 ist Christus nicht das Haupt oder ein anderer Teil. Entscheidend ist V. 12: »Die Gemeinde ist wie ein Leib, der aus vielen Gliedern zu einem zusammengefügt ist. Das gilt auch für die Verbindung mit Christus. Denn weil wir alle mit demselben Geist getauft wurden, sind wir jetzt ein einziger Leib.« Der Ausdruck »Christi Leib« fällt nicht. Höchstens kann man nach 1 Korinther 12 sagen: Wir alle sind Glieder Christi. Auch nach 1 Korinther 10,15–17 sind wir durch die Eucharistie nicht Leib Christi, sondern durch den Leib Christi, an dem wir in dem einen Brot teilhaben, sind wir vielen ein Leib (V. 17). Das, was in der Eucharistie bewirkt wird, ist nicht unsere Qualität, »Leib Christi« zu sein, sondern dass die Vielen in der Zugehörigkeit und Anteilhabe an dem einen Herrn »ein Leib« sind. Aber sind das nicht Spitzfindigkeiten? Nein, das Ziel der Argumentation ist jeweils ein anderes. In den Briefen an die Epheser und Kolosser hebt der Verfasser hervor: Alle Glieder unterstehen dem Haupt. Christus ist das Haupt. Vom Haupt geht alles aus, zu ihm führt alles hin. Das Haupt ist schlechthin maßgeblich.

In 1 Korinther 12 dagegen ist Jesus Christus nicht das Haupt; nach 12,21 könnte auch Haupt zu sein der Anspruch eines einzelnen Christen sein, aber er wäre nur ein Glied unter anderen. 1 Korinther 12 unterstreicht daher die Gemeinschaft der Glieder untereinander und nicht die Führungsrolle des Hauptes.

Nach 1 Korinther 12 verdanken wir diese Eigenschaft, ein Leib zu sein, dem einen Heiligen Geist, mit dem alle Christen bei der Taufe getauft oder getränkt wurden (V. 13). Durch diese eine gemeinsame Gabe jedenfalls sind wir nach Kapitel 12 eine enge Gemeinschaft und wie ein Leib. Nach 1 Korinther 10,15–17 steht an der Stelle der Taufe die Teilhabe an Brot und Wein beim Herrenmahl. Auch dadurch sind die Christen ein Leib. Worin liegt der Unterschied? In 1 Korinther 12 wird jedenfalls die Taufe angesprochen, in 1 Korinther 10,15.17 dagegen die Eucharistie. Beide sind in der Wirkung eng verwandt, doch das eine stiftet überhaupt die Gemeinschaft, das andere (Eucharistie) entfaltet sie je und je neu und gibt ihr die Gestalt verwirklichter Gemeinschaft (koinonia). Daher ist zum Beispiel Spaltung der Christen schon ein Vergehen gegen den einen Leib und damit eben bereits gegen die Taufe, weil sie die durch die Taufe begründete Gemeinschaft zerstört. Das Vergehen beginnt nicht erst bei der Eucharistie.

Herr unser Gott, durch die Taufe machst du uns zu einem Leib. Durch die eine Gabe des Heiligen Geistes machst du uns zu Gliedern untereinander. Halte alles fern, was diese Einheit zerstört. Lass diese Einheit Blüte und Gestalt gewinnen in der Eucharistie. Für den Weg zur Vollendung der Einheit aber bitten wir dich: Gib uns die Kraft, einander zu achten, damit niemand sich ausgeschlossen sehen muss. Schenke uns die Leidenschaft, für die Einheit aller Christen zu wirken. Dazu gibt es wohl nur den einen Weg: zu leben aus der Tiefe des geistlichen Lebens.

Liebe bedeutet Solidarität

4. Sonntag im Jahreskreis C

1 Korinther 12,31 – 13,13 (13,4–13)

Warum »bleiben« Glaube, Hoffnung und Liebe? Sie sind Gottes eigenstes Wirken. Alles andere sind nur Gottes Gaben in der Zeit und für die Zeit. Der Glaube dagegen ist Gottes Wunderkraft – sofern wir uns nicht widersetzen. Von ihm kann Jesus sagen: »Dein Glaube hat dich gesund gemacht.« Der Glaube verleiht »Nachhaltigkeit« und Stabilität. Die Hoffnung ist ein Stück der zukünftigen Welt in uns, auf das wir uns wie auf ein rettendes Floß setzen können. Die Liebe aber ist eingegossen durch den Heiligen Geist in unsere Herzen (Römer 5, 4f.). Sie ist deshalb die Größte, weil sie reines, unvermischtes Wirken Gottes ist. Sie ist deshalb göttlich, weil sie das Schenken selbst bedeutet, aus sich herauszugehen zu anderen und für andere. Sie ist darin Gott am ähnlichsten und dessen direkte Nachahmung und Gegenwart.

Liebe bedeutet Solidarität

Auffällig ist, dass Paulus hier nicht sagt, ob es sich um die Liebe Gottes handelt oder um die Liebe zu Gott, um die Liebe zwischen Menschen oder die Feindesliebe Gottes oder der Menschen. Das alles ist für ihn nicht wesentlich. Wenn nur überhaupt diese verwandelnde Macht wirksam und erkennbar ist. Und ohne Gott wäre sie sowieso gar nicht möglich. Denn Liebe ist unteilbar. Denn sie ist in jedem Falle das Äußerste, was zwischen Gott und Mensch sowie auch zwischen Mensch und Mensch möglich ist. Daher ist Paulus auch gar nicht bemüht, sie lediglich auf eine ernsteste, äußerste Willensanstrengung zurückzuführen. Sondern er redet von ihr wie von einem Schatz, einem Blumenstrauß oder einem Himmelskind. Freilich ist Liebe für die gesamte Bibel nichts Romantisches, sondern stets die Gabe praktischer Solidarität. Sie wird seit den Vätergeschichten des Alten Testaments verstanden als Gegenseitigkeit im Angesicht von Tod und Wüste.

Wenn wir von Liebe, von radikaler biblischer Liebe sprechen, unterstreichen wir wahrscheinlich viel zu sehr das Element des Willens und damit den Zwang, das Müssen, das Unerfreuliche, den Druck, die Anstrengung. Die großen Liebenden aus der Geschichte der Kirche aber waren Menschen, denen die Hingabe leicht fiel, die bei dem, was sie antrieb, nicht verkrampft, sondern glücklich waren, und zwar auf ansteckende Weise. Sie mussten sich nicht mühsam zu einem Lächeln aufraffen, sondern durch die Selbstverständlichkeit ihrer Hingabe wurde erkennbar, dass sie von einer himmlischen Gabe her lebten. Alles kam nur darauf an, dass sie diese Himmelsgabe nicht blockierten und ihr nicht selbst im Wege standen. Sie waren »Kerzen, die an beiden Enden brannten«, aber doch nicht Selbstmörder.

Was Paulus verkündigt, kann man immer an seiner eigenen Weise verstehen, in der er den Aposteldienst ausführt. Sein Selbstverständnis als Apostel, seine eigene Berufsauffassung ist immer wieder der Schlüssel zu seinem Evangelium. Ich habe das deshalb in meiner Auslegung paulinischer Theologie immer wieder zum Ausgangspunkt gemacht. Und das kommt mir hier deshalb besonders in den Sinn, weil ich oft auf Priester stoße, die wegen der Zustände der Kirche am Ende ihrer Kräfte sind. Vor allem leiden sie unter dem erkennbaren »Verfall des Priesterberufs« (P. Müller-Goldkuhle, Anzeiger für die Seelsorge 12/2006). »Kernproblem ist die erschreckende Wirklichkeit des beruflichen Alltags der Seelsorgspriester.« Vor allem ist nach meinem Eindruck ein Priesterbild abhanden gekommen, das noch anziehend sein könnte, denn bis auf das Sprechen der Konsekrationsworte und die Absolution bei der Beichte sei fast alles auf Laiengremien übergegangen, könnte man denken. Das Ausgebranntsein wäre nicht entfernt so schlimm, wenn man wüsste, wozu man da ist. Ein Priester schrieb mir in diesen Tagen, er habe es satt, vertröstet zu werden. Deshalb zurück zu Paulus. Was sagt er dazu? »Jetzt prahle ich: Ich diene ihm noch mehr (sc. als meine Gegner). Ich habe viel größere Mühsal zu ertragen, muss viel häufiger nachts wachen, werde viel öfter verprügelt oder dem Tod ausgesetzt. Die Juden ließen mich fünfmal auspeitschen mit 39 Hieben, dreimal wurde ich mit dem Stock verprügelt, einmal gesteinigt, dreimal ging das Schiff unter, auf dem ich segelte, einen ganzen Tag und eine Nacht trieb ich auf dem Meer. Unzählige Male hatte ich die Mühen endloser Fußwanderungen zu ertragen, kam in tausend Gefahren durch reißende Flüsse, durch gemeine Räuber, durch wutentbrannte Juden und habgierige Heiden, habe mich in unbekannte Ortschaften verirrt, die Tücken der Wüste ertragen, mich den Launen des Meeres ausgesetzt und den Listen falscher Brüder. Ich habe Mühsal und Schwerstarbeit ertragen, lag nachts oft schlaflos, meine Gefährten waren Hunger und Durst, oft musste ich fasten und Kälte und Nacktheit erduldet. Ganz zu schweigen von der alltäglichen Arbeit: Tag für Tag belagerten mich die Leute, um alle meine Gemeinden musste ich mich kümmern.

Wenn einer schwach und krank ist, dann bin ich es. Wenn irgendwo die Gefahr droht, dass einer vom Wege abkommt, dann brennt sie mir auf den Nägeln. Wenn ich mich schon selbst herausstreichen muss, dann will ich das wenigstens mit meinen armseligen, schwachen und bedürftigen Seiten tun. Gott, der Vater unseres Herrn Jesus Christus, sei gelobt in Ewigkeit: Er weiß, dass ich nicht lüge« (2 Korinther 11). Das heißt: Paulus vertröstet sich nicht, vor allem wird er von keinem getröstet. Kein Bischof steht ihm zur Seite; wenn eines klar ist aus der Geschichte des frühesten Christentums dann dieses, dass er mutterseelenallein stand. Und er war in ständiger Lebensgefahr. Im Blick auf 1 Korinther 13 bedeutet das: Die Liebe, von der Paulus spricht, ist eine, die vor allem Leiden in Kauf nimmt. Das sieht man an Jesus, an Paulus und an tausend heiligen Männern und Frauen. Das sollte man übrigens auch Brautleuten sagen, die 1 Korinther 13 gerne als Predigttext zur Trauung wählen. Es ist eine Illusion zu meinen, Ehe und Familie sei auf Dauer ein Zuckerschlecken.

Welche Zeiten der Kirchengeschichte waren eigentlich nicht

schwierig? In allen Zeiten kam es nur auf eines an: Wir brauchen Heilige. Die Situation der Priester lässt keine andere Wahl als den einen Ausweg: Heiligkeit. Zeiten, in denen es der Kirche schlecht geht, zwingen zur Konzentration auf das Äußerste. Es ist, als müssten die wenigen verbliebenen Priester für die umfassende Libertinage der gesamten westlichen Gesellschaft sehr konkret büßen und all das an ihrem Leib ertragen, was die anderen sich an Luxus und Unrecht, an gewollter Kinderlosigkeit und Ausbeutung leisten. Der Priesterberuf ist eine konkrete Märtyrerexistenz, darauf sollte man die Kandidaten vorbereiten. Man sollte aber auch der Gesellschaft sagen, wer die Zeche für die Laxheit aller zu zahlen hat. In einer Ausbildung zum »Großstadteremiten« und Märtyrer – was sollte man da anderes lernen als: »Ich sage zum Herrn, mein Gott bist du; mein ganzes Glück bist du allein.«

Kein Recht zur Ermäßigung

Kein Mensch, insbesondere kein Laie, hat das Recht, hier etwas zu ermäßigen. Auch ein Fachexeget kann nur feststellen, dass in dieser historischen Situation Priestersein dreimal so schwer ist wie vor 50 Jahren. Der Priester muss mit seiner ganzen Existenz alle evangelischen Räte auf einmal darstellen, in großer Einsamkeit und allein auf sich gestellt, ohne Zeit, sich geistlich oder theologisch zu erholen oder fortzubilden. Auch ein Professor kann das nur stellvertretend tun oder anbieten, aneignen müssten es sich schon die Priester selbst. Dass sie dazu keine Zeit haben, ist mir klar. Das Berufsbild »Priester« ist so unmöglich wie das des Märtyrers. Dass unter dieser Situation auch die Kirche im Ganzen schwer zu leiden hat, ist auch klar. Auf Dauer wird der katholische Glaube aus diesem Grund in unserem Land erheblich zurückgehen. Mit Vertretern der katholischen Kirche rechnen die anderen Konfessionen »wegen Priestermangel« oft schon gar nicht mehr. R. Schneiders »Nur den Betern kann es noch gelingen« müsste abgewandelt lauten: Ohne heiligmäßige Priester geht die Kirche zu Boden.

Den Glaubenden wird das Leben verwandelt

5. Sonntag im Jahreskreis C

1 KORINTHER 15,1–11

Paulus liefert hier einen historischen Vorspann zu seinem Kapitel über die Auferstehung. Es geht Paulus darum, die künftige allgemeine, leibliche Auferstehung aller Christen zu verteidigen. Paulus tut das gegenüber Menschen in Korinth, die jedenfalls an eine solche Auferstehung nicht glauben. Im Rahmen dieses allgemeinen Beweisziels des ganzen Kapitels 15 ist es die Absicht von V. 1–11 einerseits, die Tatsächlichkeit der Auferstehung Jesu ganz sicher zu erweisen. Denn darauf baut der Apostel seine gesamte weitere Argumentation auf. Andererseits aber nennt Paulus eine ganze Liste über 530 Zeugen der Auferstehung Jesu, zu denen er auch selbst gehört. Denn so hat er Autoritäten genannt, die dieses Ereignis auslegen und kommentieren können, weil sie Augenzeugen sind. Diese Kompetenz entfaltet der Apostel in der Folge gleichfalls.

Theologisch wichtig ist zunächst die Frage, um was für Fakten oder Geschehnisse es sich bei der Liste der Erscheinungen handelt, die Paulus aufzählt. Vor allem: Was meint Paulus selbst – hält er die Geschehnisse für subjektive Eindrücke (Meinungen) oder für wirkliche Geschehnisse, die vom Himmel her in Raum und Zeit stattfanden? Und schließlich: Auf welcher Ebene müssten wir modernen Menschen diese Ereignisse ansiedeln? Paulus selbst rechnet mit objektiven Ereignissen, denn die Geschichte ist für ihn vor allem der Raum, in dem Gott dem Menschen begegnen will. Nach der Ansicht des Paulus geht es dabei vor allem – das wird dann aus dem Rest des Kapitels deutlich – um die neue Leiblichkeit der neuen Schöpfung. So wirklich und leibhaftig Adam und Eva waren, genauso leibhaftig ist die Auferstehung Jesu und wird der Tod verschlungen werden in der neuen Leiblichkeit aller Menschen.

Nun hat man eingewandt, Paulus berichte gar nichts vom leeren Grab, also sei das Grab nach seiner Auffassung »voll« gewesen und Jesus in der Erde verwest. Der Auferstandene sei demnach rein geistig erschienen und nicht in verwandelter Leiblichkeit. Es ist zutreffend, dass Paulus im Unterschied zu den vier Evangelien von einem leeren Grab nichts berichtet. Doch aus folgenden Gründen darf man erschließen, dass auch Paulus ein leeres Grab zu Ostern voraussetzt: Das religionsgeschichtliche Argument lautet: Dem gesamten antiken Judentum ist die Vorstellung von etwas »rein Geistigem« im Unterschied zu »Körper« nicht bekannt. Rein Geistiges gibt es nicht, denn es gibt keinen Dualismus von Geist und Materie. Diesen Dualismus (exklusive Zweiteilung) gibt es in der Alten Welt nur bei Plato und über den frühchristlichen Platonismus dann auch in der Dogmatik der Alten Kirche. Aber im Neuen Testament haben wir es noch mit Juden zu tun. Daher muss Paulus, wenn er schon von Auferstehung redet, zwingend auch an etwas Körperliches (im weitesten Sinne des Wortes) gedacht haben. Das Argument aus der apokalyptischen Eschatologie: Das apokalyptische Judentum der Zeit des Neuen Testaments teilt mit seiner hellenistischen Umwelt den Ausdruck »Verwandlung« – man denke etwa an Ovids Metamorphosen (Verwandlungs-Geschichten). Der Sache nach geht es dabei um eine ganzheitliche Veränderung des Menschen zum Besseren hin. Auch außerhalb der Bibel ist dieses ein göttlicher Vorgang. Die Menschen werden zur Natur hin (zurück-) verwandelt, zum Beispiel Philemon und Baucis in Bäume, Daphne in einen Lorbeerstrauch. Das Judentum spricht von der Verwandlung zu Gott hin; insbesondere dann, wenn der Mensch in den Bereich Gottes eintritt oder vor Gottes Thron steht, wird er so verwandelt, dass er dort bestehen kann und hoffähig ist. Oft wird diese Verwandlung mit dem Bild des Anlegens neuer Kleider beschrieben. Wenn der Leib neue, nämlich himmlische Kleider erhält, erstrahlt er in einem himmlischen, Gott gemäßen Licht. So ergeht es etwa Henoch vor Gottes Thron nach der Henoch-Apokalyptik. Bei Paulus ist von der Verwandlung in 1 Korinther 15,51-53 die Rede. Paulus spricht davon, dass wir (nämlich die Christen) verwandelt werden, und er verwendet dafür wie die jüdischen Texte das Bild des Anziehens. Bei aller Verwandlung aber ist immer vorausgesetzt, dass der alte Mensch, und zwar natürlich inklusive Leib, verwandelt wird und dass der alte Leib eben nicht danebenher noch weiter existiert. Nein, bei der Verwandlung wird etwas verwandelt, nämlich der ganze alte Mensch. Das innerpaulinische Argument lautet so: Wenn das Sterbliche das Unsterbliche »anzieht« (1 Korinther 15,53), dann wird dabei das, was sterblich war, verwandelt. Das Bild des Verschlingens (15,54f.) bedeutet genau dieses: Das Sterbliche ist dann nicht mehr da. Es ist im Neuen »aufgehoben« im doppelten Sinne des Wortes. Genauso wird auch das der Rheginusbrief, die früheste weiterführende Deutung von 1 Korinther 15 im 2. Jahrhundert (bei Berger/Nord, Das Neue Testament, S. 1043ff., Kapitel 4) deuten: »Der Erlöser hat den Tod verschlungen ... Er legte die vergehende Welt beiseite. Er (Jesus) verwandelte sich in eine unvergängliche Himmelsmacht. Er ließ das Sichtbare durch das Unsichtbare verschlungen werden und erstand von den Toten auf.« So hat er uns den Weg geschenkt, auf dem wir unsterblich werden können. Dann gilt, was der Apostel sagt: »Wir leiden mit ihm, wir stehen mit ihm von den Toten auf, wir gehen in den Himmel mit ihm.« Wir sind die Strahlen, (er ist die Sonne). Er umfasst uns bis zu unserem Versinken, das heißt, bis zu unserem leiblichen Tod in diesem Leben. Dann zieht er uns zum Himmel, wie die Sonne ihre Strahlen einsammelt. Nichts hält uns dabei zurück. (10) Das ist die Auferstehung durch den Heiligen Geist. Sie verschlingt die bloße Unsterblichkeit der Seele, die man psychische Auferstehung nennen könnte, oder die bloße Wiederbelebung des Körpers, die eine nur körperliche Auferstehung wäre. Sie verschlingt sie, das heißt, sie umfasst, überbietet und ersetzt sie. Und ebenso deutet sie auch die Totenpräfation des katholischen Requiems: »Denen, die an dich glauben, Herr, wird das Leben nicht genommen, sondern verwandelt.« Es ist das Wesen jeder Verwandlung, dass das Alte nicht mehr da ist, sondern dass es in das Neue hineinverwandelt ist. Aus allen diesen Gründen ist aus meiner Sicht zwingend davon auszugehen, dass Paulus für seine Aussage über die Auferstehung Jesu das leere Grab voraussetzt, auch wenn er keinen eigenen Bericht über dessen Auffindung bringen kann. Das Verschlungenwerden alles dessen, was sterblich war, bedeutet dessen restlosen Ersatz durch Neues.

Was bedeutet das für unseren Glauben heute? Die Kategorie der Verwandlung beschreibt das Neue höchst zurückhaltend. Die neue Schöpfung ist weder ein Schlaraffenland noch ein wiederhergestelltes Paradies noch ein Gegenstand beliebiger Fantasien. Paulus sagt nur eines: Der Tod wird nicht mehr sein. Die enge Begrenztheit durch Sterblichkeit wird aufgehoben sein. Denn Verwandlung heißt nur: Es wird anders sein, und zwar tröstlich und in Richtung größerer Ähnlichkeit mit Gott. Das ist nüchtern, das ist alles – und es ist dennoch unfassbar. Insofern ist das, was Paulus hier sagt, typisch für christliche Mystik: Jedes Schwelgen in Fantasien wäre eine Beleidigung Gottes. Diese Mystik stößt uns mit strikter Konzentration auf das, was allein wesentlich ist, auf das, was wirklich exklusives Geheimnis ist, nämlich auf die Besiegung des Todes.

Etwas anderes ist genauso wichtig: Wir werden es sein, die verwandelt werden. Es wird also nicht ein neuer Mensch gleichen Namens geschaffen. Das, was bleibt, was kontinuierlich sein wird, ist die Personalität jedes Einzelnen inklusive der Tatsache leiblicher Existenz. Paulus meint das, indem er sagt: »Wir« werden verwandelt werden, »wir«, das heißt: jeder Einzelne. Denn jeder Einzelne ist unvertretbar und unersetzlich. In diesem Sinne möchte ich den mittelalterlichen Satz verstehen, dass das »*Individuum ... ineffabile*« sei, unaussprechlich, undefinierbar. Denn mit Worten können wir immer nur Allgemeines aussagen, können wir das Besondere nur umschreiben, aber nie definieren. Das wäre die Quadratur des Kreises.

Diffuse Gottessehnsucht begründet keinen Glauben

6. Sonntag im Jahreskreis C

1 Korinther 15,12.16–20

Die Ausgangslage des Apostels beim Thema Auferstehung der Toten ist alles andere als rosig. Denn im Judentum glaubt nur die pharisäische Minderheit, der Paulus einst angehörte, wirklich an eine Auferstehung Toter. Und im Heidentum, das in Korinth bei Weitem überwiegt, ist der Gedanke an eine Totenauferstehung abwegig. Apostelgeschichte 17 schildert, wie Paulus in Athen den Widerstand der Philosophen erfahren haben könnte. Für griechisches Denken ist eine solche Adelung des Körpers nicht vorstellbar. Die Ausgangslage ist daher für Paulus ähnlich wie für die heutige Verkündigung. Für die Nichtchristen ist Auferstehung der Toten ziemlich absurd, und bei herkömmlichen Christen ist ein überzeugter Glaube in dieser Hinsicht selten.

Alle anderen Götter sind tot

Muss man eigentlich an die Auferstehung der Toten glauben, um Christ zu sein? Dazu erklärt Paulus in VV. 14–17: »Wäre aber Jesus nicht auferweckt worden, dann wäre meine Botschaft sinnlos, und euer Glaube hätte keine Grundlage? Dann hättet ihr eure Sünden behalten.« Auf einer diffusen Sehnsucht nach irgendeinem Gott lässt sich nach dem Paulus von 1 Korinther 15 kein Glaube gründen. Glauben der Christen bezieht sich auf den lebendigen Gott der Bibel, und dieser hat kürzlich ein Lebenszeichen von sich gegeben, eben die Auferweckung Jesu von den Toten. Weil dieser Gott das getan hat, kann man an ihn glauben. Und alle die anderen Götter, die vielleicht Glauben verlangen, sind dieses nicht wert, denn sie sind tot. Die Auferstehung Jesu ist daher der entscheidende Grund, gerade an diesen Gott zu glauben und an keinen anderen.

Scheinbar argumentiert Paulus in Apostelgeschichte 17 anders, wo er den Athenern bescheinigt, sie seien fromm und glaubten sogar an einen ihnen noch unbekannten Gott. Könnte das nicht der Gott der Christen sein? Aber auch hier ist das entscheidende Argument: Gott hat den zum Richter bestellten Jesus schon von den Toten auferweckt und damit für ein künftiges Richteramt qualifiziert. Denn als Auferstandener kann Jesus vom Himmel her kommen, um die Welt zu richten. Auch hier ist die Auferstehung Jesu das entscheidende Argument, und daran scheitert der Glaube der Athener denn auch sozusagen folgerichtig.

Die stark von ihrer nicht-christlichen Vergangenheit geprägten Menschen in Korinth werden mit ihrer Position, die Auferstehung abzulehnen, nicht unbedingt Anhänger einer exotischen Häresie gewesen sein müssen, wie die ältere Forschung annahm. Nein, es ist doch viel einfacher, für Korinth ganz schlicht mit einem normalen Skeptizismus zu rechnen, wie er auch bei uns nicht nur am Stammtisch, sondern leider vielfach auch in Altenheimen gegeben ist, wo die Alten sich dann mit ihrer Skepsis gegenseitig in die Depressivität hinabziehen.

Die Schwierigkeit liegt für Paulus ganz woanders, und hier musste er Pionierarbeit leisten. Als Pharisäer glaubte er zwar an die Auferstehung der Gerechten am Weltende. Als Christ glaubte er an die Auferstehung Jesu, die jedenfalls vor dem Weltende, eben in der Zeit schon stattgefunden hatte. Beides muss Paulus hier erstmalig in Beziehung zueinander setzen. Die Frage, vor der er stand, war daher: In welcher Beziehung steht die Auferstehung Jesu zur allgemeinen Auferstehung der Toten? In keinem der kanonischen Evangelien wird diese Frage gestellt oder beantwortet. Im Neuen Testament finden sich nur formelartige Zusammenfassungen in Kolosser 1,18 (»Erstgeborener aus den Toten«) und Apokalypse 1,8 (dasselbe). Diese Angaben sind knapp und unanschaulich, zeitlich nachpaulinisch und eher als Zusammenfassung dessen denkbar, was Paulus in 1 Korinther 15 entfaltet.

Paulus mutet dabei den Korinthern nicht einfach die naive Meinung zu, die Auferstehung habe eben schon begonnen und die Auferstehung Jesu sei nur der erste Akt, die Christen lebten dann gewissermaßen zwischen dem ersten und dem zweiten Akt. Eine solche These wäre auch heute noch viel weniger überzeugend als damals, als die Auferstehung Jesu erst maximal zwei Jahrzehnte her war. Paulus sagt vielmehr: Ihr Korinther glaubt doch an die Auferstehung Jesu. Das aber setzt die allgemeine Möglichkeit von Auferstehung voraus. Also: Wenn es Auferstehung überhaupt geben kann, dann kann es auch Auferstehung der Korinther geben.

Aber hier entstehen aufgrund des Wortlautes zusätzliche Fragen: Warum sind die Korinther noch in ihren Sünden, wenn Jesus nicht auferstanden ist? Bisher hatte Paulus doch die Sündenvergebung an den Tod Jesu gebunden, noch in 15,3. Hat sich die Ursache der Sündenvergebung plötzlich geändert? Antwort: Nein, keineswegs. Den Tod »für die begangenen Sünden« macht Jesus erst jeweils als unser himmlischer Anwalt, Patron und Fürsprecher aktuell. Er steht vor Gott (zu seiner Rechten) und »argumentiert« mit seinem Tod jeweils zu unseren Gunsten. Als Patron tritt er täglich für uns ein, das ist sein himmlischer Dienst als unser Hohepriester. Wäre Jesus nicht auferstanden, so wäre er nicht erhöht und stünde nicht als unser Anwalt zur Verfügung.

Und was heißt: »Und wenn wir nur für unser irdisches Leben auf den Messias hofften, wären wir unter allen Menschen die ärmsten, da wir auf einen Toten hofften« (V. 19)? Nur für das irdische Leben auf Gott zu hoffen, das war die Situation des Alten Testaments. Aber da hoffte man wenigstens auf den lebendigen Gott. Die Situation hätte sich dann unter Jesus Christus verschlechtert, wenn er nicht auferstanden wäre. Paulus fragt die Korinther: Wollt ihr im Ernst so erbarmenswürdige Menschen sein?

Verwandelte Leiblichkeit

Aber was heißt dann »Christus Erstling der Entschlafenen«? Wie denkt Paulus die Verbindung zwischen Christus und den Toten wirklich, wenn Christus nicht nur ein erstes Glied in einer langen Kette ist? Paulus entfaltet dafür in VV. 21–28 eine recht komplizierte Auffassung über Jesu Wirken in der Erhöhung. Zentral ist dabei der Gedanke, dass dem Erhöhten Christus von Gott Vater alle seine Feinde zu Füßen gelegt werden, alle riesigen Geistermächte, ganz am Ende auch der Tod. Dann erst kann allgemeine Auferstehung sein.

Wie lebt es sich heute mit oder ohne den Glauben an die Auferstehung? Viele denken an irgendein Weiterleben nach dem Tod, damit meinen sie, dass ihre Seele irgendwie im Himmel sei. Das meint aber der Auferstehungsglaube nicht. Dieser meint vielmehr eine verwandelte Leiblichkeit, denn für jüdisches Denken und Wahrnehmen gibt es keine Trennung von Leib und Seele. Deshalb heißt Auferstehung neues Dasein in einem verwandelten Leib. Die beiden entscheidenden Aspekte sind theologisch und seelsorgerlich Herrlichkeit und Liebe. Herrlichkeit ist Gottes Antwort auf alles unsägliche Leiden in der Welt, genauer gesagt: Die Einkleidung des Menschen in Herrlichkeit und Schönheit. Dieses gibt Gott ohne Maß, und alle die kleinen Fragen, ob wir hier oder dort zu kurz gekommen seien, ungerecht weggekommen im Unterschied zu anderen oder entgegen unserem Lebensplan, alle diese Fragen werden verstummen angesichts der reichen Fülle, mit der uns Gott beschenkt. Denn nur eine reiche Fülle passt zu dem, der schon das Universum so herrlich erschaffen hat. Und die zweite Schöpfung wird die Vollendung in Herrlichkeit sein und die Antwort auf alle Fragen und Klagen.

Der zweite Punkt heißt Liebe. Hier wie auch sonst ist wohl die Erfahrung von Verliebtsein und leidenschaftlicher Liebe das beste Bild für das, was Auferstehung meint. Um das auszudrücken, haben die frühen Zisterzienser und viele andere Kommentare zum Hohelied geschrieben: In diesem »Lied vom Geschlechtsverkehr« sahen sie die angemessene Abbildung des Geheimnisses der Liebe zwischen Gott und seinem Volk, zwischen Gott und Mensch. Die Selbstvergessenheit der Liebenden in der Begegnung, das Stillstehen der Zeit, wenn sie sich sehen, ist unübertroffenes Bild der Ewigkeit und des besonderen Einsseins mit aller Kreatur, in dem jede Schönheit Spiegel des eigenen Glücks wird, was nur die Verliebten und glücklich Liebenden kennen.

Die Herren der Welt gehen, Christus ist immer im Kommen

Christkönigssonntag A

1 Korinther 15,20–26a.28

Christus regiert jetzt als König. Seine Regentschaft währt nach Paulus seit der Erhöhung zur Rechten Gottes bis zu seiner Wiederkunft, inklusive Totenauferstehung. Dann geht sein Reich auf in der universalen Herrschaft des Vaters, an der der Sohn teilhaben wird. In der Zeit zwischen der Erhöhung Jesu und seiner Wiederkunft leben wir jetzt. Es ist eine Zwischenzeit. Wir kennen sie auch aus Matthäus 13,41, wo vom Reich des Menschensohnes die Rede ist. Ebenso kennen wir dieses Reich Christi aus der Offenbarung des Johannes, und zwar als das sogenannte Tausendjährige Reich. Dabei ist die Zahl Tausend eine symbolische Zahl. Sie bezeichnet irdische Vollkommenheit. In diesem Falle handelt es sich um die letzte der sieben Jahrtausende, die die geschaffene Welt dauert. Das Siebener-Schema der ganzen Woche von sieben Tagen hatte man auf die Weltgeschichte bezogen. Die letzte Zeit von eintausend Jahren stand nun noch aus. Und sie sollte nach allgemeiner Erwartung die Zeit sein, in der Gott alles auf Erden geschehene Unrecht zurechtbringen werde. Daher fällt nach dem Seher Johannes in diese Zeit die Auferstehung der Märtyrer. Denn sie sind die zu kurz Gekommenen der Weltgeschichte.

Weder zur ersten noch gar zur zweiten Jahrtausendwende konnte man wegen des symbolischen Charakters der Zahl Tausend ernsthaft mit der Wiederkunft Jesu rechnen. Die vorherrschende kirchliche Auslegung des tausendjährigen Reiches geht daher ganz in die Richtung, die man durch Matthäus 13 und 1 Korinther 15 vorgegeben sah: Diese Zeit ist jetzt, und jetzt regiert Jesus auf jeden Fall im himmlischen Jerusalem mit den Märtyrern und Heiligen. Aber auch die Kirche, in der Gute und Böse gemischt sind, gehört zum Reich Christi (Matthäus

13). Auch jüdische Apokalypsen (außerhalb der Heiligen Schrift) kennen eine Zeit der Regentschaft des Messias, die begrenzt ist (beispielsweise vierhundert Jahre), vor dem universalen Reich Gottes. Und diese Zeit hat noch einen eher auf Israel bezogenen Charakter.

Nach Paulus ist die Zeit der Regentschaft Jesu Christi ausgefüllt mit dem Kampf gegen die Mächte und Gewalten, die dem Menschen feindlich gegenüberstehen. Dazu gehört besonders der Tod. Die in 1 Korinther ausgeführte Sicht meint daher: Jesus ist erhöht zur Rechten Gottes des Vaters. Der Vater unterwirft dem Sohn die menschenfeindlichen Mächte. Er tut das um des Sohnes willen und um den Sohn zu ehren. Die Zeit der Erhöhung erbringt daher eine wesentliche Frucht der Erlösung. Der Vater schont uns nicht nur hinsichtlich unserer Sünden um des gekreuzigten Sohnes willen. Der Vater unterwirft auch die menschenfeindlichen Mächte dem Sohn zuliebe. Denn diese bedrohen den Menschen über die eigenen Sünden hinaus. Dieser weitere Aspekt der Erlösung »um des Sohnes willen« kommt in der gewöhnlichen Unterweisung zu kurz.

Im Klartext: Der Vater vergibt unsere Sünden um des Sohnes willen (Sühnetod). Überdies aber schafft er in der Zeit der Regentschaft des Sohnes oder jedenfalls an deren Ende die Befreiung von den menschenverachtenden Mächten und Gewalten. Gott bewirkt auch dieses um des geliebten Sohnes willen. Denn er hat in ihm die eigene Liebe zu den Menschen wieder- und anerkannt. Dass der Vater in der Tat um des geliebten Sohnes willen ihm die Mächte unterwirft, steht in 1 Korinther 15,25–27: »Denn der Messias soll nur so lange herrschen, bis Gott ihm all seine Feinde zu Füßen gelegt hat. Als letzter Feind wird der Tod besiegt. Denn wie es in der Schrift heißt, unterwirft Gott ihm alles und legt es ihm zu Füßen.« Man kann diesen Aspekt nur verstehen, wenn man eine Ahnung davon hat, was Paulus unter den Mächten versteht: Es sind nicht menschliche politische Formationen, sondern geistige Mächte, die den Menschen total beherrschen. Vor allem seit dem 21. Jahrhundert verstehen wir besser, was Paulus mit diesen Mächten gemeint hat: Menschen versklavende mächtige Ideologien, wie zum Beispiel Rassismus, Nationalismus, Kommunismus, Faschismus, Kapitalismus, Militarismus, jede Art von Totalitarismus. Dazu gehören neuerdings auch wieder Konfessionalismus und die Neigung, Inquisition zu betreiben. Die hauptsächlichen Mächte sind Geiz und Neid, altbekannte Feinde des Lebens. Paulus versteht daher nicht nur die Sünde als eine Art Sklavenhalterin (Römer 7), sondern auch weitere, ihr verwandte Weltmächte, die uns genauso versklaven und von denen wir unbedingt befreit werden müssen. Dass nicht Jesus gewissermaßen »eigenhändig« die Mächte unterwirft, sondern dass der Vater dieses für ihn tut, geht auch aus Apokalypse 12 hervor: Michael wirft – als Gottes Bote und in Gottes Auftrag – den Satan aus dem Himmel hinaus. Es geschieht um der Menschen willen, denn diese haben ja seit der Besiegung Satans keinen Widersacher mehr im Himmel und an Gottes Thron.

Daher kann man im Blick auf unser Kapitel sagen: In der Zeit, in der Christus König ist, herrscht auf Erden noch keineswegs Frieden, sondern eher das Gegenteil. Nach Apokalypse 12 ist jetzt die Zeit der Martyrien, in der die Kirche »in der Wüste« lebt. Nach 1 Korinther 15 führt Gott Vater selbst den Kampf gegen Ideologien und verführerische Mächte. Nach Matthäus 13 leben böse Menschen auch innerhalb der Kirche, die man nicht einfach hinauswerfen kann, sondern ertragen muss. Der Vater führt den Kampf, der letztlich in der Vernichtung des Todes endet. Denn der Tod ist der größte Feind, da er den Menschen geistig und leiblich bedroht und versklavt. Wie sich das geistig gestaltet, kann man an der Mordlust ganzer Völker erkennen und auch daran, dass hierzulande die Zeit im Leib der eigenen Mutter für die kleinen Kinder die gefährlichste ihres Lebens geworden ist. Wenn der Tod besiegt ist, auch eben als geistige Macht namens Mordlust, dann kann Auferstehung sein. Dann kann Jesus Christus, der selbst auferstanden ist, auch die Ursache für die Auferstehung derer sein, die zu ihm gehören.

Im Ganzen ergibt sich daher, wenn man unseren Abschnitt sorgfältig liest und nachbuchstabiert, folgende Reihenfolge der Ereignisse: Auferstehung Jesu – Sitzen Jesu zur Rechten des Vaters – der Vater besiegt für Jesus die Feinde des Menschen – der letzte Feind ist der Tod – Jesus kommt wieder – die Auferstehung der Toten kann geschehen, denn der Tod ist besiegt und kann die Toten nicht mehr in seiner Gewalt behalten. Daher kann es nicht rückgängig gemacht werden, wenn die toten Christen bei der Ankunft Christi in der Kraft des Heiligen Geistes auferweckt werden. – Dann folgt die »Unterwerfung« des Sohnes unter den Vater, auf dass Gott alles in allem sei.

Warum muss sich der Sohn dem Vater »unterwerfen«? Hat er das nicht schon immer getan? Antwort: Im Christentum ist Unterwerfung göttlich. Selbstbehauptung und Eigenmächtigkeit sind Merkmale der nicht Gott unterworfenen Welt. Schon nach Philipper 2,7f. erscheint Jesus in der Welt als Sklave, gehorsam bis zum Tod. Und dieses Sklavesein wird auch am Ende sein Merkmal sein, wenn er seine Aufgabe und Rolle vollständig erfüllt hat. Bedenken wir auch dieses: Die Beziehung Vater – Sohn ist unumkehrbar. Der Sohn hat alles, was er ist, vom Vater. Daher bringt der Sohn durch die Unterwerfung völlig glaubhaft zum Ausdruck, dass er wirklich der Sohn ist. Der letzte Akt seines Gehorsams ist seine erneuerte Legitimation als Sohn Gottes. Und inwiefern ist Gott dann alles in allem? Antwort: Er füllt alles mit sich aus, erfüllt alles mit seiner Herrlichkeit. Aber alle Dinge und Personen bleiben bestehen. Alles an ihnen und in ihnen wird von Gottes lichtvollem Glanz verwandelt und schön.

Herr Jesus Christus, die Zeit deiner Sendung ist mit dem Kreuz nicht zu Ende. Du bist auch weiterhin unser Mittler. Wir jubeln dir zu: Ja, sei du unser König. Denn unter deiner Herrschaft wird das besiegt, was wahrhaft schadet, und das bewahrt, was du wahrhaft liebst. Denn die Herren dieser Welt gehen, deine Herrschaft ist immer im Kommen. So wollen wir dich anbeten, dich den König, der kommen wird.

Erst Christus macht die bessere Schöpfung möglich

7. Sonntag im Jahreskreis C

1 Korinther 15,45–49

Dieser Abschnitt gehört zu den kühnsten und großartigsten Stücken paulinischer Theologie. Denn Paulus wagt es, die jedem Juden bekannte geheiligte Abfolge der biblischen Berichte am Anfang der Genesis (1. Buch Moses) einfach umzudrehen. Beim ICE nehmen wir es hin, wenn erklärt wird: »... verkehrt heute in umgekehrter Wagenfolge«, denn in jedem Waggon ist ungefähr dasselbe darin. Bei den biblischen Schöpfungsberichten ist das anders. Denn betroffen ist hier die zweifache Erschaffung des Menschen nach Genesis 1,26–28 (Mensch nach Gottes Bild, männlich und weiblich) und Genesis 2 (Gott formt Adam aus Lehm und Eva aus der Rippe). In der heutigen Exegese wird diese Doppelung durch verschiedene Quellen erklärt, die lose aneinandergefügt seien, die Priesterschrift in Genesis 1,1–2.4a und der Jahwist in Genesis 2,4bff. Im Judentum zur Zeit des Apostels Paulus hatte man die Doppelheit der Berichte erkannt und teilte sie zwei verschiedenen Stadien der Schöpfung zu. Weil der Platonismus die Abfolge von Idee und materieller Welt kennt, sah der platonisierende jüdische Philosoph Philo von Alexandrien (ca. 20 v. Chr. – 60 n. Chr.) im ersten Schöpfungsbericht die ideale und nicht materielle, ewige und im göttlichen Plan entworfene Schöpfung. Im zweiten Bericht erst sah Philo dann von der materiellen Schöpfung in der Welt berichtet. So konnte Philo erweisen, dass Mose ein Platoniker war, bzw. dass Plato seine Theorien aus der mosaischen Genesis gelernt hatte. Die eine platonische Wahrheit, nach der die ideelle Welt der materiellen vorausging, konnte wunderbar durch die Schrift bestätigt werden.

Paulus teilt mit dieser zeitgenössischen Auslegung der beiden Schöpfungsberichte erstaunlich viel: nämlich dieses, dass der erste Schöpfungsbericht die ideale Schöpfung nach Gottes Willen darstellt, der zweite aber die faktisch bestehende Schöpfung, in der Schwäche herrscht. Die erste Schöpfung bezeichnet er mit dem Stichwort »Heiliger Geist« (gleichbedeutend mit Kraft und ewigem Leben), die zweite mit »Fleisch« (dasselbe wie Schwäche, Zerbrechlichkeit, Sterblichkeit) für »Fleisch« steht hier das eher dem Geist entsprechende Wort »Psyche«, und damit bezeichnet Paulus die sterbliche Seele, die Gott Adam nach Genesis 2,7 eingehaucht hat.

Die Taufe hebt die Trennung zwischen Mann und Frau auf

Der ideale, kräftige erste Adam von Genesis 1, der nach dem Bild Gottes geformte, ist für Paulus Jesus Christus, der Adam aus der Kraft des Heiligen Geistes. Der sterbliche Adam nach Genesis 2 ist für Paulus dagegen Adam, der Mann Evas. Dass der erste Adam nach Genesis 1,26–28 »männlich und weiblich« war, stört Paulus bei seiner Anwendung der Stelle auf Jesus Christus nicht, denn nach Galater 3,28 sind, wenn die Getauften Christus anziehen, die trennenden Unterschiede zwischen Mann und Frau aufgehoben.

Doch nun kommt der entscheidende Schritt: Paulus richtet sich gegen das Dekadenzschema Philos, nach dem erst das Vollkommene und dann das leider Irdische dargestellt ist. Denn für Paulus ist die Welt nicht auf dem Weg vom anfänglich Besseren zum Schlechteren, sondern nach der christlichen, eschatologischen (auf die kommende Endzeit ausgerichteten) Sicht kommt für ihn das Bessere erst mit Jesus Christus. Daher sagt er in 15,46: »Also gab es keineswegs erst das göttliche Leben aus Heiligem Geist, dann aber das schwache irdische Leben, sondern zuerst gab es das schwache, irdische Leben. Denn Adam, der erste Mensch, war aus Lehm, also aus der Erde geboren. Der zweite, vollkommene Adam aber, Jesus, kommt vom Himmel.« Daraus entnehmen wir: Die Denkform der beiden Adamsgestalten übernimmt Paulus aus Genesis 1 und 2. Doch weil er auf das Ende bezogen denkt, tauscht er die beiden Gestalten um. Gegen den Wortlaut der Schrift behauptet er, der Adam von Genesis 2 war der Erste, nur aus Erde gemacht und nicht aus Heiligem Geist, nur mit sterblichem

Leben bedacht. Der Adam von Genesis 1 dagegen ist Christus, der vollkommene Mensch nach Gottes Bild. Durch die Umstellung der beiden Berichte über die Erschaffung des Menschen kann Paulus den zweiten Adam zum ersten machen und umgekehrt. Ganz selbstverständlich ist Jesus Christus für ihn der zweite Adam von vollkommener Art. In 1 Korinther 15 hatte er schon einmal die beiden Adamgestalten konfrontiert: »Durch den Menschen Adam kam der Tod, durch den Menschen Jesus Christus wird die Auferstehung der Toten kommen.« Ausführlich wird Paulus dann in Römer 5 beide Gestalten nochmals gegenüberstellen, dort in Form einer Anti-Typologie, die vor allem Gegensätzlichkeit, Überbietung und Verschiedenheit darstellen wird. Dort wird Paulus dann sagen, dass die durch den zweiten Adam hergestellte Bindung enger und intensiver ist als die durch den ersten Adam bewirkte.

Worin liegt die theologische Bedeutung der Adam/Christus Typologie? Sie ist vor allem universal. Denn der erste Adam wie auch der zweite stehen für die gesamte Menschheit. Den Horizont des Judentums mit Abraham und König David sowie mit einer Sions-Erwartung hat Paulus damit aufs Ganze gesehen überwunden. Paulus gestaltet damit Menschheitsgeschichte und eine entsprechende Theologie. Das ist seinen heidenchristlichen Adressaten angemessen. Zudem erlaubt die gegensätzliche Funktion des ersten und des zweiten Adam eine klare und pädagogisch einprägsame Gegenüberstellung. Unter dem Aspekt des Beginns universalen Heils oder Unheils gibt es keinen größeren Gegensatz als den von Adam und Christus. Und schließlich kann Paulus auch aufzeigen, wie »die Menschen« jeweils mit dem einen und dem anderen zusammenhängen. Mit Adam sind wir alle durch Abstammung und Geburt verbunden, mit Christus sind die verbunden, die glauben. Die Abstammung von Adam ist »natürlich« und betrifft alle automatisch, die Verbindung mit Jesus ist geistlich und besteht nur für diejenigen, die glauben.

Erlöst werden wir nur mit persönlicher Zustimmung
Die Beziehung auf den zweiten Adam ist abhängig vom Gehorsam des Glaubens. Denn geschaffen werden wir ohne unseren Willen und ebenso geboren und mit der Erbsünde belastet. Aber erlöst werden wir nicht ohne unsere Zustimmung, die man »Glauben« nennt.

Die Gegenüberstellung Adam/Christus deckt im Übrigen eine geheimnisvolle Symmetrie beziehungsweise Asymmetrie der Heilsgeschichte auf, die besonders schön im Exsultet der Osternacht zur Sprache kommt. In dem Ruf von der »glücklichen Schuld«, die durch Christi Tod gesühnt wurde, wird auf ergreifende Weise das geheimnisvolle »Spiel« Gottes aufgedeckt, das ein heilsgeschichtliches Drama mit klaren antitypischen Figuren ist.

An der Weise des Apostels Paulus, der Alten Kirche und des Mittelalters (Domtüren), Theologie des Alten und Neuen Testaments zu betreiben, kann man im Einzelfall viel lernen.

Herr, unser Gott, Du lässt uns an der Gegenüberstellung von Adam und Christus, von Eva und Maria, von Adams Kindern und Gotteskindern Deinen Weg mit der Menschheit erkennen. Wir danken Dir dafür, dass dieser Weg nicht abschüssig ist, sondern ansteigend. Denn er führt nicht von anfänglicher Vollkommenheit Adams in immer größeres Elend. Führt nicht vom Goldenen Zeitalter in die Zeit der zerrissenen Welt und gespaltenen Christenheit, sondern Du hast Jesus Christus zum Zeichen für alle Völker gemacht, zum leuchtenden, universalen Zeichen deines Heilswillens. Denn Du willst am Ende wieder alle Menschen erreichen. Aber der Weg des Heils ist langwieriger als der Weg zur Sünde. Ungehorsam kommt leicht zustande, Glauben und Heilung dagegen braucht oft ein ganzes Leben. Angesichts dessen, was Du uns mit Jesus Christus an Hoffnung gezeigt hast, legst Du uns nahe, wie sinnvoll Geduld auch für uns sein kann. So hilfst Du uns, dass wir am Sieg nicht zweifeln müssen. Denn Dein ist das Reich, und Du lenkst den Weg aller Völker in Deiner Kraft und mit dem Ziel, dass sie alle Deine Herrlichkeit erreichen. Bewahre und behüte uns auf diesem Weg, damit Deine Güte nie vergeblich sei.

Wer verschlingt wen?

8. Sonntag im Jahreskreis C

1 KORINTHER 15,54–58

Paulus schildert zunächst mit dem Bild des Verschlingens das kosmische Ende des Todes und seine Ablösung durch den Äon der Unvergänglichkeit. Dann gibt er in ein paar Stichworten das Verhältnis von Tod, Sünde und Gesetz an. Schließlich beendet er den Abschnitt schon in 15,58 durch eine drastische Schlussmahnung.

Im Mittelpunkt des ersten Abschnitts steht ein Schriftzitat mit einer Aussage und zwei rhetorischen Fragen: »Der Tod ist verschlungen in den Sieg des Lebens hinein. Sag, Tod, wo ist dein Sieg geblieben, wo hast du deinen Stachel gelassen?« Die Basis im hebräischen Alten Testament ist dürftig: »Vernichten wird er für immer den Tod« (Jesaja 25,8). »Aus der Gewalt der Unterwelt sollte ich sie erlösen, vom Tode sie loskaufen? Wo bleiben nur deine Seuchen, o Tod, wo ist deine Pest, o Unterwelt? Mitleid verbirgt sich vor meinen Augen« (Hosea 13,14). Paulus hat daher – durch die Textstellen angeregt – eine zusammenhängende Aussage geschaffen. Der Sinn ist: Der Tod hat ein Ende, die Stunde gehört der Unvergänglichkeit und Unsterblichkeit. Alle Kreatur wird sie »anziehen«. Alle Bilder sind gut hellenistisch: Verschlingen heißt absorbieren (vgl. Thomasevangelium 7: Der Mensch verschlingt den Löwen oder umgekehrt); Anziehen (sc. als Kleid) steht für Umwandlung; Unvergänglichkeit und Unsterblichkeit sind hellenistische Begriffe; in der griechischen Bibel finden sie sich nur in Texten ohne hebräische Grundlage. Paulus beschreibt hier den Vollzug dessen, was er in 15,26 angedeutet hatte: Als letzter Feind wird der Tod vernichtet. Mit diesen Worten formuliert Paulus für seine griechischen Hörer das eigentlich Revolutionäre am Christentum: Der Tod wird nicht das Letzte sein und Asche ist nicht das Ziel aller Dinge. Sondern Freiheit vom Tod und Leben pur.

Das Anziehen von Faschingskostümen ist eine säkularisierte Form einer Hoffnung, die sich jedes Jahr mit dem Erwachen der Natur meldete und in den Mysterienkulten eine Antwort fand: Ein fremdes Kleid anziehen, bedeutet Verwandlung des Leibes. Vertauschen des alten, vergänglichen Leibes mit dem neuen, kräftigen Leben. Die Frühlingsfeier als Gesundbrunnen für die Erholung der menschlichen Vitalität. Die Verheißung ewigen Lebens wird daraus erst, als das Judentum auf diese Sehnsucht stößt und sich mit ihr verbindet. Denn allein der Schöpfergott kann das Alte so intensiv verwandeln, dass nicht nur erneuertes, vitaleres Leben dabei herauskommt, sondern ewiges. In der Rivalität mit den Mysterienreligionen war dieses ein Angebotsvorteil des Christentums.

Der Zusammenhang mit 15,56 ist so zu denken: Der Vers nimmt den Begriff »Stachel des Todes« auf und deutet ihn im Sinne des Stachels, dessen Stich zum Tod führt (so wie zum Beispiel der Stich eines Skorpions). V. 56 ist so verständlich zu machen: »Denn wenn der Tod herrscht, dann ist die Sünde die Handlangerin seiner Macht, da sie mit dem Tod bestraft wird. Der Agent der Sünde aber ist das Gesetz, weil es die Sünde greifbar macht, wenn man es übertritt. (57) Doch Gott gebührt aller Dank, denn er hat uns durch unseren Herrn Jesus Christus den Sieg über Agenten und Handlanger des Unheils geschenkt.« Drei Instanzen nennt Paulus hier: Tod – Sünde – Gesetz. Durch den Kontext ist das Thema »Tod« gegeben. Er wird besiegt. Aber zuvor hat er universal geherrscht. Wie kam es dazu? Die Antwort auf diese Frage gibt das zweite Stichwort: Durch die Sünde kam es zum Tod. Und weil alle Sünder waren und sind, müssen alle sterben. Warum folgt auf die Sünde der Tod? Die Strafe für Sünde ist der Tod. Aber warum? Die meisten Gebote des Alten Testaments haben die Sanktion: »Wer dieses tut, muss sterben.« Sünde ist Fremd-, Welt- und Selbstvernichtung. Diese Vernichtung schlägt auf den Täter zurück. Das ist nur gerecht. Die Art, in der wir zum Beispiel mit der Umwelt umgehen, kann auf längere Sicht nur Tod produzieren. Das gilt auch schon, wenn man im Sinne der Bibel Sünde definiert als das Nicht-Weitergeben dessen, was man empfangen hat. Wer zum Beispiel die kostbare Gabe des Lebens bei sich »versickern« lässt, gibt Leben nicht weiter und hilft mit, dass überall nur noch Tod ist. Die Sünde ist nach Paulus tatsächlich die Handlangerin des Todes. Mit ihrer Hilfe hält er sich an der Macht und weitet seine Herrschaft aus. Denn »der Sold der Sünde ist der Tod« (Römer 6,23).

Aber wieso ist das Gesetz der Agent der Sünde? Kein Mensch kann das Gesetz wirklich ganz und von Herzen erfüllen. Immer wird das Gesetz, zuverlässig wie eine Pegelmarkierung, das Maß der Sünde anzeigen, auch für jeden Einzelnen. Paulus denkt den naheliegenden Gedanken nicht, als wecke das Gesetz durch seine pure Existenz schon die Lust zur Sünde nach dem Motto: »Das Verbotene reizt erst recht.« Das wäre nur eine oberflächliche Einschätzung. Nein, für Paulus reizt nicht das Gesetz, weil es verbietet, sondern den Menschen reizt die Maßlosigkeit. Und das Gesetz macht sie aktenkundig. Das Gesetz zeigt an, was der jeweilige Mensch alles verbrochen hat. Dadurch, dass das Gesetz da ist, wird die Sündenschuld erst anrechenbar. »Wo kein Gesetz, da keine Strafe«, sagen die Juristen. Aber wenn ein Gesetz da ist, sagt Paulus, dann wird die Sünde angerechnet, dann blüht sie sozusagen auf, dann wird sie erfasst und kann herrschen, indem sie Angst vor Strafe einjagt und wirkliche Strafe unausweichlich macht. Denn als es noch kein Gesetz gab, sagt Paulus, da gab es zwar Sünde (zwischen Adam und Mose), aber diese wurde nicht erfasst und daher nicht angerechnet. So steht jeder Mensch unter der unheilvollen Tyrannei von Gesetz, Sünde und Tod. Die eigentlich aktive Macht dabei ist die Sünde.

V. 57 bedeutet in diesem Kontext: Was V. 56 schilderte, ist im Wesentlichen Vergangenheit. Der »Sieg«, den Gott durch Jesus Christus geschenkt hat, besteht nicht nur in der Beseitigung des Todes (das ist ja auch noch nicht »fertig«). Der Sieg besteht darin, dass wir nicht mehr notwendig sündigen müssen, sondern nicht-sündigen können. Weil wir (durch Taufe und Heiligen Geist) entscheidend gestärkt sind, ist die Sklaverei der Sünde prinzipiell aufgehoben. Das rührt letztlich aus der Auferstehung Jesu und der Weitergabe dieser Kraft durch die Taufe. Insofern ist hier Römer 1,4 zum Verständnis wichtig (Auferstehung Jesu Christi aus der Kraft des Heiligen Geistes). Einen ähnlichen Dank wie in 1 Korinther 15,57 hatte angesichts ähnlich trüber Gesamtaussichten Paulus in Römer 7,25 formuliert. In beiden Fällen unterbricht Paulus die anthropologische Diskussion (Hinweis auf tragische Mechanismen) durch den freudigen Hinweis auf das, was gottlob schon geschehen ist. Neu seit Jesus Christus ist, wie es Augustinus formuliert, das *posse non peccare* (dass der Mensch nicht mehr notwendigerweise sündigen muss). Denn durch den Sieg Jesu Christi über den Tod ist den Christen die Möglichkeit eröffnet, auch der Sünde auszuweichen, wenn sie sich nur am Heiligen Geist festklammern.

In V. 58 setzt sich der hymnische Stil fort in der Aufforderung, überreichlich das zu tun, was der Herr fordert, denn nichts ist vergeblich getan. Das wäre offenbar anders, wenn es den österlichen Sieger nicht gäbe. Denn dann könnten sie tun, was sie wollen, der Tod würde alles kassieren. Das Wort »Überreichtum«, »Überfülle«, »reichlich«, »im Überfluss« ist ein Wort bei Paulus, das wie kaum ein anderes andeutet, dass jetzt messianische Zeiten angebrochen sind. Das heißt: Wer nur will, kann sich diesem Reichtum öffnen und ihn mit vollen Händen weitergeben. Denn wenn Sünde darin besteht, das Empfangene bei sich versickern zu lassen und nicht weiterzugeben, es durch den Egoismus auffressen zu lassen, dann ist dieses »reichlich Schenken« der genaue Gegenbegriff zu Sünde: Nicht auf Zeit und irdische Vergeltung schielen, sondern durch Schenken die Seligkeit verdoppeln.

ZWEITER KORINTHERBRIEF

Jeder gebe, wie er es sich in seinem Herzen vorgenommen hat,
nicht in Verdrossenheit oder aus Zwang;
denn einen fröhlichen Geber hat Gott lieb.

2 Korinther 9,7

Die Christen sind die durch den Heiligen Geist Gesalbten

7. Sonntag im Jahreskreis B

2 Korinther 1,18–22

Der Text dieser Lesung ist zunächst vor allem liturgiegeschichtlich interessant. Leider kommt das bei nicht-katholischen Auslegern oft zu kurz; daher wird es hier nachgeholt. Zum Verständnis der folgenden Argumentation muss man zunächst zwei Eigenheiten der damaligen Liturgie wissen. Erstens, dass im damaligen Judengriechisch, das Paulus spricht, »Ja« und »Amen« dieselbe Funktion haben, also synonym sind. Daher kann Paulus das »Ja«, das in Jesus Christus zu den Verheißungen gesprochen wird, mit dem »Amen« vergleichen, mit dem die Gemeinde auf die Schriftlesung antwortet. Und zweitens ist es üblich, dass ein Gebet oder eine Schriftlesung, die ein Einzelner vorträgt, von allen mit »Amen« beantwortet werden. Heute nimmt diese Stelle das »Dank sei Gott« oder »Lob sei dir, Christus« ein. In jedem Falle antwortet die Gemeinde miteinander. Als Antwort auf das Gebet des Einzelnen kennen wir das aus 1 Korinther 14,16, als antiphonarische Antwort auf eine Doxologie (nominaler Lobpreis) aus Offenbarung 7,12. Erst diese Bestätigung macht einen Einzeltext vor Gott und Menschen gültig. Dieses responsorische »Amen« hat daher grundlegende liturgische und zugleich juristische Funktion.

Liturgiegeschichtlich bedeutet das: Die Kultgemeinde im Ganzen ist verantwortlich für das, was gesagt wird oder geschieht, und sie nimmt diese Verantwortlichkeit auf verbalem Weg wahr. Im Übrigen zeigt Paulus, dass das bestätigende »Amen« als ein Lobpreis Gottes aufgefasst wurde. Der Zusatz »für Gott zur Ehre« in V. 20 zeigt, dass das Amen als doxologischer, das heißt lobpreisender Text aufgefasst wurde. Offenbarung 3,14 bestätigt, dass das Amen selbst auch als Lobpreis, ja als Ehrentitel verstanden wurde.

Paulus argumentiert nun so: Ich bin in meinen Entschlüssen auch nicht so wankelmütig, dass ein Ja zugleich ein Nein wäre. Der treue Gott möge verhüten, dass mein Wort euch gegenüber so doppelbödig ist. Denn Gottes Sohn Jesus Christus, den ich mit Silvanus und Timotheus bei euch verkündigt habe, ist niemals das Ja und das Nein zugleich. Alles, was Gott je versprochen hat – durch Jesus Christus hat er das Ja der Erfüllung gesprochen. Auf dieses Ja antworten wir daher im Gottesdienst nach der Schriftlektüre mit dem bestätigenden »Amen«, Gott zur Ehre. Gott gibt uns und euch in Jesus Christus festen gemeinsamen Boden unter die Füße.

Die vollständige Argumentation gibt uns einen weiteren Einblick in die damalige Liturgie. Denn gelesen wurde als heiliger Text selbstverständlich ein alttestamentlicher. Das Neue Testament gab es noch nicht als heilige Schrift. Das Alte Testament wird nun (1,20) insgesamt als Summe von Verheißungen angesehen, die in Christus erfüllt sind. Der Ausdruck »Verheißung« findet sich noch nicht im griechischen Alten Testament. Paulus ist einer der ersten Juden, die das Wort für das Verhältnis von Gottes Wort und Zusage verwenden. Das Grundschema ist freilich urprophetisch: dass Gottes Wort nicht leer ist, sondern dass ein Prophetenwort in Erfüllung geht. Leider zitiert Paulus in seinen Briefen insgesamt doch nur wenige Stellen des Alten Testaments, an denen wir die christologische Auslegung wirklich nachprüfen können; weitere Belege finden sich in der Apostelgeschichte und bei Matthäus. Erst Apologeten wie Justin (2. Jahrhundert n. Chr.) zeigen uns ein flächendeckendes Vorgehen bei der Auslegung des Alten Testaments.

Schließlich gibt 2,20b Aufschluss über die liturgische Rolle des erhöhten Christus, die auch heute genauso gilt: Durch ihn, das heißt: durch Jesus Christus, gelangt unser Amen (das durch uns gesprochen wird) zu Gottes Ehre an die Adresse Gottes. Das heißt: Jesus Christus ist unser himmlischer Hohepriester, der unseren Lobpreis zu Gott trägt. Daher sagen wir auch heute noch »durch Jesus Christus unseren Herrn«. Die ältere Messliturgie kennt noch die »Hände des heiligen

Engels« Gottes, der das Lobopfer und die Gebete der Gemeinde vor Gottes Majestät bringen soll. Diese Rolle nimmt jedenfalls Jesus Christus ein, wenn es heißt: »durch ihn« – am eindrücklichsten in dem Gebet: »Durch ihn und mit ihm und in ihm ist dir alle Ehre und Herrlichkeit.«

Welche Rolle spielt V. 21f. hier? »Gott gibt uns und euch in Jesus Christus festen gemeinsamen Boden unter die Füße. Er ›versiegelt‹ uns auch und macht uns undurchlässig für alles, was uns von außen bedroht, indem er den Heiligen Geist als Vorgeschmack auf das Kommende in unsere Herzen legt.« Das heißt: Über das menschliche »Amen« hinaus schenkt Gott seinen Heiligen Geist in jedem Gottesdienst und auch sonst, wenn man darum bittet (was Paulus hier gerade sozusagen beschwörend tut): Gott, der den Heiligen Geist schenkt, gibt dem Miteinander eine feste Basis. Er bewahrt auf diese Weise den Apostel und die Gemeinde in ihrem gegenseitigen Vertrauen und in ihrer Glaubwürdigkeit. Der Heilige Geist wird hier deshalb als »Versiegeler« verstanden, weil Versiegelung den Inhalt eines Gefäßes oder beispielsweise einer Brief- oder Buchrolle vor Außeneinwirkungen schützt, etwa vor Feuchtigkeit oder vor verfälschenden Zusätzen oder vor Kenntnisnahme durch Unbefugte. Insbesondere der Heilige Geist wird immer wieder als der verstanden, der versiegelt. Denn wo von ihm die Rede ist, betreten wir das Feld des »pneumatologischen Dualismus«, weil hier ein schroffes Entweder/Oder ohne Mittleres gilt, kann man vom Heiligen Geist sagen, dass er die bösen Geister und überhaupt alles Widrige abwehrt. Der Heilige Geist versiegelt deshalb, weil er die Macht Gottes ist, die Unheil und Störung abwehrt.

Zu beachten ist auch, dass wir hier in den Versen 1,21f. eine besondere Ausprägung früher Theologie über die Dreifaltigkeit vor uns haben. Denn so ist das hier gedacht: Der Vater realisiert die Verheißungen durch Jesus Christus, durch ihn als unseren Mittler sagen wir dem Vater Dank und Lob dafür, und das alles dient der Ehre Gottes (V. 20). Der Heilige Geist aber bewahrt alles das, was Gott gesagt und getan hat. Er schützt die Christen vor allem, was stört. Im konkreten Zusammenhang bedeutet das: vor allem, was die Reisepläne des Paulus wieder zu Fall bringen könnte. In dieser Dreifaltigkeitstheologie übt der eine und einzige Gott in den drei Personen klar voneinander unterschiedene Funktionen aus: Der Erfüller des Wortes, der Mittler der Erfüllung und des Dankes, der Bewahrer der Heiligkeit. Noch eine theologisch wichtige Notiz enthält unsere Stelle: Die Christen sind die durch den Heiligen Geist Gesalbten. Dieses ist zusammen mit 1 Johannes 2,22.27 einer der wenigen alten Texte, die erkennen lassen, in welcher Weise die Christen an der Messianität, am Königtum Jesu Christi Anteil haben. Der König ist im Alten Testament der Gesalbte. Die Christen sind durch die Geisttaufe solche, die mit Gottes Geist gesalbt sind. Denn der Heilige Geist wird »flüssig« vorgestellt, und er ist (mit oder ohne das Zeichen des Taufwassers) über die Glaubenden und Getauften ausgegossen. In diesem Sinne sind die Christen insgesamt »königliches« Volk Gottes, weil mit Heiligem Geist gesalbt. Der 2. Korintherbrief liefert uns viele Beispiele für eine sehr situationsbezogene »Anwendung« paulinischer Theologie. Denn alles das, was Paulus hier zum Teil hochkarätig vorbringt, dient der Erzeugung der Gewissheit, dass er die Gemeinde in Korinth demnächst wirklich besuchen werde. Ähnlich wird Paulus auch in 2 Korinther 5 verfahren. So wenig also ist bei Paulus zwischen persönlicher Selbstrechtfertigung und hoher Theologie zu unterscheiden.

Das können wir heute schon allein deshalb nicht nachmachen, weil Paulus von unvergleichlich höherer Glaubwürdigkeit ist und seine Verbundenheit mit Christus auf dramatische Weise zustande gekommen ist und lebenslang unter buchstäblich martyrologischen Umständen sich bewährt hat. So erkennt Paulus an jeder Station seines Lebens auch das Erlösungswerk des dreieinigen Gottes – wie wir das eben jedenfalls nicht öffentlich tun können. Uns bleibt vorerst vielmehr aufgegeben, Paulus in seinem Mut ein wenig nachzuahmen.

Liebesbrief an die Gemeinde

8. Sonntag im Jahreskreis B

2 Korinther 3,1–6

Paulus skizziert hier einen Liebesbrief an seine Gemeinde. Um den Apostel zu verstehen, gehen wir dem Gebrauch dieser Gattung nach und entfalten den möglichen Brief des Apostels in größerem Umfang.

Liebe Korinther! Könnt ihr euch wirklich das Herz eines Lehrers, eines Seelsorgers vorstellen? Manchmal denke ich, das kann nur der, der selbst geistliche Kinder hat und der weiß, was Elternschaft gegenüber einer Gemeinde bedeutet. Es ist etwas wie zwischen Mutter oder Vater und Kindern. Deshalb kann ich sagen: »Ihr seid doch meine Kinder, und wie eine Mutter liege ich noch einmal in schmerzhaften Wehen, so lange, bis Christus in euch Gestalt gewinnt« (Galater 4,19). Denn ich habe euch auf den ersten Schritten eures Weges zu Christus begleitet. Es fing an mit Stephanas und seiner Familie, dann kam Chloe und ihr Haus dazu. Zuerst reichte noch das große Speisezimmer ihres Hauses für unsere Gemeindezusammenkünfte aus. Bis dann die Christen zahlreicher wurden. Aber natürlich habe ich jeden Einzelnen auf seinem Weg zu Christus vorbereitet. Wir haben fröhliche Gottesdienste gefeiert, zu denen jeder und jede etwas beigetragen hat, manche schöne fromme Lieder aus der Tradition ihrer Familie. Es war wie ein Frühling in Korinth, gerade in eurer Stadt, in der tausendundeine Religion gepflegt wird. Jesus Christus hier zu predigen und an ihn zu glauben, war wie eine Befreiung von so viel Aberglauben und zweifelhaften Betrügern auf dem Markt der Religionen. Es gibt so viele Wege zu Gott, wie es Menschen gibt. Das habe ich in jedem einzelnen Fall miterlebt. Wie euch buchstäblich ein Licht aufging. Wie sich eure Augen veränderten und Fröhlichkeit und Freiheit ausstrahlten. Jeder Weg ist anders gewesen, und das alles weiß ich noch haargenau, als wäre es gestern gewesen. Und so ist es auch, wenn ich Leute aus eurer Gemeinde treffe, es ist immer, als hätte ich euch gestern zuletzt vor Augen gehabt. So wird man es später von jedem Pfarrer sagen, seine erste Gemeinde sei wie seine erste Liebe. Ihr seid meine zweite Liebe (nach Thessaloniki), aber nicht weniger intensiv in mein Herz geschrieben. Jeder hat seine eigene Glaubensgeschichte und sein eigenes Glaubensprofil. Und für mich gab es nichts Schöneres, als jedem und jeder zur Freiheit zu verhelfen.

Doch nun gibt es Liebeskummer um euch. Ich reagiere jedenfalls so emotional wie bei Liebeskummer. Denn plötzlich sind da Leute von einer anderen christlichen Missionsgesellschaft bei euch in Korinth aufgetaucht, die ganz anders sind als ich. Wirklich ganz anders. Diese Missionare, die unter euch leider sofort Anklang fanden, sagten, es müsse zunächst und vor allem seine Ordnung haben. Und sie zeigten fein säuberliche Formulare vor, später wird man diese Schriftstücke Zeugnisse nennen oder Bescheinigungen vom Seelsorgeamt oder Celebret. Die anderen Missionare nennen es »Empfehlungsbriefe«. Das sind Schreiben, ihr wisst es vielleicht nicht, die standardisiert sind. So einen Brief stelle ich auch selbst im Römerbrief aus (Kapitel 16,1–4). Solche Empfehlungsbriefe sind nichts Böses, aber es ist klar, dass diese anderen Missionare sie brauchen. Sie wollen mit diesen Briefen bei euch gut ankommen. Das könnte ich noch verstehen, obwohl ich sagen muss: Allein ich bin euer Apostel, und da haben andere sogenannte Apostel bei euch gar nichts zu suchen. Das ist aber erst die eine Seite des Kummers. Viel schlimmer ist, dass diese Leute, die so auf angebliche Korrektheit achten und die doch für ihre ärmliche Reputation auf Empfehlungsbriefe angewiesen sind, nun auch von mir fordern, ich solle endlich einmal Empfehlungsschreiben vorlegen. Entweder fordern sie es selbst von mir oder sie haben Einzelnen von euch eingeredet, ihr müsstet so etwas fordern. Das ist doch der Gipfel und blanker Hohn angesichts dessen, was ich bei euch getan und geschaffen habe. Ich habe bei euch zuallererst Christus verkündet, ohne mich wäret ihr noch Heiden. Seit Jahren gibt es eine blühende Gemeinde bei euch! Ich liebe euch wie eine Mutter ihre Kinder. Und da kommen Leute her und fordern offizielle korrekte Empfehlungsschreiben! Obwohl doch in jedem Schreiben ungefähr dasselbe darin steht! Das ist doch ganz unpersönlich, und wie sollen irgendwelche außenstehenden Honoratioren etwas über mein Wirken in Korinth aussagen können! Das ist eine Beleidigung für alle meine persönlichen Mühen und für meine Liebe zu euch.

Aber diesen Konflikt wird es öfter geben – zwischen einer Theologie des Herzens und einer formal nach der Etikette ausgerichtete Praxis, die doch oft nur über den Mangel an Substanz oder persönlicher Beziehung hinwegtäuschen will. Ich kann euch nur prophezeien, es wird eine Zeit geben, da wird man mit »Pastoralteams« in »Pastoralverbünden«, »Seelsorgebereichen« oder »Großpfarreien« kirchliches Leben organisieren. Alle Priester und pastoralen Mitarbeiter werden für den ganzen Bereich oder Verbund gleichermaßen zuständig sein. Ein persönliches Kennenlernen seiner »Pfarrkinder« wird es für den zuständigen »Pfarrer« nicht mehr geben müssen. Mich, Paulus, würde man als verpönten »Einzelkämpfer« und »Amtsmonopolisten« bezeichnen. Das herkömmliche Modell des Priesters als »Hirten und Leiter einer Pfarrgemeinde« wird nur noch für ein Museum der Pastoraltheologie infrage kommen. Es wird nicht mehr die klare Zuordnung eines Gläubigen zu seinem örtlichen Pfarrer geben und auch nicht die Zuordnung des Pfarrers zu seiner konkreten Gemeinde. An die Stelle der personalen Verbindung zu einem eigenen Hirten und Seelsorger wird nun das rotierende Pastoralteam treten, zu dem der Kontakt allein durch die Bürostunden der jeweiligen Sekretariate geregelt wird. An die Stelle berufener Hirten werden bezahlte und in moderner Bürokratie geschulte Mietlinge treten. Niemand wird wissen, wer eigentlich der zuständige Pfarrer und Seelsorger ist. Durch die »verbindliche Kooperation« wird das Amt des Pfarrers zu einem rein funktionalen Verständnis degenerieren. Die seelsorgerlichen Verpflichtungen des Pfarrers werden auf das anonyme Pastoralteam übertragen werden.

Ich bin mit meinem Brief an Euch, liebe Korinther, der Erste, der mit der ganzen Leidenschaft des Herzens für das unersetzliche persönliche Verhältnis des Hirten zu seinen Gläubigen kämpft. Denn ich betrachte meinen Beruf als ein Wirken, das in jeder Hinsicht und mit jeder Faser des Herzens an Jesus erinnert. An mir selbst, an meinem eigenen Lieben, Leiden und Gerettet-Werden könnt ihr ablesen, was das Evangelium ist. Deshalb habe ich euch relativ wenig über Jesu Wirken auf Erden erzählt. An mir persönlich könnt ihr am besten studieren, was das Evangelium von Jesus Christus bedeutet. Eben deshalb, wegen der Unersetzbarkeit des persönlichen Glaubenszeugnisses ist die mütterliche oder väterliche Beziehung des Seelsorgers zu seiner Gemeinde unabdingbar. Ja, ich bekenne mich dazu, ein Amtsmonopolist zu sein. Denn weil es den einen Herrn und Gott gibt, kann es auch nur den einen Apostel für jede Gemeinde geben. Und dieses Verhältnis 1:1 kann im Glücksfall Liebe genannt werden. Deshalb kann ich euch schreiben: »Mein Empfehlungsbrief seid einfach ihr selbst, denn da ich euch liebe, seid ihr in mein Herz geschrieben, und das ist der Brief, den alle erkennen und lesen können. Dieser Brief ist von Jesus Christus verfasst, und ich bin nur der Überbringer.«

Darauf lege ich Wert: Ihr seid nicht mein Produkt und nicht mein »Fan-Club«. Jesus Christus ist der Herr, und er hat durch mich als sein Instrument gewirkt. Aber er hat mich persönlich berufen, und ich bin ihm persönlich verantwortlich. Wie oft wird Benedikt XVI. die unaufgebbare persönliche Verantwortung der Flucht der Mitglieder zeitgenössischer Gremien aus der Verantwortung gegenüberstellen. Jedes Gremium unterliegt dieser Gefahr. Gewiss ist es »altmodisch«, die persönliche Verantwortung des Einzelnen zu betonen. Aber eine jede Liebe ist in diesem Sinne altmodisch.

Dieser Mann ist das Evangelium

9. Sonntag im Jahreskreis B

2 Korinther 4,6–11

Die paulinische Biografie ist seine Theologie – und umgekehrt. Die genaue Entsprechung von Lebenslauf und der jeweiligen Gestalt des Glaubens unterscheidet Paulus von jedem beamteten Theologieprofessor. Hinzu kommt: Die paulinische Biografie ist nicht zweiteilig, wie man zumeist glaubt: nicht zuerst der Christenverfolger und dann der zu Jesus Bekehrte. Diese Biografie ist zumindest dreiteilig, und das wird besonders an 2 Korinther erkennbar. Da ist der pharisäische Christenverfolger, der in einer Lichtvision Berufene, dann aber der Apostel, dessen Weg im Zickzack-Kurs zwischen Bedrohung und Errettung verläuft. Zwei dieser drei Phasen kommen in diesen wenigen Sätzen ans Licht.

Seine Bekehrung stellt Paulus in 4,6 dar. Er äußert sich dazu hier anders als in Galater 1,12.16. Dort spricht er von der Offenbarung des Sohnes, und das tut er dort offenbar in Angleichung an das, was seinem Apostelkollegen Petrus widerfahren ist; denn die Stichworte »nicht Fleisch noch Blut«, »offenbaren«, »Sohn Gottes« sowie eben die Begründung des Apostelamtes dadurch, stimmt auffällig überein mit Matthäus 16,16f., wo es von Petrus gesagt wird. Sind wir also durch 2 Korinther 4,6 näher an dem eigentlichen Geschehen? Es fällt auf, dass dieser Bericht große Übereinstimmung mit den drei Berichten über Pauli Bekehrung in der Apostelgeschichte des Lukas aufweist. Bisher hatte man unter Hinweis auf Galater 1 den lukanischen Berichten jede Glaubwürdigkeit abgesprochen. Doch Lukas schildert die Bekehrung des Paulus als eine Erfahrung von Licht und Stimme, und dabei wird das Licht mit Jesus identifiziert. Mit anderen Worten: 2 Korinther 4,6 steht den Berichten über Pauli Bekehrung in Apostelgeschichte 9.16.22 sehr nahe, und dass wir uns hier auf festem Grund bewegen, wird durch die allgemein bekannten Symptome der Bekehrungsvision bestätigt. Denn mit 2 Korinther 4,6 will Paulus ausdrücklich die Art der Verbreitung des Evangeliums überhaupt beschreiben. Hier ist er nicht der Kollege des Petrus, sondern das Muster der Bekehrten. Dadurch wird übrigens keiner der paulinischen Berichte falsch oder gar entwertet. Man sieht nur, wie gestaltbar die biografischen Grundgegebenheiten an dieser Stelle waren.

In 2 Korinther 4,6 schildert Paulus seine Bekehrung und die der von ihm Missionierten als Wirken des Schöpfergottes. Die Erschaffung des Lichts setzt Gott fort in der Bekehrung von Menschen; in 1 Korinther 4,5 wird auch das Weltgericht in diesen Kategorien gedacht (Erleuchtung; Herz). Gottes Wirken wird damit bei Schöpfung, Bekehrung und Gericht wesentlich als Erleuchtung durch Gottes Licht vorgestellt. Natürlich gibt es Beziehungen zur hellenistischen Inspirationsmystik. Aber entscheidend ist hier die Einbeziehung der Christologie. Das geschieht spekulativ sehr geschickt: Gottes Licht erleuchtet zunächst das Antlitz Jesu Christi, und von dort erst dringt das Licht in die Herzen der Menschen. Jesus Christus, sein Antlitz ist daher wie eine Art Spiegel, der das einfallende Licht weiterlenkt und damit auch anderes als sich selbst in Licht taucht. Paulus gelingt es so, die visionäre Tradition der Spezialoffenbarungen zu entprivatisieren und zum Bild für die Bekehrung jedes Einzelnen werden zu lassen. Aus der visionären Lichterfahrung wird dabei die metaphorische Lichterfahrung jedes einzelnen Bekehrten.

Noch aufregender ist der zweite theologische Ansatz in diesen Versen. Paulus verkündigt nicht nur und nicht zuerst mit Worten, sondern sein Geschick ist die lebendige Inszenierung des zentralen Geschickes Jesu, welches Leiden, Tod und Auferstehung ist. Denn Paulus leidet und wird immer wieder errettet, er ist in Lebensgefahr und wird immer wieder befreit. Schon in 2 Korinther 1,8–10 hatte Paulus diese Grundregel seines Lebens an einem besonders krassen Fall illustriert: »Euch ist sicher zu Ohren gekommen, dass ich neulich in der Provinz Asia in Todesgefahr schwebte. Was ich ertragen musste, ging schier über meine Kraft, so dass ich schon dachte, es wäre um mich geschehen. Ich hatte mich schon aufgegeben. Aber dadurch fehlte mir jede Möglichkeit, auf mich selbst zu vertrauen. Es blieb mir nichts anderes übrig, als die Hoffnung einzig auf Gott zu setzen, der Tote auferwecken kann. Er hat mich gleichsam aus dem Tod befreit. Das wird er auch in Zukunft tun. Ich baue darauf, dass er mich immer befreien wird.« Wir kennen die Aufzählungen der paulinischen Leiden aus den sogenannten Peristasenkatalogen, einer antiken Gattung, die jeweils zeigen soll, dass ein großer Mann vieles durchmachen muss und durchstehen kann. Aber in 2 Korinther 4,8–10 hat Paulus diese Gattung entscheidend umgeformt. Einmal dadurch, dass er zur Gefahr jeweils die Rettung hinzufügt, dann vor allem aber dadurch, dass er sein Leiden und Dennoch-Leben als das Leiden und Sterben Jesu Christi am eigenen Leibe bezeichnet.

Paulus greift damit ein Thema auf, an dem in den vier Evangelien Petrus beinahe scheitert, nämlich die Frage, wieweit der Jünger Anteil haben kann und will am Geschick seines Meisters. Petrus lehnt laut Markus 8 das Leiden des Menschensohnes ab und behauptet in den Szenen der Verleugnung, ein leidender Messias sei ihm unbekannt. Bis er dann bereut und bitterlich weint und am Schluss gekreuzigt wird wie sein Herr (Johannes 21,18 deutet es an: Sklaventod). Paulus greift dieses Thema so auf, dass er von Tod und Auferstehung Jesu nicht dogmatisch spricht, sondern sie als Stationen der eigenen Existenz darstellt. Petrus und Paulus stehen auch in dieser Hinsicht unübertrefflich dramatisch nebeneinander. Für Paulus gehört als Wasserzeichen zur apostolischen Existenz, was Petrus erst nach verzweifeltem Irrweg einsehen muss. Es ist anzunehmen, dass Paulus über Petrus insoweit Bescheid wusste (wegen Galater 1,18).

Dass auf dem Weg des Christen Leiden vor Herrlichkeit kommt, dass die Zustimmung zum notwendigen Leiden Jesu inklusive Anteilhabe daran zum Glauben und Leben eines Christenmenschen dazugehört, ist uns mittlerweile abhanden gekommen. Dass Jesus für uns gelitten habe, vermögen wir kaum einzusehen. Dass wir aber mit ihm mitleiden müssten, wird gerade durch den Hinweis auf das »für uns« brüsk zurückgewiesen. Sagt nicht das landläufige Christentum, dass einer für uns gelitten hat und dass es damit gut ist? Die Evangelien und Paulus sprechen eine andere Sprache. Der Jünger, die Jüngerin Jesu wird leiden wie er. Der Trost besteht darin, dass dieses alles nicht einsam erlitten wird, sondern in Weggemeinschaft mit Jesus. Vielleicht schrecken wir auch vor dem Leiden zurück, weil wir an die Auferstehung so wenig glauben können. Trotz solcher Wunder wie Wiedervereinigung und vieler anderer, ungezählter, unvorhersehbarer, von Gott frei geschenkter Wohltaten. Nun hatte Paulus – wie auch Petrus – den Vorzug, den Auferstandenen leibhaftig gesehen zu haben, so dass diese Vision in beider Leben die Kehre bedeutete. Aber das Neue Testament ist nicht zuletzt deshalb aufgeschrieben, weil es vielfältiges Auferstehungszeugnis ist, bis hin zur Vision des Sehers Johannes in Apokalypse 1.

Die Abfolge von Leiden und Rettung, von Tod und Auferstehung ist nicht zwangsläufig. Sie ist alles andere als ein Gesetz. Aber sie ist ein Markenzeichen von Gottes Handeln nach der Bibel. Gott kann es offenbar nicht lassen anzukündigen (und zwar durch Fakten), dass er es als die eigentliche Herausforderung ansieht, den Tod zu besiegen. Paulus sagt selbst, dieses sei der zu erwartende Schlussakt des ganzen Weltgeschehens: Zum Schluss wird der Tod besiegt. Und Gott, der das tun wird, lässt keinen Zweifel daran, dass er das tun wird, und daher weist er immer wieder durch große und kleine Botschaften auf dieses Ziel hin. Paulus selbst ist mit seiner ganzen Existenz eine solche Botschaft. Gewiss – sein je und je gerettetes irdisches Leben ist nicht das ewige. Und irgendwann wird Paulus nicht mehr errettet und den Märtyrertod sterben. Aber es kann das ewige Leben nicht lieben, wer das zeitliche nicht hoch schätzt.

Leben am Fließband

10. Sonntag im Jahreskreis B

2 Korinther 4,13 – 5,1

Viele Menschen suchen nach Orientierung über das, was unmittelbar nach dem Tod kommt. Dass 2 Korinther 4f. darüber Wichtiges sagt, weiß kaum einer. Paulus schildert zwei längere, gegenläufige Prozesse: »Eben deshalb lasse ich mich nicht klein kriegen. Zwar wird mein irdisches Leben nach und nach aufgerieben und zerstört. Doch gleichzeitig wird das, was ich zukünftig sein werde, auf unsichtbare Weise schon jetzt ganz neu in mir begründet und wächst mit jedem neuen Tag« (4,16). Der eine Prozess ist der langsame Verfall der Leistungsfähigkeit, der Kräfte und des Aussehens. Das Ende ist der Tod. Der andere Prozess ist gegenläufig. Er vollzieht sich, wie Paulus sagt, am inneren Menschen. Den Ausdruck »innerer Mensch« hat Paulus von Plato entlehnt, aber entsprechend – wie auch sonst das Menschenbild der griechischen Philosophen – umgedeutet. Denn bei Plato bezieht sich der innere Mensch auf die unsichtbaren Werte der Vernunft und des Guten. Bei Paulus dagegen ist wohl das Wirken des Heiligen Geistes gemeint – jedenfalls steht es so in dem Paulus nahe stehenden Epheserbrief 3,16 (stark zu werden durch den Heiligen Geist am inneren Menschen). Das wäre dann ähnlich wie bei der Vernunft in Galater 5,17: In der Philosophie dreht sich alles um den inneren Kampf zwischen Vernunft und Trieben, bei Paulus zwischen Heiligem Geist und dem »Fleisch« aus der vorchristlichen Existenz der Christen. Das heißt: In beiden Fällen wird die Vernunft der Philosophen ersetzt durch den Heiligen Geist von Gott. So ist also alles Gute und Wertvolle gerade nicht im Menschen anzusiedeln, sondern es wird ihm als Gnade von Gott her zuteil.

Wie soll man sich nun dieses Heranwachsen des inneren Menschen vorstellen? Es geschieht unaufhörlich, Tag um Tag. Es ist tröstlich, dass wir in demselben Maße, in dem wir äußerlich abbauen, innerlich wachsen. Das Neue wird in uns – einfach dann und dadurch, dass wir den Heiligen Geist nicht vertreiben. Dieses Wachsen des Neuen geschieht bis zum Tod. Im Augenblick des Todes, bzw. kurz danach, wird das, was da herangewachsen ist, vom Himmel her als neuer Mensch vollendet.

Man kann sich den Prozess des Wachsens bis zum Tod vorstellen wie die Fließbandarbeit in Automobilwerken. Das neue Produkt wächst mit jeder Station. Teil fügt sich zu Teil, und am Ende ist das gesamte Innenleben des Autos fertig. Der Augenblick des Todes entspricht in der Autoproduktion dem Moment, in dem von oben her auf das ganze bisher fertig gestellte Innenleben die neue Karosserie herabgelassen wird. Für Paulus ist das die himmlische Identität, die himmlische Gestalt. Bei Paulus ist dieser Augenblick in 5,1 formuliert: Wenn unser irdisches Zelt hier abgebrochen wird (unser Leib stirbt), dann bekommen wir von Gott ein neues, himmlisches, nicht von Händen gemachtes Haus. Die Präfation des Requiems deutet fast wortgleich das Sterben des Christen genau so: Wenn das Haus unseres Erdendaseins aufgelöst ist, wird ein ewiges Haus im Himmel bereitet (*aeterna in caelis habitatio comparatur*). Dieses Haus ist zweifellos der neue, verklärte Leib, an dem die Christen auch individuell erkennbar sein werden. Paulus legt wert auf diesen Leib, denn er will nicht nackt dastehen (das wäre das Schicksal von Gespenstern).

Dieser Leib ist noch nicht der Auferstehungsleib. Denn man bedenke: Das, was Paulus hier beschreibt, ist der Zwischenzustand zwischen dem Tod des Einzelnen und der Auferstehung. Die Auferstehung wird am Ende der Zeiten für alle gemeinsam sein. Auferstanden ist bislang nur Jesus. Der Zwischenzustand ist aber gemeint, wenn Jesus zum gerechten Schächer sagt: Heute wirst du mit mir im Paradies sein (Lukas 24,43). Jesus war anderthalb Tage in diesem Zwischenzustand, der Schächer ist heute noch darin. Man kann fragen, was dann in der Auferstehung hinzukommt. Es wird hinzukommen, dass man den Erlösten sehen kann, dass Auferstehung ein allgemeines kosmisches Geschehen ist und dass alle Erdenreste (Staub, Knochen) hineinverwandelt werden in den neuen Leib des Erlösten. Das Bild des Verschlingens bietet sich aus 1 Korinther 15 und frühen Schriften über Auferstehung (Rheginus-Brief, Mitte 2. Jh. n. Chr.) an. Die Auferstehung schließt daher den Zwischenzustand ab und ist Beginn von etwas Neuem: Sie ist der »welthafte« Ausdruck des Neuen. Die Art der Leiblichkeit nennen frühe Quellen selbst »pneumatischer Leib« (*soma pneumatikon*), ein durch den Heiligen Geist insofern verwandelter Leib, als ihm alle Begrenzungen fehlen, auch und besonders die des Todes. Gottes Geist hebt daher die Leiblichkeit des Menschen nicht auf, sondern macht sie Gott ähnlich. Allerdings hat das mit irgendeiner »Geistigkeit« nichts zu tun. Der Tod ist dann fern, nicht die Materie.

Dass der neue Leib »nicht von Händen gemacht« (2 Korinther 5,1) sein wird, entspricht auch, dass der neue Tempel (Markus 14,58) und das neue Jerusalem (die neue *civitas*, Gemeinde) nicht von Händen gemacht sein werden. Diese Entsprechung von Einzelleib und Tempel findet sich genauso in 1 Korinther, wo sowohl der Leib des Einzelnen Tempel des Heiligen Geistes ist wie auch die Gemeinde im Ganzen. In 2 Korinther 5,1 heißt ja auch der neue Leib das »neue Haus«. Das bedeutet: Haus und Stadt bzw. Tempel (in der neuen Stadt gibt es keinen Tempel, weil die ganze Stadt der Tempel sein wird: Apokalypse 21,22) bleiben als architektonische Institutionen, doch Gott selbst hat sie gebaut, nicht Menschen. So wird auch der neue, nicht von Händen gemachte Tempel nach Markus 14,58 nichts anderes als das himmlische Jerusalem sein. Und wenn Jesus sagt, er werde es erbauen, dann reklamiert er damit, Gott zu sein. Wir halten fest: Die eigenartige Metaphorik von Haus, Stadt und Tempel stellt einen zusammenhängenden theologischen Komplex dar, der bisher unbeachtet geblieben ist. Ausgangspunkt ist auf Ebene 1: Der einzelne Christ ist Tempel Gottes, genauso ist es die Gemeinde, aber auch der reale Tempel in Jerusalem ist Gottes Haus. Diese drei Realitäten sieht man zusammen und macht sie zum Grundstock gegenwärtiger und zukünftiger Aussagen über die Rettung. Ebene 2: Jeder Christ ist Tempel des Heiligen Geistes, die

Gemeinde ist es im Ganzen, und der Tempel in Jerusalem ist schon nach Flavius Josephus auch Ort des Heiligen Geistes. Ebene 3: Der Einzelne bekommt nach dem Tod ein neues Haus von Gott (2 Korinther 5,1), die zukünftige Gemeinde ist Ort des Heiligen Geistes, sie ist identisch mit dem neuen Tempel, der nicht von Händen gemacht ist (Markus 14,58). Es ist klar zu erkennen, dass die Tempel-Metaphorik allemal den Ausgangspunkt für diese ganze Theologie bildet. Der Tempel, sein Wesen und sein Geschick bilden in dieser Theologie den bildspendenden Bereich.

Es kann kein Zweifel daran bestehen, dass der Zwischenzustand in der Gemeinschaft mit Jesus Christus besteht. Paulus spricht davon in seinem Brief an die Philipper: »Einerseits sehne ich mich danach, hier Abschied zu nehmen und ganz bei Christus zu sein. Das ist bei Weitem das beste Los. (24) Andererseits ist es wegen euch weitaus notwendiger, dass ich am Leben bleibe.« Bei Paulus hören wir dergleichen – abgesehen von Lukas 23,43 – zum ersten Male. Nach 2 Korinther 5 wie nach Philipper 1 und nach Lukas 23,43 steht eindeutig die Gemeinschaft des Verstorbenen mit Jesus Christus im Vordergrund. Hier liegt die Pointe dieser Nah-Eschatologie. Woher weiß Paulus das alles? Es kann sein, dass wir es hier mit einer sehr originellen und faszinierenden typisch paulinischen Aussage zu tun haben. Denn von typisch paulinischen Voraussetzungen her betrachtet sieht das so aus: Die Gemeinschaft mit Jesus Christus, das Mit-Christus ist unverbrüchlich und ist der eigentliche Grund und Anlass für die Entfaltung dieser Hoffnung, die man theologisch die Lehre vom Zwischenzustand nennt. Im Ursprung ist das die sehr persönliche Verbundenheit jedes Einzelnen mit Christus, die eben auch die Schwelle des Todes überdauert.

Die Sprache der Sehnsucht

11. Sonntag im Jahreskreis B

2 Korinther 5,6–10

In den beiden Korintherbriefen lernen wir Paulus als seelsorgerlichen Theologen angesichts zahlreicher Probleme in der Gemeinde kennen (1 Korinther), und in 2 Korinther argumentiert er immer wieder vom eigenen Amt als Apostel her und spricht auch von seinen eigenen Sehnsüchten, Leiden und Hoffnungen. Er stellt an sich selbst das Evangelium in seinen Konsequenzen dar. Im Zusammenhang von 2 Korinther 4f. argumentiert er für die Korinther mit seinen eigenen Hoffnungen. Er sagt: Ihr Korinther wisst wohl nicht recht, woran ihr seid mit mir, ob ich euch nur ausnutzen und beherrschen will, ob ich euch wirklich liebe. Aber ich kann euch versichern: Ich erwarte ein ewiges Leben und ein Gericht. Allein schon von daher könnt ihr doch annehmen, dass ich mich ordentlich verhalten will, denn mit meinem Verhalten steht doch meine ganze Zukunft bei Gott auf dem Spiel. Denn, so endet unser Abschnitt: Wir alle empfangen vor dem Richter Jesus Christus Lohn und Strafe, wir alle werden vor jedermann völlig durchsichtig dastehen. Da kann ich, Paulus, es mir nicht leisten, unlautere Absichten oder böse Pläne gegen euch zu verfolgen. Paulus wagt im zweiten Korintherbrief oft die »Flucht nach vorne«, er gibt sich ungeschützt und wagt volle Offenheit, so auch hinsichtlich seiner reichlich verkrachten Biografie in 2 Korinther 11.

In 2 Korinther 5,6–10 öffnet Paulus sein Herz, indem er ganz emotional von der Hoffnung spricht, die ihn über die Kluft des Todes hinweg trägt. Er stöhnt, leidet unter der Not der Endzeit und hat Sehnsucht nach dem Himmel. Das kennen wir auch aus anderen ähnlichen Zusammenhängen: »Nach zwei Seiten zieht es mich, voller Sehnsucht möchte ich sterben und bei Christus sein« (Philipper 1). »Sehnsüchtig wartet die Schöpfung darauf, dass die Kinder Gottes offenbar werden.

Die ganze Schöpfung stöhnt mit uns und liegt bis zur Stunde mit uns in Wehen. Auch wir selbst stöhnen in unseren Herzen und warten darauf, als Kinder eingesetzt zu werden« (Römer 8). Der Eigenart des Römerbriefes entsprechend ordnet Paulus ganz systematisch das eigene Stöhnen dem Stöhnen des ganzen Kosmos zu. In 2 Korinther 5 dagegen macht er viel strenger nur die eigene Sehnsucht zum Ausgangspunkt. »Solange ich in diesem irdischen Leib wohne, stöhne ich, begehre ich sehnsuchtsvoll, den himmlischen Leib anzuziehen« (5,2). So spricht Paulus an allen diesen Stellen in der Sprache der Sehnsucht. In diesem Sinne redet er auch in 2 Korinther 5,8f. von Exil und Heimat. Dieses Wortpaar hat im Judentum seit Langem einen theologischen Sinn: Ein Großteil des Volkes war im »babylonischen Exil«, verschleppt in den Irak. Und auch die Verstreuung in die Diaspora nach dem Jahre 70 fasste man als Beginn eines neuen Exils auf. Auf das Exil wird dann die Rückführung in die Heimat, in das Gelobte Land, geschehen. Das gelobte Land ist zunächst Palästina, aber immer stärker wird die Geschichtsdeutung nach dem Schema »Exil«/«Gelobtes Land« übertragen auf das Verhältnis zwischen Erde und Himmel, irdischem Leben und ewigem Leben.

Aber wie kann man Sehnsucht haben nach dem Himmel? Und ist der Satz »auszuwandern aus dem Leib, hinzuwandern zum Herrn« (V. 8) nicht doch leibfeindlich zu verstehen? Nun, mit Leib meint Paulus alles, was er hier erfährt, was andere ihm antun, und auch seine Krankheit. Der irdische Leib trägt für ihn alle Altlasten der alten Schöpfung, vor allem die Verfallenheit an den Tod, die Narben aus den Misshandlungen, denen der Apostel ausgesetzt war, die blauen Flecken der Faustschläge vor allem von aufgebrachten Juden in der (heutigen) Türkei, den »Stachel im Fleisch«. Paulus ist ein Leidender. Und wer unschuldig leidet, wird doppelt sensibel. Andererseits ist für ihn der Auferstandene die sicherste, greifbarste Realität, die es überhaupt gibt. Und wenn das alles so konkret ist, dann kann man Paulus wohl verstehen, dass er Sehnsucht nach Befreiung vom ständigen Märtyrerdasein hat und endlich bei Jesus sein möchte. Denn von ihm weiß er, dass es beim Herrn Schmerz und Trauer nicht gibt. Und bei einer massiven Sterblichkeitsrate, verbunden mit einem Durchschnittsalter von 28 Jahren, kann man schon begreifen, dass diese Welt als Elend bezeichnet wird; auch das deutsche Wort »Elend« heißt ja nichts anderes als Ausland.

Wie kann Paulus da so sicher sein, dass es nach dieser irdischen Existenz besser weitergeht und nicht noch schlimmer wird? Paulus hat für seine Hoffnung immerhin zwei Stützen: Seine leibhaftige Erfahrung des Auferstandenen und das »Angeld des Heiligen Geistes« (V. 5). Der Heilige Geist ist ein Stück realer Gegenwart Gottes in unserem Herzen. Wie merkt man das? Paulus würde sagen: Indem man leichter beten kann, indem man überhaupt stöhnen kann (Römer 8), im Zungenreden, in den Charismen, indem man erfüllt sein kann von Freude und Sanftheit, und besonders diese sind für ihn Gaben der zukünftigen Welt. Gerade die Tatsache, dass der Heilige Geist derartige ethische Früchte hervorbringt, schafft die Gewissheit, vor dem Richterstuhl bestehen zu können, von dem Paulus hier spricht. Der Heilige Geist gewährt eben dreierlei: Die Erfahrung des Himmels jetzt, die Werke des Friedens als Früchte und die Auferstehung als himmlischen Lohn. Deshalb ist das Wirken Gottes als des Heiligen Geistes die Substanz des christlichen Heils jetzt und in Zukunft. So wird am Ende für Paulus die Sprache der Sehnsucht zur Sprache des Lobpreisens und Bekennens. Angesichts seiner Notlage gegenüber den Korinthern, die wieder einmal die Tatsache betrifft, dass Paulus sich nicht legitimieren, nicht ausweisen, sich nicht eindeutig rechtfertigen kann, bekennt er seinen Glauben, der eben nicht nur »Tatsachen über Gott« betrifft, sondern gerade hier Sein oder Nichtsein des Apostels selbst. Der Apostel bekennt und lebt von dem her, was er hoffen kann und erfahren wird.

Im Gefolge der Gedanken des Apostels haben vergangene Jahrhunderte das Erdenleben als Pilgerstand wahrgenommen und gedeutet. Der Pilger lebt, solange er in der Pilgerschaft ist, von der Erwartung des Zieles her. Bis dahin lebt er »im Elend«. Er weiß, dass das

Große auf ihn wartet. Viele Menschen kommen mit ihrem Glauben nicht zurecht, weil sie nur zwei Zeiten kennen, Gegenwart und Vergangenheit. Der Gott der Bibel aber ist immer ein Gott der Zukunft gewesen. Das Magnifikat sagt, was er tut: Er stürzt die Mächtigen vom Thron und erhöht die Niedrigen. Er führt die gedemütigte Kirche in die Herrlichkeit und lässt die Märtyrer auferstehen. Denn die Frage nach Gott ist identisch mit der Frage, ob es denn überhaupt eine Gerechtigkeit gibt. Oder ob Unschuldige immer weiter leiden müssen und die Opfer immer weiter getreten werden, ob die Schinderei und der Schmerz der Welt einfach darin endet, das alles noch schlimmer und eben Staub wird. Denn am Ende wird sich Gerechtigkeit und Recht erweisen. Und Gott wird alles genau so ordnen, wie er es will, und davor sollten wir nicht Angst haben, sondern mehr Vertrauen wagen. Ein Mensch, der die paulinische Perspektive nicht teilt, muss zwangsläufig zur Vergötzung von Jugend, Gesundheit, Fitness und Sex gelangen. Interessant ist dann nur das zweite Fünftel des Lebens, der Rest verachtenswert. Christlich war immer etwas ganz anderes, eine Lebenssicht, die alle fünf Abschnitte achten konnte, im Alter vor Depressivität zu schützen wusste und seliger sterben ließ. Denn auch wenn der Himmel vielleicht ganz anders ist als gedacht, sind doch die darauf hoffen in guter Gesellschaft mit den großen Propheten, Philosophen, Weisen und Liebenden. In manchen Situationen hat auch Karl Rahner recht, der sagt, entscheidend sei, dass das große Geheimnis hinter allen Dingen nicht gegen uns, sondern für uns ist. Über diesen Minimaltrost geht Paulus mutig hinaus. Es ist der Messias seines Volkes. Er ist aber der »Herr«, nicht zuerst der Bruder. Paulus führt seinen missionarischen Kampf unter einem Feldherrn. Dieser ist streng, aber er verheißt auch wirklichen Frieden. In der Eucharistie reicht er uns Lebensbrot. Auch hier geht es um Zukunft, wie schon in der Vaterunserbitte: »Brot für morgen gib uns heute.«

Konturen gewinnt man im Schenken

12. Sonntag im Jahreskreis B

2 Korinther 5,14–17

Zwei Grundvoraussetzungen hat dieser Text: Einmal, dass einer, der stellvertretend für mich stirbt, damit mein neuer Eigentümer geworden ist. Und zum anderen: Wenn dieses offensichtlich aus Liebe geschah, dann ist die Liebe als stärkste Macht allein das, was zählt – und der Maßstab ist nicht mehr das, was nur äußerlich Eindruck erweckt.

Zum ersten Punkt: Angenommen, einer hat sein Leben verwirkt. Und es kommt wunderbarerweise einer, der für ihn in den Tod geht. Der ihn rettet, indem er seinen Tod auf sich nimmt. In der Nazizeit gab es so etwas zum Beispiel in Holland, wo ein christlicher Geistlicher anstelle eines verurteilten Familienvaters dessen Geschick auf sich nahm und ihn so rettete. Die Vorstellung, dass ein Leben Tauschobjekt gegen ein anderes sein kann, ist dem Menschen zur Zeit des Neuen Testaments vom Sklavenmarkt her geläufig, also ein ganz gewöhnliches Geschehen, Umtauschen von Sklaven. In der späteren Kirchengeschichte gibt es einen Orden, dessen Gründungsziel darin besteht, dass die Ordensbrüder an der Stelle versklavter Christen sich für die Sklaverei anbieten, sich eintauschen lassen für deren Sklavenlos (Serviten).

Jesus aber kann sein Leben nicht nur für einen, sondern für »viele« geben. Denn sein »Vorrat« an Vitalität, den er einsetzen kann, den er für andere, schwache Lebenslichter anbieten kann, ist schier grenzenlos. Paulus kann das seinen »Reichtum« nennen, und er meint damit ewiges Leben, volle, pralle göttliche Vitalität, einen schier unermesslichen Schatz an Leben, der als Lösegeld für unendlich viele Lebenslichter gelten kann. Oder Paulus nennt es auch die absolute Gerechtheit Jesu, die so rein ist, dass sie die Ungerechtheit unendlich vieler Sünder aufwiegen kann.

Aber wenn so etwas geschehen ist, wenn sich Jesus in der Fülle göttlichen Lebens oder in reiner Gerechtheit für die Sünder stellvertretend der Strafe unterstellt, sich also geopfert hat, dann hat das Folgen für den, der auf diese Weise wahrhaft gerettet wurde. Diese Folgen bestehen einmal darin, dass der so Gerettete nicht verurteilt wird, die verdiente Strafe nicht erleiden muss. Das wird zumeist hervorgehoben. Aber hauptsächlich hier in 2 Korinther 5 betont Paulus auch verpflichtende Folgen für den, der so gerettet ist.

So schuldet der sein ganzes Weiterleben allein dem, der an seiner Stelle sich töten ließ. Er schuldet ihm sein Leben, denn es gehörte ja schon vorher nicht mehr ihm, das Eigentumsrecht war verwirkt. Doch jetzt bekommt er durch das Drama der Stellvertretung einen neuen Herrn.

Denn der, der freiwillig stellvertretend stirbt, gibt sein Leben in einem Tauschgeschäft. Er gibt sein eigenes hin, legt es in die Waagschale, um das des zum Tode verurteilten Sünders zu erhalten. Der wie durch ein Wunder Gerettete kann fortan nicht mehr sagen, sein neu geschenktes Leben gehöre ihm. Ein anderer, der freiwillig für ihn Gestorbene, hat es erworben. Denn er bezahlte mit seinem eigenen Leben. Die Folgen für den Geretteten rühren daher aus einem Eigentumswechsel. Wenn man einem neuen Herrn gehört, dann liegt freilich alles an der Qualität des neuen Herrn. Doch in jedem Falle lebt und stirbt der Losgekaufte und Erworbene für ihn, nicht mehr für sich selbst.

Der zweite Punkt, an dem Paulus hier seine Gedanken aufhängt, ist eine Besinnung auf die Macht, die hinter diesem Eigentumswechsel steht und die sich auch in der Existenz des Apostels nun auswirkt. Denn es könnte ja sein, rein theoretisch gesprochen, dass das Kalkül der Macht im Hintergrund steht (den einen Sohn geben, um viele zu gewinnen), also reiner Herrschaftswille. Oder es könnte auch sein, dass Gott aus schlechtem Gewissen und als Eingeständnis seiner Schuld in Jesus gewissermaßen Selbstmord begangen hätte. Beides ist allerdings völlig abwegig. Paulus sagt: Hinter diesem dramatischen

Geschehen steht Liebe, Dasein und Leben für andere, und dieses Liebe allein gibt Paulus auch in seinem Dienst weiter. Diese Liebe Gottes ist die einzige ernst zu nehmende Deutung für das ganze Christus-Geschehen und auch die einzige legitime Ausdeutung des paulinischen Dienstes. Sie ist überhaupt die einzige Macht, die zählt. Sie ist gerade darin aber völlig anders als alle Mächte in der Welt sonst. Halten wir das einmal fest und gehen wir an dieser Stelle auf den umstrittenen Vers 5,16 ein. Bei Berger/Nord ist er übersetzt: »Von jetzt ab hat sich unsere Beurteilung von Menschen grundlegend verändert. Der Maßstab ist nicht mehr das, was äußerlich Eindruck macht. Auch Jesus, den Messias, habe ich vielleicht einmal so beurteilt, aber das ist Vergangenheit.« Wörtlich heißt der entscheidende Teil: »... wenn wir auch Christus dem Fleische nach gekannt haben«. 2 Korinther 5,16 meint den Maßstab der Erkenntnis: Nicht die Vertreibung der Römer aus Palästina macht den Messias, sondern Versöhnung und Gnade. Das ist ein Stück Kreuzestheologie nach 1 Korinther 1, die hier entfaltet wird. Die »Beurteilung« Jesu nach dem Kriterium der Versöhnung ist »nachhaltiger« als die nach den Kriterien von Macht, Reichtum, Wissen, Adel und Bedeutung. Wer »dem Fleische nach« urteilt, besser: »nach schwacher Menschenart«, der hält sich an »bürgerliche« Maßstäben von Macht. Er hat noch nicht verstanden, dass die wahre Größe allein von dem abhängt, was Gottes eigener Größe entspricht. Das ist vor allem Liebe, und sie ist allein ewig wie Gott selbst, und sie ist auch die Kraft, die Paulus zu seinem Dienst antreibt.

»*Caritas Christi urget me*« war Wahlspruch vieler Bischöfe und Priester: Die Liebe Christi treibt mich an, sie drängt mich, sie ist die verborgene Kraft in meinem Rücken. Sie ist mehr als nur eine Motivation, nämlich das, was Paulus in Römer 1 als die missionarische Kraft bezeichnet. Das Evangelium ist Gottes Kraft und Macht, die durch den Dienst des Paulus die Welt erobert. Der heilige Bernhard verbindet diese Liebe mit der von 1 Korinther 13, die »nicht den eigenen Vorteil sucht«, sondern die die Kraft einfach weitergibt, die uns erlöst hat. So gelingt hier eine Begründung der Ethik im Kreuzesgeschehen selbst.

Dessen Grundgesetz heißt: Nicht für sich da sein, sondern für andere. Und das gilt für den Gekreuzigten wie für alle Christen. Es ist ein und dieselbe Bewegung von Gott aus. Gottes Gottheit zeigt sich hier darin, dass der umfassendste Selbstbesitz zur reinen, überfließenden, überreichen Ausstrahlung und Selbstvergeudung wird. »Nicht mehr für sich selbst leben« nennt das 5,15, und damit ist gemeint: Kraft, Maßstab und Ziel der Liebe nicht in sich selbst suchen, sondern die Kraft und den Maßstab im Vater und im Sohn Gottes, das Ziel in den Menschen. So werden die Kinder Gottes dem Vater ähnlich.

Das Zentrum ist dieses: »Aus seinem Tod ist das Leben erstanden, aus seinem Leiden das Heil. Aus der Strafe des Kreuzes kam die versprochene Arznei, aus seiner Verurteilung unser Ruhm, aus seinen Wunden unsere Medizin. Einer wollte den Tod auf sich nehmen, damit wir nicht alle sterben müssten, einer sollte sterben, damit wir alle bei dir und für dich in Ewigkeit leben« (Corpus der Präfationen 210.524). Es ist der Mensch Jesus Christus, der für alle anderen Menschen zum Heil wurde. Denn er ließ Gottes mächtige Liebe in sich wirken. Unter derselben Bedingung geht Christentum weiter: Nicht irgendetwas anderes schenkt der Welt das Heil außer dieser durch Christus geprägten Gotteskraft. Wer sie in sich wirken lässt, ermöglicht immer wieder aufs Neue, dass einer für den anderen zum Ort des Heils wird. Es bleibt das Heil Gottes, schwachen Menschen anvertraut, in Jesus Christus bereits zur Vollendung gelangt. Für jeden Einzelnen ist und bleibt dieses der indirekte Weg der Selbstfindung. Sie ist von der blinden Selbstverwirklichung zu unterscheiden. Sie geschieht ganz nebenbei, indem man Konturen gewinnt im Schenken. Das ist wie ein Seinsgesetz, das an der Christologie vorgemacht wird: Nicht in der Sorge um uns selbst werden wir uns geschenkt, sondern im Überschreiten der Grenzen in Liebe. Gott segne unsere Grenzen!

Ohne Apostel gelangt die Erlösung nicht zu den Menschen

4. Fastensonntag C

2 Korinther 5,17–21

»Freu dich Jerusalem!« – das klingt nach in dem Satz des Apostels Paulus: »Alles ist neu geworden!« Denn das Wort »neu« lässt in der Bibel immer einen Hauch von Frühling erahnen. Alle Erneuerung der Kirche wollte sich stets genau darauf beziehen. In der Fastenzeit wird das Neuwerden jedem Einzelnen zugemutet. Über die Richtung des Neuwerdens herrscht aber leider Streit. Ein wenig Orientierung an dem großartigen Text des Apostels in 2 Korinther 5 könnte den Richtungsstreit erleichtern. Denn die Verheißung »Ich mache alles neu« ist die zentrale Botschaft großer Propheten (vgl. Jesaja 43,19). Hat Gott wirklich alles neu gemacht? Die These des Apostels lautet: Ja, Gott hat als der Versöhner alles neu gemacht.

Versöhnung ist ein Begriff politischen Ursprungs und bedeutet Friede, wo vorher Feindschaft war; Universalität, wo vorher Eigenbrötelei der Völker war; Gnade statt Zorn, Zugang zum gegnerischen Herrscher statt Distanz und Propaganda, Vermittlung durch einen Friedensmittler, wo vorher die Frontlinien verliefen. Versöhnung bedeutet auch Betonung des »Jetzt«, in dem die Beziehungen neu gestaltet werden, gegenüber dem »Einst«, das »alt aussieht«. Paulus übernimmt diesen Begriff aus der zeitgenössischen Diplomatensprache. Und er sagt, und das ist neu gegenüber aller Politik, alle Schuld ist durch den einen Mittler der Versöhnung beseitigt. Denn wir schuldig gewordenen Menschen dürfen unter seinem Patronat stehen. Er ist unser Anwalt und mächtiger Beschützer. Er schützt uns vor dem Zorn, den wir eigentlich verdient hätten. Denn Gott hat ihn »für uns zur Sünde gemacht« (V. 21).

Nun, das rührt nahe an den Gedanken der stellvertretenden Sühne, der vielen Menschen unserer Zeit so absurd zu sein scheint. In Galater 3,13 sagt der Apostel, Jesus sei für uns »zum Fluch geworden«. Wie in 2 Korinther 5 wird Jesus mit dem Negativen so beladen, dass er geradezu davon eingehüllt zu sein scheint. Er, der Reine, ist mit allem beladen, was stinkt.

Wichtiger Beitrag zur Amtsfrage

In Römer 3,25 sagt Paulus, Gott habe Jesus zum Sühneort gemacht, also bildlich gesprochen, zum Deckel der Bundeslade, auf dem im Laufe eines Jahres alle Schuld Israels sich ansammelte und der dann am Versöhnungstag entsorgt werden musste, das heißt mit Blut gereinigt wurde. Wenn Jesus dieser Ort der Sühne ist, dann bedeutet das auch, dass auf ihm alle Sünde lag, so dass sie dort getroffen und beseitigt werden konnte. Er hatte die Sünde Israels, ja der ganzen Welt an sich gezogen, wie ein Magnet das gegenteilig Gepolte anzieht.

Wenn Jesus also der Ort ist, an dem sich alle Sünde, alles Unreine, aller Fluch sammelt, dann kann das, was sich an Unrat bei ihm gesammelt hat, das er trägt, eben auch an ihm und bei ihm und mit ihm beseitigt werden. Und das geschieht durch seinen Tod. Denn wer Sünde auf sich geladen hat, muss sterben. Aber wenn jemand die Sünde aller auf sich geladen hat, für sie alle Träger von Sünde und Fluch wurde, dann kann er auch stellvertretend für sie alle sterben. Denn der Tod beseitigt jedenfalls die Sünde, befreit von ihr (Römer 6,7).

Denkvoraussetzungen sind hier einmal die biblische Kategorie der Stellvertretung, damit verbunden die Vorstellung der Ablösbarkeit der Schuld vom Täter und die Tötung der Schuld durch den Tod. Wer stirbt, wird so frei von der Sünde. Indem Jesus die Schuld, die Sünde und den Unfrieden auf sich nahm und an seinem leiblichen Leben abgegolten hat, konnte er wirklich universale Versöhnung bewirken, denn jedes Hindernis der Versöhnung war dann beseitigt.

Nun streitet man, ob das Christentum eher Erlösungs- oder eher Versöhnungsreligion sei. Denn Versöhnung heißt: Frieden stiften zwischen den Partnern, die zuvor verfeindet waren. Erlösung heißt:

Befreiung von allem, was unfrei macht. Wie weit die Erlösung gehen soll, darüber besteht Streit. Sollen wir auch von uns selbst befreit werden? Nach christlicher Auffassung können wir befreit werden von Sünde, Tod und Teufel. Es ist jedoch nicht der Sinn der Erlösung, uns von unserer Individualität, Leibhaftigkeit und Geschichte, also von unserem Selbst zu befreien.

Das Christentum ist also ein paar Schritte Erlösungsreligion, jedoch nicht radikal. Die Befreiung, für die wir dankbar sein können, ist keine Befreiung vom Nächsten und von uns selbst. An dieser Stelle setzt dann die Versöhnungsreligion ein: Als von der Sünde Befreite können wir mit Gott und den Mitmenschen versöhnt die eine versöhnte, universale Kirche werden. Dabei meint Versöhnung tief greifenden Frieden, nicht oberflächlich zugedeckte Meinungsverschiedenheiten. Erlöst sind wir nach diesem Text von Tod und Sünde, damit gibt es kein Hindernis mehr zur Versöhnung mit Gott im Rahmen einer Kirche der Versöhnten.

Das Ziel unseres Textes geht indes weit über die Aussagen zu Erlösung und Versöhnung hinaus. Denn Paulus spricht hier wesentlich von seinem eigenen Amt. Damit leistet er einen wichtigen Beitrag zur Frage, ob Kirche und apostolisches Amt als Vermittlung zur Erlösung und Versöhnung notwendig seien. In der protestantischen Theologie herrscht gegenwärtig tendenziell die Meinung, es genüge allein der Glaube an Gottes Heilswirken. Doch hier in 2 Korinther 5 heißt es ausdrücklich: »So stehe ich als Gesandter im Dienst Jesu, des Messias. Es ist, wie wenn Gott durch mich die Menschen dazu auffordert: Lasst euch mit mir versöhnen. Darum bitte ich euch anstelle Jesu Christi.« Und in 6,1 wird Paulus fortfahren: »Als Apostel wirke ich mit Jesus zusammen und fordere euch auf: Lasst Gottes Gnadengeschenk nicht vergebens sein.« So kann man sagen: Ohne Jesus keine Erlösung, doch ohne den Apostel gelangt sie nicht zu den Menschen; der Apostel steht dabei für die »Kirche«.

Jeder Versuch, das eine gegen das andere auszuspielen, ist absurd. Beides kann nur zugleich gewollt sein. Denn die herrlichste Erlösung könnte umsonst sein, wenn sie nicht durch den Dienst des Apostels angenommen und zur umfassenden Versöhnung wird. Eine Erlösung, die nicht zu den Menschen gelangen kann, ist nicht vorstellbar, weil sie angenommen werden muss. Wir werden zwar ohne unsere Zustimmung geschaffen und geboren, aber nicht ohne Zustimmung erlöst und versöhnt. Das heißt: Der apostolische Dienst ist wirklich im umfassenden Sinne notwendig. Es ist freilich »Dienst«. Der Apostel oder die Kirche leisten ihn nicht zur Selbstverherrlichung.

Wenn wir in der Fastenzeit den Ruf vernehmen: »Lasst euch versöhnen mit Gott«, dann bedeutet dieser Aufruf in seiner besonderen Formulierung fünf Dinge: Erstens ist diese Einladung nicht rückwärtsgewandt, sondern am Ziel orientiert: Versöhnung. Die Schuld ist zwar nicht vergessen, aber die Brücke zu Gott ist geschlagen. Zweitens ist Versöhnung immer universal. Die Versöhnung mit Gott ist immer gleichzeitig auch die unter Menschen. Aber die Priorität hat die Überwindung des größten Abstandes, der Feindschaft zwischen Gott und Mensch. Dass sie beseitigt wurde, ist Grund zu riesengroßer Freude. Drittens ist diese Versöhnung durch Jesus Christus vermittelt. Denn sonst stünden Sünde und Schuld als dunkle, riesige Schatten weiterhin zwischen Gott und Mensch. Ohne Vergebung gibt es keinen Neuanfang. Schuld und Sünde werden nicht ignoriert. So dürfen auch wir Menschen das, was wir an Schuld gegeneinander aufzurechnen hätten, in das Opfer Christi hineingeben wie einen Wassertropfen in den Wein.

Viertens gehören Jesus und die Apostel ganz eng zusammen, und mit den Aposteln kommt auch unsere apostolische Verpflichtung in den Blick. Jeden einzelnen Christen macht Jesus Christus zu seinem berufenen Apostel, die Friedensbotschaft weiterzugeben. Fünftens: Versöhnung zwischen Menschen ist nicht billig zu haben und ist etwas anderes als »Toleranz« im bloßen Sinne der Missachtung des Profils. Versöhnung am Sühnetod Jesu vorbei gibt es nicht.

Gnade Gottes und das Netz apostolisch begründeter Gemeinden

13. Sonntag im Jahreskreis B

2 Korinther 8,7.9.13–15

In 2 Korinther 8 und 9 fordert Paulus seine Gemeinde zu einer reichlichen Kollekte auf. Was Paulus hier nicht sagt, was wir aber aus Galater 2 und Römer 15 erschließen können: Für Paulus bedeutet diese Kollekte deshalb so viel, weil ihre Annahme durch die Judenchristen in Jerusalem besagen würde, dass die Heidenchristen von den Judenchristen als Mitchristen akzeptiert sind. Dieses ist schon für Paulus ganz klar: Gnade Gottes ohne das Netz der apostolisch begründeten und apostolisch zentrierten Gemeinden gibt es nicht.

In sehr eindrücklicher Weise spricht Paulus hier von Gnade, und zwar so, dass Gnade sowohl die Zuwendung Gottes zu den Menschen bedeutet als auch die Verwandlung dieser Gnade in das finanzielle Liebeswerk der Gemeinde, und schließlich ist auch noch vom Dank an Gott als Antwort auf diese wunderbare Umwandlung und als Ziel des ganzen Prozesses die Rede. Paulus nützt daher den ganzen möglichen Bedeutungsspielraum des griechischen Wortes »*Charis*« aus, den das deutsche Wort Gnade nicht kennt. Dadurch kann Paulus ganz organisch miteinander verbinden, was für uns oft weit auseinander liegt und was insbesondere im Streit um die Rechtfertigung die Christenheit über Jahrhunderte in falsche Alternativen gelockt hat. Denn bei Paulus geht es um einen höchst organischen Prozess, der auf wunderbare Weise von Gott ausgeht und wieder bei Gott endet.

Dieser Prozess hat folgende Stationen: Gott schenkt dem Menschen seine Gnade, also seine unverdiente und nicht zu verdienende Zuwendung. Das geschieht durch Jesus Christus, und in 8,9 wird Paulus demgemäß diesen Prozess sogleich aus christologischer Perspektive darstellen. Diese Gnade Gottes verwandelt sich, wenn der Mensch ihrem Duktus folgt und ihr nichts entgegensetzt, wenn er sich auf diese Bewegung ganz in der Weise einlässt, dass er seine Hand öffnet zu einem Liebeswerk, das Paulus nun gleichermaßen Gnade nennt, aber in dem Sinne, dass jetzt der Mensch gibt. Dabei ist der Maßstab für dieses Liebeswerk des Menschen genau der Überfluss, die Grenzenlosigkeit, die ihm zuteil geworden ist. Dieser Punkt erinnert ein wenig an das Gleichnis vom unbarmherzigen Sklaven in Matthäus 18: Der Sklave, der Barmherzigkeit empfangen hat, soll diese Barmherzigkeit weitergeben an seinen Mitsklaven. Tut er das nicht, so war alles umsonst. Alles liegt in Matthäus 18 wie in 2 Korinther 8 daran, dass der Mensch diesen Fluss, der von Gott her kommt und von dem Gott will, dass er weiterfließt, nicht blockiert, dass er nicht einen Damm baut und die empfangene Zuwendung Gottes nicht in sich versickern lässt. Genau das wäre nämlich »Sünde«.

Das dritte Stadium dieses Prozesses besteht darin, dass dieser Kreislauf sich bei Gott wieder schließt: Die durch die Gabe der Gemeinde in Korinth bedachten Judenchristen in Jerusalem werden Gott danken. Auch hier wieder dasselbe Wort »*charis*«, das hier bedeutet: Dank gegenüber Gott. Charis hat daher in 2 Korinther 8 und 9 drei Bedeutungen: Gottes Gnade gegenüber Menschen, die Freigebigkeit der Christen in Korinth gegenüber anderen Christen und der Dank an Gott als Schlusspunkt. Gemeinsam ist diesen drei Stationen: Gelöste, liebevolle Offenheit gegenüber dem anderen. Dabei ist die Richtung je unterschiedlich: Von oben nach unten, von gleich zu gleich und von unten nach oben. Wir beobachten hier, dass die Kollektenfrage Paulus zu äußerster theologischer Brillanz veranlasst. Das ist sicher ein Zeichen dafür, wie ernst er sie nimmt.

In 2 Korinther 8,9 wird nun derselbe Vorgang »christologisch« dargestellt, also aus der Perspektive der Vermittlung des Heils durch Jesus Christus. Auch hier zeigt sich Paulus als Theologe von großem Format und großer Wirkung in der folgenden Geschichte der Theologie und der Predigt. Bei Berger/Nord ist 2 Korinther 8,9 so übersetzt: »Jesus Christus ist uns auf diesem Weg des Gnadenwerkes vorangegangen: Er war reich an unzerstörbarem göttlichen Leben und ist um euretwillen arm, nämlich ein sterblicher Mensch, geworden. So solltet ihr dadurch, dass er arm geworden ist, reich werden, das heißt: ewiges Leben erlangen.« Dieser Text ist das bekannteste Beispiel der sogenannten Kenosis-Christologie. *Kenosis* heißt: Leer werden, sich entäußern, verzichten, und zwar auf einen Status. Jesus Christus hat um der Menschen willen seinen göttlichen Status und dessen Vorteile abgelegt, um den Menschen daran Anteil zu geben. Vertreten ist diese Ansicht über Jesus bei Paulus und im Hebräerbrief (Philipper 2,6–11; Hebräer 5,8f.). Es handelt sich daher um ein kostbares Erbstück aus der Paulus und dem Hebräerbrief gemeinsamen ganz alten neutestamentlichen Christologie.

Alle diese Aussagen umfassen drei Stufen. Stufe eins: Jesus besitzt als Repräsentant Gottes göttliche Qualität. Das heißt: Er hat die »Gestalt Gottes«, ist »Gott gleich«, kennt »die Sünde nicht«, ist »reich«, ist der »Sohn (Gottes)«. In einer zweiten Stufe verzichtet Jesus auf diesen Status und wendet sich dem genauen Gegenteil zu, nämlich dem Bereich, in dem die Menschen wohnen. Das heißt: Er nimmt die Gestalt eines Sklaven an, wird sterblicher Mensch und gehorsam oder lernt Gehorsam, wird zur Sünde gemacht oder wird arm. In einem dritten Schritt wird nun entweder Jesus wegen dieser Selbsterniedrigung erhöht und verherrlicht, oder – und das interessiert uns hier – Menschen werden nun gerade des Gutes teilhaftig, auf das Jesus bei der Menschwerdung oder zu Beginn seines Gesandtseins verzichtet hatte. Das heißt: Menschen werden nun »reich« oder zur »Gerechtigkeit vor Gott« oder »vollendet«. Sie gelangen in den himmlischen Bereich Gottes. Auf diesem Wege ist Jesus Quelle der Rettung geworden. Das geschieht offenbar so: Genau das, auf das Jesus verzichtet hatte, steht nun für die Menschen zur generellen Verteilung zur Verfügung. Wenn man von dieser generellen Beobachtung ausgeht, dann kann das Rätselwort 2 Korinther 8,9 vielleicht wie folgt gedeutet werden.

Wir fragen: Was ist denn der Reichtum, auf den Jesus verzichtet hat und der nun allen Christen zuteil werden kann? Ausdrücklich wird das ja nicht beschrieben. Ich möchte vorschlagen, dass der Reichtum, der hier genannt ist, die Fülle des göttlichen Lebens bedeutet. Die Armut ist gegenüber der Fülle die Begrenztheit, also Sterblichkeit. Jesus gab die Fülle auf, er wurde sterblich zugunsten der anderen Sterblichen. Dadurch können jetzt die anderen reich werden, die zuvor arm waren. Reich wäre demnach die Fülle unzerstörbaren Lebens, Armut die Begrenztheit sterblichen Lebens. Jesus hat seinen Reichtum zur Verteilung zur Verfügung gestellt. Es ist das kraftvolle, unbegrenzte göttliche Leben. Für meine Auslegung stütze ich mich auch auf die alte Präfation zum Fest der Erscheinung des Herrn. »Weil dein Eingeborener in der Gestalt unseres sterblichen Fleisches erschienen ist, hat er uns so in seiner neuen, lichtvollen Unsterblichkeit wiederhergestellt.« In dieser Präfation steht daher die »Gestalt des sterblichen Fleisches« dem »Licht seiner Unsterblichkeit« gegenüber. Hier stehen also Sterblichkeit und Unsterblichkeit an der Stelle des paulinischen Gegensatzes von Armut und Reichtum.

Offen ist noch die Frage, wie dadurch, dass Jesus auf etwas verzichtet, andere in den Genuss dieses von ihm aufgegebenen Gutes gelangen können. Warum werde ich unsterblich, wenn Jesus um meinetwillen sterblich wurde? In der Patristik und im Mittelalter hat man an das Bild des Tausches gedacht: Jesus Christus erscheint in der Welt und sagt: Tausche Unsterblichkeit gegen Sterblichkeit. Und die Menschen sagen: Tausche Sterblichkeit gegen Unsterblichkeit. Diesen Tausch hat man glücklichen Tausch genannt. Man hat demnach in 2 Korinther 8,9 mit der Lehre vom seligen Tausch (Gottheit gegen Menschheit, Menschheit gegen Gottheit) eingesetzt. Die Orientierung am Bild des Tausches sollte nicht vergessen lassen, was die Motivation zu diesem Tausch war. Sie kann nur Liebe und der Wille zur Gemeinschaft gewesen sein.

Gott schenkt schwachen Menschen große Gnade

14. Sonntag im Jahreskreis B

2 KORINTHER 12,7–10

Das Thema »Die Kraft des Schwachen« ist keineswegs ein Objekt dialektisch-rhetorischen Tiefsinns oder akademischer Spiegelfechterei. Im Zusammenhang des zweiten Korintherbriefes handelt es sich um die alles bestimmende Frage, ob und wie Paulus die Legitimität (Rechtmäßigkeit) seines Apostelamtes erweisen kann. Denn Paulus ist nicht nur der ehemalige Christenverfolger, er ist auch auf anfechtbare Weise zu einer Christusvision berufen worden. Dies könnte theoretisch jeder behaupten. Er vertritt im Gesamtspektrum des Urchristentums durchaus eine Außenseiterposition – Heidenmission ohne Bedingung. Außerdem ist er krank, seine Krankheit bezeichnet er als Faustschläge Satans, und sein persönliches Auftreten vor der Gemeinde ist stets lächerlich und schwach. In 2 Korinther muss der Apostel nicht das christologische Bekenntnis verteidigen, sondern sich selbst.

Dabei tritt sein Kirchenbild zutage, und zwar in einer Weise, die auch heute noch zwischen den Konfessionen strittig ist. Denn die »Kraft des Schwachen« ist nach Luther eine kirchliche Frage. Er sieht die Kirche insgesamt als den Bereich, in dem Gottes Kraft nur unter dem Gegenteil verborgen und eben gerade nicht erfahrbar ist. In der Tat wäre so jeder Triumphalismus vermieden, also jede unangebrachte Verzierung der Kirche mit Herrlichkeit, Glanz und Gloria. Der Preis, den Luther für diese Annahme zahlt, ist hoch: Irgendwelche Kraft, Segenskraft oder verwandelnde Macht ist für Christen nicht erfahrbar. In der schwachen Kirche ist Gottes Kraft strikt verborgen, sie kann daher nur geglaubt werden. Die Kirche ist daher angefochten, machtlos, unscheinbar, und niemals und nirgends darf etwas von Stärke und Kraft sichtbar werden. Diesem Ideal der Bescheidenheit entspricht tatsächlich auch die Erscheinung reformatorischer Landeskirchen. Sie sind zerstritten, ohne Erweise von Kraft und Geist, das Stammpublikum sind kleinbürgerliche »kleine Leute«, man ist extrem misstrauisch gegenüber allem, was zum Lob dienen könnte. Gerade die Praxis der Heiligsprechungen unter Johannes Paul II. traf auf schieren Widerstand. Die evangelischen Gemeinden begreifen sich dezidiert nicht als »Kirche der Heiligen, der Wunder oder gar der anbrechenden Herrlichkeit Gottes«. Sie wissen sich als schwach, zerstritten und angefochten. Jedes Sich-Rühmen, vor dem Paulus so gewarnt hatte, ist fern. Das Heil ist in dieser Welt überhaupt nicht oder nur höchst gebrochen zugänglich. Diese Sätze sind im Übrigen nicht als Karikatur genannt, sondern versuchen, den großen Ernst zu begreifen, der hinter dieser Kreuzestheologie steht. Die Frage ist nur, ob Paulus das in unserem Text so meint. »Die Reformatoren haben mit der Macht kirchlicher Amtsträger ihre eigenen Erfahrungen gemacht. Es verwundert daher nicht, dass sich besonders im evangelischen Milieu bis heute eine gewisse Reserviertheit gegenüber kirchlichen Autoritätsansprüchen gehalten hat. Das belastete Verhältnis vieler Exegeten zum Dynamis-Begriff hat allerdings noch eine weitere und tiefere Ursache, die den Kern lutherischer Theologie berührt: Aus der Formulierung des Paulus, den gekreuzigten Christus als Gottes Kraft verkündigen zu wollen (1 Korinther 1,23f.), gewann der Reformator wesentliche Impulse für seine *theologia crucis*« (Johannes Krug: Die Kraft des Schwachen, 2000). Luther betont den radikalen Widerspruch zwischen Gott und Welt: Gott könne der Welt nach ihrem Sündenfall nur unter dem Gegenteil verborgen offenbar werden.

Fazit: Heute wie zur Zeit des Neuen Testaments hat das Thema »Kraft« seine Bedeutung in Hinsicht auf das Kirchenbild. Denn wenn Gottes Kraft sich hier und jetzt in reiner Negativität zeigt, ohne Erfahrung von Wirkung und nur im Wort und durch Glaube vermittelt, dann ergibt sich von daher der Ort der Kirche nicht nur bei den Marginalisierten, sondern im Abseits des Marginalen selbst. Die Versuchung liegt darin, selbstverschuldete Mängel und Misserfolge als christliche »Tugend« umzuwerten. So ergibt sich gerade im Medienzeitalter leicht eine gewisse Ausweglosigkeit. Dann kann alles Christliche nur streng im Kontrafaktischen bestehen, das heißt: Im Behaupten gegen alle Evidenz, im Glauben gegen alle Wahrscheinlichkeit oder weltliche Realität. Die restlose Abwesenheit von Wundern und Charismen in der Gemeinde Jesu Christi ist dann geradezu Postulat. Nicht ganz zufällig entspricht dieses auch dem neoliberalen Zeitgeist, für den die Annahme von Wundern und Charismen extrem schwierig ist.

Für die Vorgeschichte des Gegensatzes von Stärke und Schwachheit sind nun vier diskutable Modelle vorgelegt worden: das chronologische (wer zuerst schwach ist, ist später stark), das lokale Modell (Schwäche des Körpers und Kraft des Geistes), das perspektivische Modell (je nachdem, wie man urteilt, ob von der Vernunft oder von den Affekten geleitet, stellt sich etwas als stark oder schwach dar) und schließlich das Transzendenz-Modell (eine transzendente Macht erwirkt an einem kreatürlich Schwachen eine erstaunliche Tat). Hier liegt aus meiner Sicht die Lösung: Die theologische Tiefenstruktur der Aussagen über Schwachheit und Kraft ist der Gegensatz zwischen Gott und Mensch. Gott wirkt die Kraft und die Macht, der Mensch ist schwach. Das Wirken Gottes lässt angesichts der menschlichen Schwäche allein den einen Schluss zu: Dass hier Gott wirkt. Mit dieser »Lösung« werden andere Lösungswege bestritten, vor allem der Weg reformatorischer Theologie, die an dieser Stelle rein dialektisch operiert (»gegen alle Erfahrung anzunehmen, dass hier gänzlich verborgen Gott wirkt«). Damit richte ich mich gegen alle Versuche, im Sinne der Paradoxie die erfahrbaren Wirkungen herunterzuspielen, indem die Wunder abschätzig beurteilt werden oder indem die Wirkungen nur als rein zeichenhafte Vorwegnahme endzeitlicher Vollendung dargestellt werden. Im Lichte dieser Aussagen ist auch die Kreuzestheologie von 1 Korinther 1 neu zu beurteilen. Der »Trick« des Paulus ist gewissermaßen, in diesem Streit zu obsiegen, indem er das entscheidende Wirken, das die Gemeinde, das Apostolat und auch das Christusgeschehen selbst ausmacht, Gottes Wirken nennt, weil es eben gleichzeitig mit menschlicher Schwäche existiert. Auch die Kreuzestheologie von 1 Korinther 1 »unterstreicht mit Nachdruck die Erfahrung, dass mit Jesus Christus eine überlegene Kraft auf der Welt präsent geworden ist« (J. Krug).

Von zentraler Bedeutung ist die »logische« Frage, ob der Gegensatz zwischen Schwachheit und Kraft auf der Höhe paulinischer Formulierungen ein enger logischer ist – dann ginge es um eine Paradoxie im engeren Sinne, und dann wäre das Schwache ohne Wenn und Aber zugleich und unter derselben Hinsicht stark. Oder aber es geht um etwas, das nur für den Außenstehenden und Nichtgläubigen als schwach und zugleich stark erscheint, mithin als Paradoxie, das aber für den Glaubenden, der ein erweitertes Verständnis von Wirklichkeit hat, erklärlich ist, denn Gott wirkt die Stärke. Unter dieser Voraussetzung ist die Stärke in der Schwäche ein besonderes Indiz der Wirksamkeit Gottes. Fälle für das Letztgenannte dagegen gibt es fast nur im Judentum und im frühen Christentum: Gott schenkt durch sein Eingreifen dem Schwachen eine starke Wirkung.

Aber worin bestand denn nun die erfahrbare Stärke? Außer in »Wundern« sicher eben auch in einem missionarischen Erfolg der paulinischen Botschaft, in der Liebe zwischen Apostel und Gemeinde (2 Korinther 3,1–3), aber auch negativ in der Auslieferung des Sünders von 1 Korinther 5 an den Satan oder im Niederreißen der Bollwerke, das Paulus in 2 Korinther 10 ankündigt. Auch die paulinischen Peristasen-Kataloge sind hier zu nennen: In all dem, was ihm angetan wird, könnte Paulus nach menschlichem Ermessen kaum überleben und vor allem jeden Mut verlieren. Dass beides nicht geschieht, kann nur Gottes Kraft sein.

Trinität von Anfang an

Dreifaltigkeitssonntag A

2 Korinther 13,11–13

In diesem brieflichen Segensgruß stoßen wir auf eine beachtliche trinitarische Aussage. Den traditionell biblischen Gruß »Der Herr (sc. Gott) sei mit euch« erweitert Paulus triadisch. Damit ist ganz klar, dass er mit den drei Instanzen hier niemanden anderes als Gott meint. Was von diesen dreien kommt, das kommt von Gott.

Unser Herr Jesus Christus begleite euch in seiner Gnade: Das Stichwort »Gnade«, in der Regel verbunden mit dem Stichwort »mit euch«, bildet regelmäßig die Grundausstattung des brieflichen Schlusssegens. Auch hier endet der Segensgruß mit der Wendung »mit euch allen«. Während man von Gott Liebe erwartet, kann man vom strengeren Kyrios her auf Gnade hoffen. Er stellt die Autorität dar.

Gott der Herr schenke euch seine Liebe. Der Kyrios Jesus Christus steht üblicherweise neben »Gott unserem Vater«. Das Stichwort »Liebe« ersetzt hier wohl den sonst üblichen »Vater«. Das emotionale und familiäre Element ist nicht mit Jesus, sondern mit Gott verbunden. Jesus ist der strenge und verbindliche Herr, »Gott« dagegen der gütige, liebende Vater.

Der Heilige Geist verbinde euch alle untereinander. Der Heilige Geist schenkt die Gemeinschaft. Wir kennen das für triadische Formeln auch aus Epheser 4,3 (Bemüht euch, die vom Heiligen Geist gestiftete Einheit zu bewahren, bleibt in Frieden verbunden). Nur steht dieses Element dort voran, während es hier den Schluss bildet. In beiden Fällen aber ist dieses Glied – durch seine Anfangs- oder Schlussposition – besonders hervorgehoben. Und auch in der späteren Trinitätslehre wirkt dieses Element erheblich weiter, dass nämlich der Heilige Geist Einheit und Gemeinschaft bewirkt. Entscheidend für die Dreiheit der Instanzen ist aber hier, das lässt die Voranstellung der

Nomina erkennen, die Betonung der Fülle der Segensgüter (Gnade, Liebe, Gemeinschaft). So kennen 1 Petrus und Hebräer 13,25 überhaupt nur das Heilsgut (Friede, Gnade), ohne dass dieses von einer Einzelperson hergeleitet würde. Entscheidend ist also nicht das Verhältnis der Personen zueinander, sondern etwas anderes: die differenzierte Fülle der Wirkungen. Insofern ist 2 Korinther 13,13 extrovertiert und gemeindebezogen. Es zählt nur die Fülle dessen, was der Gemeinde zukommt.

Dieser »dreieinigen Fülle« liegt offenbar Ähnliches wie die Konzeption der »Fülle der Gottheit" zugrunde, die wir wörtlich aus Kolosser 1,19; 2,9; Epheser 1,23 kennen, auch wenn sie an diesen drei Stellen sowie in Johannes 1,14 nicht trinitarisch gedacht ist. »Fülle Gottes« meint aber an den triadisch formulierten Stellen: Über Gottes Reichtum kann man gar nicht im Singular reden.

Es ist die Fülle des Segens, die vermittelt werden soll. Wer segnen will, intendiert feierlichen Zuspruch aller nur möglichen Fülle. Das ist der Ursprung der häufigen triadischen Formen am Schluss der Briefe des Neuen Testaments.

In jedem Falle geht es nach 2 Korinther 3,13 gerade nicht um die Differenzierung innerhalb des Subjekts bzw. Ursprung des Segens, sondern um die weitest mögliche und denkbare Massierung auf der Seite des Ursprungs. Diese Fülle ist aber für die Sprache des Neuen Testaments gerade nicht damit bezeichnet, dass man von Gott allein redet, sondern für 2 Korinther 3,13 und andere Stellen gilt gerade das Umgekehrte: Nur die Rede von drei Personen ist der Fülle Gottes wirklich – wenigstens entfernt – angemessen. Die Betonung des Singulars bedeutete nur eine Aussage über Armut.

Anders gesagt: Weil es um die Fülle der Zuwendung Gottes geht, gilt der Grundsatz »aus allen Kanälen alles, alles Gute von allen Mächten des Himmels«. Weil es sich um Segenszuspruch handelt, gilt das liturgische Gesetz der Kumulation. Das heißt: In allen alten Liturgien finden wir das Gesetz der Häufung von ähnlichen oder parallelen Anwegen. Man vergleiche etwa die Riten-Kumulation bei der

Taufe (Untertauchen, Salbung, Handauflegung, Gabe des Salzes). Derartige liturgische Häufung ist kein Missbrauch, sondern eine bodenständige Weise, die Unfassbarkeit Gottes durch das Nebeneinander von Zugangswegen oder Formen der Annäherung zu betonen. Im Falle triadischer Aussagen geht es um die Pluralität der Instanzen.

Die Dreiheit der Instanzen in 2 Korinther 13,13 entspricht ganz sicher auch der Zeugenregel Deuteronomium 19,15. Dass man bei derartigen triadischen Ausdrücken an die Zeugenregel dachte, bestätig 1 Johannes 5. Und der Sinn einer solchen Nennung von drei Zeugen ist dann die Verstärkung der Gewissheit, wirklich gesegnet zu sein.

Die Reihenfolge der Instanzen in 2 Korinther 13,13 hat selbst eine eindeutige Logik und Folgerichtigkeit. Die Gesegneten »treffen« zuerst auf Jesus Christus. Er ist ja auch die sichtbare Instanz. Er ist der Herr der Gemeinde. Und in der Gemeinde trifft man auf ihn (wie Apostelgeschichte 9,6). Sie ist sein Leib, folgt seinen Regeln, hier trifft man den Apostel, seinen Sklaven (2 Korinther 1,1).

Es ist wie auf einem regelrechten Weg durch die Instanzen, feierlich und geordnet. Denn der Herr ist wie ein Wegweiser zur nächsten Instanz. Der Kyrios ist wie ein Bild der Gottheit. Doch im Allerheiligsten des Tempels, im *adyton*, treffen wir auf das unsichtbare heilige Geheimnis. Hier geht es um Gottesbegegnung in der Tiefe. Die strengen Lebensregeln des Kyrios zeigen ihr wahres Gesicht: Sie kommen aus Liebe. So wie der Kyrios das sichtbare Bild des unsichtbaren Gottes ist, so geht der Weg vom Sichtbaren zum Unsichtbaren, von den Geboten zum Ursprung in der Zuwendung des Vaters. Auch mit dem gedanklichen Weg der Leser der Apokalypse von der Christusvision in Kapitel 1 hin zur Thronvision in Kapitel 4 sind diese Segensschritte zu vergleichen. Denn in Kapitel 1 begegnet der Leser dem Herrn der sieben Gemeinden, in Kapitel 4 dem Gott der ganzen Welt.

Die dritte Instanz auf dem Weg ist der Heilige Geist. Bei ihm geht es um die konkrete Auswirkung in der Gemeinde, nämlich um die Gemeinschaft, die er schenkt. Die Kraft, die wir aus dem Allerheiligsten mitnehmen, Paulus nennt hier das, was er sonst als »Frucht des Heiligen Geistes« bezeichnet.

Auch zu den in Römer 8 benannten Instanzen bestehen Beziehungen. Der Sohn sitzt zur Rechten des Vaters als unser Anwalt. Er stellt uns dem Vater vor, führt uns zu ihm. Der zweite Anwalt ist der Heilige Geist. So notwendig die Trennung von Person und Amt ist, im Neuen Testament hat es sie noch nicht gegeben. Das bedeutet in 2 Korinther 13,13 für die Auffassung von Instanz und Person: Diese beiden Dinge sind noch eins. Von der Funktion her ist direkt auf die Person zu schließen. So wie nach der Menschwerdung des Sohnes Gottes der Logos endgültig an die Menschennatur Jesu Christi gebunden ist, so ist auch seit Ostern / Pfingsten der Heilige Geist an die Herzen der in der Kirche vereinten Menschen gebunden. Gott als Heiliger Geist ist in seinem irdischen Tempel anzutreffen. Denn schon Paulus nennt die Gemeinde Tempel des Heiligen Geistes. Trinität bedeutet für den Sohn und den Heiligen Geist: Gott ist der in Jesus Mensch Gewordene, Gott ist der in der Kirche in den Herzen der Menschen Wohnende. Das Heil ist komplex – und es ist in Fülle zuteil geworden. In einer Zeit, in der man noch nicht gelernt hat, Amt und Funktion einerseits und Person andererseits säuberlich zu trennen, kann man die Mehrdimensionalität des Heils nur mehreren Instanzen zuschreiben. Die alte Weisheit, dass Dogmatik dem Lobpreis entspringt, ist hier mit Händen zu greifen: In der Art, in der das messianische Heil zugänglich geworden ist, kann es nur als Werk der drei Instanzen begriffen werden. Das ist Ausdruck der Art, in der Gott jetzt das Heil zuspricht: nämlich unter leibhaftiger Einbeziehung und Verwandlung des Menschen. »Sohn« und »Geist« stehen für die Art, in der sich Gott leibhaftig in die Menschenwelt vorgewagt hat.

GALATERBRIEF

Einer trage des anderen Last;
so werdet ihr das Gesetz Christi erfüllen

GALATER 6,2

Wie tolerant war Paulus?

9. Sonntag im Jahreskreis C

GALATER 1,1–2.6–10

Für heutige Vorstellungen von Toleranz schießt Paulus hier mit Kanonen auf Spatzen. Wir würden sagen: Der Apostel ist nicht tolerant, er grenzt andere Christen (!) aus und macht in der Sache aus einer Mücke eine Elefantenherde. Sollen wir uns von der Starrheit des Apostels hier etwas abgucken? Oder müssen wir Sachkritik üben und sagen: Paulus reagiert hier wie typische Konvertiten, er reagiert gereizt auf Versöhnungsangebote, die seine eigene Vergangenheit berühren.

Die Situation ist schnell dargestellt: Da gibt es in Galatien (nördliche Türkei) Heidenchristen, die etwas irritiert sind. Sie haben gehört, dass Jesus Jude war, dass Paulus Jude ist und die Apostel in Jerusalem auch. Sie sind aber schon getauft und meinen nun, mit der Beschneidung des männlichen Nachwuchses ein wichtiges Erfordernis zum Christsein nachholen zu müssen. Die Beschneidung haben sie sich vermutlich als eine Art Sakrament vorgestellt, etwa wie die Firmung, die weithin als Ergänzung zur Taufe gilt. Das war fromm gemeint und war weder gegen Jesus noch gegen Paulus gerichtet. Es beruhte vielmehr auf strengerer Observanz ihres persönlichen Vorbildes. Diese wohlmeinenden Christen waren vielleicht ein wenig perfektionistisch. Aber sie waren nicht böse oder vom Teufel. Paulus sagt, sie seien verflucht (*»anathema«*), und das heißt zu damaligen Bedingungen: Hölle, Tod und Teufel, böse Geister und gemeine Mächte mögen mit ihnen anfangen, was sie wollen, denn sie sind vogelfrei.

Paulus meint einfach, dass mit der Taufe und der Verleihung des Geistes Gottes in der Taufe das gesamte Heil und alles, was man dazu braucht, den Galatern schon geschenkt worden ist. Und jeder, der denkt, darüber hinaus noch etwas nötig zu haben, der relativiert den Wert der Taufe. Das aber ist ein schweres Vergehen gegen Gottes Wirken in den Christen seit der Taufe. Ganz ähnlich wie in 1 Korinther 3,17 (Wer den Tempel des Heiligen Geistes zerstört, den zerstört Gott) geht es auch hier um eine Variante der Sünde wider den Heiligen Geist. In Markus 3,26–28 bezog sich diese Sünde auf die Präsenz des Geistes in Jesus Christus, hier im Galater geht es um die Präsenz des Heiligen Geistes in den Christen. Gegenwart Gottes durch den Heiligen Geist bedeutet die endgültige und unüberbietbare Zuwendung zu den Menschen durch reale Gegenwart in deren Herzen. Und wer das durch Beschneidung irgendwie verbessern möchte, der hat nach Paulus nichts verstanden.

Für Paulus geht es damit nicht um eine lässliche Sünde oder um eine gut gemeinte liturgische Zutat von frommen Menschen, die man vielleicht tun oder auch lassen kann. Beschneidung ist immerhin das Initialsakrament im Zugang zum Judentum. So wie die Taufe eben die Beschneidung ersetzt und überboten hat, denn sie macht Menschen zu Gottes Kindern. Man tut sicher gut daran, den Standpunkt der galatischen Heidenchristen, die sich beschneiden ließen, zu ergründen. Sie versuchten wohl am Ende, eine Brücke zum Judentum zu wahren, Christen zu Kindern Abrahams zu machen und heilsgeschichtlich zu denken. Schließlich hatte Paulus selbst auch Judenchristen gestattet, weiterhin die Kinder zu beschneiden. Denn für sie kann er die Beschneidung als abschließende Besiegelung ihres Glaubens an Jesus ansehen (Römer 4,25), also tatsächlich als eine Art Firmung.

Für Paulus dagegen wird die Beschneidung von Heidenchristen zur Frage der Gültigkeit und Verbindlichkeit des trinitarischen Glaubens. Denn entweder ist der dreieinige Gott durch die Taufe auf Jesus und die Mitteilung des Heiligen Geistes wirklich bei den Menschen, und zwar unüberholbar als Gott selbst, oder eben nicht; und in diesem Fall war die Taufe dann nur ein Initiationsritus neben anderen. Dann kann und muss sie durch »jüdischere«, kantigere Riten ergänzt werden. Paulus stellt daher in seinem Brief bleibend die Frage, mit was für einem Gott wir es eigentlich bei der Taufe und Geistverleihung zu tun haben. Dabei geht es entweder um den jüdischen Glauben im Sinne der Bibel (Altes Testament), nach dem alles gegenwärtige Wirken Gottes Wiederholung und Verkleinerung der Großtaten am Anfang ist (Schöpfung, Erwählung Abrahams, Auszug aus Ägypten, Sinai) – oder in dem das neuerliche Wirken eben dieses Gottes alles bisher Vorstellbare in den Schatten stellt.

Die neue Erkenntnis der Dreifaltigkeit Gottes besagt dabei: Der Gott des Himmels hat den Ort seiner Gegenwart ausgeweitet. Er ist über sich hinaus- und aus sich herausgegangen. Als Gott Heiliger Geist sprengt er alle Grenzen, von denen die Menschen bisher dachten, dass sie ihn in seiner Offenbarung eingegrenzt und an sein beschnittenes Volk exklusiv gebunden hätten.

Dass dieser Gott plötzlich in Jesus wohnen sollte und im Herzen jedes Menschen, wenn er nur glaubt und sich taufen lässt, war durchaus eine Revolution, für deren Nachvollzug es mehrerer theologischer Saltos bedurfte. Paulus versucht immer wieder, Gottes sprunghaftes Handeln theologisch plausibel zu machen. Denn die Männer zu beschneiden, hätte nichts anderes bedeutet als die Fortschreibung des normalen Proselytentums, wie man es aus Alexandrien kannte. Den entscheidenden Wandel im Gottesbild hatten diese Christen in Galatien nicht mitbekommen.

Und was ist mit der Intoleranz des Apostels? Paulus ist hier so intolerant, weil Jesus nicht nur eine prophetische jüdische Gestalt war (was auch die Moslems bis heute glauben), sondern weil man in ihm auf Gott stößt. Und weil durch den Heiligen Geist die Getauften wie Jesus aus Sklaven Gottes zu Gottes Kindern werden. Paulus wird daher in den späteren Briefkapiteln den beschneidungswilligen Galatern die Rückkehr in die religiös verstandene Sklaverei gegenüber Gott vorwerfen. An dieser Stelle ist der ausgesprochene Bannfluch ein Hinweis darauf, dass hier der Nerv des Christentums getroffen wurde. Und damit geht es um die Hauptdifferenz zum Judentum, denn wer Beschneidung fordert, will Christen erst zu Juden machen bzw. sie als vervollkommnete Juden betrachten. Der Unterschied zum Judentum liegt also nicht in der Art der Gebote. Paulus wirft dem Judentum nicht vor, dass es keine Nächstenliebe kennte, ganz im Gegenteil. Das Gebot der Nächstenliebe kann Paulus selbstverständlich aus Levitikus 19,18 zitieren. Und auch die Zehn Gebote und was es sonst an sozialen Geboten oder Verpflichtungen geben mag, haben Judentum und Christentum gemeinsam. Das gilt sogar auch für die Erwartung der neuen Schöpfung. Nur eines macht die Differenz aus: Gotteskindschaft, und zwar durch den Heiligen Geist. Unbestritten kennt das Alte Testament derartige Aussagen über den König (Psalm 2,7), und die griechisch-jüdische Weisheit spricht vom verfolgten Sohn Gottes; ob Paulus sie kennt, ist fraglich. Aber für ihn liegt der Gegensatz laut Galater im Kontrast zwischen Sklave und Kind. Es liegt nicht am Begriff (jede Konkordanz des Alten Testaments nennt die o. g. Stellen), es liegt an der Art dieser Kindschaft und darin, was sie soll. Sie besteht in maximaler Ähnlichkeit zu Gott, sie ist sakramental vermittelt (und daher reine Gnade) und hat doch ethische Konsequenzen (das Gesetz kann aus dieser Kraft heraus erfüllt werden). Die königliche Qualität von Prinzen und Prinzessinnen ist dank Glauben, Taufe und Heiligem Geist wirklich »demokratisiert« und jedem zugänglich, der will. Das ist, wenn man es so sehen kann, »genial«, denn es setzt die Berufung und die Heiligung an den Anfang des Christseins und nicht an das Ende einer Ochsentour.

Denn dieser Gott will das Ganze. Sein heiliges Volk Israel bleibt erwählt und geliebt. Aber es ist, durch Abraham und Jesus in je unterschiedlicher Weise nur Sprungbrett für Gottes weitere Ambitionen. Denn in diesem Schöpfergott steckt mehr als ein kleiner National- und Volksgott aus der Provinz. Die Art, in der er mit Sünde und Tod umgeht und die ethnischen Grenzen niederlegt, verrät, dass er unbedingt mehr will. Das »plus ultra (immer noch mehr)«, der Wahlspruch der Habsburger, gibt nur einen kleinen Vorgeschmack auf das, was Gott sich als die Familie seiner Kinder gedacht hat.

Das Blutzeugnis der Apostel begründet die Stellung Roms

10. Sonntag im Jahreskreis C

GALATER 1,11–19

Diese Lesung handelt fast nur von Petrus und Paulus. Beide sind in diesem Abschnitt zentral; sie werden es auch in Galater 2,8f.11–14 sein. Auch die Apostelgeschichte des Lukas wird hauptsächlich von ihnen beiden handeln, nur am Rand auch von anderen. Und auch der Kanon des Neuen Testaments ist um diese beiden Apostel herum gruppiert: In den vier Evangelien ist Petrus der wichtigste Apostel, der das Bekenntnis formuliert, und dann folgen die Briefe unter dem Namen des Paulus. Für beide ist das frühe Martyrium in Rom bezeugt (1 Clemens 5) und beide sind in Rom begraben. Das Nebeneinander der beiden wird sich in vielen apokryphen Texten fortsetzen. Und im 10. Jahrhundert wird die Kirche beten: »Herr, du hast deine Kirche gegründet auf die Tränen des Petrus und auf die Briefe des Paulus.« Das ist schön formuliert und betrifft die Wirkung beider Apostel; doch am Anfang ist deren Wirken weitgehend parallel, wie Lukas es in der Apostelgeschichte schildert. Beide erleben eine entscheidende Umkehr in der Mitte des Lebens (Petrus nach der Verleugnung; Paulus in Apostelgeschichte 9 und nach unserem Bericht in Galater 1,16), beide haben eine Vision des Auferstandenen erfahren und standen am Beginn der Heidenmission und haben ähnliche Wunder gewirkt (Blindenheilung, Totenerweckung), und sie hatten auch vergleichbare Feinde.

In der späteren Mission ist und bleibt Paulus stärker den Heidenchristen verbunden, die nicht beschnitten waren, während Petrus immer auch weiterhin Juden zum Christentum bekehrt hat. Beide Apostel sind sich mehrfach begegnet, einmal in Jerusalem und später in Antiochien. Über den Jerusalemer Aufenthalt von gut 15 Tagen berichtet Paulus in unserem Abschnitt Galater 1,18.

Es geschieht etwas für das historische Verhältnis zwischen Petrus und Paulus höchst Wichtiges. Paulus zeichnet seinen eigenen Apostolat mit denselben Ausdrücken, die in Matthäus 16,17–19 im Munde Jesu dazu dienen, das Bekenntnis des Petrus und seine Rolle in der Kirche zu zeichnen. Wenn Petrus und Paulus aber in zwei so verschiedenen Dokumenten wie dem Matthäusevangelium und dem Galaterbrief so übereinstimmend gezeichnet werden, dann kann das aus meiner Sicht nur bedeuten: Erstens die Worte Jesu an Petrus sind alt und keineswegs erst von Matthäus formuliert, denn den kann Paulus nicht gekannt haben (als das Matthäusevangelium entstand, war Paulus vielleicht schon tot), und zweitens: Paulus hält es für nötig, seinen eigenen Apostolat an dem des Petrus auszurichten, ihn im Lichte des Bekenntnisses des Petrus zu formulieren. Beides stärkt in jedem Falle ganz erheblich die Position des Petrus. Denn trotz aller Unterschiede zwischen Petrus und Paulus ist der Apostolat des Petrus der Maßstab für den des Paulus, und zwar nach seinem eigenen Zeugnis, das hier bewahrt ist.

Erst in den letzten Jahren hat man die starken Übereinstimmungen zwischen Matthäus 16,16–19 und Galater 1,11f.16 bemerkt:

1. Bei beiden Aposteln geht es um ihre »Einsetzung« in ihre kirchliche Funktion (Apostel beziehungsweise Fels der Kirche);

2. Ausdrücklich wird gesagt, dass diese Einsetzung gebunden ist an das Bekenntnis zum Sohn Gottes (»seinen Sohn«; »Du bist Christus, der Sohn des lebendigen Gottes«);

3. Ausdrücklich wird hervorgehoben, dass das Bekenntnis nicht von Fleisch und Blut her stammt, also von Menschen erfunden ist, sondern dass es »vom Himmel«, von Gott her kommt;

4. der Vorgang, in dem dieses Petrus bzw. Paulus mitgeteilt wird, heißt ausdrücklich »Offenbarung« (griech. Wortstamm *apokalypt*).

Wir erkennen daraus: Die Funktion als Apostel beziehungsweise als Apostel und Fels der Kirche ist ganz wesentlich an das Bekenntnis gebunden. Beides kann nicht unabhängig voneinander sein. Das kann inhaltlich nur bedeuten: Der Apostel stellt mit seiner Existenz den dar, den er verkündet. Das ist der Kern dessen, was in den Evangelien »Nachfolge« und bei Paulus »Nachahmung« heißt. So können wir immer tiefer begreifen, warum die Hauptachse des neutestamentlichen Kanons die zwischen Petrus (4 Evangelien) und Paulus (14 Paulusbriefe) ist. Der eine bezeugt im Wesentlichen palästinische vorösterliche Tradition, der andere die nachösterlich Wirklichkeit der Gemeinden bis hin nach Rom. So ist das ganze Neue Testament vom Matthäusevangelium bis zum letzten Paulusbrief – inklusive Apostelgeschichte (!) inhaltlich ein einziger Bogen von Betlehem nach Rom, von der Stadt des Königs David bis zur Stadt der römischen Kaiser. Für beide Apostel ist das Ziel das Martyrium in Rom, und hier liegen sie auch begraben. Das hat Bedeutung für einige ökumenische Fragen:

1. Der Kanon des Neuen Testaments und Rom als Mittelpunkt der Christenheit sind beide im gemeinsamen Blutzeugnis der Apostel begründet. Es stimmt daher nicht, dass Rom, weil es Mittelpunkt des Reiches war, dann erst im Lauf der Jahrhunderte Mittelpunkt der Kirche wurde. Man hat es vielmehr immer so gesehen, dass sich Petrus und Paulus in ihrem Zeugnis, das ein Christuszeugnis und ein eigenes Blutzeugnis ist, gegenseitig stützen.

2. Noch immer ist der wahrscheinlichste Ort für die Entstehung des Kanons der neutestamentlichen Schriften Rom. Diese Frage ist im Übrigen noch zu erforschen.

3. Wie auch immer sich die apostolische Sukzession in Einzelheiten in den ersten Jahrhunderten gestaltet hat, für katholisches Verständnis von Wirklichkeit ist die physische Präsenz der Leiber der Apostel (also die Apostelgräber) ein erstrangiges Argument für die Fortsetzung von deren Amt und Wirken eben dort, wo sie bestattet sind. An dieses katholische Prinzip erinnert bis heute das Reliquiengrab im Altar jeder christlichen Kirche. Durch die physische Verbindung mit der Märtyrerkirche ist auch die juristisch-institutionelle Einheit gegeben; natürlich kommen Handauflegung (Bischofs- und Priesterweihe) und Kontinuität des Bekenntnisses hinzu. Der Reliquienkult ist nicht eine abwegige Marotte, sondern bedeutet dauerhaf-

te Präsenz gerade dieser Heiligen. Und das sind in Rom vor allen anderen Petrus und Paulus. Die orthodoxe Kirche teilt diese Einschätzung der Reliquien, und daher war es sehr bedeutsam, dass vor einigen Jahren der Papst das Haupt des Apostels Andreas, des Bruders Petri (!) an die Kirche von Byzanz zurückgegeben hat.

Die enge Beziehung zwischen Jesus und Andreas gilt in jedem Fall für das vierte Evangelium.

Das Doppelgespann Petrus und Paulus beruht einerseits auf dem jüdischen Zeugenrecht, wonach eine Sache dann gültig ist, wenn sie auf dem Zeugnis von »zwei oder drei Zeugen« steht. Das ist in Deuteronomium 19,15 grundgelegt und spielt sicher schon in der Apostelgeschichte für die Begründung der Heidenmission eine Rolle. Auch Jesus sendet schon zu Lebzeiten seine Jünger zu zweit aus beziehungsweise vor sich her. Dann aber spielt noch eine andere Tradition eine Rolle, nämlich die Theophanie. Da in Jesus Gott wohnt, wird daraus die Christophanie. So haben wir es auf vielen alten Darstellungen. In dem alten Auferstehungsbericht, der die Auferstehung Jesu selbst schildert, kommt Jesus mit zwei Engeln, je einem rechts und einem links, aus dem Grab. So wie Gott von zwei Engeln je rechts und links von einem, flankiert ist, so Jesus Christus eben von zwei Jüngern, die ihm vorausgehen, gesäumt oder in der altkirchlichen Kunst eben von Petrus und Paulus, die ihn rechts und links umgeben.

Bekannt ist hier besonders die sogenannte *Traditio legis*, Übergabe des Gesetzes, in der links Paulus, rechts Petrus dargestellt ist und bei der Petrus die Rolle mit dem »Gesetz« empfängt; die Bildunterschrift heißt: »Der Herr gibt das Gesetz.« Die Theologie und Spiritualität dieser Darstellung tritt in ihrer Bedeutung neben die Verklärungsikone der Ostkirche. Meine These ist, dass in dieser *Traditio legis*, die mit vielen Rätseln umgeben ist, die Entstehung des Kanons des Neuen Testaments legitimiert wird. Das Gesetz, das Jesus den beiden Aposteln aushändigt, ist das neue Gesetz, das Gesetz Christi, also der Kanon des Neuen Testaments. Dass diese Tradition und dieser Bildtypus auf Rom weist, ist evident.

Sich beschenken lassen, das muss man können

11. Sonntag im Jahreskreis C

Galater 2,16.19–21

Der extrem komplizierte und abstrakte Text lässt sich vielleicht durch einen Dialog erschließen. Die Figuren sind Paulus (Apostel), Thekla (seine Schülerin), Tertius (ein Heide).

Thekla: Lieber Paulus, ich verstehe dich nicht. Das jüdische Gesetz ist doch wie jedes Gesetz etwas Gutes. Ein Maßstab, da wissen wir, woran wir sind.

Tertius: Genau. Bei uns gibt es viele Leute, die sagen, die gesetzliche Ordnung sei jeweils die Rettung, das Gesetz sei ein Lebensretter. Denn ohne Gesetz gibt es nur Chaos.

Paulus: Das leugne ich auch gar nicht. Aber wenn wir hier nicht straffällig werden, wenn wir unauffällig leben, so ist das doch kein Maßstab, der vor Gott ausreicht.

Thekla: Warum soll der Maßstab vor Gott ausreichen? Dafür ist das Gesetz doch gar nicht da? Das Gesetz, auch das jüdische, ist wie eine Straßenverkehrsordnung. Niemand hält sie für perfekt, nachts um drei fahre ich auch schon mal mit dem Fahrrad bei Rot über die Kreuzung zum Bahnhof. Jeder mogelt da mal, aber im Ganzen ist es gut, dass es das Gesetz gibt.

Paulus: Aber manche Leute meinen, das reichte dann auch vor Gott.

Tertius: Wieso ist das denn wichtig? Gott ist im Jenseits, da muss nichts reichen!

Paulus: Aber es könnte ja sein, dass der große, wunderbare und gütige Gott Menschen bei sich, in seiner Nähe haben will, weil er sie als seine Kinder liebt.

Thekla: Und dann fragen die Menschen: Was muss ich denn dafür tun, damit das für Gott keine Enttäuschung wird. Denn wenn er uns liebt, möchten wir ihm keinen Kummer bereiten.

Paulus: Und da gibt es Leute, die sagen: Es genügt doch, nicht vorbestraft zu sein.

Thekla: Das ist angesichts des großen Gottes zu wenig.

Tertius: Aber wozu ist das denn überhaupt gut: Gemeinschaft mit Gott?

Paulus: Es bedeutet Überwindung der Todesgrenze, dass der Tod nicht das Letzte ist, dass da drüben einer auf uns wartet.

Thekla: Aber das gilt auch jetzt schon, Gemeinschaft mit Gott bedeutet Geborgenheit, Frieden.

Tertius: Aber was kostet uns das? Da muss man doch erst so vollkommen sein, wie Gott vollkommen ist?

Paulus: Genau das denken die meisten Leute und sagen: Christentum ist nur etwas für Heilige. Ich bin nicht heilig. Christentum ist mir zu elitär.

Thekla: Und was bedeutet da in dem Zusammenhang das Gesetz?

Paulus: Die Art, in der wir immer wieder das jüdische oder jedes andere Gesetz nur schlampig erfüllen, vor allem dass uns das Gesetz nicht zu besseren Menschen macht, das alles drückt uns herunter. Am Gesetz können wir ablesen, dass wir immer wieder scheitern.

Thekla: Und zu Gott nicht passen.

Paulus: Aber Gott will uns. Er macht uns ein Angebot. Und das Angebot lautet: Ihr müsst euch nur dazu entscheiden, dass Jesus euer Anwalt sein soll. Ihr müsst nur ihm sozusagen eine Vollmacht geben – wie einem Rechtsanwalt. Die Vollmacht ist kostenlos, nur unterschreiben müssen wir. Das nennt man Taufe.

Tertius: Und was passiert dann? Jesus nimmt die Vollmacht und geht zum Vater, und der freut sich?

Thekla: Aber das Gesetz bleibt doch bestehen? Durch die Taufe werden wir doch nicht wirklich besser?

Paulus: Die Taufe ist wie ein Tod. Denn wir tauchen ja unter, ganz. Tod durch Ersäufen, das wird jedenfalls bei der richtig vollzogenen Taufe dargestellt. Später wird das nur noch die orthodoxe Kirche richtig machen. Da Taufe ein religiös-rituelles Sterben ist, bedeutet es wie jedes Sterben Abschied vom Gesetz. Wie beim Finanzamt: Tote müssen keine Steuern mehr zahlen.

Thekla: So ähnlich wie wenn man einen neuen Leib bekommt, ganz neu. Oder ein neues Leben in Übersee anfängt wie später die Auswanderer nach Amerika.

Tertius: Das ist mir alles zu mystisch-magisch. Einen Tod sterben und doch nicht sterben – wie im Theater?

Paulus: Wir kennen das aus den damaligen Mysterienkulten. Derartige symbolische Handlungen bedeuteten den Menschen sehr viel. Sie waren nicht leere Zeichen, sondern Untertauchen bedeutete Sterben, Wiederauftauchen neues Leben.

Thekla: Wir haben auch noch solche Handlungen, bei denen die Menschen schluchzen: Wie wenn bei der Heirat der Pastor die Ringe segnet und wir die Ringe tauschen: Ganz schlicht: Mein Leben bedeutet nun dein Leben und umgekehrt. Denn der eine trägt jeweils den Namen des anderen auf dem Ring.

Tertius: Aber wieso musste der Taufritus ein Sterben symbolisieren? Ein wirkliches Sterben bedeuten?

Paulus: Nach dem Maßstab des Gesetzes war ich zum Tode verurteilt. Diesen Tod bin ich gestorben, und zwar in der Taufe, da ich mit Christus mitgekreuzigt worden bin. Durch diesen Tod bin ich von allen Ansprüchen des Gesetzes frei, vor allem von jeder Schuld, und habe ein neues Leben.

Thekla: Das bedeutet eigentlich das Taufkleid. Dass die Täuflinge schon angezogen in die Kirche kommen, zerstört den Ritus. Nackt müssten sie getauft werden und dann ein neues Kleid, eben das Taufkleid anziehen. Denn das bedeutet neue Existenz, in enger Lebensgemeinschaft mit Christus. Deshalb sagte der Taufende früher bei der Taufe bei der Überreichung des Taufkleides: Nimm hin dieses weiße Kleid und trage es unbefleckt vor den Richterstuhl unseres Herrn Jesus Christus.

Paulus: Oder denkt an den Bundespräsidenten und sein Recht zur Begnadigung: Das Böse ist in uns. Auch wenn wir selber keine Gnade verdienen, sondern nur erhoffen können, kann einer sie doch gewähren. Dieses Privileg seines Amtes nimmt Gott gern wahr.

Paulus: Oder ein anderes Bild: In mir lebe nach meinem sakramentalen Tod nicht mehr ich, sondern ein anderer, Christus: Der alte Paulus lebt nicht mehr, und mein neues Leben ist so durch und durch von Christus bestimmt, dass ich sagen kann: In mir lebt Christus. Noch lebe ich als sterblicher Mensch, aber mein wirkliches Leben besteht im Glauben an den Sohn Gottes, der mich geliebt und sein ganzes Leben für mich gegeben hat. Daran habe ich durch den Glauben Anteil. An diesem Christus und seinem Leben.

Tertius: Das ist schon wieder so mystisch. Ich will doch ich selbst sein, und nicht Christus soll in mit wohnen! Das geht gar nicht und belastet mich viel zu sehr!

Paulus: Ja, durch ein symbolisches Geschehen kann man in den Tod Jesu hineingezogen werden, durch den Glauben an ihm Anteil haben. Das hört sich »mystisch« an, ist aber doch nur eine besondere Form von, ja, nennen wir es Seelenverwandtschaft, das kennt ihr doch auch. Dass Menschen untereinander, miteinander auf eine Weise Kontakt und Gemeinschaft haben, die nicht technisch zustande kommt, sondern wie ein Band ist, das Gott knüpft. Sanft wie ein Sonntagnachmittag unter blühenden Apfelbäumen. Das ist die Weise, in der Gott nach den blutigen Kriegen, die wir gegeneinander führen, Frieden schließt.

Thekla: Wozu brauchen wir Jesus bei alledem? Genügt es nicht, wenn Gott uns begnadigt?

Paulus: Wenn es möglich wäre, nach dem Maßstab des Gesetzes gerecht zu sein, also Gottes Ansprüchen zu genügen, dann hätte Christus nicht kommen müssen, und sein Tod wäre sinnlos gewesen. Mal ganz abgesehen von dem, was Gott tun kann – der Tod Jesu hat uns die Gewissheit gegeben, dass Gott uns um seinetwillen schont. Denn wir können sehen und geradezu mit Händen greifen, was unsere Schuld am Gekreuzigten anrichtet. Er zeigt uns, was wir anrichten und wie Gott ist, dass Gott bei alledem uns als seine Freunde liebt, trotz unserer Feindschaft.

Thekla: Unsere Schwäche beruht nicht nur darin, dass wir nicht lieben können, sondern hauptsächlich darin, dass wir uns nichts schenken lassen wollen und können. Denn sich beschenken lassen, das muss man können. Das ist wie der schwierige Weg in eine zweite Kindheit. Einfach werden, einfach staunen lernen.

Herr Jesus Christus, der Abstand zwischen Gott und Mensch ist so groß, dass wir uns gar nicht denken können, jemand könnte ihn überwinden. Du bist zum Zeichen geworden, dass Gott selbst zu uns gekommen ist. Wir danken dir und loben dich.

Sind die Unterschiede wirklich beseitigt?

12. Sonntag im Jahreskreis C

GALATER 3,26–29

Drei Aussagen bilden das Rückgrat dieses Textes: Die Gotteskindschaft wird von Jesus Christus auf uns übertragen. Denn in der Taufe sind wir mit ihm eins geworden. Daher sind wir »in Christus«, das heißt in enger Lebensgemeinschaft mit ihm. Die zweite Aussage: In dieser engen Verbindung mit Christus sind alle kreatürlichen Unterschiede aufgehoben. Die Verschiedenheit der Menschen ist durch die starke gemeinsame Verbindung in Jesus Christus »aufgehoben«. Und drittens: Weil Jesus Christus Same Abrahams ist, seine Erwählungs- und Hoheitsattribute aber auf alle Getauften übergehen, sind durch die Taufe alle Christen »Same Abrahams«.

In diesem Abschnitt wird jegliche Differenz zwischen Jesus Christus und den Christen »heruntergespielt« und so die Ähnlichkeit, ja funktionale Identität mit ihm hervorgehoben. Diese Identität führt nicht zur Aufhebung persönlicher Selbstständigkeit, wohl aber können die Christen so ihren Ort in der Geschichte Gottes mit den Menschen finden. Das geschieht durch doppelte Kindschaft, durch die gegenüber Abraham und durch die gegenüber Gott. In beiden Fällen, unter beiderlei Hinsicht werden die Privilegien der Beschnittenen bzw. der Juden zwar nicht aufgehoben, aber nivelliert. Denn im Zweifelsfall hat die Gemeinsamkeit Vorfahrt vor der Verschiedenheit. Denn die Verortung der Heidenchristen in der Heilsgeschichte geschieht exklusiv auf dem Weg über Jesus Christus.

Beginnen wir mit Abraham: In einem faszinierenden Schriftbeweis hatte Paulus nachgewiesen (3,8–18), dass Jesus Christus der von der Schrift gemeinte »Same Abrahams« sein müsse. Denn diesem einen Samen gelten die Verheißungen. Diese Verheißungen beziehen sich laut Genesis 18,13 auf den »Segen« für »alle Völker«. Weder das eine noch das andere konnte vor Jesus in Erfüllung gehen. Der Segen konnte nicht ankommen, weil alle Menschen unter dem Fluch standen (und Segen und Fluch sind sich ausschließende Gegensätze). Erst durch die Beseitigung des Fluches im Kreuzestod Jesu konnte der Segen in Gestalt des Heiligen Geistes auf alle Völker kommen. Ein zweiter Gedankengang: Solange das Gesetz allein Gottes Gabe an die Menschen war, konnte der Mensch immer nur daran scheitern und zum Sünder werden. Gerecht aber wird er nach der Abrahamgeschichte durch den Glauben (Genesis 15,6). So ist der Segen, der Abraham und allen Völkern verheißen wurde, durch den Glauben zugänglich. Und daher kann es wahre Kinder Abrahams erst seit der Stunde geben, in der schon der Glaube, wie ihn Abraham hatte, genügt. Kurz gesagt: Jesus ist der Same Abrahams, weil er (am Kreuz) den Fluch beseitigt und Segen ermöglicht hat, und der Glaube ist seither die Chance, Abraham ähnlich zu sein, denn so wurde Abraham gerecht.

So sind die Abrahams Kinder, die glauben wie er. Für Paulus ist die Kindschaft gegenüber Abraham wichtig, weil Gott an Abraham alle seine Verheißungen gebunden hat.

Aber wenn Jesus »der Same« Abrahams ist, weil durch ihn allein aller Segen zugänglich ist, kommt es darauf an, mit Jesus »identisch« zu werden, wenn man denn den Segen erben will. Diese Identität wird erlangt, indem man in der Taufe Christus »anzieht«.

Seit wann kann man einen Menschen oder den Sohn Gottes wie ein Kleid anziehen? Das Bild hat seinen liturgischen »Sitz im Leben« (= regelmäßiger, häufiger praktischer Brauch und Anlass) in der christlichen Taufe (und schon beim Täufer Johannes). Denn wenn der Täufling nackt ins Wasser steigt und untertaucht, muss er beim Heraussteigen aus dem Wasser alsbald ein neues (jedenfalls ein saubereres) Gewand anlegen. Daher kommt das Taufkleid bei Christen. Dieses neue Gewand steht zeichenhaft für seine neue Existenz. Denn Leib und Gewand sind für antikes Denken austauschbar. Dass dieses Gewand nun Christus ist, hat zwei mögliche Gedanken zur Voraussetzung. Entweder die heilige Waffenrüstung Gottes, wie sie Altes Testament und Frühjudentum kennen. Die Rüstung legt man an, und deren Einzelteile (Helm, Brustpanzer, Schuhe und Waffen) können je für sich allegorisch gedeutet werden. Beispiel für diese Deutung der neu angezogenen Stücke ist Epheser 6. Der Heilige Geist spielt hier eine beträchtliche Rolle. Oder der Ursprung ist das antike Theater. Die Darsteller legen ein bestimmtes »Kostüm« an, das ihre je eigene Rolle anzeigt. Wenn alle Getauften Jesus Christus anziehen, dann heißt das: Die Christen haben eine gemeinsame Uniform (wie ein Kathedralchor), sie sind alle Kinder Abrahams (ihm ähnlich im Glauben) und alle Kinder Gottes (wie Jesus, erfüllt mit heiligem Geist – denn der Segen an Abraham wurde schon in 3,14 als heiliger Geist interpretiert). Wie auch immer – durch die Taufe wird alles das, was Heil ausmacht, auf die Getauften insgesamt gelenkt. Es gibt bei Paulus ein ganz ähnliches Kapitel, nämlich Römer 4. Auch hier geht es um die Abrahamskindschaft der Christen. Aber das Beweisziel ist anders als in Galater 3. In Römer 4 liegt Paulus daran, die Rolle und vor allem den Inhalt des Glaubens bei Abraham und den Christen als identisch zu erweisen. In Galater 3 steht dagegen Jesus Christus vollständig im Mittelpunkt.

Die Aufhebung der Unterschiede nach Galater 3,28 ist im Anschluss an eine bei Paulus häufiger gebrauchte Wendung formuliert. Sie findet ihre Entsprechungen in 1 Korinther 12,13 und in Kolosser 3,11. In kaum einer »Formel« kommt die Universalität der christlichen Mission angemessener zum Ausdruck. Aktuell ist davon in der Situation des Galaterbriefs die Aufhebung der trennenden Unterschiede zwischen Juden und Griechen. Denn der Brief wiederholt diesen Aspekt in 6,15: Weder gilt Beschneidung etwas noch Nicht-Beschnittensein. Es gilt nur neue Schöpfung. Das heißt: Die alte Schöpfung ist durch Differenzen gekennzeichnet, die neue Schöpfung durch deren Aufhebung. Die ganze Geschichte der Schöpfung bis hin zum Gericht gilt der Differenzierung, zum Beispiel der einzelnen Bereiche der Schöpfung, der Arten, der Völker, bis hin zur Differenzierung unter

Abrahams Kindern und dann der Scheidung in Ziegen und Schafe im Gericht. Neue Schöpfung dagegen rollt diese Differenzierung auf, sie beseitigt Trennendes, und wir wissen von den liturgischen Texten her, dass es wesentlich der Heilige Geist ist, der das Getrennte verbindet, das Gespaltene wieder zu einem macht.

Aber wie weit geht die Einheit von Galater 3,26? Jedenfalls werden nicht die natürlichen Unterschiede aufgehoben, sondern nur die trennenden. Daher konnte man von Galater 3,26 auch nicht die alsbaldige Aufhebung der Sklaverei erwarten. Vielmehr gilt für alle der gleiche Zugang in Glaube und Taufe und für alle das gleiche Ziel, nämlich die volle Verwirklichung der Gotteskindschaft. Es geht daher hier um die Bedingungen des Heils und entsprechend um die Bedingungen der Zugehörigkeit zur Kirche. Denn wir haben es bei Paulus mit einer missionarischen Religion zu tun. Und hier gilt: Zugehörigkeit zur Gemeinde ist ebenso gleich für alle wie die Rolle als Kinder Gottes. Jedenfalls geht es nicht um Aufhebung innerkirchlicher unterschiedlicher Funktionen. Andererseits sind diese erkennbar weniger wichtig, weil die Hauptsache gemeinsam ist.

3,26: »Alle seid ihr Kinder Gottes in der Lebensgemeinschaft mit Christus durch den Glauben.« Das »in Christus« habe ich hier mit »Lebensgemeinschaft« wiedergegeben. Denn »in Christus« heißt: von ihm her und auf ihn hin leben. Er ist der Grund und das Ziel, die Veranlassung und der Maßstab für das christliche Leben. Der Glaube (und seine Artikulation als Taufe) ist das Ja der Christen zum Angebot dieser Nähe zu Gott. Denn »Kinder Gottes« heißt: Größtmögliche Nähe und Ähnlichkeit. Dieser Satz ist die Zusammenfassung des ganzen Christseins nach Paulus. Plausibel wird das freilich erst, wenn man das Gegenteil hinzudenkt. Also: Gegen wen oder was richtet Paulus diesen Satz? Was bedeutet die starke Zentrierung auf Christus hin? In Jesus Christus hat Gott ein Gesicht bekommen. Durch sein Leben und Geschick zeigt er uns, welche Bedeutung Gott für einen Menschen bekommen kann.

Freigekauft

1. Januar, Oktavtag von Weihnachten

Galater 4,4–7

Diese Lesung aus Galater 4 am Neujahrstag schlägt die Brücke zum alten Festgeheimnis des 1. Januar. Denn hier wird der jüdischen Mutter Jesu gedacht. Durch seine jüdische Mutter ist Jesus Jude geworden. Bis heute gilt: Wer eine jüdische Mutter hat, ist Jude. Es ist überdies der einzige Text, in dem Paulus Maria erwähnt.

Neugierige Menschen fragen dann immer zuerst, warum Paulus die Jungfräulichkeit Mariens und die Entstehung Jesu durch den Heiligen Geist nicht erwähnt. Auf den theologischen Aspekt kommen wir unten zurück. Antwort zunächst: Paulus hatte wenig Kontakt zu den Trägerkreisen der synoptischen Evangelien, von denen Matthäus und Lukas über diese Dinge berichten. Auch Markus und das vierte Evangelium wissen davon nichts. Und noch um 115 n. Chr. kann Ignatius von Antiochien sagen, dass die Empfängnis und Geburt Jesu ein vor aller Welt verborgenes Geheimnis waren. Im Unterschied zur heutigen Medienwelt wurden die größten Ereignisse als Geheimnis weitergegeben, so auch Ostern nach Markus 16. Man denke auch an die zahlreichen Schweigegebote bei Markus.

Die Zielaussage des Textes Galater 4 bei Paulus ist nicht das Ehren der Gottesmutter. Paulus verteidigt vielmehr biografisch und theologisch, warum Jesus wahrer Mensch und wirklich Jude sein musste. Denn Jesus ist Gottes Sohn – und doch von einer Frau geboren wie alle Menschen. In Philipper 2 kann Paulus das noch schärfer sagen: »Jesus Christus hatte Gottes Gestalt ... und hat Sklavengestalt angenommen« (2,6f.). Auch hier in Galater 4 ist vom Sklavesein Jesu die Rede, aber es äußert sich nicht nur – indirekt – in der Sterblichkeit Jesu; denn wer von einer Frau geboren ist, der ist sterblich. Es äußert sich hier vor allem in der Unterwerfung Jesu unter das jüdische Gesetz, und diese versteht Paulus jedenfalls im Galaterbrief als einen Sklavenzustand. Denn das jüdische Gesetz sagt nicht nur, was zu tun und zu lassen ist (das tun auch andere), das eigentlich Unangenehme, ja Verhängnisvolle am Gesetz ist, dass es ein Maßstab ist, dem man regelrecht unterworfen ist. Das Gesetz ist ein allzeit gegenwärtiger Maßstab, der einen Menschen stets kritisiert und verurteilt, und zwar zum Tod. Insofern ist das Gesetz schlimmer als ein rechthaberischer Lehrer oder eine Gouvernante alten Stils. Paulus beschreibt damit freilich nur einen Aspekt des Gesetzes. Er denkt nicht daran, das Gesetz aufzuheben oder durch Jesus aufgehoben sein zu lassen. Wie sollte das auch möglich sein, dass ein Mensch Gottes heiliges Gesetz aufhöbe?

Das ältere Forschungsmodell von Jesus als dem Rebellen gegen die Tora und Paulus als dem, der die Tora endgültig aufgehoben habe, wird durch diese Stelle im Galaterbrief widerlegt: Jesus hat gehorsam unter dem Gesetz gelebt. Er hätte sich vom Gesetz kritisieren lassen, wenn er dazu Anlass geboten hätte. Er hat getan, was das Gesetz für nötig befand. Und dazu kann der Leser ergänzen: Also wurde er natürlich auch beschnitten. Aber warum das alles? Paulus sagt: Um die freizukaufen, die unter dem Maßstab des Gesetzes standen. Das Bild des Freikaufens ist vom Sklavenmarkt genommen. Wer einen Sklaven freikaufen (und dann in der Regel selbst besitzen oder – wie hier – als Kind adoptieren) will, der muss den Wert des Sklaven (an den früheren Besitzer) zahlen. Wir westlich geschulten Theologen denken sofort an den Sühnetod Jesu. Man hat dann gesagt: Blut und Leben Jesu wurden dem Teufel gezahlt, damit dieser die von ihm beherrschten Menschen freigebe. Doch ist weder von Blut und Tod Jesu die Rede noch vom Teufel, stattdessen vom Heiligen Geist. Galater 4,6 spricht vom Heiligen Geist Gottes, der in die Herzen der Christen gegeben worden ist. Folglich hat der Freikauf der Christen etwas mit der Gabe des Heiligen Geistes zu tun. Aber wie? Offenbar liegt der Ton bei dem hier geschilderten Eigentumswechsel nicht auf der Frage, an wen das Lösegeld gezahlt wurde und was der Betreffende damit gemacht habe. Nein, der Gedanke läuft hier anders: Der Heilige Geist macht zu Gottes Eigentum. Das sagt man im Judentum vom Tempel, das gilt von jedem Menschen, der durch die Mitteilung des Heiligen Geistes Gottes Kind ist. Gott gibt seinen Geist in die Herzen der Christen, er macht sie dadurch zu seinem Tempel und Eigentum. So hat er etwas von sich gegeben, ein Stück von sich selbst.

Noch einmal: Das Loskaufen ist eine bildliche Rede. Bei jeder bildlichen Rede kommt es auf den Vergleichspunkt an. Wo liegt hier der Vergleich zwischen dem Sklavenkauf auf dem Sklavenmarkt und der Erlösung durch Jesus Christus? Entscheidend ist bei dieser bildlichen Redeweise nicht die Seite des früheren Besitzers und das, was er bei dem Kauf als Preis empfing und was er mit dem Kaufpreis gemacht hat (bei einer Deutung auf den Tod Jesu abwegig). Sondern entscheidend sind für Paulus zwei Dinge: Erstens Gott erwirbt etwas, das ihm vorher nicht gehört hat. Und zweitens dafür gibt er etwas von sich weg, was zuvor bei ihm war. Das, was er erwirbt, sind die Christen, das was er weggibt, ist der Heilige Geist. Alle anderen Aspekte des Kaufvorganges sind hier nicht wichtig. Vor allem nicht der Empfänger des Preises. Durch den Erwerb der früheren Sklaven ändert Gott deren Status und macht sie zu Kindern. Denn durch die Gabe des Heiligen Geistes sind die Christen Kinder geworden. Der Beweis dafür ist: Zur Zeit des Paulus ist das zentrale Merkmal des Gebets der Christen die Vateranrede (»Abba, Vater«). Alle Christen sind Kinder in einer großen Familie. Aber wie haben wir diesen Heiligen Geist bekommen? Wie kommt der Heilige Geist aus der Sendung Jesu dann auf uns? Jesus ist einer von uns geworden. Nur ein Mensch wie wir konnte uns den Geist Gottes so vermitteln wie wir ihn brauchen, nämlich als Geist der Kindschaft. Jesus ist daher der älteste unter vielen Geschwistern.

Ähnlich sagt es auch der Hebräerbrief, dort aber auf den Hohepriester Jesus bezogen: Jeder Hohepriester, der für Menschen aufgestellt wird, muss aus dem Kreis der Menschen stammen (Hebräer 5,1). Denn nur einer von uns kann Mittler zu Gott hin sein. Was im Hebräerbrief von unten in Richtung »nach oben«, zum Himmel hin gesagt wird, gilt auch in Galater 4, nur hier in umgekehrter Richtung, vom

Himmel her in Richtung auf Menschen. Zu Gottes Kindern machen kann uns nur einer, der Gottes Sohn ist, der aber einer von uns geworden ist, um uns zurückzuholen zu seinem Ursprung. Oder anders gesagt: Weil Jesus wahrer Mensch geworden ist, konnte das göttliche »Virus« in ihm, seine Gottessohnschaft (durch den Heiligen Geist), sich auch unter Menschen sozusagen ansteckend verbreiten. In ihm hatte dieses Virus gewissermaßen den Übersprung von Gott zum Menschen vollzogen. Näher kann Gott den Menschen nicht kommen. In Jesus hat Gott den »Prototyp« für die Erlösung der Menschen gefunden. Für Christen bedeutet das: Die Zeit, in der das Gesetz wie eine Gouvernante über uns regierte und uns Menschen ständig vor Augen führte, wie klein und schwach wir sind, diese Zeiten sind vorbei. Mit der Menschwerdung des Sohnes Gottes ist ein ganz neuer Anfang gemacht.

Auch zur anfangs gestellten Frage nach der Empfängnis Jesu durch den Heiligen Geist bei Paulus ergibt sich jetzt eine Antwort: Jesus ist als Gottessohn geboren, andernfalls könnte er uns nicht den Heiligen Geist schenken. Zu der Geburt Jesu als wahrer Gottessohn passt daher durchaus, dass er als Gottes Sohn vom Heiligen Geist empfangen wurde. Maria war, wie die Kirchenväter es sagen, der wahre Webstuhl Gottes, in dem die Gottessohnschaft Jesu mit seiner Menschennatur zu einer Einheit verwoben wurde. Und auch dieses ist wichtig: Gott hat uns nicht den Heiligen Geist »per Post« geschickt, sondern durch einen Menschen, ja durch eine Menschwerdung in einer menschlichen Mutter, weil Gott uns als Menschen liebt.

Der Heilige Geist bewirkt Gotteskindschaft

13. Sonntag im Jahreskreis C

GALATER 4,31B – 5,1.13–18

Die entscheidende positive Aussage findet sich in 5,16: »Lasst euch vom Heiligen Geist führen.« Die ganze Unsicherheit der westlichen Kirche gegenüber dem Heiligen Geist äußert sich in der Wirkungsgeschichte dieses Textes, weil hier so Unterschiedliches miteinander verbunden ist. Die wichtigste Frage war: Was hat Freiheit vom Gesetz mit Heiligem Geist zu tun? Und wenn der Heilige Geist durch die Taufe jedem einzelnen Christen und jeder Christin gegeben ist – ist das, was der Heilige Geist mir zu verstehen gibt, nicht dann der Maßstab der Freiheit? Bin ich nicht so frei, ihm allein zu folgen? Aus heutiger Sicht kann man sagen: Bei dieser Auslegung war ein allgemeines Durcheinander geradezu vorprogrammiert.

Schon seit dem Mittelalter hat man die Freiheit von Galater 5,1 in bestimmten Gruppen jedenfalls als Freiheit vom Kirchenrecht verstanden, insbesondere als Freiheit von den Geboten, die man früher als die fünf Gebote der Kirche neben den zehn Geboten Gottes bezeichnete. Aber tendenziell ging man immer weit über das kanonische Recht hinaus und meinte auch gesetztes staatliches Recht. Bei den vorreformatorischen »Brüdern und Schwestern vom freien Geist« griff man auch schon die kirchliche Auslegung der Gebote Gottes an, und in der linken Reformation witterte man in Galater 5 Freiheit von allem staatlichen Recht.

Und hier verläuft dann auch die Trennlinie zwischen linker und rechter Reformation. Während Luther die Freiheit eines Christenmenschen als Freiheit von Sünde, Tod und Teufel, aber auch als Freiheit gegenüber kirchlicher Regulierung des geistgewirkten Glaubens verstand, hat die linke Reformation von der Freiheit der Christen gegen jedes ungerechte Gesetz gesprochen. Wobei der Einzelne darüber zu befinden hatte, was ungerechtes Gesetz war, denn jeder Einzelne hatte ja Heiligen Geist in sich. Luthers Abneigung gegen die linke Reformation war stärker als die gegen Papst und Kirchenrecht. Und streng lutherische Theologie hat seither ein gewisses, um es vorsichtig zu sagen, Misstrauen gegenüber dem Heiligen Geist bewahrt, zumindest gegen Leute, die sich lauthals für ihre Freiheit auf ihn berufen.

Eine andere Auslegung, der auch Benedikt XVI. in seinem Buch »Jesus von Nazareth« folgt, sieht den Heiligen Geist am Gesetz selbst wirken. Der zu Pfingsten gesandte Heilige Geist habe das bis dahin nur für Juden geltende Gesetz (Altes Testament) vergeistigt, das heißt: ihm allgemeine Vernunftgeltung verschafft. Dadurch sei aus dem Gesetz die universale Tora für Juden und Heiden geworden. Denn jetzt könne man das Gesetz von innen her, mit wahrhaftiger innerer Zustimmung des Willens und nicht nur weil es geboten sei, befolgen.

Das aber genau mache die Gesetzesfreiheit aus. Denn wer gewissermaßen aus eigenem Antrieb handle, nicht mehr nur aus relativ oberflächlicher Observanz, wer also wisse, was er tue, der sei autonom. Es ist nicht besonders schwierig, in diesen Gedanken die Auslegung wiederzufinden, die Immanuel Kant dem fünften Kapitel des Galaterbriefes gibt. Die Gesetzesfreiheit des Apostels wird daher im Sinne wohlverstandener Autonomie gedacht.

Wieder eine andere Auslegung geht davon aus, dass der Heilige Geist nicht das Gesetz verändert hat, sondern die Menschen, und dass der Heilige Geist bei Paulus etwas anderes ist als Vergeistigung oder Universalisierung im Sinne der Geltung der die Nationen übergreifenden Vernunft. Der Heilige Geist hat die Christen in der Taufe aus dem Bereich der Schwäche und Todverfallenheit, aus der Neigung zur Sünde und Verführbarkeit herausgeholt und in den Bereich der Kraft, der Vitalität, des ewigen Lebens, des Einsseins mit Gott, anderen und sich selbst hineingestellt.

Diese Kraft nennt der Paulus Heiligen Geist. Dieser schafft Freiheit, weil er uns befreit von jeder Verurteilung und von allem Entzweienden (das uns entzweit mit Gott, dem Nächsten und uns selbst), und dadurch bewirkt der Heilige Geist Freiheit von aller Enge und Angst.

Das Gesetz wird erfüllbar, weil der Heilige Geist die Kraft der Einheit und des Einsseins ist. Deshalb tritt uns das Gesetz nicht mehr als fremd gegenüber, sondern als kongenial. Die Freiheit besteht daher darin, dass wir nicht mehr unter dem Gesetz sind, dass es uns nicht mehr verurteilt, sondern wir es als etwas tun können, das dem eigenen Lebenswillen in uns entspricht. Es ist eine sakramentale, übernatürliche, charismatische Kraft, die die Glaubenden und Getauften erfüllt.

Paulus redet mit Bedacht davon, dass nicht das Gesetz aufgehoben ist – das könnte kein Mensch wagen oder auch nur feststellen. Er sagt auch nicht »Zur Freiheit vom Gesetz hat euch Gott berufen«, sondern dass die Freiheit zunächst darin besteht, sich nicht (zusätzlich zur Taufe) beschneiden lassen zu müssen. Das geht aus dem Kontext hervor. Die Beschneidung meint aber nicht ein nur äußerliches und damit nur rituelles Gesetz, sondern sie bewirkt einen Status, der geringer ist als der durch den Heiligen Geist bewirkte. Der Heilige Geist bewirkt Kindschaft, Beschneidung nur Sklaverei. Durch Taufe und Heiligen Geist haben die Christen einen besseren Status erlangt, und den sollten sie nach Ansicht des Paulus im Galaterbrief nicht durch nachträgliche Beschneidung wieder rückgängig machen. Auch in dieser Hinsicht geht es nicht um Äußerlichkeit oder Innerlichkeit, sondern um Altes oder Neues Testament.

Nun, das sind anstrengende Diskussionen aus dem 14.–19. Jahrhundert, die immerhin Deutschland tief geprägt und zerrissen haben, auch in der Beurteilung von Juden und Katholiken. Was bedeutet der Text heute? Welche Bedeutung hat heute der Heilige Geist für die Erfüllung des Willens Gottes (Gesetz)? Der Heilige Geist ist die göttliche Schöpfermacht, die schmerzlich trennende Spaltung überwindet, die zur Einheit versöhnt, die unselig Ge- und Verschiedenes zusammenführt. In dieser Hinsicht befreit der Heilige Geist, wenn sich Christen ihm nur anvertrauen, von den meisten Altlasten der Geschichte, und zwar von solchen, die zwischen den Menschen fortbestehen wie leergebrannte Panzer in der Landschaft nach Kriegsende. Denn nur selten beruhen diese Altlasten nicht auf Streit, Neid oder Missgunst. Wenn wir davon erleichtert sind, gilt auch »leistet einander Sklavendienst durch Liebe«. Da muss eben nicht jeder sorgfältig auf seine Rechte achten, da kommt es tatsächlich nur auf das eine an: sich einander zu unterwerfen, wie es Sklaven gegenüber ihrem Herrn tun. Es ist der Sklavendienst von Befreiten.

Man kann natürlich fragen: Warum muss es gleich Sklavendienst sein? Geht es nicht weniger anstrengend und weniger total und radikal? Sollen wir uns nicht wie normale und anständige Menschen zueinander und miteinander verhalten? Nun, dazu sind zwei Dinge zu beachten: Für Paulus bedeutet Handeln aus dem Heiligen Geist durchaus eine neue Qualität menschlichen Tuns. An seinem eigenen Apostelдienst (er bezeichnet sich als »Sklave Jesu Christi«) kann man ablesen, dass Versklavtsein gegenüber der Gerechtigkeit für die Getauften (Römer 6,18) durchaus lückenlosen Dienst meint. Ich denke an Arzt oder Apotheker, der zusätzlich zum normalen Dienst tagsüber auch den Nachtdienst versieht.

Zweitens: Freiheit ist für Paulus kein Selbstzweck, ist noch nicht einmal positiv besetzt, sondern ist immer nur die Freiheit »von«. Bei Kant ist das ganz anders. Bei ihm ist Autonomie (»Freiheit«) die aus eigenem, freiem Inneren vollzogene Beobachtung des Gesetzes. Der freie Selbstvollzug der Vernunft ist für ihn der höchste Wert. Für Paulus dagegen ist es die Erfüllung des Willens Gottes, dessen Sklave der Mensch ist, zur Ehre Gottes. Der Sklavendienst gegenüber dem Nächsten gilt daher letztlich und eigentlich Gott. Denn der Nächste, Bruder oder Schwester, ist für den angesprochenen Christen immer ein Vorposten Gottes, eine Instanz Gottes. Alle liebevolle Ordnung lebt nach demselben Prinzip wie eine gotische Kathedrale: Sie ist nur dann stimmig, wenn jeder Bogen, jeder Zierrat, jede Geste nach oben weist, auf den einen und einzigen Gott.

Die neue Schöpfung überwindet das Trennende

14. Sonntag im Jahreskreis C

Galater 6,14–18

Kreuz, Ruhm, neue Schöpfung und Wundmale Jesu Christi – mit diesen Stichwörtern liefert der Apostel uns eine geballte Zusammenfassung dessen, was ihm in diesem Brief wichtig ist (genannt: *peroratio*, »Zusammenfassung«). Beginnen wir hinten: Ob die Wundmale Christi, von denen Paulus hier spricht, wirklich die bekannten fünf Wunden sind oder ob es sich um das allgemeinere »Leiden« des Apostels handelt, das er als das Sterben Christi an seinem Leib herumträgt (2 Korinther 4,10), muss offen bleiben. Wenn Paulus auch unmittelbar vorher das Kreuz erwähnt, so bedeutet das für die Anordnung oder Gestalt der Wundmale nichts, auch nicht die kreuzförmige Verteilung über den Leib. Denn das Stichwort »Kreuz« meint in unserem Text weder Leiden, Schmerz und Sühnetod noch den grausamen Sklaventod als Folter- und Tötungsinstrument, sondern im Zusammenhang mit »Ruhm« bedeutet es extreme Abwesenheit alles Rühmlichen. Das Kreuz ist das Zeichen der Schande. Denn der Gekreuzigte hängt am Ende nackt herum, Fliegen und Hunde bemächtigen sich seines Leibes. Das ist kein guter Tod, sondern ein Ende in Schande. Symptomatisch für Palästina ist, dass man gerade hier im ersten Jahrhundert sehr viele Reste Gekreuzigter gefunden hat.

Warum ist für Paulus Christwerden und Christsein immer wieder mit dem Bild der Entehrung am Kreuz verbunden? Warum ist gerade dieses für ihn so eindrücklich? Warum greift er diesen Aspekt heraus, der isoliert betrachtet mit Vergebung oder Versöhnung noch nichts zu tun hat? Ein inhaltlicher Zusammenhang besteht nur zur »neuen Schöpfung«, und zwar in negativer Hinsicht. Denn die neue Schöpfung ist das totale Ende der alten. So ist nämlich die Option für das Kreuz das gänzliche Ende dessen, was früher wertvoll war. Deshalb haben wir (Berger/Nord, Neues Testament) Galater 6,14 so übersetzt: »Für mich ist das Kreuz unseres Herrn Jesus Christus das Einzige, worauf ich stolz sein kann. Denn weil ich zu Jesus Christus gehöre, steht das Kreuz zwischen den Dingen der Welt und mir: Mit dem, was in der Welt als wertvoll gilt, habe ich nichts zu tun, und es hat mit mir nichts zu tun.«

»Für die Einschätzung jemandes gekreuzigt sein« bedeutet: Dass man außerhalb dessen steht, was für ihn wertvoll ist. Bevor wir fragen, was das heute bedeuten könnte, ist kurz auf den paulinischen historischen Kontext einzugehen. Paulus wurde bei den Adressaten seines Briefes von Leuten bedrängt, die viel von der Beschneidung hielten und darin geradezu ein jüdisches Adelsprädikat sahen. Auf den Spott über die körperliche Versehrtheit der Bescheidung reagierten sie mit der Gegenthese, Abraham sei König, und Beschneidung ein Adelszeichen. Daher werden Nicht-Beschnittene verachtet. In diesem Zusammenhang kann Paulus von sich sagen: Beschneidung ist kein Ehrenzeichen. Den Galatern sagt er: Einige Leute, die vor den anderen gut dastehen wollen, nötigen euch zur Beschneidung. Ihr Hauptmotiv ist, dass sie dann keine Verfolgung (seitens der Beschnittenen) mehr zu fürchten brauchen. Damit haben sie das Kreuz Christi neutralisiert. Kreuz Christi bedeutet nämlich Absage an alles, was gewöhnlich als hoher Wert gilt, und das ist bei Juden (und ihren Sympathisanten) die Beschneidung. Sie wollen eine Beschneidung von paulinischen Heidenchristen nur, um damit anzugeben. Doch für Paulus gilt weder Beschnittensein noch Unbeschnittensein, sondern der Grundsatz »neue Schöpfung«. In dieser »neuen Schöpfung« gelten nach Paulus die alten, trennenden Unterschiede zwischen Juden und Heiden nicht mehr. Das bedeutet nicht, dass es keine Unterschiede mehr gebe. Diese sind nur nicht mehr trennend.

Das Besondere am Galaterbrief: Paulus hält angesichts des Erwähltseins in Jesus Christus selbst die Frage, ob jemand (beschnittener) Jude oder (unbeschnittener) Heide ist, für überhaupt nicht wichtig.

Für die gegenwärtige theologische Diskussion ist wichtig, in welchem Verhältnis hier Kreuz (Abschied von allen traditionellen Werten) und »Neue Schöpfung« zueinander stehen. Das Kreuz markiert dabei den Abschied vom Alten, und zwar speziell in dem Sinne, dass Prestige-Güter (Besitz, Adel, Wissen, Macht) Barrieren zwischen Menschen aufgerichtet und Frieden erschwert haben. Wer auf alles das verzichtet, bahnt den Weg zum Frieden. Und Neue Schöpfung bedeutet Überwindung der Trennung durch die positive Kraft des Heiligen Geistes.

Man kann sagen: Merkmal der ersten Schöpfung ist die Trennung. Daher scheidet Gott, der Schöpfer, als Schöpfer zwischen Erde und Himmel, Festem und Trockenem, Licht und Finsternis. Er scheidet zwischen den Gestirnen und den Arten, zwischen männlich und weiblich. Er verursacht den Unterschied, er ist der Trenner. Dabei ist er ungreifbar, denn der Unterschied ist kein Ding. Er ist aber auch nicht einfach nichts. Denn der, der die Kreaturen voneinander trennt, stiftet und ermöglicht ihre Individualität und ihre je eigenen, auch die persönlichen Merkmale. Als derjenige, der Abraham erwählt und die anderen nicht, Isaak und nicht Ismael, Jakob und nicht Esau (Römer 9) ist Gott wiederum derjenige, der Differenz setzt. Und es ist daher kein Wunder, dass Jesus diese trennende Wirksamkeit unter Menschen fortsetzt: Er trennt zwischen dreien und zweien in jedem Haus, zwischen Schwiegertochter und Schwiegermutter, zwischen Vater und Sohn. Denn er kam nicht, den Frieden zu bringen, sondern das Schwert. In dieser Hinsicht ist Gott auch der Richter. Denn auch das Gericht scheidet zwischen Schafen und Ziegen, wie das Bild genau übersetzt heißt. Oder zwischen Gerechten und Ungerechten.

Das Prinzip der Neuen Schöpfung dagegen ist die Überwindung des Trennenden (bei Bewahrung des Verschiedenen). Wo immer das geschieht, da hat die Neue Schöpfung schon begonnen. In diesem Sinne ist auch die Überwindung der Trennung der Christenheit Merkmal der Neuen Schöpfung: Die einzelnen Kulturen der »Konfessionen« bleiben erhalten, das Trennende schwindet. Das Einende wird von innen her stärker, eben durch die Kraft des Heiligen Geistes. Er ist als »Anzahlung« auf das Zukünftige hin schon gegeben. Deshalb hat die Zukunft schon begonnen. Dass sie sich Bahn bricht, kann weder hastig noch oberflächlich noch in Konfusion der bisherigen Ordnung geschehen. Denn genau an dieser Stelle – der Einheit über dem Trennenden zum Durchbruch zu verhelfen – ist der »Sitz im Leben« (der typische Ort der Verwirklichung und Anwendung) paulinischer Ethik. Diese Ethik ist nämlich eine Entfaltung der Früchte des Heiligen Geistes. Und das ist eine Ethik der Sanftmut, der Machtzurücknahme, des Gewaltverzichts, der Selbstkontrolle über alle Aggressivität.

Wo immer sich der Heilige Geist konkret auswirkt, hat er bei Paulus diese Folgen des Friedens und des Machtverzichts. Das heißt: Die entscheidende Frage, ob die Unterschiede sich als Trennung auswirken oder nicht, diese Frage ist nach Paulus der Verantwortung der Menschen anheim gegeben. Die Neue Schöpfung geschieht nicht ohne jedes Zutun der Menschen wie ein Wunder vom Himmel. »Heile, was verwundet ist, wärme, was erkaltet ist, lenke, was da irre geht« – das alles geschieht auch geheimnisvoll unter den Händen von Menschen, die oft genug gar nicht bewusst mitbekommen, dass das, was sie tun, ein Stück an dem großen Teppich der Einheit in der Neuen Schöpfung ist. Auch die Biologie lehrt, dass die entscheidenden Schöpfungsprozesse wohl im Bereich der Mikrobiologie, nicht der Erdbeben, geschahen, etwa die Ausdifferenzierung der Arten. Die Neue Schöpfung hat begonnen in Menschwerdung und Auferstehung Jesu, denn in beiden wirkte der Heilige Geist am Leib Jesu. Der Schöpfergeist Gottes nimmt für die Neue Schöpfung exklusiv diesen Weg über Jesus Christus. Sie ist dann unserem menschlichen Handeln anvertraut. Auch das vierte Evangelium kennt diese neue Schöpfung, die zu Ostern mit der Vollmacht der Sündenvergebung beginnt. So wie Gott Adam bei der ersten Schöpfung anhauchte, werden die Jünger des Auferstandenen, denen Jesus den Lebensgeist verliehen hat, Sünden vergeben und dadurch Menschen neu erschaffen.

EPHESERBRIEF

Durch die Gnade seid ihr gerettet aufgrund des Glaubens;
und das nicht aus euch selbst –
es ist Gottes Geschenk.

Epheser 2,8

Erwählte Menschen?

2. Sonntag nach Weihnachten

Epheser 1,3–6.15–18

Entgegen bestimmten Annahmen und Befürchtungen: Nicht der Erwählte wird im Ausgangstext gelobt, sondern Gott. Wo der Erwählte sich (besonders unangenehm, wenn es im Singular geschieht und nicht im »kirchlichen« Plural) in den Vordergrund schiebt und Gott dabei schon weglässt, ist das Kriterium der Erwähltheit nicht mehr Gottes Wille, sondern die angebliche Übereinstimmung mit »bürgerlicher« Mehrheitsmoral.

Alle vergleichbaren Texte meinen jedoch ein großes, sympathisches und staunenswertes Geheimnis. Gott habe nämlich die Welt, den ganzen Kosmos um Israels willen geschaffen. Das bedeutet: Gott hat zumindest bei der Schöpfung schon an Israel gedacht und wollte ihm einen Ort erschaffen. Im Thomasevangelium wird das, was traditionell an Israel/Jakob aufgehängt war, nun auf den Herrenbruder Jakobus bezogen: Um seinetwillen ist die ganze Welt erschaffen. Das will sagen: Alle Dinge, alle Welt hat Gott zur Freude und als Aufenthaltsort des Jakobus gemacht. Alle Dinge stehen plötzlich zur Debatte, stehen auf dem Spiel, sind total relativiert, wenn es um den einen Menschen geht, den Gott liebt. Die Dinge werden relativ zugunsten der Vorliebe von Gottes Herz. Das ist ein Stück der Radikalität Jesu. Es ist der absolute Vorrang der Liebe vor allen Dingen – ein Stück davon äußert sich auch im Reichtumsverzicht der Evangelien. Lass alle Dinge stehen, wenn sie dein Herz belasten. Auch Gott kann die ganze Welt (entstehen) lassen um deines Herzens willen. Zu Beginn des Neuen Jahres sagt Gott uns, was er für allein wichtig hält. Die ganze Welt ist nur Beiwerk, ist nur wie ein Geburtstagsgeschenk zu unseren Gunsten.

Wie wenn im Gleichnis einer alle Habe verkauft, nur um den

Schatz im Acker oder die kostbare Perle zu erwerben, wie wenn der Sabbat nur um des Menschen willen gemacht ist, so sind die Dinge um dessentwillen gemacht, den Gott liebt. Und so sagt es auch unser Text: Schon vor aller Schöpfung hat Gott als das Wichtigste im Auge gehabt, dass er uns wollte, uns als sein Volk. Da ist nichts von der Arroganz und Überlegenheit der Erwählten, sondern wir sind Gottes Wunschkinder, uns hat Gott schon immer gewollt. Alle Dinge sind nichts gegen die Herzen, die Gott erwählt. Es geht um das Geheimnis ewiger Liebe. Und alle Aussagen der Bibel über Präexistenz, das Dasein vor aller Schöpfung, meinen immer die absolute Wichtigkeit einer Person oder Sache. Deshalb glauben die Juden, dass der Name des Messias, die Tora und das himmlische Jerusalem natürlich schon vor aller Welt existierten. Denn sie sind nicht zeitlich und vergänglich, sondern in Gottes Ewigkeit mitgesetzt.

Das Entscheidende steht in 1,4: »Er hat uns zu seinem Eigentum gemacht gemeinsam mit Christus vor Anbeginn der Welt.« Das aber bedeutet Kindschaft, und Gott wollte schon immer, dass wir heilig und ohne Makel vor ihm sind. Und Jesus Christus ist der Mensch, den Gott eigentlich meinte. Alle anderen Christen meint und liebt er mit und wegen ihm. Jesus Christus gibt es daher hier nur zugleich mit der Kirche, und zwar seit Anbeginn der Schöpfung. Wie falsch und irreführend sind angesichts solcher großartiger Aussagen Theorien moderner Bibelausleger, Jesus habe mit der Kirche nichts zu tun, die Kirche sei das große Missverständnis Jesu. Hier dagegen ist Gottes Volk immer schon im Zusammenhang mit seinem Sohn von Gott gewollt und geliebt. Weil das hier, ganz in der Nähe von Paulus, so ist, kann für die neue Aktualität paulinischen Denkens gelten, dass ihr Problem nicht das Verhältnis von Glauben und Werken ist, sondern das von Glauben und Kirche.

Kann es so etwas geben, dass eine Mutter ihr Kind nur mit anderen zusammen liebt? Wir würden wohl sagen: eher nicht. Denn ihr eigenes Kind würde sie stets unvergleichlich herzlicher lieben als alle anderen. Denn es ist ihr Kind, das sie selbst geboren hat. Hier stoßen wir deutlich an eine Grenze des Vergleichs der Liebe Gottes mit Mutterliebe. Eben deshalb passt hier die Rede vom »weiblichen, mütterlichen Gottesbild« überhaupt nicht. Gerade bei den neutestamentlichen Aussagen über das Verhältnis Vater / Sohn / Christen stoßen wir immer wieder auf diese Grenze menschlicher Bilder. Höchstens so, dass alle anderen Geschwister nur wegen des ersten und nur mit ihm zusammen geliebt werden, etwa dann, wenn das erste Kind in einer gefährlichen Situation unter Einsatz seines Lebens alle anderen Kinder gerettet hat. Jedenfalls muss es eine schwere, einschneidende Situation gewesen sein, die das eine Kind so unzertrennlich von den anderen hat werden lassen.

Die Konsequenz daraus auf der Seite der Gemeinde: Der Apostel lobt sie dafür, dass sie nicht nur Christus liebt, sondern »alle Heiligen«, und das sind alle Mitchristen, besonders die in anderen Gemeinden, denn »Heilige« ist die Außenbezeichnung christlicher Gemeinden. Daher gibt es das Wort, auf gewöhnliche Menschen bezogen, im Neuen Testament auch nur im Plural. Denn so wie Gott Christus nicht ohne die Christen liebt, soll es auch bei ihnen sein.

Auch in jüdischen Texten schon heißt der Messias »der (von Gott) Geliebte«. In ihm sind dann alle Glieder des Gottesvolkes geliebt. Denn so haben die Menschen Jesus zu Lebzeiten erfahren: Als jemanden, durch den Gott wie hindurchscheint. Der Gottes Liebe und Strenge zugleich unfassbar nahebringt. Der von Gottes Nähe und von Gottes Herrschaft und Reich spricht wie von einem geheimnisvollen Schatz. Ein Mensch, von dem man sagen konnte: So könnte unser Verhältnis zu Gott sein, so könnte in diesem einen äußersten Glücksfall Gott einen Menschen angenommen, erwählt und erfüllt haben. So freundlich und streng, so ausgelassen und frei, so entschieden und gehorsam gegen die Tora. Dieser Glücksfall war wie ein leuchtender Pfad für uns alle. Der große und herrliche Gott hat ihn erwählt, damit wir jetzt endlich wüssten, worauf es ankommt, nämlich auf diese Freiheit gegenüber allen Dingen, auf diese Anschmiegsamkeit gegenüber dem namenlosen Geheimnis des Seins, dem Gott Israels. Denn im ersten Abschnitt (VV. 3–6) spricht der Verfasser (»Paulus«) von Judenchristen, im letzten Abschnitt (VV. 15–18) von Heidenchristen. Die judenchristlichen Attribute der Erwähltheit mit Israel und seinem Messias werden im letzten Abschnitt auf die heidenchristlichen Adressaten übertragen. Das wird dann ausdrücklich bedacht in Kapitel 2,11–22 des Briefes.

Setzen wir die harmonische Rede des Briefeingangs um in das notwendige Schwarzbrot: »Heilig« können und sollen wir sein, und zwar »vor ihm«. Das ist kultisch gedacht und ist statusrechtlich zu deuten. In dieser bildlichen Rede ist die Szene, die in Erinnerung gerufen wird, die von Priestern, die am Altar »vor Gott« stehend ihm dienen. Als Priester sind wir alle berufen, gesalbt und eingesetzt. Der Epheserbrief entspricht daher hier dem königlichen Priestertum des 1 Petrus 2. Und hier wie dort besagt diese Aussage nur Grundsätzliches über den Status der Christen, nichts über ihre Binnendifferenzierung. Dass wir alle vor Gott stehen, schließt Älteste, Diakone und Episkopen nicht aus, der Epheserbrief berichtet in Kapitel 4 von christlicher Binnenstruktur. Aber »Status« heißt hier: Als Heilige sind wir Eigentum Gottes, das bedeutet Schutz und Erwähltheit wie auch Dienstpflichten. Als heilige Priester dürfen und müssen wir das Heilige schützen, und heilig ist Gott als der, von dem alles Leben abhängt. Unsere Pflicht zur Heiligung bezieht sich sehr konkret auf alles, was Entstehen und Vergehen des Lebens betrifft. Hier dürfen wir uns nicht einmischen und müssen die Hände heraushalten. Denn diese Felder sind tabu. Aller Kult reagiert immer nur auf die absolute Bedingtheit des Lebens durch den heiligen Gott. Als Heilige schützen wir den Bereich, in dem Gott als der Spender des Lebens allein agiert. Das meint die Rede des Epheserbriefes von Liebe und Frieden.

Mitbringsel aus dem Paradies

15. Sonntag im Jahreskreis B

Epheser 1,3–14

»Gesegnet sei Gott«, der »uns gesegnet hat« – oder: »Lobend wollen wir uns zu Gott wenden, er hat sich uns zugewandt mit allem Segen.« Der Brief beginnt mit der aus dem Hebräischen, Griechischen und Lateinischen bekannten direkten Entsprechung von Lobpreisen (Menschen in Richtung Gott) und Segnen (Gott in Richtung Menschen). Für den »verbalen« Vorgang von oben nach unten (Segen) und den von unten nach oben (Lob) gibt es nur ein und dasselbe Wort. Das ist eine besondere Auffassung von Sprache, die wir im Deutschen nicht nachmachen können. Sie bedeutet, dass heilige Sprache, die Kommunikation zwischen Gott und Mensch, strikt unteilbar ist und dass sie daher unfehlbar, sakramental, durch nichts irritierbar das wirkt, was sie bezeichnet. Denn wenn man lobt, ist Gott gelobt, wenn man gesegnet wird, ist man gesegnet. Nichts kann das stören, keine Sünde kann es ungültig machen. Segen und Lobpreis in der Sprache sind zwei »Sprachbewegungen« wie aus dem Paradies, wie vor dem Sündenfall. Das ist ungeheuer tröstlich, und daher kann ich es gut verstehen, wenn Menschen – wie die Mönche vom Berg Athos – sich allein diesen beiden Sprechweisen fortwährend anvertrauen und so fast ein Leben wie im Paradies leben.

In unserem Text kommt dieses Paradiesische auch in der Auffassung zum Ausdruck, dass all das, was die Christen betrifft, »vor der Zeit« spielt. Im Griechischen ist das die häufige Vorsilbe beziehungsweise Präposition »pro«. Denn unsere Erwählung ist »vor Anbeginn der Welt«, und Gott hat uns »vorherbestimmt«, was hier übrigens gnädiges Erwählen und nicht Berauben der Freiheit bedeutet (V. 4f.). Gott hat seinen geheimen Willensentschluss vorher gefasst (V. 9), und von Anfang an wurden wir bestimmt, zuvor erhofft in Christus (V. 11). Alle diese Aussagen über Erwählung und Gnade »vor aller Zeit« und vor der Welt meinen Paradiesisches, nicht durch die unglückliche Weltgeschichte Störbares oder Zerstörbares. So ist Gottes Verhältnis zu uns. Selten ist die strikte Überlegenheit der Gnade so eindrücklich formuliert worden wie an diesem Briefanfang.

Wer das Judentum ein wenig kennt, weiß, dass Juden zu aller Zeit auf der Suche nach Dingen oder Gütern waren, die durch den Sündenfall nicht beschädigt wurden, letzte Mitbringsel aus dem Paradies. Man hat den Wein genannt und die Kraft der Edelsteine. In unserem Text ist das, genau genommen, die Kirche: Dass wir Christen »in Christus« erwählt sind, vor Gottes Angesicht zu stehen, und dass sich dieses äußert in Segen und Lob. Das »in Christus« bedeutet: gemeinsam mit Christus. Man ist versucht zu fragen: Wo steht das denn in der Bibel, dass Jesus Christus und die zu ihm gehören vor aller Welt erwählt sind? Aber die Schöpfungsberichte nennen nur Dinge, die Gott »im Anfang« und danach, also in der Zeit geschaffen hat. »Vor allem Anfang« aber hat Gott festgelegt, erwählt, bestimmt, gesegnet, mit Gnade erfüllt, und zwar uns Christen.

Alle Verben der Verse 3–6.11–12 meinen solches Tun Gottes an uns Christen. Zum Verständnis helfen uns Aussagen solcher Art, nach denen Gott seine Synagoge »am Anfang« geschaffen habe. »Gedenke, Herr, deiner Synagoge, die du erworben hast am Anfang«, nach denen »wegen Israel die ganze Schöpfung« von Gott erschaffen wurde, nach denen insbesondere die Erzväter als Ersterschaffene oder Erstgeborene »vor aller Schöpfung« erschaffen wurden (vgl. Psalm 73,2 LXX). Die Erzväter sind nach solchen Texten dem Rang nach Erzengel. Und »makellos vor Gott stehen« nach Epheser 1,4 ist eine Engel-Aussage, hier auf die Gemeinde übertragen. Epheser 1 gehört demnach in die frühen Zeugnisse, nach denen erwählte Menschen den Engeln gleichgestellt werden. Man nennt das *Isangelie* (Engelgleichheit), und diese ist, auf Menschen bezogen, ein frühes und grundlegendes pharisäisches Ideal. Denn auf Erden bewährte Reinheit und spätere Auferstehung gehören so zusammen. Wer hier schon engelgleich lebt, wird durch die

Auferstehung endgültig in die Schar der Engel aufgenommen. Diese Menschen bleiben Menschen, aber werden den Engeln weitgehend angeglichen. In jeder Eucharistiefeier besingen wir ein Stück dieser Einordnung unter die Engel, wenn es heißt, dass wir mit Cherubim und Seraphim und allen Engeln und Erzengeln jetzt schon »Heilig, heilig, heilig« singen dürfen. Derartige Aussagen meinen immer wieder die absolute, durch nichts relativierbare Liebe Gottes zu seinem Volk, aber eben auch dessen Heiligkeit, die aus der Schar der übrigen Menschen buchstäblich ausgrenzt. Der Sinn der ganzen Schöpfung wird in solchen Aussagen gefunden. So wie wenn man seiner Braut seine Doktorarbeit widmet, so hat Gott die ganze Welt um seines erwählten Volkes willen geschaffen. Dadurch wird eine eindeutige Aussage über Gottes Liebesordnung gemacht: Erstens Israel und zweitens der Rest der Welt. Auch über die himmlische Frau in Offenbarung 12 spricht die Bibel ähnlich: Sonne, Mond und Sterne sind nur wie Schmuckstücke an ihr, die das Gottesvolk darstellt, so wie auch Maria Repräsentantin der erlösten Menschheit ist. Erwählung und Gnade an die Kirche sind nicht Schöpfungswerke Gottes. Sie sind mehr, vor der Zeit, sehr persönlich und eben von Gnade und Liebe bestimmt.

Doch mit diesen protologischen Aussagen hat der Verfasser noch nicht genug ausgedrückt. Denn Entsprechendes versucht der Verfasser dieses großartigen Hymnus auch über das Ziel der Geschichte zu sagen: Wenn die Zeit abgelaufen ist (V. 10), soll alles mit Christus sein Haupt und seinen Sinn bekommen, alles im Himmel und auf Erden. Als der Epheserbrief entstand, wurde eben dieser Anspruch in Rom und für den römischen Kaiser erhoben. Die Stadt Rom war das »Haupt des Erdkreises«, und noch heute trägt die Kirche San Giovanni in Laterano, den Titel »Haupt und Mutter aller Kirchen des Erdkreises«. Damit wird hier ein Anspruch erhoben, der dem politischen Anspruch des römischen Kaisertums und Roms direkt konkurriert. Ähnliches hat man auch für Epheser 2,14–22 beobachtet. Denn Frieden und Versöhnung, Aufhebung der trennenden Gesetze zwischen den Völkern, genau dieses ist seit Alexander dem Großen Anspruch der Herrscher des jeweiligen Weltreiches. Der Epheserbrief erhebt damit einen Anspruch, der – unter grundsätzlich anderer zeitlicher Perspektive, nämlich der Zeitenfolge der Apokalyptik – auch in der Offenbarung des Johannes erhoben wird. Auch dort ist das römische Reich als Gegner fest im Blick. Auch die Aussage, dass Jesus Christus das Haupt aller Dinge sei, hat ihre Entsprechung in der Apokalypse, wenn Gott nach Apokalypse 1,8 sagt: »Ich bin (das Alpha und) das Omega.« Denn Omega meint den Zielpunkt des gesamten Geschehens.

Zu Epheser 1,10, wonach Jesus Haupt aller Dinge sein wird, steht Epheser 1,22f., wonach Jesus Christus dass Haupt des Leibes, der Kirche ist, in einer interessanten Spannung. Denn in Epheser 1,10 steht das Ziel im Blick: Alle Dinge und Lebewesen gewinnen ihr Ziel in Jesus Christus. Nach Epheser 1,22f. ist Jesus Christus vorerst nur auf jeden Fall Haupt des Leibes, der Kirche. Wie verhält sich beides zueinander? Sowohl der Ausdruck »Kirche« als auch der Ausdruck »Leib« sind wie der Ausdruck »Haupt« politisch durch das Kaisertum in Rom besetzt, denn Kirche heißt griechisch nichts anderes als Volksversammlung, und das Reich ist der Leib des Kaisers. Aber Epheser 4,16 redet deshalb wohl vom »Wachstum des Leibes«, weil die Kirche erst noch in ihre Rolle als Versammlung der ganzen Menschheit hineinwachsen muss. Das ändert jedoch nichts an der Rolle Jesu Christi, der jetzt Haupt der Kirche, damit aber auch schon Haupt der ganzen Menschheit der Zukunft ist.

Was bedeutet das für den einzelnen Christen? Der Epheserbrief gibt der ganzen Weltgeschichte von vor der Schöpfung bis nach dem Ende eine Perspektive. Auch der Einzelne braucht diese Perspektive, um sein Tun und sein Leiden hier einzuordnen. Jesus Christus hat seine Schlüsselrolle in der Geschichte nach Epheser 1,7 durch sein Blut erkauft, das der Vergebung der Sünden und damit der Herstellung des Friedens dient.

Jesus hat Mächte unterworfen

Christi Himmelfahrt

EPHESER 1,17–23

Diesem sehr dichten Text kann man sich am besten annähern, wenn man bekannte Elemente der frühchristlichen und auch schon frühjüdischen Missionspredigt in ihm finden kann. Denn diese geben eine Art Gerüst ab. V. 17 nennt die »Erkenntnis« Gottes, die Grundvoraussetzung. Dass sie auf einer Offenbarung beruht, hat Paulus nach Galater 1,12 selbst erfahren. Und nur durch Gottes Geist kommt man zum Glauben (1 Korinther 2). V. 18 schließt sich ganz an jüdische Missionssprache an. Dazu gehört die Bezeichnung der Bekehrung als Erleuchtung der Augen des Herzens. Und schon in jüdischen Gebeten bei der Bekehrung ist die Rede vom himmlischen Erbe, das die Bekehrten erlangen; denn beim Übertritt zum Judentum war Verstoßung aus der Familie und Enterbung der Regelfall. V. 19 betont die Bekehrung als Erfahrung der Macht Gottes, ähnlich sagt es Paulus in 1 Korinther 2 vom Erweis der Macht und der Herrlichkeit, wenn man zum Glauben kommt. Das stärkste Argument für den Glauben ist die Auferweckung Jesu Christi – so in Römer 4,25; Apostelgeschichte 10,41; 17,31. Diese ist das neueste Lebenszeichen Gottes. In 1,21f. hebt der Verfasser einen Aspekt hervor, der bei der kirchlichen Betrachtung von Ostern in der Regel unter den Tisch fällt: Die Macht, die der Gläubige schon nach V. 19 erfährt, übt der zur Rechten Gottes Erhöhte im Himmel aus, und zwar so, dass Gott ihm alle Mächte unterworfen hat.

Von diesen Mächten und Gewalten sprechen auch andere Briefe des Urchristentums wie Kolosser 1 und Philipper. Diese Mächte bilden eine in sich gegliederte Hierarchie, sie sind ewig und heilig. Als Repräsentanten der Herrlichkeit Gottes unterscheiden sie sich ganz erheblich vom Menschen, der sterblich, männlich und weiblich und vor allem unheilig und sündig ist. Die Engelmächte unterscheiden sich schon durch ihr bloßes Sein von den Menschen. Sie zu »unterwerfen« oder zu »überwinden« heißt nicht, sie zu zerstören, sondern: ihre Einwände und Anschuldigungen gegen den Menschen (die natürlich zu Recht bestanden!) zu widerlegen, zu korrigieren und aus der Welt zu schaffen. Der Auferstandene kann das, weil er Mensch ist, wie seine Klientel, die Gläubigen. In seinem Windschatten sind sie gut aufgehoben, und er stellt sich vor sie. Denn er ist als der Sohn Gottes und als Throngenosse Gottes heiliger als jeder Engel. Daher ist die Auferstehung Jesu nur der einleitende Akt zu der eigentlich wichtigen Wirksamkeit Jesu an Gottes Thron, nämlich die Menschen immer wieder herauszuboxen aus der Verachtung, die ihnen nicht ohne Grund zuteil wird. Sowohl Paulus (Römer 8,34) als auch der Hebräerbrief (7,25; 9,24) nennen dieses Tun die Fürsprache Jesu für uns beim Vater. Zur Rechten Gottes findet Jesus Christus Gehör, der Anwalt der Menschen, und nicht die Vorwürfe der Mächte und Gewalten. Theologisch bedeutet dieses Drama: Gottes Herrlichkeit und Heiligkeit wird in ihrer Menschen abweisenden Größe »überwunden« durch den Sohn, der sich persönlich für die Menschen engagiert. Um des Sohnes willen liebt Gott die Menschen. Daher ist es entscheidend, dass die Menschen das Angebot dieser Fürsprache und Stellvertretung nicht ausschlagen.

Unter diesen Engelmächten gibt es auch sogenannte Herrschaften, die auf Griechisch *Kyriotetes* heißen und den Gottesnamen tragen (Kyrios). Schon nach Exodus 23,21 legte Gott seinen Namen auf seinen Engel, er ihn repräsentiert. Das Neue ist , dass Gott seinen Namen einem Menschen namens Jesus mitteilt. Diese Überlegungen führen uns direkt zu Philipper 2,6–11. Denn dieser Text, den Paulus vielleicht schon »zitiert«, ist der mutmaßlich älteste Text, nach welchem auch die Überirdischen ihr Knie vor Jesus beugen, weil dieser den Namen über alle Namen erhalten hat, nämlich den Kyrios-Namen. Philipper 2 betont besonders die Universalität der Huldigung Jesus gegenüber. Daher kann man diesen Text als eine frühe Legitimation der Heidenmission bezeichnen. Wie Epheser 1,17–23 fehlt auch in Philipper 2 eine Theologie, die sich an Blut und Sühne orientierte. Der Tod Jesu wird zwar erwähnt, aber nur als äußerste Selbsterniedrigung in Gehorsam.

Nun kennt das Judentum allerdings auch eine Menschengestalt, auf die Gott seinen Namen gelegt hat, und zwar Henoch. Sicher schon in vorchristlicher Zeit ist – nach Auskunft der breit gestreuten Henoch-Literatur – Henoch der zu Gott entrückte Mensch, der im Himmel vor Gottes Thron durch himmlische Kleider zu einem Gottwesen wird. Nach dem hebräischen Henoch-Buch Kapitel 48 C wird Henoch bei dieser Gelegenheit »der kleine Jahwe« genannt. Dieser Text ist allerdings erst nachchristlich. Vielleicht kann man annehmen, dass sich Christologie und jüdisch-mystische Henoch-Spekulation gegenseitig angeregt haben. Jedenfalls sind sie nicht einfach unabhängig voneinander. Haben also an jüdischer Mystik orientierte Juden die christologischen Aussagen etwa von Philipper 2,11 zum Anlass genommen, für »ihren« Henoch dasselbe behaupten zu wollen?

Wie in Kolosser 1 ist der himmlische Fürsprecher auf Gottes Thron auch »Haupt der Kirche«, und die Kirche ist sein Leib. Mit »Haupt der Kirche« ist genau jene enge Beziehung zwischen Christus und den Christen beschrieben, die garantiert, dass Jesu Fürsprache auch denen zugute kommt, für die sie gedacht ist. Denn das Haupt darf man nicht vom Leib trennen, und das, was das Haupt bestimmt, gilt für den ganzen Leib.

In Epheser 1,23 stoßen wir auf einen Zipfel einer ganz besonderen Theologie, die wir von Paulus und vom Johannesevangelium her kennen. Es ist eine Theologie, die auf dem Gegensatz von Fülle und Leere aufbaut, die die Erlösung als Erfülltwerden von Gottes Fülle ansieht. Denn zunächst sind die Dinge »leer«, ohne Gegenwart Gottes, ohne Kraft und Macht, wie ein leerer Tank. Diesen leeren Raum aber will Gott mit sich selbst füllen, mit seiner Gegenwart und mit seinem heiligen Geist. In Epheser 1,23 ist die Kirche der Raum, der wie ein Gefäß ist für die Lebensfülle Gottes. So ist Epheser 1,23 zu übersetzen: »Die

Kirche ist sein Leib. Der leeren Hülle des Leibes verleiht er durch seine Fülle Substanz.« Die Kirche ist daher der Raum, der darauf wartet, von Gottes Fülle angefüllt zu werden. Jedenfalls in späteren Texten ist »Fülle« ein Wort für die dynamische göttliche Wirklichkeit. Die Besonderheit von Epheser 1,23; Kolosser 1,19 und Johannes 1,16 liegt dann darin, dass diese göttliche Gegenwart in den Bereich der Menschen einkehrt. Gott ist nicht nur im Himmel zu finden, sondern jetzt durch und in Christus in der Kirche auf Erden gegenwärtig.

Gibt es Menschen oder Positionen, gegenüber denen diese Positionen formuliert wurden? Obwohl die einzelnen Elemente dieser Theologie weitgehend jüdischen Ursprungs sind, geht doch die Heilsbedeutung Jesu weit über Israel hinaus, sie ist von Anfang an universal und kosmisch. Die Erhöhung Jesu betrifft das Verhältnis Gott/Engel/Mensch grundsätzlich. Anders als etwa in den Judenpredigten der Apostelgeschichte wird die Auferstehung Jesu nicht als Widerlegung und Bloßstellung der jüdischen Gegner Jesu aufgefasst. Sie ist nur Voraussetzung für ein weitergehendes Geschehen, das auch die Gegenwart umfasst.

Damit wächst allerdings auch der Anteil der spekulativen, das heißt nicht auf die Erfahrung von Zeugen zu gründenden Aussagen. Andererseits ist die Rivalität gegenüber dem römischen Kaisertum auch hier schon unübersehbar. Denn als »Haupt« des Leibes betrachteten sich die römischen Herrscher. Das gilt dann auch für ihre Rolle als Friedensbringer und Versöhner (Epheser 2,11ff.).

Das betrifft auch die Abwesenheit von jüdischer Opfer- oder Versöhnungstagsliturgie. Denn das fürbittende Eintreten des Erhöhten ist unblutig und setzt in Epheser 1 jedenfalls keinen Sühnetod voraus. Der Epheserbrief zeigt daher mustergültig, wie man für ein nicht-jüdisches Publikum, das Blut als Sühne nicht kennt, gleichwohl das Geschick Jesu für die kosmische Wende ansehen kann.

Ein Mensch mit einem »kräftigen Glauben« ist einer, der seinen Glauben liebt

4. Fastensonntag B

EPHESER 2,4–10

Immer wieder bekundet es das Neue Testament: Der Zustand vor der Bekehrung, vor der Hinwendung zu Gott, war wie Totsein. So sagt es der Vater des verlorenen Sohnes, nachdem dieser zurückgefunden hat: Er war tot und ist lebendig geworden (Lukas 15,24). In Kolosser 2,13 schreibt der Verfasser: »Ihr wart tot in euren Sünden, und ihr wart geistlich wie solche, die nicht beschnitten sind.« Der Zustand ohne Gott ist deshalb wie der Tod, weil er fern ist von Gott, von der Quelle des Lebens. Und Gott ist lebendig im Unterschied zu den Götzen aus Stein, Holz oder Erz. Die Götzen können nur Tod verbreiten, die Werke der Menschen sind dann ebenfalls tot. Der lebendige Gott dagegen verströmt ansteckendes Leben. »Denn alles Gute teilt sich selbst mit, strahlt sich selbst aus« (*omne bonum est diffusivum sui*), sagt die Scholastik.

Wie trostlos das Leben ohne Gott gewesen ist, das merken die meisten erst dann, wenn sie das neue Leben kennen gelernt haben. Mir selbst ist das so ergangen: Als ich etwa im Alter von fünfzehn Jahren zum ersten Mal auf Vollblutchristen traf, eine Ursulinin, meinen Pfarrer, da erschien mir bald alles andere Leben als schal und ziellos, haltlos und belanglos. Die Menschen, denen ich begegnet bin, verdankten ihrem Glauben große Kraft und Ausstrahlung. Seitdem kann ich mir mein Leben nur »geistlich« vorstellen. Für alle, die nicht Geistliche werden, gilt: Welchen Beruf man auch immer hat, mit einem kräftigen Glauben ist die Biografie wesentlich interessanter, das Leben wird intensiver wahrgenommen, und das betrifft Schuld und Vergebung, Angst und Hoffnung, Leben und Tod. Ein Mensch mit »kräftigem Glauben« ist nicht ein Mensch ohne Zweifel und Schwächen, sondern einer, der seinen Glauben liebt. Es geht um Tiefen- und Höhendimension, nicht um moralische oder asketische Perfektion.

Viele sagen, dass sie nicht vollmundig glauben können, und noch viel weniger gern möchten sie über ihren keimhaft vorhandenen Glauben sprechen. Manchmal fehlt der Mut, manchmal bietet die vorhandene Kirche zu viele Ärgernisse, die man leicht als Fluchtmotiv angeben kann. Hauptsächlich aber fehlt wohl eine gute Freundin, ein guter Freund, die den Betreffenden an die Hand nehmen und jene zahlreichen Gespräche führen können, die zu leisten kein Pfarrer Zeit hat, die aber für einen Weg oder Rückweg zum Glauben nötig wären. Dabei wird von jedem Laien, der so an die Hand nimmt, viel erwartet an Glaubenswissen und -festigkeit.

Aber unser Text geht weit hinaus über den Ansatz, Glauben sei wie neugeboren werden. Denn es heißt: »Gott hat uns gemeinsam mit Jesus Christus auferweckt und uns im Himmel einen Platz gegeben.« Ähnlich kann es der Kolosserbrief sagen: »Denn durch die Taufe seid ihr mit Christus mitbegraben, und dadurch seid ihr auch mit ihm auferweckt worden. Gott hat euch zusammen mit Jesus lebendig gemacht.« Das sind zwei unglaubliche Aussagen. Ihnen entspricht übrigens, dass weder Epheser- noch Kolosserbrief von einer künftigen Auferstehung der Toten sprechen. Sind die Christen gar schon auferstanden? Immerhin kommt auch Paulus in Römer 6 in beträchtliche Nähe zu diesen Aussagen: »Wenn wir also sein Sterben und seinen Tod (im Taufritus) nachvollziehen, soll und wird es mit seiner Auferstehung genauso sein. Wenn wir mit Christus mitsterben, wird unser altes Ich mit ans Kreuz geschlagen, es ist nichts mehr wert und muss verschwinden ... und wir glauben, dass wir, wenn wir in der Taufe mit Christus mitgestorben sind, auch mit ihm zusammen leben werden. Denn nach seiner Auferweckung von den Toten stirbt Christus nie mehr. Durch euren Tod in der Taufe seid ihr für die Sünde tot, durch die enge Verbindung mit Christus Jesus aber lebt ihr ein neues Leben von Gott her und auf ihn hin.« Auch nach Römer 6 leben die Christen nach ihrer Bekehrung (Taufe) ein neues Leben, das Anteil am Leben des Auferstandenen bedeutet. Von der Auferstehung selbst spricht Paulus freilich in Römer 6 in der Zukunft (V. 6: so wird es mit der Auferstehung sein). Die Briefe an die Epheser und Kolosser sind da weitaus radikaler. Vielleicht haben zwei Paulusschüler sie geschrieben. Denn Paulus selbst spricht in 1 Thessalonicher 4 und in 1 Korinther 15 durchaus von der künftigen Auferstehung der Christen. Nicht so, wie schon notiert, Epheser- und Kolosserbrief. Nun schließen sie damit freilich eine zukünftige Auferstehung nicht aus.

Wie sie das gedacht haben könnten, sagt ein schönes Zeugnis für das Nachleben paulinischer Ansätze im zweiten Jahrhundert nach Christus, der »Brief an Rheginus« (Berger/Nord, Das Neue Testament, S. 1043ff.). Hier heißt es nämlich in Kapitel 9: »Nur lebendige Glieder werden nämlich auferstehen. Jetzt existieren sie verborgen in den sichtbaren Gliedern. Was ist denn nun die Auferstehung? Sie ist stets Enthüllung derer, die schon auferstanden sind. Du wirst dich sicher an deine Lektüre des Evangeliums erinnern, wo es heißt: Elia erschien und mit ihm Mose. Deshalb sollst du nun nicht meinen, die Auferstehung sei ein leerer Wahn. Sie ist kein leerer Wahn, sondern Wirklichkeit. Man könnte viel eher sagen, dass die Welt ein leerer Wahn ist – und nicht die Auferstehung, die doch unser Herr und Erlöser, Jesus Christus, begründet hat.« Und in Kapitel 4 hieß es: »Jesus erstand von den Toten auf. So hat er uns den Weg geschenkt, auf dem wir unsterblich werden können. Dann gilt: Wir leiden mit ihm, wir stehen mit ihm von den Toten auf, wir gehen in den Himmel mit ihm. Es ist deutlich, dass wir in dieser Welt ihn tragen. Wir sind die Strahlen, (er ist die Sonne). Er umfasst uns bis zu unserem Versinken, das heißt, bis zu unserem leiblichen Tod in diesem Leben. Dann zieht er uns zum Himmel, wie die Sonne ihre Strahlen einsammelt. Nichts hält uns dabei zurück. Das ist die Auferstehung durch den Heiligen Geist. Sie verschlingt die bloße Unsterblichkeit der Seele, die man psychische Auferstehung nennen könnte, oder die bloße Wiederbelebung des Körpers, die eine nur körperliche Auferstehung wäre. Sie verschlingt sie, das heißt, sie umfasst, überbietet und ersetzt sie.« Das heißt doch:

Die künftige Auferstehung ist die Enthüllung derer, die schon auferstanden sind, wir gehören zu Jesus wie die Strahlen zur Sonne und die künftige Auferstehung umfasst (verschlingt) alles, auch die Leiblichkeit.

Nicht zufällig ist dieses die Lesung von Laetare (»Freu dich«). Denn hier wird genau das begründet, was man oft im Blick auf die Ostkirche deren österlichen Charakter nennt. Es ist dieses jene tröstliche Spiritualität, die sich tragen lässt von der »Heiterkeit in der Gnade« (*hilares in gratia dei*), die die Mönche vom Athos ausstrahlen können. Für diese Spiritualität gilt bereits: »Der Tod ist verschlungen in den Sieg des Lebens hinein. Sag, Tod, wo ist dein Sieg geblieben, wo hast du deinen Stachel gelassen?« Etwas von dieser Durchsichtigkeit für das ewige Leben hat alle christliche Spiritualität aller Jahrhunderte an sich. Mir fallen dabei zuerst die Bilder des Fra Angelico in seinem Kloster in Florenz ein, die zarten, reinen Farben, die klaren Gestalten. Fra Angelico hat das gemalt, was wir so sagen würden: Glaube an die Auferstehung Jesu bedeutet für jede christliche Existenz, dass wir auf zwei Beinen stehen, einerseits lieben wir das Leben in der irdischen, vergänglichen Welt, andererseits gehören wir der unvergänglichen Welt Gottes an. Wie man sagt: Mit einem Bein stehen wir in der Ewigkeit. Zum Ausdruck kommt das nun in der Tat zuallererst in der Art, in der wir lachen und uns freuen können. Lachen worüber? Über alles Kreatürliche in seinen Grenzen, über sich selbst, über die menschliche Kleinheit im Vergleich zu Gott, über alles Gravitätische und Komische in den menschlichen Anmaßungen. Vielleicht kann ich dann eines Tages auch mit St. Franziskus über den Tod lachen. Das Lächeln des Christen, der mit Christus schon auferstanden ist, hat seinen Grund darin, dass er alles bekommen hat, vor allem Liebe, Gnade und Leben in Fülle.

Christus ist unser Friede

16. Sonntag im Jahreskreis B

Epheser 2,13–18

Seit einiger Zeit ist bekannt, dass der Epheserbrief auf seine besondere Weise der römischen Staatsideologie des ersten nachchristlichen Jahrhunderts die Stirn bietet und eine überlegene Konkurrenz anbietet. Diese Rivalität im Ziel betrifft das Stichwort »Frieden«, unter der Etikette Pax Romana bestens bekannt. Wenn Epheser 2,14 von Jesus sagt: »Er ist unser Frieden«, dann wird in ihm der Frieden genauso programmatisch auf eine Person konzentriert wie auf den römischen Kaiser. Das ist ja ohnehin die beachtenswerte Gemeinsamkeit zwischen Christentum und römischem Kaisertum. In beiden Fällen bleibt der Frieden nicht abstrakt, sondern bekommt ein Gesicht, denn der Kaiser in Rom wie auch Jesus Christus sind die Garantie für den Frieden mit ihrer Person. Freilich ist diese Redeweise auch riskant, denn dieser Repräsentant muss sich an seinem Programm persönlich messen lassen. Angesichts dessen erstrahlt Jesus in makelloser Glaubwürdigkeit. Seine Kontrahenten sind also nicht die Pharisäer, nicht Judas oder Herodes, auch nicht der Teufel als »Fürst dieser Welt«, auch kein einzelner Kaiser, sondern das Kaisertum als Institution.

Den Beweis für seine Überlegenheit über das Kaisertum hat Jesus durch seinen Tod am Kreuz geliefert. Denn durch die Botschaft von der universalen Sünde und der universalen Vergebung durch das Kreuz wird Jesus dem Kaiser gegenübergestellt und zugleich absolut höher bewertet als er. Auch wenn der Epheserbrief die Kreuzesinschrift wohl nicht gekannt hat, ist er doch besonders an dieser Stelle ein guter Kommentar dazu. Der Gekreuzigte ist nicht nur König der Juden, sondern König der Juden und Heiden, das heißt: der ganzen Welt, wie der Kaiser in Rom. Denn durch sein Blut am Kreuz hat er die wahre Internationalität geschaffen. Er hat den jüdisch-nationalen

Sonderweg des Heils aufgelöst und damit ein ewiges Problem der Weltgeschichte, die Resistenz des jüdischen Volkes gegen Versöhnung mit den anderen Völkern, zu lösen begonnen.

Diese Resistenz kam zustande, weil Israel allein erwählt und am Versöhnungstag als allein versöhnbar galt. Weil es eine exklusive Beziehung zu Gott gab, beanspruchte Israel eine exklusive Stellung unter den Völkern, die bis heute als »schwer vermittelbar« gilt. Wenn hier als die Ursache »das Gesetz« genannt wird, so ist damit im Sinne der damaligen hellenistischen Diskussion um Verfassungen die Summe der Regeln für dieses Gemeinwesen gemeint. Denn »die Gesetze«, wie wir sagen würden, oder die Verfassung begründet dessen Besonderheiten insgesamt. Wenn das besondere Gesetz aufgehoben ist, kann das allgemeine gelten, also das Gesetz Christi. Was der Epheserbrief darunter versteht, sagt er in Kapitel 4–6, und wir werden es in den Lesungen der folgenden Wochen kennen lernen. Deshalb denkt und plant der Verfasser dieses Briefes nichts Geringes: Er hat mit den apostolischen Mahnreden die Lebensregeln der weltweiten Kirche im Blick. Dabei denkt er auch an die Kirchenverfassung. Im Ganzen will er daher alles ablösen, was das römische Reich an Recht, Moral und Leben stützenden Strukturen kannte. Sein Konzept ist wahrhaft universal und ganz gewiss nicht nur auf eine Gemeinde beschränkt.

Die ersten Adressaten haben diesen Aspekt übrigens verstanden, und daher wissen wir von der Adressierung nach Ephesus nur durch einen mutmaßlichen Zusatz in 1,1, den sehr wichtige alte Handschriften gar nicht kennen. So war dieser Brief wohl als eine Art Rundbrief an nachpaulinische Gemeinden gedacht, von Paulus oder von einem Paulusschüler verfasst, der dem Verfasser des Kolosserbriefes nahestand. Es geht also um ein Schreiben an alle Christen, dessen Anspruch es ist, die rechtlichen und moralischen Strukturen des römischen Reiches zu ersetzen oder zumindest zu überbieten. Seit etwa 20 Jahren ist in der Forschung bekannt, dass die Bildersprache dieses Kapitels der Sprache der zwischenstaatlichen Diplomatie nachgebildet ist, und zwar speziell dem Vokabular, das man im Falle der Bereinigung »internationaler«

Konflikte zwischen Monarchien verwendet. Daher kommen in unserem Abschnitt die Ausdrücke »Frieden«, »Frieden schaffen«, »Feindschaft«, »Feinde«, »versöhnen« und Gegensätze wie »einst – jetzt«, »nah – fern«, das Audienz-Vokabular und schließlich der universale, übernationale Aspekt zur Sprache. Die vorzustellende Szene ist: Der Gesandte eines Volkes beziehungsweise eines Königs bittet um Zulassung in die Audienz des zuvor gegnerischen Volkes oder eben eines Königs, um die Versöhnung zu erbitten. Dieser Mittler der Versöhnung ist Christus. Und dass die Versöhnung, die durch sein Kreuz geschehen ist, wie eine Versöhnung eines Volkes mit einem (fremden) König aussieht, hängt eng zusammen mit dem generell politischen Hintergrund dieses Briefes. Dieser Hintergrund umfasst wie ein Rahmen alle versöhnenden Taten Jesu bis hin zur Erhöhung, also dem Erscheinen vor Gottes Angesicht. Was die Verwendung dieser Diplomatensprache hier aber interessant macht, ist die Durchbrechung der diplomatischen Aktivitäten durch den Tod des Gesandten. Denn der Tod des Gesandten, der doch Frieden vermitteln soll, ist ein ungewöhnliches Geschehen, das zumeist als himmelschreiender Skandal eingestuft wird, als sakrilegischer Mord, der strikt geahndet werden muss. Denn bis heute sind Gesandte heilig oder »immun«. Wer sich an Gesandten vergreift, hat internationale Ächtung verdient, nicht aber Frieden. Und wenn der andere Monarch dann doch Frieden schließt, dann ist es ein ungeheures Entgegenkommen.

Jesus ist Gottes Gesandter zu uns, und er kehrt als Friedensmittler zu Gott zurück. Aber bevor er bei Gott ankommt, bringen die Menschen ihn um. Dass sich Gott, der den Mittler aussendet, durch den Tod des Gesandten einfach versöhnen lässt, wäre eine Durchbrechung der Logik des Bildes. Denn es müsste ja das Gegenteil der Fall sein, der verstärkte Zorn des Herrschers, also Gottes. Auf jeden Fall ist die Tötung Jesu nicht Gottes Wille und Tat, sondern die der Menschen. Folgende Deutungen des Todes Jesu in diesem Schema lassen sich denken: Es könnte sein, dass der Mord an Jesus tatsächlich der letzte und äußerste kriegerische Akt der verfeindeten Menschen ist. Dass der himmlische König dann trotz dieses sakrilegischen Mordes Versöhnung will, wäre dann seine staunenswerte Reaktion im Sinne wahrer Feindesliebe Gottes. So etwa deutet Paulus es in Römer 5, wo er gleichfalls das diplomatische Versöhnungsvokabular verwendet. Der Sinn wäre dann: Trotz alledem, was wir Menschen mit dem Gesandten des Friedens angestellt haben, hat Gott an seinem Ziel, Frieden zu schaffen, festgehalten. Die heroische Feindesliebe Gottes wäre dann der Grund der Versöhnung. Oder das Bild wäre so: In den Religionen rund um das Mittelmeer und im Vorderen Orient war es üblich, im Falle drohenden Unheils den Zorn der Götter abzuwenden durch ein möglichst kostbares Opfer. In der Regel waren es aber Sklaven oder Ausländer, denn entscheidend war, dass nicht billiges Tierblut, sondern kostbares Menschenblut den Göttern angeboten wurde. Diese grausame Sprache war immerhin international verständlich und gehört in den Bereich der Bewältigung von Vorzeichen. Das heißt: wenn ein unheildrohendes Vorzeichen auftauchte, erschrak man und versuchte, die Angst durch Opfer von etwas Lebendigem zu bewältigen. Dann wäre die Wirkung des Todes ganz im Sinne wirklicher Sühne verstanden, und dieses Bild konnte im ganzen Mittelmeerraum begriffen werden. Der Tod eines Menschen wurde als Abwehr des möglichen Zornes Gottes verstanden. Alternativ ist in diesen Zusammenhängen auch von der notwendigen Umkehr zu Gott beziehungsweise den Göttern die Rede! Das Problem bei Epheser 2 wäre freilich das Gottesbild. Ist der Gott der Bibel, der Vater Jesu Christi, wirklich verstehbar als Gott im Rahmen derartiger notwendiger und Unheil abwehrender Sühne? Es könnte freilich sein, und das wäre dann eher eine Lösung, dass der Tod eines Menschen, noch dazu eines ganz und gar unschuldigen auch unabhängig von einem bestimmten Gottesbild einfach als Zeichen der Sühne von Schuld verstanden wird.

Hinwendung der Heiden zum Gott Israels

Erscheinung des Herrn

Epheser 3,2–3a.5–6

Die drei Lesungen sind durch das Thema »Hinwendung der Heiden zum Gott Israels« verbunden, auch wenn das Stichwort »Heiden« in Matthäus 2 gar nicht fällt. Aber bei den »Magiern« weiß jedermann Bescheid. Die drei Texte sind einzeln und in Verbindung miteinander von großartiger Schönheit. Jesaja 60 ist der schönste Hymnus auf eine Stadt und ihre zukünftige Herrlichkeit, für Epheser 3 ist es das eigentliche Geheimnis der ganzen Weltgeschichte, dass die Heiden in das Licht der Verheißungen treten. Und für die Faszination von Matthäus 2 spricht schon, dass dieser Text unaufhörlich die Künstler dazu inspiriert hat, die Anbetung der heiligen drei Könige darzustellen. Dass es sich um drei Könige handelt, steht nicht in Matthäus 2. Die mittelalterlichen Präfationen zum 6. Januar nehmen diesen Gedanken auf: In der Krippe liegend habe Jesus die Macht der Könige gebeugt. Aber aus der Dreizahl der Gaben schließt man auf drei Träger der Gaben (und folgerte selbstverständlich: also drei Männer). Und dass die drei Männer Könige waren, konnte man auch aus Jesaja 60 lesen, denn es heißt dort in V. 3: »Völker wallen zu deinem Licht und Könige dort zu deinem strahlenden Lichtglanz.«

Obwohl also in Jesaja 60 weder vom Messias noch vom Stern, weder von Betlehem noch von den Magiern die Rede ist, liest man den Text selbstverständlich als vorausgreifenden Kommentar zu Matthäus 2, als Verheißung dieses Ereignisses. Und man überlässt es gewissermaßen Gott, das, was in Jesaja 60 noch fehlt, in Matthäus 2 nachzuschieben. Jedenfalls wird daran deutlich, dass man in Liturgie und Kunstgeschichte die Heilige Schrift als untrennbare Einheit verstanden hat.

»Auf, werde hell, Jerusalem, denn dein Licht ist da«, so beginnt das hymnische Lied, das Jerusalem in der erwarteten Heilszeit als friedliche Mitte aller Völker feiert. Und da Jerusalem – von Jericho aus gesehen – auf einem hohen Berg liegt, ergibt sich ein Bild, wonach die Sonne hell auf Dächer und Zinnen der Stadt scheint, im Kontrast zum dunklen Himmel. Von den jüdischen Einwohnern wird nur gesagt, dass sie aus der Ferne heimkehren. Aber in jedem Vers ist immer wieder neu die Rede von der Fülle der Heidenvölker, der Flut der Kamele und den kostbaren Handelsgütern, die sie tragen.

Es ist also die große Völkerwallfahrt, die Jesaja 60 schildert, und die Verquickung von Verehrung des wahren Gottes und Handel erinnert an das, was auch im Abendland eine »Messe« im doppelten Sinne des Wortes einmal war. Der universale Charakter dieser Gottesanbetung und des Heils vermittelt sich durch Licht, das auf die Völker und ihre Könige überstrahlt. Die Stadt auf dem Berge erstrahlt in Herrlichkeit, an der auch alle teilhaben, die dorthin pilgern. Das, was strahlt, ist Gottes Herrlichkeit, und Gott selbst offenbart sich in diesem weithin leuchtenden Geschehen. Dabei ist die Herrlichkeit des Herrn nicht nur ästhetisch schön. Wenn Menschen in ihr »wandeln«, also leben dürfen, ist auch ihr Ansehen voreinander (wieder) hergestellt. Im Lichte Gottes und in der gemeinsamen Orientierung an ihm können auch die Menschen wieder zu Würde kommen – und wahrscheinlich nur so. Das ist das Besondere an diesem Text: Die Herrlichkeit Gottes ist nicht auf die Selbstoffenbarung Gottes gegenüber Mose beschränkt, es gibt sie nicht nur im Tempel und in Israel, sondern Gott offenbart seine Herrlichkeit rückhaltlos für alle Völker.

Die Gegenprobe liefert Römer 9,4: Paulus betont, dass die Herrlichkeit (Gottes) zu den bleibenden Privilegien Israels gehört. Jesaja 60 war da schon weiter. Wir gehen nicht fehl, wenn wir diese Zuwendung Gottes als Ausdruck seiner Barmherzigkeit werten. Denn so sagt es eine Präfation zum 6. Januar: »du hast die Welt in Weisheit erschaffen, aber in Barmherzigkeit erlöst.« Auch Epheser 3 erschließt sich, wenn man andere Texte zum Vergleich heranzieht. In diesem Falle sollte man Texte bei Paulus und in seinem Umkreis nennen, die von einem

Geheimnis handeln, welches seit Anbeginn der Welt den Menschen verborgen geblieben ist, welches aber jetzt erst den Aposteln (insbesondere Paulus) offenbart wurde, damit sie es als Evangelium über die Welt verbreiten. Es heißt Revelationsschema, weil es erst jetzt offenbart (*revelare*) wurde. Denn auch die ganze Zeit des Alten Bundes gilt als Zeit der Verborgenheit und Verhülltheit des Geheimnisses. Alle übrigen Belege für dieses Schema legen zumindest nahe, dass Jesus Christus beziehungsweise das Evangelium Inhalt dieses Geheimnisses war und ist.

Lediglich in Epheser 3 ist das anders: Nach 3,6 besteht es darin, dass die Heidenvölker Jesus Christus durch das Evangelium (mit Israel) mitgeerbt haben, zu demselben Leib der Kirche gehören und wie Israel Anteil an der Verheißung erlangen. Das heißt: Das Geheimnis besteht hier darin, dass speziell mit den Heiden eine Heilsgemeinschaft begründet werden sollte. Das hätte – laut Epheser 3 – sich niemand vorher träumen lassen können. In der Tat ist die Ausweitung des Evangeliums auf die Heiden, wenn man einmal die Botschaft vom dreieinigen Gott als gegeben annimmt, die wichtigste und erstaunlichste Neuerung im frühen Christentum. Epheser 3 unternimmt es gar nicht, diese Botschaft im Alten Testament zu begründen. Der Text sagt einfach, dieses sei – gewissermaßen seit Bestehen der Welt – die wichtigste Neuheit schlechthin. So deuten die Anbetung der Magier auch viele der alten Präfationen zum 6. Januar: »Den Völkern hast du deine Barmherzigkeit kundgetan, dein Heil allen Völkern gezeigt« oder Jesus sei hier »die Erwartung der Heidenvölker«. Es sei nur kurz daran erinnert, dass auch die O-Antiphonen in der Woche vor Weihnachten gerade dieses Motiv, das in der Weihnachtsgeschichte bei Lukas keine Rolle spielt, aufgenommen haben: »O König aller Völker, ihre Erwartung und Sehnsucht; o Schlussstein, der den Bau zusammenhält, o komm und errette den Menschen, den du aus Erde gebildet.«

Das Motiv der Verborgenheit spielt – wie in Epheser 3 – so auch in Matthäus 2 eine große Rolle. Denn den heidnischen Magiern wurde offenbart, was dem König in Israel verborgen blieb. Im Mittelalter hatte man besonderes Interesse an dem großen Stern, den Gott den Magiern zeigte. Und man sagte: Hier hat Gott also den Heiden das Zeichen vom Himmel gegeben, das er seinem eigenen Volk verweigert hat (Markus 8,11f.). Im Übrigen ist seit Numeri 24,17 der Stern Zeichen eines neuen Herrschers. Innerhalb des Matthäusevangeliums ist wichtig, dass schon zu Anfang und nicht erst in der Passion der Titel »König der Juden« als Bezeichnung Jesu vorkommt, dass schon am Beginn des Lebens Jesu und nicht erst bei der Aussendung zur Mission, in Matthäus 28, die Heiden einbezogen sind, dass schon von Anfang an und nicht erst am Schluss die Absicht besteht, Jesus umzubringen, und zwar durch einen König, der hier wie dort Herodes heißt. Aber schon am Anfang wird Jesus aus der tödlichen Gefahr gerettet, so wie am Schluss durch die Auferstehung.

Herr, als der Messias der Juden bist du der Heiland der Heiden geworden. Diese Geschichte war ein Weg von Verfolgung und Mord, aber auch von Bewahrung und Rettung aus dem Tod. Doch am Ende aller Geschichte willst du dich voll Erbarmen allen zuwenden. Für uns Menschen ist das der Weg der Anbetung. Denn Anteil an deiner Herrlichkeit kann ein Mensch nur um den Preis erlangen, dass er dich als den Gott seiner Sehnsucht erkennt und anerkennt. Die Anbetung aber beugt die Gewalten und eint die Herzen. Wer anbetet, lernt Schweigen und Zuhören, er erfährt in jeder Kniebeuge ein kleines Stückchen von deiner Herrlichkeit. Wer anbetet, bekommt gute Augen für das, was schon da ist, aber vorerst unsichtbar bleibt. Denn Anbetung lehrt nach dem wahren Ort des Geheimnisses zu fragen. Anbetung lehrt, die Berufung und Erlösung aller Menschen als deine innerste Absicht und deinen großen Plan zu begreifen, so dass Jesus wie der neue Adam ist. So lass alle Völker dich erkennen, denn du bist Gottes Sohn und der neue Mensch zugleich.

Der Friedensweg: radikale Unterwerfung um Gottes willen

17. Sonntag im Jahreskreis B

EPHESER 4,1–6

Paulus schreibt aus dem Gefängnis. Wie ein sterbender Vater ermahnt Paulus seine Gemeinde: Seid um des Himmels willen einig. Jeder Vater, der Abschied nimmt, redet so zu seinen Kindern, denn er will, dass die Familie nach ihm Bestand hat. Nun fällt auf, dass sehr viele Mahnreden des Neuen Testaments gerade diesen inneren Duktus aufweisen. Keine Spur also von Naherwartung und baldigem Weltende, sondern Vermächtnis für eine künftige Weltkirche. Aber wichtig ist allein: Diese Weltkirche ist durch ihre bloße Existenz übernational und dadurch reale Verwirklichung der Einheit der Menschheit.

Eine christliche Geschichtstheologie ist überfällig. Ein Beitrag des Christentums zum Thema »Ziel der Weltgemeinschaft« ist sicher notwendig. Denn der Kampf des westlichen Materialismus gegen den Islam kann doch nicht alles sein, was angeboten wird. Hier muss die christliche Botschaft wieder eine starke Stimme erhalten. Von seinem Ursprung her ist das Christentum durch Jesus Christus, das Evangelium, die Sakramente und die Kirche ein höchst realer Beitrag zur Frage der Einheit der Menschheit und zum Frieden. In der Vergangenheit war christliche Geschichtstheologie zu häufig ausschließlich auf das apokalyptische Weltende inklusive Katastrophen und Antichrist bezogen. Paulus und der Kolosserbrief, insbesondere aber der Epheserbrief bieten dazu eine Alternative an. Sein Thema ist nicht der Untergang aller Dinge und das Geschick apokalyptischer Minoritäten, also dramatisch verfolgter christlicher Minderheiten, sondern der Epheserbrief betrachtet das künftige Geschehen von den Möglichkeiten her, die eine sakramental begründete Einheit der Menschheit in Jesus Christus in sich birgt.

Hier geht es um die weltpolitisch positiven Chancen des Christentums, Einheit und Frieden darzustellen. Der Epheserbrief verspricht sich dieses durch die Taufe und das gemeinsame Bekenntnis zu dem einen gekreuzigten Herrn. Dieses hebt schon nach Epheser 2 alle trennenden Unterschiede zwischen den Völkern auf. Dass dieses vor allem der Unterschied zwischen Israel und den Nicht-Israeliten oder Nicht-Juden ist, wird vor allem wieder seit einhundert Jahren schmerzlich bewusst. Alles dreht sich stets um diese Frage: Wie kann es Frieden geben, wenn ein Volk auserwählt ist? Man hat es öfter bemerkt und antijüdisch beantwortet. Davon ist der Epheserbrief, der sicher einen judenchristlichen »Assistenten« des Apostels Paulus zum Verfasser hat, weit entfernt. Denn ihm geht es um Aufhebung und Versöhnung der beißenden Grenzen durch den Juden und Erlöser Jesus Christus. Auch die gegenwärtigen furchtbaren Ereignisse im Nahen Osten darf man im Lichte der Erwählung Israels lesen. Damit bekommen sie ein ganz anderes Gesicht. Dann sind die Fragen der Ölversorgung und der Hegemonie im Vorderen Orient nur ein geringer Teil, die Hauptsache ist die geheimnisvolle und stets irgendwie »unglaubliche« Geschichte des Volkes, aus dem Jesus und seine Mutter stammen.

Nun kennt man derartige Einheitsformeln, wie sie der Epheserbrief hier (V. 4f.) präsentiert, vor und nach seiner Entstehung. Denn Formeln wie »ein Gott, ein Gesetz, ein Volk« kannte bereits der Jude Flavius Josephus zur Zeit Jesu. Und die satanische Perversion zur Formel »ein Volk, ein Reich, ein Führer« klingt uns aus der Nazi-Zeit noch im Ohr. Gerade diese Einheits-Formeln wie »ein Gott, ein Glaube, eine Taufe« könnte man daher der beliebten These zuordnen, dass Monotheismus nur Gewalt über die Menschheit bringt. Dass es sich im Falle jeder gewaltsamen Durchsetzung dieses Programms um ein groteskes Missverständnis handelt, ist allerdings viel zu selten gesagt worden. Denn wenn nur einer der Herr und Gott ist, hat das die Folge, dass das Gewaltmonopol bei diesem einen liegt und dass alle anderen Brüder und Schwestern sind. Wenn nur einer Gott ist, gebührt ihm alle Ehre und nicht selbsternannten Generälen und Anführern. Und wenn dieser eine Herr der transzendente Gott ist, der nichts für sich will, sondern alles schenkt, dann ist dies eine in der Menschheit bisher unerhörte Form von Regierung. Machtausübung im Namen Gottes ist dann Dienen. Übrigens kennt auch die Apokalypse des Johannes das Ziel dieser Einheit, wenn es heißt: »Alle Völker kommen, Herr, und werfen sich vor dir nieder, denn deine gerechten Taten sind offenbar geworden« (Offenbarung 15,4).

Bisher noch nicht aufgefallen ist, dass die Rolle, die bei Paulus die Eucharistie einnimmt, hier der Heilige Geist innehat. Das ist kein Zufall. Die lebendige Umsetzung der durch die Taufe begründeten Gemeinschaft des Leibes Christi geschieht nach Paulus (1 Korinther 10f.) in der Eucharistie. In ihr entfaltet sich der Leib als lebendige Teilhabe und Gemeinschaft. Der Verfasser des Epheserbriefs nennt hier den Heiligen Geist in 4,3 und 4,4. Daraus wird zunächst für den Epheserbrief erkennbar: Gott als Heiliger Geist ist der lebendige Garant der Funktionsfähigkeit, also der Einheit dieses Leibes. Wenn man Paulus (Eucharistie) und Epheser (Heiliger Geist) einmal zusammen denkt und aufeinander bezieht, dann wird etwas über Sinn und Funktion der Epiklese in der Messe erkennbar: Direkt vor den Wandlungsworten wird in jeder Messe um den Heiligen Geist gebetet. Der Heilige Geist schenkt nicht nur die Kraft der Wandlung, er schenkt auch deren Ziel, die Einheit der Gemeinde dank der realen, leiblichen Gegenwart des einen Gottes. Die Zugehörigkeit zum Leib stiftet die Taufe, aber seine vitale Wirklichkeit, seinen ganzen Sinn, macht der Heilige Geist aus. Weil Gott einer ist, kann der Heilige Geist nicht viele sein. Er kann nicht den Zerfall der Kirche in unabhängige Kirchen wollen und bewirken. Es kann nur gelten, so viel sichtbare Einheit wie nur möglich zu wollen. Natürlich gilt das alles nicht erst für die Ökumene, sondern schon für jede Pfarrgemeinde, jedes Dekanat und jede Diözese. Der Verfasser dieses Briefes scheut sich dann auch nicht, ein höchst unmodernes Mittel zur Bewahrung oder Erlangung dieser Einheit anzugeben: »Seid demütig im Herzen und verträglich, seid sehr geduldig und versucht, liebevoll miteinander auszukommen. Bemüht euch, die vom Heiligen Geist gestiftete Einheit zu bewahren, bleibt in Frieden verbunden« (Epheser 4,2f.). Die innere Lage der Kirche in Deutschland und der Stand der Ökumene-Debatte zeigen hier dasselbe Bild: Demut und Geduld sind nicht die Tugenden des modernen Menschen. Beides mag man wohl mit dem klassischen Bild des Mönches verbinden, aber nicht mit einem aufgeklärten, selbstbewussten, streitbaren Menschen, dem es immer und zuerst um Selbstverwirklichung, Selbstdurchsetzung, seine Menschenrechte und Abwehr jeder Benachteiligung geht. Sind nicht manche Berufskatholiken stolz darauf, es bei jeder Gelegenheit den Bischöfen zeigen zu können? War es nicht purer Wahnsinn, angesichts von so viel Emanzipation ringsherum eine Ökumene der gegenseitigen Unterwerfung vorzuschlagen? Der Papst hat übrigens nicht dagegen protestiert, wohl aber manch stolzer Pfarrer und besonders viele protestantische Vikarinnen. In der Tat: Demut heißt im Staub liegen oder sich in den Staub werfen. Im Kampf aller gegen alle wäre das eine unkluge politische Geste, aber der einzige Weg zum Frieden. Nach Philipper 2 hat Gott sich selbst zum Sklaven erniedrigt, ist in Jesus Mensch geworden, um endlich Frieden zu stiften zwischen Gott und Mensch. Gott ist diesen Weg gegangen, offenbar ging es nicht billiger und nicht leichter. Er hat sich dadurch in die Hände der Menschen gegeben. Das war, wenn man es ironisch und abgründig sagen darf, machtpolitisch und kirchenpolitisch unklug. Nein, für Selbstbehauptung und Selbstdurchsetzung eigener Rechte erhobenen Hauptes ist Gott kein Vorbild. Nur für den einzigen Weg zum Frieden, die radikale Unterwerfung um Gottes willen.

Herr, Gott, alle reden vom Frieden, und täglich sehen wir an zerfetzten Leibern, was wir anrichten, ohne dem Weg Jesu zu folgen. Mache uns Menschen demütig und kompromissfähig, denn nichts anderes ist der Preis des Friedens und der Weg zum Frieden.

Das Taufkleid kennzeichnet den neuen Menschen

18. Sonntag im Jahreskreis B

EPHESER 4,17.20–24

Beim Waschen und Baden legt man die alten Kleider ab und zieht neue, saubere an. Auch die christliche Taufe ist ein Bad, und zwar eines des ganzen Körpers. Es war geradezu erwartbar, dass die frühen Christen den Vorgang des Ablegens und Neu-Anziehens bildlich gebrauchen würden, und zwar als Bild für das Aufgeben der alten Existenz und das Annehmen der neuen. Denn mit der Taufe vollzieht sich die Umkehr, die Abkehr vom Alten und die Hinkehr zum Neuen. Nach dem alten Grundsatz »Kleider machen Leute« steht das neue Kleid für die neue Existenz. Das Taufkleid hat bis heute die Erinnerung an dieses antike Verständnis des Kleides bewahrt. Die Besonderheit des Kleiderwechsels in Epheser 4 besteht in Folgendem: Das Anziehen des Neuen ist Änderung des Verhaltens. Positiv lässt sich das mit dem Kanon der zwei Tugenden benennen, der hier als »Gerechtigkeit« (gegenüber den Menschen) und »Heiligkeit« (vor Gott) wiedergegeben ist; anderswo heißt das »Menschenliebe« und »Gottesliebe«, bei Jesus gilt die Kombination von Nächstenliebe (Levitikus 19,18) und Gottesliebe (Deuteronomium 6,4f.). Konkret äußert sich das in Epheser 4 darin, dass man auf die trügerischen Angebote der Lust nicht eingeht, ehrlich mit dem Nächsten redet, den Zorn nicht bis zur verschleppten Verletzung anwachsen lässt und mit eigener Hände Arbeit Gutes schafft, damit man selber abgeben kann. Zum anderen besteht das Neue darin, dass der Christ auf der Grundlage des neuen Seins handelt. Denn der neue Mensch ist als der Maßstab des Handelns vorher fertig. Das ist ähnlich wie in Epheser 2,10: »Denn er hat uns dazu erschaffen, dass wir in Gemeinschaft mit Christus Jesus gute Werke tun. Gott hat sie uns schon vorgezeichnet, wir müssen sie uns nur von ihm absehen.« Das heißt: Die Werke sind schon da, wir müssen gewissermaßen in sie hineinwachsen, so wie man in ein neues Kleid oder in neue Schuhe hineinwächst. Auf diesem Wege wird eine unangemessene Leistungsgerechtigkeit vermieden. Das Neue ist aus dem neuen Sein zu schöpfen. Es ist – in anderer Form – schon da und muss nur aus der neuen Identität hervorgeholt werden. Von diesem Bild her ergibt sich auch die gedankliche Unmöglichkeit eines Rückfalls in das Alte. Denn das neue Kleid ist angezogen.

Ferner ist wichtig: Der neue Mensch, den der Christ anzieht, steht nicht allein, sondern nach 4,25 gilt: »Wir gehören als Glieder zum selben Leib.« Daher ergibt sich, wenn dieser Leib einer und lebendig sein soll, eine Reihe von Forderungen aus dem Bild des Leibes, nämlich alle Forderungen, den Nächsten nicht zu verletzen und gerecht mit ihm umzugehen. Beachtenswert ist, dass nach wichtigen Handschriften (zum Beispiel Papyrus 46) in Epheser 2,15 nicht vom »neuen« (*kainos*) Menschen die Rede ist, sondern vom »gemeinschaftlichen« (*koinos*) neuen Menschen. Dieses Attribut aber passt zu dem Bild des Leibes.

Anders als in Galater 3 wird der neue Mensch, den der Getaufte anzieht, nicht einfach »Christus« genannt. Da es sich im Kontext von Epheser 4 um Mahnrede handelt, ist das auch sinnvoll. Denn jeder Einzelne muss je nach Situation unterschiedliche Werke des neuen Menschen abrufen. Die Aktivität Gottes gegenüber der des Menschen betont die mittelalterliche Auslegung. Sie verbindet mit Genesis 1,27f. und meint, der neue Mensch sei der neue, nach Gottes Bild erschaffene (»... wir loben Gott, weil er uns den alten Menschen mit seinen Taten ausgezogen hat und uns den neuen Menschen angezogen hat, der Gott gemäß erschaffen ist« – Präfationen 1556). Gegenüber Epheser 4 wird so Gottes Handeln betont, der Mensch ist eher passiv. Es ist zu erwarten, dass die Rede vom neuen Menschen nach Gottes Bild sich bei Bernhard von Clairvaux findet (»... erneuert in Geist und Sinn nach dem Bild des Schöpfers und so Tag vom Tag und Licht vom Licht geworden«). Auf die Schöpfung weist Epheser 4,24. Die Beseitigung der Schuld des alten Menschen wird in Präfation 1355 betont: »... während die alte Schuld dahinfällt, erhebt sich der neue Mensch«.

Andere heben die Verheißung der Unsterblichkeit hervor: »Statt des alten Menschen besteht nun der neue. So wird die Sterblichkeit durch Unsterblichkeit geheilt« (Präfationen 1378).

In Anknüpfung an Epheser 4,23 sprechen andere vom Heiligen Geist, so eine ostkirchliche syrische Anaphora: »Mit Heiligem Geist umfange uns und verbrenne alles, was alt und befleckt ist an uns. Von der Erde aus [mögen wir] in den Himmel [gelangen zu dir] mit deinem reinen Geist (Vernunft).« Dabei ist freilich zu fragen, ob der »Geist eures Sinnes« in V. 23 schon der Heilige Geist ist oder nicht vielmehr der »innerste Kern des Herzens«. Es besteht der dringende Verdacht, dass Geist (*pneuma*) hier und auch in einigen weiteren Stellen bei Paulus nicht den heiligen Geist Gottes, sondern anthropologisch die innerste Herzenstiefe meint.

Der Text 4,17–24 weist insgesamt zahlreiche Ausdrücke auf, die typisch sind für die Missionssprache unter Heidenchristen. Dazu gehört V. 17 »wie die Heiden herumlaufen«, die »Nichtigkeit« (Leere, Vergeblichkeit), in V. 18 die »Unkenntnis«, in V. 19 die »Lust«, die«Unreinheit« und das typische Laster der »Habgier«, das Sich-Ausliefern (*paradidomi*, vgl. Römer 1,24.26.28), in V. 22 der »frühere Wandel« und die »Begierden«, der »Betrug«. Alles das lässt darauf schließen, dass die Adressaten des Epheserbriefes ehedem Heiden waren. Der typische Übergang vom Heidentum zum Christentum ist das »lernen«/»belehrt werden« (VV. 20.21; vgl. Matthäus 28,20).

Das Prinzip der christlichen Ethik besteht in Epheser 4 wie auch andernorts darin, dass der punktuelle Übertritt zum durativen Verhalten ausgeweitet wird, dass also das Ablegen des Alten und das Anziehen des Neuen gleichbleibendes Element des Christseins wird. Das, was sich bei der Bekehrung vollzog, wird zum alltäglichen Kampf. Dieses ist zugleich die Antwort auf die Frage, wie das denn möglich sein soll, den alten Menschen einfach durch den neuen zu ersetzen. Wo man doch täglich wieder mit dem »alten Adam« zu tun hat. Ist das nicht eine Schwäche des Bildes vom Aus- und Anziehen? Antwort: Nein, es ist die Eigenart sakramentalen Denkens, dass punktuell zusammengefasst wird, was nur in der Dauer entfaltet werden kann. Eben gerade die Mahnreden des Neuen Testaments zeigen bereits, wie beides komplementär zueinandersteht. So ist es bei allen Sakramenten: Sie sind der Augenblick des Innehaltens, Innewerdens und der Verdeutlichung des Ganzen in einem jeweils längeren Prozess, der an dieser Stelle sozusagen den Segen des Himmels erhält, freilich mehr: der hier christologisch begründet wird und Gestalt gewinnt. Nun schließt das Bild vom alten und vom neuen Kleid das Werden und Wachsen gerade aus. So ist es auf eigene Weise radikal, da es vor das Entweder/Oder stellt. Und um dieses geht es in der Tat in jeder ethischen Entscheidung. Diese kann sich nicht mit dem Vielleicht und dem Morgen vertrösten. Der impliziten Radikalität verdankt das Bild auch seine Wirkungsgeschichte.

Die Wirkungsgeschichte dieses Bildes ist umfassend, auch im 20. Jahrhundert. »Neudeutschland« (ND) heißt eine katholische Gruppe Studierender seit Beginn des 20. Jahrhunderts, »Neues Deutschland« war ab 1946 die Kommunistische Tageszeitung Ostberlins. Es war der Anspruch des Kommunismus, den »neuen Menschen« hervorzubringen, inklusive der Kunst des sozialistischen Realismus. Der Ausdruck »neu« hat seine Faszination für jede Art Revolution bewahrt. Der Missbrauch macht den rechten Gebrauch nicht überflüssig.

Der Heilige Geist ist Freude

19. Sonntag im Jahreskreis B

Epheser 4,30 – 5,2

Zwei aktuelle Themen werden in unserem Text erörtert: der Zusammenhang zwischen Heiligem Geist und Freude und inwiefern man vom Opfer Jesu Christi sprechen kann. Zum Ersten: Traurigkeit ist geradezu Gift für den Heiligen Geist. Daher heißt es: »Betrübt nicht den Heiligen Geist.« Das setzt voraus: Der Heilige Geist ist Freude. Trübsal vertreibt Freude. So gibt es notwendige Tränen in Zusammenhang mit notwendiger Umkehr. Aber es gibt auch depressive Tränen, die belasten mit ihrer Feuchtigkeit das Gebet und dieses kann daher nicht zum Himmel emporsteigen. Denn Gebet ist wie Weihrauch, und feuchter Weihrauch brennt nicht.

Bei Paulus ist Freude eine der wichtigsten Früchte des Heiligen Geistes. Warum ist das so? Freude ist eine angenehme Form des Außer-sich-Seins. Gerade dieses ist Merkmal und Wirksamkeit des Geistes, Menschen über ihre Grenzen hinauszuführen. Das geschieht im Gebet, im Prophezeien, im Zungenreden, letztlich auch bei jedem Charisma, denn jedes regt zum Staunen an. In Wirklichkeit leben wir davon, auch in jeder Form von Liebe über unsere Grenzen hinausgetragen zu werden. Der Ausdruck, dass man »sich nicht mehr einkriegt« vor Freude, weist auf diese Entgrenzung. Dass sie auch zum Negativen hin erfolgen kann, wissen wir. Sie zeigt sich vor allem in Wut und unvorstellbarer Gemeinheit. Das Versprechen »ihr werdet sein wie Gott« enthielt tatsächlich beide Möglichkeiten des Außer-sich-Seins.

Die Freude, die der Heilige Geist schenkt, erleichtert das notwendige Tun. Und auch hier bestätigt sich die alte Erfahrung, dass Heiliger Geist wie Rückenwind ist. In 4,30b wird über diesen Geist gesagt: »mit dem ihr versiegelt seid bis zum Tag der Erlösung«. Wenn man etwas versiegelt, dann schützt man es gegen störende Außeneinflüsse und Veränderungen durch Fremdes. Ein Brief wird versiegelt, damit niemand anderes hinzufügt oder das verändert, was darin steht. Ein Fußboden wird versiegelt, damit er nichts annehmen kann, was seine Farbe oder Qualität verändert. Der Heilige Geist »bewahrt« vor allem die Christen bis zum Tag der Erlösung. So sagte man bei der Übergabe des Taufkleides an den Neugetauften: »Nimm hin dieses weiße Kleid und trage es unbefleckt vor den Richterstuhl unseres Herrn Jesus Christus.« Wovor also bewahrt der Heilige Geist den Täufling? Die Antwort muss ganz klar dualistisch ausfallen. Der Heilige Geist ist immer bösen Geistern und Dämonen, dem Geist des Abfalls und der Untreue, allen Schadensgeistern und Versuchungen des Teufels entgegengesetzt. Daher wird auch in Offenbarung 7,3 von der Versiegelung der Christen gesprochen. Denn ihr Gegner, das »Tier«, der römische Staat, hat seine Verführungskraft vom Teufel. Die Versiegelung durch den Heiligen Geist soll vor der Verführung zum Abfall schützen. Von da aus lässt sich auch die Abfolge von Taufe und Versuchung Jesu in Markus 1 verstehen: In der Taufe Jesu kommt der Heilige Geist auf ihn herab, so dass er dann auf jeden Fall gegen die verführerischen Absichten des Teufels gewappnet ist. Vor allem soll dies das Vertrauen der Christen stärken, denn in der Taufe haben sie alle denselben Heiligen Geist empfangen.

Aber so könnte man fragen: Ist das nicht eine zu passive Ethik und Sicht des Christenlebens, in der schlechthin alles darauf ankommt, dass man bewahrt bleibt? Der aaronitische Segen beginnt mit: »Der Herr segne euch und behüte euch«, und auch das Vaterunser endet nicht mit einem Aufruf zum Aktivismus, sondern mit der Bitte, vor Versuchung bewahrt und vom Teufel befreit zu werden. Daher findet sich auch in Epheser 4,31 dieselbe Verbform Imperativ Aorist Passiv »werde hinweggenommen«, die wir vom Vaterunser her kennen. Denn auch hier wird Gott als der Urheber gedacht. Auch 4,32 könnte eine Anspielung auf das Vaterunser im Rahmen der Vergebungs-Theologie des Matthäusevangeliums sein: Vergebt einander, wie auch Gott durch

Christus euch vergeben hat. Das ist die Spannung zwischen Matthäus 18,21–35 und Matthäus 6,12: Wir haben Vergebung empfangen und sollen vergeben, bevor Gott uns aufs Neue vergibt.

Genau mit diesem Gedanken beginnt dann auch Epheser 5,1: »Ahmt also Gott nach als seine geliebten Kinder.« Denn Gott hat zuerst vergeben, und in seiner Feindesliebe soll er nachgeahmt werden. Epheser 5,2 betont ebenfalls diese Vorleistung Jesu Christi. Im Evangelium nach Matthäus kommt das dadurch gut zum Ausdruck, dass nach dem Kelchwort beim Abendmahl die Sündenvergebung durch Jesu vergossenes Blut zustande kommt, nicht durch die Taufe auf den Namen des dreieinigen Gottes. Offenbar hat man hier das Abendmahl direkt im Zusammenhang mit der Taufe gereicht, wie es heute noch in der Ostkirche auch bei Säuglingen vorgeschrieben ist. Denn durch das Blut Christi werden die Sünden vergeben.

Wir fassen zusammen: In Epheser 4f. geht wie bei Matthäus Gottes Vergeben dem Vergeben der Christen voran. Zweitens vergibt Gott am Anfang des Christenlebens durch Jesu Opfer. Dies verpflichtet die Christen ihrerseits zum Vergeben. Letzten Endes werden die Christen dadurch Kinder Gottes im Sinne der Nachahmung.

Das Opfer Jesu Christi wird nun alttestamentlich beschrieben: »Gabe und Opfer, für Gott zu lieblichem Wohlgeruch« (Exodus 29,18; Ezechiel 20,41). Der »Wohlgeruch« zeigt an, dass von einem Brandopfer eben die Gerüche zu Gott gehen und wenn er diese als lieblich empfindet, kann er das Opfer annehmen – ein Bild natürlich. Neuere Arbeiten über das Opfer im Alten Testament zeigen, dass nicht die Tötung des Opfertieres und überhaupt nicht dessen Vernichtung für das Opfer entscheidend ist. Opfer ist vielmehr jede sichtbare Anerkennung und Ehrung Gottes. Entscheidend ist also weder die Bedürftigkeit Gottes noch die sinnlose Gewalt, die Menschen hier übten, sondern die gesamte Richtung des Weges auf Gott hin, den der Opfernde einnimmt, inklusive der Widmung der Opfergabe an den Namen Gottes und der Übereignung an ihn. Deshalb ist auch das Opfer des Lobes ein vollwertiges Opfer und nicht dessen »Spiritualisierung«, eine Kategorie, die

die Bibel gar nicht kennt. Deshalb kann Paulus auch in Römer 12,1–3 das Leben der Christen als Opfer beschreiben, das Gott wirklich angemessen (»vernünftig«) ist. Von Seiten des Feminismus her entfällt daher jeder Einwand gegen den Opfergedanken, denn es geht nicht um die Instrumentalisierung und Heiligsprechung von Gewalt. Wenn das zutrifft, dann hat das auch Konsequenzen für die Einschätzung des Opfers Jesu Christi in Epheser 5,2 und anderswo (auch in der heiligen Messe). Dann geht es in Epheser 5,2 nicht exklusiv um Jesu Blut und Tod, sondern Jesu Blut und Tod sind Ziel seines Weges im Ganzen, so nach Philipper 2,8: »bis zum Tod am Kreuz« und nach Hebräer 10,8f.: »Nicht Opfer und Brandopfer, sondern: Siehe, ich komme, deinen Willen zu tun.« Das vergossene Blut und der Tod Jesu geben dabei die Gewissheit der Sündenvergebung. Aber wirksames Opfer ist das Ganze, nicht exklusiv das Blutvergießen. Denn Menschenopfer sind seit Abraham verboten, also im Alten Bund wie im Neuen.

Bei Jesu Opfer ist daher die konsequente Hingabe an Gottes Willen das Entscheidende, und dieses ist wirklich die »freiwillige« Tat des Gerechten, die uns, den Ungerechten, zur Vergebung angerechnet wird. Epheser 4f. betont daher unsere Vergebung der Sünden und Befreiung von Schuld, weil das Opfer Jesu Christi für uns als stellvertretend angenommen wurde. Dieses ist im Sinne dieses Briefes aber noch nicht die Erlösung (4,30). Diese ist vielmehr davon abhängig, dass wir als Vergebende gegenüber anderen Menschen Gottes Tat an uns nachahmen. Deshalb schließt das Opfer Jesu Christi menschliches Tun als Teilhabe gerade nicht aus, sondern erfordert es ausdrücklich. Nur wenn wir Gottes Gnadenwillen gegenüber dem Mitchristen nachahmen, hat das Ganze Sinn gehabt. Für das Messopfer bedeutet diese Einsicht: Dass wir Christen einander vergeben, müsste stärker zum Ausdruck kommen. Schon das Confiteor, besonders aber der Friedens-Gruß könnten hier liturgisch und theologisch angereichert werden.

Nichts gegen Aufklärung!

4. Fastensonntag A

EPHESER 5,8–14

Die im Text verwendeten Bilder (Finsternis, Licht, Werke oder Früchte, aufstehen, »Kinder des Lichts«) erinnern an die Mahnungen Jesu zum Wachen, besonders an die entsprechenden Kontrastbilder in den Sklaven-Gleichnissen. Aber auch von 1 Thessalonicher 5,1–6 her kennen wir diese Bilder. Die ausgeprägte Licht-Terminologie (der Text spricht fünfmal von Licht, zweimal von Finsternis) wird aufgenommen und entfaltet besonders in zisterziensischer Theologie. Auch die entsprechende Architektur zeigt im Kirchenbau den Kontrast von oberer Zone des Lichts und unterem Bereich der Finsternis. Wurden doch für den oberen Bereich die romanischen Buntglasfenster, die den Kirchenraum in ein für uns heute kaum vorstellbares Dunkel hüllten, durch die lichtfreundlichen Grisaille-Fenster ersetzt. Insofern passt der Text in die Fastenzeit, weil er streng dualistisch zwischen Licht und Finsternis scheidet. Der Härte der angesagten Entscheidung entsprechen aber nicht Intoleranz und Grausamkeit, Schroffheit und Arroganz der Rechthaber, sondern Güte, gerechtes Tun und Ehrlichkeit, vor allem aber dieses: »Versucht, sorgfältig zu ergründen, was der Herr von euch will.« Christen sind also nicht Leute, die alles von vornherein und schon immer besser wissen, sondern Menschen, die sorgfältig und sensibel zu ergründen versuchen, was Gott von ihnen jeweils will.

Das interessanteste Stück hier sind die Gerichtsaussagen: »Aber Licht enthüllt alles. Und nur was selbst Licht ist, hält der Enthüllung stand.« Schon in älteren christlichen (Daniel-) Apokalypsen ist Epheser 5,14 ergänzt: »Siehe, es kommt der gerechte Richter, zu geben jedem, was er getan.« Dann ist der ganze Ereignisablauf von Epheser 5,14 die Auferstehung der Toten am Ende angesichts der aufstrahlenden Sonne der Gerechtigkeit, welche Jesus ist. Wie alt auch immer diese Ergänzung ist (sie könnte auch älter sein als Epheser 5,14), jedenfalls bildet diese die Brücke zwischen dem, was jetzt aktuell ist (aufwachen und Orientierung an Jesus) und dem, was sein wird (Auferstehung der Toten vom Todesschlaf und Tag des Herrn, an dem Christus als Sonne aufleuchtet).

Der Epheserbrief entwirft weder hier noch sonst irgendwo ein apokalyptisches Szenario von Angst und Schrecken, von Feuer und übereinanderstürzenden Gestirnen. Übrigens fehlt diese Art von Endzeitschilderung überall dort, wo Jesus der vor aller Zeit bestimmte Schöpfungsmittler ist, also in den johanneischen Schriften, im Kolosserbrief und wegen Epheser 1,4 daher auch in diesem Brief. Denn weil die Schöpfung durch ihn geworden ist, kann sie nicht durch ihn zugrunde gehen. Dass beides im Neuen Testament nebeneinander besteht – apokalyptische Aussagen über kosmische Katastrophen und eine nicht-apokalyptische Eschatologie ganz anderer Art, zeugt davon, dass die Kirche sich auf die vielerlei Einzelheiten nicht festgelegt hat. Denn sie will Jesus in die Mitte stellen und das gelingt auch.

Entscheidend ist hier (wie auch bei Paulus in Römer 8,19–21), dass alles »offenbar« wird. Es wird sich einfach alles klären. So wird nach Paulus auch die Identität der Gotteskinder offenbar werden. Daher geht es bei den Endereignissen immer nur darum, dass offenbar wird, was jetzt schon besteht, aber verhüllt ist. So kann man sagen: Für das Neue Testament sind die Endereignisse wie eine ausgeweitete Vision, eine Mega-Vision. Wir müssen daher die Fantasie nicht überanstrengen mit »Vorstellungen« sinnlich-plastischer Art über den Verlauf der Endereignisse. Mit äußerster Nüchternheit und Präzision stellt der Verfasser uns die Ereignisse am Ende der Welt ganz schlicht als »Aufklärung« dar. Und die historische »Aufklärung« wurde von G. E. Lessing bewusst als Endzeit dargestellt. In seiner Schrift über die »Erziehung des Menschengeschlechts« bezieht er sich auf den 1202 gestorbenen Zisterzienserabt Joachim von Fiore, der sich das dritte und letzte Zeitalter als eines des Heiligen Geistes dachte, als Zeitalter des Lichts und der Erleuchtung, nicht mehr klerikaler Macht, sondern als ein Zeitalter sanfter und kluger Asketen, die die Kirche führen. Nur hatte sich eben Joachim Aufklärung nicht als Säkularisation gedacht. Das Licht, das er erwartete, sollte das des Heiligen Geistes sein, nicht das der Vernunft allgemein. Ich würde gerne fünf Minuten hinter Lessing zurückgehen und kann mir eine Aufklärung der Menschheit nur vorstellen als Einführung in die Wahrheit unseres Glaubens. Aber nach gut monastischer Tradition, die an Epheser 5 anknüpft, ist dieses immer zugleich die Wahrheit über uns Menschen, so dass der alte Grundsatz Bernhards »*noverim me – noverim te*« realisiert wird: mit der Selbsterkenntnis und nur über diesen Weg gibt es auch die Gotteserkenntnis. Dabei bezieht sich die Selbsterkenntnis nicht nur auf die Nachlässigkeiten und Sünden, sondern auch auf die Entdeckung der grenzenlosen Sehnsucht im Herzen.

Worin besteht die Wahrheit über uns, die offenkundig wird, wie können wir den Weg von Finsternis ins Licht beschreiten? Die Wahrheit über uns: Wir sind von sehr starkem Versorgungsdenken und von ebenso starkem Anspruchsdenken gefangen genommen. Wir meinen, Ansprüche auf gesunde Kinder, ein mindestens 70jähriges gesundes Leben und auf eine dienstbare Kirche zu haben. Und vielen jüngeren Menschen sieht man es an, dass sie niemals wirklich gefordert wurden. Gerade deshalb wohl begeistern sie sich für eine Frau, die allein die ganze Erde umsegelt hat und die sagt, sie sei bis zum Letzten gefordert gewesen. Mit seiner kompromisslosen Ethik fordert Jesus uns alle heraus – aber dennoch ist diese Ethik nicht unmenschlich, denn hinter allen Forderungen wird sein Antlitz sichtbar. Es geht um eine personale Bindung angesichts seines Rufens in die Nachfolge. Denn die Strenge ist nur Mittel zum Zweck, entscheidend ist die Freundschaft und Freundlichkeit, die Jesus uns anbietet. Doch zum Nulltarif ist nichts zu haben. Wir müssen damit rechnen, dass von uns eine Liebe gefordert ist, die auch wehtut. Der »Charme« und die wunderbare Chance des christlichen Weges besteht darin, dass es sich weder um Altruismus handelt (alles dem anderen geben), der nur den Egoismus durch sein Gegenteil ausrotten will, noch um Agathismus (das Gute um seiner selbst willen tun), der die sozialen Triebkräfte des Menschen unterschätzt, noch um das Pflichtprinzip (Forderung gegen konkretes Leben), sondern um eine persönliche Bindung, die Gott so wichtig ist, dass er im Zweifel immer Gnade vor Recht ergehen lässt. Gott setzt darauf, dass Menschen aus dankbarer Liebe weitaus mehr können als aus Pflichtgefühl oder um des reinen Guten willen. Denn das Gute kann man nicht heiß und innig lieben, Pflicht kann blind machen für das, was man mit Augenmaß wahrnehmen kann, und Altruismus neigt zur Unmenschlichkeit. Jesu Forderungen sind radikal, aber nicht unmenschlich. Sie setzen auf Begeisterung und das Herz, nicht auf verbissene Pflichterfüllung, so sehr es nötig ist, Gesetze zu haben und zu achten. Und sie enthalten stets eine Verheißung, angesichts derer alles nur Vorstellbare klein und bescheiden ist.

Herr Jesus Christus, du bist Licht vom Licht. In dir hat alles Licht, das Menschen je ersehnt haben, ein persönliches Antlitz erhalten. Du bist das Licht des Tages, der auf alle Nacht folgt, die uns umgibt. Nach deinem Licht sehnten sich die Weisen, und die Herrscher der Völker hätten es gebraucht. Dein Licht bringt aber auch unbestechlich alles Verborgene zutage. Mitten in der Osternacht bist du das erste Licht der neuen Schöpfung, und dein Licht wird durch Teilen nicht gemindert. Wir beten dich an, denn du bist das einzige Licht. Mache uns ähnlich deinem Licht. Lass uns dein Licht nicht ersticken und nicht feige unter den Topf stellen. Lass uns Trost finden, wann immer wir auf das Licht der flackernden Ampel blicken, das deine verhüllte Gegenwart im Brot der Eucharistie in unseren Kirchen anzeigt. Denn du gehst uns voran als das hell leuchtende Licht auf den vielen dunklen Wegen unseres Lebens.

Die Zeit nutzen

20. Sonntag im Jahreskreis B

Epheser 5,15–20

Der Text versteht sich als grundlegende Einführung in die Weisheit. Wer weise oder unweise ist, das zeigt sich im Verhältnis zur Dimension der Zeit. 5,16 ist in der Übersetzung seit alters umstritten. Wenn der Verfasser sagt: »Kauft die Zeit, denn die Tage sind böse«, dann meint er wohl Folgendes: Die Zeit fließt neben einem Menschen dahin wie ein herrenloser Strom. Von Zeit zu Zeit wird sie von diesem oder jenem Menschen beschlagnahmt, in Anspruch genommen und dann verbraucht. Wer sich die Zeit nicht aneignet, lässt sie dahingehen und verfallen. Im deutschen Wort Tagedieb haben wir noch einen Rest dieser Anschauung. Denn ein Tagedieb ist einer, der dem Herrgott die Zeit stiehlt, die ihm als dem Schöpfer gehört, und sie für Nutz- oder Sinnloses verwendet. Hier ist jedenfalls die Anschauung vom potenziellen oder wirklichen Besitzer der »Zeit« erhalten. Wenn sich nach Epheser 5 die Weisen die Zeit aneignen sollen, dann allerdings nicht so, dass sie dem Herrgott den Tag stehlen, sondern dass sie als die Weisen ihn in seinem Sinne in Beschlag nehmen. Den Sinn bekommt die Wendung daher von dem Satz »denn die Zeiten sind böse«. Wenn die Zeiten böse sind, dann kommt es darauf an, dem Bösen nicht die Herrschaft über die Zeit zu belassen. »Es kommt darauf an, dass nicht die Terroristen ständig die Agenda der Weltgeschichte bestimmen«, denn sie eignen sich die Zeit in ihrem Sinne an und füllen sie mit ihren Inhalten. Wer die Zeit kauft, der füllt sie und bestimmt, was darin geschieht. Deshalb haben wir (Berger/Nord) diese Stelle übersetzt: »Seht zu, dass ihr die Zeit zum Guten nutzt. Denn die Tage sind voll von Bösem.«

Um die rechte Füllung der Zeit geht es auch – was dem heutigen Menschen nicht so geläufig sein dürfte – in 5,19: »Tragt einander Loblieder, Hymnen und vom Heiligen Geist eingegebene Lieder vor.« Denn Musik hat für antikes Verständnis vor allem mit Zahlen und Zeit zu tun. Sowohl die Höhe als auch die Länge der Töne, der Rhythmus wie auch der Zeitpunkt des Singens überhaupt – alles das ist eine Frage der Zeiteinteilung. Berühmt ist die »Phänomenologie« des Zeitbewusstseins, die Augustinus in seinem Traktat »Über die Musik« vorstellt. Mit »*Cantabo canticum* ...« beginnt er: »Ein Lied will ich singen.« Zu Beginn des Liedes hat der Sänger das ganze Lied noch vor sich, und im Vollzug des Singens wird Zukunft Vergangenheit, denn im unmessbaren Augenblick des Jetzt gleitet das zu singende Lied hinüber in das gesungene Lied. Die mutmaßlichen Zeiten des Gesangs der Engel werden für das Mönchtum zur strikten Einteilung von Tag und Nacht je nach den Stunden des Singens. Und weil die Mönche ein engelgleiches Leben führen wollen, kommt es darauf an, zeitgleich mit den Engeln zu singen. Daher die Praxis der Sonnenuhren an vielen Klostermauern, weil man möglichst genau die Zeiteinteilung der Engel übernehmen wollte.

Der Psalter und viele Angaben der Schrift zeigen, dass man den Gesang im Tempel zu Jerusalem als Huldigung Gottes verstanden hat und je länger, desto mehr auch als direkte Eintrittskarte in den Kreis der Engel, mit denen man sich im gemeinsamen Gesang »mit einer Stimme« geeint wusste. Da festzustehen schien, dass die Engel auf Hebräisch sangen, dieses war schließlich die Sprache Gottes bei der Schöpfung, war man bestrebt, möglichst viele hebräische Sprachelemente in Gesang und Gebet zu übernehmen, und zwar auch unter Heidenchristen. Bis heute hat sich diese Meinung im Gebrauch von »Halleluja«, »Hosianna«, »Amen« und »Herr Zebaoth« erhalten. Bei Paulus und in den Evangelien kommt noch das »Abba« als direkte Gottesanrede hinzu, und auch das »Maranatha« wird in neueren Liturgien wieder gesungen. Beim »Heilig, heilig, heilig« betonen wir bis heute, dass wir es gemeinsam mit Engeln, Erzengeln, Thronen und Herrschaften singen. In der Gesangsgemeinschaft gehören wir schon ganz in den himmlischen Bereich hinein. Zweifellos meint das auch der Verfasser, denn er hatte ja nach 2,6 gesagt: »Er hat uns gemeinsam mit Jesus Christus auferweckt und uns im Himmel einen Platz gegeben.« Die Gemeinde ist also schon im Himmel, und im Gottesdienst kommt dieses nun zum Ausdruck. Vor allem zeigt sich diese himmlische Existenz der Gemeinde darin, dass sie erfüllt ist vom Heiligen Geist (5,18b). Denn der Heilige Geist, das wissen wir von Paulus her, hebt die Unterschiede zwischen Himmel und Erde auf, und das gilt von der Sprache unserer Gebete. Nach Römer 8,26 dolmetscht er unsere Gebete in die Sprache des Himmels (also Gottes und der Engel), so dass diese sicher »ankommen«. Denn der Abstand zwischen Gott und Mensch, zwischen dem heiligen Gott und uns schwachen Menschen, äußert sich auch in der Sprache. Der Heilige Geist wird uns als Dolmetscher von Gott gestellt. Aber dass Gott in seiner Vatergüte diese Brücke erstellt, ist eine Bitte und einen Dank wert. In Lukas 11,13 sagt Jesus, dass Gott, weil wir seine Kinder sind, uns die Bitte um den Heiligen Geist nie abschlagen wird. Nach der mutmaßlich lukanischen Version des Vaterunsers ist die Reichsbitte dort ersetzt durch die Geistbitte (»Dein heiliger Geist komme auf uns und reinige uns«), so dass man sagen kann: Nach Lukas ist die Bitte um den Heiligen Geist die Grundbitte allen christlichen Betens. Denn erst durch den Heiligen Geist können wir wirklich beten. Auch Paulus und Lukas würden diese Meinung Jesu unterstreichen, und der Epheser bezieht sie vor allem auf das Singen.

Die Verwechselbarkeit mit Wein und dessen Wirkung (V. 18: »Berauscht euch nicht mit Wein ..., lasst euch vielmehr vom Geist erfüllen«) hat übrigens System, wir finden sie auch in Apostelgeschichte 2,13f. Als die Jünger zu Pfingsten vom Heiligen Geist erfüllt sind, spotten einige Umstehende: »Was hat das nur zu bedeuten? ... Sie haben wohl zu viel Süßwein getrunken und sind betrunken.« Petrus antwortet ihnen 2,15: »Die Jünger sind nicht betrunken, wie ihr denkt. Es ist doch erst 9 Uhr morgens. Vielmehr erfüllt sich, was der Prophet gesagt hat: »Ich werde meinen Geist über alle Menschen ausgießen ...!« Wie es zu dieser offensichtlichen Ähnlichkeit, ja Verwechselbarkeit kommt, zeigt uns ein zeitgenössischer jüdischer Schriftsteller. Philo von Alexandrien sagt in seiner Schrift »Über die Trunkenheit« §146f.: »Den von Gott Begeisterten nämlich pflegt nicht nur die Seele in Erregung und gleichsam in Raserei zu geraten, sondern auch der Körper sich zu röten und zu glühen, da die innerliche Freude ihn von der Starrheit löst und erwärmt und das Ungestüm des Gefühls nach außen weitergibt … Jede Seele, die von dem Gnadengeschenk erfüllt ist, ist sofort frohgemut und lacht und hüpft vor Freude auf.« Ist es nicht gut, wenn durch den Heiligen Geist statt durch Wein die Zunge gelöst wird, wenn Menschen leichter ihr Inneres preisgeben (Herzenserkenntnis)? Ich bin nicht der Meinung, dass die Unverständlichkeit das hauptsächliche gemeinsame Merkmal von Weingenuss und Erfülltsein durch Heiligen Geist ist, sondern die Offenheit und Beschwingtheit, also nicht das unverständliche Lallen, welches doch ein vergleichsweise seltenes Endstadium ist. Denn die Hymnen und Lieder, die 5,19 erwähnt, haben ja auch jeweils ihren Text.

Ist das Christentum des Epheserbriefes aber nicht doch eine »ekstatische« oder charismatische Richtung, die jedenfalls durch eine besondere Bewusstseinslage bestimmt ist, in der eine »nüchterne Trunkenheit« herrscht? In der das Erfülltsein vom Heiligen Geist eine ernst zu nehmende Alternative gegenüber Weingenuss (bekannt aus orgiastischen Kulten)? Hat die Rede von der »himmlischen Existenz« der Christen hier ihren realen, psychologischen Hintergrund? Nach Epheser 4,30 (vgl. 19. Sonntag i. J.) ist Freude hier als besondere Gabe des Heiligen Geistes verstanden. Und wenn Christen tatsächlich so erlöst aussehen, wie sie es sind, wenn sie glücklicher leben und seliger sterben können, wenn der Heilige Geist auch ein »mentaler« Schutz gegen allerlei Süchte ist, dann ist dagegen wirklich nichts zu sagen.

Zum Ehebund gehören immer drei

21. Sonntag im Jahreskreis B

Epheser 5,21–32

»Unterwerft euch einer dem anderen in Ehrfurcht, als gälte es Christus.« Sich zu unterwerfen, also sich auf den Boden werfen vor jemandem, gehörte sich für Sklaven gegenüber ihren Herren. Doch weshalb soll diese Beziehung nun plötzlich der Maßstab für das Verhalten der Eheleute gegenüber einander sein? Was hat das mit Liebe zu tun, auf die es doch angeblich im Christentum allein ankommt?

Epheser 5 erklärt uns: Im Falle von Ehemann und Ehefrau geht es nicht nur um zwei Menschen, sondern Gott ist der Dritte im Bunde, und zwar auf eigentümliche Weise. Nämlich nicht, dass er »zwischen« beiden stünde, sondern dass er hinter beiden steht. Der altchristliche Grundsatz: »Hast du deinen Bruder gesehen, so hast du deinen Herrn gesehen«, gilt wechselseitig von Mann und Frau. Wenn der Mann seine Frau sieht, dann sieht er Gott, und wenn die Frau ihrem Mann begegnet, sieht sie Gott. Denn der Mensch ist nach Gottes Bild erschaffen, und diese Ebenbildlichkeit ist in Jesus Christus erneuert. Insbesondere gilt eine enge Entsprechung von Christus und Kirche zum Verhältnis von Mann und Frau.

Alle Evangelien, Paulus (inklusive Epheser) und die Apokalypse wissen um Jesus als den Bräutigam des neuen Gottesvolkes. Jesus selbst begründet so die eigene Ehelosigkeit mit einer prophetischen Zeichenhandlung: Er bleibt unverheiratet, weil er auf die Hochzeit mit dem neuen Gottesvolk noch wartet. So wird die noch ausstehende Hochzeit ein Bild für seine Zukunftserwartung. Der Gerichtsaspekt ist dem völlig untergeordnet. Unausweichlich geht es hier um die Kirche. Durch Blut (Apk 7,17) und Wasser (Eph 5), beides wohl Zueignung seines stellvertretenden Gerechtseins durch die Taufe, bereitet der Bräutigam seine Braut auf die Hochzeit vor. Das Bild in Eph hängt auch zusammen mit der Auslegung von Genesis 2: Eva, die aus der Rippe Adams gebaut wurde, steht für Israel. Wenn Jesus Christus der neue Adam ist, dann ist die aus seiner Seite entstandene »Eva« die Kirche. Und natürlich ist dieser neue Adam das Haupt der Kirche. Gleichzeitig bleibt aber das Bild von Genesis 2 intakt für die Darstellung des Verhältnisses von Mann und Frau. Das Verhältnis von Adam und Eva, von Mann und Frau, von Christus und Kirche ist also jeweils analog. Dass der Mann das »Haupt« der Frau sei, ist eine (vgl. 1 Korinther 11) zu dieser Zeit übliche Auslegung von Genesis 2. Die Schöpfungsberichte werden als in jeder Hinsicht normativ für die Gesellschaft der Gegenwart verstanden. Gewiss ist in ihnen nicht von der Ehe und von den Beziehungen innerhalb der Ehe die Rede. Aber auch Jesus legt die Erschaffung von Mann und Frau inklusive Herkunft der Frau aus der Rippe nach Markus 10,4–6 so aus, dass damit Einzelheiten über die eheliche Beziehung festgelegt sind. Man nennt dieses Verständnis der Texte ätiologische Lektüre. Das heißt: Man liest die Texte zur Rechtfertigung und Erklärung von Institutionen und Rechtsbräuchen der Gegenwart. Der Mann ist also deshalb das »Haupt« der Frau, weil er früher erschaffen ist und sie aus seinem Leibe stammt, und so ist in der Tat Adam das »Haupt« des Leibes.

Es gehört nun zur Eigenart des frühchristlichen (und katholischen) Bild-Denkens, dass diese Ähnlichkeit der Beziehungen nicht (Gedanken-)Spielerei ist, sondern Substanz hat. Daher ist in jeder dieser Beziehungen auch immer die andere mitbetroffen, mitberührt. Das Verhältnis Christus – Kirche bedeutet daher wirklich etwas für jede christliche Ehe und umgekehrt. So ist übrigens auch die Sakramentalität der Ehe zu begreifen. Die christliche Ehe ist dem Verhältnis Christus – Kirche »eingepflanzt«. Von daher verstehen wir noch einmal besser, warum hier von der wechselseitigen Unterwerfung die Rede ist: In der ehelichen Beziehung von Mann und Frau ist Gott selbst wirksam. Daher ist hier auf jeden Fall heilige Scheu und Unterwerfung vor dieser besonderen Weise der Wirkgegenwart Gottes angebracht. In jeder Ehe – und nur eben in diesem Miteinander – begegnet uns wirklich ein realer Teil der Zuwendung Gottes zu den Menschen. Daher ist in jedem Ehepartner Gott auch tangiert. Hier wird auch sichtbar, dass die sakramentale Auffassung der Ehe allen anderen Einschätzungen haushoch überlegen ist. Die Ehe ist eben kein »weltlich Ding« (Luther).

Der Text in Epheser 5 richtet sich nun fast ausschließlich an Männer, hält speziell sie für der Ermahnung und Veränderung bedürftig. Dreieinhalb kurze Verse gelten Frauen, achteinhalb längere den Männern. Sie vor allem müssen zurechtgewiesen werden, auch wenn es vielleicht vor allem Frauen waren und sind, die hier (wirklich) zuhörten und zuhören werden; denn sie leiden vieles, und jedes Signal der Kursänderung ist wie ein Morgenrot. Ich finde es erstaunlich und beunruhigend, was hier den Männern zugemutet wird: So wie Christus die Kirche geliebt und sein ganzes Leben für sie eingesetzt hat, damit sie rein und schön sei, so soll der Mann seine Frau lieben und für sie da sein. Drei Dinge finde ich hier bemerkenswert. Einmal ist der Verfasser offenbar kein weltfremder Geist. Er weiß, was eine Frau begehrenswert macht. Denn wenn er sagt: Christus hat seine Braut herrlich werden lassen, ohne Makel und Falten oder etwas davon, damit sie vollkommen und tadellos sei, dann gibt er zu erkennen, dass er etwas von Schönheit versteht. Denn »herrlich« ist »strahlend«, »ohne Makel und Falten« ist »von guter Figur und jugendlichem Aussehen«, »hübsch und schick«, eine Frau wie aus dem Märchenbuch. Erstaunlich und bedenkenswert ist nur: Diese Attribute sind nicht etwa Bedingung der Heirat wie Wunschzettel in Annoncen für Partnersuche, sondern sie sind Folge des Tuns des Ehemanns. Er ist verantwortlich für alle diese Qualitäten seiner Frau. Jeder ist für die Qualitäten des anderen ganz wesentlich selbst verantwortlich. Zum zweiten ist in der Wirkungsgeschichte dieses Briefes wenig beachtet worden, was hier den Männern zugemutet wird. Wie Christus sollen sie ihre ganze Existenz ihrer Frau widmen. Die früher übliche deutsche Übersetzung mit »sich hingeben« trifft nämlich nicht. Gemeint ist Jesus nicht als der, der sich für seine Kirche gerne in den Tod gegeben hat. Das wäre ein fragwürdiges Vorbild für einen Ehemann, der doch nicht dazu angehalten wird, möglichst bald für seine Frau zu sterben, um so dem Joch der Ehe schnell zu entkommen. Nein, gemeint ist mit dem »sich geben« Jesu ganze Existenz, sein ganzes Leben inklusive Leiden. In der Tat: Meistens sind Frauen die Leidenden. Doch hier wird Dasein für andere und leiden für andere eindeutig dem Mann zugemutet. Damit wird die normale Erwartungshaltung umgekehrt. Der Christus, der hier vor Augen tritt, ist eine besondere Art von Mann, eine bleibende Provokation für jeden Mann. Nicht für Ehre oder Sexualgenuss, sondern schlicht für die eigene Frau alles zu tun. Ein Ziel außerhalb dieser Existenz zugunsten seiner Frau wird für den Mann in diesem Text überhaupt nicht genannt.

Die Art von Mann, die Christus darstellt, widerstrebt dem »alten Adam« in uns sehr erheblich. Der Autor des Epheserbriefes wusste wohl, dass seine Vorschläge recht umstürzend waren. Das erklärt auch die merkwürdige Mahnung an die Frau zum Schluss, sie solle »den Mann fürchten« – und das, obwohl der Verfasser den üblichen Teil über die Frau zu Beginn des Abschnittes schon geboten hatte. Hier aber wird die Mahnung zum Fürchten »nachgeliefert« – fürchten, eben wie man Gott fürchtet, in religiöser Scheu. Denn wenn der Mann das tut, was Christus tut, wenn er real daran Anteil hat, dann geht es hier nicht zuerst um Moral, sondern um die sakramentale Grundlage, um das Heilige in der Ehe. Auch dass das Priesteramt nur als männlich vorstellbar ist, wird von diesem Kapitel des Epheserbriefs nochmals verständlich. Wenn schon in der Ehe nur der Mann das heilige Werk der Lebensgabe Jesu in die Tat umsetzt, um wie viel mehr wird das für die Eucharistiefeier gelten müssen. Diese Darstellung der Person und Rolle Jesu Christi wird nicht von einer Frau vollzogen. In Epheser 5 wird erkennbar, dass diese Wahrnehmung der Rolle Jesu Christi durch den Mann eine überaus anspruchsvolle ist und mit einer Privilegierung nichts zu tun hat!

PHILIPPERBRIEF

Gott ist es, der in euch ebenso das Wollen
wie das Vollbringen schafft,
noch über euren guten Willen hinaus.

PHILIPPER 2,13

Gott wird alles zu einem guten Ende führen

2. Adventssonntag C

PHILIPPER 1,4–6.8–11

In den Advent weist uns in diesem Text der zweifache Bezug »auf den Tag Jesu Christi«. Nach V. 6 wird »Gott alles zu einem guten Ende führen an dem Tag, an dem Jesus Christus wiederkommt«, und nach V. 10 soll die Gemeinde »am Tag Jesu Christi rein und ohne Fehler dastehen«.

In seinem mutmaßlich spätesten Gemeindebrief, dem Philipperbrief, spricht Paulus zu Anfang die Gemeinde also ganz ähnlich an, wie er es in 1 Thessalonicher 3, seinem ältesten Brief, gegenüber den Thessalonichern getan hatte. Denn auch hier nennt Paulus zuerst die Fürbitte des Apostels für die Gemeinde, und zwar in dem Dreieck Paulus-Gott-Gemeinde. Auch hier spielt Paulus auf einen dynamischen, sich intensivierenden Vorgang an (vgl. mit 1 Thessalonicher 3,12). Dann aber nennt Paulus auch hier das Gericht. Sein Wunsch, die Gemeinde »möge am Tag Jesu Christi rein und ohne Fehler dastehen können, gesegnet mit den reichen Früchten eines geradlinigen Lebens« (Philipper 1,10b.11), entspricht 1 Thessalonicher 3,13: »... dass ihr heilig und gerecht dasteht vor unserem Gott und Vater, wenn Jesus mit allen seinen heiligen Engeln wiederkommt«.

Dabei ist Philipper 1 in mancherlei Hinsicht prägnanter und dichter, setzt aber auch andere Akzente. Gerade im Vergleich dieser zeitlich mutmaßlich gut zehn Jahre auseinanderliegenden Briefe wird die jeweilige Eigenheit deutlich. Für Philipper 1 liegt sie in Folgendem: Paulus betet für die Gemeinde »mit Freude« über ihre »Gemeinschaft mit dem Evangelium«. Das ist zweimal Mystik. Denn Gebet mit Freude ist ein »sich selbst tragendes« Gebet, das seine Kraft aus dem Bereich bezieht, dem es sich zuwendet. Und »Gemeinschaft mit dem Evangelium« meint Anteilhabe, Freude auch auf der Seite der Gemeinde, die inhaltliche Basis für das, was man Kirchengliedschaft nennt.

»Gemeinschaft« (*koinonia*) ist stets die verwirklichte, sichtbare Zugehörigkeit zur Kirche, nicht die nur potenzielle.

Sodann nennt der Apostel in 1,6 ein Zeitgerüst, in das auch die Gegenwart einzuordnen ist (»vom ersten Tage bis jetzt vollenden am Tag Jesu Christi«). Subjekt des Satzes ist Gott, Objekt ist das »gute Werk«, nämlich die Erlösung. Auch Gott tut also gute Werke, beziehungsweise das eine gute Werk. Paulus ist zuversichtlich, dass Gottes Wirken alle drei Zeiten umfasst. Diese differenzierte Zeitwahrnehmung widerspricht durchaus der älteren These der Ausleger, am Anfang des Christentums habe man stets »für morgen früh mit dem Weltende gerechnet«, da alle Zeit aufgehoben und zum Ende gekommen gewesen sei.

Schließlich richtet sich das Gebet des Apostels darauf, die Liebe möge immer mehr wachsen »in [gegenseitigem] Verstehen und in der Gabe der Einfühlung«. Es gibt also durchaus ein Mehr oder Weniger an Liebe, und das Mehr liegt nicht einfach in mehr Aktivismus, sondern besteht im Wachsen differenzierter Wahrnehmung und Sensibilität. Das ist also durchaus ein Wachsen nach innen, und damit sind wir bei dem, was man später den geistlichen Fortschritt nannte. Das ist kein platter Optimismus, als gelinge es dem Christen immer weiter, sich aufzubauen; das könnte doch nur ein Aufplustern sein. Nein, wir hörten es bereits zu Vers 6: Gott wirkt und führt zum Ende. Aber so ist es mit Pflanzen im Garten: Wenn der Mensch sie nicht stört, hindert oder ausreißt, wachsen die Pflanzen. Vor allem stellen wir uns selbst öfter so in das Licht, dass die Pflanze Gottes in uns kein Licht abbekommt, sondern nur dahinvegetieren kann.

Dass Paulus hier tatsächlich an Pflanzen denkt, zeigt das Bild von der Frucht in Vers 10. Kurzum: Paulus denkt an einen Weg, an den Prozess eines Wachstums, an das Drama eines Werdens. Und damit denkt er an Biografie, nicht aber an Aufhebung der Zeit. Spätestens hier beginnt unser Problem. Denn wir bemerken, dass unser Glaube weithin im Stadium des Kommunionkindes stecken geblieben ist. Spätestens mit der Pubertät hat die Entwicklung der meisten ein Ende gefunden.

Viele scheuen sich dann auch nicht, die Reaktionen ihres Kinderglaubens öffentlich zu machen. Kinderglaube für Erwachsene ist durchaus unzeitgemäß, peinlich und unpassend. Er zeigt sich vor allem in der noch mangelnden Fähigkeit, mit dem Bösen im eigenen Leben und im Leben der Kirche umzugehen. Auf ungute Weise kindlich gebliebener Glaube läuft vor beidem einfach davon, bis hin zum gänzlichen Verlust des Glaubens. Die Krise des Christentums in Europa ist eine Krise des geistlichen Wachstums. Denn die Verbreitung des Kinderglaubens gelingt der Kirche noch ganz gut, aber schon bei den Heranwachsenden hört bald die Verbindung auf. Wenn scheinbar nichts mehr ist, wie es nach den Normen der Mutter Kirche sein soll, werfen die meisten, eben gut achtzig bis neunzig Prozent, den Glauben über Bord.

Paulus gibt in unserem Kapitel einen Weg an: gegenseitiges Verstehen, Einfühlungsgabe und Differenzierung (»ihr kennt genau die feinen Unterschiede«). Weder wird alles nur moralisch gewertet noch wird die Moral abgeschafft. Es zählt etwas anderes: wachsendes Verständnis. Dass es sich nur auf die anderen Menschen bezieht, sagt Paulus übrigens nicht. Ich nehme einmal an, dass es sich etwa zur Hälfte auf einen selbst bezieht. Ganz wörtlich übersetzt meint Paulus »Verständnis«, »Sensibilität«, »Differenzierung« als Ausdrucksformen der »Liebe«. Das alles bezieht sich mutmaßlich zu 49 Prozent auf das Verhalten des einzelnen Christen zu sich selbst, zu 51 Prozent dann auf das Verhältnis zu anderen. Und ich möchte die These wagen: Die Krise des Christentums besteht zunächst gar nicht darin, dass wir uns schäbig oder unmoralisch zu den anderen verhalten; da ist unser Spielraum gegenüber früheren Zeiten doch viel geringer. Nein, vor allem wir selbst nehmen uns nicht die Zeit, uns selbst zu verstehen, uns selbst entschlüsseln zu lernen und den eigenen Weg zu bedenken.

Wenn man sich nicht die Zeit nimmt, die eigenen Wege zu bedenken, kann man auch den Glauben nicht bewahren. Den eigenen Weg zu bedenken, kostet Zeit. »Wer es mit Gott zu tun haben will, braucht zehn Dinge: Neunmal Schweigen und einmal Einsamkeit«, sagt ein arabisches Jesuswort. Beides kostet Zeit und Mut. Dabei bedeutet Schweigen auch: nicht zunächst ständig Verteidigungsreden zugunsten seiner selbst zu führen. Sondern schweigen angesichts der Gegenwart Gottes und versuchen zu verstehen, was er will.

Advent aber ist nach dem Verständnis der Kirche genau so eine Zeit, in der man Zeit finden sollte, die »eigenen Wege zu sammeln« (Augustinus). Manchmal gelingt einem das anhand eines wichtigen Buches oder Films. Aber man sollte dann rechtzeitig mit Lesen oder Gucken aufhören und den Blick auf sich selbst lenken. Zeit zum Nachdenken zu haben, ist schließlich eine überaus passende Form der »Selbstliebe«. Denn das biblische Wort Liebe umfasst immer beides: Selbstliebe und Fremdliebe. Wer sich um sich selbst nicht grundlegend gekümmert hat, wird auch den anderen nicht lieben können. Die Erkenntnis und die Sensibilität, von der Paulus spricht, meint also zuerst die Wahrheit. Aber das ist hier noch nicht die hohe Wahrheit der Lehre, sondern die einfache Bestandsaufnahme, die die Mediziner Diagnose und Anamnese nennen. Jugendliche im kritischen Alter ihres Glaubens vor allem müssten mit den einfachen Mitteln der Gewissenserforschung (so nannte man das früher) vertraut sein, um dann nicht nur Verfehlungen festzustellen – das wäre der nur moralische Weg –, sondern mit sich selbst und mit Gott im Gespräch zu bleiben, statt aus lauter Angst vor der eigenen Schwäche und Wirklichkeit die Augen zu verschließen und davonzurennen. Es gibt auch einen Weg, der dem Leitstichwort des Paulus entspricht: Liebesbriefe schreiben. An Gott oder an Menschen. Der Erfolg dürfte, auch wenn es sich oft nur um Zettel handelt, ähnlich sein.

Zum Schluss noch ein weiteres Stichwort des Apostels: »überreich werden« (V. 9; vgl. 1 Thessalonicher 3,12). Für Paulus ein wichtiges Wort, weil es angesichts der oft tristen Gegenwart das Christentum unter dem Aspekt betrachtet, wie reich und glücklich, wie getröstet und wunderbar gesegnet wir schon sind. Das ist »messianische Zeit«.

Sprache der Sehnsucht

25. Sonntag im Jahreskreis A

PHILIPPER 1,20AD–24.27A

An wenigen Stellen spricht Paulus von seiner persönlichen Hoffnung. Aber wo immer er das tut, redet er in der ersten Person und gebraucht die »Sprache der Sehnsucht«. Das heißt: Paulus äußert Gefühle, er lässt uns einen Blick in sein Herz tun. Es ist ein zerrissenes Herz. Denn Paulus erlebt das irdische Leben als Exil, als Ort der Verbannung. »Wenn ich physisch sterbe, so ist das nur Gewinn.« »Ich sehne mich danach, hier Abschied zu nehmen und ganz bei Christus zu sein. Das ist bei Weitem das beste Los ...« Was muss einer durchgemacht haben, um so Auskunft über seine Sehnsucht zu geben? Ähnlich redet Paulus nämlich vom Stöhnen in Römer 8 und vom Exil auf Erden in 2 Korinther 5. Paulus schildert die zahlreichen Angriffe, Schmähungen und Leiden, die sein Leben begleitet haben wie eine dauernde Katastrophe mit nur kurzen Unterbrechungen, in den sogenannten Peristasenkatalogen, Aufzählungen von Leiden (vgl. mein Buch »Formen und Gattungen« 2005, § 76). Diese sind christologisch orientiert. Paulus sieht in seinen Leiden eine Verbundenheit mit Jesus Christus. So ist es auch in Philipper 1. Nach V. 20 hatte er gesagt: »Ich bin zuversichtlich, dass, wie bisher so auch jetzt, Christus durch mein leibliches Geschick verherrlicht wird, ob ich nun lebe oder sterbe, denn mein Leben ist nur Christus ...« Paulus selbst ist daher eine leibliche Inszenierung seines Herrn. Von der eigenen Predigt weiß Paulus, dass er dabei eher ängstlich und zitternd vor den Menschen steht, dass sich die Leute über sein erbärmliches Auftreten lustig machen (2 Korinther 10). Umso mehr gibt Paulus dadurch dem Wirken des dreieinigen Gottes Raum. Denn der Vater hat ihm die Vollmacht gegeben, den Sohn bildet er ab im Leiden und im Befreit- und Gerettetwerden, und der Heilige Geist wirkt den Glauben in den Herzen der Menschen.

Erst viel später hat sich das Vorurteil herausgebildet, Paulus sei leibfeindlich. Nach seinen Briefen dagegen ist der Leib nicht zu verwechseln mit Fleisch und Blut oder Haut und Knochen. Der Leib ist vielmehr das Kontaktorgan zur Wirklichkeit schlechthin. Er ist Organ der Kommunikation mit Gott und den Menschen. Nein, Paulus ist nicht der Mensch, der auf ellenlange Predigten versessen wäre. Er ist kein Selbstdarsteller, wie es peinlicherweise manche Politiker zu sein versuchen. Seine Botschaft ist sein Herr.

Für mich persönlich sind diese paulinischen Stellen, in denen der Apostel über Stöhnen und Sehnsucht spricht, die klarsten und wirklich tragenden Hinweise aus dem Neuen Testament, die über das Auskunft geben, was mich nach dem Tod erwartet. Denn vielfach besteht in der Exegese Zweifel und Streit über den sogenannten Zwischenzustand, nämlich zwischen dem Tod des Einzelnen und der allgemeinen Auferstehung. Ist bis dahin alles tot (sogenannte Ganztodtheorie von K. Barth)? Nein, durch Paulus erfahre ich und mit ihm kann ich glauben, dass nach meinem Tod »da drüben« einer auf mich wartet, mich in die Arme schließt. Und ich weiß, dass meine Sehnsucht nur dort Ruhe finden kann. Die Alte Kirche nannte diese Zeit mit Jesus (Lukas 23,43) das »Paradies«. So wird es jedenfalls für den, der glaubt, keine »tödliche Unterbrechung« geben, keinen Sturz in ein dunkles Loch. Für Märtyrer hat es die Kirche stets so angenommen. Aber weil Paulus zu diesem Zeitpunkt noch nicht weiß, dass er Märtyrer sein wird, stütze ich mich auf sein Zeugnis. Auch nach Lukas 23,43 ist für Jesus wie für den gerechten Schächer das Weilen im Paradies vor der Auferstehung anzusetzen. Mit dem Unterschied, dass bei Jesus diese Auferstehung schon »nach drei Tagen« ist.

Weil es um Leiblichkeit geht, deshalb ist auch der »Zwischenzustand« im Paradies leiblich gedacht. Es ist noch nicht der Auferstehungsleib, wohl aber »das neue Haus, im Himmel bereitet«. In der Totenpräfation des Requiems kommt das in Übereinstimmung mit 2 Korinther 5,1 zum Ausdruck: »*nova in caelis habitatio comparatur*«. Ein »neues Haus«, nämlich ein neuer Leib, wird bei Gott bereitet. Nichts wäre für Paulus schlimmer als der leiblose Zustand als Gespenst. Der neue Leib ist noch nicht der Auferstehungsleib. Denn er ist noch nicht sichtbar, noch nicht global, hat noch nicht die Reste des alten Leibes in sich aufgenommen und verwandelt. Das alles geschieht erst bei der Auferstehung am Ende.

Was bleibt angesichts solcher Selbsteinschätzung des Apostels für die Gemeinde? Wie sieht Paulus seine Gemeinde in Philippi, zu der er – jedenfalls nach Kapitel 1 und 2 dieses Briefes – ein sehr gutes Verhältnis hat? Nach 1,26 soll die Gemeinde »dankbar, stolz und glücklich sein über alles, was Jesus Christus durch mich bewirkt«. Auch hier lohnt ein Blick auf Gegenwartsereignisse. Neidische Gemüter werfen den Weltjugendtagen vor, es seien Papstjugendtage. Man dürfe nicht Menschen so in den Mittelpunkt stellen. Was würde Paulus dazu sagen? Paulus würde mutmaßlich sagen: »Ja, es gibt Menschenanbetung, zum Beispiel in Rom, wo sich die Kaiser wie Götter anbeten lassen. Auch bei mir haben sie es versucht, laut Apostelgeschichte 14 wollten die guten Leute in der Türkei Barnabas und mich als Götter verehren. Aber wir haben das abgelehnt.« »Ihr müsst wissen«, würde Paulus wohl sagen: »Man kann alles pervertieren, auch das Kostbarste, nicht nur Liebe, sondern auch die Inkarnation, die Menschwerdung Gottes. Auch den Apostolat, dass Christus in uns Aposteln so wirkt, dass jeder Apostel rechte oder linke Hand Jesu Christi ist.« Doch im Übrigen gilt: Der Papst hat eindeutig Jesus Christus verkündigt und wurde nicht selbst angebetet. Schon sein Name »Benedetto«, »der Gesegnete«, weist auf den, der ihn gesegnet hat. Aber das Wichtigste: Es geht gar nicht anders, als dass man an einem Menschen Christus erkennt. Das gilt für den Papst, für jeden Priester, für jeden Christen. Wir können uns nicht von unserer Aufgabe, Zeugnis zu geben, dispensieren, indem wir auf ein Buch verweisen, die Bibel. Nein, wir sind unweigerlich selbst gefragt. Die Bibel hat ihren Ort als lebendiges Wort Gottes, das uns Orientierung gibt und Trost. Aber sie könnte gar nichts helfen, wenn wir sie nicht darstellen. Deshalb sind doch schon so schlichte Darstellungen wie die Passionsspiele zum Beispiel in

Oberammergau stets bis auf den letzten Platz ausverkauft und neuerdings selbst für große Skeptiker zu Tränen bewegend, weil es etwas anderes ist, ein Wort nur gedruckt zu lesen als es darzustellen. Im ausgehenden Mittelalter gab es an den Kirchportalen und auf dem Platz vor der Kirche deshalb die Passions- und die Weltgerichts-Spiele. Nicht als Ersatz für die Messe, sondern um die Menschen herauszureißen durch lebendige Darstellungen. Warum greift die Kirche nicht öfter darauf zurück? Noch im 17. Jahrhundert gab es am Goslarer Gymnasium das regelmäßig aufgeführte Spiel »Asotus« über den verlorenen Sohn. Paulus würde also sagen: »Genau das ist der Sinn aller apostolischen Verkündigung, dass die Menschen sagen können: Wenn ich Paulus sehe, dann weiß ich: Gott ist nahe. Nicht weil er Gott ist, sondern weil er alles gibt, um glaubhaft Gott zu verkünden.«

Der Schlussvers 1,27 ist der Gattung nach eine testamentarische Mahnung: »Lebt gemeinsam miteinander ..., dass ihr ganz einig seid.« Nach allem, was wir aus diesem Kapitel über die unvertretbar persönliche Darstellung des Evangeliums haben lernen können, gilt wegen dieses Satzes im Kontext des Paulus: Wenn die Kirche einig sein will, braucht sie die Orientierung an einzelnen (apostolischen) Gestalten. Für heute gesagt: Eine einige Kirche ohne den Papst ist gar nicht vorstellbar. Die Bibel ist leider immer nur Anlass für widerstreitende Einzeldeutungen. Ausgerechnet Paulus, der »Apostel der Reformation« schärft uns ein: »Ihr müsst und dürft mich persönlich haftbar machen für das Evangelium.«

Jedes Knie wird sich beugen

26. Sonntag im Jahreskreis A

Philipper 2,1–11

In diesem Abschnitt geht es um Jesu Selbsterniedrigung, um seinen demütigen Gehorsam bis zum Sklaventod am Kreuz und dann um seine Erhöhung. In der Geschichte der frühen Christen hat dieser Text offenbar die Aufgabe gehabt, die Aussagen über Jesus (Christologie) summarisch zusammenzufassen und zu begründen, weshalb sich das Evangelium den Heiden zugewandt hat. Denn der Schluss eröffnet eine universale Perspektive: Alle lebenden Wesen im ganzen Kosmos sollen das Knie beugen, um Jesus anzuerkennen. Er trägt als der Erhöhte den Namen Gottes selbst: »Kyrios« (Herr) ist die griechische Wiedergabe des Gottesnamens der hebräischen Bibel. Wenn jedes Knie sich beugt und jede Zunge dieses bekennt, dann ist das die Situation der universalen christlichen Kirche.

Wichtig ist dabei, dass in Philipper 2,10f. ein ganz enger Bezug zu Jesaja 45,21b– 25 besteht: »Es gibt keinen Gott außer mir ... Bekehrt euch zu mir, lasst euch retten, all ihr Enden der Erde ... Jedwedes Knie wird sich beugen vor mir, jede Zunge mir schwören!« Im Licht von Philipper 2 bedeutet das: Der universale Anspruch des Gottes Israels wird erst verwirklicht in der globalen Völkermission der Christen. Und weil es noch immer nur um den einen Gott geht, endet Philipper 2,11 auch mit der Formel »... zur Ehre Gottes des Vaters«. Indem der Vater dem Sohn seinen Namen gegeben, das heißt: die Wesensgleichheit offen proklamiert hat, tritt der Sohn endgültig aus dem Dunstkreis Israels heraus und wird zum Zeichen für alle Völker. Er ist mit der Erhöhung nicht mehr nur der Messias Israels, sondern Gott, der eine Gott, im Angesicht aller Menschen der Erde.

Für den Apostel Paulus ist dieser Text daher von grundsätzlicher Bedeutung, denn das, was Paulus als Apostel tut, wird hier in Jesus

Christus selbst begründet. Es war ja von Anfang an keineswegs selbstverständlich, sondern das große, Paulus sein Leben lang begleitende Problem, ob es denn legitim sei, Nichtjuden zum Gott Israels zu bekehren – ohne Beschneidung und Ritualgesetz. Aber warum ist der Weg Jesu selbst, der zu dieser universalen Proklamation hinführt, so kompliziert, warum verläuft er über Sklavenexistenz und Tod am Kreuz »aus Gehorsam«? Auffällig ist: In Philipper 2 ist Jesu Tod am Kreuz nicht als Sühnetod gedeutet (was Paulus sonst durchaus tut!). Entscheidend ist vielmehr der Kontrast zwischen »sich erniedrigen« und »erhöht werden«, den wir auch aus den Evangelien kennen (»Wer sich erniedrigt, wird erhöht«): Der Gedanke ist daher hier: Weil sich Jesus gehorsam erniedrigt hat, wurde er erhöht. War denn dieser »Test« nötig? Wenn Jesus Gott war, kannte der Vater ihn doch? Antwort: Der Vater kannte ihn, aber wir Menschen nicht. Und nun wird am Weg des Sohnes für uns sowohl erkennbar, wer der Sohn ist, als auch, welcher Weg zu Gott führt. Der Sohn wird erkennbar am Gehorsam und dass er sich ganz in Gottes Hand gibt. Selbst in den letzten und äußersten Versuchungen in Getsemani und am Kreuz hat sich der Sohn nicht vom Gehorsam abbringen lassen. Und das andere, der Weg zum Himmel, wird für uns alle durch Jesus vorgezeichnet. Wir erkennen diesen Weg besonders im Evangelium nach Matthäus wieder. Denn dort werden die Demütigen selig gepriesen, und Jesus nennt sich selbst »sanft und demütig von Herzen« (Matthäus 11,29). Entsprechend kennt auch Matthäus den universalen Missionsbefehl (Kapitel 28), der deutlich an Philipper 2,10–11 erinnert. Jesus ist Urbild der Erlösung. Wer ihm ähnlich wird in Demut und Gehorsam, den wird Gott verherrlichen, und vor der Gemeinde, der er zugehört, werden sogar die Menschen niederknien wie vor Jesus. Philipper 2 spricht daher nicht nur über Jesus, sondern über den Weg aller zum Heil. So verwendet Paulus übrigens auch diesen Textabschnitt im Kontext von Philipper 2, denn er sieht allen Anlass dazu, die Gemeinde zu ermahnen: »Lasst euch weder von Eifersucht noch von Ehrgeiz leiten, sondern übertrefft euch gegenseitig in Demut ... So sollt ihr miteinander umgehen, wie es für die Gemeinschaft mit Jesus Christus selbstverständlich ist« (2,3–5).

Warum geht es nur so, über Sklave sein, Demut und Kreuz? Antwort: Das Wort »Sklave« beschreibt nach dem Alten Testament das vom Menschen gegenüber Gott geforderte Verhalten und seinen grundsätzlichen Status. Denn Gott ist der Herr und der Mensch ist Sklave. Diese beiden Begriffe bilden ein Wortpaar, eben »Herr und Sklave«. Jede Annäherung an Gott ist nur möglich über die Anerkennung der Realität dieser Ausgangsposition. Das ist nichts anderes als das Hauptgebot (Deuteronomium 6,4f.) oder das erste Gebot des Dekalogs. Gewiss ist der Mensch zu mehr berufen als zum Sklavendasein. Und sicherlich ist der Wunsch, zu sein wie Gott, seit Adam und Eva eine grundsätzliche Sehnsucht des Menschen. Das Neue Testament sagt uns: Diese Sehnsucht ist auch nicht unsinnig. Nur gibt Gott uns jetzt freiwillig von sich aus, was Adam und Eva sich nehmen wollten. Aber Gott gibt uns dieses, Anteil an seiner Herrlichkeit, unter einer einzigen Bedingung, nämlich der, dass wir Sklaven sind und er allein Herr. Gäbe es diese eine Bedingung nicht, dann wäre der Monotheismus nicht geschützt und es gäbe nur Rivalität und Hauen und Stechen unter den Menschen, wer der größere Gott, wer göttlicher als der andere sei. Deshalb hatte Paulus in Philipper 2,2 unmittelbar vor diesem Abschnitt gemahnt: »Ihr könnt meine Freude vollkommen machen, wenn ihr euch ganz einig seid, einander alle gleichmäßig liebt und ein Herz und eine Seele seid und wenn ihr alle an demselben Strang zieht.« Das heißt: Der eine und einzige Gott ist zugleich der Gott des Friedens. Denn wenn allein er Gott ist, dann sind es die Menschen eben nicht. Dann müssen wir uns als Sklaven miteinander vertragen. »Gemeinsam vor Gott zu liegen«, das ist der rituelle Ausdruck dessen, was Philipper 2 von der christlichen Existenz meint. Diese Gemeinsamkeit ist die Grundlage für Frieden und Eintracht unter den Menschen. Es ist also ganz absurd zu meinen, die monotheistischen Religionen stifteten die Menschen nur zu Intoleranz an. Genau das Umgekehrte gilt: Die gemeinsame Unterwerfung unter den einen Gott ist die größtmögliche Chance zum Frieden, die es geben kann. Wenn diese Chance irgendwo handgreiflich wird, dann hier. Denn die Ähnlichkeit mit Gott besteht nicht in der Intoleranz und darin, der Einzige sein zu wollen, sondern in der Herrlichkeit (was auch meint: reparierte Würde) und im ewigen Leben. Jeder Christ, der sich fortan zu einem Machtkampf erhebt, fällt zurück in blankes Heidentum im schlimmen Sinne des Wortes. Wegen des Unfriedens also und weil Gott der Gott des Friedens ist, geht es nur so über Sklavesein und Gehorsam. Philipper 2 ist daher eine gründliche Absage an den Versuch, eine Autonomie des Menschen ohne den Glauben an Gott zu verkünden. Lieber etwas weniger emanzipiert und dafür etwas mehr Frieden. Wer sich von Gott emanzipiert, stürzt sich in eine Völkerschlacht.

Und noch eines: Sie haben recht gelesen. Paulus spricht in Philipper 2,10 davon, dass alle vor Jesus »das Knie« beugen. Er ruft uns das in einem Augenblick ins Gedächtnis, in dem auch Katholiken es weithin aufgegeben haben, niederzuknien. Noch Luther hatte erklärt: »Vor dem gewandelten Brot und dem gewandelten Wein soll man das Knie beugen, denn hier ist Gott gegenwärtig.« Was kann man nicht alles vergessen, wenn man emanzipiert spielt! Hier, in einem der ältesten Texte des Urchristentums ist dagegen ganz unbefangen vom Niederknien die Rede. Zurück zu Jesus Christus. Die meisten Übersetzungen zu Philipper 2,6 lauten: »Er hielt es nicht für einen Raub, Gott gleich zu sein«. Aber wieso sollte überhaupt jemand eine vorhandene Gottgleichheit als Raub betrachten? Denn wenn man etwas nicht wieder hergeben will, nennt man das nicht »Raub«, sondern vielleicht »Geiz«, also die entgegengesetzte Bewegung, nicht: etwas gewaltsam nehmen, sondern etwas freiwillig nicht hergeben wollen. Aber das ist nicht Raub. Doch das griechische Wort kann auch Entrückung bedeuten, deshalb haben wir übersetzt: »Doch er meinte nicht, dass jemand, der Gott so ähnlich ist, wie entrückt (und fern von Leiden und Tod) sein müsse.«

Der Sohn zeigt den Weg und das Ziel

Palmsonntag

Philipper 2,6–11

Die Linie des Gottessohnes geht steil nach unten und dann wieder steil nach oben. Er hat zu Anfang und dem Wesen nach Gottes Gestalt, das heißt: Er ist Ort der Gegenwart Gottes. Aber er meint nicht, diese Würde bedeute Entrücktheit, nämlich Freiheit vom Tod. Er wird Mensch und damit Sklave, denn im Verhältnis zu Gott sind Menschen nach der Bibel wie Sklaven. Der Hymnus hat eine besondere Auffassung von »Gestalt«; sie ähnelt der vom »Kleid« in anderen Texten. In Gottes Gestalt zu sein bedeutet für den Sohn nicht Äußerlichkeit, sondern innen und außen von Gottes Herrlichkeit so erfüllt zu sein, dass gesagt werden kann: Er war Gott gleich. Der Johannes-Prolog wird später sagen: Er war von Gottes Art, sein Sohn. Das bedeutet: Der Ursprung bleibt im Vater, aber der eine Gott stellt sich auch im Sohn dar. Gott ist von Anfang an Vater und Sohn (und: Heiliger Geist, was aber in Philipper 2 nicht zur Sprache kommt). Damit ist Gott von Anfang an auf die Annahme des Menschen ausgerichtet. Aber er bleibt der eine und einzige Gott, der sich im Sohn (im Blick auf die spätere Annahme des Menschen) äußert, sich vor sich selbst darstellt. Mit dem Sohn zunächst nur auf diesen beschränkt, dann aber im Zuge der Erlösung auf alle Menschen ausgedehnt, sucht Gott als seinen Ort die Menschen.

Deshalb wird es nach Apokalypse 21 im himmlischen Jerusalem der Vollendung keinen Tempel geben. Gott wohnt unter den Menschen, die ihm gleichgestaltet sein werden, bei sich selbst. Hier sind wir demnach ganz nahe am Ursprung des Glaubens an die Dreifaltigkeit: Gott ist nicht an einem Punkt, er ist nicht der in Differenz zu den Menschen auf sich Beschränkte, der weit weg im Himmel wohnt und mit den Menschen nichts zu tun haben wollte. Nein, im Gegenteil: Einen Sohn zu haben bedeutet von Anfang an für ihn, den Schwellenstein gesetzt zu haben für das Wohnen unter den Menschen, in deren Herzen. Denn wir alle sollen von Gottes Gestalt werden. Der Sohn ist nur der Anfang, der erste Schritt. Gott wollte von Anfang an der Gott der Fülle sein, der unter Menschen wohnt. Die christliche Humanität hat demnach diesen unglaublich kühnen Ursprung im Gottesbild selbst.

Der Hymnus in Philipper 2 zeigt dann auf dramatische Weise, wie der Vater es anstellt, zu seinem Ziel zu kommen. Er lässt am Sohn erkennen, lehrt uns durch ihn, wie der Weg zur Vergottung ist. Dieser Weg führt über Gehorsam und Tod. Warum aber gerade so? Die Sache mit dem Gehorsam können wir relativ gut verstehen: Wenn Gott zu den Menschen kommen will, dann muss der Sohn gehorsamer Gesandter sein. Hier geht es daher um die Sendung und darum, dass ein Gesandter tun soll, was der Aussendende will. Der Sohn ist Gesandter. Was hat er als dieser Gesandte den Menschen mitzuteilen? Sein Weg ist seine Botschaft. Wer vergottet werden will, muss gehorsam sein, demütig bis zum Tod. Er muss Gottes Willen mitvollziehen, bei den Menschen zu sein. Und das bedeutet Erniedrigung des Hohen, weil nur dann die Menschen erreicht werden, wenn einer von ihnen zu ihnen kommt. Das Geheimnis der Menschwerdung heißt Niedrigkeit.

Warum Niedrigkeit und Gehorsam? Gott begreift, dass er im Sohn bedingungslos, gänzlich, bis zur Selbstaufgabe, zu den Menschen kommen muss, bei ihnen zelten muss (Johannes 1,14). Das ist die Grundvoraussetzung der Expansion von Gottes Ort. Gott kommt im Sohn zu den Menschen. Das geht nur, wenn der Sohn sich diesem Willen des Vaters ganz einfügt und ihnen als Sklave nahekommt, so wie sie selbst Sklaven sind. Hier liegt die spannendste Differenz zum Islam: Nach dem Islam bleiben die Menschen Sklaven. Weder gibt es die Sendung des Sohnes noch dessen Menschwerdung noch die Vergottung der Menschen. An Philipper 2 begreifen wir, wie das alles zusammenhängt.

Dass der Gottessohn uns Menschen auch im Tod gleich wird, ist die äußerste Zuspitzung des Willens Gottes, zu den Menschen zu gelangen. Denn im Tod sind wir Gott eigentlich am wenigsten ähnlich.

Und er kommt nicht in die Gesellschaft mit uns, wenn er nicht auch an diesem kennzeichnend Menschlichen teilhat. Der Tod ist für uns im Unterschied zu Gott typisch. Der Sohn wird uns selbst im Tod ähnlich, teilt dieses Geschick. So bleibt Gott auch der Tod nicht fremd. So hat er Tuchfühlung mit uns auch in dieser äußersten Situation genommen. So ist er im letztmöglichen Sinne wirklich unser Gott geworden. Letztlich ist es der Gemeinschaftswille Gottes, also seine Liebe, der die Sendung des Sohnes in diese letzte Konsequenz münden lässt. Oder anders gesagt: Nächst der Liebe ist es vor allem gemeinsames Leiden, das Gemeinschaft zwischen Partnern stiftet.

Noch einmal: Warum ist der Weg des Gottessohnes prototypisch für uns Menschen? Warum geht es auch für uns nicht ohne demütige Unterwerfung? Das Geheimnis ist auch hier die Gottähnlichkeit. Seit Adams Fall sind wir Gott nicht ähnlich. Erlösung, Lebensgemeinschaft in Gerechtigkeit, kann nur sein zwischen Ähnlichen. Zur Herrlichkeit Gottes können wir Menschen gewiss nicht von uns aus aufsteigen, wohl aber zur Demut. Der Sohn macht uns deutlich: Gottes Weg, mit uns Gemeinschaft zu begründen, ist die Demut, die Bereitschaft zur Selbsterniedrigung, um uns möglichst und bedingungslos nahe zu sein. Wie jemand, der seiner Geliebten nahe sein will, indem er zum Beispiel die kärglichen oder armseligen Bedingungen ihrer Mittagspause in Hitze und Kälte, Wind und Regen teilt.

Wenn Gott sich so weit auf den Weg zu uns begibt, dann besteht der Weg zur Gemeinschaft auf unserer Seite gleichfalls in der Demut. Nach Philipper 2,5 wird Jesus als Vorbild dargestellt, nach V. 3 geht es ausdrücklich um »demütige Gesinnung«. Demut ist die Weise, Gemeinschaft zu finden. Mir fällt dazu ein, dass ich neulich vorgeschlagen habe, der Weg zur Einheit der Christen bestehe in gegenseitiger demütiger Unterwerfung. Ich erntete höhnische Wut. Letztlich kam mein Vorschlag aus Philipper 2. Gottes Weg zu uns ist seine demütige Unterwerfung unter unseren Lebensstil, unter unsere Sterblichkeit. Doch er verlangt von uns die friedensstiftende Demut als Verzicht auf leeres Getue und Selbstruhm (V. 3).

Andere Theologen haben diese Brücke anders aufgefasst. Paulus selbst bietet in 2 Korinther 8,9 das Modell der Verteilung von Reichtum. Hier ist es anders. Ein Gott, der aus Liebe die Schäbigkeit der menschlichen Existenz (*tapeinos* heißt eigentlich schäbig) nicht verschmäht. In Römer 5,9 wird Paulus dann sagen, der Gehorsam Jesu habe uns erlöst.

Um das Ziel geht es auf dem zweiten Stück des Weges, der steil aufwärts führt. Auch dabei geht es um uns. Das ist kaum je bedacht worden. Auch die jüdische Analogie im hebräischen Henochbuch, in der Henoch zum »kleinen Jahwe« wird, meint das, was Menschen überhaupt zugedacht sein könnte. Falls es noch Argumente braucht: Zum Beispiel nach Apokalypse 3,9 sollen vor die Gemeinde die noch nicht christlichen Menschen kommen und niederfallen vor ihren Füßen und erkennen, dass Gott diese Gemeinde geliebt hat. Die Herrlichkeit Gottes, die in Jesus zu Ostern aufstrahlt, ist für uns alle gedacht. Der Weg dahin ist Demut, Orientierung an dem, der als Gott diesen Weg zuerst ging, um uns zu zeigen, wie es geht.

Philipper 2,11 endet mit einem kosmischen Ausblick: Jedes Knie soll sich beugen vor diesem Herrn, in dem Gott wohnt. Hier ist noch einmal die Differenz zum Alten Testament erkennbar: Nach Jesaja 45,21b–25 heißt es: »Es gibt keinen Gott außer mir ... Jedwedes Knie wird sich beugen vor mir, jede Zunge mir schwören.« Was hier nur Gott zukommt, wird auch in Zukunft nur dem einen und einzigen Gott zukommen. Doch dessen Geheimnis ist der Ort, wo er ist (schon das mystische Judentum nennt Gott selbst *maqom*, den »Ort« schlechthin). Wenn dieser Gott die sich selbst verschenkende Fülle ist – und eben nicht nur ein Punkt – dann will er aus dieser Fülle heraus nicht nur im Sohn wohnen, sondern durch ihn und mit ihm und in ihm in und bei allen Menschen. In dem Gebet »*Per ipsum*« vor dem Vaterunser ist das schon angedeutet: Gott als die Fülle bedeutet prinzipiell unser Glück und unsere Seligkeit – zur Ehre Gottes.

Glauben bedeutet mehr als gelebter Perfektionismus

5. Fastensonntag C

PHILIPPER 3,8–14

»Eigentlich halte ich im Vergleich dazu, welchen überragenden Wert es für mich hat, meinem Herrn Jesus Christus begegnet zu sein, alles andere für Strafe, ja geradezu für wertlosen Dreck, wenn ich nur Christus gewinnen und mich in ihm neu finden kann« (V. 8). Leider lässt die Abgrenzung der Perikope nicht erkennen, was »alles andere« ist, das Paulus jetzt für Dreck hält. Es ist laut Kontext seine Eigenschaft als Jude, als Benjaminit und als Pharisäer, als erfolgreicher, eifriger Kirchenverfolger, es ist das Adelszeichen der Beschneidung und des Apostels eigene Perfektion vor dem Gesetz.

Wer das alles für Dreck und für Strafe hält, muss eine radikale Bekehrung erlebt haben. Im Glanz des Erlösers und der Rechtfertigung aus Glauben – und erst in diesem Glanz – ist alles Frühere vergleichsweise verachtenswert. Über die Namen »Israelit« und »Hebräer« wissen wir, dass sie als Ehrentitel galten. Und die Beschneidung betrachteten Juden als königliches Siegel. Paulus wird also nicht zum Judenfeind. Allein im Vergleich zu Jesus Christus ist das einst Hochgeschätzte nun nichts mehr wert. Allein die Sonne selbst lässt die bisherigen Himmelslichter blass und dunkel aussehen. Deshalb sind auf manchen Ikonen die kreatürlichen Lichter schwarz ausgelegt – im Kontrast zur »Sonne der Gerechtigkeit«, zum neuen Licht Jesus Christus. Gerade die jüdischen Attribute und Ehrentitel also sind für Paulus Dreck und Sklaverei, weil sie im Verhältnis zur übrigen Kreatur schon ehrenvoll und heilig waren und sind. Es ist so, wie wenn einer gerade das ihm bisher Liebste nennt, um zu beschreiben, wie sehr er von der neuen Liebe erfüllt und glücklich ist.

Vor allem aber singt Paulus hier ein Loblied auf die Gerechtigkeit aus Glauben, die nicht nach den Kriterien des Gesetzes zu messen ist, nicht in moralischer und als moralisch erweisbare Vollkommenheit besteht. Paulus spricht über dieses Thema nicht nur im Römer- und im Galaterbrief, sondern auch hier in Philipper 3. Angesichts jahrhundertealter Streitigkeiten über dieses Thema zwischen den Konfessionen hat sich hier – insbesondere seit der Augsburger »Gemeinsamen Erklärung« von 1995, an der auch Kardinal Ratzinger mitwirkte, nicht nur Müdigkeit, sondern auch Überdruss eingestellt, welche beiden Phänomene mit totalem Desinteresse und ebenso großer Unkenntnis bei den einfachen Christenmenschen verbunden zu sein pflegen. »Rechtfertigungslehre« ist »out«, so scheint es. Doch es geht dabei um etwas sehr Sensibles, was sozialpsychologisch und daher auch politisch von grundlegendem Rang ist, nämlich nach welchem Maßstab Menschen zu schätzen oder eben zu meiden sind. Diese Frage nach den Maßstäben ist als Wertediskussion aktuell. Die paulinische Position dazu hat übrigens – darauf ist von vornherein hinzuweisen – nichts mit einer grundsätzlich negativen Einschätzung des Judentums und des Pharisäismus zu tun.

Wir finden uns immer wieder als Menschen, die andere bewerten und wohl – etwa bei der Wahl der Freunde – bewerten müssen. Wir haben dabei, und das ist bereits eine, wie ich meine, positive Auswirkung des Menschenbildes von Philipper 3, eine gewisse Angst vor Menschen mit moralischer Vollkommenheit, die diese Eigenschaft ausstrahlen und dadurch anderen unnahbar erscheinen. Als Professor macht man diese Erfahrung übrigens von anderen und sich selbst in intellektueller Hinsicht. Da haben andere gar keinen Mut, den Mund aufzumachen, weil sie denken: mit dem Professor komme ich sowieso nicht mit. Wehe dem Professor, der nun seinerseits wirklich so denkt und die Menschen spüren lässt, was sie alles nicht wissen. Paulus meint nun, dass alle auch noch so verborgene Arroganz von einem grundlegend falschen menschlichen und eben auch theologischen Ansatz herrührt.

Paulus bekämpft nicht die guten Werke. Der Mensch wird nach

den Werken gerichtet werden (zum Beispiel 2 Korinther 5,10), und das widerstreitet der paulinischen Auffassung vom Evangelium keineswegs. Was Paulus nicht ertragen kann, ist die mehr oder weniger bewusst vermittelte Arroganz, das Beurteilen und Sich-beurteilen von Menschen nach der Moral und also zum Beispiel nach Spendenaufkommen oder Quoten-Effizienz. Man sollte hinzufügen, was Paulus positiv meint. Aus meiner Sicht geht es nicht darum, perfekt zu glauben, so dass man den Glauben in einem Katalog abfragen könnte. Nein, das meint Rechtfertigung aus Glauben gar nicht. Da könnten nämlich wieder viele Leute sagen: »So toll wie der Herr Pastor oder Fräulein Fischer kann ich sowieso nicht glauben. Also gehöre ich gar nicht richtig dazu. Und daher freue ich mich dann über alle Zweifler und Rebellen. Denn sie sagen ehrlich, dass sie auch nicht so alles glauben können, wie es die Kirche verlangt.« Auch hier wird wieder der Perfektionismus zum Maßstab und zum Bumerang.

Nein, Glaube ist nach Paulus etwas ganz anderes als erneute Perfektion, Glaube besteht darin, bescheiden von sich zu denken, dankbar gegenüber Gott zu sein für jeden Tag, fröhlich die Menschen nach ihrem Herzen einzuschätzen. Nicht die Macht, nicht das Wissen, nicht die Lückenlosigkeit des Bekenntnisses macht den Glaubenden aus, sondern die humorvolle, dankbare Bescheidenheit. Über sich und andere, auch über alles in der Kirche, was menschlich ist, barmherzig lachen zu können. Zu wissen und spüren zu lassen, dass wir alles Gute dem Herrgott verdanken und großmütig sein im Vergeben. Man kann gut erkennen, dass das hier verfochtene Menschenbild nicht in erster Linie auf Moral gründet, sondern auf Grundsätzen, die bisweilen sensibler sind als Moral. Die ein »Klima« entstehen lassen, in dem auch unvollkommen Glaubende Luft zum Atmen haben, wenn denn die Bescheidenheit oder die Befähigung zu Tränen gilt. Vieles davon ist im links- und rechtsrheinischen Menschenbild zur zweiten Natur geworden. Mein Vater hat es mir als seine besondere Form unseres Glaubens vermittelt, nicht frömmlerisch, aber humorvoll und demütig samt einem guten Verhältnis zur Muttergottes. Die Größe eines

Menschen, so würde Paulus im Blick auf seine Schüler St. Augustinus und St. Bernhard sagen, ist allein bestimmt durch die Größe seines Herzens.

Was hat das aber nun mit Judentum und Christentum zu tun? Ist Judentum per se die Religion der Leistungsstolzen? Ist der Pharisäer der Heuchler schlechthin? Jeder, der ein wenig Ahnung von jüdischen Menschen hat, auch von Pharisäern, wird das Gegenteil bekräftigen. Überall kann es alles geben. Was aber meint Paulus? Was denkt Jesus, wenn er von Pharisäern als Scheinheiligen spricht? Fromme Leute, moralische Leute, kluge Leute brauchen Kirche und Gesellschaft dringender als je zuvor, eben auch Volksheilige, wie es die jüdischen Pharisäer waren, auch Leute, die ihren Glauben so ernst nehmen, dass sie mit Freude das ganze Credo bekennen, prinzipienfeste Christen und insbesondere solche Bischöfe. Nur alle diese (über-)lebenswichtigen positiven Attribute sind durch etwas gefährdet: durch leise oder laute Arroganz. Ein sehr schlichtes, sehr humorvolles Gebet sagt das so: Ach, lieber Gott, mach die bösen Leute gut und die frommen Leute nett. Zugleich wird erkennbar: Diese Art von Christentum kann man nicht von heute auf morgen machen, sondern: Da hilft nur beten. Genau das heißt Rechtfertigung allein aus Gnade. Das ist nichts hoch Theologisches, sondern etwas menschlich Nachvollziehbares. Der »liebe Gott« ist nicht von Beruf Theologe, sondern Mensch geworden – in einem Volk, das besonders an ihm gehangen hat, soweit man das sieht, das erkennbar für ihn viel durchgestanden hat und das als eine der glaubwürdigsten Formen seines Glaubens neben den Martyrien den jüdischen Humor hervorgebracht hat.

Paulus sieht die pharisäische Sehnsucht nach Auferstehung in Jesus erfüllt. Deshalb ist er Christ. In Jesus Christus verbindet sich diese Erfüllung mit dem Höchstmaß des typisch jüdischen Geschicks des Martyriums. An Jesus erkennt Paulus, wie beides zusammengehört: Tod und Auferstehung. Er wird diesen Weg gehen, und so wir alle. Deshalb sind wir Christen, weil sich hier alles erfüllt, was Menschen je erlitten und ersehnten.

Die Taufe verlangt neue Maßstäbe für unser Handeln

2. Fastensonntag C

PHILIPPER 3,17 – 4,1

Die Kernaussage lautet in 3,20: »Doch unsere Heimat ist im Himmel.« Diese merkwürdige Auffassung teilt unser Brief mit den vielleicht Paulus etwas ferner stehenden Briefen an die Kolosser und Epheser, so Epheser 2,6: »Und er hat uns gemeinsam mit Jesus Christus auferweckt und uns im Himmel einen Platz gegeben«, und Kolosser 3,1f.: »Wenn ihr nun mit Christus auferweckt worden seid, dann lebt und strebt auch nach dem, was Gott im Himmel will. Dort sitzt Christus zu seiner Rechten. Denkt himmlisch, nicht irdisch. Denn für das Irdische seid ihr tot.« Zu nennen ist wohl auch Hebräer 12,22: »Hier ist die Stadt des lebendigen Gottes, der Erstgeborenen, deren Namen im Himmel aufgeschrieben sind.« Sind das die Christen? Die Vorstellung von Namen der Menschen auf den himmlischen Bürgerlisten (»Einwohnermeldebuch«) findet sich auch bei Jesus an einer wichtigen Stelle. Jesus sagt zu den Jüngern: »Freut euch nicht so sehr darüber, dass ihr die Dämonen hinauswerfen könnt, sondern vielmehr darüber, dass eure Namen im Himmel aufgeschrieben sind« (Lukas 10,20).

Nun wird für die paulinische Tradition, also für die erwähnten Stellen aus Philipper 3, Epheser 2 und Kolosser 3 das himmlische Bürgerrecht der Christen damit begründet, dass sie mit Christus auferstanden sind. Wir ahnen aufgrund von Römer 6 und des Kontextes in Kolosser 3 und Epheser 2, dass dieses Mit-Auferstehen durch die Taufe geschehen ist (Kolosser 2,12f.; Epheser 2,5f.). Aber zumeist nehmen wir diese doch sehr weitreichenden Aussagen gar nicht ernst und betrachten sie als übertrieben oder »irgendwie bildhaft« gemeint. Aber angenommen, es wäre nicht nur »irgendwie bildhaft« – kann man diese Aussagen verstehen, ich meine nicht: beweisen, aber so verstehen, dass sie letztlich konsequent und sinnvoll sind?

Die Kommentare schweigen, wie zu erwarten. Für sie scheint das selbstverständlich: in der Taufe mit Christus mitauferweckt und seither Himmelsbürger und -bürgerinnen. Für mich ist das, ehrlich gesagt, überhaupt nicht klar und zum gegenwärtigen Zeitpunkt scheint es mir auch nicht sinnvoll, so zu reden. Also fange ich an, neu zu untersuchen. Paulus ist in Römer 6 vorsichtig und sagt nicht, dass wir schon mitauferweckt sind, sondern dass wir Teilhaber an seiner Auferstehung sein werden (6,5) und jetzt, nach der Taufe »wie aus Toten Auferstandene« leben sollen, nämlich durch den Tod getrennt von aller Ungerechtigkeit und Sünde (6,13).

Zu Römer 6 und den Taufaussagen: Ich kann wohl verstehen, dass die Taufe eine Art Tod ist, Mitgekreuzigtwerden. Denn sie ist radikale Absage an das, was bisher wertvoll war. Insofern geht es um Sterben und Werterevolution. Und so geht es wohl weiter: Aber in diesem Vakuum des Todes erfüllt ein anderer mich jetzt mit seinem Leben. Denn ich bin ja mit Christus mitgestorben, in seinem Namen. Diese Gemeinschaft wirkt sich jetzt positiv aus. Wo nicht mehr mein früheres sterbliches Leben ist, herrscht jetzt sein neues Leben, das ganz von ihm her kommt. Deshalb gehöre ich jetzt ihm, bin ihm leibhaftig zueigen, bin sein Leibeigener. Die Anrufung des Namens im sakramentalen Vollzug hatte die Folge, dass mein Abschiednehmen ein wirkliches, wirksames Sterben war und dass ich nicht tot bleibe, sondern mit neuem Leben erfüllt werde. Denn weil es der Name des Gottessohnes ist, hat diese Namensanrufung sakramentale Ausstrahlung: Das Göttliche teilt sich selbst mit, strahlt aus. Das geschieht im Sakrament. Denn wir sind arm und wie Wassertropfen, Gott ist dagegen der Reiche, der mit vollen Händen gibt, der sein Leben mitteilt, wenn wir uns nicht verweigern. So etwas geschieht in der Taufe. Das Sterben Jesu teilt sich mit, wir werden in seinen Tod hineingerissen, und sein Leben teilt sich mit. Wir haben daran Anteil. Weil es ja sein Leben ist, das wir teilen, – unser altes ist ja abgeschlossen – deshalb richtet sich unser neues Leben auch nach der Art, in der Jesus es lebt. Darüber sagt das Neue Testament und unser Credo: Er sitzt zur Rechten Gottes.

Diese Gottnähe aber teilen wir notwendig mit ihm. Denn es ist ja der Reichtum seines Lebens, der uns erfüllt.

Bereits das Neue Testament zeigt, dass die lokale Vorstellung irgendwie angemessen ist, wenn wir von der Erhöhung Jesu sprechen. Also reden wir davon, er sei »im Himmel« und »zur Rechten Gottes«. Das sind natürlich alles Bilder für Jesu Christi unüberholbare Nähe zu Gott. Wenn wir also vom himmlischen Bürgerrecht sprechen, das wir mit Christus und seiner Erhöhung erlangt haben, dann meinen wir: An seiner definitiven und unüberbietbaren Nähe zu Gott haben wir Anteil. Dieser Anteil betrifft alles, was uns kostbar und was an uns kostbar ist, also unser ganzes, auch leibhaftiges Leben als Erlöste. An allen Stellen im paulinischen Bereich wird aus diesem Grund eine Konsequenz aus unserem neuen, himmlischen Status für unser Handeln und ebenso auch für unsere leibliche Existenz gezogen.

Unser Handeln soll sich nach unserem neuen Status richten. Mit Status meine ich hier die grundlegenden Rechtsverhältnisse, in denen wir sind. Dass unsere Maßstäbe, Vorlieben, unsere Hoffnung und unser Ziel ganz vom Leben des Auferstandenen bestimmt sind. Wenn das stimmt, hat es auch Konsequenzen für unser Handeln. Paulus sagt daher: Werdet, die ihr seid. Und das, was wir sind, ist nicht irgendein »als ob«, sondern so wirklich und wirksam wie Gottes Schöpfermacht und -wort, die uns in der Taufe erreichen. Denn wenn Gott wirklich der Schöpfer ist und sein Name und Wort nicht nur Schall und Rauch, dann ist die Wirklichkeit, die er setzt, auch die entscheidende und bestimmende. Dann ist diese Wirklichkeit erstrangig und mächtig. Und so schätzt Paulus die sakramentale Wirklichkeit ein. Unser Leben ist dann wirklich das des Auferstandenen, und alles neue Leben empfangen wir durch ihn wie Ungeborene durch die Nabelschnur im Mutterleib. Man kann sagen: Die Stunde der Geburt ist dann unsere Auferstehung. Bis dahin ist unser himmlisches Leben verborgen in ihm.

Und unser Leib richtet sich nach dieser neuen, durchdringenden und konsequent siegreichen Wirklichkeit. Wir werfen diesen irdischen Leib ja auch nicht einfach ab. Er wird auch nicht einfach zu nichts verbrannt, sondern er wird verherrlicht. Das, was sakramental als Statuswechsel von einem Augenblick zum anderen punktuell vollzogen wurde, geschieht im christlichen Leben dank des Angelds des Geistes kontinuierlich als Heranwachsen des neuen Menschen in uns. Deshalb ist hier das Neue wirklich Ziel eines Prozesses, der sich treu von Tag zu Tag in uns vollzieht, bis er vor Gottes Thron vollendet sein wird.

Was würde sich ändern, wenn wir unser himmlisches Bürgerrecht wirklich ernst nähmen? Es geht wohl um die entscheidende Grundstimmung dabei. Diese ist Freiheit und Heiterkeit. Frei sind wir, da nichts Irdisches uns wirklich bindet, noch nicht einmal das Todesurteil, das uns so oder so eines Tages der Hausarzt mitteilen wird, Nein, den Tod und solche dummen Sachen haben wir schon hinter uns. Das sind Kalauer von gestern, das langweilige ewig Gleiche. Der Bruder Tod, der nach Franz von Assisi sogar »zur Familie gehört«. Nein, das sind Geschichten von gestern. Es würde sich ändern der Faktor Angst in unserem Leben. Angst vor dem Tod oder vor mühseligem Weg zum Tod. Ändern würde sich die Gesamtatmosphäre der Mutlosigkeit. Denn wenn es Gott wirklich gibt, wenn er für uns und nicht gegen uns ist, dann gilt das Wort von der Taufe als dem Ursprung neuen, stärkeren, unüberwindlichen Lebens. Dann ist alles Kreuz des Leidens nur Wegzeichen – wie in katholischen Landschaften – nicht endgültige Klagemauer. Ändern würde sich die Einschätzung unseres Leibes. Wenn er verwandelt werden wird in Herrlichkeit, dann sind leibfeindlich nicht die Christen, sondern die Fabrikanten von Jugenddrogen, eine schärfer und zerstörender als die andere. Und so, wie wir Neugeborene behandeln, wird Gott mit uns tun bei der Auferstehung.

Von seliger Freude erfüllt

3. Adventssonntag C

PHILIPPER 4,4–7

Kann man Freude befehlen? Paulus meint, er könne es: »Freut euch allezeit ... Ich möchte es gern wiederholen: Freut euch!« Aber kann man Gefühle wirklich befehlen? Mit der Liebe scheint es ja ähnlich merkwürdig zu sein, denn auch die Liebe wagen die Apostel zu befehlen. Aber vielleicht sind Freude und Liebe für die Bibel gar keine Gefühle wie bei uns. Vielleicht sind es tatsächlich Verhaltensweisen, die man tun oder lassen kann – eben auf Befehl. Und vielleicht bringt uns das Nachdenken darüber etwas Klarheit über die Feindesliebe, die man ja angeblich gleichfalls nicht befehlen kann.

Die Aufforderung zur Freude hat vielmehr etwas mit sogenannten »Werten« zu tun, und zwar mit Werten, von denen man lange etwas hat, an denen man daher lange Freude hat. Denn Freude ist das Gegenteil von Unheil, Verdammnis und Schande. Wenn Jesus im Gleichnis über den Sklaven sagt, dass er beim Gericht den Zuspruch erhält: »Geh ein in die Freude deines Herrn«, oder wie Berger/Nord übersetzen: »Komm herein zu Gott, wo alles reine Freude ist«, dann meint das den Lohn des ewigen Lebens, das Grund zur Freude ist. Immer geht es daher um Werte, die Grund zur wahren Freude sind. Aber dieses Wertvolle kann man eben befehlen, anmahnen, man kann dazu auffordern. Nicht zur Freude selbst, aber zur Wahl dieses Wertes oder Gutes. So hat auch die Gemeinde von Philippi aus der Sicht des Apostels Paulus dieses Gut vor Augen: Die Verbindung mit Gott und durch ihn die Verbindung miteinander. Das ist ein Glücksfall, bei dem die Gemeinde zugreifen soll. Paulus geht es um die »Mystik der Verheißung«. Mystik bedeutet immer Anteilhabe, Einbezogensein in einen Raum des Segens. Paulus fordert dazu auf, sich diesem Einfluss aufzuschließen, sich dem, was in diesem Raum an Wunderbarem ge-

3. Fastensonntag C

schehen kann, nicht zu verschließen. Wer sich freut, öffnet sich mit allen Poren einer Verheißung, in deren Licht er schon darin steht; in Philipper 4 wird diese beglückende Nähe mit dem Satz 4,6a formuliert: »Das Ende steht vor der Türe.« So kann man sagen: Nach dem Neuen Testament ist Freude das »Innenleben Gottes«.

Selbstverständlich hat Freude nicht nur den Aspekt der Wertbeständigkeit, des Sieges über den Verfall und letztlich den Tod. Das »Erfreuliche« hat auch psychische Aspekte. Es ist das, worüber man sich freuen kann, und zugleich die Art der Teilhabe an diesem Gut. Freude ist »ek-statisch«, denn wer sich freut, tritt aus sich heraus, kann sich auf segensreiche Weise für einen Augenblick lang selbst vergessen. So wie man sagt, dass sich einer oder eine »vor Freude nicht mehr einkriegt«. Solche selige Freude wünscht man jedem. Denn sie heilt dadurch, dass man sich einen Augenblick selbst verlässt, dass man von allen Ängsten und Alltagssorgen Abstand gewinnt, weil »ganz aus sich herausgehen« kann, so wie wir das auch sagen, wenn jemand offen und leutselig (auch hier: selig) anderen Menschen entgegenkommend begegnet. Weil der, der sich freut, aus dem Mauerwerk seiner Sorgen und Nöte heraustritt, das ihn umgibt, heißt es hier in 4,6 ganz konsequent: »Sorgt euch um nichts, denn ihr könnt ja beten.« Denn die Dimension des Gebets gehört derselben Wirklichkeit an wie die Freude. Beides ist leicht und macht leicht, daher lässt es die Menschen sich auch nicht so schwer nehmen. Die Verbindung von Nicht-Sorgen und Beten kennen wir aus der Bergpredigt: Das »Vaterunser«, die Freiheit von der Sorge und das Vertrauen darauf, dass Gott das Nötige dazu gibt, gehören zusammen (Matthäus 6). Und weil Gott sorgt und wir Menschen nur »das Reich Gottes und seine Gerechtigkeit« suchen sollen, deshalb sind alle täglichen Sorgen nur in einer einzigen, ganz kurzen Bitte des Vaterunsers angetippt: »Brot für morgen gib uns heute.« Sonst nichts. Die Freude, das Nicht-Sorgen und die Kraft, um alles einfach zu bitten, sind Merkmale der Beheimatung der Christen schon »im Himmel«, von dem Paulus sagen kann, die Christen seien schon darin, weil sie schon am Leben des Auferstandenen teilhaben.

Aus diesem Grund kann Paulus in 4,7 auch unbefangen von unserem Heil sagen: »Das Heil, das Gott schenkt, ist unvorstellbar für unsere Herzen und unser Denken. Gott schenkt es, indem er unser Herz und unser Denken in der Gemeinschaft mit Jesus Christus bewahrt.« Wegen dieser engen, unverbrüchlichen Lebensgemeinschaft mit Gott und dem Auferstandenen, die den Tod schon hinter sich gelassen hat, verstehen sich die Christen vor allem als Beter: »So sollen eure Wünsche allezeit, wenn ihr betet und bittet, begleitet von Dank und Lob vor Gott kommen.« Der Hintergrund, auf dem Paulus diesen Satz formuliert, ist: Wegen der engen Gemeinschaft mit Gott haben die Christen freien Zugang zu ihm. Deswegen sind sie die berufenen Fürbitter für alle Welt. Es ist daher naheliegend, dass Klöster, in denen Christen den Aspekt ihrer himmlischen Beheimatung ganz ausleben, sich vor allem als Orte des Gebets verstehen. Eine Karmeliterin antwortete mir neulich auf die Frage, was man denn für einen solchen Beruf an Qualifikation brauche: Man muss schlafen können, beten können und lachen können (Hamburg, Karmel-Zelle Finkenwerder). Von den beiden letztgenannten Dingen ist hier in Philipper 4 die Rede.

Ein kurzer Blick in die Theologiegeschichte ist für das Verständnis von 4,6 aufschlussreich: Am Anfang steht Psalm 55,23: »Wirf deine Sorgen auf den Herrn, und er wird dich erhalten; er lässt den Gerechten ewig nicht wanken.« Das Werfen der Sorgen versteht man jedenfalls später oft direkt als Beten. In 1 Petrus 5,7 wird die bedrängte Gemeinde dazu aufgefordert, die Sorgen auf Gott zu werfen, in 1 Petrus 4,19 wird insbesondere dem ungerecht Behandelten empfohlen, sein Leben dem Schöpfer anzuvertrauen (wohl in der Praxis als Gebet). Das Leiden gilt als Weg zu Gott, so dass der Märtyrer Ignatius von Antiochien (um 115 n. Chr.) sagen kann: »Ich gewann Anteil an der Sorglosigkeit Gottes, wenn ich nun durch Leiden zu Gott gelange.« In dieser Auslegungslinie steht dann besonders der »Hirt des Hermas« (um 120 n. Chr.): Hermas, der Bruder des Papstes, ist dem Leviathan (Ungeheuer; Bild für Verfolgung) entronnen, weil er »seine Sorge auf Gott geworfen hat« und sein Herz dem Herrn geöffnet hat. Hier tritt die

Öffnung des Herzens neben die Sorglosigkeit, ähnlich in Hermas, Gebote 5,2,3: »Ohne Sorgen jubelte ich, allezeit Gott lobpreisend.« In dieser Auslegung finden wir besonders das ekstatische Element, das wir für Philipper 4 beobachteten. Während in der eben behandelten Traditionslinie das Gebet, der Glaube und der Jubel der Weg waren, sich Gott anzuvertrauen, sieht es in der Jesus-Überlieferung der Evangelien anders aus: Jesus kümmert sich wirklich im physischen Sinne nicht um Nahrung, Kleidung und sein Überleben. Er lässt aus der Sorglosigkeit den Lebensstil des Wanderasketen werden. Daher beschränkt er auch das Gebet um die täglichen Dinge auf das Minimum (die knappe Brotbitte im Vaterunser), er wirft im Übrigen ganz wörtlich seine Sorge auf den himmlischen Vater. Resultat: Von der Grundstelle in Psalm 55 gehen drei Linien aus: Die eine bezieht sich auf Gebet und Lobpreis (der Christen); dazu gehört auch Philipper 4,6. Nach einer zweiten Linie soll und kann sich besonders der Leidende und der Märtyrer Gott anvertrauen, der wird für ihn sorgen (1 Petrus, Ignatius), nach einer dritten Linie nimmt Jesus das Nicht-Sorgen ganz wörtlich und schränkt auch das Gebet um Nahrung usw. ein: Das Vertrauensverhältnis zum Vater ist so eng, dass kein Jünger sorgen muss. Jeder hat alle Hände frei, die Anforderungen des Reiches Gottes (seine Gerechtigkeit) zu erstreben. Paulus fordert in Phil 4 nicht die rigorose Konsequenz Jesu. Er richtet sich an Christen in Ortsgemeinden, von denen er nicht erwartet, dass sie sich dem Vorbild Jesu und seiner selbst anschließen. Doch für ihn sind das Gebet und die Spiritualität der frühen Wanderapostel bleibend maßgeblich, auch kurz vor dem eigenen Martyrium.

Werft eure Sorge auf den Herrn!

27. Sonntag im Jahreskreis A

PHILIPPER 4,6–9

Die Liturgiker haben leider nicht sinnvoll abgegrenzt, denn die Einheit dieses Stückes umfasst die Verse 4–9. Das bei Paulus alles tragende und bestimmende Element der Freude (V. 4) ging so verloren. Auch die Nähe des Herrn und die Freundlichkeit der Christen (V. 5) sind doch mit der »Parusieverzögerung« (also damit, dass es mit dem sichtbaren Weltende etwas länger dauert) nicht entfallen! Die Nähe des Herrn (V. 5) bedingt hier wie auch sonst im Urchristentum die Freiheit von der Sorge (V. 6). Man denke nur an die Verbindung von Nicht-Sorgen und Reich Gottes in der Bergpredigt. Im Übrigen bilden die Verse 4–9 gattungsmäßig eine Einheit, die man »Peroratio« (Schlussappell) nennt, die knappe Reihung wichtiger Mahnungen am Ende eines Briefes oder einer Rede (Predigt). Sie endet hier stilgemäß mit dem Segenszuspruch in V. 9b.

Es gibt eine ganze innerbiblische Geschichte des »festen Themas« (Topos) der »Freiheit von der Sorge«. Man lässt Gott sorgen. Denn er ist der Schöpfer und sorgt für alles, was lebt; man kann das auch einen Aspekt seiner Providenz (Für- und Vorsorge) nennen. Besonders akut wird dieses biblische Motiv im frühen Christentum. Denn wer so lebt wie Jesus und Paulus, der vertraut nicht nur alle seine alltäglichen Sorgen Gott an, sondern – in der Situation kurz vor dem Martyrium – sein ganzes Leben. Deshalb sollte man diese Texte mit dem Leben und Lebensende dessen zusammenbetrachten, der so geredet hat. Denn für den Wandermissionar, der sich nicht um festes Einkommen kümmert, und für den Märtyrer ist die Gegenwart Gottes als des Gegenübers von konkreter, großer Aktualität.

Die Ausgangsstelle ist Psalm 55,23 (»Wirf auf den Herrn deine Sorgen, und er wird dich erhalten; er lässt den Gerechten ewig nicht wanken«). Wie das konkret geschehen soll, dass man die Sorgen auf den Herrn wirft, wird nicht gesagt. Aber im Kontext der Psalmen darf man damit rechnen, dass dieses als Gebetswunsch geschieht. Nicht ausgeschlossen ist, dass man schon früh die Sorgen und Gebete schriftlich formulierte und am heiligen Ort anbrachte. Einen Rest dieses Brauchs kennen wir von den Votivtafeln in Wallfahrtskapellen. In der Bergpredigt entfaltet Jesus das Thema breit (Matthäus 6,25–34). Wie man beten soll, und dass man sich beim Beten um Nahrung fast gar nicht kümmern soll, hatte Jesus den Jüngern unmittelbar vorher im Vaterunser gezeigt (6,9–13). Die Brotbitte ist ganz knapp gehalten. Das entspricht genau Matthäus 6,32: »Euer Vater im Himmel weiß, was ihr braucht. Sucht zuerst Gottes Herrschaft und fragt zuerst nach dem, was Gott von euch fordert ... Belastet euch also nicht mit Sorgen für den nächsten Tag ...« Denn um das Brot »für morgen« hatte Jesus im Vaterunser schon gebetet. Auch die Sorge des Märtyrers um das eigene Leben kommt jedenfalls in der Lukas-Parallele zur Sprache (Lukas 12,4–12 vor 12,22–34).

Der zeitlich nächste Text ist dann 1 Petrus 4,19: »Wer daher jetzt leidet, darf nach Gottes Willen sein Leben in die treuen Hände des Schöpfers legen und selber dabei Gutes tun.« Erkennbar ist hier die Situation der Entbehrung ins Leiden gewendet. Sein Leben in die Hände des Schöpfers legen ist dasselbe wie die Sorgen auf ihn werfen. In demselben Brief steht die Aufforderung nicht zu sorgen neben dem klassischen Motiv von Wachen und Nüchternsein, das wir aus der Verkündigung Jesu kennen, gerade auch in Kombination mit der Freiheit von der Sorge in Lukas 12,22–34.35–48. In 1 Petrus 5 ist unser Motiv wiederum mit Leiden und nahem Ende verbunden; 5,10 spricht von der kurzen Zeit des Leidens. 1 Petrus 5,7f.: »Alle Sorge, die ihr habt, werft auf Gott, denn er kümmert sich um euch. (8) Seid nüchtern und bleibt wach. Euer Feind, der Teufel, läuft brüllend wie ein hungriger Löwe umher auf der Suche nach jemandem, den er verschlingen kann. (9) Widersetzt euch ihm fest im Glauben. Denn ihr wisst, dass eure Brüder und Schwestern in der ganzen Welt dasselbe durchstehen müssen wie ihr.« Das besonders intensive Wirken des Teufels ist Merkmal der Endzeit.

So können wir dann Philipper 4,5–7 besser verstehen: »Das Ende steht vor der Türe. Sorgt euch um nichts, denn ihr könnt ja beten. So sollen eure Wünsche allezeit, wenn ihr betet und bittet, begleitet von Dank und Lob vor Gott kommen.« Im Unterschied zu den anderen Stellen, die dieses Motiv verarbeiten, spricht Paulus hier nicht nur vom Bittgebet, sondern mahnt auch zu Dank und Lob. Er vermittelt daher sozusagen ein Stück Gattungskunde (Bitt-, Lob- und Dankgebet). Um 120 n. Chr. schreibt in Rom der Bruder des Papstes im sogenannten »Hirt des Hermas«, Vision 4,2,4: »Da hast du aber Glück gehabt! Gut, dass du all deine Sorge auf den Herrn geworfen und ihm dein Herz geöffnet hast, in dem festen Glauben, dass nichts außer ihm, dem großen und herrlichen Namen, dich retten kann. Deswegen hat Gott seinen Engel gesandt ... Er hat dem Untier das Maul zugehalten, so dass es dir nichts antun konnte ... Werft eure Sorgen auf den Herrn, dann wird er alles zu einem guten Ende bringen. Vertraut nur auf den Herrn, ihr Kleinmütigen, er vermag alles.« Die Verbindung mit dem Untier kennen wir schon aus 1 Petrus 5. Das Gegenteil schildert derselbe Verfasser in Vision 3,11,3–4: »Weil ihr vom Lebensalltag so beansprucht wart, habt auch ihr euch die Kraft rauben lassen, seid dann mutlos geworden und habt eure Sorgen nicht auf den Herrn geworfen. Eure Tatkraft war gebrochen und eure Traurigkeit hat euch alt werden lassen.« Wieder mit Gebet verbunden ist die Freiheit von der Sorge bei demselben Autor in Gebote 5,2,3: »Die Geduld dagegen ist groß und stark. Ihre Kraft ist mächtig und überlegen ... Sie ist fröhlich, voll Jubel, frei von Sorge, sie lobt Gott allezeit.« Mit »Geduld« kommt das Thema »Leiden« wieder zur Geltung. Die Fröhlichkeit erinnert an Philipper 4,4 (Freude). Das »Lob« kennt Philipper 4,6 genauso.

Wir haben den Gang durch die Texte gewagt und können feststellen: Die Sorgen auf Gott werfen ist vielleicht einmal ganz wörtlich verstanden worden, wenn man ein aufgeschriebenes Gebet im Tempel niederlegt. Jedenfalls im Neuen Testament bedeutet es immer Gebet, wenn man die Sorgen auf Gott wirft. Diese Sorgen beziehen sich einerseits auf Kleidung und Nahrung, andererseits auf die Gefährdung des Lebens durch Verfolgung, Leiden und Martyrium. Alle diese Motive sind zu einem durchgängigen Themenfeld relativ fest miteinander verbunden. Und allen Texten ist dieses gemeinsam: Gott, dem man sich und seine Sorgen, sein ganzes Leben anvertraut, wird ganz sicher zu denen stehen, die ihm so vertrauen. Daher ist es nicht verwunderlich, wenn das Motiv der Freude hier öfter vorkommt (Philipper 4,4; Hermas) und Traurigkeit schwindet (Hermas, Vision 3).

In Philipper 4,7 wird die Verheißung ausgeweitet bis hin zum Heil, das »unvorstellbar ist für unsere Herzen und für unser Denken«. In unserer mutlosen Zeit hat der Hinweis auf die Unvorstellbarkeit eine besondere Bedeutung. Denn schon Gott, unser Gegenüber, können wir uns gar nicht vorstellen. Aber so ist es doch mit allem, was uns überhaupt glücklich macht, in welchem Bereich des Lebens auch immer. Niemand konnte sich ab Mitte der fünfziger Jahre des zwanzigsten Jahrhunderts eine Wiedervereinigung Deutschlands vorstellen. Die an diesem Glauben festhielten, verachtete man als Träumer. Ähnlich geht es vielen, die mit Heil oder Himmelreich rechnen. Denn wie sollte es sein können, dass der Tod, dass Staub und Asche nicht das Letzte sind? Jesus, Paulus und viele Heilige haben in ihrem Gottvertrauen schon zu Lebzeiten »selig« gelebt. Denn die entscheidende Frage geht nicht nur auf das Danach. Sie stellt sich jeden Tag. Im Vertrauen auf den unvorstellbaren Sieg von Licht, Leben, Gnade und Liebe lebt es sich jetzt schon besser. Das, was ich denken und vorstellen kann, führt mir immer nur meine Grenzen inklusive aller Bedrohung vor Augen. Von dem unvorstellbaren Anderen weiß ich durch Weihnachten, Ostern und Pfingsten, also durch den dreieinigen Gott.

Das Leiden verbindet Menschen miteinander

28. Sonntag im Jahreskreis A

PHILIPPER 4,12–14.19–20

Es gibt Menschen, denen man ansieht, dass sie viel durchgemacht haben. Paulus muss ein solcher Mensch gewesen sein. Immer wieder kommt er in seinen Briefen darauf zu sprechen. In V.14 redet er davon, dass die Gemeinde in Philippi an seinen Leiden Anteil genommen hat, und er nennt es »Gemeinschaft haben«.

Ganz in diesem Sinne spricht der Theologe Johann Baptist Metz davon, dass eine neue Leidenssensibilität erwachen möge. Sie wäre die Basis für die Verkündigung des Evangeliums. Denn Leiden hat noch immer die Rolle, dass Menschen einander darin wiedererkennen. »Ja, so ähnlich ist es mir auch ergangen«, das ist nicht billige Anbiederung, sondern allzu oft wahr. Und darin können sich Menschen einig werden, dass sie eben deswegen nicht Gott sind, sondern erbärmliche und erbarmenswürdige Menschen. Ist das nicht auch der Weg, der zu Jesus Christus führt? Deshalb ist es für mich am leichtesten, zum Gekreuzigten zu beten oder beim Beten auf das kleine Foto mit dem Glockenkreuz auf meinem Schreibtisch zu blicken. Und das war in den Hospitälern des Mittelalters so, wenn die Menschen lagen und litten und im Übrigen auf den Gekreuzigten in ihrer Mitte blicken konnten, den oft eine lebensgroße und sehr realistische Figur abbildete. Das Leiden verbindet uns Menschen miteinander. Und es verbindet auch Gott und Mensch in der Passion Jesu Christi am allermeisten miteinander. Auf diese Weise bleibt der Gekreuzigte nicht einsam, sondern er sammelt um sich die Gemeinde der Leidenden. So berichten auch Menschen, die zunächst mit dem Glauben nichts im Sinn hatten und nach Lourdes oder an einen anderen Wallfahrtsort gefahren und erheblich verändert zurückgekommen sind. Sie berichten von einem Meer von Leiden, in dem aber doch jeder Einzelne, auch sie selbst, als Leidender erkennbar wird. Und sie erzählen – im Herzen berührt –, dass sie in diesem Übermaß von Leiden auch ein Übermaß von Glauben und schierer Hoffnung wider alle Hoffnung erlebt hätten. Darin kann man sich wiedererkennen und dann fällt einem auch das Hoffen und Glauben viel leichter. Denn was ist es, das diese vielen Geplagten und Gepeinigten zusammenführt, wenn nicht der Schimmer der Hoffnung? Und ist dieses nicht schon das, was bereits verwandelt – zu erkennen, dass es anderen nicht besser geht als mir und zu erkennen, dass es eine geheime, ganz tief verborgene Kraft sein muss, die die Menschen in der äußersten Not und in solchen Massen zusammenführt? Beim Einzelnen mag die Hoffnung homöopathisch gering sein – in der Gemeinschaft von Tausenden wächst sie und wird zugleich auch geduldig und wandlungsbereit. So entsteht in der Gemeinschaft der Leidenden, die ein Schimmer von Hoffnung zusammenführt, tatsächlich so etwas wie die unmittelbare Vorstufe von Kirche.

Paulus spricht hier als einer, der alles durchgemacht hat, dem nichts fremd ist. Sein Leben ist hin und her geworfen zwischen Jubel und Klage, Überfluss und Armut, Elend und Glück. Wir würden sagen: Es ist wie eine Achterbahn. Auf einer Achterbahn kann man leicht aus dem Sitz geschleudert werden, »aus der Bahn geraten«. Aus der Achterbahn des Lebens wird man nur dann nicht hinausgeworfen, wenn man ganz fest angeschnallt ist. Paulus sagt, er verdanke diesen festen Halt der Kraft Gottes. Ähnlich heißt es schon im Psalm: In deiner Kraft überspringe ich Mauern (Psalm 18(17),30).

Paulus beginnt sein Bekenntnis an dieser Stelle mit einem Satz, den wir ebenso gerne wie ungläubig hören: »Ich kann alles!« Wenn ein Politiker so redet, muss er als betrunken gelten oder als unter Drogen stehend. Paulus nehmen wir das ab und all den Märtyrern und Heiligen der Kirche auch: Er kann alles ertragen, er kann mit allem fertig werden. Deshalb haben wir übersetzt: »Ich bin mit mir im Reinen ... Das kann ich, weil Gott mir die Kraft dazu gibt.« Das gilt auch für die Krankenschwester, die zwei Stationen, oder für den Pfarrer, der dreizehn Gemeinden versorgen muss. Es gilt für alle, die das Gefühl haben, nur noch verheizt zu werden. Ich treffe öfter Jugendliche, die vielleicht gerne Priester würden und eine Ahnung davon haben, berufen zu sein. Aber viele sagen dann: An unserem Pfarrer sehe ich, dass Priester nur noch »verheizt« werden, dass sie gnadenlos ausgebeutet werden. Meine Antwort: Eben das ist es, eben dieses bringt sie auf eine Weise zu Gott und in die Gemeinschaft des Gekreuzigten, die einmalig ist. Sie erwarten doch nicht etwa ein geruhsames, von Hobbies garniertes Beamtenleben mit geregelter Arbeitszeit. Wissen Sie, mein Pfarrer starb mit 61 – ganz gewiss an Überarbeitung und weil er die Sorgen seiner Gemeinde, der Kirche und der Gesellschaft bis zur Zermürbung teilte. Aber besser ein extrem sinnvolles Leben, als ein paar Jahre länger sich schonen und geruhsam dahinleben.

Auch das wissen wir von Paulus: Er ist keiner, der seinen Lebensplan durchführt und von Stufe zu Stufe aufsteigt. Nicht als ob das etwas Schlechtes wäre. Aber es ist bei ihm nicht so – er ist ein Held der Niederlagen. Er ist der Geworfene, der das Leben mehr erleidet als gestaltet. Gerade so gibt er den Blick frei auf den Herrn, der ihm die Kraft dazu gibt. Und wenn wir genau hinschauen, dann ist – vielleicht in zunehmendem Maße – auch unser Leben mehr Erleiden als Formen, mehr Empfangen als selbst in der Hand haben. Und im Übrigen gilt: Alle wirklich wichtigen Dinge im Leben sind geschenkt, sind nicht Resultat unserer Planungen, sind geheimnisvoll und führen uns auch deshalb innerlich weiter.

In den Versen 19–20 fällt auf, dass Paulus zweimal das Wort »Herrlichkeit« gebraucht. Der Ausleger muss diese Ansammlung inhaltsschwerer Substantive auflösen und verflüssigen. Dann liest sich der Text so: »Euch soll mein Gott aber reichlich schenken, was ihr braucht. Denn er kann üppig geben, und da wir mit Jesus Christus eins sind, leuchtet darin seine Herrlichkeit auf. Alle Herrlichkeit gebührt ihm, Gott unserem Vater, für allezeit.« Der letzte Satz ist eine Doxologie, das heißt Gott wird Herrlichkeit oder Ehre zugesprochen – und zwar von den Menschen. Wir kennen das von der Doxologie im

Gottesdienst her: »Ehre sei Gott ...« Solche Doxologien finden sich in Briefen oft am Ende. Johann Sebastian Bach schrieb unter seine Werke: »*Soli deo gloria*« (Allein Gott die Ehre!). Das ist also eine »erwartbare« Lobpreisung am Schluss. Neu und einzigartig ist hier, dass diese Ehre oder Herrlichkeit Gottes im Satz zuvor begründet ist, und zwar darin, dass in der Einheit mit Christus, in der wir uns finden, bereits Gottes Herrlichkeit sichtbar ist. Das heißt: Wir müssen die Ehre Gottes, die ihm gebührt und die wir ihm zusprechen, nicht erst ersinnen oder erfinden. Sie ist schon da. Das, was uns in der Gemeinschaft mit Jesus Christus geschenkt ist (Erlösung, Verbindung der Völker), ist schon sichtbarer Erweis der Herrlichkeit Gottes. Wir müssen diesen wahrnehmbaren Glanz nur wieder auf Gott zurückführen, und genau das tun wir im Lobpreis. Der Lobpreis vollzieht das nur nach und holt das gedanklich ein, was Gott zuvor getan hat. Wenn wir Gott ehren, verbinden wir nur das, was zusammengehört, den Segen und die Wiederherstellung unserer Würde mit dem Ursprung im Himmel. »Herrlichkeit« heißt auch Ansehen voreinander. Das ist in der Kirche, in der Verbindung mit Jesus Christus wieder geheilt. In der Einheit mit Jesus Christus sind wir »saniert« und in unserer »Gesellschaftsfähigkeit« geheilt. Dass wir zu Jesus gehören dürfen, bedeutet Resozialisierung. Adam und Eva hatten einst den »herrlichen Glanz« und das »Lichtkleid«, wie die Juden zur Zeit des Neuen Testaments sagten, verloren, was man daraus ableitete, dass die Menschen gewahrten, dass sie »nackt« waren. Indem die Getauften Jesus Christus anziehen, werden sie aufs Neue mit dem Kleid der Herrlichkeit Gottes bekleidet. Deshalb wird im Taufritus das weiße (Lichtglanz abbildende) Taufkleid überreicht; nebenbei bemerkt: Es ist liturgisch relativ unsinnig, Kinder schon im Taufkleid zu taufen. Das neue Gewand der Herrlichkeit sollten sie nach der Taufe erhalten!

KOLOSSERBRIEF

Seid beharrlich im Gebet;
seid dabei wachsam und dankbar!

Kolosser 4,2

Nach Christi Muster die Menschen neu gestalten

Christkönigssonntag C

KOLOSSER 1,12–20

Christus ist König. Von allem ist er der Erste und Wichtigste. Das gilt für die Vergangenheit, für die Rangfolge in der Schöpfung, in der Gegenwart, und es gilt auch für die Zukunft. Daher beginnt dieser Text: Wir, die Glaubenden und Getauften. Wir als Kirche gehören zu seinem Königreich. Wir haben recht gehört: Der hymnische Text stellt das Königtum Jesu Christi in den weiten Raum zwischen Schöpfung und Auferstehung der Toten. Wir tun bei allen wichtigen theologischen Aussagen gut daran, sie dem Schöpfergott zuzuordnen. Dadurch bekommen sie ihren theologischen Tiefgang und ihre Verankerung in der Dreifaltigkeit.

Indem Paulus mit dem Reich Christi beginnt, nimmt er den Ansatz auf, der in Matthäus 13,41 dasselbe mit dem Reich des Menschensohnes bezeichnet. Vor allem aber hatte Paulus in 1 Korinther 15 davon gesprochen, dass Jesus Christus jetzt regiert, bis er sein Reich am Ende in das Reich des Vaters wieder eingliedern lässt, sein Reich dem Vater übergibt, wie es auch in der Christkönigs-Präfation heißt.

Was bedeutet das für uns: Jesus ist unser König? Jesus ist mein König, weil er sein Leben für mich gegeben hat, mich vor dem Tode errettet und befreit hat von Sünde, Tod und Teufel, von Angst und Verzweiflung. Er ist wie einer, der persönlich sein Leben riskiert hat, um mich vor dem Ertrinken zu bewahren. Mein Lebensretter mit Lebensrettungs-Medaille unter wirklichem Einsatz seines Lebens. Ihn hat es statt meiner erwischt – wie sollte ich ihm nicht dankbar sein und ihn lieben mein Leben lang?

Die angemessene Antwort kann nur Treue sein. Diese Treue zu Jesus ist in der gegenwärtigen Situation unserer Gemeinden genauso gefährdet wie in Kolossai. Es lohnt sich, beide Gefährdungen zu vergleichen. Alle neueren Entwicklungen in der christlichen Mentalität zielen darauf ab, dass von Jesus Christus keine Rede mehr sein wird (oder nur eine aus Höflichkeit abgerungene): Man redet generell von der Liebe und der Menschenfreundlichkeit Gottes, und in den meisten Predigten ist dies die eigentliche Aussage geworden. Man empfindet die Rede vom Sühnetod Jesu am Kreuz als peinlich und meint, ein so grausames Geschehen passe nicht in unsere Zeit.

Stattdessen redet man vom vergebenden Gott. Oder bei den Gesprächen über die letzten Dinge: Man sagt vielleicht noch, die Verstorbenen seien im Himmel, aber von einer Auferstehung wie die Auferstehung Jesu eine war, wagt keiner zu sprechen. Oder man spricht von Vergebung und Toleranz Gottes, aber dass dieser Akt Gott das Letzte gekostet hat, seinen eigenen Sohn nämlich, wagt niemand zu sagen.

In Kolossai sagen die Menschen: Wir haben ja doch alle denselben Gott, auf Jesus Christus kommt es dabei gar nicht besonders an. Denn wir haben etwas gegen Gekreuzigte. Ein Gekreuzigter ist nicht göttlich, sondern allzu menschlich. Er ist hässlich und stinkt nach geronnenem Blut. Wir ziehen einen Gott vor, der weiter weg ist von den Menschen. Der Weg zu ihm besteht darin, den Engeln ähnlich zu werden, also herrlich und weit ab von der Materie. Wir verzichten ja schon auf Schweinefleisch und Saufgelage.

In beiden Fällen – bei uns wie in Kolossai – besteht das Ärgernis haargenau darin, dass Jesus das Ärgernis ist, und zwar als der Gekreuzigte, wie Paulus immer wieder sagt. Ein allgemeiner, transzendenter Gott ist nicht das Problem. Das Problem liegt darin, dass wir letztlich etwas in den Bereich der Religion hineinnehmen, was zutiefst menschlich ist, ja was in höchstem Maße mit uns zu tun hat, nämlich Blut und Sünde, Leiden und Schande, Dreck und Preisgegebensein wie am Kreuz. Auf das Kreuz zu blicken heißt: das alles zugeben können als Aspekte unserer Wirklichkeit.

Nach Kolosser 1 hat Gott bereits alles dieses großmütig und geduldig hineingenommen in sein Verhältnis zu uns. Das ist anstrengend, weil es die ganze Wahrheit ist und nicht nur die halbe. Die halbe

Wahrheit: Dann wahren wir das Gesicht, dann bleibt alles hanseatisch-vornehm, dann gehört Religion in die gute Stube und nur dorthin, dann hat alles seine gute Ordnung, weil Geborenwerden und Sterben, die beiden Stadien der Erniedrigung fehlen wie auch aller Kummer sonst. Das Christentum hat sich auch deshalb in der Konkurrenz mit den antiken Religionen durchsetzen können, weil es schonungslos wahrhaftig mit den menschlichen Schwächezuständen umgegangen ist.

So wird das frühe Christentum immer wieder argumentieren gegenüber allen Vorschlägen, dass man sich doch gutstellen solle mit allen Mächten, Herrlichkeiten und Gewalten im Himmel und auf Erden, um hier und dort glücklich zu sein. Nein, sagt die Kirche, sich gut zu stellen mit allem, was glänzt, das hat etwas Faschistoides an sich, bedeutet Menschenverachtung und natürlich Verzicht auf Martyrium. Nein, der Mensch konnte nur erlöst werden durch einen, der Mensch ist wie wir. Das wird der Hebräerbief meinen, wenn er gleich zu Anfang sagt: Nicht Engel konnten uns erlösen, nur einer, der Mensch ist wie wir, kann unser Hohepriester sein. So wird es auch der erste Johannesbrief sagen, wenn er davon spricht, dass der Messias Fleisch geworden ist, wie wir es sind. Nur so konnte er uns von Sünden erlösen, weil im Bereich dessen, was die Bibel Fleisch nennt, unsere Mangelhaftigkeit besteht. Und das meinen auch die Aussagen, nach denen Jesus bei der Erhöhung Mächte und Gewalten unterworfen hat, Engelmächte nämlich, denen wir fremd sind und die »etwas gegen uns haben«.

Allein Jesus hatte diese beiden Positionen inne: die ganz hohe und die ganz niedrige. Die ganz hohe, die uns wirklich zu Gott bringt, und die ganz niedrige, in der er, der Gott ist, unser menschliches Los teilt. Weil er Anteil hatte am Tod, kann er auch den Tod in der Auferstehung überwinden und damit für etwas ganz Neues und völlig Revolutionäres in der Geschichte des ganzen Kosmos stehen. Die Engel gehören gewiss zum Grundbestand an Herrlichkeit in der alten Schöpfung. Aber das Neue besteht in der Überwindung des Todes, denn das befreit uns von unserer zentralen Altlast. Dieses wird die große Revolution der Zukunft sein. Als den Engeln ähnliche Visionäre bleiben wir sterblich. Durch den Auferstandenen erfolgt dagegen die Art von Sanierung durch einen zweiten Schöpfungsakt. An einer Kleinigkeit im Rahmen des jüdischen Weltbildes wird das erkennbar: Es gibt einen Engel des Todes, der in der Sterbestunde kommt und einen abholt. Aber kein Engel konnte je sterben noch auferstehen. Und eben deshalb ruht unsere ganze Hoffnung auf Jesus. Alle Zukunft der Menschheit liegt bei ihm.

In Kolosser 1,12 fällt auf: Jesus Christus ist Bild Gottes. Er allein. Unser Einwand kommt hier aus einer anderen Richtung: Hatten wir nicht in Genesis 1,26f. gehört, dass jeder Mensch, Mann und Frau, gottebenbildlich ist? Wo immer im frühen Christentum die Rede ist von Gottes Bild (»Ebenbild«), meinen die Apostel stets nur Jesus Christus (Ausnahme: Jakobus 3,9). Nur er ist »Foto« Gottes, und nach seinem Bild (also: als sein Bild) ist dann der Mann gedacht, nach dessen Bild die Frau. Da man die Schöpfungsberichte so liest, als bedeuteten sie das, was sein soll oder sein wird, ist das alles ganz konsequent gedacht. Jesus Christus ist der schlechthin »ideale« Mensch, nach seinem Vorbild und Maßstab hat Gott den Menschen erschaffen wollen, er bleibt das Ziel. Das Judentum oder die Erzväter mit Israel sind hier ganz belanglos. Die Universalität der Schöpfung wird erst in der universalen Erlösung wieder erreicht. So ist Jesus hier wirklich der Erstgeborene unter vielen Geschwistern.

Paulus kämpft daher nicht nur um die Christologie in diesem Abschnitt, sondern um das christliche Menschenbild und damit um die Frage: Geht es um Geist gegen Materie oder hat Jesus Christus wirklich grundlegende Bedeutung für das Verhältnis der gesamten Menschheit zu Gott? Dabei ist nicht wichtig, was er selbst gesagt oder getan hat. Wichtig ist allein, dass der geheimnisvolle, gewaltige Gott durch ihn gehandelt hat und nach seinem Muster die Menschen gestaltet und neugestaltet hat.

Im Reich Jesu Christi ist die Machtfrage geklärt

15. Sonntag im Jahreskreis C

Kolosser 1,15–20

Er ist der Anfang, dem aller Zauber innewohnt. Jesus Christus ist der Erste, vor aller Schöpfung, vor allen Dingen. Und aus dem Mutterschoß der Erdengräber ist er auch als Erster in der Auferstehung neu geboren worden. Er ist immer der Erste. Die Throne, Majestäten, Machthaber und Gebieter, gegenüber denen der Sohn hervortrat, sie bestehen noch immer. Aber er ist auch hier der Erste, denn sie wurden dank seiner, durch ihn erschaffen. Denn die ganze Schöpfung ist durch ihn geworden. So ist er auch das Haupt des Leibes, der Kirche.

Es ist die Theologie der Morgenfrühe der Schöpfung, die hier entfaltet wird. Denn wer am frühen Morgen schon da ist, der bestimmt. Deshalb ist das Gotteslob am Morgen besonders intensiv und extensiv ausgeprägt. In der Verkündigung Jesu kommt der Ausdruck »wachen« eben daher. Denn wachen bedeutet früh aufstehen, um Gott zu loben. Und wenn wir sagen und empfinden, dass am frühen Morgen »die Welt noch in Ordnung sei«, dann meinen wir nicht zuletzt damit, dass die Welt in der Ruhe und Schönheit ihrer Ordnung uns morgens noch wie intakt entgegentritt. Denn noch ist sie nicht durch unser alltägliches Gehabe entstellt, ein wenig erscheint sie uns morgens um fünf immer noch so, wie der Schöpfer sie gemacht hat, nämlich schön und strahlend, mit Schweigen Gott lobend.

Es gibt diesen Charme der Morgenfrühe, dem eine besondere Spiritualität entspricht. Sie ist unersetzlich. Wenn die Bibel von Präexistenz spricht, dem Existieren vor aller Schöpfung, dann meint sie genau das: Morgenglanz, Reinheit, schlichtes absolut eindeutiges Dasein als Zeichen und Vorzeichen für alles. Eine Person, vor allen erwählt, eine, um derentwillen die ganze Welt geschaffen wurde, die danach kommt. Die Christen in Kolossai fürchten die Mächte, Throne und Gewalten, so etwas wie Schicksalsmächte, mit denen man sich gutstellen muss, wie machtvolle Ideologien, wie große kollektive Infektionen, wie es Nationalismus und Rassismus waren. Durch den Aspekt »Macht« ist mit dieser Gruppe eine andere verbunden: Für manche apokryphen Texte gehört auch Israel in seiner himmlischen Existenz dazu (als Erzengel Jakob vor aller Schöpfung geschaffen), für den Epheserbrief alle Erwählten in Christus. Etwas, das wir nur ungefähr beschreiben können: Mehr als eine bloß platonische Idee, ähnlich den Engeln, aber für die Erde geschaffen, bereitgehalten wie wichtige dramatische Figuren hinter den Kulissen der Bühne, denn Gott wird sie heranführen, wann er will. Aber noch sind sie unverbraucht. Gott hat sie vorgesehen für einen späteren Akt seines heilsgeschichtlichen Dramas. Er allein ist der Regisseur. Oder wie bei einem Schachspiel, nur dass die Figuren vorher in Reserve gehalten werden.

Bei den Aussagen über Präexistenz geht es stets um die ganze Schöpfung und die ganze Heilsgeschichte, und zwar nicht unter dem Aspekt der Naturordnung (der Tiere und Sterne und Zeiten), sondern hinsichtlich der in der Geschichte wirksamen Mächte und Potenzen, und zwar sehr oft unter Absehen von der Geschichte Israels. Erst wenn man das bedenkt, bekommen Texte wie Kolosser 1 oder Epheser 1 ihren Sinn.

In Kolosser 1 wird Jesus, der Erste und das Haupt, regelrecht hymnisch gefeiert. »Haupt« des Leibes hieß der römische Kaiser, Haupt aller Mächte (Heere) war er. Insbesondere die Eigenschaft des Versöhners (Kolosser 1,20) hatten die großen Herrscher der Weltreiche seit Alexander dem Großen. Denn sie einten die unterschiedlichsten und gegensätzlichsten Völker unter einheitlichem Gesetz. Diese Aufhebung der Gegensätze und Feindschaften heißt seit Alexander »Versöhnung«. In Kolosser 1 steht die »Kirche« mit dem Auferstandenen an der Spitze genau an der Stelle des römischen Reiches. Denn die »Kirche« ist die integrative und versöhnende Macht in der Geschichte inmitten der Völker.

Es ist reizvoll, diesen Ansatz mit dem der Offenbarung des Johannes zu vergleichen, die wenig später, aber in demselben Geschichtsraum entsteht (Kleinasien) und deren Thema nun ausdrücklich das römische Kaisertum im Verhältnis zur Kirche ist. Der Kolosserbrief konkurriert im Ziel (Versöhnung der Völker), die Offenbarung hat ein anderes Ziel: das himmlische Jerusalem, die Alternative zur Hure Babylon. Die Offenbarung rechnet mit dem Untergang Roms als Voraussetzung, geht also von einer dualistischen Gerichtskonzeption aus. Der Kolosserbrief setzt auf Versöhnung in der Geschichte. Von »Apokalypse« redet er fast gar nicht. Die Offenbarung setzt auf das »Dann«, der Kolosserbrief auf das »Schon«: Die Christen sind mit Christus schon auferstanden. Und Christus hat seine Machtposition schon seit Anbeginn der Schöpfung inne. Erst nach Offenbarung 19 wird Christus als Sieger wirklich präsent werden. Für beide ist übrigens der Kreuzestod Jesu das entscheidende Mittel der Veränderung der Weltgeschichte; beide kennen den Ausdruck Erstgeborener aus den Toten (Offenbarung 1,5; Kolosser 1,18).

Aber für den Kolosserbrief genügt das Kreuz Christi, für die Offenbarung kommt das Blut der Märtyrer hinzu. Der eigentliche Gegner für die Offenbarung ist der Teufel, für den Kolosser sind es Menschen, die Engelmächte (und damit auch den römischen Kaiser?) anbeten. Das Gegenbild ist für den Kolosserbrief das christliche Haus (Haustafeln in Kapitel 3 und 4), für die Offenbarung das himmlische Jerusalem. An der Stelle, an der in Kolosser das Vorher steht (Jesus Schöpfungsmittler), findet sich in Offenbarung 19 seine Stellung nach aller Geschichte.

Was bedeutet das alles heutzutage? Der Kolosserbrief fasst die christlichen Gemeinden, und zwar speziell die Häuser, die Familien, konstruktiv als Gegenprinzip gegenüber dem Kaiserreich auf. Die Macht Jesu ist in der Rolle des Hauptes in der Schöpfung begründet, in der Gegenwart beruht sie darin, dass die Christen mit ihm schon auferstanden sind. Der Bereich (fast könnte man sagen: Das Reich) Jesu Christi besteht darin, dass zwischen Gott und Mensch Frieden herrscht. So müssen sie im Entscheidenden keine Angst mehr haben, auch nicht vor den Mächten, Thronen und Gewalten. Die Machtfrage ist geklärt, und deshalb kann jetzt Frieden sein. Und wichtig ist: Die Machtfrage ist nicht erst seit Jesus entschieden, sondern schon immer seit Anbeginn der Schöpfung, also schon längst und nicht erst zufällig (kontingent). Weil er so herrlich ist und Schöpfungsmittler aus der Morgenfrühe allen Seins, deshalb ist seine Versöhnung auch gültig und betrifft die Aufhebung alles Trennenden.

Herr Jesus Christus, die Grausamkeit des Todes am Kreuz, den du erlitten hast, steht in Kontrast zu Deiner Herrlichkeit und zu dem Frieden, den du bewirkt hast. Als Mittler der Versöhnung hast du mit deinem Kreuz alle Schuld aufgehoben. Du hast es getan, weil wir nicht anders begreifen konnten, was unsere Schuld angerichtet hat, was ihr Preis war und wie sehr uns Gott liebt. Jetzt liegt ein Stück Frieden dort, wo immer ein Kreuz das Geschehen von damals abbildet. Du bist der Versöhner, und wir danken dir dafür, dass du so den gordischen Knoten zwischen Gott und uns zerschlagen hast. Führe Menschen, die sich streiten, im Angesicht deines Kreuzes zusammen, dass sie verstummen müssen vor Entsetzen angesichts dessen, was sie angerichtet haben. Und lass sie verstummen, wenn sie im Angesicht des Kreuzes begreifen, was wir Menschen Gott wert waren und sind. Denn dein Tod, o Herr, zwingt uns einfach in die Knie. Denn du starbst für uns, weil du uns liebst. Deine Liebe zu uns hast du nicht aufgegeben in deiner ganzen Verkündigung und obwohl die Menschen nicht hören wollten, dass Gott sie liebt. Denn nicht zu lieben ist so schwer, sondern das andere, sich lieben zu lassen. Denn es setzt ja voraus, dass man sich schutzlos macht und sich wärmen lassen will. Wecke in uns die Bereitschaft, uns versöhnen zu lassen. Lass uns fähig werden, überhaupt auf deine Liebe und die anderer einzugehen. Denn die Alternative ist immer nur das Recht des Stärkeren. Wo du uns Versöhnung anbietest, dürfen wir das Privileg des Schwächeren genießen.

Die Dynamik des Leidens Christi verwandelt uns

16. Sonntag im Jahreskreis C

KOLOSSER 1,24–28

Der erste Satz unseres Textes ist in der protestantischen Forschung einer der Hauptgründe dafür, den ganzen Brief Paulus abzusprechen: »Daher freue ich mich jetzt, dass ich zu eurem Nutzen leiden darf. So kann ich mit meinem sterblichen Körper das beitragen, was dem Leib Christi, der Kirche, an Qualen noch gefehlt hat.« Denn, so argumentiert man: Paulus war noch rechtgläubig, dieser spätere Text ist es nicht mehr. Für Paulus sei Jesu Leiden und Sterben ultimativ die Sühne für alle Sünden gewesen (1 Korinther 15,3: »gestorben für unsere Sünden«). Hier dagegen sei Jesu Tod eben nicht »allgenug« (Martin Luther) gewesen, sondern menschliche Leistung trete hinzu, weil den Leiden Christi noch etwas fehle, das sie ersetzen müsse, wenn auch per Leiden. Im Hintergrund steht also die reformatorische Doktrin, nach der Frömmigkeit danach bemessen wird, ob man zu einhundert Prozent alles in Gott verursacht sieht.

So hat man auf Auswege gesonnen und – obwohl Paulus das nicht tut – zwischen dem soteriologischen (oder satisfaktorischem, also sühnendem Leiden, und dem neu für diese Stelle erfundenen ädifikatorischen Leiden unterschieden. Man hat gesagt: Durch das satisfaktorische Leiden wurden wir erlöst, das ädifikatorische Leiden (von aedificare = auferbauen) dient nur der Glaubwürdigkeit der Verkündigung. Trotzdem ist zu fragen, was davon bei Jesus noch gefehlt haben soll. Die ganze Unterscheidung ist daher fallen zu lassen. Interessant wird doch der Gedanke erst, wenn ich nicht differenziere, sondern wenn das Leiden des Apostels (und aller weiteren leidenden Zeugen) tatsächlich die notwendige Ergänzung zum Leiden Jesu Christi darstellt. Und das ist auch gleich eine Anfrage an das seit Jahrzehnten unter den Tisch gekehrte katholische Verständnis vom Opfer der Christen. Im Zusammenhang hier ist es vor allem als Leiden zu begreifen.

Damit aber ergibt sich folgendes Bild: Es ist eben nicht damit getan, dass Jesus Christus einmal für uns gelitten hat – und dass die Jünger und restlichen Christen dann »aus dem Schneider« sind. Es gibt keinen Text des Neuen Testaments, der das nahelegte.

Wahr ist vielmehr: Jesus wird in seinem Leiden grundsätzlich nie isoliert betrachtet. Wie ein Tropfen im Wein ist das Leiden des Christen im Meer des Leidens Jesu. Der entsprechende Messritus – Versenkung eines Tropfens Wasser im Wein – wird seit Langem so gedeutet. Denn Wein steht für Gottheit, Wasser für Menschsein, im Kontext der »Opferung« geht es um Hingabe und Leiden überhaupt. Wenn der Apostel Paulus schildert, wie er in das Leiden Christi hineingezogen ist, so in 2 Korinther 4,12, unterscheidet er nicht Sühneleiden vom »Leiden zum Angucken«. Schon die Evangelien sprechen daher davon, »mit« Jesus zu sterben. In 2 Timotheus 2,12 heißt es: »Wenn wir alles geduldig ertragen, werden wir mit ihm regieren. Wenn wir ihn verleugnen, wird er uns auch verleugnen.« Und die Abfolge von »mit leiden« und »mit verherrlicht werden« (beispielsweise in 1 Petrus 4,13; Röm 8,17) ist ein Bild aus der militärischen Sprache, denn es gilt vom Feldherrn in Gemeinschaft mit seinen Soldaten. Wenn Paulus mit seinem Messias leidet, schafft er ihm (Gelände-)Anteile unter den Befreiten und Erlösten. Denn es genügt ja nicht der Sieg, das gewonnene Imperium muss auch durchgesetzt werden. Das ganze Geschehen ist doch ein einziger in sich unteilbarer Vorgang der Eroberung, in dem Paulus sich als Feldherr versteht (2 Korinther 10,1–6). Dabei spielen drei Aspekte eine Rolle, die alle in 2 Korinther formuliert werden: Befehlen, leiden und verherrlicht werden. Gerade im Fall des Mit-Leidens sind im Messiasbegriff des 2 Korinther noch königlich-militärische Aspekte lebendig.

In manchen Kreuzigungsdarstellungen der Kunstgeschichte ist Jesus ganz weit von den Menschen entfernt, schwebt wirklich am Kreuz zwischen Himmel und Erde. Doch gerade dort, wo im Neuen Testament das exklusive Hohepriestertum Jesu Christi hervorgehoben wird, steht immer wieder, Jesus sei einer von uns. Einer, der mitleiden kann – und wir Menschen mit ihm. Denn das ist das Geheimnis des Mitleidens: In der Anteilhabe und nirgends anders geschieht die Verwandlung in Herrlichkeit. Das betrifft auch und gerade die sakramentale Anteilhabe am Leiden Christi.

In der Taufe wird sie schon in Römer 6 ausdrücklich. Denn Taufe bedeutet ebenso Abschied wie Neubeginn, ebenso mitgekreuzigt werden wie neues Leben aus der Auferstehung. Mit Christus mitgekreuzigt werden bedeutet eben nicht, dass einer gestorben ist und die anderen die Hände in den Schoß legen können, indem sie sagen: Er ist ja für uns gestorben, das erübrigt ein christliches Leiden. Nein, mitgekreuzigt werden heißt: Wir sind gemeinsam auf dem Weg, er geht uns voran, er ist als erster am Ziel. Aber die Anteilhabe am Leiden gilt auch für die Eucharistie. Denn in der Eucharistie kommt Jesus wirklich buchstäblich im Inneren unseres Leibes an. Die Materie des Brotes ist gewandelt in seinen Leib, und von diesem Prozess wird auch unser Leib ergriffen und von innen heraus gottähnlicher gestaltet. In der Eucharistie geschieht nichts Statisches, die Christen werden hineingezogen in die eucharistische Hingabe Jesu Christi. So wird das Ganze zu einem Prozess des Ergriffenwerdens und Verwandeltwerdens.

Mit Leiden hat das deshalb etwas zu tun, weil Jesu grundsätzliches Dasein »für uns« auch die Wurzel seines »Leidens für uns« ist. Wer für andere da ist, um ihnen die Liebe Gottes zu zeigen und die Botschaft auszurichten, gibt auch sein Leben für sie. Denn alles Leben wird grundsätzlich nur weitergegeben, indem man es schenkt, und zwar auf Kosten dessen, der gibt. Bei der Vermittlung des Lebens ist daher der Aspekt des Leidens »für« überhaupt nicht auszuschließen.

In Kol 1,27 nennt Paulus noch ein weiteres wichtiges Thema: Er spricht von Gottes Geheimnis, das Gott jetzt den Heiligen (das heißt den Christen) verkündet, und zwar sind die Heiden der Ort dieses Geheimnisses. Die Vorgeschichte dieser Verkündigung Jesu Christi unter den Heiden ist demnach nicht die Prophetie des Alten Testaments.

Vielmehr wird den Christen jetzt etwas verkündet, das vorher strikt geheim war, also auch nicht in Andeutungen den Propheten oder sonst irgendeinem Menschen geläufig. Den einen und einzigen Gott mögen heidnische Philosophen schon geahnt haben, von Jesus Christus aber wussten sie nichts. Dass man Jesus mit dem (den Heiden wohl bekannten) Logos Gottes (so Johannes 1 oder 1 Korinther 8,5f.) identifizieren konnte, ist diesem Ansatz fremd. Nein, hier liegt alles darauf: In Jesus ist Gott erschienen, er ist der Ort, an dem Gott zugänglich wird. In ihm beten wir Gott an.

Wenn man das christologische Geheimnis so betrachtet, dann ist es tatsächlich völlig neu und unerhört. Die Anbetung Gottes in einem Menschen – das ist zugleich etwas, das den römischen Kaiserkult »überwindet«, ersetzt und überflüssig macht. Wir beobachten, dass in den Briefen, die so von Jesus als dem Heiland der Heiden berichten, nicht der geringste Ausgleich zu früheren »heidnischen« Ansichten angestrebt wird. Es gibt keine Anbiederung und keine Brücke. Jesus Christus ist das Geheimnis, das bisher nicht bekannt war, und das ist alles. Man sollte diese Position neutestamentlicher Briefe beachten, wenn man mit dem Islam über Jesus spricht. In Jesus begegnen wir Gott. Dazu gibt es keine Brücke, keine Verständnishilfe. Denn Jesus Christus ist das Geheimnis Gottes für die Welt. Und vor und außerhalb von Jesus Christus ist dieses Geheimnis nicht zu haben.

Wir begreifen an dieser Stelle neu, warum die alte Kirche beim Bekenntnis zu Jesus die Arkan-Disziplin handhabt. Denn Geheimnis heißt: Dieses ist das Neue, hier geht es um das »Eingemachte«, hier steht das Eigenste des Christentums auf dem Spiel. Der Ausdruck »Geheimnis des Glaubens« ist dann gewandert und findet sich schon lange unmittelbar nach der Wandlung. Und das heißt: Dieses ist die Mitte, die wir nicht preis- und aufgeben dürfen. Hier schlägt das Herz der Kirche.

In der Kreuzigung Jesu wird der die Menschen belastende Schuldschein entwertet

17. Sonntag im Jahreskreis C

KOLOSSER 2,12–14

Mit einem Male gibt es jetzt in unserer Generation folgenden typischen geistlichen Lebenslauf: Christlich getauft, oberflächlich christlich erzogen, es folgt die Phase der Entfremdung von der Kirche. Dann plötzlich eine Kehrtwendung: nach ein bis drei Jahrzehnten entdecken die Menschen den Glauben neu – in unverbrauchter Frische. Es ist wie ein Aufwachen. Das Firmalter ist ein, zwei Jahrzehnte hinausgeschoben. Und jetzt bemerken sie, wie peinlich »die Generation ist, die jetzt um die 50 ist und der zum Tod nichts anderes einfällt, außer dass er einen irgendwie traurig macht. Ich möchte wissen, woher ich komme und wohin ich gehe, und wenn ich es schon nicht weiß, möchte ich mich wenigstens nicht mit Idiotien beruhigen. Das Wort ist Fleisch geworden. Dazu weiß ich nichts zu sagen, davor falle ich in die Knie«, hat eine junge Autorin kürzlich formuliert.

Nicht dasselbe, aber sehr Ähnliches beschreibt mit wenigen Worten der Kolosserbrief an dieser Stelle. Man lebt wie ein Toter unter Toten dahin. Doch mit einem Male: »Ich kann nur Ich sein, wenn ich auf ihn reagiere, wenn ich begreife, dass mein Leben ein Gespräch mit Gott ist.« Unser Brief nennt den Zustand vor der Hinwendung zu Gott »Tod«, denn Gott war eben »tot«, weil man nicht von ihm her lebte, sondern in Gewohnheiten, Sachzwängen und Vorurteilen.

Der Brief sagt es noch schärfer: Tot in den eigenen Vergehen und Missetaten. Das ist wie bei Packeis. Da ist nicht nur die Oberfläche des Wassers gefroren. Da schieben sich die Eisbarrieren übereinander. Da ist kein Durchkommen mehr, man wüsste gar nicht, wo man anfangen soll. Es gibt keine Übersicht, keinen Durchblick, keine Möglichkeit, auf beiden Füßen zu stehen. Irgendwann meint man, den Tiefpunkt erreicht zu haben. So berichtet man es auch von Süchtigen, die erst gerettet werden können, wenn sie auf der Talsohle angelangt sind und sich mit keinem Strohhalm mehr trösten können. Unser Brief gebraucht dafür das Bild des »Schuldscheins«. Wenn man finanziell soweit ruiniert ist, dass man bei der »Schufa« zu den schwarzen Schafen gehört. Da gibt es dort eine ganze Liste von nicht abzubezahlenden Schuldverhältnissen. Unser Brief verwendet dafür das Bild des Schuldscheins, der dicht gefüllt ist.

An dieser Stelle ist nun das schwierige Bild vom »gekreuzigten Schuldschein« aufgrund neuerer Forschungen zum antiken Bankenwesen zu präzisieren. Der Schuldschein war eine vom Schuldner persönlich ausgestellte Urkunde. Darauf stand zum Beispiel: »... was wir auch zurückbezahlen werden, abgesehen von dem anderen, was wir außerdem noch schulden. Ich, Papos, schrieb es für ihn, da er nicht schreiben kann« (Schuldschein über einhundert Silberdrachmen, 1. Jh. n. Chr.). Eine solche Urkunde begann mit den Worten: »Ich bekenne (die und die Schulden zu haben).« Als »*dogmata*« (Kolosser 2,14) bezeichnete man die einzelnen Schuldenposten, die »Schuldverbindlichkeiten«; wurden sie nicht eingelöst, so konnte man aufgrund der Urkunde Klage erheben. Diese Urkunde mit dem Schuldbekenntnis und der Unterschrift wurde nun in einem öffentlichen »Verwahramt« für Privaturkunden aufgehoben. Dort war sie sicher vor Fälschungen seitens des Schuldners oder des Gläubigers. Hatte der Schuldner das Geld zusammen, um seine Schuld zu bezahlen und hatte er dem Gläubiger die Summe zurückgegeben (Bezeichnung des Vorgangs: Schuldentilgung, *perilysis*), so erhielt er vom Verwahramt seine Urkunde zurück. Dabei unterscheidet man zwei Vorgänge: Die *athetesis* und die *akyrosis*. *Athetesis* ist die »Beiseitelegung«, also die Entfernung der Schuldurkunde aus dem Stapel der aufbewahrten Papiere. *Akyrosis* (Entwertung) ist das »Totmachen der Schuldurkunde«. Diese Außerkraftsetzung geschah dadurch, dass man die Schuldurkunde kreuzweise oder durch Parallelstriche mehrfach durchgestrichen hat. Das konnte auch unter Verwendung des griechischen Kreuzbuchstabens

Chi (X) geschehen. Einen direkten Bezug zur Kreuzigung darf man hier nicht ohne Weiteres erblicken, denn das Kreuz hatte bekanntlich in der überwiegenden Zahl der Fälle T-Form und nicht X-Form.

Der Vorgang der Entfernung der Schuldurkunde aus der Ablage für derartige Urkunden ist in Kolosser 2,14b demnach angedeutet mit den Worten: »nahm den Schuldschein mitten (aus den übrigen Schuldscheinen) heraus«. Diese Vernichtung der Schuld wird in Kolosser 2 zusammenfassend *exaleiphein* (Beseitigen sc. der Schuldverschreibung) genannt.

Theologisch wichtig ist daran: Zum einen werden die Schulden oder Sünden nicht einfach vergeben, das heißt »geschenkt« wie im Gleichnis vom unbarmherzigen Sklaven (Matthäus 18) oder wenn Jesus Sünden vergibt. Vielmehr werden die Schulden regulär bezahlt. Für die Adressaten des Briefes hilft dieser Aspekt dem Verstehen: Die Schuld verschwindet nicht einfach. Es geht mit »rechten Dingen« zu.

Zum anderen: Jesus selbst wird in diesem Bild zum Schuldschein. In der Kreuzigung Jesu wird der die Menschen belastende, anklagende Schuldschein entwertet. Nun bezahlt der Schuldschein nicht selbst die Schuld. Seine »Totmachung« ist vielmehr nur Zeichen dafür, dass jemand die Schuld bezahlt hat. Dieser »jemand« ist hier im Bild zweifellos Gott. Die Kreuzigung Jesu ist sichtbares Zeichen dafür, dass Gott die Sünden der Menschen vergeben hat. Dieser Aspekt des Bildes unterstreicht daher die Aktivität Gottes (des Vergebenden) stärker als andere Aussagen der Sühnetheologie.

Zum Dritten: Inwiefern ist Jesus selbst der Schuldschein der Menschen? Stehen auf ihm die »*dogmata*«, also die Schuldverbindlichkeiten der Menschen? Nun, das Bild erinnert ein wenig an das paulinische Bild, nach dem Jesus (von Gott) zur Sünde gemacht worden ist oder Fluch wurde. Das paulinische Bild bedeutet: Alles, was es an Sünde und Fluch gab, wurde auf Jesus gesammelt, wurde von ihm angezogen wie Eisenpartikel von einem Magneten. Und weil es von ihm angezogen wurde und sich auf ihm sammelte, konnte es auch an ihm und mit ihm entsorgt werden. Das ist immerhin dem Schuldschein ähnlich. Denn auf dem Schuldschein ist zumindest juristisch alles greifbar, was Schulden sind. Nur hat das Bild vom Schuldschein, auf dem alles steht und mit dessen Entsorgung alles behoben ist, einen anderen metaphernspendenden Bereich zum Ursprung: eben das antike Bankwesen.

Dieses war Menschen in Kleinasien mit Sicherheit leichter verständlich als das Bild vom »zum Fluch«, »zur Sünde« werden; denn dieses Bild kommt von Ritual des Versöhnungstages (*Yom kippur*) her. Auf dem Deckel der Bundeslade sammelt sich alles Vergehen, um dort am Versöhnungstag entsorgt zu werden.

Was bedeutet Jesus als Schuldschein? Die Menschen in Kleinasien konnten dieses Bild verstehen. Aber bei jeder Metapher gilt, dass man ein Bild auch zu Tode reiten kann, wenn man es überstrapaziert. Welches sind hier die Vergleichspunkte? Einmal entspricht das Totmachen des Schuldscheins der Tötung Jesu. Durch Vernichtung des einen zentralen »Dokuments« sind wir befreit von Schuld. Das Zeichen für die Beseitigung der Schuld ist in beiden Fällen nicht identisch mit dem Urheber der Befreiung von der Schuld. Denn die Schuld wurde beseitigt durch den wieder zu Geld gekommenen Schuldner beziehungsweise durch Gott. Die Vernichtung des zentralen Dokuments ist nur ein, wenn auch unentbehrliches Zeichen für diesen Vorgang. Sodann: Die Größe der Schuld ist an diesem zentralen Dokumentationspunkt ablesbar. An Jesus deshalb, weil er viel gelitten hat. Die Grausamkeit des Martyriums Jesu spiegelt die Größe unserer Schuld.

Nur zur Ergänzung sei noch darauf hingewiesen, dass die hauptsächlichen Adressaten der zeichenhaften Vollendung der Schuldaufhebung nach Kolosser die Engelmächte sind, die nach 2,15 »erledigt« werden. Sie schüchtern die Menschen nach damaliger Anschauung stets ein. Alle Angst rührt von ihnen her. So hat der Vorgang, der sie öffentlich zum Schweigen bringt, auch Bedeutung für das Herz der Menschen in der Gemeinde.

In der Eucharistie beginnt unsere Auferstehung

Ostern – am Tag

KOLOSSER 3,1–4

Wir wählen Kolosser 3,3 als Kernvers aus. Luther übersetzt: »Denn ihr seid gestorben, und euer Leben ist verborgen mit Christus in Gott.« Also offenbar eine traurige Botschaft? Wir sollen gestorben sein? Und unser Leben soll verborgen sein, also gar nicht fröhlich, sondern wie tot, nicht sinnlich, sondern weltabgewandt? Aber unser wirkliches Leben ist doch alles andere als in Gott verborgen. Und was heißt das überhaupt? So übersetzen wir neu: »Denn für das Irdische seid ihr tot. Euer neues Leben kann man weder sehen noch begreifen, doch lebt ihr mit Christus in der Gemeinschaft Gottes« (Berger/Nord). Und das heißt: In der Taufe habt ihr radikal Abschied genommen von den alten Maßstäben, von den Schein-Werten, die hier auf Erden gelten. Dieser Abschied ist so radikal wie ein Tod. Doch nun habt ihr seit der Taufe gleichzeitig ein neues Leben. Weder Gott noch den erhöhten Christus noch die Wirklichkeit dieses neuen Lebens kann man sehen und greifen.

»Unsichtbar«, »ungreifbar« – ist also das alles nicht doch nur Lug und Trug? Nun, strikte Beweise gibt es nicht, wohl aber die Evidenz der Folgen. Das heißt: Die Folgen der Annahme oder der Ablehnung dieses Glaubens, dieses Bekenntnisses, sind jeweils so gravierend und einleuchtend, dass die Früchte sehr wohl die Erkenntnis der Qualität ihres Ursprungs ermöglichen.

Ich möchte gerade diesen Vers auswählen, weil es hier um das Leben der Christen nach der Auferstehung Jesu geht. Es gibt für uns ein Leben nach der Auferstehung – wohlgemerkt: nach der Auferstehung Jesu. Es ist ein anderes als das Leben vorher. Und es ist ein Leben in geheimnisvoller, eben verborgener, also mystischer Gemeinschaft.

Zur Verborgenheit in Kolosser 3 bemerkt der heilige Thomas von Aquin in seinem Kommentar: Hier geht es um die verborgene Herrlichkeit, die einst die offenbare Herrlichkeit sein wird. Er weist auf Psalm 30,20: »Wie reich ist Herr, deine Güte, die du denen zugedacht hast, die dich fürchten und bereitet denen, die sich bei dir bergen vor den Menschen.« Denn in der Tat: Gott birgt alle, die bei ihm Zuflucht suchen, im Schutze seines Angesichtes. Das gilt nach der griechischen Übersetzung von Psalm 30,20 für die, die auf Gott hoffen, und zwar entgegen den Wünschen und Erwartungen der Menschen. Also geht es hier um ein geheimes Schutz- und Trutzbündnis. Inwendig ist es verborgene Herrlichkeit.

In Fastenpredigt 6 bringt Bernhard von Clairvaux das Bild des anderen Lebens in Gott zusammen mit dem Bild des Pilgers und sagt: »Für alles andere bin ich gestorben: ich fühle es nicht, beachte es nicht, kümmere mich nicht darum; wenn aber etwas Christus betrifft, dann findet mich dieses lebendig und bereit.«

Andere, ostkirchliche Theologen beschreiben dieses Leben mit Christus als ein Leben voll Liebe und Licht, das unfassbar ist. Über österliche Spiritualität sucht man ohnehin am besten in den Liturgien der Ostkirche – und man wird reich belohnt, etwa mit diesem liturgischen Text: »Schweigen soll alles sterbliche Fleisch und in Furcht und Zittern dastehen. Und nichts Irdisches soll es bei sich erwägen. Denn der König der Könige und der Herr der Herrscher naht, sich töten zu lassen und als Speise sich zu geben den Gläubigen. Es ziehen vor ihm her die Chöre der Engel mit aller Herrschaft und Gewalt, die vieläugigen Cherubim und die sechsflügeligen Seraphim, und sie verhüllen ihr Antlitz und singen die Hymne: Halleluja, Halleluja, Halleluja.« »Nichts Irdisches« – was ist das? Ich denke dabei an die Farben der Fresco-Bilder von Fra Angelico im Dominikaner-Konvent in Florenz. Durch klare, reine, leichte Farben kann man das Gemeinte hier leichter sagen. In dem zitierten Text aus der Liturgie der Ostkirche wird die himmlische Existenz eucharistisch vermittelt. »Brot der Engel isst der Mensch«, kann man deshalb Eucharistie umschreiben.

In der Tat: Die Eucharistie ist ein Zugang zum Ostergeheimnis, ein ganz eigenständiger, sehr leibhaftiger und dennoch nicht »verkopfter«. Denn in der Eucharistie geht es erstens um die leibhaftige Gegenwart des Auferstandenen und Erhöhten. Hier ist Gott in Jesus Christus als der Lebendige leibhaftige Gegenwart. Hier ist das überzeugende Lebenszeichen Gottes, auf das Israel so lange gewartet hatte, auf das auch in unseren Tagen Menschen warten. Und zweitens ist die leibhaftige Berührung, die Gott uns in der Kommunion für einen Augenblick schenkt, Angeld unserer eigenen Auferstehung und in mancherlei Hinsicht deren Beginn. Denn viele Menschen fragen danach, was das Ostergeheimnis für sie selbst bedeute. In der Kommunion liegt – nächst der Taufe – der Beginn unserer Zukunft, ganz umfassend gesehen. Drittens ist die überaus sanfte und freundliche, im besten Sinne therapeutische Annäherung Gottes an uns in der Kommunion auch der Ausgangspunkt für die typisch frühchristliche Ethik der Sanftheit. Sie besteht immer in der Selbstzurücknahme und im Machtverzicht. Denn Liebe, Freude, Friede, Geduld und Langmut haben genau dieses gemeinsam: den Verzicht auf ein »mächtiges« Auftreten. Jesus Christus, wahrer Gott und wahrer Mensch, »leistet« das in der Eucharistie: Er ist sich nicht zu schade, sich in einem Stück Brot uns anzuvertrauen, sanft und wehrlos, ein wenig Lebensmittel, scheinbar. Und viertens schließlich entspricht die Verborgenheit Gottes in der Eucharistie auch unserer eigenen Verborgenheit in Gott, von dem Kolosser 3 spricht.

Im Hymnus des heiligen Thomas von Aquin heißt es: »*Adoro te devote, latens deitas*« (Hier bet ich auf den Knien verborgener Gott dich an). Denn, so fährt der Hymnus fort, am Kreuz war nur die Gottheit verborgen, hier ist es auch die Menschheit Jesu Christi. Aber beiderlei Verborgenheit liegt sozusagen »auf einer Linie«. Diese Verborgenheit Gottes gilt daher bis in die äußerste Konsequenz. Das Ärgernis der Unsichtbarkeit und Unhörbarkeit Gottes reicht bis dahin, dass er »ein Stück Brot« wird. Aber irgendwie ist auch dieses ganz die Handschrift des biblischen Gottes, von dem die Mystiker immer mit Recht sagten, er sei unzugängliches Geheimnis. So ist das auch in der Eucharistie: unzugänglich liebevolles Geheimnis.

Und nach Kolosser 3 entspricht nun dieser Verborgenheit Gottes auch die christliche Existenz. Sie spiegelt damit die Verborgenheit, Unzugänglichkeit und Unfassbarkeit Gottes. In unserer Eigenschaft als Kinder Gottes, als »Kinder der Auferstehung« sind wir sozusagen »aus demselben Holz geschnitzt«, ist unsere Identität als Kinder der Auferstehung unsichtbar, aber eben doch in den Früchten fühlbar in den Auswirkungen. Viele Menschen haben Glaubenszweifel und verweisen darauf, dass sich ja doch nichts geändert habe. Sie leiden unter der Unsichtbarkeit, in der wir doch eben Gottes Handschrift und unsere eigene Art der Anteilhabe an der Auferstehung beschrieben haben. Ich stelle die Gegenfrage: Seit wann kann man Liebe sehen? Ist nicht Liebe deshalb so spannend und immer Thema Numero eins, auch in der biblischen Religion, weil sie ein ständiges Ringen zwischen Unsichtbarkeit und Zutagetreten, zwischen innerer Glut und den Möglichkeiten des Sich-Äußerns, zwischen Herz und Leib ist? Wie schrecklich schon die Vorstellung, man könnte das alles sehen! Und wie richtig die Erwartung, gerade von Frauen, dass sich Liebe in den Kleinigkeiten zeigt, in den kleinsten Kleinigkeiten.

So ist es übrigens auch bei Jesus, der den Pharisäern in dieser Hinsicht nahesteht: Die Wirklichkeit Gottes, die Wirklichkeit der Identität Jesu ist unsichtbar – das war in keiner Religion anders. Aber die Folge dieser Verborgenheit ist gerade nicht die Verachtung der Kleinigkeiten auf Erden, sondern die Liebe zu den kleinen, oft übersehenen Gesten und Pflichten. Und wenn man sagt, der Teufel stecke im Detail, dann gilt das von Gott noch viel mehr. Alle, die mangelnde effektive Größe beklagen, sind zu Ostern mit Nachdruck auf die »Kleinigkeiten« verwiesen, die sich unter großer Liebe nachhaltig ändern.

Schöpfung als sakramental bestimmter Weg

18. Sonntag im Jahreskreis C

KOLOSSER 3,1–5.9–11

Als Grundlage seiner Mahnrede führt der Verfasser des Briefes (Paulus oder Schüler) jene Auferstehungstheologie an, die wir auch aus anderen spät- oder nachpaulinischen Schriften kennen. Demnach sind die Christen durch die Taufe definitiv (und nicht nur bildlich oder geistig oder symbolisch) schon auferstanden. In Epheser 2,5–7 heißt das so: »Er hat uns, die wir tot und entgleist waren, gemeinsam mit Christus überhaupt erst lebendig gemacht. Aus Gnade seid ihr erlöst. (6) Und er hat uns gemeinsam mit Jesus Christus auferweckt und im Himmel einen Platz gegeben. (7) So will er für alle Zukunft zeigen, dass er mit Gnade nicht geizt.«

Nach Paulus ist die künftige Auferstehung nur die »Enthüllung« der Christen als Kinder Gottes (Römer 8,19), und die Gotteskindschaft besteht nach Römer 8,23 in der Erlösung des Leibes von aller Vergänglichkeit. An anderer Stelle nennt Paulus dieses die »Anzahlung« des Heiligen Geistes, die den »neuen (inneren) Menschen« Tag um Tag in uns wachsen lässt, und im vierten Evangelium ist es das ewige Leben, das wir schon haben.

Wir sehen daher, dass dieser schon gegenwärtige (präsentische) Aspekt unserer Erlösung ein gutes Fundament in paulinischer Theologie hat. Er hängt bei ihm mit Heiligem Geist und dem Kindsein gegenüber Gott zusammen, also den beiden entscheidenden Gaben an jeden Christen. Aber am Leben des Auferstandenen hat auch nach Paulus schon der Getaufte in Römer 6,11 Anteil, auch wenn es hier nicht um den Heiligen Geist geht.

Gewiss ist die Anteilhabe am Leben des Auferstandenen noch nicht sichtbar, aber die Konsequenzen sollen zumindest sichtbar sein. Das betrifft schon nach 3,1 die Aufforderung: »Strebt nach dem, was

Gott im Himmel will«, dann aber besonders 3,5: »So wie man abgestorbene Körperteile amputieren muss, trennt euch von euren alten Gewohnheiten, die noch zur irdischen Welt gehören.« Der Himmel ist zwar unsichtbar, aber für die Christen jetzt genau zeitgemäß. Die Frage ist daher noch einmal zu stellen: Welchen Realitätscharakter hat für die getauften Christen der »Himmel«, in dem ihr Leben mit dem auferweckten Christus verhüllt gegenwärtig ist. Diese Realität ist auf jeden Fall persönlich und mystisch (Kontakt mit »Personen« der unsichtbaren Welt), sie ist auch »von Rechts wegen« (juristisch im alttestamentlichen Sinn), sie ist in eben diesem Sinne auch sakramental und so real, wie Gott selbst es ist. Dann wechselt das Bild in 3,9f.: »Zieht den alten Menschen mit seinen Taten wie ein altes Kleid aus, zieht den neuen Menschen an. Denn dieser wird ganz neu geschaffen als Gottes Ebenbild, auf dass ihr euren Schöpfer immer tiefer erkennt.«

Die Spannung von Sakrament und Ethik wird hier greifbar: Was im Sakrament der Taufe schon punktuell realisiert ist (der Getaufte hat Christus angezogen), macht die Ethik durativ zur Aufgabe (»zieht an«). Dabei schließen sich Punkt und Linie eben nicht gegenseitig aus, sondern sind komplementäre Darstellungen derselben Wirklichkeit. Das sich klar zu machen, hat auch schon seine ökumenische Fruchtbarkeit erwiesen: Denn der Weg und Kampf der Anstrengung kann auch als Punkt der Gnade gesehen werden.

Dabei steht das Kleid selbstverständlich für alte und neue Existenz. Diese beiden stehen konträr zueinander, obwohl doch die Übergänge von Schwarz nach Weiß in alltäglichem Grau verlaufen. Welchen Realitätscharakter haben also das alte und das neue Gewand? Beide bestimmen jede Sekunde christlicher Existenz wie die zwei Brennpunkte einer Ellipse. Doch der eine Brennpunkt hat Zukunft, der andere nicht. Je mehr die Anziehungskraft des einen Brennpunktes schwindet, umso mehr wächst die des anderen. In punktueller Hinsicht ist die Taufe der Ort des Kleiderwechsels. Das neue Kleid ist das neu angelegte Taufkleid (Ritualisierung von Metaphern).

Nach 3,10b hat das Anziehen des neuen Kleides ein Ziel: Es soll der immer tieferen Erkenntnis und zugleich der immer größeren Ähnlichkeit mit dem dienen, der Schöpfer und Neuschöpfer ist. Denn der Ausdruck »nach dem Bild dessen, der ihn geschaffen hat«, entspricht zunächst einmal Genesis 1,26f. Der erneuerte Mensch wird dann ganz nach dem Bild Gottes sein, wenn er den neuen Leib ganz angezogen hat.

Wie in 1 Korinther 15 ist daher die Schöpfungsgeschichte von Genesis 1,26–28 eschatologisch verstanden, das heißt: Offenbar bezieht auch der Verfasser des Kolosser – wie schon Paulus selbst – dieses Stück auf das, was noch kommt. Das dürfte voraussetzen, dass Genesis 2 (Erschaffung aus Lehm, Eva aus der Rippe Adams) auf das erste Menschenpaar hin ausgelegt wird, während Genesis 1 von Christus handelt. Dem entspricht innerhalb dieses Briefes genau, dass nach Kolosser 1,15 Jesus Christus »Bild« (Gottes) genannt wird. Das heißt: Wie Paulus, so leistet sich der Verfasser des Kolosser etwas exegetisch höchst Erstaunliches. Er bezieht den ersten, voranstehenden Bericht (Genesis 1) auf zeitlich Späteres, und das wird dann das Ideale sein. Den folgenden Bericht in Genesis 2 dagegen lesen Paulus und sein Schüler als Bericht über das Erste, längst Vergangene. So kommt es, dass nach Kolosser 1 so wie auch sonst im Neuen Testament Christus bis auf Weiteres der erste und einzige Mensch nach Gottes Bild ist. Damit ist freilich kein Endstadium beschrieben. Die Getauften sollen, indem sie das Taufkleid immer enger an sich ziehen, immer enger mit ihm verschmelzen. Diese Neuschöpfung geschieht nicht allein durch Gottes Gnade, sondern auch auf dem Weg der Erkenntnis.

Aus alledem geht hervor: Die neue Schöpfung ist ein Weg, aber ein sakramental bestimmter, sie ist der Weg derer, die schon auferstanden sind. Damit verliert das ruhige Wachsen auf Christus hin nichts von seiner Dramatik. Und wenn ich etwas immer vor Augen habe, erhöht sich die Chance, dass ich ihm ähnlich werde. Die Kontemplation ist demnach der Weg der Verwandlung, das Bedenken der Pfad der Verähnlichung.

Mit dem Epheserbrief teilt daher der Brief an die Kolosser eine Art urchristlicher Prozesstheologie. Das heißt: Zwischen entweder/oder und dem Bild des ständigen Werdens gibt es eine kunstvolle Verflechtung. Am schönsten hat das Epheser 4,15f. formuliert: »Wir dagegen können darauf bauen, dass der Herr uns wirklich liebt, und wollen ihm entgegenwachsen in allen Dingen. Denn er ist das Haupt des Leibes. Von ihm her wächst der ganze Leib harmonisch und organisch dank seiner Glieder und Gelenke. Jeder einzelne Teil hat dabei seine Aufgabe. So wächst der Bau des Leibes durch Liebe.«

Eine apokalyptische Zukunftserwartung mit Katastrophen und Weltenbrand kennt weder Kolosser noch Epheser. Das heißt: Eine gefährliche oder tödliche Unterbrechung, die das Wachstum von außen stören könnte, ist hier nicht in Sicht. Aber deswegen ist das Christentum hier noch nicht harmlos. Die Gefahr liegt vielmehr darin, dass die Christen hinter ihrer eigenen »Zukunft zurückbleiben«, dass sie nicht die Konsequenz aus ihrem neuen Sein ziehen, dass sie sich benehmen wie Erdenwürmchen, statt sich ihrer Würde als Mitauferstandene bewusst zu werden.

Und wenn jemand fragte, wo diese neue Weltordnung schon Wirklichkeit ist, würde der Verfasser des Kolosser antworten: in der einen Kirche. Denn in 2,11 endet er mit den Worten: »Hier zählt es nicht, ob jemand Grieche oder Jude, beschnitten oder unbeschnitten, Barbar oder Skythe, Sklave oder Freier ist, sondern Christus ist alles in ihnen, und in ihnen allen ist nur er.« Ähnliche Listen kennen wir von Paulus aus Galater 3,28; 1 Korinther 12,13. Es ist nicht der Sinn dieser Listen zu sagen, dass alle gleich sind oder dass keine Unterschiede mehr bestehen. Kolosser erstrebt keine Kulturrevolution, in der alle Kulturen platt gewalzt, alle Geschichte zerstört wird. Vielmehr ist alles Trennende entfallen und entschärft. Die Unterschiede, die bestehen, zerstören nicht die Einheit. Denn das ist der Vollsinn von Neuer Schöpfung nach dem Neuen Testament: Jesus Christus ist in allen Menschen und Kulturen eine so bestimmende Wirklichkeit, dass alle Unterschiede angesichts dieser Einheit verblassen.

Ertragt und verzeiht einander!

Fest der heiligen Familie

KOLOSSER 3,12–21

3,12–14 sind streng theologische allgemeine Mahnrede, bezogen auf Gott, den Vater. 3,15–17 sind christologisch (»Und der Friede Christi ...«) mit Bezug zum Heiligen Geist (V. 16 Gesänge im Heiligen Geist). In 3,18–21 liegt dagegen etwas Spezielleres vor, eine sogenannte »Haustafel«, Mahnungen über das Miteinander von Frauen, Männern und Kindern im christlichen Haus. Die beiden ersten Teile in 3,12–17 kann man als eine festliche, feierliche Einleitung zu den speziellen Mahnungen für die Familie auffassen.

In dem Abschnitt über Gott-Vater, 3,12–14, mahnt der Verfasser dazu, unterschiedliche Arten von Gewaltverzicht und Liebe »anzuziehen«. In dem christologischen Abschnitt dagegen wechselt das Thema: Jetzt geht es um den Gottesdienst im auf das ganze christliche Leben übergreifenden Sinne (»Alles tut im Namen Jesu ...«).

Der theologische Abschnitt erinnert an den Taufritus. Denn etwas Neues anziehen kann und muss der Christ nach der Taufe, die bekanntlich eine Ganztaufe für nackt ausgezogene Menschen war. Auf jeden Fall werden die Adressaten an die Taufe erinnert (vgl. Galater 3,27). Das, was sie im Einzelnen anlegen sollen, ist in sich eine sehr gleichartige Ethik der »Sanftheit«. Denn der gemeinsame Nenner der Mahnungen (»dass ihr euch von Herzen erbarmt, dass ihr freundlich seid und Demut übt, dass ihr friedfertig, voll Langmut und geduldig miteinander seid. Vergebt einander, wenn jemand gegen den anderen einen Groll hegt«) ist der Verzicht auf die Anwendung von Macht, Gewalt und Rache. Also eine Ethik der Nachgiebigkeit. Vor dem Neuen Testament gelten diese »Tugenden« als Inbegriff von Weisheit, und zwar praktischer Weisheit seitens dessen, der wohl durchaus die Macht hätte, streng durchzugreifen. Die Weisheit macht sanft.

Absage an den Geisterkult

Im Neuen Testament tritt fast durchgehend der Heilige Geist an die Stelle der Weisheit. Dass hier in Kolosser der Heilige Geist nicht genannt wird, obwohl alle Merkmale der typischen »Ethik des Heiligen Geistes« vorliegen, hängt mit der nachprüfbaren Abneigung des Verfassers gegen den Heiligen Geist zusammen, näherhin mit der Situation der Adressaten, die einem übertriebenen Engel (»Geister«)-Kult huldigten. Daher gebraucht der Verfasser das Wort »Heiliger Geist« außer in 1,8 nicht; in 3,16 finden wir, wie erwähnt, das Adjektiv (»vom Heiligen Geist«). Das Anziehen des neuen Kleides bei der Taufe konnte abwechselnd als Anziehen Jesu oder des Heiligen Geistes genannt werden. Der Verfasser des Kolosserbriefs setzt dagegen hier ganz streng Gott Vater ein. Dass die Liebe als Zusammenfassung der Reihe am Ende steht, ist durchaus üblich; anderswo kann sie auch am Anfang stehen, doch zumeist findet sie sich als das Wichtigste am Schluss, so auch in der bekannten Formel »Glaube, Hoffnung, Liebe« in 1 Korinther 13. Beachtenswert ist noch: Die Vergebung ist Weitergabe der schon von Gott empfangenen Vergebung (wie in Matthäus 18,23–35). Die Liebe heißt in Kolosser 3,14 »Band der Vollkommenheit«, also das vollkommene Einheitsband, das die Gemeinde zusammenhält. Dass der zweite, christologische Teil (3,15–17) gottesdienstlich orientiert ist, darauf weisen der Friedenswunsch in V. 15, »Danksagen« in V. 15, das »Wort Christi« in V. 16, Lehren und Ermahnen in V. 16, Singen von Psalmen, Hymnen und geisterfüllten Gesängen in V. 16, »im Namen des Herrn Jesus« und »Danksagen« in V. 17, »durch Jesus« als zitierte Gebetsformel in V. 17. Dass in V. 17 von Gott dem »Vater« einerseits und dem »Herrn« Jesus andererseits die Rede ist zeigt, dass die entsprechenden Formulierungen am Anfang paulinischer Briefe (»von Gott dem Vater und von unserem Herrn Jesus Christus«) entweder aus der Liturgie kommen oder schon liturgisch geworden sind.

Der Begriff des »Leibes Christi« in V. 15 wird, ähnlich wie in 1 Korinther 12, sozusagen akut angesichts einer versammelten Gemeinde.

Jedenfalls gewinnen alle hier genannten Größen ihren besonderen Sinn, wenn Christen sich »offiziell« versammeln. Dass Danksagen (Eucharistie) zweimal erwähnt wird, ist deshalb besonders interessant, weil eben auch das Herrenmahl so genannt wird (Lehre der Zwölf Apostel 9,1), auch wenn es hier nicht (direkt) genannt ist. Auch die Zusammenkunft als »Leib Christi« wird jedenfalls bei Paulus (1 Korinther 10f.) damit in Beziehung gesetzt, dass die Gemeinde durch das gesegnete Brot direkt Anteil an Jesu eigenem Leib gewinnt. So kann man die Andeutungen hier jedenfalls »prä-eucharistisch« verstehen, das heißt: Wichtige Elemente sind vorbereitet (Leib Christi, Danksagen, Versammlung), in deren »Verlängerung nach vorne hin« eine eucharistische Füllung im engeren Sinne durch das Herrenmahl vorstellbar wäre.

Will man aus den Andeutungen hier Schlüsse auf die liturgische Gestaltung ziehen, so ergibt sich, dass diese aus folgenden Elementen bestand: 1. Friedensgruß, 2. Dankgebet, 3. Verkündigung des Wortes Christi, 4. Lehre und Mahnrede, 5. Gesänge verschiedener Gattungen (Psalmen, Hymnen, Lieder), von denen die Psalmen wohl biblisch oder den biblischen Psalmen ähnlich sind, die Hymnen typisch hellenistisch, 6. Offenbar spielen die Formeln »im Namen Jesu« zu Beginn unterschiedlichster Handlungen und »durch Jesus, unseren Herrn« bei Gebeten aller Art eine besondere Rolle.

Theologisch kann man sagen: Die Liturgie der Gemeinde ist stark christozentrisch. Sie ist ganz speziell auf Christus, den Herrn ausgerichtet. Die Gemeinde versammelt sich um den erhöhten Herrn. Sie hört sein Wort. Sie betet »durch ihn«, so wie wir es auch noch tun. Zumindest wünscht der Verfasser des Briefes dieses – im Kontrast zum Engeldienst, den er ablehnt (Kolosser 2,18.23). In 3,1 hat er die maßgebliche liturgische Vorstellung entworfen: »Sucht den Himmel. Dort sitzt Christus zur Rechten Gottes.« Der Gottesdienst vollzieht und verstärkt daher den Blick auf den unsichtbaren Herrn. In Wortverkündigung, Gebet und Lied wird seine unsichtbare Gegenwart wenigstens hörbar beziehungsweise hörbar gefeiert.

Die Haustafel in 3,18–21 scheint ungleichgewichtig. Denn die Ehefrauen sollen sich den Männern unterwerfen, wie es sonst von Sklaven gegenüber ihren Herren gefordert ist. Aber von den Männern heißt es »nur«, dass sie die Frauen (zur Vermeidung von Missverständnissen haben einige griechische Handschriften: »ihre Frauen«!) lieben sollen. Doch wer daraus ableiten möchte, dieser Brief sei eben im Ganzen veraltet, hat in V. 18 den Nachsatz überlesen: »... wie es sich für Menschen geziemt, die im Herrn sind«. Was das bedeutet und inwiefern das die abweichende Formulierung für Frauen und Männer erklärt, kann man aus 1 Korinther 11,3 und aus den weiteren Belegen ersehen, nach denen sich Christen anderen Christen gegenüber unterwerfen sollen.

Aus 1 Korinther 11,3 geht hervor: Paulus denkt an eine in der Schöpfung begründete hierarchische Abfolge Gott–Christus–Mann–Frau. Diese Abfolge wird für Paulus aus dem Nacheinander der beiden Schöpfungsberichte von Genesis 1 und Genesis 2 erkennbar. Denn Paulus liest Genesis 1f. natürlich als einen einzigen Bericht. Und dabei deutet er den »Menschen nach Gottes Bild« in Genesis 1,26f. exklusiv auf Jesus Christus (so auch in 1 Korinther 15,45f.) und den Adam nach Genesis 2 und Eva aus dessen Rippe auf das erste Menschenpaar. So ergibt sich die Abfolge Christus–Mann–Frau.

Der jeweils Frühere wird durch den dann Folgenden abgebildet, ist ihm aber überlegen. Er repräsentiert für ihn den Herrn. Erklärt wird dadurch Kolosser 3: Die Frau muss sich dem Mann unterwerfen, weil der Mann früher geschaffen ist. Aber er ist nur deshalb »höher«, weil er Abbild Christi ist. So und nicht anders werden auch andere frühchristliche Unterwerfungsforderungen begründet: Der andere ist Repräsentant Christi. Daher auch das »Fürchten« in Epheser 5,33. Doch niemand sage, Lieben sei weniger oder leichter!

ERSTER UND ZWEITER THESSALONICHERBRIEF

Löscht den Geist nicht aus!
Prüft alles und behaltet das Gute!

1 THESSALONICHER 5,19.21

Eine Freundschaft mit Folgen

29. Sonntag im Jahreskreis A

1 Thessalonicher 1,1–5b

Bis ins hohe Mittelalter hinein gibt es eine uns sehr fremde Art, Theologie zu betreiben, zu deren ersten Belegen unser Abschnitt, Vers 3 gehört: Den Adressaten werden einfach abstrakte Substantive präsentiert. Paulus spricht hier vom Werk des Glaubens, von der Mühsal der Liebe und der Geduld der Hoffnung Jesu Christi. Wir fragen leicht genervt: Was soll an dieser abstrakten Sammlung erbaulich sein? Berger/Nord haben ihr Bestes versucht, das verständlich wiederzugeben: »Immer wenn wir zu Gott, unserem Vater, beten, sprechen wir von eurem tatkräftigen Glauben, eurer starken Liebe und eurer geduldigen Hoffnung, die sich in vielen schweren Zeiten bewährt hat, weil sie auf unseren Herrn Jesus Christus gegründet ist.« Aber erläutert werden muss vor allem diese abgekürzte Art zu reden. Zunächst: Wir erkennen in dieser Reihe die aus 1 Korinther 13,13 geläufige Dreizahl von »Glaube, Hoffnung, Liebe« wieder. Hier ist sie nur anders gemischt und reicher ausgestaltet. Denn hier heißt es: Glaube, Liebe, Hoffnung. Und hinzu kommen noch »Werk«, »Mühsal« und »Geduld«.

Der Schlüssel zu diesen und vielen verwandten Reihen ist die Beobachtung, dass es sich um Stadien eines geistlichen Weges handelt. Es ist wie bei den Stationen eines Kreuzwegs, die in der Abfolge nicht vertauschbar sind. Es ist der Weg, den jeder einzelne Christ gehen muss. Theologie fasst hier einen geistlichen und moralischen Prozessionsweg in Worte. In der Alten Welt nennt man diese durchaus sinnvollen Listen »Filiationsreihen«, denn jede folgende »Tugend« ist Tochter (filia) der vorangehenden. Daher steht immer der Glaube voran. Denn der Glaube ist die Grundlage, der Anfang. Aber der Glaube bleibt eben nicht allein. Jeder kennt aus der Diskussion um Rechtfertigung die berühmte Frage, ob letztlich der Glaube allein reicht. Die

Antwort dieser »Weg-Theologie« oder »Theologie in Reihenbildung« ist: Der Glaube ist die einzige Basis. Daher steht er immer am Anfang. Und er reicht auch aus, um grundsätzlich im Raum des Heils zu stehen. Er allein. Aber wenn er wie eine taube Blüte ist oder verwelkt und keine Töchter oder Früchte bekommt, dann ist es eben ein toter Glaube gewesen. Auf den Glauben folgt seine Sichtbarwerdung im Werk, in der Geduld usw. Dieser Zusammenhang von Glaube und Werk ist immer ein organischer; deshalb vergleicht man ihn mit Gebären oder Fruchtbringen. Oder man sagt: Werke sind Zeichen des Glaubens. Aber in dieser Beziehung reicht eben der Glaube aufs Ganze gesehen nicht. Für Paulus ist es selbstverständlich, dass der Glaube auch Gestalt gewinnt. Das ist so organisch wie der Kastanienbaum im Herbst Früchte abwirft. Nun war gewiss auch zur Zeit des Paulus die Verbindung von Glauben und glaubwürdigen Taten ein Problem (vgl. etwa Matthäus 7,21–23). Angesichts dieses Problems hat gerade eine solche Reihe wie hier in Vers 3 eine geradezu suggestive Bedeutung. Suggestiv deshalb, weil kein Hörer oder Leser einfach beim Glauben stehen bleiben darf. Wie unglücklich ist ein Mensch, der bei irgendeinem Stadium der Entwicklung stehen bleibt. Er ist wie ein Weinstock, der nicht richtig Früchte bringt.

Das Wortfeld »Glaube und Werk« wird hier zuerst genannt. Wir kennen es auch – mit der gleichen Selbstverständlichkeit gebraucht – aus Galater 5,6 (»der Glaube, der durch Liebe ins Werk gesetzt wird«). Von Selbstverständlichkeit spreche ich, weil Paulus hier das Werk als natürliche Konsequenz des Glaubens ansieht. Das ist anders, wo Paulus eben nicht die Umsetzung und Sichtbarmachung des Glaubens meint, sondern wo er einen strengen Gegensatz aufstellt zwischen Glauben an Jesus Christus einerseits und den Werken des Gesetzes andererseits. Das ist im Galater- und im Römerbrief der Fall. Wo Paulus diesen Gegensatz aufstellt, meint er etwas anderes als in 1 Thessalonicher 1,3. Denn bei dem Gegensatz von Werken des Gesetzes und Glauben an Jesus Christus geht es um die Frage »Gesetz oder Christus« und das meint: Genügt es Jude zu bleiben und im Gesetz die entscheidende Auszeichnung durch Gott zu sehen – oder ist der Glaube das Kriterium der Zugehörigkeit zu Gott? In dieser Alternative muss die Antwort ausfallen: Allein der Glaube und nicht das jüdische Gesetz ist der Maßstab der »Auserwähltheit«. Denn Paulus meint, dass Jude zu sein und stolz zu sein auf das Gesetz noch kein Heil bedeutet. Heil gibt es allein in der Zugehörigkeit zu Jesus Christus. Denn alle Werke des Gesetzes bleiben immer »löcherig« und unvollkommen. In 1 Thessalonicher 1,3 dagegen und in Galater 5,22 geht es um die innerchristliche Frage nach den Konsequenzen des Glaubens. Und da sind die Werke höchst erwünscht, ja notwendig. In jedem Falle aber sind die Werke Ausweis und Erkennungsmarke der grundsätzlichen Zugehörigkeit. Wenn man grundsätzlich im Bereich des Gesetzes stehen bleibt, tut man (unvollkommene) Werke des Gesetzes. Wenn man dagegen durch Glauben zu Christus gehört, tut man höchst wünschenswerte Werke des Glaubens. Der Begriff »Werk« ist daher durchaus neutral. Entscheidend ist, ob man grundsätzlich zu Christus gehört oder im Bereich des Gesetzes verbleibt. Danach richtet sich Qualität und Wert der Werke.

Das zweite Begriffspaar, das Paulus hier nennt, ist Liebe und die dazugehörige Mühsal. Wir kennen die Wortverbindung von 1 Thessalonicher 1,3 (Werk des Glaubens, Mühsal der Liebe) ähnlich aus Offenbarung 2,2 (Werke, Mühsal, Geduld). Im Lichte dieser Stelle kann man sagen: Den »Werken« beim Glauben entspricht hier bei der Liebe die Mühsal.

Das dritte Glied verbindet Hoffnung und Geduld. Die Reihe ähnelt mit diesem Schluss besonders Offenbarung 2,19 (Werke, Liebe, Glaube, Diakonie, Geduld). Bei Paulus ist die Verbindung von Geduld und Hoffnung besonders wichtig in Römer 5,4 (»Wer weiß, was Geduld ist, besteht auch jede Bewährungsprobe. Und das ist wieder Grund zur Hoffnung«). In den Filiationsreihen gibt es oft einen grundsätzlichen Spannungsbogen zwischen Glaube am Anfang und Liebe am Ende. Dabei sind dann, wie in der Antike üblich, das erste und das letzte Glied die gewichtigsten. So verstehen wir auch die Liste in 1 Korinther

13 besser (Glaube, Hoffnung, Liebe). Wo dagegen – wie hier in 1 Thessalonicher 1,3 – die Hoffnung am Ende steht, zielt die Reihe theologisch gesehen in die Zukunft. Der Glaube ist das Fundament, das zuerst gelegt wurde, die Hoffnung richtet sich auf das letzte Ziel. Dabei kommt die Verbindung von Glaube und Liebe aus der uns auch außerhalb der Bibel geläufigen Verbindung von Liebe und Treue. Denn Glaube ist immer zugleich auch Treue. Die Verbindung mit Mühsal weist auf die missionarische Wirksamkeit, die mit Geduld auf den martyrologischen Aspekt. So kommen hier außer dem allgemeinen »Werk« auch zwei für die Situation des Urchristentums ganz wichtige weitere Aspekte zur Geltung: Mission und Martyrium.

Was fangen wir heute mit dieser Reihung an? Sie nennt nur Stichworte; frühe systematische Theologie äußert sich in Leitbegriffen, die man an sechs Fingern abzählen kann. Paulus gibt hier also durchaus im Sinne von Katechismen grundsätzliche Normen zur Orientierung der Glaubenden. Wir haben gesehen, dass das Geflecht zwischen den Begriffen durchaus beachtlich ist. Die Worte sind ganz und gar nicht willkürlich gewählt, sondern meinen zentrale Stationen des christlichen Weges. Der Gläubige wie der Prediger müssen diese Stationen mit Anschauung füllen. Ich könnte mir das zum Beispiel so vorstellen: Unser Glaube hat Konsequenzen, die Freundschaft mit Jesus ist eine Freundschaft mit Folgen. Aus dem Wahlkampf habe ich einen schönen Satz in Erinnerung: Nichts ist stärker als eine Idee, deren Zeit gekommen ist. Der Weltjugendtag 2005 hat gezeigt, wie sehr die Jugend der Menschheit gerade jetzt sich nach Glauben sehnt und nach der Veränderung, die nur er bewirken kann. Genau jetzt ist die Zeit. Die Mühe, die Liebe macht, setzt eine besondere Liebe voraus, eine, die dem Leiden nicht ausweicht und sich dadurch als ernsthaft erweist.

Dranbleiben und nacheifern

30. Sonntag im Jahreskreis A

1 Thessalonicher 1,5c–10

Der erste Satz, der uns besonders auffällt, steht in 1,6f.: »Inzwischen habt ihr dem Herrn und unserem Beispiel nachgeeifert. ... So seid ihr zum Vorbild geworden für alle Christen in Makedonien und Achaia.« Paulus stellt hier eine Kette von Vorbildern und Abbildern auf: Jesus Christus, dann Paulus selbst, dann die Gemeinde in Thessaloniki, dann die Christen in Makedonien und in Achaia. In dieser Kette ist jeder (ab dem zweiten Glied) zunächst Nachahmer seines Vorbildes, dann aber Vorbild für die nächsten Adressaten der Botschaft. Paulus beschreibt hier nicht eine Sukzession des Amtes, wohl aber die Real-Sukzession der durch und durch von Jesus selbst geprägten Existenz. Vorbild und Nachahmen war das Grundgerüst antiker Pädagogik. In den synoptischen Evangelien ist es eingegangen in die Konzeption von der Nachfolge Jesu. Für diese Auffassung christlicher Existenz sind die Evangelien als Biografien geschrieben, die wirklich ein lebendes Vorbild liefern, bis hin zu Tod und Auferstehung. Besonders im Evangelium nach Matthäus ist dieser Punkt wichtig. Hier sagt Jesus: Kommt alle zu mir und lernt von mir, denn ich bin freundlich und demütig von Herzen (11,29). Paulus hat kein Leben Jesu zur Verfügung, das er seinen Gemeinden vorstellen kann. Für manche Gemeinden, besonders die europäischen, wäre ein messianisches Leben in Palästina vielleicht auch auf den ersten Blick weniger leicht nachahmbar gewesen. Bei Paulus geht es daher um das Nachahmen des Apostels. Worin das besteht, sagt er hier nicht. Aber wir wissen aus anderen Briefen, dass es um die Verbindung von Geduld und Leiden geht.

Wie kann jemand so unbescheiden sein und sich selbst zur Nachahmung empfehlen? Die Antwort: Paulus meint nicht »positive Tugenden« wie Fleiß, Sparsamkeit, Wahrheitsliebe und Güte. Nach allem, was er in den anderen Briefen verlauten lässt, bedeutet christliche Existenz schlicht: Dabeibleiben, standhalten. Dass Paulus das so meint, sagt er unmittelbar im folgenden Vers, wo er von Leiden für das Evangelium und Freude spricht. Dass Paulus nicht wegläuft, bezeugen ja eben sein Brief und sein apostolisches Wanderleben. So ist es nicht sein Ziel, moralische Verdienste beliebiger Art aufzuhäufen, sondern mit allen Konsequenzen dem Herrn treu zu bleiben, diese Kette des Vorbildseins nicht schon nach dem ersten Glied zu unterbrechen. Das alles ist nicht besonders ruhm- oder verdienstvoll. Es ist eher der Weg der Schande. Denn was Paulus in den Peristasenkatalogen (Listen von Leiden) aufzählt, spricht alles nicht für ihn, zum Beispiel 2 Korinther 11,23–29 (Prügel, Steinigung, Schiffbruch, Hunger, Durst, Anfechtung).

Wenn es einem von uns vergleichbar erginge: Bei Bewerbungen x-mal abgelehnt, fünf Jahre arbeitslos, zweimal fristlos gekündigt, mehrmals wegen kritischer Äußerungen im Gefängnis – sein Sozialprestige wäre gleich null. Wer zur Zeit des frühesten Christentums sich zu Jesus bekennt, lebt wortwörtlich zwischen allen Stühlen. Paulus stellt schonungslos dar, wie dreckig es ihm ergangen ist. Und er weiß, dass das alles keine Ehre ist. Denn wir würden einem solchen Unglücksraben sofort sagen: Na, irgendwo bist du auch ein wenig selbst schuld daran. Wir würden uns distanzieren von diesem auswurfartigen Menschen, der es einfach nicht versteht, in seiner Gesellschaft halbwegs Ansehen zu erlangen. Und für das Ansehen eines Heiligen kann man sich nichts kaufen. Es bleibt die Erfahrung von Schmerz, Einsamkeit und Verfolgtsein.

Nach menschlichem Ermessen war und ist es äußerst unwahrscheinlich, dass Paulus im Recht ist. Denn die überwältigende Mehrheit sowohl der Juden als auch der Heiden war der Meinung, Paulus sei in einem Himmelfahrtskommando beschäftigt. Bei diesen paulinischen Texten denke ich oft an die Priester in der norddeutschen Diaspora. Ihre Zukunft ist die Auflösung von Gemeinden, der Verkauf der Kirchen, das Verschlucktwerden der Diaspora. »Wir sind eine aussterbende Sorte«, sagte mir neulich einer der Pfarrer aus Hildesheim. Auch dort ist es wohl, wie bei Paulus, die einzige Perspektive, auszuhalten. Das paulinische Aushalten, Dabeibleiben, Treubleiben gewinnt hier noch einmal eine ganz andere Färbung. Auch hier ermutigt das Vorbild.

Paulus stellt das also als Wesen der christlichen Mission dar: Immer wieder auf Vorbilder sehen zu können, denen es ähnlich erging. Dann folgt ein schöner Satz: »Ihr habt bewiesen, dass die Botschaft wirklich bei euch angekommen ist, denn ihr habt einerseits dafür gelitten, andererseits aber auch aus der Freude Kraft geschöpft, die Gottes Geist schenkt.« Die »Freude im Leiden« ist ein beliebtes Thema im Urchristentum. Denn Menschen, die für ihre Überzeugung, für ihren Glauben an Jesus Christus, leiden, sind anders als Menschen, die nur Bauchweh haben oder denen das Fahrrad gestohlen wurde. In 1 Petrus 4,13f. beschreibt Petrus solche Christen ganz ähnlich: »Ihr habt ja an den Leiden Jesu Christi Anteil. Darüber dürft ihr euch freuen. Denn ihr werdet auch in Freude und Jubel ausbrechen, wenn seine Herrlichkeit vor aller Augen offenbar wird. Und wenn ihr jetzt beschimpft werdet, weil ihr Christen seid, dann gilt: Selig seid ihr, weil der Heilige Geist Gottes jetzt schon auf euch ruht, der Geist der Herrlichkeit.« Der Heilige Geist ist schon bei denen, die leiden. Der Kern dieser Auffassung ist, dass aus dem Zeugnis der Märtyrer der Geist Gottes spricht. Das Zeugnis der Märtyrer vor den Tyrannen der Welt ist inspirierte Weisheit Gottes. Deshalb ist Gottes Geist nicht nur bei den Worten, sondern auch bei den Schmerzen. Er lindert sie. Deshalb beten wir in der Pfingstsequenz: »Tröster in Verlassenheit ..., in Ermüdung schenke Ruh, in der Glut hauch Kühlung zu, tröste den, der Tränen weint ..., heile, was verwundet ist ..., beuge, was verhärtet ist.« Die Seligkeit, von der der christliche Glaube redet, ist nie Vertröstung. Sie ist die Kehrseite des »Nein«, zu dem der Christ fähig ist. Nicht die Leidenden an sich sind selig, aber diejenigen, die wissen, dass ein Leben wohl erst sinnvoll ist, wenn in dieses Leben wenigstens ein Zipfel der großen Not dieser Welt hineinragt und nach einer Antwort ruft, die dann in der Tat nicht irgendwie nebenher gegeben wird, sondern die viel kostet. Die Nöte dieser Welt sind so groß, dass man am Preis, den man selber zahlt, erkennen kann, ob man wenigstens etwas bewegen konnte.

In Vers 9b–10 gibt Paulus eine kurze Erinnerung an seine anfängliche Verkündigung in Thessaloniki. Hieraus erkennen wir, was zur frühen Heidenmission gehörte: Die Überwindung des Götzendienstes gegenüber den vielen Göttern, die Erkenntnis des wahren und lebendigen Gottes, der sich nicht in toten Bildern verehren lässt. Daran und an der Auferweckung Jesu kann man seine Lebendigkeit erkennen! Dann ging es offenbar weniger um das Leben und Sterben Jesu, sondern um seine Auferstehung und Wiederkunft. Die Erlösung aus dem Gericht (»kommender Zorn«) ist hier wesentlich Sache der Zukunft. Anders in Römer 5, wo Paulus sagen kann, dass wir das Entscheidende schon hinter uns haben. Die Botschaft, die Paulus hier verkündet, legt großes Gewicht auf den wiederkommenden Herrn. Ich möchte das viel stärker hervorheben. Denn uns fehlt der Mut zu einer Geschichtstheologie. Worauf läuft das Ganze hinaus? Die Antwort darauf kann man nicht einfach durch Aneinanderreihung von Bibelzitaten geben, auch nicht durch Wahrsagerei, sondern eigentlich nur im Stil der Hymnen der Kirche. Der Ruf der Adventszeit: *»regem venturum dominum, venite adoremus«* (Den König, der kommt, unseren Herrn, kommt, lasst uns ihn anbeten). Das Kommen zur Anbetung im Gottesdienst entspricht dem Kommen des Herrn, um Gottes Königreich sichtbar werden zu lassen. Dass es in der Zukunft nicht hauptsächlich um eine Mega-Katastrophe geht, sondern um das Kommen eines Königs, und zwar in der Abfolge von Leiden und Herrlichkeit, das ist die tröstliche Botschaft. Dass er es ist, der König, den wir vom Kreuz her kennen, löst uns von jeder Angst.

Treu sorgend wie eine Mutter

31. Sonntag im Jahreskreis A

1 Thessalonicher 2,7b–9.13

»Wir haben einfach nur getan, was unsere Aufgabe war, so wie eine Mutter, die ihr Kind stillt« (V. 7b). So beschreibt Paulus sein Verhältnis zu den Christen in Thessaloniki. Ein ebenso schlichtes wie zärtliches Bild. Paulus hat einen wachen Blick für das Leben an jeder Säule der Markthalle. Ähnlich der eindrucksvolle Text Galater 4,19: »Ihr seid doch meine Kinder, und wie eine Mutter liege ich noch einmal in schmerzhaften Wehen, solange bis Christus in euch Gestalt gewinnt.« Nur einer, der mit Leib und Seele Seelsorger ist, kann das nachempfinden. Und einer, der mit wachen Augen über die Märkte und durch die Häuser geht. Wie Kinder seid ihr, sagt er, wie meine geliebten, zärtlich gehegten Kinder. Und natürlich erfasst uns Schrecken angesichts der jüngsten Seelsorgeverhältnisse in Deutschland. Wo oftmals nur noch Anrufbeantworter sich unterhalten. Es ist keine sentimentale Liebe, die dieser Seelsorger zu seiner Gemeinde hegt.

In meiner Jugend wollte ich einmal Arbeiterpriester werden. Paulus ist nahezu so einer gewesen. Er sagt: »Tag und Nacht haben wir für unseren Lebensunterhalt gearbeitet, um euch das Evangelium verkünden zu können, ohne irgendeinem von euch zur Last zu fallen.« So wird Paulus es auch in 1 Korinther 4,12 sagen: »Ich schufte mit meinen eigenen Händen.« Seinen Beruf des »Zeltmachers«, das heißt des Herstellers von groben Leinenstoffen, übt Paulus tagsüber aus. Abends gibt er seine »Kurse für Anfänger im Christentum.« Der Lebensstil des heiligen Paulus ähnelt in dieser Hinsicht den Philosophen nach dem Vorbild des Sokrates, die kein Geld nahmen. Auch unter den Ärzten gab es solche; Kosmas und Damian waren späte Nachkommen als Ärzte ohne Gehalt. Die sokratischen Philosophen unterschieden sich strikt von den Sophisten, die Geld nahmen für ihre Unterweisung.

Paulus folgt in dieser Hinsicht Jesus und Sokrates zugleich. Das Problem Kirche und Geld wird hier auf eine radikal einfache Weise gelöst. Ganz im Sinne der Arbeiterpriester der fünfziger Jahre des zwanzigsten Jahrhunderts ist das Wort »Mühe« doppeldeutig (vgl. 1 Thessalonicher 2,9; 1 Korinther 4,12; Galater 4,11). Es meint sowohl die Arbeit des Missionars im Sinne von missionarischem Einsatz als auch körperliche Mühsal (bei einem Beruf, der mit körperlicher Anstrengung geleistet wird). Für Paulus hängt beides miteinander zusammen: Durch die tägliche Mühsal in der handwerklichen Arbeit ermöglicht er die weitere Mühsal im apostolischen Dienst.

Wir lernen Paulus noch besser kennen in 1 Thessalonicher 2,8: »... nicht nur euch Anteil zu geben am Evangelium Gottes, sondern auch uns selbst euch zu geben«. Neben das Evangelium als das überlieferte Zeugnis tritt des Apostels eigenes Lebenszeugnis. Auf dieser Linie gilt: Wer sein Leben gibt, schafft Raum für das Handeln des himmlischen Vaters. Der Märtyrer ist deshalb der geborene Verkündiger des Evangeliums, weil er mit seiner Liebe bis in die Vernichtung hineingeht. Denn so verkündet er die Liebe als Antwort des Menschen und gibt sein Leben ganz in die Hand Gottes, der ihn mit dem Leben krönt. Jeder, der sein Leben gibt, ist der radikale Zeuge der Wahrheit. Denn er lässt Gott selbst zum Zuge kommen. Er weicht zurück vor dem sich offenbarenden Gott. Die Radikalität des Lebensstils und die Wahrheitsfrage kommen hier zu einer Deckung. Die kontinuierliche Hingabe seines Lebens ist ein gültiges Zeugnis. Darin genau verkündet Paulus Jesus Christus. Sowohl mit dem Bild der liebenden Mutter als auch durch Hinweis auf die kontinuierliche Hingabe hat Paulus das Bild des christlichen Seelsorgers für viele Jahrhunderte geprägt. Denn Ausweis des Seelsorgers waren seine Liebe und die Gabe seines Lebens. Was Paulus in V. 9 berichtet hatte (Mühsal und Gabe des Lebens), wird nach V. 13 die Legitimationsgrundlage seines Dienstes: Er verkündet nicht Menschenwort, sondern Gotteswort. Ähnlich wird er es in 4,8 zur Unterstreichung seiner Mahnrede sagen: »Die Missachtung der Gebote, die mit der Heiligkeit zu tun haben, richtet sich nicht etwa gegen die menschlichen Verkündiger, sondern gegen Gott selbst ...« Denn gerade weil Paulus seinen Dienst höher stellt, als sich selbst, verkündet er Gott. In 1 Korinther 1 ist das ausgeweitet zur paulinischen Kreuzestheologie: Alle irdischen Werte inklusive Selbstbehauptung sind ein Widerspruch zur Botschaft. Alle angebliche menschliche Größe steht dem Sichtbarmachen der Größe Gottes entgegen.

Das Verhältnis des heiligen Paulus zu seiner Gemeinde in Thessaloniki ist »intim«. Neben den Vergleich mit der Mutter und der Gabe des Lebens in der Freundschaft steht die mehrfache Liebeserklärung: »Voller Zuneigung ...« (V. 8a), »denn wir haben euch lieb gewonnen« (V. 8c). Wir beobachten hier einen Kontrast zur Verkündigung Jesu. Jesus betrachtet seine Jünger nicht als Kinder. Er ist vielmehr ihr Herr (Kyrios), der sie autoritativ beruft. Das Verhältnis zwischen Herr und Sklaven wird in den Gleichnissen immer wieder zum Bild für das Verhältnis Jesu zu seinen Jüngern. Das familiäre Bild ist vielmehr für den himmlischen Vater reserviert. Nach dem Johannesevangelium, das hier zwischen Paulus und den drei ersten Evangelien vermittelt, gibt der Vater Jesus die Jünger in die Hand. Bei Paulus gibt es dieses Bild von Jesus als dem Herrn und dem Jünger als dem Sklaven nur am Anfang seiner Briefe. Die Jesusbeziehung seiner eigenen Gemeinden betrachtet Paulus gerade nicht im Sinne der Beziehung Herr/Sklaven.

Wir halten fest: In den Evangelien ist das Verhältnis zwischen Jesus und den Jüngern so, wie Paulus sein Verhältnis zu Jesus sieht: als das des Sklaven zu seinem Herrn. Für seine Gemeinden verwendet Paulus dagegen ganz andere Bilder, nämlich solche aus der engeren Familie oder Freundschaft. Die Bildersprache verrät den Lebensstil. Wo von Herr/Sklave die Rede ist, geht es um den strengen und radikalen Lebensstil der Wanderapostel. Dazu gehörte auch Paulus. Wo dagegen Missionsgemeinden an einem Ort und im alltäglichen »bürgerlichen« Leben beieinander sind, legen sich Bilder der familiären Intimität oder der Freundschaft nahe. Das ist zweierlei Maß. Und dieses hatte seine innerchristliche Wirkungsgeschichte. Der Wanderapostolat der Jünger nach den Evangelien lebte fort in den vielfältigen Formen asketischen Christentums, und zwar im Osten bei den Kopten und vorislamischen arabischen Christen, im Westen bei den Wandermönchen und strengen Kommunitäten. Es ist dieses die anspruchsvolle Moral der »Nachfolge Jesu Christi«. Das Christentum der paulinischen Gemeinden hat die Volkskirchen des Westens geprägt. Indem die Mönche ihren Vorsteher »Abt« nannten, ist das familiäre Prinzip im Westen auch in die Klöster eingedrungen.

Paulus schließt mit dem Satz »Weil ihr glaubt, ist Gott in euch wirksam.« Der Glaube ist für Paulus eine Art der realen Gegenwart Gottes in den Herzen der Menschen. Auch in diesem Satz finden wir das typisch paulinische Verhältnis von Glaube und Werk. Aber es ist so verstanden, dass Gott in denen Werke vollbringt, die glauben. Der Glaube ist damit zum Einlasstor für Gottes (speziell: des Heiligen Geistes) Gegenwart in den Herzen geworden. Weil der Heilige Geist eine energische Macht, eine Dynamik ist, kann er dem Glauben Gestalt geben. Tröstlich für die Gemeinde: Wer sich nur vertrauensvoll der Gegenwart Gottes öffnet, braucht keine Angst zu haben um die Früchte seines Tuns. Ähnlich wird es Paulus dann in Philipper 2,12 sagen: »Wagt euch mit Furcht und Zittern auf den Weg zu eurem Heil bei Gott. Denn ihr habt es mit Gott zu tun. Er allein kann, wie er will, euch die Kraft geben zum Wollen und zum Tun.« Gott ist daher nicht jenseitig geblieben, sondern in den Herzen der Christen setzt sich sein die Welt gestaltendes Tun fort. Konkret heißt das: Gott handelt nicht mehr nur ausschließlich von außen her an der Welt, sondern aus den Herzen der Menschen her, die sich ihm öffnen im Glauben. An den Christen liegt es, ob sich Gottes Handeln zugunsten der Welt durch ihre Vermittlung fortsetzen kann. Gott bewegt und verändert die Welt durch den Glauben und die Bereitschaft der Christen. So sind wir Werkzeuge der neuen Schöpfung.

Jesus ist »Gott für uns«

1. Adventssonntag C

1 THESSALONICHER 3,12 – 4,2

In seinem mutmaßlich ältesten Gemeindebrief entfaltet Paulus hier schon im ersten Satz etwas durchaus ganz Neues und Erstmaliges. Paulus denkt und handelt hier wie ein Stadtplaner oder ein Landschaftsarchitekt. Paulus entwirft so etwas wie eine theologische Geografie, zeichnet ein soziales Beziehungsgeflecht. Das Hauptzentrum und die erste Voraussetzung in dieser Landkarte ist die christliche Gemeinde, die nach Paulus als Stadt Gottes genau im Zentrum aller Welt steht. In diesem Geflecht ist der eine Pol Gott und der Gottessohn Jesus Christus, der zweite Pol der Apostel Paulus mit seinem Mitarbeiter Timotheus, der dritte Pol ist die angeredete Gemeinde, die durch eine Vielzahl von Menschen gebildet wird, die miteinander eine Gemeinschaft darstellen. Um diese Gemeinde herum aber liegt als vierter Pol die übrige Menschenwelt.

Die Gemeinde, der dritte Pol, ist in sich eine kleine Welt. Um diesen Mikrokosmos herum liegt die übrige Welt der Menschen wie ein Makrokosmos. Dieses Beziehungsgeflecht wird durchaus dynamisch verstanden. Zwischen Paulus und Gott gibt es hier die Relation der Fürbitte, die die Gemeinde im Blick hat, also ein Dreieck Paulus – Gott – Gemeinde. Die Möglichkeit, von der Paulus hofft, dass sie bald wirklich wird, ist einmal die Liebe der Gemeindeglieder untereinander. Paulus geht es dabei um den dynamischen Erhalt von Pol 3, denn er will ja, dass diese Gemeinschaft in ihrem Leben an Kraft und Reichtum gewinnt. Das Gleiche wünscht Paulus aber der Beziehung, die von der Gemeinde ausgeht auf die sie umgebende Welt der noch nicht christlichen Menschen. Und schließlich wünscht sich Paulus auch von seiner eigenen Liebe zur Gemeinde, dass sie genauso stark sein möge.

Das heißt: Das Verhältnis Paulus – Gemeinde möge sich durchaus so kräftig gestalten wie das Verhältnis Gemeinde – Welt. In diesen beiden Beziehungen aber geht es um die missionarische Kraft des Evangeliums. Sie geht von Paulus auf die Gemeinde aus und dann von der Gemeinde auf die Welt. Genau so denkt Paulus sich den Weg der Botschaft. Und dabei ist das theologisch Spannende, dass er nun nicht an eine Vielzahl kleiner Apostel in der Gemeinde denkt, sondern das meiste davon erwartet, dass die Gemeindeglieder einander lieben. Damit gibt es auch hier ein wiederkehrendes Schema der Verfassungsgeschichte der Kirche. Dieses Schema heißt: der eine (hier: Apostel) und das Gremium (hier: die Gemeinde in Thessaloniki). Der »eine« geht zeitlich, sachlich und dem Rang nach voraus, er verwirklicht zunächst das Evangelium in seiner Biografie, in Handeln und Leiden. Das Gremium aber stellt das Evangelium im Miteinander dar. In der Weise des Miteinanders ist die Gemeinde Inszenierung der Botschaft – oder eben nicht. Die missionarischen Erfolgskriterien sind erkennbar andere, beim Apostel sind es die Zeichen (Wunder), bei der Gemeinde die Liebe zueinander. Dieses auf wachsende Dynamik hin angelegte Geschehen stellt Paulus nun in den zeitlichen Horizont des kommenden Gerichts.

Die Gerichtsankündigung formuliert Paulus hier recht freundlich: »Er mache eure Herzen stark, dass ihr heilig und gerecht dasteht vor unserem Gott und Vater, wenn Jesus mit allen seinen heiligen Engeln wiederkommt« (3,13). Nur der Kenner wird darin eine Gerichtsaussage erkennen, und zwar an der Wendung »gerecht dastehen vor«. Das ist nun allerdings eindeutig. Und die Szene, die Paulus entwirft, liest sich so: Gottvater ist der Gerichtsherr. Der Zeitpunkt des Gerichts ist die Ankunft Jesu mit seinen Engeln (Parusie). Dann stehen die Menschen vor Gericht, und wenn es gut ausgeht, stehen sie »heilig und gerecht« da. Für heutige Leser ist in diesem Bild die Rolle Jesu Christi und seiner Engel noch ganz offen. Aber aus den übrigen Angaben des ersten Thessalonicherbriefs können wir entnehmen, wie diese Rolle zu denken ist: Nach 1,9f. wird Jesus die Christen »retten vor dem künftigen Zorn«. Das heißt: Mit dem Gewicht seiner Autorität und mit seiner ganzen Herrlichkeit wird er für uns eintreten, um den berechtigten Zorn Gottes abzuwehren.

Paulus behandelt an dieser Stelle nicht mögliche negative Ausgänge des Gerichtsverfahrens, er spricht auch nicht von einer Auferstehung der toten Christen. Wichtig ist nur, dass die Gemeinde bestehen kann, wenn Jesus Christus sie denn erretten soll. Jesus Christus wird nur eine Gemeinde erretten können, die sich durch ihn hat heilig und gerecht machen lassen und die dieses bewahrt hat. Er kann nur die retten, die zu ihm gehören. Auf der Seite der Gemeinde setzt dieses die Treue und Geduld des Bewahrens voraus, die sich näherhin in der oben geschilderten Liebe äußert. Von Jesus Christus selbst aber geht nichts Bedrohliches aus. Denn er kommt als Beschützer und Retter, nicht als Richter.

Wichtig ist für uns heutige Menschen zunächst, dass wir zur Kenntnis nehmen: Es gibt ein Ende, Jesus kommt wieder, wir werden mit Gottes Heiligkeit konfrontiert, und das nennt man Gericht. Schon diese schlichten Annahmen scheinen, genau bedacht, oft auch für Christen heute kaum nachvollziehbar zu sein. Vielleicht hilft dieser Hinweis weiter: In der frühchristlichen Heidenmission ist die Verkündigung des einen und einzigen Schöpfergottes stets ganz eng mit der des Richters verbunden. Offensichtlich ist das Richten die Konsequenz des Erschaffens.

Wenn man sich um diese innere Verbindung bemüht, erscheint vielleicht auch der Gedanke an das Gericht nicht so isoliert. Diese innere Verbindung ist so zu denken: Die Erschaffung begründet ein bleibendes Gegenüber und auch eine bleibende Spannung zwischen Schöpfer und Geschöpf. Dabei kennt der Schöpfer auch das Innenleben seiner Kreatur ganz genau (»Herzenserkenntnis«). Deswegen kann er urteilen. Aber warum muss er urteilen? Weil er seine Einzigkeit als Gott, seine Heiligkeit und Gerechtheit immer wieder abgleichen lassen muss mit den Eigenschaften der Kreatur, die eben nicht Gott und nicht heilig ist, außer wenn sie es durch Jesus Christus geworden ist. Das Gericht offenbart daher den Status vor Gott. Im günstigsten Fall hat ein Christ diesen Status durch Jesus Christus sanieren und reparieren lassen. Aber alles das wird dann offenbar. Daher ist das Gericht die Stunde der Wahrheit. Diese Wahrheit muss ans Licht, weil Gottes Eigenschaft, des Menschen Qualität und Gottes rettendes Tun zur Ehre und zum Lobe Gottes sich selbst darstellen müssen. Daher ist Gericht ähnlich wie die Missionspredigt ein Offenbarwerden Gottes.

Im Evangelium wird diese Wahrheit in Worten deutlich gemacht – und die Reparatur liegt als Angebot vor. In der Stunde des Gerichts tritt die Wahrheit ohne Grauschleier zutage, weil sie selbst so mächtig und überwältigend ist, dass sie nicht ewig verborgen bleiben kann. Insofern ist Schöpfung die erste Offenbarung, Verkündigung des Evangeliums die zweite oder vorletzte, das Gericht die dritte oder letzte. So wird die Wahrheit zunehmend offenbar, tritt aus sich selbst heraus, aus Gott selbst. Keine Geheimhaltung der überwältigenden Wahrheit ist dann mehr möglich. Auch Armut und Reichtum, Leben oder Tod sind irgendwann nicht mehr zu verheimlichen.

Ganz ähnlich ist es mit der Rolle Jesu Christi. Er wird mit seinen Engeln, das heißt in unverhüllter Herrlichkeit, wiederkommen. Und dann wird genau das sichtbar werden, was er schon die ganze Zeit über getan hat. Er wird uns retten, genau wie er es seit seiner Sendung durch den Vater tut. Er wird seinen Rücken für uns hinhalten, uns in seinem Windschatten unbehelligt geborgen sein lassen. Er ist immer unser Patron und Beschützer. Daher kann Paulus auch unbefangen von künftiger Rettung sprechen und tritt damit gar nicht in Widerspruch zur Botschaft von der Erlösung am Kreuz. Denn die Rolle Jesu Christi ist die eine und einzige, sie unterscheidet sich in ihrer Darstellung nur nach der äußeren Situation. In der Sprache von 1 Thessalonicher 3,13: Wenn wir vor Gott treten müssen, stellt er sich für uns vor Gott. Damit Gott auf ihn schaut, wenn es um uns geht. So lässt sich ganz kurz das Geheimnis Jesu Christi formulieren. Jesus ist »Gott für uns«. Dieses ist unsere Grundsituation vor Gott.

Auferstehung ist das konkrete Ende des Todes

32. Sonntag im Jahreskreis A

1 THESSALONICHER 4,13–18

Paulus hält an seine Gemeinde eine Trostrede, »... damit ihr nicht so traurig sein müsst wie die anderen Menschen, die keine Hoffnung haben«. Die anderen, das sind die Heiden und Neuheiden, und sie haben keine Hoffnung, weil ihre Götter nach der jüdisch-christlichen Überzeugung des Apostels Paulus tot sind; so sagt es der Apostel schon in 1,9, »zu dienen dem lebendigen und wahren Gott«. Und dieser Gott hat sich erst kürzlich als lebendig erwiesen, nämlich in der Auferweckung Jesu. Tote lebendig machen, das kann nur ein Gott, der selbst lebt. Warum galten die heidnischen Götter als tot? Weil sie sich in toten Statuen verehren ließen. Der Gott Israels hat kein Bild oder Abbild, also ist er lebendig. Und er teilt dieses Leben mit. Schon in 1,10 wird die Hoffnung, die die Gemeinde haben darf, damit begründet, dass Gott Jesus von den Toten auferweckt hat. Ihn darf die Gemeinde erwarten, denn er rettet aus dem kommenden Zorngericht. Die Hoffnung der Christen ist daher eine begründete.

Für Paulus ist die Auferstehung Jesu eine im wahrsten Sinne des Wortes »umwerfende« Erfahrung. Und er kann dafür 530 Zeugen benennen, die zum großen Teil noch leben (1 Korinther 15). Weil diese Begegnung mit dem Auferstandenen die zentrale Berufung zum Christen und zum Apostel ist, steht sie für Paulus ganz außer Frage. Uns geht es da anders. Denn genau das, was für Paulus der sicherste Grund des Glaubens ist, machen wir zum Problem. Aber ich kann doch nichts glauben, was nicht stattgefunden hat! Und aus Saulus wäre ohne Auferstehung Jesu kein Paulus geworden. Ich selbst muss gestehen, dass »Sündenvergebung« und »Auferstehung« für mich die wichtigsten Gründe sind, an den neutestamentlichen dreieinigen Gott zu glauben.

Das Problem, das Paulus in der Gemeinde vorfindet, sieht so aus: Immer mehr Christen der ersten Stunde sterben weg, und die Frage ist, was mit diesen denn sein wird, denn sie meinten doch, zur messianischen Generation zu gehören. Immer wenn ein Judenkind geboren wird, sagt man zu ihm: Mögest du die Tage des Messias erleben! Und in der paulinischen Gemeinde gab es viele, die meinten, sie dürften eben sogar die Wiederkehr des Messias noch erleben. Damit stoßen wir auf eine Eigenart des Christentums in dieser frühen Gemeinde. Der Messias Jesus Christus war zwar schon da. Aber das Entscheidende, die wirklich messianische Wende, erwartete man von seiner Wiederkunft. Daher ist auch nach 1,10 die Rettung aus dem Zorn wohl erst in der Zukunft angesetzt. Jedenfalls lag alles an der adventlichen Sehnsucht der Gemeinde, der Herr möchte doch bitte ganz bald wiederkommen. Aber er kommt nicht, und er ist auch bis jetzt nicht gekommen. Da begannen schon damals die Christen unruhig zu werden. Und in der neueren Theologie hat diese Nicht-Erfüllung der Hoffnung auf baldiges Wiederkommen Jesu zu ganz merkwürdigen Verkrustungen geführt. Die einen Theologen sagen, Jesus habe sich schlicht geirrt, und das Christentum sei mit der Kreuzigung deshalb endgültig zu Ende gewesen. Albert Schweitzer hat diesen Standpunkt vertreten. Andere Theologen sagen, die sogenannte Parusieverzögerung, also dass die Wiederkunft Jesu länger und länger ausblieb, habe die Sakramente als Ersatz für die unerfüllte Hoffnung geschaffen, dazu die Kirche inklusive aller ihrer Verweltlichung. Alle diese Theologen gehen davon aus, dass die Erwartung des Zeitpunkts in naher Zukunft das Wichtigste am Christentum war. Das kann ich nicht finden, denn Gottes Nähe wird uns so vielfältig zugesagt, persönlich und physisch (in den Wundern), zeitlich, aber auch räumlich, denn Jesus sitzt mit den Sündern zusammen und ist zu Gast bei Zachäus. Daher ist die zeitliche Nähe in baldiger Zukunft gar nicht das erste Problem gewesen. Gemeinden, die viel leiden mussten, sehnten sich ohnehin nach der Wende, wann immer sie kommen würde. Und in dieser Hinsicht sind sich Juden und Christen nicht nur im ersten Jahrhundert n. Chr. ähnlich. In der vierten Esra-Apokalypse, die bis zum Tridentinum zum Kanon gehörte, lesen wir diese Sätze: »Wie lange noch, wann soll das geschehen? Unser Leben ist ja so kurz und elend. Glaubst du, dass ich leben werde bis zu jenen Tagen?« Und mit dieser letzten Frage sind wir wieder bei dem Problem der Gemeinde in Thessaloniki.

Was würde geschehen, wenn man die Wiederkunft nicht erlebte? Die Frage ist nicht das Wann, sondern ob die benachteiligt werden, die jetzt schon sterben. Die Antwort ist: Die Toten werden nicht benachteiligt sein, sondern auferstehen. Die Lebenden müssen jedenfalls nach diesem Text nicht sterben, sondern werden dann gemeinsam mit den auferweckten Toten zum Herrn entrückt. Man kann hier eine feste Abfolge rekonstruieren: 1. Ruf des Erzengels; 2. Trompete Gottes; 3. der Herr kommt auf einer Wolke herab; 4. die »Toten in Christus« erstehen auf, also die Christen; 5. die lebenden Christen und die soeben auferweckten toten Christen werden gemeinsam entrückt; 6. das geschieht in Richtung dem Herrn entgegen; 7. damit treffen sie den Herrn, sind bei ihm; 8. Gott führt so die Christen zusammen mit Jesus heran – wohin? Entweder Richtung Erde, Jerusalem oder Richtung himmlischer Thron; Klarheit besteht hier nicht. 9. Der in 8. geschilderte Vorgang bedeutet: Der Herr kommt mit seinen Heiligen. 10. Ganz offen bleibt, ob es ein Gericht gibt oder geben wird. Entscheidend ist nur eines: die wiederhergestellte und sogar vollendete enge Gemeinschaft von Gott Vater, Jesus Christus und allen Gläubigen.

Das Ziel ist sehr stark gemeindezentriert gedacht: »mit dem Herrn sein«. Auch hier gibt es eine jüdische Lösung, die der paulinischen ganz ähnlich ist: Der Prophet Esra fragt den Engel über das Ende aus: »Aber sieh, Herr, du bist denen nahe, die am Ende sind. Aber was sollen die machen, die vor mir sind, oder wir oder die, die nach uns sind? Und er sagte zu mir: Einem Kranz werde ich mein Gericht ähnlich machen. So wie die Letzten nicht langsamer eilen müssen, so auch die Früheren nicht schneller« (4 Esra 5,41f.). Der Sinn ist hier: Keiner wird der Erste, keiner der Letzte genannt werden; das Gericht betrifft alle gleichmäßig. Wie beim Kreis alle Punkte des Kreises dem Mittelpunkt gleich nah und gleich fern sind, so spielt beim Gericht das Früher oder Später der Existenz auf Erden keine Rolle. Das, was bei Paulus die Auferstehung bewirkt (den Ausgleich zu den Lebenden), bewirkt in der jüdischen Schrift die Anordnung »im Kreis«. Aber auch andere sogenannte Apokalypsen geben gerne eine gegliederte Ereignisfolge, und sie wollen so sagen: Gott gibt auch dem Ziel und Ende der Geschichte eine Ordnung. Alles, was in dieser Hinsicht kommen wird, ist begrenzt. Nur Gottes Wohnen mit den Menschen wird unbegrenzt sein.

Der Hauptakzent liegt für Paulus hier in der Auferweckung der Toten, und diese wird auch im Frühjudentum gedacht als Herabsteigen Gottes zu den Toten. Gott wird mit der Konsequenz der Gabe des Heils und des Lebens zu den Toten herabsteigen. Er wendet dadurch ihr Los. Auch das Herabsteigen Jesu in den Bereich des Todes im sogenannten Descensus (»Höllenfahrt Jesu«) zu Ostern könnte man mit dieser jüdischen Hoffnung besiegeln. Daher könnte man von zwei Spuren dieser jüdischen Hoffnung im Neuen Testament sprechen: in 1 Thessalonicher 4 bei der Auferweckung der toten Christen und beim Herabsteigen Jesu in das Reich der Toten, um sie zu befreien. Für Paulus ist die Hoffnung so konkret wie die Erfahrung der Auferstehung Jesu. Doch wenn man mit 1 Korinther 15 oder mit 2 Thessalonicher 2 vergleicht, dann lassen sich diese verschiedenen Abläufe gar nicht recht zur Deckung bringen. Paulus entwirft in 1 Korinther 15,1 Thessalonicher 4 und 2 Thessalonicher 2 drei verschiedene Szenarien. Sind seine Darstellungen also konkret und doch nicht konkret? Es sind Bilder für das Erhoffte, das noch niemand gesehen hat. Aber es sind nicht Bilder für irgendetwas, sondern zumindest die Personen (die Christen, der Herr) sind als Personen dieses Dramas nicht symbolisch, sondern sehr real. Und Auferstehung bedeutet allemal konkret Ende des Todes.

Wie der Dieb in der Nacht – so kommt Gott

33. Sonntag im Jahreskreis A

1 Thessalonicher 5,1–6

Die Bilder, die Paulus hier gebraucht, kennen wir auch aus sehr früh aufgezeichneter Jesus-Überlieferung, aus der sogenannten »Quelle Q«, der Matthäus und Lukas gemeinsamen Überlieferung. Denn der »Dieb in der Nacht«, die Rede vom »Tag des Herrn« und anschließend in V. 6 »Wachen« und »Nüchternsein« im Kontrast zum Schlafen, das alles kennen wir aus den Sklaven-Gleichnissen Jesu, den Gleichnissen vom wachsamen Hausherrn und manches auch aus 1 Petrus 5 und Offenbarung 3. Paulus wird daher Kontakt gehabt haben zu den Trägern dieser Überlieferung. Einige Jesusworte und vor allem den Abendmahlsbericht kennt er ja auch sonst.

Es ist dieses kein liebliches Gemälde: Wenn Jesus wiederkommt, ist das wie wenn man nachts vom Dieb überrascht wird. So wird schon nach Jesu eigenen Aussagen das Ende jäh und plötzlich sein. Der Dieb in der Nacht, das ist etwas Fieses. So kommt Gott. Das Wiederkommen Jesu, das Kommen Gottes gleicht einer Katastrophe. Schon die Theophanien (Gotteserscheinungen) der hebräischen Bibel sind als Katastrophen gezeichnet, bei denen die Erde zutiefst erschüttert wird und alles in Panik durcheinander gerät. Denn Gott ist groß und unheimlich. Alle Erdbeben jetzt sind nur Vorzeichen dessen, was sein wird, wenn Gott selbst kommt. So wird es sein wie am Anfang. Auch am Anfang, bei der Schöpfung, steht die Majestät Gottes und die Furcht vor Gott, das Zittern und Beben angesichts seiner Größe. Dann wurde freilich im Verlauf der Heilsgeschichte immer klarer, dass dieser Gott den Menschen liebt, grenzenlos liebt und sich seiner erbarmen will. Doch am Schluss steht wieder seine erschreckende Größe, so dass wir uns nur wundern können. Oder täuscht dieser Eindruck? Ich glaube, dass alles Erbarmen, alle Liebe, alle Sakramente und Stärkungen jetzt, auch das Evangelium, auch die Aufrufe zur Wachsamkeit nur den einen Sinn haben: Wir sollen so gekräftigt, gefestigt, geformt werden, dass wir der Größe Gottes standhalten können.

Johann Wolfgang Goethe zitiert gerne ein altes Wort des Philosophen Plotin: »Wär nicht das Auge sonnenhaft, die Sonne könnt es nie erblicken.« Dieses Wort hat einen guten christlichen, ja sakramentalen Sinn: Wer Licht in sich hat, kann Licht erblicken. Nur wer etwas von dem in sich trägt, das ihm begegnet, dem wird es nicht als Fremdes, Bedrohliches begegnen, sondern als Freundliches, Bekanntes. Wer von königlicher Art ist, der darf in das Königsschloss hineingelassen werden. Gott macht uns zu Königskindern, bevor er dann die Eintrittskarte in das Königreich verlangt. Dieses Angebot »steht«. Denn von Natur aus sind wir Gott nicht gewachsen, nur wenn wir seine Gnade jetzt annehmen, kann das der Fall sein. Jedenfalls nur dann sind wir erlöst von der Angst vor der Katastrophe. Dass das Ende schrecklich sein wird, wissen wir. Und jeder Tod ist es, mehr oder weniger.

Aber gleichzeitig gibt es ein einziges Mittel, um dem gewachsen zu sein: Jetzt auf die ausgestreckte Hand Gottes einzugehen. Man hat die Sakramente in der künstlerischen Darstellung »Christus als Apotheker« oft als Heilmittel dargestellt; schon bei Ignatius von Antiochien (2. Jahrhundert) wird die Eucharistie »Heilmittel für Unsterblichkeit« genannt. Für den heutigen Geschmack ist das vielleicht etwas zu dinglich gedacht. Doch das Bild stimmt. Es sind keine Beruhigungspillen, die wir gereicht bekommen, sondern etwas, das die Qualität verändert, man nannte es zu meiner Zeit »heiligmachende Gnade«. »Heilig« ist aber eigentlich nur Gott. Und Gnade macht uns ihm ähnlich. Eben dazu, dass wir vor ihm bestehen können. Das ganze Neue Testament hat nur den einen Sinn, uns Gott ähnlich zu machen. Und Gott drängt uns, er duldet keinen Aufschub, ist ungeduldig, denn er weiß, wie schnell ein Leben verpfuscht ist. Und gerade die Eucharistie betrifft auch und nicht zuletzt unseren Leib und zeigt demnach an, dass Auferstehung und nicht Gerichtsfeuer das Ziel ist, für das Gott uns bestimmt hat. Denn man kann das Ganze, wie wir es eben getan haben, von oben her, vom Text und vom biblischen Weltbild her sehen. Man kann es aber auch von unserer menschlichen Situation her zu begreifen versuchen. Im Lichte dieses Textes sehen wir dann uns selbst und unsere Suche nach Antwort und Sinn.

Viele Menschen stellen die Frage, wie Gott Leid und Katastrophen zulassen könne. Es ist immer wieder die Erfahrung vom Dieb in der Nacht, vom Einbruch des Schreckens. Und dass wir nicht darauf gefasst sind und hilflos und wehrlos einer Übermacht gegenüberstehen. Unser Text sagt dazu: So ist es eben. Der Text hält uns einen Spiegel vor Augen. Und auch für unser Verhältnis gegenüber Gott gilt nichts anderes als sonst in Ernstfällen des Lebens. Auch aus Gleichnissen kennen wir das: Vor Gott gibt es keine Ausnahme vom Kampf ums Dasein. Hier wird es erst recht nötig, seine Existenz zu sichern, denn »wer hat, dem wird gegeben, wer aber wenig hat, dem wird auch das Wenige noch genommen«. Doch dabei geht es nicht nur um die Zukunft »im Jenseits«, um das, was nach dem Tod ist, sondern auch schon um das, was wie ein »roter Faden« unser Leben jetzt und hier zusammenhält und sinnvoll macht. Die erste Erfahrung heißt: Das zu finden ist eine große Aufgabe, die immer schwieriger wird. Nach unserem Glauben ist das eine anfängliche Gotteserfahrung: Wir sind klein und schwach und dem Leben mit seinen geheimnisvollen und gefährlichen Pfaden nicht gewachsen. Die Bibel sagt uns: So ist Gott, so ist er auch und zunächst und zuerst. Wer sich darüber Illusionen macht, hat noch gar nicht begonnen. Alles, was dann kommt, ist das Wunder der Erlösung. Und eigentlich können wir gar nicht genug davon bekommen, von all den Anzeichen der Hoffnung, die oft letzte Strohhalme sind. Es sind mehr als Strohhalme, nämlich Gott streckt uns seine Hand entgegen.

Die Verse 4–6 werden beherrscht vom Kontrast zwischen Finsternis/Nacht und Licht/Tag. Dabei steht die Finsternis für die Zeit der Gegenwart, Licht und Tag aber sind wie im Alten Testament Bild für die Zukunft der Offenbarung Gottes (»Tag des Herrn«). Der jüdische Tag beginnt mit Abend und Nacht, daraus wird dann das Licht des Tages geboren. Jesus erlebt dieses jeden Morgen, wenn er in die Wüste geht und betet. Dieses Aufstehen zum Beten in der Frühe des Tages nennt die Bibel »wachen«, daher kommt der Ausdruck »Vigiliae« im kirchlichen Stundengebet (Psalmengesang ganz früh morgens), und daher auch die biblische Wendung »Wacht und betet!« In der Alten Kirche erwartete man daher die Wiederkunft Christi speziell im Morgengrauen der Osternacht. Jedenfalls aber war es der Wunsch, dass der Herr, wenn er käme, jemanden im »frommen« oder betenden Zustand fände. Denn das Gebet ist die wirksamste Weise, etwas von Gott in sich zu haben, so dass man zu Gott zugelasssen werden kann. Das Gebet am frühen Morgen erreicht den Herrgott »zu seiner besten Stunde«.

Die unverträgliche Alternative Licht/Finsternis wird hier nun aber auch ethisch verstanden. Dadurch entsteht ein Wortspiel. Denn einerseits steht die Finsternis für die Unklarheit und Unschärfe der gegenwärtigen Welt und der Tag des Herrn entsprechend für die Klarheit und alles Offenbarsein danach. Andererseits steht Finsternis für die schlimmen Werke und Tag für die hellen Werke der Gerechtheit. Je nach der grundsätzlichen Zugehörigkeit machen die Werke eines Menschen sein verborgenes Inneres und seinen Standort deutlich erkennbar. Hier gilt nur ein Entweder/Oder. Dass dieses so ist, dass die Werke des Menschen entweder zum Licht oder zur Finsternis gehören, sagt etwas über die Radikalität, mit der Jesus und Paulus hier argumentieren. Werke sind Zeichen, die das Sehen bestimmen. Überall dort aber, wo die Bibel vom Sehen spricht, herrscht Dualismus, und zwar zwischen Licht und Finsternis, zwischen Tag und Nacht, gut und böse, blind oder sehend. Ein Mittleres gibt es nicht, nichts Lauwarmes, sondern nur heiß oder kalt. Denn Paulus ruft auf zur grundsätzlichen Entscheidung für einen Weg.

Freude ist ein Lebensstil

3. Adventssonntag B

1 Thessalonicher 5,16–24

»Damit ihr ohne Tadel seid, wenn unser Herr Jesus Christus wiederkommt.« Dieser Satz am Schluss des Briefes, fügt den Abschnitt in die Adventszeit ein. Denn die Wiederkunft Jesu Christi wird nicht nur ein Wiedersehen sein, sondern eine Gegenüberstellung. Er, der dazu Mensch geworden ist, damit wir ihm ähnlich würden, wird mit uns verglichen werden. Wie weit sind wir ihm wirklich ähnlich geworden? Alles das wird offenbar werden, es wird sich in diesem Sinne alles klären. Und wenn es stimmt, dass alle Aussagen über die »Zukunft«, die das Neue Testament macht, auch einen Sinn in der Gegenwart haben, dann sind wir auch jetzt und heute dazu aufgerufen, diese Ähnlichkeit zu erstreben.

Über das »Wie« macht Paulus hier recht konkrete Angaben. Als allererstes nennt er die Freude. Die Freude ist das klassische Gegengift gegen das Böse oder den Bösen. Wie oft haben die Weisen gesagt: Verbrechen und Fehlentwicklungen kommen immer aus mangelnder Freude. Mitten in der ernstesten Phase des Advents steht eine Mahnung zur Freude. Wie passt das zusammen? Antwort: Durch nichts ist das Böse und ist der Böse so leicht und intensiv zu bekämpfen wie durch Freude. Die Mahnung des Apostels hier entspricht ganz dem traditionellen Charakter des dritten Adventssonntages, der nach dem klassischen Introitus »Gaudete« heißt, denn dieser ist aus dem Schlussteil des Philipperbriefes zitiert (»Freut euch allzeit im Herrn, noch einmal sage ich: Freut euch«).

Freude ist für Paulus weder Lustigkeit noch Witzigsein, weder Karneval noch Lachen noch Bierseligkeit. Es fällt vielmehr auf, dass Paulus an beiden Stellen, hier in 1 Thessalonicher 5,16 und in Philipper 4,4, die Freude befiehlt. Das ist fremd für uns, wie wenn jemand uns befehlen möchte: »Nun freut euch mal schön!« Paulus versteht den zentralen Gehalt dieses Wortes anders als wir. Vielleicht können wir von dieser »fremden« Bedeutung der Freude etwas lernen. Es könnte sein, dass uns neue Seiten der »Leichtigkeit des Seins« erschlossen werden – »psychologisch« kaum erfassbar. Diese Freude ist vielmehr Teil der mystischen Wirklichkeit, wie die Ursache von Wundern, Visionen und die Wirklichkeit Gottes selbst. Sie entspricht einem bestimmten Lebensstil, einer Ausrichtung nach »himmlischen« Werten. Denn gerade in 1 Thessalonicher 5 steht Freude in enger Beziehung zur zentralen Gabe des Heiligen Geistes. Die Freude des Sängers ist ein besonderes biblisches Motiv. In der Freude hat der Sänger Anteil an der Herrlichkeit Gottes, die er besingt. In diesem Sinne heißt es in Psalm 76,4: »Ich dachte an Gott und freute mich.« So hat der Mensch Anteil an dem, der ihm vom Himmel her begegnet. In den um 130 n. Chr. entstandenen »Oden Salomos« (hier nach Berger/Nord) ist Freude ein zentrales Thema. »Kommt alle her, die ihr in Bedrängnis wart und lasst euch Freude schenken, gewinnt euch selbst durch Gottes Gnade, nehmt das unsterbliche Leben an!« Gottes Gnade, Freude und ewiges Leben stehen hier parallel. Gott selbst als Freude finden wir in Ode 7,2: »Meine Freude ist der Herr, mein Weg führt zu ihn, und mein Weg ist schön.« Oder in 23,1: »Die Heiligen können sich freuen. Sie allein dürfen Freude anziehen wie ein Gewand. Gott begnadet seine Auserwählten.« Freude ist damit die wesentliche, die entscheidende Gabe Gottes, erlösende Anteilhabe an ihm selbst.

Eine besondere Rolle spielt unter diesem Aspekt auch die Freude am Werk. Sie ist sozusagen der Glanz, den Gott dem Werk schenkt und biblisch-jüdisch gedacht dem Sabbat als der Krönung der Werke vergleichbar, denn jeder Sabbat ist ein Sechzigstel der ewigen Seligkeit. Zunächst gilt hier die Freude Gottes selbst an seinem Werk: »Ich habe Freude an ihnen und schäme mich ihrer nicht. Denn sie sind mein Werk, sie sind da, weil meine Gedanken machtvoll Gestalt angenommen haben.« (Ode Salomos 8,17). Sehr beachtlich ist, wie im 1. Clemensbrief von hier aus die Thematik der Rechtfertigung gehandelt wird. Gott hat die Welt zur Freude erschaffen. Da Welt griechisch »Kosmos« heißt, liegt auch schon in diesem Wort etwas von der Freude über die Schönheit der Welt. Ebenso tut nun auch der Christ Werke, um sich über das vollbrachte Werk freuen zu können (1 Clemens 33,1b–3a.7, Berger/Nord S. 704). Schon in den Oden Salomos ist Freude mit Licht verknüpft: »Die Freude der Seligen kommt aus ihren Herzen, ihr Licht geht aus von dem, der in ihnen wohnt« (Ode Salomos 32,1); oder so: »Wer sich nach dem Sonnentag gesehnt hat, freut sich, wenn die Sonne da ist. So ist der Herr meine Freude. Denn der Herr ist meine Sonne, und seine Strahlen haben mich aufgeweckt, sein Licht hat alle Finsternis vor meinen Augen vertrieben.«

In diesem Text sind viele Stichwörter dessen enthalten, was später frühzisterziensische Mystik und Liturgie bestimmt. Denn die aufgehende Sonne ist jeden Morgen Zeichen für den, der Licht vom Licht ist. Das »leuchtende Antlitz Gottes« ist uns als Siegel aufgedrückt (Wilhelm von Saint-Thierry), und eben dieser Gott ist die Freude der wahrhaft Frohen und die Seligkeit der Seligen. Er spricht vom »Jubel des seligen Volkes Gottes, das den Jubel kennt, das im Licht des Antlitzes Gottes lebt«. Wenn die Gnade aufblitze, dann ruhe solche Freude auf sicherem Glauben, und so kommen »ewiges Leben und Freude zustande, die dem, der sie hat, keiner rauben wird«. Dem entspricht, wenn Bernhard von Clairvaux sagt: »Die Heiterkeit (*serenitas*), die wir erhoffen, entspricht der Leichtigkeit (*facilitas*), mit der wir erschaffen wurden.« Beeindruckend an diesem Satz ist nicht nur, dass die spielerische Freiheit des Schöpfers auch den Geschöpfen verheißen wird. Beeindruckend ist auch die Entsprechung von Anfang und Ende. Am Ende hat Gott allen das mitgeteilt, was er selbst von Beginn an austeilen will. An 2 Korinther 1,24 wird erkennbar, dass Paulus etwas kennt, das hier und jetzt über den Glauben hinausgeht: die Freude. Wenn Paulus zur Freude der Gemeinde beiträgt, dann ist das wohl so zu verstehen, dass der eine Partner sich über den anderen freut, und der sich darüber wiederum freut. Im anderen erkennt man sich als erlöst wieder. So geht es um eine unendliche gegenseitige Spiegelung. Freude geht demnach über Rechtfertigung hinaus; denn gerechtfertigt sein bedeutet: von Gott angenommen sein. Freude geht darüber hinaus. Sie ist Lachen miteinander und mit Gott, eine irdische Form der Seligkeit. Bei Meister Eckhart heißt das Anlachen. Die Liturgie lässt die Festfreude einen Abglanz himmlischer Freuden sein. Freude bedeutet nicht »innerliches Vergnügtsein«, sondern einen bestimmten Lebensstil. Daher hat man ganz zutreffend gesagt: Das Mittelalter war eine Kultur des Festes und des Feierns.

Die Freude hat als Festfreude eine soziale Dimension – wie auch die Trauer, die nichts Privates ist. Freude hat im Zeitablauf immer einen auf das Ende hin angelegten Charakter. Sie bezieht sich jedenfalls immer auf das Resultat. Freilich muss dieses nicht streng zeitlich als Nacheinander aufgefasst werden, sondern kann auch in Schichten gedacht sein, die übereinander gelagert sind. Freude gibt es daher auch schon im Leiden. Zwar werden die trennenden Grenzen zwischen Leiden und Herrlichkeit, zwischen Trauer und ewiger Freude, zwischen Dienst und Lohn immer schon durchbrochen, zum Beispiel in den Seligpreisungen, die das »Selig« jetzt schon dem zusprechen, der leidet und etwas darangibt. Aber die Durchbrechung ist nie vollständig, sie bleibt Zeichen und partiell. Freude hat immer auch eine ästhetische Dimension; das kommt in den Metaphern zur Geltung, die oft von Licht und Herrlichkeit sprechen. Freude teilt besonders wichtige Züge des Bereichs mystischer Wirklichkeit: Sie wird größer durch Teilen, sie bedeutet Anteilhabe am Begegnenden, die Wiederholung (zum Beispiel im Fest) ist ihr Grundgesetz, sie hebt die Grenzen partiell auf zwischen Diesseits und Jenseits, zwischen Zukunft und Gegenwart und zwischen Gott und Mensch. Sie ist eine kommunikative Wirklichkeit und besitzt so eine natürliche Nähe zur »Liebe«.

Vor gefühlter Sicherheit warnt die Schrift

31. Sonntag im Jahreskreis C

2 THESSALONICHER 1,11 – 2,2

Paulus kämpft in diesem Abschnitt seines Briefes gegen eine Naherwartung nach dem Schema »Der Herr steht schon vor der Tür! Morgen spätestens kommt er.« Solche »Nahe-Erwartung« gab es in allen Jahrhunderten der Kirchengeschichte. Sie kommt zustande in einer Mischung von Sehnsucht (dass der Herr endlich kommt) und Angst (vor dem fälligen Gericht). Beides kann die Nerven so strapazieren, dass man alle Berechnungsverbote, die Jesus selbst aufgestellt hat, über den Haufen wirft. Nein, man will und kann es genau wissen – und fällt doch immer wieder auf die Nase dabei.

Bis vor etwa 30 Jahren gehörte es sich, zum theologischen Examen folgendes Schema zu beherrschen und als Seelsorger dann weiterzugeben: Jesus habe fest mit dem Ende der Welt zu seinen Lebzeiten gerechnet, ähnlich übrigens auch Paulus. Die Botschaft Jesu vom Reich Gottes sei ganz von der glühenden Hoffnung darauf bestimmt worden, dass morgen, spätestens in ein paar Jahren, das Ende der Welt käme. Man nannte dieses Schema Naherwartung. Das Wort bedeutet: Das Ende der Welt, das jüngste Gericht, steht nahe bevor.

Diese Erwartung sei eine Erwartung Jesu zu Lebzeiten gewesen. Stellen wie Markus 9,1 belegten sie: »Es gibt einige von denen, die hier stehen, die den Tod nicht schmecken werden, bevor sie nicht gesehen haben, dass Gottes Reich in Macht gekommen ist.« Das heißt: Einzelne der Jünger werden das Anbrechen des Reiches noch zu Lebzeiten erleben. Ist die Stelle eine frühe Fälschung? Gab es Jünger, die es genauer wissen wollten als Jesus, der doch verboten hatte, das Ende zu berechnen? Als dann das Weltende nach dem Tod des letzten Jüngers nicht kam, habe man vergessen, die Stelle wieder zu streichen.

Die radikalste Lösung: Man sagt mit Albert Schweitzer: Jesus ist nach Jerusalem gezogen, um den himmlischen Vater zum Offenbarungseid zu zwingen. Wir wissen alle, wie es ausging: Das Ende der Welt kam nicht, Jesus wurde stattdessen gekreuzigt. Damit ist, nach Schweitzer, das Christentum mit dem Tod Jesu zu Ende. Alles Übrige sind – theologisch gesehen – Hilfskonstruktionen. Albert Schweitzer selbst hat ehrlich die Konsequenz gezogen: Er bewahrte die Ethik der Ehrfurcht vor dem Leben als Arzt in Afrika.

Andere Ausleger rechnen damit, dass die Gemeinde nach Ostern eben wartete und wartete, bis daraus zweitausend Jahre wurden. Man täuschte sich in jeder Generation aufs Neue. So wurde aus der Naherwartung Jesu dann die Parusieverzögerung. Darunter versteht man die Verzögerung, also das jeweils vorläufige Ausbleiben des Endes der Welt. Bis vor dreißig Jahren lernte man, dass Parusieverzögerung praktisch die Mutter aller besonderen Phänomene nach Ostern wurde. Sie wurde demnach die Mutter der Kirche als Institution – Jesus habe daran nie gedacht. Sie wurde die Mutter der Theologie – Jesus sei ein religiöser Mensch gewesen, aber kein Theologe. Sie wurde die Mutter aller Verweltlichung des Christentums – an die Stelle von Armut trat das systematische Sich-Einnisten in der Welt. Sie wurde die Mutter aller kirchlichen Ämter – ursprünglich sei Christentum eine freie Gemeinschaft von Schwestern und Brüdern gewesen. Sie wurde die Mutter der katholischen Kirche mit Tradition, Sakrament, Hierarchie, Ausgrenzung von Ketzern und Einführung des Kirchenrechts – während doch ursprünglich dieses alles fehlte. Sie wurde die Mutter aller Pfründen – ursprünglich waren Christen arm und über allen Gelderwerb erhaben. Kurzum: Weil das Weltende nicht kam, sei die Botschaft Jesu verraten und pervertiert worden. An die Stelle der Toleranz trat die Rechthaberei. An die Stelle der Liebe das Gesetz, an die Stelle der Verheißung die Einschüchterung. Die Parusieverzögerung, so sagt man halb entschuldigend, habe auch eine gewisse Zwangsläufigkeit in sich. Reformation und vorreformatorische kritische Bewegungen wie Waldenser und Hussiten, Wyclifiten und Katharer hätten dieses erkannt, vor allem aber die großen Gestalten der Reformation.

Die Würfel seien in der Urgemeinde nach Ostern gefallen, die nur für ganz kurze Zeit die Reinheit der Gesinnung Jesu bewahren konnte, bis dann eben die Parusieverzögerung ihre Früchte brachte. Nun scheint dieses Bild folgerichtig und frappierend. Es setzt alles auf eine Karte und geht von einer gleichmäßigen Dekadenz in der Kirchengeschichte aus. Diese währte nach diesem Stereotyp der Forschung bis zum 31. Oktober 1517. Dann begann die Verweltlichung aufs Neue, weil die Reformation in den Strudel fürstlicher Interessen geriet. Es war (immer wieder) ein Weg von einem unweltlichen Christentum in ein weltliches. In Wahrheit war dieses speziell das Problem des 19. Jahrhunderts, nicht aber das des ersten und zweiten.

Dieses gesamte Geschichtsbild erscheint mir von seinen schlichtesten Voraussetzungen her als verfehlt, ungeachtet einiger Beobachtungen, die weiterführen oder gute Fragen stellen. Doch gerade die entscheidende Vermittlung zwischen Jesus und Urgemeinde kann man ganz anders sehen. Zu keinem Zeitpunkt war Parusieverzögerung der bestimmende depressive Eindruck; und für die Entwicklung von Untugenden und Schandtaten brauchte man nicht zu einer so komplizierten Entschuldigung zu greifen. Positiv gesagt: Das Reich Gottes und sein Kommen sind vom Weltende zu trennen. Das Reich Gottes kommt jetzt verborgen, wann immer ein Mensch sich unter Gottes Weisung stellt, glaubt und sich taufen lässt. Das Ende der Welt und das Weltgericht ist innerhalb der Geschichte des Reiches Gottes der Zeitpunkt der Offenlegung.

Der zweite Brief an die Thessalonicher ist ein ganz besonderes Schriftstück. Einerseits bringt er einen Ablauf der Endereignisse, den wir sonst von Paulus nicht kennen. Ich bin der Meinung, dass der zweite Thessalonicherbrief trotzdem nichts Unpaulinisches enthält und eine verbesserte Auflage des ersten Thessalonicherbriefs ist, vielleicht Wochen später geschrieben. Der zweite Thessalonicherbrief präzisiert das Datum der ohnehin ungewissen Ankunft Christi: jetzt jedenfalls nicht.

So warnt 2,2f.: »Lasst euch, darum bitten wir, nicht so schnell erschüttern, dass ihr vor Angst und Schrecken den Verstand verliert. Es soll da angeblich ein Wort des Heiligen Geistes, eine Bemerkung von uns oder sogar einen Brief geben, aus denen man entnehmen kann, dass der Tag des Herrn schon vor der Tür steht. (3) Lasst euch durch nichts und niemanden täuschen. Bevor das Ende kommt, müssen erst viele untreu werden. Und dann muss auch noch erst der Widersacher, der Erzböse, der Verderber offenbart werden.« Davon, dass der Tag des Herrn direkt vor der Türe steht, findet sich im ersten Thessalonicherbrief auch nichts. Denn das Bild vom Dieb in der Nacht meint eher die Plötzlichkeit als die unmittelbare Nähe innerhalb der nächsten Monate.

Für die heutigen Leser und Nutzer bleibt beides richtig: Die Warnung vor falscher »gefühlter Sicherheit« in 1 Thessalonicher 5,3 mit der Illusion, man könne sich im Ernstfall noch vorbereiten, sowie die zeitlich gestreckte Enderwartung von 2 Thessalonicher 2,2, als sei der Tag des Gerichts schon morgen. Denn erst muss ja noch die in 2,3–11 geschilderte Kette der Endereignisse kommen. Wie keine andere Liste außerhalb der Offenbarung des Sehers Johannes hat sie das Geschichtsbild der abendländischen Apokalyptik bestimmt.

Von Weltende und Geschichtsbild reden nur noch Sekten am rechten Rand. Damit wird ein wichtiges Thema verschenkt. Die Frage nach dem Sinn der Geschichte. Mir geht es dabei nicht um die Frage, wer der Antichrist ist. Wohl aber um die Frage, was aus dem Bösen, den Opfern, den Geschundenen der Geschichte wird. Ob unanständige Macht auf Dauer triumphieren wird. Und vielleicht hängt ja Auferstehung, Bewahrtbleiben der Person, damit zusammen, dass die künftig Auferstehenden durch ein kräftiges Nein gegenüber dem Zeitgeist jetzt schon ihre Identität bewahrt haben, so dass auch Gott sie bewahren wird – eben in der Auferstehung.

Im Gebet an Gottes Handeln teilhaben

32. Sonntag im Jahreskreis C

2 Thessalonicher 2,15 – 3,5

An diesem knappen Text wird ein für allemal klargemacht: Der Brief ist ein Medium des Gebetes. In 2,16f. formuliert Paulus ein briefliches Segensgebet, in 3,1f. bittet er die Gemeinde um Gebet für sich. Das Thema Gebet beherrscht die paulinischen Briefe verhältnismäßig stark, im Verhältnis zu anderen antiken Briefen, die schon mal einen Gebetswunsch um Gesundheit des Partners enthalten, aber sonst nicht viel zu diesem Thema melden, aber auch im Verhältnis zu anderen frühchristlichen Briefen.

Oft kennen diese anderen Briefe nur das übliche »Freue dich« (»Sei gegrüßt«), zum Schluss »Lebe wohl«. Die Briefe im Umkreis des Paulus dagegen zeigen ein anderes Selbstverständnis. Denn sie sind »apostolische Segensrede«. Das zeigt schon der Briefanfang: »Gnade sei euch und Friede von Gott unserem Vater und von unserem Herrn Jesus Christus.« Gleich zu Anfang des Briefes richtet daher der Apostel Grüße und Segen aus von dem, der der eigentliche Absender des Briefes ist, der daher auch Segen spenden kann. Der Apostel als Briefschreiber ist daher nur der Sekretär und Mittler dieses Segensgrußes, der wie die Botschaft selbst von Gott dem Vater und von Jesus Christus ausgeht.

Der Apostel hat als Briefzusteller eine priesterliche Funktion gegenüber der Gemeinde. Denn seine Botschaft und seine Vollmacht, deren Verbindlichkeit und deren Verheißungen, hat er als Apostel nicht von sich aus, vielmehr, wie der Name Apostel (»Bevollmächtigter«) sagt, übt er die ihm verliehene Vollmacht aus. Die Tatsache, dass kein gewöhnlicher Christ derartig beginnende Briefe schreibt, zeigt, dass ein königliches Priestertum der Gläubigen durch die besondere Bevollmächtigung der Apostel zu priesterlichem Segen nicht berührt wird und etwas ganz anderes bedeutet (nämlich den Qualitätsunterschied zwischen Christen und Nicht-Christen).

Noch einmal: Der Apostel steht der Gemeinde gegenüber als der von Gott Bevollmächtigte, und in dieser Rolle findet sich im frühen Christentum kein Nicht-Bevollmächtigter. Der Gebrauch der Segensformel zu Beginn und Ende des Briefes (»Die Gnade sei mit euch allen«) kommt nur dem Apostel zu, und zwar »von Amts wegen«. Wer aber so segnen kann, der kann jedenfalls auch für die Gemeinde zu Gott beten. Die deprekative (bittende, wünschende wie »Der Herr möge«) Form (»Gott tröste und stärke«; grammatische Form: Optativ, Modus des Wunsches) zeigt, dass auch der Apostel Gott bitten muss und nicht einfach im Namen Gottes Beliebiges zuspricht. Es handelt sich daher um Fürbitte. Dasselbe gilt auch für 3,1.

Der Apostel formuliert seinen Gebetswunsch, seine stellvertretende Fürbitte, schriftlich. Er sagt nicht (wie wir das heute öfter tun: Ich bete für euch), sondern er führt das Gebet wörtlich und schriftlich aus. Beides hat die Funktion, dass sich die Gemeinde gewissermaßen darauf berufen kann. So wird im Alten Testament auch die prophetische Gottesrede schriftlich niedergelegt – was keineswegs selbstverständlich ist. Auch die jüdische Offenbarungsliteratur der Apokalyptik wird schriftlich niedergelegt. Denn dadurch wird sie auch späterhin überprüfbar und wird ihre Stabilität betont. Weder Worte von Propheten noch solche von Sehern zerflattern wie Kerzenlicht im Wind, sondern sind authentische, verbindliche Rede Gottes, der durch den Apostel eben auf einmalige Weise wahre Botschaft verkündigt. Auch in der Alten Kirche wird man fordern, dass beauftragte Geistliche die schriftlich formulierten Gebete sprechen. Und bis heute ist diese Bindung an die Schriftlichkeit Merkmal aller offiziellen Gebete der Kirche.

Bei der Gelegenheit wird auch deutlich: Ein Brief wie 2 Thessalonicher ist offizielles Schreiben mit dauerhaftem und verbindlichem Offenbarungscharakter. Es ist schon etwas Besonderes, dass sich ein Drittel der neutestamentlichen Offenbarung von Gottes Wort in Gestalt von Briefen an Gemeinden »vollzieht«. Gottes Wort ist damit »eingegangen« in die menschliche Kommunikation zwischen Apostel und Gemeinde. Damit wird das, was Gemeinde ist und was sie ausmacht, exemplarisch geadelt und wirklich zum Zeugnis der Erwartung, dass Gott unter seinem Volk wohnen wird.

Dadurch ist die Kommunikation, jedenfalls wenn sie von oben nach unten verläuft (Apostel – Gemeinde), ein Stück Offenbarung. Interessant ist, dass es zwar vielleicht Briefe der Gemeinden etwa an Paulus gegeben hat, dass diese aber im Kanon in keinem Fall zu kanonischer Würde gelangt sind. Auch das weist ganz strikt darauf, dass die neutestamentliche Offenbarung hierarchisch apostolisch ist, von oben nach unten geht und nicht umgekehrt. Gewiss ist die Situation der Gemeindebriefe je historisch besonders und auch einmalig. Aber weil es nach dem Urteil der Kirche kanonische (also in den neutestamentlichen Schriftenbestand gehörige) Apostelbriefe sind, sind diese Schriften über die historische Einmaligkeit hinaus für immer gültig. Das ist bedeutsam für die Auslegung in allen späteren Jahrhundert: Dass dort, wo der biblische Autor Nein sagt, kein späterer Ausleger einfach Ja sagen darf (aktuell bei bestimmten Lasterkatalogen) und dass Theologie etwas anderes ist als zeitlose Philosophie.

Aber Paulus braucht auch notwendig das Gebet der Gemeinde. Denn Christentum ist wie ein Dom, dessen Pfeiler und Säulen durch das obere Netzwerk des Gewölbes einander stützen, und dieses Netzwerk sind die Gebete füreinander. Daher gibt es Menschen, die im Blick auf eigene Erfahrung sagen können, dass Gebete für andere immer leichter erhört werden als Gebete für sich selbst. Denn man bedenke: Gebet ist die vorzüglichste und mächtigste Weise, in der Menschen an der Geschichte, die in Gottes Hand liegt, aktiv teilnehmen.

Die Botschaft des Herrn wird als ein eigenes Subjekt verstanden. Ähnliches kennen wir auch aus Römer 1,16: »Das Evangelium ist Gottes Kraft, um jeden zu retten, der glaubt, denn in ihm wird Gottes Gerechtheit geoffenbart.« Und hier heißt es: »Damit das Wort des Herrn läuft und verherrlicht wird – wie bei euch geschehen.« Jemand, der läuft und dafür Ruhm empfängt, ist nach antikem Verständnis ein laufender Bote, der eine Siegesbotschaft schnell weiterträgt, ja dem es als Erstem gelingt, die Botschaft zu den Adressaten zu bringen. Aus Freude über seine Botschaft wird man ihn bekränzen und ehren. Die zweite Bitte des Apostels um Fürbitte weist auffallende Ähnlichkeit mit der Schlussbitte des Vaterunsers nach Matthäus 6,13 auf. Hier heißt es: »Betet, dass wir erlöst werden von bösen und gemeinen Menschen«; Matthäus 6,13 lautet: »Erlöse uns von dem Bösen« als Gebet. In beiden Fällen ist das Böse personalisiert (nicht abstrakt, sondern in Verbindung mit Personen gedacht), in beiden Fällen wird dasselbe griechische Wort für Erlösen/Befreien verwendet. Vor allem geht es in beiden Fällen um das Gebet. An der Stelle des Bösen stehen hier die bösen Menschen, die keinen Glauben haben. Konkret ist wohl an kleinasiatische Juden gedacht, die Paulus jagen, weil er als abtrünniger Jude gilt.

Kehren wir noch einmal zum Gebet des Apostels für die Thessalonicher in 2,16f. zurück. Das entscheidende Stichwort, das zweimal geboten wird, ist »*paraklesis*« (Ermunterung, Beistand, Zuspruch, Tröstung, gutes Zureden). Gott hat unvergängliche Tröstung gegeben. Deshalb möge er auch die Herzen der Gläubigen ermuntern und stärken, damit sie zu jedem guten Werk und Wort fähig sind. Das Wort »*paraklesis*« (und zugehörige Verben) ist typisch für frühchristliche Mahnrede in ihrer Unaufdringlichkeit, ihrem komplementären Charakter, im Nicht-Bevormunden, kurzum in Seelsorge als Zuspruch, nicht als Reihe von Imperativen, sondern indem man das Erfreuliche der Botschaft wie auch das Tröstliche in den Vordergrund stellt.

Neben der »Ermunterung« steht die »Hoffnung«, ein Wort, das im Griechischen viel stärker Anteilhabe am Kommenden, also nicht etwas Vages bedeutet, sondern etwas wie Angeld oder Anzahlung. Hoffnung meint nicht »vielleicht«, sondern »ganz gewiss«, bezeichnet eher eine Wirklichkeit als eine Vermutung. Daher möge Gott die Hoffnung schenken wie ein kostbares Gut.

Leiden ist der Preis der Freiheit

33. Sonntag im Jahreskreis C

2 THESSALONICHER 3,7–12

In den Klöstern nach der Regel des heiligen Benedikt gehört der Satz 2 Thessalonicher 3,10 (Wer nicht arbeiten will, soll auch nicht essen) zu den Texten, die montags gelesen werden, gleich am ersten Werktag. Denn Arbeit gehört zum Leben in dieser Welt, und der den Söhnen und Töchtern des heiligen Benedikt nachgesagte Spruch »Bete und arbeite« stützt sich auch auf diese Stelle. In VV. 7–9 sagt Paulus noch mehr über die Arbeit: »Denn ihr kennt ja das Beispiel, dem man nacheifern sollte: Wir haben bei euch ein ordentliches Leben geführt (8) und uns unseren Lebensunterhalt von niemandem schenken lassen, sondern Tag und Nacht mit eigener Hände Arbeit mühsam unser Brot verdient, damit wir niemandem zur Last fallen, (9) obwohl wir durchaus das Recht hätten, uns von einer Gemeinde ernähren zu lassen. Doch wir wollten euch ein Beispiel geben, dem ihr nacheifern könnt.« Auch gegenüber den Korinthern hatte Paulus betont, dass er selbstständig Geld verdient hat: »Ich schufte mit meinen eigenen Händen« (1 Korinther 4,12), und dann in 1 Korinther 9,4–11: »Ich habe doch die Freiheit zu essen und zu trinken, was ich will.« »Doch ich habe von meinem Recht keinen Gebrauch gemacht, sondern bezahle alles selber, damit das Evangelium Jesu Christi keine Einbuße erleidet.« In 1 Korinther erfahren wir gleichzeitig etwas über die Gründe, die andere in Anspruch nehmen, um von ihrer Arbeit zu leben.

Naherwartung und Lethargie

Doch die Zielrichtung in 2 Thessalonicher 3 ist anders: Paulus kämpft mit dem eigenen Beispiel gegen Leute an, die gar nicht arbeiten wollen: »Nun haben wir gehört, dass einige bei euch ihren Beruf aufgegeben haben und kein ordentliches Leben mehr führen, sondern die Zeit totschlagen, anstatt sie zu nutzen. (12) Solchen Leuten legen wir im Namen des Herrn Jesus dringend ans Herz, dass sie ordentlich ihr Tagewerk verrichten und sich so ihren Lebensunterhalt verdienen sollen.« Man hat viel gerätselt, um wen es sich dabei handeln könnte und das Verhalten dieser Menschen mit der gesteigerten Naherwartung verbunden, die der Brief bekämpft. Treibt Naherwartung in die Lethargie?

Von der Naherwartung zwischen 1000 und 1034 n. Chr. kennt man anderes, nämlich gesteigerte Aktivität, um dem kommenden Gericht zu genügen. Man wird zugeben müssen, dass Hippolyt von Rom in seinem Daniel-Kommentar um die Mitte des 2. Jahrhunderts n. Chr. von Menschen in Kleinasien berichtet, die Felder brach liegen lassen und die Jungfrauen nicht mehr verheiraten. Aber eine derartige generelle Aufgabe des bürgerlichen Status ist für 2 Thessalonicher 3 nicht erkennbar. Nach Hippolyt werden durch das apokalyptische Verhalten andere auch nicht geschädigt. In 2 Thessalonicher 3 fällt auf, dass auf den Missstand gar nicht mit einer anderen Apokalyptik geantwortet wird, sondern mit einer gegenüber der Enderwartung ganz fremden Sache, nämlich dem Lebensunterhalt des Apostels.

Könnte man nicht die erkennbare Arbeitsunlust zurückführen auf einen Missbrauch der christlichen Gastfreundschaft? Davon berichtet etwa die »Lehre der zwölf Apostel«, Kapitel 12,1–5: »Jeder, der im Namen des Herrn zu euch kommt, soll zuerst einmal aufgenommen werden. Dann sollt ihr ihn prüfen und euch über ihn Klarheit verschaffen. Denn ihr habt doch Verstand und könnt auch sonst gut unterscheiden, zum Beispiel rechts und links. (2) Wenn er auf der Durchreise ist, helft ihm nach Kräften. Er soll jedoch höchstens zwei, oder notfalls drei Tage bei euch bleiben. (3) Wenn er sich aber bei euch niederlassen will, etwa als Handwerker, dann soll er arbeiten und von seiner Hände Arbeit leben. (4) Wenn er sich auf kein Handwerk versteht, dann sollt ihr nach eurem Ermessen Arbeit für ihn finden, damit kein Christ arbeitslos bei euch leben muss. (5) Wenn er keine Arbeit annehmen will, dann ist er kein Christ, sondern ein Nassauer/Schnorrer. Vor solchen seid auf der Hut!« Didache 12,3 erinnert doch deutlich an 2 Thessalonicher 3,12.

Immer wieder wird in der Bibel die Arbeit als eine mühevolle Pflicht des Menschen eingeschärft, der sechs Tage in der Woche arbeiten »muss«. Nur wenige Texte betonen sein Recht auf Arbeit. Jesus sagt von den Tieren und Pflanzen: »Seht euch die Vögel des Himmels an. Sie säen nicht und ernten nicht und sammeln keine Vorräte für den Winter. Euer himmlischer Vater sorgt dennoch für ihre Nahrung. Und ihr seid doch viel mehr wert als sie. Denkt doch daran, wie die Lilien im Garten blühen. Sie wissen nichts von Spinnrädern und Webstühlen« (Matthäus 6). Das fehlende Tun ist offensichtlich keine Auszeichnung der Tiere, sondern ein Mangel. Denn obwohl ihnen die Arbeit fehlt, ernährt und kleidet Gott sie doch.

Ausdrücklich sagt es R. Meir in Mischnat des Rabbi Eliezer (20, 36): »Als einziger Kreatur gab Gott die Arbeit dem Menschen«, und das zeichnet ihn aus. Denn als einzige Kreatur ist er auch nach dem Bild Gottes geschaffen, und Gott selbst arbeitet auch jetzt noch, selbst am Sabbat (Johannes 5,17). Der Mensch ist also in der Arbeit Gott exklusiv ähnlich. So bedeutet die Belastung mit Mühe auf jeden Fall auch eine Nähe zu Gott.

Dass Arbeit zur Auszeichnung des Menschen gehört, rückt in die Nähe eines Grundrechts auf Arbeit, auch weil dieses in der Auslegung nahe bei der »Ebenbildlichkeit« des Menschen steht. Die Bibel versteht das Grundrecht auf Arbeit als Ermöglichung des Lebens. Und einen weiteren Punkt fügt die Bibel ihrer Hochschätzung der Arbeit hinzu: Sofern Arbeit Mühsal ist, gilt der Mühsal die Verheißung der Herrlichkeit.

Paulus ist nicht abstrakt

Den Heiden war dieses Daseinsgesetz durch Herakles (Hercules) vertraut, den Christen einprägsam durch das Geschick Jesu. Durch Mühsale bewährt – und nur so – gelangt man zum Königtum. Infolge der Nähe zwischen Arbeit und Mühsal grenzt die biblische Theologie der

Arbeit auch an die Passionsfrömmigkeit. Aber diese Angrenzung besteht in beiden Aspekten, dem der Mühsal und dem der Herrlichkeit.

Aber die paulinische Ethik besteht nicht in der Vermittlung abstrakter Werte wie Fleiß oder Sparsamkeit. Paulus vermittelt auch brieflich nur sich selbst, sein eigenes Vorbild. Man hat diesen Stil für arrogant und prahlerisch gehalten. Aber andere antike Lehrer derselben Epoche schreiben in demselben Stil an ihre Schüler, so etwa Seneca an Lucilius. Doch wenn Paulus ausführlicher darstellt, wie er das mit dem Vorbild meint, sagt er: Christus – Apostel – Gemeinde. Der Apostel vermittelt dabei nur das Urbild an die Gemeinde. Aber er hält diese Pädagogik zum Anschauen und zum Anfassen für wesentlich wirkungsvoller als alle abstrakten Grundsätze. In diesem Sinne fasst er auch seine Briefe nur als Notbehelf anstelle eines apostolischen Besuches auf, so dass die Stoßseufzer »Ach, wäre ich doch bei euch« oder »Ich möchte gern bei euch sein und bald kommen« durchaus sehr ernst zu nehmen sind.

Alle die Aufzählungen apostolischer Leiden (Peristasenkataloge) sind in diesem Sinne pädagogisch-missionarisch und als Christuszeugnis zu verstehen. Paulus trägt wirklich Leiden, Sterben und Auferstehen Jesu Christi an seinem Leib umher. Und wenn der Apostel schon nicht in der Gemeinde anwesend sein kann, muss er wenigstens von dem erzählen, was ihm widerfahren ist und widerfährt.

Man darf fragen: Hätte ein glückliches Leben vielleicht doch eine größere missionarische Wirkung? Die Frage ist doch: Missionar für was? Nein, Paulus findet nicht Leiden an sich gut. Er steht nicht für Masochismus, sondern für Sehnsucht nach ewigem Leben in der Gemeinschaft mit Jesus. Er ist zum Himmel hin geöffnet wie ein gotischer Kelch, der in seiner Form ganz Öffnung ist und deshalb die Botschaft des Evangeliums auf einmalige Weise darstellt. Die weite Öffnung des Kelches steht dafür, dass wir alle ganz und gar angewiesen sind darauf, dass unsere Sehnsucht durch den erfüllt wird, der sie allein erfüllen kann. Die Leiden sind nur die Begleitmusik, man kann auch sagen: der Preis für die Freiheit.

ERSTER UND ZWEITER TIMOTHEUSBRIEF

Übe dich in der Frömmigkeit!
Die Frömmigkeit ist zu allem nützlich,
ihr gilt die Verheißung des gegenwärtigen
und des zukünftigen Lebens.

1 Timotheus 4,7b.8b

Maßlosigkeit, die das Maß der Liebe ist

24. Sonntag im Jahreskreis C

1 Timotheus 1,12–17

Die historische Sonderstellung des Apostels wird aus diesen Zeilen überdeutlich. Er war zuvor Christenverfolger, und dieses negative Image wirkt sich noch immer verheerend aus. Deshalb berichtet er hier von sich, von seinem Verfolgen und von seiner Bekehrung. Er tut es, um sich zu legitimieren, um den Zweiflern und Gegnern das Maul zu stopfen. Aus diesem Grund ist auch die Danksagung, verbunden mit dem autobiografischen Stil, das beste Mittel der Verteidigung. Denn wenn er dankt, dann ist ja nicht mehr er es, sondern dann ist Jesus Christus es, der den entscheidenden Wandel bewirkt hat. Und dann kann er auch sogleich sagen, dass Jesus Christus ihn für diesen Dienst eingesetzt hat – und nicht er selbst sich ihn genommen oder angemaßt hat. Der Dienst heißt »diakonia«, und damit ist jede öffentliche Funktion zu allgemeinem Nutzen gemeint. Und hier fällt dann auch schon ein für die Pastoralbriefe wichtiges Wort: Jesus hat ihn für »treu« (griech.: *pistos*) »vertrauenswürdig«, »glaubwürdig« gehalten. Dieses Wort wäre in den Augen der Adressaten eine Art »Persilschein«.

Doch es muss unter den gegebenen Umständen eher ärgerlich wirken, erstens weil Paulus es von sich selbst sagt (man sagt nur über andere, dass sie glaubwürdig sind), und zweitens weil es Paulus ist, der dieses Wort für sich gebraucht. Denn er, der umgedrehte Verfolger, ist eben nicht treu und glaubwürdig. Es kann sein, dass Paulus mit diesem Wort seine Leserschaft absichtlich reizt. Darauf weist vor allem der unmittelbar folgende Satz in V. 13, der die gesammelten Schandtaten des Apostels aufzählt ([Gottessohnschaft] gelästert, Gemeinde verfolgt, Christen Böses angetan, aus Unwissenheit gehandelt). Hier und im Folgenden gebraucht Paulus einen stark adversativen Stil. Gottes und Jesu Christi Handeln in der Welt, besonders am Apostel, steht in scharfem Gegensatz zum vorherigen Wirken des Apostels und zur Verlorenheit der Welt. Die Gegensätze sind so groß, dass nur Gottes eigenes Erbarmen und der Überreichtum seiner Gnade die Welt retten können.

Es fällt auf, dass Paulus hier die Sprache der hellenistischen Synagoge gebraucht, näherhin: ihre Missionssprache, wenn er sein eigenes Vorher und Nachher beschreibt. Dazu gehört auch das eben erwähnte Lästern. Nach dem bekannten jüdisch-hellenistischen Bekehrungsroman »Joseph und Aseneth« will die ägyptisch-heidnische Priestertochter Aseneth den Patriarchensohn Joseph heiraten. Als sie sich zum Judentum bekehrt, bekennt sie: Ich habe Joseph vorher gelästert, da ich ihn nicht »Gottes Sohn« nannte; »Sohn Gottes« meint hier Joseph als den, der zu Gott gehört, weil er an Gott glaubt. Ganz ähnlich geht es auch in der jüdischen »Weisheit Salomos« zu: Die Gegner des Gerechten, das heißt des Sohnes Gottes, lästern ihn, da sie ihm den Titel »Sohn Gottes« absprechen beziehungsweise sich verächtlich darüber äußern.

In die Missionssprache weist auch das Stichwort »vorher aus Unwissenheit gehandelt«. Wir kennen dieses Stichwort auch aus den Missionsreden der Apostelgeschichte. Dort bescheinigen die Apostel den Juden, sie hätten Jesus »aus Unwissenheit« gekreuzigt. Dieser Topos der Unwissenheit dient jeweils dem Brückenbauen: Wo die volle Erkenntnis über das Angerichtete fehlte, war auch die Schuld nicht so groß. Auch Jesus bittet nach Lukas um Vergebung für seine Mörder, die aus Unwissenheit gehandelt hätten. Indem Paulus in 1 Timotheus 1 das Motiv der Unwissenheit für sich in Anspruch nimmt, liefert er auch ein klein wenig eine Entschuldigung mit. Verfolgen und Böses antun ist das, was die Gegner des unschuldigen Gerechten und Sohnes Gottes ihm nach Weisheit Salomos 5 angedeihen lassen. Fassen wir zusammen: Alles, wessen sich Paulus bezichtigt, ist nicht gerade unerhört neu. Die Stichworte sind aus Zusammenhängen bekannt, in denen es sich um Mission und Bekehrung handelt – oder wenigstens um die Einsamkeit des verfolgten Gerechten und sein Leiden unter seinen noch unwissenden Gegnern, die ihn lästern.

In 1,15 folgt einer der Merk- und Traditionssätze der Pastoralbriefe, die die Einleitung aufweisen »Getreu ist das Wort« (zu deutsch: Dies ist ein Grundsatz, den alle annehmen sollten; vgl. zum Beispiel 2 Timotheus 2,11; Titus 3,8). Dass es sich um einen solchen generell wichtigen Satz handelt, darauf weist auch die Wendung »ist in die Welt gekommen, um zu ...«. In den Evangelien heißt das: »Dazu bin ich gekommen, um zu ...« (oder: »Der Menschensohn ist [nicht] gekommen, um zu ..., sondern ...«). Auch hier geht es um Zusammenfassungen des Wirkens Jesu.

Paulus nimmt den adversativen Stil wieder auf: Jesus ist in die Welt gekommen, die Gottlosen zu retten. Dann aber nennt Paulus sogleich sich selbst: »dass Gott sich meiner erbarmt hat«. So stellt er sich mit den Gottlosen auf eine Stufe; diese heißen hier im Griechischen »Sünder«, die im Judentum klassische Bezeichnung für Heiden, eben die Gottlosen. Indem Paulus wie ein Heide/Sünder Erbarmen gefunden hat, ist er gleichzeitig Vorbild für die Leser des Briefes, die wohl im Raum Ephesus wohnen und gleichfalls Heiden waren. Wenn Paulus auch nicht besser war als sie, dann sind sie eingeladen, sich nach seinem Vorbild auf sein Evangelium hin zu bekehren.

Warum ist wahr, was Paulus hier sagt? Es gibt hier einen kurzen Vers, der einen Blick in das Innere des Apostels tun lässt. »In Überfülle erreichte mich die Gnade des Herrn und befähigte mich zu glauben und zu lieben in lebendigem Kontakt mit Jesus Christus.« »Überfülle«, das ist es, das ist das Merkmal der messianischen Epoche, die an Jesus gebunden ist und die es zuvor nicht gab. »Überfülle«, das ist die überwältigende Ausstrahlung und Segensmacht, die mit Jesus Christus jetzt auf dem Plan der Weltgeschichte ist. Überfülle – das ist genau die Maßlosigkeit, die das Maß der Liebe ist. Am schönsten hat Paulus das in Römer 5,20 gesagt: »Wo aber die Sünde blüht (übervoll ist), da blüht die Gnade noch kräftiger (über die Maßen übervoll).« Denn rein formal ist die Überfülle das Prinzip der Erlösung: Jetzt gilt nicht mehr

Sparsamkeit und nur das Tun des Notwendigsten. »Gott kleckert nicht, sondern er klotzt.« Gott schenkt aus vollen Händen und kommt insofern erst richtig dazu, als Gott zu wirken.

Denn Überfülle an Vitalität, Gnade und Freude sind exklusive Merkmale Gottes. Jede Berührung mit Gott wird jetzt zu einer Berührung mit dem ungeheuren Reichtum am Leben, der sein Merkmal ist. Der weite Weltraum in seiner nahezu unfassbaren Größe und Schönheit ist doch nur tot, aber wie ein Podest für das Leben. Er ist nur Vorzimmer, Vorbau, Vorbereitung für den noch sehr viel wunderbareren Prozess des Lebens, dessen Inbegriff schon immer Gott war. Und wenn Paulus hier nur kurze Stichworte wie »Glaube« und »Liebe« nennt, dann meint er damit doch nur Anfangs- und Schlussglied jener Lebenskette jeder christlichen Existenz. Denn am Anfang steht immer der Glaube, daraus gehen seine Früchte hervor, als letzte und reifste Frucht ist oft die Liebe genannt. Ich denke hier an Reihen wie 1 Korinther 13,13 (Glaube, Hoffnung, Liebe) oder 2 Timotheus 1,13; 2,22 oder 2 Petrus 1,5–7 (Glaube, Liebe).

Der Reichtum der Gnade äußert sich in der Fülle der Früchte des Glaubens. So erweist sich am Ende unserer Betrachtung der Dank, den Paulus äußert, nicht nur als kirchenpolitisches Mittel der Legitimation, sondern als Antwort auf das Erlöstsein, das für Paulus reine Freude ist.

Auch das Wort »Langmut« findet sich in Missionspredigten, die an Heiden gerichtet sind: In Langmut hat Gott lange Zeit ihre Ablehnung und ihr unrechtes Tun ertragen (vgl. Apostelgeschichte 17,30; 14,16). Der Langmut Gottes im Ertragen der sündigen Heiden, auf den die Heiden sich schließlich eingelassen haben, entspricht seiner Unvergänglichkeit, aus der heraus er ewiges Leben schenkt. Auch dabei geht es nicht um starre Unveränderlichkeit, sondern um die Fülle unbesiegbarer Vitalität. Wahr ist daran, dass es nicht um nur richtige »Erkenntnis« geht, sondern um Gottes erweiterte Familie und Lebensgemeinschaft, um Glauben und Liebe. Diese Praxis trägt sich gewissermaßen selbst, und dazugehören ist alles.

Der Gerechte schafft Ausgleich vor Gott

25. Sonntag im Jahreskreis C

1 Timotheus 2,1–8

Die Lesung gehört zur Gattung der Texte, die man seit dem 16. Jahrhundert »Haustafeln« nennt, in Wahrheit eine Mischung aus stoischer Pflichtentafel für den Hausherrn und Familienvater und den Anweisungen der Traktate unter dem Titel *Oikonomikos* (»Über die Hausverwaltung«), wie er seit Aristoteles üblich ist. In der stoischen Pflichtentafel werden zuerst die Pflichten gegenüber den Göttern und dem Vaterland genannt; man sieht, wie das hier in 2,1–7 durchschimmert, ja auch 2,8 noch bestimmt hat. In 2,9–15 werden dann die Pflichten der Hausfrau genannt, wie sie den Traktaten über die Hausverwaltung entspricht. Diese Pflichten stehen denen des Mannes gleich stark gegenüber; leider wurden sie bei der Perikopenauswahl gestrichen, denn das ganze Kapitel 2 gehört zu einer Gattung.

Grundlegendes Missverständnis

Es war bereits in der hellenistischen Synagoge üblich, statt Opfer für den Kaiser darzubringen, Fürbitte für ihn zu leisten. In 2,1f. wird dieses elegant aufgenommen und der Fürbitte für alle Menschen ein- und untergeordnet. Wenn man für alle Menschen bittet und dankt, dann darf man darunter auch Könige (im Osten des Reiches umfasst das auch die römischen Kaiser) und Obrigkeiten verstehen. Wenn man für sie erbittet, dass »wir«, also wohl alle miteinander, in Frömmigkeit und Ehrerbietung ihr Leben gestalten, dann umfasst das auch die Bitte, sie möchten Christen werden. In 2,4 wird das dann ausdrücklich auch gesagt.

»Gott will, dass alle Menschen dadurch erlöst werden, dass sie ihn als die Wahrheit kennen lernen. Denn es gibt nur einen Gott und nur einen Mittler zwischen Gott und den Menschen, den Menschen Jesus

Christus.« Eigenartigerweise soll ausgerechnet dieser Satz belegen, dass alle Menschen in allen Religionen ohne Mission durch Gottes allgemeinen Heilswillen so, wie sie sind, gerettet werden. Dafür zitiert man den Satz ohne Kontext und nur in der ersten Hälfte: »Gott will, dass alle Menschen gerettet werden.« Und legt den Ton auf »alle«. Dass es um die Wahrheit geht und in V. 5 um den einen Gott und den einen Mittler, das wird, da man nicht damit rechnet, dass jemand an der Stelle nachschaut, großzügig verschwiegen. Kurzum: Was mit dieser Bibelstelle getrieben wird, ist reiner Betrug.

Ähnliches geschieht dann gleich mit 2,6: »Er gab sich als Lösegeld für alle.« Diese Stelle benutzt man als angeblichen Beleg dafür, dass auch in Matthäus 26,28 »für viele« im Sinne von »für alle« verstanden werden müsse – und versteht es hier wie dort so, als sei Christwerden dann nicht mehr nötig, weil Jesus ohnehin automatisch für alle gestorben sei. Nein, dieses »automatisch« hat nie gegolten. »Für alle« heißt auch hier: Als Einladung für alle, dass sie an ihn glauben und durch seine Stellvertretung selig werden.

Diese Auslegung ist auch deshalb unverantwortlich, weil die Formulierung in V. 5, »denn es gibt nur einen Gott und nur einen Mittler zwischen Gott und Menschen, den Mensch Jesus Christus«, ein typisch missionarischer Werberuf ist.

In 2,2 übersetzt Luther: »dass wir ein geruhliches und stilles Leben führen mögen«. Darüber haben sich dann die Exegeten des 19. und beginnenden 20. Jahrhunderts lustig gemacht, da sie meinten, in diesem Wunsch die spießbürgerlichen Ambitionen des Verfassers erkennen zu können. Jetzt, am Ende der Neuzeit, zeigt man für diesen Wunsch wieder mehr Verständnis. Berger/Nord haben deshalb übersetzt: »dass unser Leben in eine Friedenszeit fallen möge, in der wir frei sind von Angst und keiner uns verbietet, an Gott zu glauben und ihn allein anzubeten« (Letzteres als Wiedergabe von »in Frömmigkeit und Ehrerbietung«).

Wir halten fest: Nicht zuletzt durch die Wendung in 2,4, »Er (Gott) will, dass alle Menschen zur Erkenntnis der Wahrheit gelangen«, ist dieser Text als eindeutig missionarischer erkennbar. Alle übrigen Elemente weisen genauso darauf hin, dass es sich um einen Werbetext handelt. Dass man nun in der innerchristlichen Diskussion genau das Gegenteil daraus gemacht hat, nämlich einen angeblich Mission für überflüssig erklärenden Text, sagt mehr über die gegenwärtige Kirchengeschichte als über den ehrwürdigen Text.

Wenn aber das Ganze ein missionarischer Text sein soll, darf man fragen, was sich Paulus (oder sein Schüler) davon versprochen hat, dass er hier von dem »einen Gott«, dem einen Mittler, dem Menschen Jesus Christus und von der Hingabe seines Lebens redet. Nun, das mit dem »einen Gott« ist klar, Monotheismus lag im (philosophischen) Trend der Zeit.

Bei Jesus Christus liegt der Ton auf dem »Menschen«; Ähnliches unterstreicht auch der Hebräerbrief: Der Mittler ist »einer von uns«. Religion ist hier kein in sich geschlossenes mythologisches Gebilde, sondern ragt in der Gestalt des Mittlers mitten hinein in die menschliche Geschichte. Religion ist kein Film mit Götterfabeln aus dem Jenseits, sondern hier gibt es einen Menschen, der den Weg zu Gott mit seiner menschlichen Existenz darstellt.

Wir wissen aus der Umwelt des Neuen Testaments, dass Gestalten wie Sokrates, Alexander der Große oder Diogenes und selbst noch der Halbgott Herakles die Menschen weitaus mehr interessierten als alle Götter zusammen, eben weil sie ein mehr oder weniger leid- und mühevolles menschliches Geschick zu tragen hatten. Die Glaubwürdigkeit eines Lebenskonzeptes hing schon erheblich daran, dass die Vorbildfigur als Mensch Bodenhaftung besaß. Dasselbe gilt hier nun auch für das dritte Element, die Hingabe des Lebens. Gerade hier liegen andererseits auch heute die größten Schwierigkeiten im Verständnis.

Das Leben als starkes Argument

Für die Adressaten des 1 Timotheus liegt dagegen gerade hier das stärkste Argument. Denn Mittler zwischen Gott und den Menschen war dieser Mensch eben nicht nebenbei oder durch ein Interview am Rande eines Vortrages. Sondern er hat sein ganzes Leben – eben sich selbst – eingesetzt, gegeben als Lösegeld, als Wiedergutmachung für unsere Sünden also. Ähnlich wie in Markus 10,45, das fast die gleichen Wörter benutzt (nur *lytron* statt *antilytron* in gleicher Bedeutung »Lösegeld«). So übersetzen Berger/Nord: »Er hat sein ganzes Leben für alle Menschen eingesetzt, um ihre Sündenschuld durch seine Gerechtigkeit aufzuheben.« Denn es geht nicht nur um Tod und Blut, sondern um das ganze Leben inklusive Tod. Diese Vorstellung, dass ein Gerechter gewissermaßen Ausgleich schafft vor Gott für die Sünden seiner Zeitgenossen, ist gerade in Israel bekannt. Man lese dazu nur, was die sogenannte Sektenregel über die Elitegruppe der Zwölf Männer in Israel sagt: »Ein heiliges Haus für Israel ..., um darzubringen einen angenehmen Opfergeruch ... Und sie sollen wohlgefällig sein, zu sühnen für das Land.«

Hier gibt es also innerhalb Israels Menschen, die durch ihren gerechten und toratreuen Lebenswandel Ausgleich und Sühne schaffen vor Gott und damit selbst als Gruppe die Funktion eines »heiligen Hauses« besitzen, also eines Tempels – ähnlich wie Jesus sich Tempel nennt und wie die Gemeinde Tempel nach Paulus ist. Wie kann man das heute wiedergeben und vermitteln? Am besten so, dass man sagt: Jesus hat für uns das Verhältnis zu Gott in Ordnung gebracht, und zwar nicht durch Rhetorik, sondern durch ein glaubwürdiges vollkommenes Leben. Er sagt: Blicke auf mich, Vater, schone um meinetwillen alle anderen. Er sagt: Wenn du an mir Freude hast, dann lass diese Freude auch für alle anderen gelten. So lass dich versöhnen durch mich. Ich trete für sie ein, weil ich sie liebe. Blicke nicht auf ihre Sünden, sondern auf meinen Gehorsam. Denn der Justizskandal meiner Hinrichtung sollte ihnen doch nun wirklich eindeutig klarmachen, dass ich keine Schuld trage vor Gott und den Menschen. Vielleicht ärgern sie sich zumindest über diesen Skandal, vielleicht wird an der brutalen Bestrafung eines völlig Unschuldigen wenigstens ihr Instinkt für Gerechtigkeit geweckt.

Und da sie immer nach dem Sinn fragen, lass sie erkennen, dass mein ganzes schuldloses Leben einen einzigen Sinn hatte: Dir Freude zu machen und den Menschen zu zeigen, dass Unschuld vor dir etwas vermag, nämlich dein Herz zu bewegen.

Die Wahrheit schließt die Rede von Gut und Böse ein

26. Sonntag im Jahreskreis C

1 Timotheus 6,11–16

Das Bild des Kampfes, in dem der Christ Streiter ist, gehört in die Schlusspassagen der Briefe. Denn die Schlussabschnitte drängen selbst auf Klarheit und Entschiedenheit, und das Bild des Kämpfers macht deutlich, dass es um letzte Klarheit geht, um Leben und Tod. In diesem Sinne vergleiche man aus unserem Abschnitt 6,12 mit 2 Timotheus 4,7. In beiden Fällen wird unmittelbar danach an das Wiederkommen Jesu Christi erinnert (2 Timotheus 4,8; 1 Timotheus 6,14b–15).

Das Motiv vom Kampf am Ende ist apokalyptischen Ursprungs, auch wenn es in den Briefen 2 Timotheus, 1 Timotheus und Epheser 6 nicht um eine Auflistung der Endereignisse geht; aber der Hinweis auf die Wiederkunft des Herrn verrät dennoch den Ursprung in der urchristlichen Predigt über die Endzeit. In 1 Timotheus ist die Angabe über die Wiederkunft Jesu Christi nicht mit dem Gericht verbunden, auch in 2 Timotheus 4,8 wird die Krone der Gerechten hervorgehoben.

Auffällig ist in unserem Brief auch der Hinweis darauf, dass Jesus vor Pontius Pilatus das Bekenntnis abgelegt hat. Während nach Markus das Bekenntnis Jesu vor Pilatus sich darin erschöpft, auf die Frage »Bist du der König der Juden?« zu antworten: »Ja, du sagst es«, ist im vierten Evangelium Johannes 18,33b–37 der Dialog ausgeweitet, obwohl es wie bei Markus um das Königtum Jesu geht. Aber Jesus sagt hier, sein Königreich sei nicht irdisch und seine Rolle sei es, von der Wahrheit, also von der Realität Gottes, Zeugnis abzulegen. Das Stichwort »König« finden wir auch in 1 Timotheus 6,15, und die Bildersprache des Kampfes passt zu diesem Stichwort auch. Johanneisch gefärbt ist unser Abschnitt auch wegen der Verbindung von Königtum und Zeugnis. Sie ist bestimmend in Johannes 18,37, ähnlich wie in 1 Timotheus 6,12.

Wir halten fest: Wenn sich 1 Timotheus 6,12–15 auf irgendeines der kanonischen Evangelien bezieht, kann das wohl nur das Evangelium nach Johannes sein. Das setzt natürlich wiederum voraus, dass das Johannesevangelium relativ früh entstand und für die Adressaten von 1 Timotheus 6 als interessant gilt. Die alten, Paulus und Johannes gemeinsamen Traditionen sind hier noch so stark, dass sie einen ganzen Abschnitt des Briefes prägen können.

Was bedeutet das theologisch? Es handelt sich jedenfalls um »altes« Material, das nachweisbar nicht aus der Situation geboren, sondern eher traditionell ist, in verschiedene Theologien integrierbar, das heißt: In unterschiedlichen Texten kann es verarbeitet werden, weil die Adressaten es (und darin sich und ihren Glauben) leicht wiedererkennen, also »kirchliches Material«. Das traditionelle Gut, an das 1 Timotheus 6 anknüpft, ist also einerseits der Bereich Kampf, König, Wiederkunft Christi, zum anderen Bekenntnis, Wahrheit, Pontius Pilatus, Zeugnis. Verschiedene Autoren haben sich darüber beklagt, in 6,13 sei Jesus mit seinem Bekenntnis zum moralischen Vorbild »verkommen« für die Bewahrung von Tradition. Aber in den vier Evangelien hat die Rolle Jesu, wenn man die Passionsberichte als Texte über den leidenden Gerechten liest und wenn man insbesondere Jesu Gebet in Getsemani als »Überschrift« wertet (Aufforderung zum Gebet), auch eine Bedeutung in Richtung Vorbild, gerade im Unterschied zu Petrus und Judas.

Nach 6,12 heißt »an Jesus glauben einen Kampf um das Gute kämpfen«. Hier wird durch intensive Rückbeziehung auf Jesus der Glaube zu einer Art der Nachfolge. Freilich ist die Deutung als »Kampf« ein theologisch interessanter und gewichtiger neuer Aspekt gegenüber den Evangelien.

Die Liste der »Tugenden« in 6,11: »gerecht und sozial, fromm und heilig, gläubig und treu, liebevoll und fürsorglich, geduldig und unbeirrbar, sanft und leidensfähig« ist in Zweierpaaren aufgebaut, wobei die beiden Glieder eines Paares teilweise synonym sind, teilweise sich ergänzen. Im Ganzen entsteht das typische Bild paulinischer Mahnrede für Heidenchristen, nämlich eine Ethik des Machtverzichts, der Geduld und Selbstzurücknahme, so wie Paulus sie insgesamt als Wirkung des Heiligen Geistes beschreiben würde. Man kann schon sagen: Die Stelle der Tora nimmt hier Jesus selbst als lebendiges Vorbild wahr. Und diese Ethik hat auch etwas mit Kreuzestheologie zu tun, weil es hier am allerwenigsten um Macht und Selbstdurchsetzung geht. Denn die hier beschriebenen Verhaltensweisen sind eher nicht die erfolgreichen, nicht die glanzvollen, sondern traditionell eher die von guten Lehrern, von Frauen und von Märtyrern.

Der Ausdruck »Kampf um das Gute« erinnert eher an zoroastrische Religion, heute wirkt er für viele befremdlich, und zwar »bloß humanistisch« und nicht richtig christlich. Im Blick auf die ursprünglichen Leser des Briefes mag das berechtigt sein. Es stellt in der Tat ein Gegengewicht zu dem persönlichen Vorbild Jesu dar. Im Unterschied dazu ist der »Kampf um das Gute« eher abstrakt und philosophisch orientiert. Denn viele wissen schon allein deshalb nicht, was »das Gute« ist, weil sie nicht wissen, was eigentlich Böses und Sünde ist. Im Rahmen einer dualistischen Ethik ist es wohl das genaue Gegenteil der Tugenden von 6,11.

Dualistische Ethik ist im Augenblick nicht beliebt, auch deshalb nicht, weil man die feine Unterscheidung des heiligen Augustinus nicht mitvollzieht, die Sünde zu hassen, aber den Sünder zu lieben. So denkt man, klare Rede von der Sünde grenze unnötig Menschen aus. Zudem bleibt man nach eigenem Urteil viel zu häufig in der Grauzone stecken, aus der man weder als gut noch zumeist als eindeutig böse hervorgeht. In diese Grauzone gehört auch das Abwägen des kleineren Übels. Aber das ist eben nicht Schwarz noch Weiß. Zudem ist bei aller Verantwortungsethik die Rolle kompromisshaften gemeinschaftlichen Handelns gewachsen.

Dennoch behält die Einteilung in Gutes und Böses ihren Sinn zur Klärung der Wahrheit. Ich erlebe es oft, wenn ich Menschen sagen muss, Mord sei eben rundum böse. Dann sind sie ganz erschrocken und meinen, es läge doch alles an schlechten Erfahrungen in der Kindheit. Oder eben Ehebruch ist böse, und eine traditionelle Beichte mit Absolution wirkt Wunder gegenüber jahrelanger »Therapie«, in die die Ehebrecher oft geschickt werden. Oft möchte man die Menschen nur damit nicht »belasten«, dass man sagt, sie hätten etwas Böses getan. Dabei kann gerade das hilfreich sein.

Die kleine Predigt endet mit einem Bild der Herrlichkeit, in dem bedrohliche Züge, wie sie manchmal mit der Wiederkunft Christi bzw. mit der Theophanie Gottes überhaupt verbunden sind, ganz fehlen. Die einzige Mahnung, die das Ende selbst in den Blick nimmt, heißt: »Bewahre ... bis zum Ende.« Die Ungewissheit des Zeitpunkts ist hier nicht bedrohlich, sondern ruht ganz in der Souveränität Gottes, des alleinigen Herrschers, des Königs der Könige, des Herrn der Herren. Am Schluss steht das Bild des Lichts und der unsagbaren, nie zuvor geschauten Herrlichkeit, verbunden mit einer Doxologie.

Diese Predigt kommt aus ohne Schilderungen der Verdammten – diese interessieren vielmehr gar nicht. Der Blick ruht auch nicht auf dem Lohn der Gerechten. Für die Angeredeten ist vielmehr wichtig die Abfolge von Berufung zum Leben, Kampf und Ergreifen des Lebens nach V. 12, dazu kommt das Bewahren des Gebotenen nach V. 14. Aber im Ganzen ist es eine Ethik angesichts der Wiederkunft Christi und des Kommens des »Königs der Könige und des Herrn der Herren«. Wir gehen auf Gott zu, Gott kommt auf uns zu, nichts anderes als seine eigene Herrlichkeit macht die Faszination des Zieles aus, die auch den Weg dorthin erhellt und erleuchtet. Wenn es wirklich um diese Herrlichkeit Gottes als das Ziel aller Wege geht, muss man sich auch um die Einzelheiten dessen keine Sorgen machen, was ewiges Leben ausmacht. In diesem Sinne gilt Benedikts XVI. Wort: Jesus hat den Menschen Gott gebracht. Und das ist genug. Denn wir leben und kämpfen, wir hoffen und beten, wir singen und sterben im Angesicht des kommenden Gottes. Die wichtige Entscheidung, Trennung, Sonderung geschieht nicht im Gericht, sondern in der Bejahung des alltäglichen Kampfes, im Durchhalten und im Mut. Die Vision der kommenden Herrlichkeit Gottes im Glauben gibt die Kraft dazu.

Lebendiger Glaube bringt Liebe hervor

27. Sonntag im Jahreskreis C

2 Timotheus 1,6–8.13–14

Paulus erinnert seinen Schüler Timotheus daran, dass er ihm einst die »Hände aufgelegt« hat und dass Timotheus dadurch Gnade und heiligen Geist empfangen hat. Diesen Funken soll Timotheus nun bewahren und wieder lebendig werden lassen. Da dieser Funken voll »Liebe und Klugheit« (V. 7) ist, darf man annehmen, dass es sich um das handelt, was sonst »Charisma« heißt.

Dieser Bericht steht nun in Spannung zu dem, was 1 Timotheus 4, 14 besagt: »Sei bestrebt, die besondere missionarische Gabe weiterzuentwickeln, die dir verliehen wurde, als damals in der Gemeinde eine Prophetie auf dich ausgelegt wurde und der Kreis der Ältesten dir die Hände auflegte.« Die Frage lautet: Welche Situation meint 2 Timotheus 1 und welche 1 Timotheus 4?

Die Entscheidung ist deshalb schwierig, weil Handauflegung im ersten Jahrhundert und lange danach mehrdeutig ist und von der Geistverleihung bei der Taufe bis zur Bischofsweihe vieles bezeichnen kann. Wissen muss man als Voraussetzung: Die Ältesten gibt es in der Regel nur als Gremium (Kollegium), und so handeln sie auch »kollektiv«. Und ferner: An der Spitze der Ältesten steht – von ihnen selbst gewählt oder von woanders her bestimmt – der Bischof.

Und schließlich: Der eine Vorgeordnete steht dem Gremium stets gegenüber; er kommt aus ihm oder wird aus ihm gewählt. Dabei gilt: Der Apostel kann das Tun des Gremiums der Ältesten ersetzen oder bestätigend begleiten.

So gibt es mehrere Möglichkeiten für unsere beiden Texte. Entweder beide Texte meinen tatsächlich dieselbe Situation. Paulus und die Ältesten – das wäre dann wie das Ganze und ein Teil. Als Apostel wäre Paulus Mitältester (vgl. 1 Petrus 5,1). Gemeint wäre die Situation der

Installation als Ältester – oder als Bischof (an der Spitze des Ältesten-Gremiums). Die Prophetie in der Gemeinde ist bekannt als besonderes Mittel zur Bestellung erwählter Personen (vgl. Apostelgeschichte 13,2). Die zweite Möglichkeit: 2 Timotheus 1 meint etwas, das Paulus allein vollziehen kann: Die Einsetzung zum Bischof oder Ältesten (wie Apostelgeschichte 20,28), 1 Timotheus 4 meint die Installation als Ältester. Die dritte Möglichkeit: 2 Timotheus 1 meint die Taufe und das Taufcharisma, 1 Timotheus 4 die Kooptation in den Kreis der Ältesten.

Zwischen Amt und Charisma besteht kein Gegensatz

Ich halte es für gegeben, dass in 1 Timotheus 4 die Hinzuwahl zu den Ältesten das Thema ist. Und ich meine, dass es sich in 2 Timotheus 1 um die Bestellung zum Bischof handelt. Das eine wäre eine Bewegung auf gleicher Höhe: Die Ältesten berufen in ihr Gremium, so wie heutzutage noch Akademiemitglieder berufen werden. Und was Paulus tut, wäre ein Ruf von oben nach unten, entweder in das Gremium oder zum Vorgesetzten des Gremiums.

Auf jeden Fall zeigt unser Text: Zwischen Amt und Charisma besteht nicht der geringste Gegensatz. Wie auch immer das, was Timotheus erhalten hat (Ältesten- oder Bischofswürde) funktional ausgerichtet war, sowohl der Weg der Berufung (Prophetie) als auch der Inhalt der Begabung (Liebe und Klugheit als Gaben des Heiligen Geistes) war charismatisch strukturiert, das heißt: Gottes freie Gnadengabe, die sich als je persönliches Geschenk von Begabungen zu missionarischen Zwecken äußerte. Und auf jeden Fall geschieht dieses: Paulus erinnert Timotheus an die Gnadengabe, die dieser in sich aktivieren soll. Uns erinnert das daran, dass in der Taufe an jedem Christen Ähnliches geschieht (Deshalb habe ich oben als dritte Möglichkeit die Taufe genannt). Denn Taufe und »Ordinationssakramente« sind offensichtlich parallel strukturiert: Die Verleihung des Heiligen Geistes bedeutet für jeden und jede ein Initiations-Charisma. Es ist dieses geradezu ein seelsorgerliches Grunddogma des Apostels Paulus: Jeder Getaufte hat mindestens ein Charisma, das seine persönliche Aktivität im Dienste glaubwürdiger Gemeinde und Mission begründet. Dabei ist Charisma jede Kraft und Fähigkeit, die so stark ist, dass sie nur vom Himmel her erklärt werden kann. Und wenn jeder Getaufte eine solche durch den Taufgeist vermittelte Kraft in sich hat, dann ist es auch sinnvoll, den Text allen Getauften und Gefirmten vorzulesen.

Ganz paulinisch ist 2 Timotheus 1,13: So hast du Anteil am Leben mit Christus, durch das Glaube zu Liebe wird. Denn das Letztere ist der grundlegende christliche Lebensprozess. Nicht nur die bekannte Formel Glaube – Hoffnung – Liebe zeichnet die »Biografie« des Glaubens nach, Ähnliches geschieht auch in den zahlreichen ähnlichen Auflistungen. In der Regel steht in diesen Reihen der Glaube als Erstes, und dann folgen die Töchter oder Früchte des Glaubens, bis schließlich als letzte Tochter und Frucht die Liebe genannt wird. Auch für die Frage der Rechtfertigung sind diese Reihen theologisch wichtig, denn ein Glaube, der nicht wächst, der keine Früchte trägt und keine Konsequenzen hat, ist wie eine taube Blüte, ist toter Glaube. Das heißt: Das Verhältnis von Glaube und Werk löst sich organisch. Wenn der Glaube lebendig ist, geht die Liebe aus ihm hervor. Ähnlich ist auch 2 Timotheus 1,14 zu verstehen: »Den Funken, den Gott dir anvertraut hat, kannst du dadurch bewahren, dass du ihn dem Lufthauch des Heiligen Geistes aussetzt, der in uns wohnt.« Vom Menschen wird erwartet, dass er sich dem zur Entfaltung voller Wucht aussetzt, was Gott in ihn hineingelegt hat.

Der Mensch soll Gottes Handeln aktiv bewahren

So kann man diesen paulinischen Text für alle Christen als Tauferinnerung, für die zusätzlich Geweihten als Erinnerung an die Weihe lesen. In jedem Falle sagt er uns: Das, was Gott da am Anfang in uns hineingelegt hat, bedarf der Erinnerung, der Erneuerung, der Vergewisserung, der Bewahrung des Anvertrauten durch Sich-Aussetzen. Dieser Punkt kommt in der Sakramententheologie aller Konfessionen zu kurz. Denn gewöhnlich fragt man nur nach der Wirkung des Sakraments, und die ist in erster Linie punktuell bestimmt. Dass Gottes

Handeln, ganz streng theologisch gesehen, dieser Art der Bewahrung und Lebendigerhaltung durch den Menschen bedarf, kommt oft nicht in den Blick. Ein Problem ist das besonders bei der Säuglingstaufe. Es scheint so, als sei dieses die Sache des Seelsorgers, dessen Sorgen man sowieso nicht ganz ernst nimmt. Nein, darüber nachzudenken ist schon Sache des Systematikers. Und dann erhält das Sakrament eine ganz andere Struktur: Außer um die Spendung geht es dann auch um die Langzeitwirkung. Und dieser Aspekt ist neu im Neuen Bund.

Dass Gottes Tun in den Sakramenten so »behandelt« werden muss wie Gottes Tat und Wort im Herzen Mariens, die »alle diese Worte und Geschehnisse in ihrem Herzen bewegte«. Maria stellt mit diesem Handeln vorbildlich dar, wie alle Christen mit den Sakramenten umgehen sollen. Erst im Neuen Bund gibt es diese Dimension geistlichen Wachstums, linearer Entfaltung des punktuell Begonnenen. Bei Maria meint das im Herzen Bewegen unter anderem auch die Meditation, aber nicht diese allein. In Zukunft sollte daher zu einem Sakrament gehören: Einsetzung durch Jesus, äußeres Zeichen, innere Gnade, Wirkung im Vollzug und Langzeitwirkung im christlichen Leben. Wenn Paulus das hier mit dem schönen Wort »Erinnerung« beschreibt (2 Timotheus 1,6), dann meint er ein Erinnern im biblischen Sinne, das nie nur Daran-Denken ist, sondern stets Neu-Entfachen der Glut, reale Gegenwart von Gottes Tat und Wort. Dass die anfängliche Glut dank Gottes Verheißung nie ganz erlischt, sondern wieder entfacht werden kann, das sehen wir gerade in der Gegenwart an zahlreichen »Bekehrungen« von Menschen, die vor Jahrzehnten Christen waren und dann dem Glauben abhanden kamen. Unter der Asche war glimmende Glut erhalten. Und plötzlich erinnerten sie sich dann an ihr erstes *Confiteor* und stellten fest, dass sie das »*Tantum ergo*« noch singen konnten, oft nach vierzig oder fünfzig Jahren.

In 2 Timotheus 1 aber ist das zu einer großartigen Theologie des Heiligen Geistes geworden: Den Funken dem Lufthauch des Heiligen Geistes aussetzen bedeutet, sich einzulassen auf die ewig junge Vitalität Gottes.

Den Tod besiegen

2. Fastensonntag A

2 TIMOTHEUS 1,8B–10

Es handelt sich um eine ganz besondere Deutung von Kreuz und Auferstehung Jesu, wenn es hier heißt: »Er hat den Tod besiegt und uns Menschen durch das Evangelium mit dem Licht und der Klarheit erfüllt, die Leben, unzerstörbares Leben bedeuten.« Die Besiegung des Todes geht auf Jesu Kreuz zurück, das Evangelium des Lebens aber ist eine bestimmte Deutung von Ostern.

Bevor wir weiter nach dem Wie fragen, ist etwas zur Aktualität dieses Doppelthemas zu sagen. In einer vergreisenden Gesellschaft nimmt das Thema »Tod – und was dann?« schon eine große Rolle sein. Das gilt umso mehr für die unfassbar großen Zahlen von toten Opfern der Naturkatastrophen. Es gilt auch für die tausend Abtreibungen, die wir uns pro Tag in Deutschland leisten. Was ist mit all diesen Lazarussen der ganzen Weltgeschichte? Sollte der Tod wirklich besiegt sein? Das scheint nicht wirklich wahr zu sein. Und das mit dem unzerstörbaren Leben auch nicht. Die Frage wird umso drängender, wenn wir uns den Grundsatz vergegenwärtigen, der für alle christlichen Aussagen über »Tod und was danach?« gelten, dass sie nämlich keineswegs nur eine Bedeutung für das »Jenseits« haben, sondern genauso auch schon für die Gegenwart. Christliche Zukunftserwartung steht immer »auf zwei Beinen«: Es ist für die Perspektive unseres Handelns und Leidens von Bedeutung, wenn das Ende nicht Tod und Asche ist, sondern Leben und Licht.

Wie soll das denn nun geschehen sein, dass Jesus durch den Tod den Tod besiegt hat? Ist es nicht eher umgekehrt so, dass, wenn einer stirbt, der Tod wieder einmal seine globale Allmacht zeigt? Und vor allem: Wen Jesus für sich stirbt, warum hat das Bedeutung für ein Menschheitsphänomen?

Zum Verständnis hilft vielleicht die parallele Aussage in Hebräer 2,14: »Auch Jesus hatte wie ein Blutsverwandter die gleiche menschliche Natur wie wir. Nur so konnte er durch seinen Tod den Teufel entmachten, der die Gewalt über den Tod hat« (Berger/Nord). Drei Voraussetzungen sind zum Verständnis wichtig: Erstens kann nur einer, der wahrer Mensch ist, für andere Menschen etwas bewirken. Das ist wie bei Vererbung oder bei einem Erbe innerhalb einer Verwandtschaft. Das ist freilich nur ein Vergleich, denn gewiss sind wir mit Jesus nicht direkt blutsverwandt. Und andererseits kommt zur Wirksamkeit des Todes Jesu noch hinzu, dass sie nur denen gilt, die an Jesus glauben, ihn als Stellvertreter und Anwalt anerkennen. Zweitens ist Jesu Tod ein ganz besonderer – nämlich ein gänzlich unverdienter. Denn Jesus ist ohne Sünde. Weil der Tod Jesu damit radikal und grenzenlos unbegründet war, konnte er allen anderen Menschen, die zu Jesus gehören, unbegrenzt gutgeschrieben werden. Man nennt das Stellvertretung. Oder man kann sagen: Weil der Tod Jesu ein Justizskandal war, hat er die blinde Allmacht des Todes zum Kippen gebracht. So wie ein Minister über einer einzigen Affäre stürzen kann. Und drittens betont der Hebräerbrief mit der Nennung des Teufels besonders die Macht des Todes, ihre zielgerichtete, hartnäckige und klebrige Anhänglichkeit, die »Intelligenz« des Teufels, seine tödliche Macht auf tausenderlei Wegen durchzusetzen. Es hilft vielleicht, mit dieser Position des Hebräerbriefes im Hinterkopf auch 2 Timotheus 1,10 zu verstehen.

Ein weiterer Gesichtspunkt: Auch nach dem vierten Evangelium ist der Tod Jesu ein Sieg über den Teufel (Johannes 12,31), und zwar deshalb, weil Jesus dem Vater und dessen Auftrag treu bleibt und seine Sendung nicht verrät. Ähnlich werden auch die Märtyrer der Offenbarung des Johannes »Überwinder« genannt. Sowohl aus dem Johannesevangelium wie aus der Apokalypse kommt daher ein martyrologischer Aspekt hinzu: Das Martyrium ist Besiegung von Sünde, Tod und Teufel – trotz der scheinbaren Niederlage am Kreuz. So kann man zusammenfassend sagen: Jesus kann mit seinem Tod den Tod besiegen, weil er gerecht, sündlos und treu ist. Und dieser Sieg gilt für alle, die glaubend Jesus als ihren Anwalt anerkennen, denn er ist tödlich für den Tod. In den Aussagen dieser Sonntagslesung gibt es daher einen Vorgeschmack für die Osterpräfation: *qui moriendo morten destruxit*, »durch seinen Tod hat er den Tod vernichtet.«

Aber auch der folgende Satz der Osterpräfation: *et vitam resurgendo reparavit*, »und durch seine Auferstehung neues Leben uns gewonnen«, ist hier in unserem Text grundgelegt, denn unmittelbar nach der Erwähnung der Vernichtung des Todes spricht unser Text von der Verbreitung unzerstörbaren Lebens. So ist dieser Text im Ganzen eine dezente Vorbereitung auf die Osterpräfation. Nur nennt die Osterpräfation ausdrücklich die Auferstehung, unser Text dagegen nennt sie nicht. Stattdessen ist hier vom Evangelium die Rede. Ostern wird ganz und gar als Initialzündung der Verkündigung gesehen. Das kann gut paulinisch gedacht werden. In Römer 1,16 spricht Paulus von der Kraft des Evangeliums, das wie ein gottgesegneter Selbstläufer durch die Welt eilt und sich als Macht des Lebens durchsetzt. Verkündigung als Verlängerung von Ostern. Dass der Verfasser hier über das Evangelium wie eine fast personifizierte Größe und Macht meditiert, kann man daran gut erkennen, dass er in V. 8b sagt: »Sondern wenn das Evangelium leidet, dann leide mutig mit! Gott wird dir die Kraft dazu geben.« Oder: »Denn es ist Gottes Kraft.« Also derselbe Ausdruck wie in Römer 1. Dieser Gedanke, dass Ostern sich ausweitet in die Verkündigung des Lebens hinein, wird auch durch 1 Timotheus 3,16 eindrücklich bestätigt (dem Sinne nach: bestätigt im österlichen Auferweckungsgeist – den Boten erschienen – verkündigt und geglaubt in der Welt).

Die andere Möglichkeit: Die Besiegung des Todes nach V. 10 ist hier nicht an den Tod Jesu allein gebunden (anders als in den oben zitierten Parallelen). Es kann daher eben auch sein, dass die Besiegung des Todes durch Tod und Auferstehung Jesu gemeinsam angenommen wird und dass dann die Verkündigung von dieser Grundlage abgetrennt und als eigene Phase in den Blick genommen wird. Auch für diese Lösung kann man sich auf Paulus berufen. In Römer 14,8–9 sagt er: »Im Leben und im Tod gehören wir dem Herrn. Denn Jesus, der Messias, ist gestorben und wieder lebendig geworden, um Herr zu sein über Tote und Lebende.«

Ordnen wir unsere Beobachtungen in den gesamten Text ein: Die Rahmung signalisiert das Wort »Evangelium« (V. 8.10). Sodann wird der Text von starken Gegensätzen bestimmt: Leiden und Kraft (V. 8), Werke und Gnade (V. 9), vor ewigen Zeiten und jetzt (V. 9/10), Tod und Leben (V. 10). Dass die Christen schon »vor ewigen Zeiten« erwählt wurden, dieses aber erst jetzt offenbar wurde, nennt man »Revelationsschema« (vgl. etwa Römer 16,25f.), der Sache nach ist Epheser 1,4 verwandt (Christen sind »in Christus« seit ewig erwählt). Die byzantinischen Hymnen übertragen diese Auszeichnung auch auf Maria und Inkarnation: »Ich werde den Körperlosen gebären ... Das Mysterium von Urbeginn, heute wird es enthüllt. Und Gottes Sohn wird eines Menschen Kind ...« (Akathistos, Samstag) und: »Das Mysterium von Urbeginn, heute wird es erkannt: Gottes göttliches Wort wird aus Erbarmen Sohn der Jungfrau Maria ... Das verborgene Mysterium, das selbst die Engel nicht kannten, wird anvertraut dem Engel Gabriel ...« (Kanon des Joseph). In jedem Falle hat die Erwählung von Anbeginn oder der Ratschluss vor ewigen Zeiten die Funktion, die unvergleichliche Würde darzustellen. Es tritt ein Gedanke hinzu, der im Judentum und in christlichen Apokryphen entwickelt ist: Um des »vor der Zeit« Erwählten willen wurde alles geschaffen, was in der Zeit ist. Das gilt im Judentum von Jakob bzw. Israel, im frühchristlichen Thomasevangelium von Jakobus, dem Herrenbruder, in byzantinischen Hymnen von Maria

Herr, du liebtest uns schon längst, bevor wir entstanden. Wir sind deine Wunschkinder, deshalb hast du für unser Leben gesorgt, auch für Zeiten, wenn wir nicht mehr sein werden. Umso mehr legen wir unser Leben in deine Hand, weil du unseren Tod besiegt hast und beseitigen wirst.

Die Anfechtung treibt zu Jesus hin

28. Sonntag im Jahreskreis C

2 Timotheus 2,8–13

Es sind ganz archaische, uralte, vorpaulinische Stücke, die Paulus in diesem Abschnitt aufnimmt und verarbeitet. Erkennen kann man das übrigens schon rein äußerlich daran, dass der Apostel in 2,11 die Formel verwendet »Vertrauenswürdig ist das Wort ...«, welche regelmäßig überliefertes Gut kennzeichnet. Aber auch in V. 8 gebraucht Paulus einen alten Baustein: »Jesus Christus, aus Toten auferweckt, aus dem Geschlecht Davids, nach meinem Evangelium.« Man vergleiche damit Römer 1,3f.: »Evangelium Gottes ... über seinen Sohn, als Mensch aus dem Geschlecht Davids, aufgrund der Auferstehung von den Toten Sohn Gottes im Heiligen Geist ...« Die Stichworte »Evangelium« und die zweiteilige Aussage über Jesus »aus dem Geschlecht Davids« und seine »Auferstehung beziehungsweise Auferweckung aus Toten« sind gemeinsam und weisen darauf, dass es sich hier um eine Art Bekenntnis handelt. Auch dessen Ziel und Absicht kann man noch erkennen: Das Geschlecht Davids ist für Juden(christen) interessant, der Ausdruck »Evangelium« wird von Juden und Heiden verstanden, bezeichnete er doch unter Augustus »Kaisers Geburtstag«, und der Ausdruck »Sohn Gottes« (nur in Römer 1,3) ist für Juden und Heiden als einziger Titel Jesu gleicherweise verständlich. Die Beschränkung auf die Auferweckung aus Toten in 2 Timotheus 2,8 weist eher auf jüdische Adressaten, denn wir wissen aus Apostelgeschichte 17, dass Heiden auf diese Botschaft nicht mit Freude reagierten, sondern sie eher für schwierig hielten. Daher dürfte die Formulierung in 2 Timotheus 2,8 noch älter sein als die in Römer 1,3f.

Wenn man also so beginnt wie 2 Timotheus 2,8: »aus Toten auferweckt«, dann stellt man die zentrale, revolutionäre Botschaft voran, ohne die Paulus nach eigenem Bekunden nicht Christ wäre (1 Korinther 15). Für Paulus selbst sind, das erkennen wir hier, die Auferstehung Jesu und seine Herkunft von David die entscheidenden Argumente für seine Messianität. Eben in diese Richtung weist auch die Betlehem-Überlieferung der Kindheitsgeschichten. Wäre sie Fälschung, wie die meisten Exegeten annehmen, bräche auch für Paulus eines der beiden Standbeine seines Glaubens weg. In Wahrheit ist gerade die Tatsache, dass Maria und Josef in Betlehem ein Grundstück besaßen, sowohl für die berühmte »Zählung« (die eine Erhebung der Grundsteuer gewesen sein dürfte) wie auch für die Annahme der Herkunft Jesu von David eine wichtige empirische Stütze, die auch der Familienüberlieferung entsprochen haben dürfte und den Anspruch auf das Grundstück in Betlehem begründete.

Interessant ist, dass sowohl in Römer 1 als auch in 2 Timotheus 2 Jesus nicht »der Sohn Davids« heißt, sondern dass diese »Formel« ganz im Amtlichen verbleibt: Ja, Jesus stammt von David ab. Und was seine Messianität wirklich füllt, das ist seine Auferstehung (über deren Verbindung mit David vgl. dann Apostelgeschichte 13,34–36; 2,29–31). Das ist im Übrigen ein im Rahmen des damaligen, noch dazu des pharisäischen Judentums möglicher Gedanke; denn wodurch ein Messias sich als solcher erwies, war in der Tradition nicht festgelegt.

Damit begegnen wir hier einem Stück ältester paulinischer, beziehungsweise wohl vorpaulinischer Tradition, einem Herzstück paulinischen Glaubens. Wir vergessen dabei nicht, dass gerade die Pharisäer es waren, die intensiv begonnen hatten, an die Auferstehung Toter zu glauben. Für den Pharisäer Paulus ist diese in Jesus unzweifelhaft Wirklichkeit geworden.

Die zweite Besonderheit dieses Abschnitts liegt in dem »Hymnus« (mit stilgemäßen Parallelismen) VV. 11–13. Nur hat dieser Hymnus vor allem ein merkwürdiges, ein paradoxes Ende. Berger/Nord haben daher übersetzt: »Wenn wir mit Christus sterben, werden wir auch mit ihm leben. (12) Wenn wir alles geduldig ertragen, werden wir mit ihm regieren. Wenn wir ihn verleugnen, wird er uns auch verleugnen. (13) (Doch in einem Punkt gilt die Entsprechung nicht:) Wenn wir untreu werden, so bleibt er doch treu, denn er kann sich nicht selbst aufgeben. Und das gibt uns Grund zum Vertrauen.«

Dieser Satz ist deshalb sehr alt, weil er noch ganz unspiritualisiert von wirklichem Sterben mit Christus und wirklichem geduldigen Leiden ausgeht, das Vorbedingung für die Mitregentschaft im Himmel ist. Denn »mit Christus sterben« meint hier genau das, was Petrus und die Jünger nach Markus 14 voreilig versprechen und dann nicht halten können. Paulus selbst wie auch Petrus werden am Ende diesen Weg gehen. Aber alle anderen Christen (die normalen Nicht-Märtyrer) doch wohl im Wesentlichen nicht. Für sie gilt das Mitsterben in der Taufe (Römer 6). Die sakramentale Deutung ist zweifellos etwas weniger schmerzvoll als die martyrologische Deutung im Vollsinn des Wortes. Auch das »Ertragen« (»Aushalten«) von V. 12 ist wörtlich zu nehmen, eine »vergeistigte« Deutung gibt es hier überhaupt nicht. Die Alternative ist »verleugnen«, und gerade diese Wortfolge von »mitsterben« und »verleugnen« ist den Lesern gewiss aus den Passionsgeschichten von Petrus her geläufig.

Außer Römer 6 versucht auch schon Markus 10,35–45 die Leser davon abzubringen, Martyrium sei der angemessene Weg der Christusnachfolge. In Markus 10,45 wird Jesus sagen: Nicht Martyrium, sondern lebenslang dienen! Wir erkennen daher in 2 Timotheus 2,11f. eine sehr alte Märtyrertheologie wieder, die den Gemeinden gar nicht zumutbar war. Zu Beginn des zweiten Jahrhunderts wird dann Ignatius von Antiochien ein letzter einsamer Zeuge dieser alten Theologie sein, nach der das freiwillig gesuchte Martyrium »der« christliche Weg ist. Auch für sich selbst denkt Paulus zweifellos in diesen alten Kategorien. Auch bei ihm ist eine Umdeutung oder Abmilderung nicht erkennbar.

2 Timotheus 2,13 hebt nun die eben gefundenen Entsprechungen von Sterben und Mitregieren auf. Dabei wird sehr genau zwischen Verleugnen und Unglauben unterschieden. Aber beides kennen wir ja aus den Jünger-Themen der synoptischen Evangelien: Jesus tadelt immer wieder den mangelnden Glauben oder Kleinglauben der Jünger. Gerade an Matthäus 14,32 kann man sehen: Verzagtheit und Anfechtung in

diesem Sinn ist nichts, das endgültig von Jesus trennt, sondern was immer wieder auf Jesus als den einzigen Halt verweist. Hier geht es um einen Prozess und ein Mehr oder Weniger. Kleinglaube ist der Unglaube der Jünger. Denn seiner biblischen Konzeption nach ist Glaube nie etwas anderes als Anteilhabe an der Stabilität Gottes. Und die gewährt Gott jedem, der sie braucht.

Verleugnen, also Ableugnen in der Gegenwart anderer ist etwas anderes, Öffentliches, ist nicht so sehr Schwäche, sondern Feigheit, und das Beispiel des heiligen Petrus zeigt, dass man für dieses Vergehen ohne Tränen und Umkehr nicht auskommt. Zur Beantwortung des Verleugnens der Jünger durch Jesus vergleiche man die Worte über Jesu Verhalten im Gericht, Matthäus 10,32f.; Markus 8,38; Lukas 9,26. Gerade aus Matthäus 10,32f. wird deutlich, dass es sich um Verhalten und Ergehen nach dem Grundsatz der Vergeltung von Gleichem mit Gleichem handelt: Wer vor einem menschlichen Forum verleugnet, den wird der Menschensohn vor dem himmlischen Forum verleugnen. Außer er kehrt um, wie Petrus es getan hat. Dass unser Brief über Glaubenszweifel und Unglauben anders spricht als über Verleugnen, war eine der Begründungen dafür, dass man den Glauben als göttliche (eingegossene) Tugend ansah und eben nicht als menschliche Tugend unter anderen. Beim Glauben ist auf andere Weise Gott im Spiel.

Der Sinn des Abschnittes wird aus 2 Timotheus 2,3 erkennbar. Paulus ermahnt Timotheus: »Sei bereit, mit Jesus Christus als sein guter Soldat Böses zu erleiden. (4) Keiner, der in den Krieg zieht, kümmert sich noch um die Belange des alltäglichen Lebens, sondern nur noch darum, die Anerkennung des Befehlshabers zu gewinnen. (5) Und nur wer streng nach den Regeln kämpft, kann ein Ehrenzeichen erringen.« Das Bild des Kampfes und des Soldaten wird Paulus für sich selbst in 4,7 wieder aufnehmen. Und von sich selbst und seinen eigenen Leiden hatte der Apostel in 2,9 gesprochen.

Wer ihn hat, kann ihn erkennen

29. Sonntag im Jahreskreis C

2 TIMOTHEUS 3,14–4,2

Leider hat die Auswahl durch die Liturgiker diesen Text vorne und hinten so beschnitten, dass der Zusammenhang verloren ist: Nach vorne hin fehlen die Ausführungen des Apostels über die »verführten Verführer«, die auch den Apostel verfolgen (3,11–13), und am Schluss wird gar nicht erfasst, dass sich ab 4,1 die Verkündigung des Wortes durch Timotheus gegen die Lehrmeister der Endzeit richtet, die mit »neuheidnischer Mythologie« die Leute verderben (4,3f.). So aber wird aus der Polemik ein zeitloser Traktat über die Inspiration. Trotz der genannten Mängel ist dieser Ball aufzufangen. Nach Berger/Nord lautet 3,15f.: »Von Kindesbeinen an kennst du ja die Heilige Schrift. Durch sie kannst du erkennen, was zur Befreiung durch den Glauben an Jesus Christus führt. (16) Die ganze Heilige Schrift atmet Gottes Geist. Sie hilft uns zu lehren, zu widerlegen, wiederaufzurichten, sie ist der Maßstab für eine Erziehung zum Miteinander.«

In 2 Timotheus 3 heißt es wörtlich: »von Gottes Geist angehaucht, voll mit Atem erfüllt«. Nach der paulinischen Lehre über den Heiligen Geist gibt es diesen Heiligen Geist in den Herzen der Menschen, als Gabe an die Menschen erst seit Jesus, für die Jünger Jesu erst seit der Auferstehung. Alles andere ist völlig ausgeschlossen, denn sonst könnte der Neue Bund nicht der Bund des Geistes genannt werden (2 Korinther 3). Doch dem Gesetz (der Tora) gesteht Paulus zu, es sei »dem Ursprung nach von Gottes Geist« (Römer 7,14), und das Manna war in diesem Sinne pneumatische Speise und das Wasser aus dem Felsen pneumatischer Trank (1 Korinther 10,3f.). In allen drei Fällen geht es um den nicht-irdischen Ursprung bei Gott. Das ist aber etwas ganz anderes als Erfülltsein der Christenmenschen vom Heiligen Geist als Prinzip des Handelns und der Auferstehung. Denn erst dieser Heilige Geist macht Menschen zu Gottes Kindern. Von dieser Wirkung aber kann bei Manna, Felsenwasser und Tora nicht die Rede sein.

Nun führt Paulus den Glauben der Christen schon seiner Entstehung nach auf den Heiligen Geist zurück. 1 Korinther 2,3–5: »Als ich zu euch kam, fühlte ich mich ziemlich elend, ich hatte große Angst und zitterte am ganzen Leib. (4) Meine Predigt war gewiss nicht tiefsinnig oder besonders überzeugend, und doch wurden Geist und Kraft sichtbar. (5) So muss es sein, denn Glaube beruht nicht auf menschlichem Tiefsinn, sondern ihr wurdet angesteckt durch die Kraft Gottes.« Oder Galater 3,2f.: »Habt ihr nicht den Heiligen Geist empfangen aus dem Gehorsam des Glaubens?«

Diesen Heiligen Geist hat Paulus bei seiner Berufung empfangen (Galater 1), es ist der Geist des Auferstandenen (Römer 1,4), und Paulus gibt ihn als Apostel weiter in seiner Predigt, wie er sie in 1 Korinther 2 schildert. Als an Christus Glaubende sind die Christen durch den Heiligen Geist Kinder Gottes. Dieser Heilige Geist stellt aber auch das Verhältnis der Christen zur Tora beziehungsweise zum Alten Testament auf eine neue Grundlage. Denn die Tora, die selbst pneumatisch ist, können die Christen nun als Träger des Heiligen Geistes erfüllen. Der Heilige Geist hat sie auf eine Ebene mit der Tora gestellt, so dass sie jetzt endlich »konnatural« den Willen Gottes in der Schrift erfüllen können. Diese neue Beziehung zum Gesetz macht Römer 8,2–8 eindrücklich klar: Wer in der Schwäche des alten Menschen (Fleisch) verharrt, kann die pneumatische Tora nicht erfüllen. Wer sich aber vom Heiligen Geist leiten und erfüllen lässt, der kann es. Die Gabe des Heiligen Geistes an die Christen ist es erst, die die Tora zu mehr macht als zu einer stets verurteilenden »Gouvernante«.

So aber ist es auch mit dem Glauben und der Schrift in kognitiver Hinsicht. Wer selbst den Heiligen Geist als Gabe empfangen hat, kann auch die Schrift angemessen verstehen (1 Korinther 2,13b). Daher gibt es »rund um Paulus« die Meinung, die Propheten hätten vom Geist Christi empfangen und so prophezeit. Barnabasbrief 5,6: »Die

Propheten hatten von ihm her die Gnade des Redens und haben deshalb auf ihn hin geweissagt«; Thomasevangelium 52: »24 Propheten redeten in Israel und redeten alle in dir.« 1 Petrus 1,10: »Schon die Propheten, die nach dieser Erklärung gefragt und gesucht hatten, haben die Gnade Gottes, die ihr empfangen habt, verkündet. (11) Weil der Geist Jesu Christi selbst sie inspiriert hatte, konnten sie Jesu Leiden und die Herrlichkeit danach vorhersagen. Als sie aber wissen wollten, wann dies sein würde, (12) wurde ihnen geoffenbart, dass diese Botschaft nicht für sie selbst, sondern für euch gedacht war. Jetzt wird sie euch durch die Boten, die euch das Evangelium gebracht haben, in der Kraft des Heiligen Geistes, der vom Himmel her kommt, verkündet.«

Oder 3 Korinther 10: »Sein (sc. Gottes) Wunsch war es, das Haus Israel zu retten. Deswegen hat er einen Teil vom Geist Christi in die Propheten gesandt, die über lange Zeiten hin den wahren Gottesdienst verkündeten« (Berger/Nord, 1192).

Der Sinn dieser Aussagen ist stets: Die Offenbarung Gottes ist eine einzige, es weht im Alten Testament kein anderer Geist als im Neuen. Denn es ist der eine Gott, der in der Schrift redet. So gilt zunächst: Weil in der Schrift derselbe Geist weht, der die Christen erfüllt, können sie die Schrift verstehen. Aber es gilt auch umgekehrt: Sofern die Christen in einer Schrift ihren Glauben wiedererkennen können, gilt diese Schrift als vom Heiligen Geist inspiriert.

Dieser letztere Satz ist die Voraussetzung einer biblisch begründeten Inspirationslehre. Inspiration meint daher nicht vorrangig eine philologische, biologische oder historische Irrtumslosigkeit. Ich sage ausdrücklich: »nicht vorrangig«, denn wer es anders liest, findet in der Schrift eine Menge Anlass zu Spott (über Irrtümer zum Beispiel naturwissenschaftlicher Art). Inspiration besagt zunächst etwas über den christlichen Glauben (also zum Beispiel die Glaubensbekenntnisse), speziell die Gestalt Christi, sein Geschick im weitesten Sinne des Wortes.

Die Logik der Beweisführung ist daher: Christen haben den Heiligen Geist geschenkt bekommen, und zwar zugleich der Einzelne wie als Kirche (1 Korinther: Beide sind mit gleichem Recht Tempel des Heiligen Geistes), und dieser Heilige Geist artikuliert sich im Glauben der Christen, also im Credo im weitesten Sinn. Die Christen können nun dank dieser Gabe des Geistes den Geist wiedererkennen, wo er tatsächlich am Werke war (zum Beispiel bei den Propheten), und sie können auch wahrnehmen, wo er nicht wirksam ist, wo das, was sie glauben, nun wirklich nicht vorkommt. Dabei gilt im Übrigen nicht der buchstäbliche Sinn als letzte Norm, sondern der typologische oder figürliche Sinn, wie Paulus ihn etwa in 1 Korinther 10 annimmt, wenn er sagt, der Israel begleitende Felsen sei Christus gewesen. Es kann daher sogar sein, dass der Wortsinn eine Rechtgläubigkeit suggeriert, die in Wirklichkeit nicht da ist. Das alles muss der Glaubensinn der Christen aus eigenster Substanz entscheiden. Und nach christlicher Auffassung verdankt sich die Einteilung in kanonische und nicht für den Kanon akzeptable Schriften (Apokryphen) sowie zwischen Rechtgläubigkeit und Häresie eben diesem Grundsatz.

Eine Aussage wie 2 Timotheus 3,16, die Schrift sei »inspiriert«, ist daher nicht der Einfall eines Autors noch bloßes Resultat liebgewordener Tradition, sondern ein theologisches Urteil, das den Glauben als lebendiges Wirken des Heiligen Geistes ansieht. Dieser Heilige Geist war auch schon früher wirksam. Wer ihn hat, kann ihn auch dort erkennen. In diesem Satz wird übrigens der paulinische Grundsatz von der Konnaturalität von Erkenntnisvermögen und Erkenntnisgegenstand konkret angewandt. Zu deutsch: Der Geistträger und nur er kann über die Gegenwart des Heiligen Geistes befinden (1 Korinther 2,13b). Daher ist das Feststellen der Inspiriertheit von Schriften Sache des kirchlichen Lehramtes – und nicht von Philologen oder Historikern. Das betrifft auch die Methoden, und zwar für den brisanten Fall des Alten Testaments.

Am Ende zählt nur das klare Bekenntnis

30. Sonntag im Jahreskreis C

2 TIMOTHEUS 4,6–8.16–18

Die »Kunst des Sterbens« (*Ars moriendi*) wird künftig eine neue und zugleich alte Art der Seelsorge und Betreuung sein und sich oft über lange Zeit erstrecken. So wird jeder Christ das Sprechen über seine Hoffnung neu lernen müssen. Denn über das Wichtigste, in dessen Angesicht man lebt, über die Ewigkeit einfach zu schweigen, wird je länger desto weniger ausreichen. In diesem Sinne wollen wir den Paulustext aus 2 Timotheus verstehen und fragen, was jeder Einzelne daran haben kann.

Paulus beginnt mit einer schonungslosen und zugleich poetischen Analyse seiner Situation: »Ich habe nicht mehr lange zu leben. Mein Leben zerrinnt wie Wein, der als Trankopfer ausgeschüttet wird.« Das Bild kennt damals jeder (auch der Christ) von der Beerdigung: Durch ein Röhrchen wird dem Verstorbenen im Grab noch Wein zugeführt, falls er ihn gebrauchen könnte, vor allem aber zur Abschreckung schädlicher Totengeister. Das Trankopfer wird einfach nur ausgeschüttet und vergeht im Staub, wie brennende Kerzen im Wind flattern und vergehen.

Dann blickt Paulus auf das zurück, was in seinem Leben wichtig war. Vor das Bild von der Vergänglichkeit in 4,6 schiebt sich nun ein anderes, ganz entgegengesetztes. Auch dieses war jedem vertraut, aber nicht vom Friedhof, sondern vom Sportplatz (Gymnasium). Darauf weisen sieben Bilder: Wettkampf, kämpfen, Lauf, Ziellinie, Geduld (hier nicht »Glauben«, sondern die sportliche Tugend zäher Ausdauer), verdienter Siegeskranz, Schiedsrichter (hier verschmilzt das Bild mit dem Weltenrichter).

Damit aber entfaltet Paulus ein Bild voller Hoffnung. Denn das, was er erwartet, ist eben nicht ein schwarzes Loch, sondern die Zeit der Siegesfeier. Nicht eine Zeit, die abgelöst ist von der Gegenwart und etwas völlig Fremdes darstellt, sondern ein neuer Lebensabschnitt, der sinnvoll bezogen ist auf das jetzige Leben, das wir dann hinter uns haben werden. Dabei durchbricht Paulus natürlich das Bild vom Wettkampf. Im sportlichen Kampf kann nur immer einer Sieger sein, hier aber werden alle Sieger sein, die überhaupt bis zum Ende durchgehalten haben, denn der Himmel kennt keine Konkurrenz. Am Ende von V. 8 redet Paulus dann ganz theologisch: »allen, die seine Wiederkunft lieben«, zu deutsch »alle, die sich danach sehnen, dass der Herr wiederkommt«. Auf diese nämlich wartet die Krone des Lebens. Die Sehnsucht nach der Wiederkunft des Herrn ist uns in manchen Adventsliedern geläufig, besonders am Introitus der Rorate-Messen mit seiner hinreißenden Melodie (»*Rorate caeli desuper et nubes pluant iustum, ...*«). Paulus zeigt diese Sehnsucht besonders im Brief an die Philipper sehr deutlich (1,20–23): »Ich darf erwarten, dass meine Hoffnung nicht enttäuscht wird, und bin zuversichtlich, dass wie bisher so auch jetzt Christus durch mein leibliches Geschick verherrlicht wird, ob ich nun lebe oder sterbe. (21) Denn mein Leben ist nur Christus, und wenn ich physisch sterbe, so ist das nur ein Gewinn ... ich bin zwischen den zwei Möglichkeiten hin und her gerissen. Einerseits sehne ich mich danach, hier Abschied zu nehmen und ganz bei Christus zu sein. Das ist bei Weitem das beste Los.«

Dass Paulus in 4,7 von sich sagt, er habe den Glauben bewahrt, beziehungsweise »Ausdauer gezeigt« und dass er so selbstbewusst von der Siegerkrone in V. 8 spricht, finden evangelische Ausleger peinlich, da Paulus nur von seinem Erfolg, nicht auch von seiner Schwachheit gesprochen, ob er nur sein und nicht vielmehr Gottes Tun gepriesen hätte (Dibelius, Conzelmann). Und der Katholik Norbert Brox schließt sich dem an: »Paulus ist hier der siegreiche Kämpfer, der glorreiche Held, was nach den sicher echten Paulusbriefen schwerlich als Selbstbildnis denkbar ist.«

Also sei der ganze Abschnitt ein Argument gegen die Echtheit des zweiten Timotheusbriefes hier in einer Weise systematisch-rechtfertigungstheologisch, wie sie bei Paulus selbst nicht vorkommt. Doch das Bild vom Wettlauf und Sieg ist in sich geschlossen. Und dass die Ausdauer kein Zuckerschlecken ist, weiß jeder, der einmal für einen Wettlauf trainiert hat. Vor allem aber gibt Paulus doch am Ende eine überzeugende Variante seiner eigensten Theologie: Er redet von Liebe und Sehnsucht. Und mir will scheinen, in diesem Punkt bin ich freilich durch den heiligen Bernhard angeregt, dass die Sehnsucht eine sehr glückliche Weise des Angewiesenseins auf Gottes Heil ist. Denn wer Sehnsucht hat, der gibt zu, dass ihm Entscheidendes fehlt. Vor allem kann niemand auf die Idee kommen, Sehnsucht mit einer Art Leistung zu verwechseln, wie das beim Glauben öfter der Fall ist. Kurzum: Die zähe Geduld gehört bei Paulus zum Glauben dazu, und 2 Timotheus 4 ist nicht unpaulinisch.

In 4,16–18 bezieht sich Paulus auf eine Erfahrung, die gleichfalls Alternden oder auf der abschüssigen Karrierehälfte Lebenden nicht unbekannt ist: die Einsamkeit. »Nur der Herr leistete mir Beistand.« Wie Paulus das wohl gemerkt haben wird? Antwort: Gott hat ihn vor dem jeweils noch Schlimmeren bewahrt, was auch immer der Rachen des Löwen sei.

Aber Paulus meint hier nicht beliebige Verlassenheit im Alter, sondern die Einsamkeit des christlichen Zeugen vor Gericht. Wir können da an Alfred Delp denken oder an Tausende andere, vor allem an Jesus selbst. Die Alte Kirche nannte dieses die Stunde der Wahrheit. Jesus sicherte den Märtyrern Inspiration mit seinen eigenen Worten oder den Heiligen Geist als den Beistand zu. Das gesamte vierte Evangelium versteht sich in diesem Sinne als eine Sammlung von Zeugnissen, die vor Gericht haltbar sind. Denn der Heilige Geist, der Paraklet, hat die Jünger (Verfasser) an »alles erinnert«. So ist die Echtheit der Jesus-Überlieferungen überhaupt zu verstehen als Interesse an deren Tauglichkeit als Zeugnis vor Gericht. Irgendein sprachwissenschaftliches Interesse liegt den Evangelisten dabei fern.

Übertragen wir diese Einsicht auf Paulus nach 2 Timotheus 4, so gilt: Der ideale Ort der Verkündigung ist die Verteidigung vor Gericht.

Denn hier hören die Könige oder deren Vertreter und viele maßgebliche Nicht-Christen zu. Und der Apostel muss bis zum Letzten einstehen für das, was er sagt. Und angesichts möglicherweise widerstreitender Zeugen wird man dem Gericht nichts vormachen können. Diese Einsichten sind jedenfalls ein Korrektiv gegenüber der häufig zu hörenden Meinung, bei den frühchristlichen Glaubensaussagen gehe es um subjektive Gefühlsausbrüche, um romantische Verklärungen und Vergottungen mit poetisch-hymnischem Charakter, Schwärmereien also, durch die vor allem Christen untereinander sich immer wieder neu an ihren eigenen Irrtümern infizierten. Ist Wahrheit der Duft, der über einem Strauß von Irrtümern liegt? Nein, es geht um Zeugnisse im harten Streit der Wahrheit gegen Unwahrheit.

Paulus sagt über die Vergangenheit, Gott habe ihn aus dem Rachen des Löwen errettet. Die Zuversicht, die Paulus darauf baut, richtet sich auf seine zukünftige Befreiung und himmlische Rettung. Sein Vertrauen ist also nicht grundlos. Er gründet es auf bereits geschehener Rettung. Das gilt auch heute: Wenn wir ein gutes Gedächtnis einüben und etwas genauer hinsehen auf wiederholte Rettung und Befreiung, dann ist Glauben leicht. Denn Glaube ist nicht Hellsehen und Zuversicht nicht Wahrsagerei, sondern geht aus von der Fortsetzung der Lebenslinie, die sich bisher gezeigt hat, wenn wir sie nur erkennen wollen. Insofern ist Paulus unverbesserlicher Optimist in der Schule Jesu.

Paulus steht hier in der letzten Lebensphase. Da kommt es nur noch an auf die Klarheit seines Bekenntnisses, der alles Nebensächliche fremd ist. Längst schon muss er nicht mehr verteidigen, dass Jesus Gottes Sohn ist. Es geht ihm wirklich um das, was moderne Menschen immer wissen wollen: Was ich persönlich davon habe. Und Paulus lässt uns in dieser Frage nicht im Stich. In diesem tiefen Sinne ist Christentum die Religion der Freiheit, als Befreiung von Sünde, Tod und Teufel, kurzum: vom Maule des Löwen.

BRIEFE AN TITUS UND PHILEMON

Die Gnade des Herrn Jesus Christus sei mit eurem Geist!

PHILEMON 25

Gott hat an den Menschen einen Narren gefressen

Weihnachten – in der Nacht

TITUS 2,11–14

Gleich zu Anfang bietet der Text aus dem Titusbrief bedeutsame Signale: »Erscheinen«, »Gnade« und »Rettung«. Vom Kaiser oder von hilfreichen Gottheiten sagte man, dass sie »erscheinen«, besonders wenn sie Gesundheit brachten. Wenig später (3,4) wird der Verfasser sagen, die »Menschenfreundlichkeit unseres Retters« sei erschienen. Wer »erscheint«, der greift unerwartet hilfreich ein. So ist eine Erscheinung guter Mächte bis heute ein faszinierendes, lichtvolles Ereignis, eine sanfte, beglückende Zuwendung. In jedem Fall ist es mehr als was man erwarten kann. Oft baute man dann Heiligtümer an dieser Stelle. Im späteren Christentum sind es oft Heilige, die erscheinen, vorab die Muttergottes.

»Gnade« ist in der Welt des Neuen Testaments etwas Besonderes, eine herrscherliche Tugend. Denn der Herrscher neigt sich – günstigenfalls – herab zu den Menschen. Er hört sie an und hilft ihnen spontan und unbürokratisch. Das nennt man Gnade. Und der Gott der Bibel ist denen gnädig, die Gnade vor ihm gefunden haben. Das betrifft besonders Abraham und die anderen Erzväter. Gott ist der wahre König Israels. In 3,4 wird diese Gnade als Gottes Menschenfreundlichkeit gedeutet.

Ein »Retter« schließlich ist jeder Wohltäter der Menschen, besonders der öffentliche, und das passt zur »Gnade«. Sie gelten jetzt dem neuen Gottesvolk aus allen Völkern. Deshalb spricht 2,11 auch von »allen Menschen«. Denn der christliche Glaube steht in Wettstreit mit dem römischen Kaisertum. Dieser Wettstreit ist zur Zeit des Neuen Testaments in seinem Ausgang noch völlig offen: Wer wird mehr zum Wohl der Menschen im Einzelnen und im Ganzen und auf Dauer beitragen? Denn auch der römische Kaiser ist eine Art Gottmensch, zumindest nach seinem Tode wird er unter die Götter aufgenommen.

Von dieser Gnade wird nun in 2,12 gesagt, sie sei eine, die »erzieherisch« wirke. Wir haben das so übersetzt: »Durch seine Gnade befähigt er uns, dem Leben ohne Gott eine Absage zu erteilen.« Denn es geht nicht primär um eine erzieherische Strenge, um Disziplinarmaßnahmen, sondern um Pädagogik als die Anleitung zu einem sinnvollen und erfüllten Leben. Davon, dass Gnade in diesem Sinne erzieherisch wirke, hatte man bislang noch nie etwas gehört. Sie ist daher nicht irgendeine Gunst oder Vergünstigung, sondern sie vermittelt einen Lebensstil, eine Lebensart, eine Prägung und Bildung, die der Würde des Menschen gemäß ist. Auch an dieser Stelle wird erkennbar: Gegner des Christentums sind nicht die anderen Volksreligionen, sondern der Anspruch des römischen Kaisertums auf der einen Seite und der philosophischer Menschenführung auf der anderen Seite. Daher hat es im Christentum immer »Schule« gegeben, Lernen und Menschenprägung und Menschenbildung. So ist es das Ziel dieser Gnade, dass wir die »Süchte und Maßlosigkeiten« aufgeben möchten. Wodurch soll das geschehen? Weihnachten zeigt uns, dass es nicht gewaltsam geschieht, sondern durch die Faszination der gnadenvollen Zuwendung Gottes. Durch Emotionen, durch geteilte, gemeinsame Erlebnisse wirkt Gnade am leichtesten formend. Deshalb gilt die Gnade Gottes, die faszinierende herrscherliche Huld nicht zuerst dem einzelnen Menschen, sondern dem Volk Gottes aus der ganzen Menschheit. Wir werden gemeinsam Zeuge der gnädigen Zuwendung, das bringt uns zusammen und das lässt Kirche entstehen. Die menschenfreundliche Gnade Gottes will im Miteinander praktiziert werden. Denn Wahrheit unseres Glaubens bedeutet nicht zuerst Rechthaben oder Zur-Kenntnis-Nehmen, sondern ist zuerst Ergriffensein, Heilung und Weitergeben der Gnade zwischen Menschen. Damit ist Kirche etwas anderes als ein esoterischer Club, sondern eine missionarische Gemeinschaft, die in erster Linie durch die Art wirkt, in der sie selbst im Miteinander die Menschenfreundlichkeit praktiziert. Kirche kommt aus beeindruckt sein und weiter beeindrucken. Nur dann hat Christentum die Kraft, alle möglichen Fesseln aller möglichen Süchte zu sprengen. Das geht nur durch eine zu Herzen gehende Faszination oder Emotion.

Früher hat man zu Weihnachten öfter vom »seligen Tausch« gesprochen: Die Sterblichkeit der Menschen wird eingetauscht gegen Gottes eigene Unsterblichkeit. Jesus Christus, unsterblich und Gottes Sohn, wird sterblicher Mensch, damit wir sterblichen Menschen unsterbliche Kinder Gottes werden. Das nennt man Gnade, und es ist auch weiterhin wahr. Aber zum Bild des seligen Tausches tritt ein anderes hinzu, das auf den inneren Wandel abzielt, den Wandel von Sucht zu Freiheit, von Gleichgültigkeit zu Freude, von tristem Vor-sich-hin-leben zu einer begeisterten Liebe zum eigenen Glauben in der Kirche. Paulus nennt diesen Weg das Fortschreiten von Glauben zu Glauben (Römer 1,16) oder von Herrlichkeit zu Herrlichkeit (2 Korinther 3,18). Denn Gott wendet sich nicht nur einmal uns gratis (aus Gnaden) zu, sondern es wird daraus eine auf Dauer und nachhaltig prägende Gnade. Kein bloßes Glück des Augenblicks, sondern etwas, das von innen her umwandelt.

Jeder Seelsorger wird fragen: Wie kann so etwas sein? Die Antwort der frühen Mönche: Durch Erinnerung an die Wohltaten Gottes, durch Orientierung an der Hoffnung auf Seligkeit und nicht zuletzt durch ein waches und mit Lob Gottes gefülltes Annehmen der Gegenwart. Denn die Beachtung der drei Zeiten Vergangenheit, Gegenwart und Zukunft hat etwas zu tun mit Innewerden und Herz. Indem Gott den Retter sendet, seinen Sohn, macht er sich verletzbar in ihm. Auch im Alten Bund war Gott nie der ferne Mond, den der Hund anbellen mag, wie er will. Aber insbesondere im Neuen Bund ist Gott in seinem Sohn verletzbar, denn den Sohn hat er ohne Netz und doppelten Boden zu uns gesandt. Im Sohn hat er auch seine reale Gegenwart unter uns gestiftet und durch seine väterliche Nähe zum Sohn garantiert er dessen Würde. Das aber gilt fortan nicht nur für Jesus Christus, sondern für jeden Menschen, der sich diesem dramatischen Annäherungsversuch Gottes stellt. Denn fortan wird Gott in jedem der geringsten Brüder Jesu verletzbar (Matthäus 25,31–46), er legitimiert und begründet ganz neu die Würde jedes Glaubenden, er stiftet ihm seine Nähe ein, indem er ihn nicht nur Kreatur, sondern Gotteskind werden lässt. Hier wird demnach ein geheimnisvoller Zusammenhang erkennbar zwischen dem Menschensohn Jesus Christus und jedem einzelnen Menschen, den Gott rettend aufsucht (Titus 2,11).

Auch das Wort »Menschensohn« heißt – obwohl es ein Fachausdruck seit Daniel 7 ist – »Mensch«. Und in bestimmter Hinsicht geht es Gott bei der Sendung Jesu, der wahrer Gott und wahrer Mensch ist, auch um die wachsende Nähe eines jeden Menschen zu Gott. Das Thema von Weihnachten ist das Verhältnis von Gott und Mensch. Schon das Judentum macht über die Vorliebe Gottes zum Menschen ganz erstaunliche Aussagen. Um die Eigenwilligkeit, Unverhältnismäßigkeit und Unerwartbarkeit dieser großen, ja größten aller Lieben zu illustrieren, wird immer wieder gesagt: Gott hat nicht die Engel lieb, die viel herrlicher sind als die Menschen. Nein, er hat an den Menschen einen Narren gefressen. Gott hat um des Menschen willen, genauer gesagt: um Israels willen, die ganze Welt erschaffen. Und man kann sagen: Um Jakobs willen, der für Israel steht, hat er alle Dinge gewollt. Im frühen Christentum setzt man diese Gedanken fort: Um des Herrenbruders Jakobus willen hat Gott nach Thomasevangelium 12 die Welt erschaffen, weil er so gerecht ist. Und Jesus ist der, durch den alles geworden ist. Und die Gemeinde, das Gottesvolk, ist gekrönt mit zwölf Sternen, bekleidet mit der Sonne und hat den Mond als Schmuckstück zu Füßen. Alle Schöpfung, all ihre kaum messbaren riesigen Dimensionen, all das ist nur eine Art Bühnendekoration für das eigentliche Drama zwischen Gott und Mensch. Dieses Drama ist eines der überwältigenden, durch nichts beirrbaren Liebe Gottes zu den Menschen. Und die Sendung des Sohnes hat nur diesen einzigen Sinn, das entscheidende Kapitel in dieser Liebesgeschichte zu sein.

Was heißt eigentlich »neu«?

Weihnachten – am Morgen

TITUS 3,4–7

»Wie neu geboren« zu sein ist ein Menschheitstraum. Wenn wir eine schwere Krankheit gut überstanden haben, ein schwieriges Examen gut bestanden haben, wenn wir es übers Herz gebracht haben zu beichten und dann die Lossprechung erfahren haben, dann sagen wir das: »wie neu geboren«. Und mit dem Kind in der Krippe, das gerade geboren ist und mit dessen Geburt die Weltgeschichte neu anfängt, so dass wir danach unsere Zeitrechnung ausrichten, mit der Geburt Jesu, die Geburt der neuen Zeit ist, verbinden auch wir den Wunsch nach Neuanfang, den Wunsch, wie neu geboren noch einmal alles vor uns haben zu können. In der späteren Geschichte wurde das Wort »Neue Geburt« Name eines eigenen Zeitalters, der Renaissance, da man meinte, die antike heile Welt sei neu geboren.

»Christ, der Retter ist da«, singen wir, und der Kontrast ist: »Welt war verloren«. So sind »Retter« und »retten« die Leitworte dieses Textes: Gott ist unser Retter, weil seine Menschenfreundlichkeit offenbar wurde, er hat uns gerettet durch das Bad der Taufe, und den Heiligen Geist haben wir durch Jesus Christus unseren Retter empfangen. Gott ist unser Retter – Jesus Christus ist genauso unser Retter: Der Verfasser des Titusbriefes sieht Vater und Sohn in derselben Rolle uns gegenüber, und auch der Heilige Geist wird genannt, denn unsere Erneuerung geht auf ihn zurück. Denn trinitarisch ist der christliche Glaube von Anfang an.

So besteht die Taufe nach dem Neuen Testament in zwei Grundvarianten: Als Reinigung vor dem Gericht (Johannes der Täufer) und als Neuanfang, neue Anhauchung, neue Schöpfung (Jesus). Denn so wie bei der ersten Schöpfung Gott dem Adam den Odem des Lebens einhauchte, so ist der Hauch am Anfang der zweiten, neuen Schöpfung der Heilige Geist, der nach unserem Text von Jesus Christus ausgeht.

Dass der Heilige Geist bei der Taufe mitgeteilt und empfangen wird, lernen wir bei Paulus und im Evangelium nach Johannes. In Johannes 3,5 heißt die Taufe gar »von oben geboren werden aus Wasser und Geist«. In Titus 3 steht an der Stelle von »Wasser« die Rede vom »Bad«, und statt »von oben geboren werden« heißt es hier »neu geboren werden«. Beide Ansichten liegen daher ganz nahe beieinander. Und so ist der Titusbrief ein Dokument der großen Nähe von paulinischer und johanneischer Theologie. Sie betrifft in diesem Fall die Taufe, und das ist deshalb nicht unwichtig, weil Konsens in der Frage der Zulassung zur Gemeinde elementarer Bestandteil der Verständigung überhaupt ist.

Warum ist die Taufe eine Geburt, warum ist sie wie neu geboren werden? Man muss so fragen, denn zur Zeit der Abfassung des Titusbriefes waren die meisten Täuflinge schon erwachsen. Warum, darf man fragen, strebten sie eine neue Geburt, eine Wiedergeburt an? Nun, der Ausdruck findet sich auch in den zeitgenössischen Mysterienkulten, zum Beispiel im Mithraskult. Menschen, die sich der Einweihungsfeier in einem Mithräum, einer unterirdischen Höhle, unterzogen, sagten danach, sie seien neu geboren. Denn der Kult war eine Art Jungbrunnen, vollzogen in einem Mahl mit Wasser und Brot. In den Mysterienkulten wird in der Mitte des Lebens neues Leben in einer Symbolfeier angeeignet. Das Christentum kommt mit seiner Auffassung von der Taufe diesen Sehnsüchten nach dem neuen Leben entgegen. Das griechische Wort »Neugeburt« wird im Neuen Testament dabei nicht nur für die Taufe verwendet, sondern auch für die Neugestaltung aller Dinge in der neuen Schöpfung als Neuanfang am Ende der Zeiten. Dann also wenn Gott sagen wird: »Siehe, ich mache alles neu.«

Es liegt an der Faszination des Wortes neu, dass man Taufe wie neue Schöpfung als grundlegendes Neuwerden bezeichnet hat. Nun war dieses auch die Absicht aller Revolutionen, insbesondere der des

20. Jahrhunderts. Die sozialistische Revolution, die völkische Revolution, die Revolution von 1968 – sie endeten stets ähnlich wie die französische Revolution in einem Meer von Blut und Tränen. Denn wenn die Welt sich der Erneuerung sperrte, versuchte man es eben mit Gewalt.

Was machen wir falsch bei unseren Revolutionen, die alle seit 1789 Revolutionen gegen Gott und die Kirche waren? Ist der Mensch vielleicht doch nicht für die Revolution, für eine grundlegende Erneuerung geschaffen? Zeigt nicht auch die Geschichte der Kirche, dass der Mensch immer zurückbleibt hinter den Idealen und dass es nach der Neuwerdung oft schlimmer aussieht als vorher? Was ist es, das diese Neuanfänge verdirbt? Wo doch dem Neuanfang selbst noch stets ein Zauber innewohnte? Wird nicht oft genug der Neuanfang zur Ideologie, so dass unter ihrem Schutz die alte Bosheit umso ungenierter weiterlebt, verdeckt durch große Worte und hehre Programme?

Schon in der Offenbarung des Johannes lernen wir, dass das abgrundtief Böse stets das Gute imitiert, lediglich nachahmt, vom schönen Schein der Wahrheit lebt. In der Tat hat jede der Revolutionen der Neuzeit quasi-religiöse, quasi-liturgische Züge entwickelt. Und das spricht nicht gegen Religion und Liturgie, sondern im Gegenteil gilt: Noch von der billigen Kopie geht Faszination aus. Das einzige Wichtige ist daher, die Gabe der Unterscheidung zu besitzen, den Geschmack für das Echte zu bewahren. Aber was ist das? Das Echte und Wahre? Welches sind die Kriterien? Vielleicht kann man es so sagen: Was die Menschen im Ganzen und auf Dauer gesund macht, ist wahr und echt und gut. »Im Ganzen«, das heißt: inklusive religiöser Dimension, »auf Dauer«, das heißt: nicht in einem bloßen Feuerwerk, sondern in Treue über Jahrzehnte hin. Auf das »im Ganzen« kann man jeweils jetzt schon achten. Einem Programm, noch mehr den ersten praktischen Schritten, kann man relativ leicht ansehen, wenn Wichtiges zu kurz kommt. Dabei ist es offenbar wichtig, wie das, was sich als »neu« ausgibt, auch mit so grundlegenden Dingen wie Bosheit und Schuld umgeht, welche Bedeutung die Sorge für die Kleinsten und

Schwächsten hat, auch die Ehrfurcht vor dem Alter und der Respekt vor dem, was vergangene Generationen an Großem geschaffen haben. Stichworte können hier sein »Kulturrevolution in China«, Zerstörung von Buddhastatuen durch radikale Moslems. Das heißt: In Zukunft wird nur noch die Art von Neuheit Chancen haben, die Kunst und Kultur schont und möglichst wenig davon zerstört. Heilen als Weiterführen, als Verwirklichen der eigenen Möglichkeiten, die bisher zu kurz kamen, aber möglichst schonend umgehend – außer mit direkten Mordinstrumenten.

Oftmals hat Mission zu viel zerstört von dem, was in einem Volk schon da war. Wer Neues bringen will, ist zu großer und weiser Selbstkritik stets aufgerufen. Die Internationalität des Christentums (als Schutz vor Nationalismus und Rassismus) und die immer wieder neue Begegnung mit dem persönlichen Gott, mit dem Gekreuzigten, sind Wege, die zwar nicht unfehlbar, aber doch weitgehend noch nicht ausgeschöpft sind. Das eine ist der Weg in die Breite, das andere der Weg in die Tiefe. Dass die persönliche Beichte weithin außer Gebrauch gekommen ist, bringt Menschen immer wieder um die religiöse Erfahrung, »wie neu geboren zu sein«.

In der abendländischen Theologie und Geschichte sind zwei Wege von Neuheit beschritten worden. Der eine betont die vorherige Verderbtheit des Menschen und fordert radikalen, revolutionären Wandel – diese Linie hat sich über Augustinus auch mit manichäischem Gedankengut verbunden. Und das bedeutet: Abwertung der bestehenden materiellen Welt. Positiv zu schätzen ist, dass hier manches prophetische Gut bewahrt wurde. Problematisch ist, dass alle Revolutionen hier anknüpften. Bei der anderen Linie geht es um Erneuerung als Entfaltung bisher versteckter Anlagen und Fähigkeiten und als Erfüllung bisher unerfüllter Sehnsüchte. Gefährlich ist hier eine Tendenz zur mangelnden Kritik. Positiv zu vermerken ist, dass die Idee der totalen Umstellung als wirklichkeitsfremd verworfen wird. In jedem Falle aber ist »neu« das Merkmal der endzeitlichen Offenbarung Gottes, auch wenn diese inhaltlich Erneuerung des Alten ist.

Paulus ist Seelsorger, kein Prinzipienreiter

23. Sonntag im Jahreskreis C

PHILEMON 9B–10.12–17

Der Apostel Paulus hat diesen Brief an die Hausgemeinde des Philemon geschrieben. Datierung: Ist Rom der Abfassungsort (vgl. »ältester« in V. 9), dann könnte der Brief 61 n. Chr. entstanden sein.

Die Situation: Der Sklave Onesimus war seinem Herrn entlaufen und hatte ihn dabei wohl auch noch weiter geschädigt (V. 18). Paulus gewährte ihm Asyl. Er bekehrte ihn, und Onesimus half Paulus in seiner Gefangenschaft und bei der Mission. Paulus respektiert aber die Rechtslage und nutzt die Gelegenheit der Reise des Tychikus nach Kolossai, ihm den Onesimus als Reisebegleiter mitzugeben. Der Brief soll Onesimus vor der sonst üblichen harten Strafe schützen. Philemon soll ihn sogar als Bruder freilassen und im Herrn annehmen: »Wenn er schon für mich nicht mehr wie ein Sklave, sondern viel eher ein lieber Bruder ist, um wie viel mehr dürfte er dann für dich bedeuten – sowohl als Mitmensch wie als Christ. (V. 17) Wenn du nun mich als jemand betrachtest, der in enger christlicher Gemeinschaft mit dir steht, dann nimm ihn zu dir, als ob ich es wäre » (V. 16f.). Am liebsten möchte Paulus ihn als Gehilfen zurückhaben. Doch er lässt Philemon alle Freiheit. Ein Problem besteht darin, dass Paulus seine apostolische Autorität auch zu Eigennutz eingesetzt hat. Allerdings geschieht das auf schonende Weise.

Der Brief ist ein interessantes Beispiel dafür, wie soziale Probleme (Sklaverei) im frühen Christentum thematisiert werden. Dabei ist der Brief weder ein allgemeines Programm noch ein flammender Aufruf, sondern ein Versuch, einvernehmlich zu einer menschlichen Lösung zu kommen.

Paulus hatte schon früh in den sogenannten Indifferenzierungsformeln (Aufhebung der Status-Differenzen) die Unterscheidung zwischen Freien und Sklaven in den christlichen Gemeinden als theologisch belanglos aufgehoben. Das gilt für Galater 3,28 (weder Jude noch Grieche, weder Sklave noch Freier, weder Mann noch Frau), für 1 Korinther 12,13 (seien es Juden, seien es Griechen, seien es Sklaven, seien es Freie, alle sind wir mit dem einen Geist getränkt worden) und für Kolosser 3,11 (wo es weder Grieche noch Jude ist, weder Beschneidung noch Unbeschnittenheit, Barbar, Skythe, Sklave oder Freier – vielmehr ist alles und in allen Christus).

Was war der Sinn dieser Indifferenzierungsformeln? Man wird am besten so vorgehen, dass man nach einem minimalen und nach einem maximalen möglichen Gehalt fragt. Der minimale Gehalt, an dem auf jeden Fall festzuhalten ist, ist die Gleichheit *coram deo* (vor Gott), also in der Geltung der Gebote, bei den Sakramenten (Taufe, Eucharistie), vor Gottes Gericht. Aber auch, und das ist schon ein erweitertes Minimum, besteht Gleichheit im Empfang der Charismen, im öffentlichen Bekenntnis bis hin zum Martyrium, auch in der missionarischen Funktion (Thecla). Am weitesten ging das Christentum in der Zuwendung diakonischer Hilfe nach den Werken der Barmherzigkeit von Matthäus 25,31–46 ohne Rücksicht auf Ansehen der Person. Diese Diakonie hat sich das Christentum aller Jahrhunderte auch etliches kosten lassen. Man denke nur an den »Herrn Kranken« in der Sicht der Krankenpflege-Orden. Die neuzeitlichen Krankenkassen sind letztlich Resultat dieser Art von Diakonie. Maximaler Gehalt wäre kommunistische Gütergemeinschaft und Freilassung aller Sklaven, Frauen- und Männergemeinschaft. Immerhin wurde die totale Gütergemeinschaft in überschaubaren Gruppen der Cönobiten (Mönche) realisiert.

Wir halten fest, dass die Aufhebung der trennenden Unterschiede teilweise praktiziert wurde, doch eine soziale Revolution hat das Christentum nicht oder nur auf sehr lange Wirkung hin (Sklaverei) zustande gebracht.

Was die Haltung des Apostels Paulus angeht, so spricht schon seine ausgesuchte Höflichkeit und Sanftheit im Philemonbrief Bände. Es gibt kaum Passagen in seinen Briefen, in denen er so viel Verständnis für die – christlich gesehen – Resistenz seines Gegenübers hat oder zu haben ankündigt. Er sagt eben nicht: Das Evangelium fordert – du musst ihn freilassen! Im Übrigen exerziert Paulus hier eine Kehrseite dessen, was man für den ersten Korintherbrief die Kompromissfreudigkeit des Apostels nennt. Die radikalen Forderungen des Evangeliums kennt Paulus wohl – doch wenn er konkreten Menschen Konkretes raten muss, geht er fast immer Kompromisse ein. Das zeigt ihn als großen Seelsorger – und nicht als Prinzipienreiter.

Ein Blick auf 1 Kor 7 hilft uns weiter: »Jeder soll bleiben, wie Gott ihn berufen hat. (V. 21) Bist du als Sklave berufen, dann mach dir nichts daraus. Wenn du aber frei werden kannst, nimm es umso lieber wahr. (V. 22) Denn der christliche Sklave ist ein Freigelassener des Herrn. Und ein freier Mensch, der Christ wurde, ist ein Sklave Jesu Christi. (V. 23) Ihr wurdet um einen hohen Preis freigekauft. Begebt euch also nicht in sklavische Abhängigkeit von Menschen. (V. 24) Liebe Brüder und Schwestern! Jeder soll vor Gott so bleiben, wie Gott ihn berufen hat« (1 Kor 7,20–24).

Dazu ist zu bemerken, dass V. 21 in der Übersetzung umstritten ist. Es könnte auch heißen: »Wenn du aber frei werden kannst, dann bleibe umso lieber Sklave.« Auch dazu würde V. 22 als Begründung gut passen. In jedem Falle aber relativiert Paulus den sozialen Status von Freiheit und Sklaverei zugunsten des metaphorisch-religiösen Verständnisses. So ist es aber spätestens seit Plato in der Philosophie üblich: Auch ein Sklave kann innerlich frei sein, wenn er frei ist von den Zwängen der Unvernunft. Und ein Freier kann Sklave seiner Triebe sein. Und für den Philosophen war natürlich der innerliche Status stets der entscheidende. Für Paulus geht es hier allerdings nicht um die Freiheit von »Lust«, sondern um die von Sünde, Tod und Teufel, und diese entscheidende Freiheit hat ein Christ auch als Sklave. Und wenn er in V. 23 mahnt: »Begebt euch also nicht in sklavische Abhängigkeit von Menschen«, dann ist damit gemeint, dass die wahre Unfreiheit darin besteht, den Wertmaßstäben der Masse zu folgen statt der Kreuzestheologie der Umwertung der Werte.

Ergebnis: Der Ausdruck »Sklaverei gebrauchen« heißt: freiwillig Sklavendienste tun, auch und gerade dann, wenn einen niemand dazu zwingt. Folgen wir dieser Anregung, so ergibt sich: Wer Sklave ist, weil er es sein muss, soll es bleiben. Wer freikommen kann, soll trotzdem freiwillig bleiben. Denn als Christ ist er sowieso – je nachdem, wie man es nimmt – frei oder Sklave. Er ist frei, weil er (durch den Besitz des Heiligen Geistes) aus der Dienstbarkeit des Teufels/der Sünde freigekauft wurde. Er ist Sklave, weil er zu Jesus gehört. Genau diese Freiheit und diese Sklaverei beschreibt Römer 6: Frei ist der Christ nach Römer 6,18a (befreit von der Sünde), neuer Sklave nach Römer 6,18b (versklavt der Gerechtigkeit). Folgt man dieser Linie, dann äußert sich Paulus in 1 Korinther 7,21f. sehr sozialkonservativ. Die wirklich wichtige Sklaverei oder Freiheit gibt es nach Paulus in einem ganz anderen Bereich. An sozialen Veränderungen ist er nicht interessiert. Doch das bedeutet nicht, dass er nicht größten Wert legte auf das gerechte Verhalten jedes Einzelnen, auch eben des Sklaven. In seinen brieflichen Mahnreden hat er dargelegt, wie der Einzelne hier das Liebesgebot konkret füllen kann.

Dem Sklavenhalter im Philemonbrief rät Paulus vorsichtig, den Sklaven lieber freizulassen. Den Sklaven in 1 Korinther 7 rät Paulus, lieber freiwillig Sklaven zu bleiben. Denn jeder soll bleiben, was er ist. Der Sklave Onesimus war ja dem Brief an Philemon zufolge bereits entlaufen und würde sicher einen Neuanfang dort, wo er weggelaufen war, für extrem beschwerlich halten. Paulus sieht daher – vorsichtig, wie er ist, – keine guten Chancen für einen Neuanfang. Anders nach 1 Korinther 7: Paulus weist die Sklaven auf das, was eigentlich wichtig ist. Uns selbst täte es sicher gut, unsere Vorstellungen von Freiheit zu überdenken.

Kalender

KIRCHENJAHR	LESEJAHR A	LESEJAHR B	LESEJAHR C
Advent und Weihnachten			
1. Adventssonntag	Röm 13,11–14a	1 Kor 1,3–9	1 Thess 3,12 – 4,2
2. Adventssonntag	Röm 15,4–9		Phil 1,4–6.8–11
3. Adventssonntag		1 Thess 5,16–24	Phil 4,4–7
4. Adventssonntag	Röm 1,1–7	Röm 16,25–27	
Weihnachten – in der Nacht	Tit 2,11–14	Tit 2,11–14	Tit 2,11–14
Weihn. am Morgen	Tit 3,4–7	Tit 3,4–7	Tit 3,4–7
Fest d. hl. Familie	Kol 3,12–21	Kol 3,12–21	Kol 3,12–21
1. Jan. Oktavtag von Weihnachten	Gal 4,4–7	Gal 4,4–7	Gal 4,4–7
2. Sonntag nach Weihnachten	Eph 1,3–6.15–18	Eph 1,3–6.15–18	Eph 1,3–6.15–18
Erscheinung des Herrn	Eph 3,2–3a.5–6	Eph 3,2–3a.5–6	Eph 3,2–3a.5–6
Taufe des Herrn	–	–	–
Zeit der 40 Tage			
1. Fastensonntag	Röm 5,12–19		Röm 10,8–13
2. Fastensonntag	2 Tim 1,8b–10	Röm 8,31b–34	Phil 3,17 – 4,1
3. Fastensonntag	Röm 5,1–2.5–8	1 Kor 1,22–25	1 Kor 10,1–6.10–12
5. Fastensonntag	Röm 8,8–11		Phil 3,8–14
4. Fastensonntag	Eph 5,8–14	Eph 2,4–10	2 Kor 5,17–21
Palmsonntag	Phil 2,6–11	Phil 2,6–11	Phil 2,6–11

Kirchenjahr	Lesejahr A	Lesejahr B	Lesejahr C
Gründonnerstag	1 Kor 11,23–26	1 Kor 11,23–26	1 Kor 11,23–26
Karfreitag	–	–	–
Osternacht	Röm 6,3–11	Röm 6,3–11	Röm 6,3–11
Ostern am Tag	Kol 3,1–4 od. 1 Kor 5,6b–8	Kol 3,1–4 od. 1 Kor 5,6b–8	Kol 3,1–4 od. 1 Kor 5,6b–8
2. Ostersonntag	–	–	–
3. Ostersonntag	–	–	–
4. Ostersonntag	–	–	–
5. Ostersonntag	–	–	–
6. Ostersonntag	–	–	–
Christi Himmelfahrt	Eph 1,17–23	Eph 1,17–23	Eph 1,17–23
7. Ostersonntag	–	–	–
Pfingsten – Vorabend	Röm 8,22–27	Röm 8,22–27	Röm 8,22–27
Pfingsten – am Tag	1 Kor 12,3b–7.12–13	1 Kor 12,3b–7.12–13	1 Kor 12,3b–7.12–13
Dreifaltigkeitssonntag	2 Kor 13,11–13	Röm 8,14–17	Röm 5,1–5
Im Jahreskreis	A	B	C
2. Sonntag	1 Kor 1,1–3	1 Kor 6,13c–15a.17–20	1 Kor 12,4–11
3. Sonntag	1 Kor 1,10–13.17	1 Kor 7,29–31	1 Kor 12,12–30
4. Sonntag	1 Kor 1,26–31	1 Kor 7,32–35	1 Kor 12,31 – 13,13
5. Sonntag	1 Kor 2,1–5	1 Kor 9,16–19.22–23	1 Kor 15,1–11
6. Sonntag	1 Kor 2,6–10	1 Kor 10,31–11,1	1 Kor 15,12.16–20
7. Sonntag	1 Kor 3,16–23	2 Kor 1,18–22	1 Kor 15,45–49
8. Sonntag	1 Kor 4,1–5	2 Kor 3,1b–6	1 Kor 15,54–58
9. Sonntag	Röm 3,21–25a.28	2 Kor 4,6–11	Gal 1,1–2.6–10
10. Sonntag	Röm 4,18–25	2 Kor 4,13 – 5,1	Gal 1,11–19

Kirchenjahr	Lesejahr A	Lesejahr B	Lesejahr C
11. Sonntag	Röm 5,6–11	2 Kor 5,6–10	Gal 2,16.19–21
12. Sonntag	Röm 5,12–15	2 Kor 5,14–17	Gal 3,26–29
13. Sonntag	Röm 6,3–4.8–11	2 Kor 8,7.9.13–15 5,1.13–18	Gal 4,31b –
14. Sonntag	Röm 8,9.11–13	2 Kor 12,7–10	Gal 6,14–18
15. Sonntag	Röm 8,18–23	Eph 1,3–14	Kol 1,15–20
16. Sonntag	Röm 8,26–27	Eph 2,13–18	Kol 1,24–28
17. Sonntag	Röm 8,28–30	Eph 4,1–6	Kol 2,12–14
18. Sonntag	Röm 8,35.37–39	Eph 4,17.20–24	Kol 3,1–5.9–11
19. Sonntag	Röm 9,1–5	Eph 4,30 – 5,2	
20. Sonntag	Röm 11,13–15.29–32	Eph 5,15–20	
21. Sonntag	Röm 11,33–36)	Eph 5,21–32	
22. Sonntag	Röm 12,1–2		
23. Sonntag	Röm 13,8–10		Phlm 9b–10.12–17
24. Sonntag	Röm 14,7–9		1 Tim 1,12–17
25. Sonntag	Phil 1,20ad–24.27a		1 Tim 2,1–8
26. Sonntag	Phil 2,1–11		1 Tim 6,11–16
27. Sonntag	Phil 4,6–9		2 Tim 1,6–8.13–14
28. Sonntag	Phil4,12–14.19–20		2 Tim 2,8–13
29. Sonntag	1 Thess 1,1–5b		2 Tim 3,14 – 4,2
30. Sonntag	1 Thess 1,5c–10		2 Tim 4,6–8.16–18
31. Sonntag	1 Thess 2,7b–9.13		2 Thess 1,11 –2,2
32. Sonntag	1 Thess 4,13–18		2 Thess 2,15 –3,5
33. Sonntag	1 Thess 5,1–6		2 Thess 3,7–12
Christ König	1 Kor 15,20–26a.28		Kol 1,12–20